# Zomaar familie

# Adrian Nicole LeBlanc

# Zomaar familie

LIEFDE, DRUGS EN VOLWASSEN WORDEN
IN DE BRONX

VERTAALD DOOR MIEKE HULSBOSCH

UITGEVERIJ DE ARBEIDERSPERS · AMSTERDAM · ANTWERPEN

*Voor mijn ouders,*
*Eve Mary Margaret Mazzaferro*
*en Adrian Leon LeBlanc*

...Er zijn mensen die zeggen dat Vreugde niet Goed is voor stervelingen & hun moet worden geantwoord dat Verdriet niet betamelijk is voor Goden & volslagen zinloos voor iedereen. Een ziekte doet een boom nooit goed & als een ziekte een boom niet doodt en deze toch vrucht draagt laat dan niemand zeggen dat de vrucht het gevolg was van de ziekte.

William Blake, brief aan William Hayley
Londen, 7 oktober 1803

# Deel I

# De straat

## HOOFDSTUK I

Jessica woonde op Tremont Avenue, in een van de armste gedeelten van een zeer arm deel van de Bronx. Zelfs als ze gewoon maar boodschappen ging doen, kleedde ze zich nog om. In het getto bood iedere gelegenheid een kans, je moest op alles voorbereid zijn. Haar garderobe stelde niet veel voor maar ze was creatief met wat ze ter beschikking had: de Lee-spijkerbroek van haar zus, de oorbellen van haar beste vriendin, de T-shirts en het parfum van haar moeder. Zodra ze in de wijk op straat verscheen, baarde ze opzien. Als Puertoricaans meisje van zestien, met heldere bruine ogen, een brede, uitnodigende glimlach en een sexy figuur, straalde ze overal waar ze zich vertoonde de suggestie van intimiteit uit. Je kon middenin het gewoel van Tremont Avenue met haar staan praten en tegelijkertijd het idee hebben dat je onder de lakens verliefde woordjes met haar lag uit te wisselen. Jonge kerels in auto's boden haar een lift aan. Volwassen mannen begonnen zich raar aan te stellen. Vrouwen tuttutten. Jongens beloofden dingen die ze niet konden waarmaken.

Jessica was goed in het aantrekken, maar minder goed in het vásthouden van jongens. Ze was vaak en hevig verliefd. Ze wilde wanhopig graag iemands vaste vriendin zijn, maar altijd was ze uiteindelijk toch weer die andere vrouw, de maîtresse, degene met wie ze stiekem afspraakjes maakten, het meisje dat door niemand werd opgeëist. Jongens stonden onder haar raam te roepen nadat ze hun echte meisje, de vaste vriendin die ze hun vrouw noemden, naar huis hadden gebracht. Toch amuseerde Jessica zich uitstekend, maar haar plezier was voor een ander een probleem, en voor een roekeloos meisje op een gevaarlijke leeftijd kon dat probleem erg groot worden.

Het was midden jaren tachtig en op East Tremont Avenue speelde zich een levendige handel in drugs af. Tremont Avenue loopt van oost naar west en vormt de noordelijke grens van de South Bronx. Jessica woonde vlakbij de Grand Concourse, die de Bronx in de lengte in tweeën snijdt. Vanuit de flat van haar moeder in een huurkazerne keek je uit op een spoortunnel. Uit de passerende auto's beukte lawaai en uit de ramen van de appartementen klonken flarden Spaanse muziek. Op straathoeken stonden jongens behangen met halskettingen en armbanden. Kinderen kauwden op het afhaaleten dat de dealers voor hen kochten en hielden de plastic bakjes met vette happen op hun knieën recht. Grootmoeders liepen achter kinderwagens. Jonge moeders leunden op wandelwagentjes, die ze zo hadden neergezet dat ze zich konden concentreren op het flirten, terwijl hun onweerstaanbare baby's een fantastisch aanknopingspunt voor gesprekken vormden en het nodige amusement boden. Overal in de straat waren werkende mensen aan het boodschappen doen. Ze droegen zakken etenswaren naar huis of duwden hun karretjes met perfect gevouwen schone was voort. Drugsklanten glipten tussen de menigte door, scoorden, en slopen weer weg. De straten die Jessica's wereld min of meer omsloten – Tremont en Anthony, Anthony en Echo, Mount Hope en Anthony, Mount Hope en Monroe – behoorden tot de meest beruchte drugsplekken van het beruchte 46ste politiedistrict.

Toch was dit gedeelte van Tremont Avenue ook goed geweest voor Jessica's familie. Lourdes, Jessica's moeder, was vanuit Manhattan hierheen verhuisd met een gewelddadige vriend, in de hoop dat de Bronx de moeizame relatie een nieuwe impuls zou geven. De relatie was al snel geëindigd, maar een nieuwe omgeving bood altijd weer nieuwe mogelijkheden. Op een dag ging Jessica 's middags voor Lourdes naar slagerij Ultra Fine Meats, waar de slager haar mee uit vroeg. Jessica was op dat moment veertien jaar, hij vijfentwintig. Ze zei dat ze te jong voor hem was, maar dat haar moeder van tweeëndertig knap was – en vrij. Het kostte de slager zeven pogingen voordat Lourdes met hem uit wilde; twee maanden na hun eerste afspraak trok hij bij haar in. De kinderen noemden hem Big Daddy.

Bijna onmiddellijk kreeg het huishouden weer een vast ritme: Lourdes maakte Big Daddy's ontbijt klaar en zwaaide hem uit naar zijn werk. Iedereen – Robert, Jessica, Elaine en Cesar – ging naar school; Lourdes maakte het huis schoon en had het avondeten 's middags al kant en klaar op het fornuis staan. Big Daddy leek echt van Lourdes te houden. In het weekend nam hij haar mee uit bowlen, dansen of naar City Island voor een etentje. En hij accepteerde haar vier kinderen. Hij kocht kleren voor ze, nam ze mee naar softbalwedstrijden en ging met ze picknicken bij Bear Mountain, buiten de stad. Hij gedroeg zich alsof ze een echt gezin waren.

Jessica en haar oudste broer, Robert, hadden dezelfde vader, die gestorven was toen Jessica drie was. Hij had Jessica nooit als zijn dochter geaccepteerd en alleen Robert onderhield nu nog nauwe contacten met de familie van hun vader. Elaine, Jessica's jongere zusje, had haar eigen vader, naar wie ze soms in het weekend toe ging. Cesars vader erkende hem wel – zijn achternaam stond op Cesars geboortebewijs – maar hij was drugshandelaar en had nog andere vrouwen en kinderen. Af en toe kwam hij bij Lourdes langs; soms ging Cesar bij hem logeren en hield hem dan op straat gezelschap. Cesars vader zette hem ook aan het werk: 'Hier,' zei hij dan, en gaf Cesar een aantal zakjes met crack, 'bewaar die even voor me.' Aan drugsarrestaties hielden minderjarigen geen strafblad over, maar als Cesar weer thuiskwam, waarschuwde Big Daddy hem wel voor de levensstijl van zijn vader. 'Neem hem alsjeblieft niet als voorbeeld. Als je per se iemands voorbeeld wilt volgen, volg dan maar dat van mij.' Big Daddy praatte met Cesars leraren als Cesar problemen had op school. Jessica beschouwde Big Daddy als een stiefvader, een eer die ze aan geen enkele andere vriend van haar moeder had gegund. Maar zelfs de genegenheid die Jessica en Cesar voor Big Daddy voelden, kon hen niet thuis houden.

Voor Jessica was de liefde de meest interessante uitgaansgelegenheid en haar knappe gezichtje was het toegangskaartje. Ze viel op de ondernemende jongens, de jongens met geld, wat meestal degenen waren die in drugs handelden – zelfbewuste jongens die door de smerige deuren van de buurtwinkel naar buiten kwamen alsof ze een feestzaal betraden in plaats van het rommelige trottoir van een straat vol kuilen in het wegdek. En Jessica heupwiegde al even enthousiast als ze de vier trappen in het flatgebouw afliep en vol verwachting en glimlachend uit de verveloze hal tevoorschijn kwam. Lourdes vond Jessica een dromer: 'Ze was altijd op zoek naar een prins op een wit paard. En ik zei dan tegen haar: "Dat gebeurt alleen in boeken. Wees toch realistisch." Haar droom was onhaalbaar.' Lourdes waarschuwde haar dochter als die het sombere trappenhuis instapte: 'Als je uit de wolken valt, heeft God heus geen kussen voor je kont klaarliggen.'
   Buiten, meende Jessica, kon er van alles gebeuren. Maar meestal gebeurde er niks. Dan ging ze maar op zoek naar een van haar vriendjes of op pad met een van haar beste vriendinnen, Lillian. Haar kleine broertje Cesar zwierf in de buurt rond en viel andere kinderen lastig, met wie hij eigenlijk half en half vriendjes wilde zijn. Soms wist Jessica haar vrienden een stuk pizza voor Cesar af te troggelen. Haar verleidingskunsten waren leerzaam voor hem. 'Mijn zuster was slim,' zei Cesar. 'Ze gebruikte mij als lokvogel, zodat iemand die kwaad op haar was, toch mij kwam ophalen. "Dit is mijn kleine broertje," zei ze dan. "Neem hem alsjeblieft mee."' Maar het kwam vaker voor dat Cesar achterbleef. Dan zat hij daar op de kapotte trap van het flatgebouw van zijn moeder te wachten en observeerde de oudere jongens die de baas waren op straat.

Jessica beschouwde Victor als haar vriendje en zocht hem vaak op bij Echo Place, waar hij crack en weed verkocht. Maar Victor had nog andere vriendinnen, en Jessica hield wel van variatie. Op een dag in het najaar van 1984, toen ze eigenlijk op school had moeten zitten, gingen Lillian en zij naar een togaparty op de hoek van 187th Street en Crotona Avenue. De twee vriendinnen waren geen onbekenden in het kraakpand op Crotona Avenue, waar spijbelaars hun toevlucht zochten. De meiden volgden de jongens op weg naar het handbalterrein of hingen rond bij White Castle Burgers, en vaak kwam iedereen uiteindelijk terecht in het souterrain. Het gebouw stond officieel leeg, maar de kids hadden er voor zichzelf een huiselijke omgeving gecreëerd, met oude divans tegen de ene wand en een paar provisorische bedden tegen de andere. Er was altijd wel een dj die platen scratchte. De jongens hielden breakdance-repetities op een oud kleed en trainden met gewichten. De meisjes hadden niet veel anders te doen dan naar de jongens te kijken of zich op te tutten voor een op straat gevonden spiegel, die naast een boksbal stond. In het kraakpand gingen Lillian en Jessica een van de geïmproviseerde slaapkamers binnen om hun kleren te verruilen voor lakens. Twee oudere jongens, Puma en Chino, kwamen achter ze aan. De jongens zeiden tegen de meiden dat ze knap waren en een mooi lijf hadden, met of zonder lakens. Waarom blijven we eigenlijk niet gewoon hier in plaats van naar die party te gaan, stelden ze voor.

Puma handelde in drugs maar hij was geen doorsneejongen. Hij had een rol gehad in *Beat Street*, een film waarin de opkomst van de hiphop werd getoond vanuit het perspectief van de gettokids die deze muziekvorm hadden gecreëerd. De film, die later een cult-klassieker werd, liet zien hoe uiterst belangrijk zelfexpressie – naast moeders, vrienden, geld, muziek en eten – was om te overleven. In *Beat Street* was ook talent uit de Bronx te zien, waaronder de groep van Puma, de Rock Steady Crew. Puma was filmgeniek en erg goed in breakdancing, maar toen hij Jessica leerde kennen liep zijn kortstondige carrière al op zijn einde. De internationale tournee die hem naar Australië en Japan had gebracht, was voorbij, en de smoking die hij had aangehad toen hij voor de Britse koningin breakdancete, hing in een kast in de hoes van de stomerij. Al het geld dat hij had verdiend, had hij uitgegeven aan kleren, sneakers en een hele rits brommers voor zijn vrienden.

Jessica genoot van aandacht in het algemeen, maar ze was wel bijzonder gevleid door die van Puma. Hij was beroemd. Hij trad helemaal alleen voor haar op. Hij was slim en ze moest lachen om zijn capriolen. Van het een kwam het ander en voor ze het wisten lagen Jessica en Puma boven op een stapel jassen te zoenen. Iets dergelijks overkwam ook Lillian en Chino op een van de andere bedden.

Beide meisjes raakten zwanger. Jessica verzekerde haar moeder dat haar vriend Victor de vader was, maar honderd procent zeker was ze niet. In mei gingen Jessica en Lillian van school af. In de zomer van 1985 brachten ze, met vier dagen verschil, allebei een dochter ter wereld. Big Daddy hield tijdens de bevalling Jessica's hand vast. Op een gegeven moment beet Jessica hem zo hard in zijn hand dat die begon te bloeden. Big Daddy was trots op zijn grootvaderlitteken.

Jessica noemde haar dochter Serena Josephine. Lourdes riep haar kleindochter onmiddellijk uit tot Little Star. Het sprak vanzelf dat Lourdes het kind zou grootbrengen; daar had Jessica het geduld niet voor. Zelfs als ze niet zo jong en wispelturig was geweest, was Jessica toch niet het moederlijke type. Lourdes evenmin – eigenlijk wou ze dat ze nooit kinderen had gehad – maar door de omstandigheden was een daadwerkelijk verzet tegen die rol gesaboteerd. Al sinds haar zesde had ze kinderen grootgebracht. Eerst had ze op haar eigen vier zusjes en broertjes gepast, terwijl haar moeder in dubbele ploegendienst bij een kledingfabriek in Hell's Kitchen werkte. Ze had hun buurtruzies uitgevochten. Ze had ze te eten gegeven, in bad gedaan en in bed gestopt. Nu begonnen Lourdes' eigen vier kinderen, die ze nog wel in bedwang had kunnen houden toen ze klein waren, haar te ontglippen.

Robert en Elaine waren makkelijke kinderen geweest, maar Lourdes had het idee dat ze zich door de families van hun vaders te goed gingen voelen. Robert liep altijd over van deugdzaamheid als hij terugkeerde van een weekendbezoek aan zijn grootmoeder. Lourdes wist heus wel dat hij haar betrokkenheid bij de Santeria-cultus [=voodoo-ritueel – vert.] afkeurde, maar waar haalde haar zoon het recht vandaan om daarover te oordelen? Was Robert soms zelf zo'n heilige geweest toen hij de zwangere Jessica in de flat achterna had gezeten en gedreigd had haar in elkaar te slaan? De arrogantie van haar dochter Elaine was wereldser van aard. Op zondagavond kwam ze, nuffig in nieuwe kleren, uit de taxi van haar vader gestapt en haalde haar knappe neusje op voor de kleren die Lourdes uit de dollarwinkel had meegebracht.

Jessica en Cesar waren Lourdes' lievelingetjes, maar die luisterden niet naar haar en maakten haar regelmatig woedend. Als Lourdes haar hoofd uit het raam van de woonkamer aan de kant van Tremont Avenue stak en de kinderen binnenriep voor het eten (door de herkenningsmelodie van *The Good, the Bad, and the Ugly* te fluiten), ging het bijna altijd alleen om Jessica en Cesar; Robert en Elaine waren meestal al thuis. Robert en Elaine waren bang voor moeilijkheden, terwijl Jessica en Cesar uit waren op zoveel mogelijk lol – tot het natuurlijk onvermijdelijk een keer mis ging. Robert en Elaine waren ijverige leerlingen. Jessica en Cesar waren intelligent maar lieten zich door niemand de wet voorschrijven. Jessica spijbelde. Cesar deed alles altijd razendsnel en kon dan vervolgens niet stil blijven zitten. Op een keer, toen Lourdes hem letterlijk de school had binnengesleurd, was hij uit het raam van zijn klas op de eerste verdieping gesprongen.

Jessica en Cesar kwamen ook voor elkaar op. Op een avond was Jessica niet thuisgekomen; Lourdes kwam erachter dat ze die had doorgebracht met een politieagent die geen dienst had. Toen Lourdes Jessica zo hard had geslagen dat er bloed uit haar oor kwam, was het Cesar die naar het ziekenhuis rende om hulp te halen. Een andere keer, toen er door kortsluiting brand was uitgebroken, slaagde Jessica erin Cesar naar de brandtrap te loodsen. Jessica wist ook hoe ze de boze buien van Lourdes moest opvangen met sigaretten en haar moeders lievelingschocolaatjes. Maar Cesar beschikte over veel minder uitwegen. Hij had geleerd zich te wapenen als zijn moeder hem een pak slaag gaf. Toen hij elf jaar was en zijn nichtje Little Star geboren werd, huilde Cesar niet meer, hoe hard Lourdes hem ook sloeg.

Voor Lourdes was de komst van Little Star als een nieuwe liefde of als een voorbode van de lente. Wat haar betrof, was het kleine meisje van haar. 'Toen ik dat kind eruit trok, zag ik Jessica – die ogen!' zei Lourdes. 'Ogen zeggen veel meer dan een mond. Ogen komen uit het hart.' Een baby kon je vertrouwen. Little Star zou naar Lourdes luisteren en haar gehoorzamen; ze zou van Lourdes' fouten leren. Little Star zou van haar grootmoeder houden met de onvoorwaardelijke loyaliteit die Lourdes naar haar idee verdiende maar van haar ondankbare kinderen niet kreeg.

Intussen buitte Jessica haar onduidelijke situatie volledig uit. Tegen Victor zei ze dat hij de vader was: Victor en zij vonden elkaar aardig en hij was bij de bevalling geweest. Ook gaf hij Jessica geld voor de eerste Pampers van Little Star, hoewel zijn andere vriendin ook zwanger was. Stiekem hoopte Jessica echter dat Puma de vader was en ze zei ook tegen hem dat het kind van hem was. Puma woonde samen met een meisje, Trinket, dat zwanger was en over wie hij sprak als over zijn vrouw; hij had ook nog een kind van de zus van de vriendin van Victor. Ondanks deze niet geringe overmacht hoopte Jessica op een toekomst met Puma.

In het openbaar hield Puma vol dat Little Star niet van hem was. Maar ze leek wel veel op hem: ze had hetzelfde brede voorhoofd en de ver uit elkaar staande gespikkelde bruine ogen als hij. Toen Jessica op een dag thuiskwam met een video van *Beat Street*, had Lourdes al zoveel over die breakdancer Puma gehoord dat ze extra alert was. Ze ging op bed zitten met Little Star, Jessica, Elaine en hun hondje Scruffy. In een van de be-

16

ginscènes deed een jongen die verdacht veel op Little Star leek, een snelle breakdance in een kraakpand. Vervolgens daagde hij een concurrerende groep uit tot een wedstrijd in de Roxy, een populaire club.

'Zet die band eens stil,' riep Lourdes uit. 'Dat is de vader van Little Star! Als dat niet de vader van Little Star is, snij ik mijn kut af en geef die aan de hond!' Jessica lachte, blij om die herkenning. Puma kon zeggen wat hij wou, maar afkomst verloochent zich niet.

Puma's vertrouwelinge was een klein, gedrongen, jongensachtig meisje, dat Milagros heette. Milagros kende Puma al jaren en beschouwde hem als familie. Puma was de eerste jongen die ze ooit had gezoend. Maar Milagros was niet langer geïnteresseerd in zoenen van jongens, hoewel Puma's verhalen over Jessica's seksuele escapades haar wel intrigeerden. Milagros kende Jessica van toen ze allebei op Roosevelt High School zaten. Milagros wist dat Puma Jessica nog steeds zag, maar hield dat voor zich. Intussen raakten Milagros en Puma's inwonende vriendin Trinket bevriend.

Milagros en Trinket vormden een merkwaardig duo. Als er dwars door de modestijlen van arme meisjes in de South Bronx een rivier had gelopen, zouden die twee beslist niet op dezelfde oever hebben gewoond. Milagros, die nooit make-up gebruikte, droeg haar vaalbruine haar in een paardenstaart en hield zich aan wat ze 'de simpele look' noemde: T-shirts, gympen, spijkerbroek. Trinket bracht haar lippenstift dik op, schilderde met oogschaduw complete regenbogen rond haar groene ogen, en toupeerde haar kastanjebruine haar tot een soort leeuwenmanen. Trinket keek uit naar het moment waarop ze moeder zou worden, terwijl Milagros regelmatig met opengesperde neusgaten luid en duidelijk verkondigde dat ze nooit kinderen zou nemen en zich nooit zou laten afbeulen door een man.

In de herfst van 1985 ging een aantal van Jessica's vriendinnen weer terug naar school. Ze voelde zich in de steek gelaten, verveelde zich en raakte depressief. Soms piepte ze Puma op en een enkele keer belde hij terug. Ze zocht hem ook wel eens op in Poe Park, een hangplek in de buurt van Kingsbridge en Fordham Road, waar de Rock Steady Crew soms optrad. Maar meestal trof ze hem aan het werk op een hoek niet ver van het kraakpand. Jessica liep weinig kans op Puma's drugsplek Trinket tegen het lijf te lopen, want Puma drong er bij zijn vrouw op aan, daar weg te blijven. Als ze met Puma alleen was, bracht Jessica het gevoelige onderwerp over wat er tussen hen was ter sprake: 'Wacht maar tot haar trekken zich ontwikkelen, dan zul je zien: ze lijkt op je.' Ze vond dat de ver uit

elkaar staande ogen van Serena alles verraadden. In het kleine babyge-
zichtje maakte die afstand dat het leek alsof ze van een andere wereld
kwam. Jessica vond ook dat Little Star Puma's aantrekkingskracht bezat.
'Ze heeft iets waarmee ze mensen aantrekt.'

Jessica viel Trinket lastig met hinderlijke telefoontjes. Die telefoontjes
waren haar handelsmerk. Ze fluisterde bijvoorbeeld: 'Ik heb een kind van
Puma,' en hing dan op. Toen ze acht maanden zwanger was, besloot Trinket de strijd met Jessica aan te gaan. Ongeacht wie de vader van een kind
was, de strijd over wie zich op zijn liefde kon beroepen, was er een tussen
meisjes. Toen Jessica de volgende keer belde, zei Trinket dat ze het kind
wilde zien. Jessica gaf haar het adres van Lourdes. Milagros kwam mee
als lijfwacht van Trinket.

'Waar is het kind?' vroeg Trinket. Serena hing voorover in een baby-
schommeltje. Haar grote hoofd leek te zwaar voor het magere lijfje. Jessica hield haar dochtertje omhoog zodat Trinket het kind beter kon zien.
Ze kwam ook aanzetten met aanvullend bewijsmateriaal: 'Liefste' en 'Jij
bent de enige', geschreven op foto's van Puma, in zijn eigen handschrift.
Het onderzoek duurde nog geen kwartier. Milagros zei Jessica gedag en
haastte zich achter Trinket aan, die in tranen uitbarstte zodra ze veilig
terug waren op straat.

Bij zichzelf kon Trinket Puma geen ongelijk geven dat hij met Jessica
rommelde. 'Jessica had zo'n duidelijke seksuele uitstraling en ze was zo
overheersend,' zei Trinket. 'Ik was juist erg gesloten.' Trinket schreef
haar eigen remmingen toe aan het feit dat ze was misbruikt door een van
haar moeders vrienden. Jessica was ook seksueel misbruikt, door Cesars
vader, vanaf haar derde jaar, maar dat wist Trinket niet. Jessica leek zo
goed in haar vel te zitten. Ze flirtte net zo gemakkelijk met meisjes als
met jongens, en net zo gemakkelijk met mannen als met vrouwen. Ze
leek geen grenzen te kennen, alsof seks haar eigen, exclusieve domein
was. Puma zei tegen Trinket dat dat kind van iedereen kon zijn, dat Jessica met iedereen naar bed was gegaan, dat ze niemands vaste vriendin was.
Trinket troostte zich met de gedachte dat Jessica's promiscuïteit misschien wel geresulteerd had in een kind dat op meerdere jongens leek.

Een maand later, in januari 1986, gaf Trinket Puma zijn eerste zoon.
Haar positie als zijn vrouw was verzekerd.

Toen begon Jessica uit te gaan met de broer van Puma, Willy. Willy en
Puma waren vaak samen, maar Jessica beweerde dat ze pas in de gaten
kreeg dat ze familie waren toen Willy Jessica meenam naar het appartement van zijn moeder, waar ze een foto van Puma aan de muur zag. Maar
de broers leken sprekend op elkaar: Willy zag eruit als Puma met een

snor, hoewel hij Puma's energieke expressiviteit miste en iets sulligs had. Allebei wisten ze overigens heel goed hoe ze met vrouwen moesten omgaan. Willy, die tweeëntwintig was, was al een keer getrouwd geweest en was vader van vier kinderen.

Die winter belde Cesars vader naar Lourdes – hij was blut, dakloos en verslaafd aan de heroïne – en Lourdes nam hem in huis. De hele familie behandelde hem 'als een koning', herinnerde hij zich, maar hij vertrok al weer snel, omdat hij geen weerstand kon bieden aan zijn verslaving.

Jessica's depressie nam toe. Ze begon kleine kerfjes aan te brengen op de binnenkant van haar dijbenen. Niemand wilde haar: ze was verwaarloosd door haar eigen vader, vervolgens door Puma, en zelfs door Willy, haar tweede keus. Ze zei: 'Niemand hield ooit van me op de manier die ik wilde. Niemand van mijn familie besteedde ooit enige aandacht aan me.' Dat voorjaar probeerde Jessica zich, nadat ze een stevig pak slaag van Lourdes had gehad, met pillen van het leven te beroven, en Big Daddy bracht haar vliegensvlug naar het Bronx Lebanon Hospital. Deze drastische actie werkte, zij het slechts kort. 'Ze besteedden zo'n dag of twee aandacht aan me,' snoof Jessica. Nadat haar maag was leeggepompt, vertelde de dokter haar dat ze weer zwanger was – van een tweeling.

Jessica beweerde dat Willy de vader was, maar opnieuw was er geen mogelijkheid om dat zeker te weten. Toen Jessica zwanger was van haar eerste kind, had Lourdes toegegeven aan haar hang naar *morir soñando* – 'te sterven in je dromen' – een sinaasappeldrankje. Ze had ook havermout met gecondenseerde melk, vanille en een vers kaneelstokje voor haar gekookt. Maar deze keer verschafte haar zwangerschap Jessica geen speciale status in het huishouden.

Jessica en Willy probeerden zich voor te bereiden op de komst van de tweeling. Jesssica's oudste broer Robert bezorgde Willy een baantje in de verfwinkel waar hij zelf ook werkte. Jessica verkocht kleding in een winkel op Fordham Avenue. Als er een man binnenkwam op zoek naar kleren voor zijn vriendin, moest Jessica die showen. Jessica zorgde voor zo'n omzet, dat haar baas haar sommige kleren liet houden. Haar best verkopende artikel heette The Tube. 'Je kon hem oprollen en als een minirok dragen, en als je hem weer uitrolde en een ceintuur omdeed, was het een jurk,' legde Jessica uit. 'Of een topje als je hem opvouwde, en een hoofdband als je hem helemaal oprolde.' Dagelijks kwamen er mannen binnen voor een outfit voor hun vrouw en vertrokken dan vervolgens met drie of vier dingen plus bijbehorende accessoires. Veel mannen vroegen Jessica mee uit. Haar baas begon haar mee naar achteren te nemen en vroeg haar de nieuwe lingerielijn te showen; hij beloonde haar met een ketting met een gouden hanger en bijpassende oorbellen en nam haar mee uit eten.

Het duurde niet lang of Jessica moest ontslag nemen.

Willy stond ook weer op straat en al gauw vervielen ze allebei weer in hun oude leventje. Onder Willy's vriendinnen bevond zich ook een nichtje van Trinket, een schoolmeisje dat Princess heette. Het was Princess' beurt voor Jessica's telefoontjes.

'Ik ben zwanger van Willy,' zei Jessica.

'Je bent een hoer,' zei Princess. En bij het volgende telefoontje beet Princess haar toe: 'Je bent zwanger van die zwerver in Poe Park,' wat erger was dan wanneer ze had gezegd dat de vader van de baby een immigrant was.

Willy miste dan wel Puma's flitsende energie, maar in september stemde hij er wel vlot in toe dat zijn naam op de geboortebewijzen kwam te staan: Brittany werd, drie maanden te vroeg, om 17.01 uur geboren, twee minuten eerder dan haar tweelingzusje Stephanie. Ze waren minnetjes, met een hoog voorhoofd, een kuifje met dun, zwart haar en iets van Willy's goeiige gezicht. Jessica had een litteken van een keizersnede, Puma was oom geworden, Willy vader, Serena had twee kleine zusjes gekregen en Lourdes was opnieuw grootmoeder.

Jessica en de tweeling trokken bij Willy in, die bij zijn moeder woonde. Maar zelfs de tweeling bezorgde Jessica geen officiële status. Haar relatie met de familie van Willy was ongemakkelijk. Puma's moeder accepteerde wel Serena, maar een paar van zijn zusters vonden Jessica een valse verleidster en gaven haar onder elkaar nog ergere namen. Met de kinderen hield ze zich schuil op Willy's slaapkamer en soms, als hij dronken was, werd hij handtastelijk. Trinket paradeerde langs met Puma's geliefde zoontje, gevolgd door Milagros. Milagros zei: 'Jessica was altijd triest en alleen. Ze zat daar maar in haar eentje op die kamer. Niemand zei iets tegen haar. Iedereen hield van Trinket. Ze wisten wat Jessica had gedaan.' Milagros ging bewust bij haar langs om gedag te zeggen. Soms kwam ze zonder Trinket op bezoek en Jessica en zij raakten langzamerhand bevriend.

Puma negeerde Jessica als zijn familie in de buurt was, maar ze zagen elkaar nog steeds in het geheim. Op een keer gaf hij Jessica een briefje. Ze troffen elkaar bij een bushalte in de buurt. Hij zei woedend: 'Om jou met mijn broer bezig te horen! Snap je dan niet hoe erg dat voor mij is?' Jessica was geroerd door het feit dat het Puma iets deed. Maar Puma probeerde Willy tegen haar in te nemen: 'Waarom ga je met haar om? Het is een slet.'

'Zie jij haar maar zoals jij wil,' zei Willy dan uitdagend. 'Ik zie haar zoals ik wil.' Maar het was moeilijk voor Willy om zijn eigen beeld van

Jessica vast te houden, terwijl ze in het echt zo'n onmiskenbaar seksuele uitstraling had.

In november had Willy ook iets gekregen met een meisje dat boven hen woonde. Op een regenachtige nacht zette hij Jessica na een vreselijke ruzie de deur uit. Wanhopig belde Jessica Milagros vanuit een telefooncel; ze stond met de tweeling op straat, geheel doorweekt. Ze had twee plastic tassen met haar eigendommen, twee kindjes van twee maanden oud, en geen enkele plek waar ze welkom was.

Het telefoontje verbaasde Milagros niet. Zoveel mensen trokken van het ene huis naar het andere – ze had het zelf ook gedaan – en meisjes met kleine kinderen hadden het extra zwaar. Ze trokken bij hun vriendje en diens moeder in, maar meestal betekenden meer mensen in huis ook meer problemen en de aardigheid ging er meestal gauw vanaf als het geld aan het einde van de maand opraakte. De mannen van de moeders, de broers van de vriendjes, de grootvaders of de ooms konden hun handen niet thuishouden. Of een vriendje werd te bezitterig als een meisje in zijn slaapkamer woonde en zag haar aan voor een slaafje. Of de schoonmoeder had behoefte aan een oppas voor haar andere kinderen in plaats van aan een schoondochter. Of de familie was gewoon niet erg aardig. Grootmoeders konden niet nóg een huilende baby erbij verdragen; sommige waren hun eigen kinderen al kwijt: het waren jonge uitgeteerde moeders geworden, verslaafd aan de crack. Of ze waren jaloers op de jonggeliefden, vooral als ze zelf geen geliefde hadden.

Soms deden meisjes ook wel een beroep op mannen als Felix, een vriend van Lourdes, die op Mount Hope Place woonde, net om de hoek. Lourdes stuurde haar dochter wel eens naar Felix als ze geld nodig had. Een enkele keer gaf Felix ook Jessica geld, maar Jessica vond het vreselijk om er alleen heen te gaan. Soms ging Lillian mee, maar Felix dronk en dan moesten de meisjes hem van zich afslaan. Meisjes die er nog slechter aan toe waren, huisden in leegstaande panden, met andere tieners en volwassenen die gevlucht waren uit andere overvolle flats. Maar zelfs voor meisjes die bereid waren prijs te geven wat prijsgegeven moest worden – seks, trots of het idee van onafhankelijkheid – was de feitelijke waarde van die prijs moeilijk te voorspellen. En in het geval van zo'n uiterst aantrekkelijk en seksueel ongeremd meisje als Jessica, was het onthaal in de flat van een andere vrouw meestal maar van korte duur. Het hielp ook al niet dat Jessica niet stond te springen om te koken of schoon te maken. Meisjes die zich niet schikten, kwamen erachter dat de bloes die de zus van je vriend je had gegeven, ineens slechts te leen bleek. En als er een briefje van twintig dollar verdwenen was, zei niemand iets maar keek iedereen wel naar jou. Zelfs als je vriend achter je stond, bleef je toch alleen in huis achter als hij naar buiten ging. Een broertje of zusje, een neef of nichtje bracht je misschien wat te eten of hield je gezelschap, maar op je gemak voelde je je nooit.

Die avond deed Milagros wat ze al ontelbare keren voor andere vriendinnen had gedaan: ze nam Jessica in huis. Milagros woonde bij Puma en Trinket, maar ze zei tegen Jessica dat die een taxi moest nemen en dat ze haar zou treffen bij de flat van haar moeder in Hunts Point, waar Milagros was opgegroeid. Hunts Point was een afgelegen industriegebied, nog erger verloederd dan East Tremont. Tippelaarsters werkten na sluitingstijd van de bedrijven in de lege straten. Langdurig verslaafden sleepten zich naar Hunts Point als alle andere mogelijkheden waren uitgeput – met negen levens achter de rug, in afwachting van de dood. Milagros stond buiten bij het flatgebouw van haar moeder te wachten en betaalde de chauffeur. Ze tilde de meisjes op en ging Jessica voor, twee trappen op. Ze gaf Jessica en de tweeling te eten. De tweeling viel in slaap. Jessica en zij bleven de hele nacht doorkletsen. Het raam van Milagros' slaapkamer keek uit over de Bruckner Expressway; auto's en vrachtwagens haastten zich de stad in en uit, in westelijke richting, naar New England, of naar het noorden. Ze praatten tot de zon opkwam, terwijl hun stemmen zich vermengden met het verkeerslawaai.

Milagros zette zich met liefde voor Jessica in en Jessica hield haar niet tegen. Toen Jessica een paar dagen later naar Lourdes ging, bood Milagros aan de tweeling bij zich te houden, zodat Jessica en Willy konden proberen hun problemen op te lossen. Trinket kende Milagros goed genoeg om te beseffen hoe dom dat aanbod was. 'Daar heb je haar weer met haar dikke kont; moet ze weer zo'n onevenwichtig type redden,' klaagde Trinket. En tegen Milagros zei ze: 'Je maakt het Jessica veel te gemakkelijk. Vind je dat nou wel verstandig?' Milagros' moeder maakte zich zorgen dat Jessica misbruik zou maken van de goedhartigheid van haar dochter. Aan de andere kant had zijzelf met succes een jongetje uit het gebouw grootgebracht, Kevin, wiens moeder op straat zwierf. Milagros verzekerde haar moeder dat ze maar tijdelijk op de tweeling paste.

In het huishouden van Lourdes begon de zaak uit de hand te lopen. Het appartement raakte vol – en dat voorspelde altijd weinig goeds. Een vriend van Big Daddy, Que-Que genaamd, van wie Lourdes beweerde dat hij haar verloren gewaande broer was, bleef regelmatig op de bank slapen. Lourdes gebruikte stevig met hem en met een vrouw beneden, die aan Santeria deed. Willy bracht af en toe geld voor de tweeling en bleef dan bij Jessica slapen. Milagros bleef ook vaak bij Jessica, in het weekend of na het werk. Ze had een baan als caissière bij een wisselkantoor. Elaine was weer bij haar moeder komen wonen nadat ze bij haar vader door een mannelijk familielid was lastiggevallen, en Lourdes lachte haar uit omdat ze kennelijk had gedacht dat ze alleen kon overleven. Elaine was een poosje omgegaan met een broer van Willy, tot Jessica haar meenam naar het spijbelpand en haar voorstelde aan Angel, een slimme drugsdealer met een goed gevoel voor humor en een brommer. Niemand lette op Cesar, die precies deed waar hij zin in had.

De grens tussen lol maken en in moeilijkheden komen was niet altijd helder. Lourdes en Big Daddy hadden altijd wel in de weekends drugs gebruikt, maar nu gebruikte Lourdes ook door de week. Ze onttrok zich ook aan haar plichten als vrouw en Big Daddy begon er genoeg van te krijgen: eerst bleef ze urenlang weg, toen hele middagen, en op het laatst was het zo erg dat ze soms een hele nacht weg bleef. Ze kwam dan 's morgens vroeg thuis, net op tijd om Big Daddy's ontbijt te maken en hem uit te zwaaien, waarna ze naar bed ging. Er waren meer alarmsignalen: Lourdes, die ijdel was, begon minder om haar uiterlijk te geven, haar huis was niet langer smetteloos schoon, cornflakes en chips vervingen echte maaltijden.

Big Daddy was een knappe jonge kerel met een baan en hij vond dat hij recht had op de privileges die daarbij hoorden; hij begon er genoeg van te krijgen om te fungeren als echtgenoot van een vrouw die zeven jaar ouder was, maar zich meer als een tienermeisje gedroeg dan als een echtgenote. Hij vond het geen probleem dat Lourdes cocaïne gebruikte, zolang ze maar vijf van de zeven nachten met hem naar bed ging, maar nu had ze steeds een ander smoesje. Hij herinnerde zich nog dat hij haar een keer gevraagd had: 'Bedoel je dat ik je twintig piek moet geven om met je te mogen vrijen?' Lourdes zag het anders. Ze had geld nodig – iedere vrouw had geld nodig – maar ze kon niet tegen zijn aanrakingen. Hoewel hij het ontkende, was ze ervan overtuigd dat hij haar had bedrogen en ze had er meer dan genoeg van om hem op zijn wenken te bedienen.

Big Daddy vond een beter betaalde baan als conciërge. Een tijdlang handelde hij ook in cocaïne, maar hij hield er weer mee op omdat Lourdes volgens hem aan zijn voorraad zat. Naar zijn inschatting snoof ze een gram of twee per dag; ze hield vol dat ze wist hoe ze zichzelf in de hand moest houden en dat ze nooit meer dan een halve gram gebruikte. Als Jessica en Milagros uit wilden, boden ze Lourdes cocaïne om te babysitten.

In het voorjaar van 1987 zat het huis helemaal vol: behalve Jessica, Serena, Cesar, Robert, Elaine, Lourdes, Big Daddy, Lourdes' zogenaamde broer Que-Que en een aantal gasten, was ook Elaines vriendje Angel er, en Shirley, de vriendin van Robert. Elaine was zwanger. Shirley was ook zwanger en haar vader had haar de deur uitgezet. Normaliter gebruikte Lourdes het geld van de bijstand voor de basisuitgaven, terwijl Big Daddy alle andere noodzakelijke en eventuele luxere uitgaven voor zijn rekening nam. Maar met zoveel mensen in huis, plus de drugs, konden ze niet meer rondkomen.

Die zomer vaardigde Big Daddy ten slotte een ultimatum uit: de drugs of hij. Lourdes viel hem fysiek aan toen hij zijn spullen begon te pakken; toen kreeg ze een toeval, maar Big Daddy vertrok toch. Lourdes verzekerde haar bezorgde kinderen dat de scheiding niet voorgoed was – ze had alleen wat tijd voor zichzelf nodig. Jessica, die op de bank had geslapen, verhuisde naar de kamer van Lourdes. Niet lang daarna kwam Cesar van school thuis en trof een man aan die uit de badkamer kwam met een handdoek om. Zijn moeder stond haar lange zwarte haar te kammen, dat nat was. 'En Big Daddy dan?' vroeg Cesar verslagen. 'Hij is pas drie dagen weg. Dat is veel te kort om het uit te praten!' Jessica, woedend en verontwaardigd, moest weer op de bank slapen. Ze zei: 'Big Daddy hield echt van mijn moeder. Mijn moeder liet hem in de steek voor een klootzak die niet eens de huur betaalde.'

Milagros zorgde een tijdje voor de tweeling, maar Little Star bleef bij Lourdes thuis. Er gingen dagen voorbij dat ze niet op straat kwam, hoewel er massa's mensen kwamen en gingen – iedereen die er woonde, hun vrienden en vrienden van vrienden. Als Lourdes uit bed was, drong ze er bij haar dochters op aan, het kind mee naar buiten te nemen – zowel om haarzelf even rust te geven als om Little Star wat frisse lucht te laten inademen. Soms nam Jessica Serena met zich mee op haar ronde: naar de winkel, naar de telefooncel, naar de plek waar Puma zijn drugs verhandelde. Maar als iemand Jessica een ritje in een auto aanbood, liet ze haar dochter achter bij iedere vriend die bereid was een oogje op het kind te houden.

In de zomer begon Serena te huilen als ze moest plassen, en na een paar weken dreigde Lourdes Jessica een pak slaag te geven als ze niet met Serena naar het ziekenhuis ging om ernaar te laten kijken. Toen Jessica en Elaine haar eindelijk mee naar de eerste hulp namen, constateerden de artsen dat ze seksueel misbruikt was. Ze was twee jaar oud. Jessica werd aangehouden. Een politieagent ondervroeg haar en legde uit dat hij Serena niet onder haar toezicht kon stellen. Lourdes moest voor haar instaan.

Thuis overschreeuwde de woede het verdriet: dreigementen vlogen over en weer, er werd gespeculeerd over wie het gedaan kon hebben, iedereen en niemand was verantwoordelijk. Serena was zonder toezicht in het gezelschap van zoveel verschillende mensen geweest, dat het onmogelijk was om te zeggen wie de schuldige was. Je had die vriend van Cesar met die donkere huid, die een beetje simpel was en het leuk vond met de meisjes te spelen als ze in bad zaten; en de broer van die vriend van de familie, die Serena op een avond mee naar een wc in een flat had genomen toen Jessica met haar op Crotona rondhing. En hoe zat het met de vriend van Lourdes, die 's nachts de slaapkamer van de meisjes inging als die te veel lawaai maakten en ze sloeg tot ze zichzelf in slaap huilden? Lourdes stuurde de jonge kerels die haar flat in- en uitliepen naar het ziekenhuis voor onderzoek. Maar verstopt onder alle beschuldigingen en heisa, was het eigenlijk slecht moederschap dat als de ware schuldige werd beschouwd. Lourdes gaf Jessica de schuld; Jessica gaf zichzelf de schuld. En op de een of andere manier raakte Serena in al het gedoe uit het zicht. Alle vrouwen in Serena's leven waren ook wel eens seksueel misbruikt en hun geschoktheid leek niet zozeer het trauma van het kind te betreffen, als wel de overweldigende behoefte, door deze crisis opgeroepen, om hun eigen trauma weer onder ogen te zien.

Kort daarna liep Lourdes weg. Ze kwam niet verder dan de vriendin van de broer van Que-Que, maar aanvankelijk wisten de kinderen niet waar ze was; later konden ze haar vaak niet bereiken. Elaine kreeg een baan bij C-Town, een supermarkt aan de overkant. Ze maakte het huis schoon, kookte en probeerde de dingen een beetje in de hand te houden. Robert werkte nog steeds in Manhattan in de verfwinkel. Door de week sloot hij zich 's avonds, met een bord eten dat Elaine had gekookt, op zijn kamer op met Serena. 'De tweeling had elkaar. Serena had niemand,' zei Robert later. Lourdes kwam op Tremont langs als de cheque van de bijstand kwam, maar ze weigerde boven te komen; Elaine trof haar beneden bij de brievenbussen in de hal. Lourdes hield het beetje contante geld zelf en gaf Elaine alle voedselbonnen, op 50 dollar na. Desondanks werd iedereen magerder–behalve Robert, die eten in zijn slaapkamer opsloeg en de deur met een hangslot afsloot als hij wegging. Jessica zeurde bij de vaders van de meisjes om Pampers en melk te komen brengen, maar die deden niet altijd wat ze beloofden.

Een tijdlang trokken Cesar en Jessica meer naar elkaar toe. Hij zei daarover: 'Elaine? Die leefde in haar eigen, grote wereld. Mijn broer Robert leefde in zíjn kleine wereldje. Jessica en ik leefden in dezelfde wereld.' Hun wereld was de straat. Als ze in een goede bui was, was Jessica geweldig. Ze deelde alles wat ze had. Ze regelde voor Cesar afspraakjes met haar vriendinnen en gaf hem tips over hoe hij vrouwen tevreden kon stellen. Ze vrijden met hun dates in dezelfde kamer. 'We waren echt open met elkaar, het kon ons niks schelen,' zei Cesar.

Aan het einde van de zomer kwam Lourdes weer naar huis. Que-Que, niet langer een verloren gewaande broer, sliep nu in haar kamer. Robert en Cesar hadden elk een eigen slaapkamer, omdat ze jongens waren; Elaine had Jessica's oude kamer betrokken, met haar vriend Angel; Little Star had een veldbedje in Lourdes' kamer; Jessica sliep nog steeds op de bank. Als de tweeling er was, legde Jessica ze in een wiegje naast haar; ze huilden allebei veel.

Zonder de bijdrage van Big Daddy – 500 dollar per maand, plus een lopende rekening bij de buurtsuper – moest Lourdes weer de eindjes aan elkaar zien te knopen. Geen enkele vrouw met vier kinderen kon van de bijstand leven, en nu had Lourdes ook nog vier kleinkinderen, eentje onderweg, en een drugsverslaving die geld kostte. Jessica en Lourdes hadden vaak felle ruzies met elkaar. Allebei hadden ze iemand nodig die voor ze zorgde; geen van tweeën wilde babysitten. De cocaïne hielp Lourdes wel wat, maar er was nooit genoeg.

Het leven bij Lourdes thuis volgde nu het ritme van de straat. De eerste week van de maand, als de cheque van de bijstand was gearriveerd, was alles oké: de kans om dingen te kopen, weer een gevoel van controle te hebben. Op straat profiteerden de drugsdealers ook van de oplevende handel. Lourdes zette de keukenkast vol etenswaren en kocht wat er nodig was in de dollarwinkel: King Pine om schoon te maken, cacaoboter tegen wondjes, en de geneugten van luchtverfrisser en haarversteviger. Ze kletterde in de keuken met pannen, kweelde oude Latin-hits, kookte rijst met *gandules* en bakte varkenskarbonade met het verse kruid dat ze het Puertoricaanse blad noemde. Ze kon goed koken. Vrienden en buren vielen binnen, en Lourdes gaf iedereen te eten.

Aan het eind van de maand, als het geld begon op te raken, werd alles anders. Lourdes ging op bed liggen. Elaine kookte rijst, waar Cesar ketchup doorheen deed. Hij stal fruit voor zijn familie uit een Koreaanse winkel in de buurt en pikte brood uit de auto van de bakker. Milagros bracht luiers en voeding voor de kinderen. Ze vertelde dat ze een keer had gezien dat Cesar hun Similac opdronk en hun flesjes vervolgens met suikerwater vulde, zoals hij zijn zussen had zien doen. Milagros sleepte de tweeling voor steeds langere perioden mee naar haar moeder, onder elke arm een kind met bungelende spillebeentjes.

Die winter, in 1987, zat Lourdes volkomen aan de grond. Al haar sieraden had ze al verpand, de telefoon was afgesloten. Meestal slaagde Lourdes er wel in om de boel met de kerstdagen weer in de hand te hebben. Zolang de kinderen het zich konden herinneren, maakte ze dan tientallen *pasteles*, haar specialiteit, die de winkel bij de Grand Concourse voor haar verkocht. Het extra geld besteedde ze aan eten en cadeaus. Alle kinderen kregen splinternieuwe kleren en op kerstavond kleedde iedereen zich mooi aan en namen ze de ondergrondse naar Manhattan voor het kerstdiner met Lourdes' moeder, ooms en tantes en hun kinderen. Het was altijd een mooie avond.

Die kerstavond bleven ze echter in de Bronx, terwijl Lourdes in bed lag. Zelfs de geboorte van het zoontje van Elaine – Lourdes' eerste kleinzoon – interesseerde haar nauwelijks. Af en toe kwam ze uit haar kamer geschuifeld, zette koffie en deed een plas. In de smalle gang lagen de uitwerpselen van de hond en als Lourdes erin trapte, schold ze op haar kinderen en riep vervolgens Scruffy met lieve woordjes bij zich. Scruffy kwam dan zo enthousiast op haar toe rennen, dat hij tegen haar benen doorgleed als hij wilde stilstaan. Ze trapte hem vervolgens de hele hal door. In januari had Scruffy geleerd zich plat tegen de grond te drukken zodra hij de stem van Lourdes hoorde.

Aan het schrale eind van die maand regelde Elaines vriend Angel een blind date tussen Jessica en een drugsdealer die Boy George heette. De date met Jessica was Angels manier om George te bedanken voor het feit dat die hem werk had bezorgd. Angel had George jaren tevoren leren kennen, op Watson Avenue. Angel verkocht toen crack, boerde niet slecht, en George had nog maar net zijn entree gemaakt in de handel. Maar Angel had, zoals veel jongens in de buurt, de levensstijl die bij het dealen hoorde, overgenomen en was zelf drugs gaan gebruiken. Toen kon het geld niet snel genoeg binnenstromen, en nu moest Angel bovendien Elaine en een zoontje onderhouden. Boy George wist zich daarentegen te beheersen. Hij zat nooit zelf aan zijn handel; hij dronk zelden. Middenin de hype van de crackhausse was hij zo slim geweest om zich op heroïne te concentreren en zijn zaken liepen als een trein. Jaren later, toen Jessica terugkeek, zei ze: 'Dat was de afspraak die mijn hele leven veranderde.'

Het was een dubbele date: Elaine en Angel, Jessica en George. Jessica had ermee ingestemd om 'die George' te ontmoeten onder één voorwaarde. 'Als hij lelijk is moeten jullie me om tien uur naar huis brengen, hoor,' zei ze. Op de avond van 23 januari 1988 zat Lourdes bij het raam en keek uit over Tremont Avenue. 'George arriveerde in een auto die wel zo groot leek als de oceaan,' zei Lourdes. Hij zwaaide naar haar door het zonnedak van een antracietgrijze Mercedes-Benz 190. Jessica wierp één blik op hem en kwam schielijk op haar avondklok terug. Hij was zo knap dat ze bereid was hem wel een paar dagen te geven.

George' zwarte leren pet paste bij zijn zwarte leren jas. Hij had kortge-knipt donkerbruin haar en hield zijn sikje keurig bij. Zijn bruine ogen keken onderzoekend. Net als haar dochter herkende Lourdes een kans als ze die zag, maar zij was ervaren genoeg om te gokken op iets wat meer zekerheid bood dan de liefde. Ineens herinnerde ze zich weer dat ze eigen-lijk niet kon oppassen. George begreep de hint: hij gaf Lourdes wat eerste kwaliteit cocaïne en duizend dollar. Het was niet de eerste keer dat hij een afwerende reactie kreeg zoals die van Lourdes – *Lieve schat, neem mijn dochter maar rustig de hele nacht mee uit.*

'Ze verkocht Jessica gewoon voor duizend dollar aan me,' zei George later. 'Ik had wel een seriemoordenaar kunnen zijn die haar dochter in stukken zou snijden, en zij verkocht haar gewoon aan me voor duizend dollar.' Duizend dollar was niets voor George. Toen Jessica en hij elkaar leerden kennen, verdiende hij vijfhonderdduizend dollar per week met zijn heroïnehandel.

Lourdes kon zich van haar kennismaking met Boy George die weinig moederlijke uitruil niet meer herinneren, maar ze wist nog wel dat ze een soort voorgevoel had gehad. Het was min of meer een waarschuwing, die ze later aan Jessica vertelde, maar die Jessica niet ter harte nam: 'Er komt een man in je leven. Hij komt van een andere weg, een smalle, beklem-mende, gevaarlijke weg. En als jij je niet op die weg kunt handhaven, moet je niet met die man meegaan.' Die avond snoof Lourdes echter coke en paste ze op de kinderen.

Buiten, in de Mercedes, zette George een cassettebandje van Guns N' Roses op en scheurde weg. Jessica was geïntrigeerd: George luisterde naar rock-'n-roll, als een blanke jongen. Hij hield ook wel van r&b maar ergerde zich aan de songteksten, al dat gezeur over problemen en ellende. George nam hen mee naar de film, *Eddie Murphy Raw*, en trakteerde op een etentje. Toen stelde hij voor, naar een club te gaan. Jessica had iets neutraals aangetrokken. ('Je weet wel, met zo'n blind date, dat je dan niet goed weet wat je aan moet doen?' zei ze later.) Ze vroeg George even bij haar moeder langs te gaan, zodat ze zich kon verkleden.

Toen ze terugkwam, vroeg George: 'Wat is er gebeurd met het meisje met wie ik éérst uit was? Weet je zeker dat je datzelfde meisje bent?'

Jessica zei dat ze zich *puta* kleedde als ze haar disco-outfit aantrok. In plaats van haar bril droeg ze nu lenzen. Haar haar, dat eerst opgestoken was geweest, viel nu los langs haar hals. Ze had de lange rok en het jasje uitgetrokken en zich in een strakke stretch legging met een laag uitgesneden blouse geperst. De simpele pumps waren vervangen door hoge laarzen. Hij wist niet helemaal zeker of hij deze verandering echt op prijs stelde, maar hij was onder de indruk van haar lef. Dit was duidelijk een meisje met wie je overal aan kon komen.

George nam haar mee naar Club 371, de favoriete tent van zijn personeel. Er stond een lange rij mensen te wachten om naar binnen te mogen. Hij beende naar voren. Meiden keken naar hem. 'Ik word vast in elkaar geslagen!' fluisterde Jessica opgewonden tegen Elaine toen ze achter hem aan naar binnen gingen. De gastvrouw bracht hen naar het vip-gedeelte en een serveerster verscheen met een fles Moët-champagne. De dansvloer rook naar parfum in plaats van naar zweet. Jessica stond op en maakte recht voor hun tafel een dansje voor George; iedereen behandelde George als een koning. Ze waren de enige Puertoricanen; alle anderen waren zwart. Boy George huurde liever geen Puertoricanen in. Hij was ervan overtuigd dat zijn eigen soort eerder geneigd was hem te tillen.

De avond eindigde in twee suites van 500 dollar per nacht in het Loews Glenpoint Hotel, in Teaneck, New Jersey. Jessica weet zich nog te herinneren dat George echt met haar praatte, wat maar weinig vriendjes ooit deden. Hij stelde niet alleen vragen over haar verwachtingen en zorgen, maar hij luisterde ook echt naar haar antwoorden. Ze vertelde hem wat ze nooit aan Lourdes had verteld: dat de vader van Cesar haar jarenlang seksueel misbruikt had. George bestelde roomservice. Hij voerde Jessica aardbeien in het kingsize bed. 'Ik voelde me net een prinses,' zei ze. Eindelijk leek het leven op het leven zoals Jessica zich dat had voorgesteld: 'Ik had het gevoel dat er iemand van me hield. Mijn prins te paard.' Jessica was nog het meest verbaasd over het feit dat George er, ondanks alles wat hij had betaald, niet van uitging dat ze seks hadden. In plaats daarvan hield hij haar in zijn armen.

De volgende middag wachtte Jessica, terwijl George de rekening betaalde, bij een waterval in de lobby op haar zuster en Angel. Het uitgestalde lunchbuffet maakte diepe indruk op haar: plakjes vruchten in waaiervorm op zilveren schalen, kaasblokjes naast opgerolde plakjes vleeswaren, jus d'orange in gekoelde kristallen karaffen. Er waren grote groene olijven en brood in diervormen. Het buffet vulde een grote gedekte tafel onder twee ijszwanen in een smeltende omhelzing.

Terug op Tremont bleef Jessica nog even in de auto achter terwijl Elaine en Angel alvast naar boven gingen. Ze kon de ogen van de buren op zich voelen in de Mercedes en ze genoot ervan. George zei: 'Laat je moeder en je dochters zich klaarmaken. Ik neem jullie mee uit eten.' Over een uur zou hij hen komen ophalen. Ze moesten klaarstaan; hij had een hekel aan wachten.

Jessica kleedde zich uit en ging onder de douche. Ze gaf haar moeder opdracht zich aan te kleden en de meisjes te helpen. Lourdes deed een spijkerbroek en een schoon T-shirt aan, kleedde de drie meisjes in het eerste het beste dat ze vond en kamde hun haar. Ze nam aan dat ze ergens in de buurt zouden gaan eten – misschien in een vistent op City Island, maar waarschijnlijk nog eerder hamburgers bij White Castle of afhaal-Chinees. Maar George hield van verrassingen. Hij had zelfs van auto gewisseld en de Mercedes ingeruild voor een van zijn B M W's. Hij nam hen mee naar een chic Cubaans restaurant in Manhattan, Victor's Café.

Aan de wanden hingen foto's met handtekeningen van beroemdheden en boksers. De gerant herkende Boy George. Lourdes hield zich schuil achter het menu. Voor de prijs van een maaltijd, zag ze, kon ze haar vijf kleinkinderen een week lang te eten geven.

'Neem maar wat je wil,' zei George tegen haar. 'En niet naar de prijs kijken.' Ongevraagd opende de ober een fles Moët.

De terugrit was langzaam en dromerig. Jessica dronk zelden en ze was een beetje draaierig van de champagne. Ze kwamen vast te zitten in een verkeersopstopping, maar de B M W leek veilig van de buitenwereld afgesloten, als een klein huisje. George vroeg Jessica het handschoenenkastje open te maken. Daar lagen foto's in van een reisje naar Hawaï, dat hij onlangs had gemaakt. De verste reis die Jessica ooit had gemaakt was naar Bear Mountain, een uur rijden van de stad, voor de picknicks die haar familie daar met Big Daddy had gehad.

Een man die rozen verkocht, kwam naar het raampje van George. Elke roos was verpakt in cellofaan met een donkerrood lint. George kocht er een voor Jessica en eentje voor Lourdes. De man liep al naar de volgende auto toe. George riep hem terug en zei: 'Geef ze eigenlijk ook maar allemaal.' De man gaf de inhoud van drie emmers rozen door het donkere glas van het raam aan. Jessica nam ze in ontvangst als een schoonheidskoningin. Er lagen rozen op haar schoot en op die van haar moeder, en er vielen er een paar op de grond. Ze gleden langs de voetjes van de meisjes, die met hun volle buikje in slaap waren gevallen.

Niet lang na die eerste afspraak belde Jessica Boy George op vanuit een telefooncel op de Grand Concourse. Het sneeuwde. Jessica had niets meer van hem gehoord. Ze had geen winterjas. De vochtige kou was van haar pennyschoenen naar haar afgezakte sportsokken gekropen.

Ze drukte haar pieper-code in: 176. De meeste meiden namen het nummer van de straat die het dichtst bij hun huis was, net als de voormannen van Boy George' drugspersoneel. Soms waren de codenummers boodschappen, een soort geheimtaal: 911 (in noodgevallen), 411 (je weet iets belangrijks of je moet iets belangrijks horen), 3333*14 (Hi, baby), 3704*14 (Hi, hoer). En als je het schermpje omdraaide kon je in 3704*550 ruwweg 'asshole' lezen en in 038*2**06*537 'let's go to bed' (waarbij 69 dat nog wat kon preciseren). Boy George gebruikte 666. De satanische implicatie van die code vond hij wel spannend. Hij stond bekend om zijn opvliegende humeur en was al bij een aantal schietpartijen betrokken geweest, maar de kans om mensen te intimideren liet hij nooit lopen. Een van Boy George' mensen belde terug vanuit Grande Billiards. George ging door met zijn potje poolbiljart.

'Ik bel namens Boy George,' zei de medewerker.

'O, hallo,' weet Jessica nog dat ze met zachte stem zei, net hard genoeg om zich verstaanbaar te maken boven het verkeerslawaai. 'Ik vroeg me af of je iets voor me zou willen doen.' Jessica was in haar leven al heel wat gesprekken op precies dezelfde manier begonnen. Ze vroeg om geld en kwam vervolgens zo lang als nodig was met zoveel argumenten, dat die elkaar in een soort domino-effect omvergooiden: ze moest ergens heen, ze had geen geld voor een taxi, ze moest naar het huis van een vriendin om twintig dollar op te halen, het meisje was haar dat geld schuldig, ze had het geld nodig om melk te kopen voor haar hongerige kindertjes.

Nu kwam Boy George zelf aan de telefoon. Zijn stem was rustig maar scherp. 'Hoor 'ns, als je alleen maar belt om geld te vragen, hou dan maar op. Heb het hart niet me voor geld te bellen.'

'Hmmm,' zei Jessica.

'Waar ben je?'

'Hoek 176th en Concourse.'

'Blijf daar maar wachten. Iemand pikt je daar zo op.'

De werknemer bracht haar naar Grande Billiards. Ze ging niet naar binnen maar wachtte op de achterbank van de auto. Ten slotte kwam Boy

George naar haar toe, met drie van zijn vrienden. Opnieuw vroeg ze om geld.

Zijn stem klonk ongeduldig. 'Ik hou er niet van om dingen vaker dan één keer te moeten zeggen. Als je alleen voor geld komt, laat dan maar zitten.'

'Fuck you,' snauwde Jessica.

Achteraf gezien, dacht Boy George later, had hij haar toen een flink pak slaag moeten geven. In plaats daarvan gaf hij de chauffeur opdracht naar Lourdes te rijden. Hij sleurde Jessica uit de auto en duwde haar de trap op. Hij zag dat ze de spijkerbroek droeg die Lourdes aan had gehad in Victor's Café.

'Van wie is die broek?' vroeg hij.

'Van mij,' zei Jessica.

'Waarom had je moeder hem dan aan?'

'Het is niet zo dat wat van mij is, ook alleen van mij is. We hebben dezelfde maat. We–'

'Shit,' zei hij. Hij gaf haar alvast een polotrui die hij bij de Gap had gekocht.

Tijdens George' volgende bezoek aan Tremont zaten Jessica en hij op de doorgezakte bank in de woonkamer. De tweelingzusjes, in hun bedjes bij het koude raam, huilden ontroostbaar. Scruffy blafte. De tv stond keihard. Cesar kwam langs met een paar van zijn fijne vrienden. George haatte chaos. Hij wist nog dat hij dacht: wat is hier godverdomme aan de hand? Dit is toch geen omgeving voor een vrouw om haar kinderen in groot te brengen.

'Ik ben moe,' zei Jessica.

'Dan ga je toch naar bed,' zei George nuchter.

'Daar zit je op,' zei Jessica een tikkeltje uitdagend.

'O, is het zo'n vouwding?'

Nee, het was maar een bank. Iemand had zijn initialen in het houten frame gekrast. De kussens deden al jaren dubbele dienst als matras. George inspecteerde de keuken. De muren misten grote stukken pleisterkalk. Hij deed de kastjes open: kakkerlakken. Hij keek in de koelkast. Er stond zelfs geen melk in om die kinderen stil te krijgen. 'Er was niets,' zei hij later. 'Er was helemaal niets in dat metrostation.'

Een paar uur later kwamen twee van zijn mensen naar de flat. Ze sjouwden met zakken vol boodschappen van Food Emporium. Cesar rende naar zijn kamer en keek uit het raam. Er stonden twee Jeeps op Tremont, allebei vol met eten.

'Er was zoveel eten dat het niet eens allemaal in de keuken kon,' zei Cesar. 'Er stonden ook nog zakken in mijn kamer onder het bed.' In de koelkast en de diepvries lag kip, varkenskarbonade en rundvlees. Er was ook kalkoen en ham. Lourdes snikte terwijl de zakken werden binnen gedragen door de deur waarboven ze een hoefijzer had gehangen dat geluk moest brengen. 'Zoiets heeft nog nooit iemand voor me gedaan,' zei ze, hoewel de gulle gift bedoeld was voor Jessica en haar dochters.

'Hij had aan alles gedacht,' zei Jessica. 'Aan alles.' Nooit was er genoeg geweest, en nu, nu er plotseling in hun behoeften werd voorzien, riep de hulp wantrouwen en minachting op. Het was alsof het gebaar een kwetsbaarheid aan het licht bracht, die zo groot was dat die onmiddellijk moest worden weggewuifd. Jessica en Lourdes haalden iedere zak vol ongeloof overhoop, maar controleerden ook of George misschien iets was vergeten. Dat was hij niet. Hij had zelfs een vlooienband voor Scruffy gekocht.

## HOOFDSTUK 3

Niet iedereen overleeft zijn redding. Cesars noodlot woonde in de aangrenzende huurkazerne. Rocco was half Italiaans en negen jaar ouder dan Cesar, met dikke donkerbruine wenkbrauwen, die het repertoire van komische uitdrukkingen op zijn beweeglijke gezicht extra accentueerden. De eerste keer dat ze met elkaar praatten, zat Cesar, die toen twaalf was, op de stoep te huilen met zijn hoofd in zijn handen. Dit publieke vertoon van kwetsbaarheid verbaasde Rocco: Cesar stond er in de hele buurt om bekend dat hij met evenveel lef klappen in ontvangst nam als ze uitdeelde. Rocco had de verhalen gehoord: over hoe Father Tom van de Christian Church hem de toegang tot de biljartavonden had ontzegd omdat hij ruiten ingooide, biljartballen jatte en andere kinderen met een biljartkeu sloeg. Rocco had Cesar een keer zien vechten met een veel oudere jongen, die zeker twee keer zo groot was: Cesar ramde er uit alle macht op los en hield pas op toen de ander hem als oud vuil op de grond achterliet. 'Hij had altijd een blauw oog en opgezette lippen, en altijd werd hij achternagezeten door andere jongens,' zei Rocco peinzend. Die middag had Rocco gevraagd wat er aan de hand was; het bleek dat Cesar ontzettende kiespijn had – waarschijnlijk van de repen chocola die hij soms als ontbijt at. 'Ik geloof dat ik dat gekke jochie van toen af aan begon te mogen,' zei Rocco. Inmiddels kende hij Cesar al jaren, maar hij had hem nooit meer zien huilen.

Het duurde even voor de vriendschap zich verder ontwikkelde. Rocco volgde een training tot profbokser, was druk met zijn vriendin, trok met een clubje jonge kerels van zijn leeftijd op en opereerde op de rand van de criminaliteit. Cesar was ijverig aan het oefenen voor een leven in de misdaad: de ballen van andere kinderen op het dak gooien, fietsen stelen en de ene vechtpartij na de andere. Soms keek Cesar toe als Rocco oefenbokste in de steeg of in de kelder; soms speelden ze samen handbal op de hoek van Anthony Street, bij de basisschool van Cesar.

Op een zomeravond ging Rocco zwemmen. Cesar, die net de basisschool had afgemaakt, wilde graag mee. De oudere jongens hadden revolvers bij zich – omdat zij Puertoricanen waren en het zwembad in Highbridge was, een wijk waar voornamelijk mensen uit de Dominicaanse Republiek woonden. Cesar smeekte of hij mee mocht, maar Rocco zei dat hij nog te jong was voor dit soort dingen. Maar een paar maanden later begon Cesar ineens te groeien. 'Verdomme,' zei Rocco, 'wat ben jij groot geworden, zeg! Hoe oud ben je nou?' Cesar loog tegen Rocco dat hij zestien was.

In het voorjaar van 1987, toen het bij Lourdes uit de hand begon te lopen, trokken de jongens inmiddels serieus met elkaar op. Rocco maakte tijd vrij voor Cesar en Cesar bezorgde Rocco een soort tweede jeugd. Toen Rocco zo oud was als Cesar nu, liet zijn vader hem zelfs op zomeravonden niet naar buiten gaan; nu gooiden ze eieren naar nietsvermoedende voorbijgangers, sprongen over de tourniquets van de ondergrondse en op rijdende treinen, jatten Chinese afhaalmaaltijden en zaten achter de meiden aan. 'Ik was tweeëntwintig jaar en gedroeg me als een jochie van twaalf,' zei Rocco. Hij tikte altijd vanaf de brandtrap op het raam van Cesars kamer. Als ze geld hadden, aten ze een laat ontbijt van hamburgers en een maisbroodje bij Skeebo, een Jamaicaans restaurant op Tremont, en gingen vervolgens naar Moody's, Rocco's favoriete platenwinkel. Rocco leerde Cesar boksbewegingen en nam hem mee naar Gleason's, zijn boksschool in Brooklyn. Cesar greep alles aan om te laten zien dat hij Rocco's vriendschap waard was.

Rocco's grote voorbeeld was zijn oom Vinny. Vinny was een jarenlange heroïnegebruiker met keelkanker en een redelijk geslaagde carrière in de misdaad. Anders dan Rocco's vader, die alleen maar werkte en doodmoe thuiskwam, was Vinny een wandelend jaren-zeventigtype: donkere zonnebril, lang zwart haar in een staartje, gevangenisverhalen en tatoeages. Vinny was aan zijn luchtpijp geopereerd; zijn schorre stem deed Rocco denken aan de *Godfather*. Als Vinny tegen zijn neef zei: 'Ik ga nooit dood,' geloofde Rocco hem: zijn oom Vinny had regelmatig in de bak gezeten, er was op hem geschoten, hij had een steekpartij overleefd en hij was een keer door een stadsbus overreden. Vinny zei tegen Rocco dat hij succes kon hebben in de misdaad zolang hij maar van de drugs afbleef en niemand vertrouwde.

'Vinny heeft me geleerd op straat te overleven,' zei Rocco.

Cesar zei: 'Rocco heeft me tot misdadiger opgevoed.'

Tegen de tijd dat Big Daddy het huis uitging, hadden Cesar en Rocco zichzelf 2 DOWN gedoopt en waren ze gepromoveerd naar ernstigere misdrijven. Cesar ging niet meer naar school.

Cesar en Rocco zouden worden gescheiden door een misdrijf dat geen van tweeën had begaan. Tijdens hun lange vrije dagen en eindeloze nachten, sloten ze zich aan bij andere jongens in andere bendes, die zich Showtime en ABC noemden. Cesar en Rocco waren op een middag in de herfst toevallig allebei in Echo Park, toen een ruzie over een basketbal uitliep op

35

een schietpartij. Gewoonlijk maakte de politie zich niet erg druk om criminelen die elkaar beschoten, maar deze keer was er een kogel rakelings langs een kind van twee jaar oud gegaan. Toen de politie de jongens uit de buurt die een zekere reputatie hadden, begon op te pakken, maakten Cesar en Rocco zich uit de voeten naar Spanish Harlem, waar Cesars vader een flat had. Maar al na één nacht stelde Rocco voor om weg te gaan: er liep een arrestatiebevel tegen Cesars vader en Rocco was bang dat die zou proberen daar vanaf te komen door de jongens bij de politie aan te geven.

De volgende dag ging Cesar terug naar de Bronx; Rocco ging trainen bij Gleason's, waar zijn trainer, die in de krant over de schietpartij had gelezen, hem overhaalde naar de politie te gaan. Rocco werd ondervraagd en mocht weer gaan, en toen hij Cesar weer zag, haalde hij hem over, zijn voorbeeld te volgen. Kort daarna werden echter twee leden van de Showtime-bende gearresteerd in verband met de schietpartij; op straat deed het verhaal de ronde dat Rocco ze had verlinkt. Cesar kon het niet geloven. Tot op dat moment had hij Rocco volledig vertrouwd en zijn teleurstelling was dan ook groot.

Na zijn breuk met Rocco bleef Cesar optrekken met Showtime en ABC. Hij was loyaal en beschikte inmiddels over een .38 met een extra korte loop. Nogal wat oudere jongens vroegen hem mee als ze steun nodig hadden bij ruzies of als ze iemand konden gebruiken die zo gek was voorop te gaan. Maar toen brak er op een avond in Manhattan een vechtpartij uit in een speelhal op Times Square waar Cesar aan het flipperen was; hij probeerde nog weg te komen, maar de politie kreeg hem te pakken en nam zijn pistool in beslag. Zodra hij geen wapen meer had, waren de oudere jongens niet meer zo erg in hem geïnteresseerd. Cesar kwam er door schade en schande achter dat heel wat jongens een flink verhaal konden ophangen over hun gangsterleven maar dat ze, als het op daden aankwam, helemaal niets voorstelden.

Die winter zag het er somber uit; na de duizelingwekkende kennismaking van de familie met Boy George, raakten de kasten al snel weer leeg. Jessica klampte zich fanatiek vast aan haar fantasie dat iemand haar wel zou redden. Cesar vertelde hoe ze constant Boy George oppiepte: 'Mijn zus brandde die pieper gewoon op.' Voorjaar 1988 belde George haar eindelijk terug en gaf hij haar een baantje. Hij had meer mensen nodig om zijn nieuwe zendingen heroïne te verwerken. Cesar hielp Elaine met het inpakken van bestellingen bij C-Town en Elaine gaf hem geld voor eten. Maar zij had haar eigen problemen: Angel was opgepakt op beschuldiging van handel in drugs en zat in een gevangenis in Massachusetts. Toen

Elaine hem op borgtocht vrij had gekregen, ging ook hij voor George werken. Zelfs Milagros werkte voor hem. Cesar vroeg George ook hem in te huren, maar dat weigerde George; Cesar was te jong.

Het straatleven kwam weer op gang naarmate het beter weer werd, en meer dan ooit wilde Cesar weg uit zijn directe omgeving. De ellende hield nooit op. Hij wilde de rotzooi ontlopen die hij veroorzaakt had, de ruzie met Rocco, de bekende dingen die hem verveelden, en de last om steeds maar weer het gevecht aan te moeten gaan met iedereen die iets lelijks over zijn familie zei. Soms ging hij op de fiets naar Hype, een jongen die hij een paar maanden tevoren op een feestje had leren kennen. Hype trok op met The Andrews Posse – TAP – die aan het andere eind van Tremont hun territorium hadden, maar hij deed ook zijn eigen ding. Dat onafhankelijke trekje van Hype sprak Cesar aan, en de aantrekkingskracht leek wederzijds. Cesar was ook op zoek naar nieuwe meiden.

Meisjes waren geneigd dichter bij huis te blijven, alsof ze bijna letterlijk zaten vastgebonden aan hun huizenblok. Sommigen hingen rond voor de flat van hun moeder, anderen mochten helemaal niet naar buiten. Meisjes zaten vast aan hun jongere broertjes en zusjes, aan hun eigen kinderen of aan de onuitgesproken regels die voor meisjes golden. 'Meiden gaan niet zo ver weg,' zei Tito, een van Cesars vrienden op Tremont. 'Jongens willen de bezienswaardigheden zien. Wij zijn de pioniers.' Mooie bezienswaardigheden waren meisjes die boodschappen deden voor hun moeder, meiden die met de was naar de wasserette gingen, of meiden die met hun kleine kinderen naar het park liepen. Jongens zwierven rond. Meisjes bleven binnen, kookten eten en pasten op de kinderen. Meisjes hadden verantwoordelijkheden. Jongens hadden fietsen.

Op een middag in de herfst reed Cesar zijn fiets de hal in en sjouwde hem vier trappen af naar beneden. Hij fietste naar het driehoekige witte gebouw op de Grand Concourse dat hem altijd aan een taartpunt deed denken, reed de helling aan de andere kant van Tremont af, en fietste in westelijke richting.

Onbekenden vielen op in de buurt waar Coco woonde: zendelingen, immigranten die op straat kleren verkochten, af en toe een journalist die over recente rampen en over de allesverlammende druk van chronisch onrecht en pure pech schreef. Er klonk altijd wel ergens muziek vandaan – salsa, merengue – en er waren altijd wel mensen die op drugs uit waren. De dealers stonden op de straathoeken; sommige hadden hun naam om hun nek hangen, als de met goud geschreven naam op een chique portretfoto; andere droegen felbegeerde hangertjes van een pistool of een dollarteken, en medailles – als schoteltjes zo groot – van hun patroonheilige. De jongens hingen meestal bij de dealers rond, terwijl de oudere mannen op melkkratjes op de stoep voor hun huis zaten en voor de zoveelste keer hun bekende verhalen ophingen, terwijl hun verwaterde hoop haast ongemerkt wegsijpelde naarmate de zon hun bier verwarmde.

Cesar trok alleen al door zijn verschijning de aandacht. Hij droeg een roodleren jack met een kraag van wat echt konijnenbont leek. Coco was een uitbundig meisje, dat wel van wat leven in de brouwerij hield. Ze merkte hem onmiddellijk op.

Net als Cesar was ook Coco op zoek naar afleiding: alles liever dan dezelfde mensen die altijd dezelfde dingen deden. Ze was niet kerks en ook niet echt een liefhebber van school, maar ze had haar opvoeding ook niet op straat gekregen. Ze was meer een vriendelijk buurmeisje, dat zich stoerder voordeed dan ze in feite was. Ze hield van een beetje actie, hoewel ze liever vanaf de zijlijn toekeek. Jongens noemden haar Shorty omdat ze klein was, en Lollypop omdat ze altijd lollies in de knoop van haar paardenstaart stak; de leraren noemden haar Motor Mouth omdat ze zoveel praatte. Coco's vriendelijke gezicht stond zelfs in haar slaap nieuwsgierig.

Die middag keken zij en haar beste vriendin, Dorcas, uit het raam van de slaapkamer van Dorcas' moeder op de derde verdieping, zoals ze vaak na school deden: op hun knieën op het doorgezakte bed, en met hun ellebogen op de vensterbank. Het raam keek uit op University Avenue, een belangrijke verkeersader die door Morris Heights liep, de wijk waar Coco woonde. Vanuit de slaapkamer hadden de meisjes goed zicht op de buurtwinkel op 176th Street bij Andrews Avenue, 'op de hoek waar ze ook drugs verkopen', zei Coco. Soms hing Coco helemaal uit het raam, waarbij haar vierkante bovenlijf uit de stenen muur stak als een boegbeeld uit een schip. Maar haar bruine ogen tuurden niet naar de horizon. Coco leefde in het heden; ze keek naar beneden, over de straat uit. Wat de meisjes zo aantrok in de winkel, waren de jongens van hun leeftijd die er rondhingen: jongens die met andere jongens praatten, jongens die chips aten, jongens die basketballen lieten stuiteren, jongens op schoenen met noppen, jongens met gettoblasters, op weg naar Roberto Clemente Park voor een potje handbal of naar het Aqueduct voor hun ploegendienst van twaalf uur in de drugshandel.

Uit andere ramen hingen volwassen vrouwen: moeders van in de twintig en grootmoeders van in de dertig, oudere vrouwen, gehard door lange jaren van beukende golven van armoede. Deze vrouwen leunden met hun dikkere ellebogen op platgedrukte kussens om de rand van de vensterbank te verzachten. De nog veel oudere vrouwen – de overgrootmoeders van in de vijftig – hadden al hun belangstelling voor het gedoe verloren:

die hielden de gordijnen dicht. Maar Coco ging voor resultaat; ze was jong en ze geloofde nog dat er een verband bestond tussen wat ze deed en wilde, en wat daaruit kon voortvloeien. En wat ze op dat moment wilde, was die knappe jongen met de lichte huid in het rode leren jasje op de straat daar beneden, die wijdbeens op zijn fiets zat.

Cesars vrienden noemden hem Caspar omdat hij zo'n lichte huid had. Zijn graffiti-tagnames, die hij in dikke letters op de meeste flats in de buurt van die van zijn moeder had gespoten, waren LC (Lone Cesar) en PBC (Pretty Boy Cesar). Hij gebruikte ook wel eens Big Rock, maar hij gaf de voorkeur aan PBC. De moedervlek op zijn grote voorhoofd zat weggestopt onder de rand van zijn honkbalpet, die hij altijd achterstevoren droeg. Hij geneerde zich enigszins voor zijn oren. Hij vond dat ze te klein waren en te veel uitstaken. Coco zag alleen wat ze kon zien: een levendige jongen met volle lippen, ernstige bruine ogen en een platte neus, die zich heel goed wist te kleden. Cesars gympen waren niet afgetrapt. Zijn kleren waren schoon en gestreken.

'Shit,' zei Coco tegen Dorcas. 'Die knul ziet er goed uit, zeg!' Hij droeg zijn blonde krulhaar kort, in een afro-kapsel. Hij liep sexy, wiegend met zijn slanke heupen, terwijl hij lange passen nam. Hij hield zijn ogen half dichtgeknepen alsof hij zojuist een citroen had gegeten. Coco kon hem niet voortdurend in het oog houden, omdat hij in beweging bleef en er steeds auto's langskwamen die het zicht op hem benamen. Hij ging de supermarkt in en kwam even later weer naar buiten. Ze raakte hem kwijt in het gewoel van de groep jongens die bij de kapotte telefooncel stond. Ze kreeg hem weer in het vizier. En toen was hij weg.

Een paar dagen later verlieten Coco en Dorcas hun plekje bij het raam en posteerden zich op straat in de schaduw van de flat van Dorcas' moeder, tegenover de winkel. Het was een strategische manoeuvre; ze bevonden zich nu op hetzelfde niveau als de jongens. Coco mocht dan nogal schaamteloos kunnen flirten en met haar mollige lijfje paraderen, ze wist heel goed wie ze leuk vond en liet dat de gelukkige ook weten op het moment dat het haar uitkwam. Toen Cesar zich weer vertoonde, glimlachte ze verleidelijk en zette haar mooiste ogen op: wasbeerogen, want Coco gebruikte eyeliner die ze er als krijt zo dik opsmeerde. Maar Cesar leek haar niet op te merken. Coco's vriendje, Wishman, saboteerde de volgende poging en tegen de tijd dat ze die had weggejaagd, was Cesar verdwenen.

De volgende keer dat Coco Cesar zag, was toen ze boodschappen deed. Cesar kwam uit een biljartzaal vlakbij gerend, achter een man aan die hij nooit zou kunnen inhalen. Toen hij langs rende, spuugde hij een toffee uit in een regen van bloed, gevolgd door een serie scheldwoorden. Het bleek dat de man Cesar en zijn vrienden er ten onrechte van had beschuldigd dat ze zijn auto hadden omgegooid, die hij voor de biljartzaal had geparkeerd. En toen Cesar de man had uitgescholden, had die hem met de kolf van zijn pistool geslagen. Nu probeerde Cesar steun te organiseren en The Andrews Posse in te schakelen. Het probleem was, zoals altijd, om de jongens bij elkaar te krijgen. O, o, dacht Coco nog, mijn schatje gaat vechten. Coco was lid van de onofficiële vrouwenafdeling van TAP. Jongens hadden op dit soort momenten meiden nodig als dekmantel. De politie hield een jongen minder snel aan als die in gezelschap was van een meisje. Coco pakte de arm van een jongen die haar zuster indertijd wel leuk had gevonden.

En op datzelfde moment merkte Cesar Coco op – wat haar in een lastig parket bracht: ze wilde niet dat Cesar dacht dat ze behalve Wishman nóg een vriendje had, maar als ze de hand van die andere jongen losliet, kon hij in de problemen komen en dat zou dan haar schuld zijn. Tot haar opluchting loste het probleem zich op in de commotie die erop volgde, in al het geschreeuw en gedrang en de ongerichte dreigementen. Uiteindelijk had iedereen zich dan toch zo'n beetje verzameld, maar tegen die tijd was de man met het pistool ervandoor.

Toch had het incident op een ander niveau wel effect: de uitbarsting gaf wat lucht aan de algemene frustratie en bezorgde de vervelende tieners iets nieuws om over te praten. Wraaklust leverde een excuus op voor contact met de meiden, en een ander soort hormonale communicatie nam de plaats in van de vechtlust. Cesar praatte niet met Coco, en Coco hield de belangrijkste vragen voor zich. Had hij een vriendinnetje? Wat vond hij van haar? Het werd donker op University Avenue en het werd koud, maar de koplampen van de auto's gaven het idee dat het zomer was.

Het kleinste straaltje hoop kon Coco al in de hoogste versnelling brengen; voor alle zekerheid maakte ze het uit met Wishman. Hij moest uit de weg, voor het geval Cesar haar wilde. Wishman deed of het hem koud liet, maar Wishmans moeder, Sunny, zei tegen Coco dat het haar speet te horen dat ze uit elkaar waren. Ze mocht Coco graag: Coco leek haar het type meisje dat een rusteloze jongen als Wishman kon stabiliseren zonder al te veel van hem te verwachten. Sunny had gehoopt dat de relatie zou standhouden, want deze zoon leek geboren voor problemen. Sunny, fors en laconiek, zag dat Coco lef had – dat ze zich staande kon houden in een ruzie – maar ze had ook iets liefs. Coco was niet hebberig. Ze vloekte niet. Ze vond het prima om Sunny's baby eten te geven, een luier te verwisselen of naar de winkel te gaan om een paar losse sigaretten voor Sunny te kopen als haar Newports op waren. Sunny zei nooit tegen Wishman wat ze vond – en ze wilde al evenmin dat hij zich met háár zaken bemoeide –

maar ze maakte haar hoop op een zachtere landing voor Wishman kenbaar door een foto van Coco op de koelkast te plakken. Op die manier zou Wishman iedere keer als hij een blikje pakte, aan Coco herinnerd worden.

Coco woonde in het hartje van de stad, maar voor haar was het meer een soort dorp: haar leefwereld bestond grofweg uit vijf huizenblokken. Het emotionele centrum was de flat van haar moeder op de bovenste etage van een woongebouw in een zijstraat van University Avenue. Iets verderop in de straat was een woningwetproject met torenflats die tot aan de Deegan Expressway doorliepen. Die projecten waren een compleet andere wereld; Coco ging er alleen naar toe met haar moeder Foxy en met haar stiefvader Richie, die er graag op de handbalbanen speelde. Andere buitenposten bezocht Coco vaker: de eerste hulp van North Central en Bronx Lebanon, waar Coco iedere keer als haar jongste broertje een toeval kreeg of haar oudste broer een astma-aanval, uren zat te wachten; het appartement van haar grootmoeder, vijf minuten lopen; de flats van vrienden, meestal bloedverwanten, die verjaardags-, geboorte- en doopfeesten gaven – en thuiskom-feesten als iemands zoon of vriendje uit de gevangenis kwam. Je had Burnside Avenue, waar Coco ging winkelen als haar moeder geld had voor grotere uitgaven: schoenen en jassen. En je had Fordham Road, waar ze naar school ging.

En toch waren er binnen dit beperkte wereldje belangrijke verschillen. Kerkse mensen leefden hun leven in het algemeen gescheiden van de mensen die buiten rondhingen. Sommige werkende mensen hielden hun kinderen binnen om ze te beschermen tegen de straat; andere kinderen bleven juist buiten rondhangen, bang voor wat hun binnen wachtte. Iedereen gebruikte hetzelfde trappenhuis, de buurtwinkel en de bushalte, maar soms met heel andere bedoelingen. Er was sprake van een soort ploegendienst: de rondhangers kwamen druppelsgewijs thuis als de werkende mensen op pad gingen; en de werkende mensen kwamen thuis als de straat tot leven begon te komen. Zelfs binnen gezinnen bestonden dit soort tegenstellingen: Foxy werkte fulltime, terwijl Richie, haar vriend die ze al jaren had, heroïneverslaafd was; Coco hield van de straat, terwijl haar oudere zus Iris een echte huismus was.

Pogingen om het goede te doen, werden niet altijd beloond: het merendeel van het huishoudelijk werk kwam op Iris neer. En Iris nam ook een flink deel van de zorg voor de kinderen op zich. Foxy was cheffin in een kledingwinkel die de Rainbow Shop heette en ze kwam de meeste avonden pas om tien of elf uur thuis. Iris kookte, haalde Coco binnen en werkte telefoontjes af van de scholen, waar Coco en Hector, de jongste, altijd bij vechtpartijtjes betrokken raakten. Foxy zei altijd: 'Ik moet Iris naar buiten schoppen en Coco naar binnen.'

Die herfst zat Foxy Coco wat minder op haar huid omdat ze grotere zorgen had; Iris was zwanger, op haar vijftiende, en dreigde uit huis te gaan. Foxy was erg gesteld op Iris' vriendje, Armando – ze hadden elkaar op een zomeractiviteit voor jongeren leren kennen, en Armando gedroeg zich toegewijd en verantwoordelijk – maar Foxy wist niet hoe ze het moest bolwerken zonder haar oudste dochter; het was aan Iris te danken dat Foxy überhaupt kon werken.

Iris wilde haar moeder niet in de steek laten maar ze had ook behoefte aan rust – het soort rust waarvan ze zelfs niet wist dat die bestond, tot ze een keer 's zomers, dankzij het Fresh Air Fund, twee rustige weken had doorgebracht bij een familie op het platteland. Ze haatte het constante geruzie bij hen thuis; altijd pakte iemand iets van een ander af, altijd was er wel iemand die slaag verdiende of althans kreeg, altijd was er wel iemand die huilde, jammerde of ruziede. Iris had genoten van de rust bij Foxy's zuster Aida, die in New Jersey woonde; maar kortgeleden was Aida drugs gaan gebruiken, overmand door haar eigen problemen. Voordat ze op Armando verliefd werd, hield Iris zich vaak schuil in de slaapkamer die ze met Coco deelde en hield zich daar bezig met het verzetten van het meubilair en het verkleden van haar barbiepoppen. Nu verstopte ze zich in Armando's kamer.

Iris haatte ook Foxy's vriend. Richie was werkloos en omdat Iris altijd thuis was, had zij de meeste last van zijn rusteloosheid, die hij gedeeltelijk wist te onderdrukken met heroïne. Iris had er genoeg van hem te moeten bedienen: koffie voor hem te zetten, naar zijn natuurfilms te kijken in plaats van naar tekenfilms, en zijn sigaret uit te maken als hij in slaap viel. Op een keer had Richie op de wc een overdosis genomen terwijl Foxy naar haar werk was. Coco begon hysterisch te gillen en hun oudste broer, Manuel, rende naar de buren. Maar Iris hoopte vurig dat Richie het niet zou overleven.

Iris had ook haar eigen vader gehaat. Ze herinnert zich nog dat ze van vreugde een serie radslagen maakte in de hal van de school toen ze het nieuws van zijn dood vernam. Coco, die toen acht jaar oud was, krabde haar gezicht tot bloedens toe open. Ze was zijn lievelingetje geweest. Toen Coco jonger was en hij haar in de lucht gooide, probeerde Iris hem af te leiden, zodat hij Coco zou laten vallen. Of Iris verstopte zich onder het bed met de kat, pestte die tot martelen toe en gooide hem dan naar haar vaders benen, terwijl ze toekeek hoe hij gekrabd werd. Ze deed zijn diabetesmedicijnen in de diepvries. Toen Foxy hem ten slotte het huis uitgooide, was Iris stiekem blij. Maar wat haar betrof, had Foxy gewoon de ene nietsnut voor de andere verruild. Iris' zwangerschap maakte haar mondiger en ze lachte Richie nu in zijn gezicht uit.

Coco daarentegen concentreerde zich op Richies positieve kanten. Hij was knap – een lichte huid, met blauwe ogen – en haar moeder en hij pasten goed bij elkaar: Foxy had groene ogen en platinablond haar. Ze zagen er samen heel mooi uit als ze dansten, en hij maakte haar moeder soms blij. Richie nam ook de tijd om Coco danspassen te leren. Hij was intelligent, las boeken, schreef Coco in voor haar eerste bibliotheekabonnement en hielp haar met haar huiswerk. En sinds Iris zwanger was gebleken, had Richie Coco op het hart gedrukt om heel goed uit te kijken en naar een beter leven te streven.

Hoe dat moest, was niet duidelijk, maar Coco begreep misschien wel intuïtief dat succes niet zozeer ging over opklimmen als wel over niet naar beneden vallen. Aangezien er maar weinig echte mogelijkheden tot opwaartse mobiliteit waren, maten de mensen in Coco's wereld verbeteringen in minuscule gradaties van beter-dan-iets-wat-nog-erger-was. Die concrete stapjes deden er meer toe dan de clichétaal van succes die iedereen net zo makkelijk in de mond nam als de vluchtige gevoelens op een Hallmark-kaart. Meisjes zouden 'iets van hun leven maken' zo gauw het kind oud genoeg was; jongens zouden 'verstandig zijn' en 'binnen blijven'; en iedereen zou teruggaan naar school. Maar 'beter-dan' was de echte maatstaf. Dik zijn maar gegeten hebben, was beter dan mager zijn en honger hebben. Ruzie in huis – ook al kon iedereen die horen – was beter dan de vuile was op straat hangen. Heroïne was slecht, maar crack was nog erger. Een meisje dat vier kinderen van twee vaders had, was beter dan een meisje dat er vier had van drie jongens. Een jongen die in drugs handelde en zijn moeder en kinderen hielp, was beter dan een jongen die egoïstisch was en het geld aan zichzelf besteedde; dat gold ook voor meisjes en hun bijstandscheque. En moeders die 's avonds uitgingen en de volgende dag niet doodmoe naar hun kinderen schreeuwden, waren beter dan moeders die dat wel deden.

Altijd als Richie Coco naar haar toekomstplannen vroeg – en trouwens bij elke vraag, hoe simpel ook – zei ze: 'Ik weet het niet,' en dan zei hij: 'Ze gaan je nog eens "ik weet het niet" noemen.' Richie wilde dat Coco vooruitkeek, maar zijn adviezen waren nogal vaag. 'Altijd een plan A hebben, en daarna ook altijd een plan B.' Als het aankwam op het bij elkaar scharrelen van geld voor heroïne, werkte Richie het hele alfabet af. Hij was ooit eens van een brandtrap gevallen toen hij probeerde bij een buurman in te breken en had daarbij zijn polsen en enkels gebroken. Vervolgens had hij een schadeclaim ingediend tegen de huisbaas, onder het motto dat de brandtrap onveilig was geweest. Maar Coco zag heel goed dat zelfs de slimste plannen standaard mislukten en dat Richie toch meestal terug moest vallen op het salaris van Foxy. Soms gaf Coco hem haar zakgeld om een eind te maken aan het geruzie; ze kon er niet tegen als Foxy boos was en Richie afkickverschijnselen vertoonde.

In die chaotische herfst had Coco maar één plan, en dat was Cesar, die nog geen woord tegen haar gezegd had.

Aanvankelijk bekeek Cesar Coco zoals hij alle meisjes bekeek. Ze was aantrekkelijk, 'echt klein en dik'. Hij wilde wel seks met haar. Maar zijn vriend B.J. zei dat hij dat wel kon vergeten: Coco was nog maagd. Dus wou Cesar haar eens te meer.

Meiden die nog maagd waren, waren zeer in trek. Voor een meisje was maagdelijkheid niet zomaar een toestand op zichzelf, maar een kostbaar bezit dat je een zeldzame en felbegeerde vorm van macht gaf; als je maagd was, had je een onderhandelingspositie. In het gunstigste geval was het iets waarover een meisje zelf kon beslissen, iets wat echt belangrijk was. En in tegenstelling tot uiterlijk of echte vaders of geld, was maagdelijkheid eerlijk verdeeld. Zelfs lelijke meisjes die nog maagd waren, hadden – zolang ze het tenminste waren – iets bijzonders en puurs. Voor jongens was het een prestatie om een maagd te scoren. Het was net zoiets als winnen met dobbelen – er scheerde hoop over het trottoir, je nam bewuste risico's. Als je een maagd had gehad, zo zeiden ze tegen elkaar, kon je daar je leven lang bij terecht: meisjes bleven altijd een warm plekje houden voor hun eerste vriendje.

'Yo, vergeet die maar, man,' zei B.J. tegen Cesar. 'Die doet geen seks.' Wishman had ook geen succes gehad.

En Wishman had het wel geprobeerd. Coco had toch ook een keer seks gehad met Kodak, zei hij tegen haar. 'Je hebt het Kodak wel laten doen. Terwijl ik de eerste had moeten zijn.' Coco was het met hem eens. Ze had het afschuwelijk gevonden dat haar korte, onbevredigende avontuurtje met Kodak als een lopend vuurtje door de straat was gegaan alsof het een ordinaire ruzie of een politie-inval betrof. Sindsdien had ze besloten haar romantische belangstelling vóór zich te houden. Coco was dan officieel wel geen maagd meer, maar ze kwam er toch wel heel dichtbij. Haar besluit om te zwijgen, sloot echter niet uit dat ze Dorcas over Cesar vertelde, zowel omdat Coco niet goed was in het bewaren van geheimen als omdat ze vriendinnen waren, beste vriendinnen, voor altijd.

Cesar was niet de enige die Coco's stevige gedrongen figuur en aantrekkelijk uitdagende houding had opgemerkt. Haar lijf had al veel langer – zij het onuitgesproken – complimenten teweeggebracht. Maar nu was ze op een gevaarlijke leeftijd en betrad ze de vrije markt. De lust in de ogen van de mannen uitte zich in complimenten en schuine opmerkingen. Gladde praatjes volgden op taxerende blikken. Jongens riepen agressieve opmerkingen, hopend op een reactie. Oudere vrouwen waarschuwden:

*Vind je 'm echt zo geweldig? Dat is-ie anders heus niet, hoor! Vraag 'm maar 'ns waar-ie gezeten heeft!*

*Luister 'ns hier, meissie, hij koopt dan nou wel sneakers voor je, maar de huur zal-ie echt niet betalen, hoor!*

*Wat heb jij je opgedoft, Shorty!*

*Kijk eens hoe ze loopt!*

*Hé, zit-ie soms op je kont geschilderd, die broek?*

Hun plagende opmerkingen gingen ervan uit dat mannen nooit een kans op seks voorbij lieten gaan, en dat jonge meisjes voor weinig meer in de wieg waren gelegd dan hun die kansen te bieden. Mannen zijn nu eenmaal mannen. Jongens waren nog erger. Meisjes waren naïef, dom. In Coco's oren klonken de waarschuwingen van de vrouwen als jaloezie, alsof ze eigenlijk hoopten dat hun sombere voorspellingen uitkwamen. Het leek wel of ze er verlangend naar uitkeken dat een meisje datgene kwijtraakte wat haar macht gaf. Oudere meiden en vrouwen werden verondersteld ervaring te hebben en jonge meisjes over de liefde te vertellen, maar de manier waarop ze dat deden, leek niet echt de meest verstandige. Coco had zulk soort tegenstrijdigheden in de gaten.

Cesar vond Coco klinken als een uitdaging, en hij was gek op uitdagingen. Zijn vrienden jutten hem altijd op om de gekste dingen te doen. Zo had Cesar zich ooit, tot Rocco's grote lol, bij de stomerij uitgekleed en was in zijn ondergoed over Tremont naar huis gelopen. Cesar wist hoe hij met vrouwen om moest gaan: met echte vrouwen (de vriendinnen van zijn moeder), met jonge vrouwen (de vriendinnen van Jessica), en met meisjes van zijn leeftijd. Zijn aanpak verschilde, afhankelijk van het meisje, van sympathieke vent tot bullebak. Hij wedde met B.J. om 100 dollar dat hij binnen twee weken seks met Coco zou hebben: haar slipje zou het bewijs zijn. En hoewel hij zelfs nog nooit met haar gesproken had, beloofde Cesar B.J. dat Coco zelf het bewijs zou komen laten zien.

Op een middag na school gingen Coco en Dorcas op weg naar de winkel op Andrews Avenue. Coco had haar zwarte haar strak naar achteren getrokken, met een likje vaseline op haar pony om de krullen in bedwang te houden, en twee lollystokjes in haar paardenstaart. Haar huid glansde. Ze gebruikte vaseline om haar huid vochtig te houden, maar ook om zich te beschermen tegen littekens als ze bij een vechtpartijtje betrokken raakte. Zichtbare tekenen van slijtage waren in het getto iets om je voor te schamen, wat deels de reden was dat Coco haar kleren graag netjes en nieuw had. 'Ja, dat klopt, mijn moeder probeerde ons er altijd netjes uit te laten zien,' wist Coco nog. Ze droeg het liefst naveltruitjes en strakke broeken of superkorte shorts, die haar dijen goed deden uitkomen. De broeken die in de mode waren, werden kauwgummetjes genoemd, omdat ze van stretchstof waren. Foxy kocht ze voor Coco in allerlei kleuren: blauw, rood, groen, geel, zwart en roze. Foxy kreeg dertig procent korting op alles wat ze in de Rainbow Shop kocht. Coco was ontzettend trots op haar dikte, die in de kauwgummetjes goed uitkwam. Ze vertelde: 'Ik liep ermee te deinen, ze zaten hartstikke strak om mijn kont, ik vond ze fantastisch.' Die dag droeg Coco een turquoise stretchbroek. Heupwiegend deinde ze de winkel binnen. De basketbalschoenen aan haar kleine voeten klikklakten op de vloer.

'Yo, alles goed met dat meisje?'

'Yo, alles goed met die vriendin van je?' vroeg B.J. aan Dorcas. 'Mijn vriend vindt 'r leuk.'

Coco liep terug naar de straat en Dorcas bracht haar op de hoogte. 'Waarom kan-ie niet zelf praten?,' zei Coco bijdehand.

'Ik kan best zelf praten,' zei Cesar.

'Wat was dat dan, waarom praatte je dan tegen m'n vriendin?' vroeg Coco. Ze tuitte haar lippen, trok haar dikke wenkbrauwen op en zette een hand in haar zij. Bij een volwassen vrouw zou die houding sarcasme hebben uitgedrukt maar bij Coco niet. Haar neus was klein en wipte op. Haar ogen keken blij en speels; er was hoop in te zien, misschien zelfs vertrouwen. Cesar had een rolletje vruchtensnoepjes en een zakje zonnepitten in zijn grote hand. Een glimlach vormde zich op zijn volle rode lippen. Binnen de kortste keren kwam er een waterval van woorden uit.

'We begonnen gezellig te kletsen,' vertelde Coco. En al gauw begon Coco te spijbelen.

Cesar merkte dat hij Coco echt aardig vond en dus kwam hij zijn weddenschap met B.J. niet na. Hij vond haar iedere keer dat ze elkaar spraken aardiger worden, en ze spraken elkaar elke dag. Ze hadden altijd van alles te vertellen. Hij bracht minder tijd door met overvallen en straatroven, want hij ging liever bij Coco langs. Een meisje kon een jongen redden van de straat, maar Cesar was er niet op uit om gered te worden, en Coco was er niet op uit hem te redden. Ze genoot van alle opwinding en dacht niet verder na. Ze wachtte in de hal van de flat van Dorcas' moeder op Cesar. Ze praatten en praatten en vervolgens begonnen ze te kussen en kussen. Ze kusten in de hal van de flat, in trappenhuizen, op straat, tegen muren met graffiti en tegen kale bomen. Ze kusten terwijl Cesar op de motorkap van een auto zat en zich over Coco's opgeheven gezicht boog. Ze begonnen te vrijen en Coco bleef vrolijk en gelukkig, niet bang en triest zoals andere meisjes met wie hij was omgegaan. Ze was spontaan, zodat het leek of hij iedere dag een nieuw meisje tegenkwam. 'Met Coco was het nooit meer van hetzelfde,' zei Cesar. 'Ze was avontuurlijk.' Cesar schaamde zich niet haar voor te stellen aan zijn vrienden. Op een keer nam Cesar een vriend mee naar de flat van Dorcas' moeder, voor Dorcas. Maar de vriend was niet geïnteresseerd. 'Ze was echt veel te dik,' zei Coco, en Dorcas' kleren waren vuil en versleten. Dus stak Coco Dorcas in nieuwe kleren, die Foxy had meegebracht uit de Rainbow Shop. Coco's vrijgevigheid irriteerde Foxy – misschien omdat het een zwakke plek was die ze gemeen hadden. Toen vond Cesar een dikke jongen als vriend voor de opgekalefaterde Dorcas en was alles oké.

Vroeg in de winter, een paar maanden nadat Coco en Cesar elkaar hadden leren kennen en nadat ze een hele middag hadden zitten kussen, kondigde Cesar aan: 'Coco, ik wil je ergens mee naartoe nemen.'

'Waar naartoe?' vroeg ze.

'Ik wil je aan mijn moeder voorstellen.'

Het was een belangrijk ogenblik. Coco was nog nooit bij Cesar thuis geweest. Cesar had weinig over zijn familie gezegd.

Op University Avenue riep Cesar een taxi met een chauffeur in uniform aan. Ze stapten in. Daar gingen ze, diep weggezakt in de zachte kussens van de achterbank voor de hobbelige rit naar de oostkant van Tremont Avenue.

Lourdes zette haar handen in haar zij en trok een wenkbrauw op terwijl ze het korte dikke meisje dat naast haar Cesar op zijn bed zat, eens goed opnam. Het gewicht van Lourdes' pieper deed haar schort afzakken. Er waren heel wat meisjes die slaapkamer in en uit geweest, maar ze kon zien dat haar zoon echt om dit meisje gaf: hij had een foto van Coco in de hoek van zijn spiegel gestoken. Het meisje bungelde met haar benen. Haar voeten raakten niet eens de grond.

In de stilte die volgde op Cesars introductie – 'Ma, dit is mijn meisje' – zag Coco dat Cesar zijn volle lippen van zijn moeder had geërfd. 'Van al die meisjes die hij mee naar huis heeft genomen, van allemaal, lijk jij me wel oké, een aardig persoon,' zei Lourdes plechtig. 'Maar laat ik je zeggen, ik zal je één ding zeggen. Eén ding dat ik niet goed aan je vind.' Lourdes' donkere ogen accentueerden haar bleke huid. Ze droeg haar haar, dat tot haar middel kwam, in een enkele vlecht. Deze vrouw wist hoe ze een stilte kon laten spreken.

'Hoe kun je zeggen dat je me niet goedkeurt terwijl je me pas net hebt ontmoet?' vroeg Coco oprecht verbaasd.

47

Lourdes ging er niet op in en vervolgde: 'Die oogschaduw, die moet weg. Het staat niet bij je ogen.' Ze zweeg weer even. 'Om je de waarheid te zeggen, schatje, het ziet er gewoon shit uit.' Deze belediging betekende dat Coco geaccepteerd werd. 'Wat is je sterrenbeeld?' vroeg Lourdes plechtig.

'Boogschutter,' zei Coco.

'Ik wist het wel! Ik ben ook een boogschutter!' riep Lourdes uit. Met die woorden werden Lourdes en Coco samenzweerders over het onderwerp Cesar, van wie ze allebei hielden. Lourdes had nieuw publiek voor haar oude verhalen en Coco, die nog maar net begon, kreeg een ervaren gids voor de grillige paden waarlangs haar leven haar zou leiden.

Jessica, die ook thuis was op de dag dat Coco Lourdes leerde kennen, was het mooiste meisje dat Coco ooit had gezien: een lichte huid, met steil haar als een blank meisje en de pony en punten naar voren geföhnd als in een shampooreclame. Ze had ook een perfect figuur: een stevige kont, geen buik, mooie borsten en nagels die door een manicure in een schoonheidssalon waren gepolijst. Haar brede glimlach leek op die van Cesar – sexy – met diezelfde witte, regelmatige tanden. Ze rook als een rijk meisje – niet naar de goedkope geurtjes die je in de dollarwinkel kocht, maar naar een merkparfum. Ze was aardig, wat Coco verbaasde, want een meisje dat zo mooi was als Jessica had gemakkelijk een snob kunnen zijn. Op de dag dat ze elkaar leerden kennen, droeg ze hoge leren laarzen met een spitse neus.

'Met die laarzen kan je krankzinnige kakkerlakken doodtrappen,' zei Cesar.

'Denk je?,' zei Jessica met een lach die als een slaperig grapje klonk.

Jessica probeerde met Coco te praten, maar Cesar bleef er maar tussen komen en ten slotte deed hij de slaapkamerdeur dicht. 'Ik wil niet dat jij en Jessica met elkaar optrekken,' zei Cesar tegen Coco. Cesar vond Coco precies goed zoals ze was. Jessica bood toegang tot een stijl van leven waarvan hij niet eens wilde dat Coco die ook maar kon begrijpen.

Jessica's wereld werd steeds groter. Ze was nu een van Boy George' vriendinnen. Soms ging ze naar de winkel voor melk en kwam dan pas na een dag of vijf terug. George had haar al meegenomen naar Puerto Rico en naar Disney World. 'Aha, daar heb je je meeneem-zuster,' grapte Lourdes tegen Cesar als Jessica opdook. Ze ging niet langer met de bus of lopend ergens heen, zoals vroeger; ze kwam en ging nu per taxi.

## HOOFDSTUK 4

Boy George' vroegste jeugdherinnering is er een van kokend heet water waaraan hij zich brandde tijdens een badbeurt in de gootsteen. De volgende is dat hij uit het raam op Tremont uitkeek en zag dat zijn kat werd overreden. Hij weet nog dat hij om de dode kat heeft gehuild. 'Ik hield van dieren. Ik heb geprobeerd honden te houden, maar die werden ook altijd aangereden,' zei hij. Brandjes door kortsluiting waren in zijn omgeving ook aan de orde van de dag. Toen hij een keer met zijn kleine broertje Enrique naar *Laverne & Shirley* zat te kijken, vloog de tv in brand. Die dag lukte het George zijn kat te redden. Vanaf de straat keken hij, Enrique en de nieuwe kat toe hoe hun flat uitbrandde.

Nadat zijn vader was vertrokken toen George zes maanden oud was, verhuisde zijn moeder voortdurend. Het gezin woonde op St. Lawrence, op Prospect en Tremont, zowel aan de oostkant als aan de westkant. Ze woonden in de Soundview Projects. Ze hadden een flat tegenover de begraafplaats Woodlawn. 'We waren altijd aan het verhuizen,' zei George. Hij kan zich niet herinneren dat hij vrienden had toen hij klein was. Enrique was een ziekelijk, bangig jochie. George was de man op wie je kon bouwen. Hij hakte knopen door. Zoals Enrique vertelde: 'Mijn moeder heeft een gebroken hart. Mijn eigen hart breekt ook nogal snel. Maar als het om hartverscheurende zaken gaat, weet George hoe hij daar professioneel mee om moet gaan. Hij was de flinkste van de familie.'

George had al snel door hoe belangrijk het was om de kleine problemen op te lossen die in het getto zo snel grote problemen worden. Armoede maakte zelfs doodgewone activiteiten, zoals over straat lopen, tot een gevaarlijke onderneming. George instrueerde Enrique hoe hij zich in het openbaar moest gedragen, hoe hij op zijn hoede moest zijn zonder dat het opviel. 'Hij zei altijd tegen me: "Bedenk wat je in het leven wil. Je moet de dingen die je doet serieus doen. Hou op met dat watjesgedoe."' George leerde zijn broertje ook lezen. Dan zei hij tegen Enrique: 'Luister: als je de woorden niet kent, lees dan eerst de letters.'

George zei dat zijn moeder, Rita, hen sloeg, soms met een stuk snoer. De meeste moeders sloegen hun kinderen; maar wat George vooral bang maakte, was de onvoorspelbaarheid van Rita's woedeaanvallen. Toen hij tien was, liep hij voor het eerst weg. Enrique gooide dekens en schone kleren uit het raam toen zijn broer beneden op straat verscheen. George zwierf door de woestenij die Hunts Point was. Hij sliep op een bank in St. Mary's Park en waste zijn gezicht onder een druppelende brandkraan. Hij sliep ook in oude auto's en een keer in een bus. Hij moet af en toe doodsbang zijn geweest, maar George schetste die periode later als een uitdaging. 'Ik was geen moederskindje meer. Ik was alleen op straat. Ik moest voor mezelf zorgen. Ik moest geld voor mezelf verdienen,' zei hij. 'Dat leerde me verantwoordelijkheid.'

Toen hij twaalf was, verzocht zijn moeder de kinderbescherming om een ondertoezichtstelling, waarmee de kinderrechter het laatste woord krijgt over de zorg en opvoeding van een kind. Zo'n ondertoezichtstelling was een van de eerste aanwijzingen voor een problematische jeugd en het betekende meestal dat er al een hele tijd moeilijkheden waren. George werd naar een diagnostisch centrum, Pleasantville, gestuurd, waar hij drie maanden bleef. Daar kruiste hij het pad van Mike Tyson, de latere bokser, die ook in het jeugdzorgcircuit was beland. Ze kregen een keer ruzie over een potje biljart, maar werden later vrienden. George werd vervolgens geplaatst in St. Cabrini, een groepstehuis in New Rochelle, New York, waar hij moest blijven tot hij en zijn moeder hun problemen hadden opgelost. Hij verbleef er drie jaar; jaren die hij later de belangrijkste van zijn leven noemde.

George was blij met zijn nieuwe leven in het groepstehuis en blij dat hij verlost was van zijn moeders dramatische stemmingswisselingen en willekeurige uitbarstingen van geweld. Hij genoot ook van de kameraadschappelijke omgang met de mannelijke groepsleiders en was St. Cabrini dankbaar dat ze hem er tot man hadden gemaakt. 'Als je thuis woont bij je moeder en zo, heb je alleen je moeder en je broer, dat is alles. Ik had de kans om om me heen te kijken, ruim om me heen, als door een groothoeklens. Ik begon alles door te krijgen wat ik door moest krijgen en ik begon te analyseren en te analyseren.'

De bungalow met vier slaapkamers huisvestte acht jongens. George, nog geen dertien, was de jongste. Het huis stond op de hoek van een woonstraat in een arbeidersbuurt die streefde naar middenklasse-status. De rijke mensen woonden op de heuvel. St. Cabrini had een grasveld en fruitbomen. George genoot van zijn eerste kennismaking met wasbeertjes en stinkdieren. Hij miste de Bronx wel, maar legde zich neer bij het leven in New Rochelle. 'Nou ja, je wilt natuurlijk naar huis, maar de werkelijkheid is dat dat niet kan – dat is één,' zei hij. 'En twee, als de andere jongens je zien huilen en zo – jengelen – dan is dat een teken van zwakte waar ze je altijd op zullen blijven pakken. Dus waarom huilen over iets wat toch niet terug is te draaien? Dat is zinloos.'

De jongens van Cabrini zaten op plaatselijke scholen. De meeste bewoners, arm en tot een minderheid behorend, hielden zich gedeisd, maar het was niet George' bedoeling om alleen maar te overleven. Hij gebruikte zijn gevoel voor humor om zich een plek in zijn klas te veroveren en maakte naam als grappenmaker. Hij kwam in het voetbalteam van de New Rochelle High School. Zijn foto kwam in de plaatselijke krant. Hij kreeg uitnodigingen voor feestjes van populaire leerlingen en nam dan altijd de Cabrini-jongens mee. 'George vergat nooit dat zijn vrienden zijn vrienden waren,' herinnerde een van zijn groepsleiders zich.

Op een van die feestjes gingen George en een paar van zijn Cabrini-maten er met wat tafelzilver vandoor. Diezelfde nacht braken ze bij nog een paar huizen in. De volgende dag pakte de politie hem op in een pand-jeshuis, waar hij aan het onderhandelen was met de eigenaar. George nam helemaal alleen de schuld op zich. Hij zat dertien maanden vast in Val-halla, een gesloten jeugdinrichting, van waaruit hij naar de Bronx terug-keerde.

George trok weer bij zijn moeder in en ging korte tijd naar Morris High School, maar dat werkte niet. Zijn moeder was hertrouwd en George hield er zijn eigen regels op na. Morris High School interesseerde hem niet, en kennelijk was hij niet de enige; in die periode hield maar veertig procent van de leerlingen die begonnen, het vol tot het eindexamen. Hij liet de school voor wat die was en zocht de straat weer op. 'En wel op volle kracht,' zei hij.

George probeerde later uit te leggen wat hem dreef: 'Het staat in geen enkel boek, en je ziet het in geen enkele film. Ik ben geboren met iets in me wat zegt: "George, dat is een leuke meid. Zie dat je die krijgt. George, dat is een mooi pak, zie dat je het krijgt. George, dit is typisch iets voor *jou*. Het is niet helemaal duidelijk hoe lang je het zult hebben, of wat je er precies mee kunt, maar je kunt het krijgen en het enige wat je ervoor moet doen, is je erop concentreren. Denk aan niks anders. En stel er vra-gen over, *denk* eraan, denk ermee *mee*, doe alsof je het al bent, alsof je het al hebt. En dan zul je eens zien." En als je dan het gevoel hebt dat je dat ding bijna *bent*, steek je je hand uit, pak je het en dan is het van jou.' Hij zweeg even. 'Het kost je een hoop slapeloze nachten, maar echt waar, het werkt wel.'

George' eerste meevaller leek echter evenzeer met ambitie als met toeval te maken te hebben. In de periode dat hij nog thuis woonde, kwam hij op weg naar school soms een pafferige vent met een baard tegen, die Joey Navedo heette. Joey runde een cocaïnehandel en een van zijn ver-kooppunten was niet ver van de flat van George' moeder. Joey was een succesvol zakenman. Hij stond 's morgens vroeg op om te controleren of zijn verkooppunten open waren en efficiënt draaiden. Maar hij was ook een sadist met een krankzinnige hoop geld. Joey's idee van een geintje was om met zijn voet op het gaspedaal op zijn dealers af te rijden, terwijl hij uit het raampje van zijn nieuwste auto een bazooka op ze richtte. De kalkoenen die hij met Thanksgiving cadeau deed en de zakken speelgoed met Kerstmis maakten hem nauwelijks minder bedreigend; Joey terroriseerde de wijk.

George vroeg Joey om een baantje en Joey huurde hem in als uitkijkpost bij zijn verkooppunt op de hoek van 156th Street en Courtlandt. 'Die man was mijn idool,' zei George. 'Hij reed rond in Mercedessen en dat soort mooie sleeën – Porsches, BMW's, hij had ze allemaal.' Hij had een van zijn vriendinnen een zilverkleurige Cadillac cadeau gedaan. 'Ik zei: "Shit, ik wil net zo worden als hij."' Het was Joey die hem zijn straatnaam gaf. 'Het is anders,' zei Boy George. 'Het is anders dan wanneer je iemand Chino noemt, of Red of Lefty of Fingers. Als je Boy George zegt, heb je het over de zanger of je hebt het over mij.'

Boy George raakte al gauw bevriend met een andere medewerker van Joey, een jongen die Talent heette. Talent had een vrouwelijk familielid dat in de heroïnehandel werkte. George besloot om over te stappen van de verkoop van coke op die van heroïne: 'Sneller en meer geld.' Jongens die met heroïne werden opgepakt, kregen ook kortere gevangenisstraffen. George werkte voor de gebroeders Torres, die de markt in de South Bronx in handen hadden, en werd uitkijkpost op Watson Avenue. Hij werd al gauw bevorderd tot *pitcher*, wat inhield dat hij de cellofaanzakjes uitgaf. Het duurde niet lang of hij legde contact met het familielid van Talent en werd daar manager. George kreeg het toezicht over de verkoop van een merk dat Blue Thunder heette, vanuit een verkooppunt op 166th Street en Washington.

Het was een rendabele, troosteloze locatie. Roestige kachelpijpen staken uit kapotte ramen. Sloperijen werden afgewisseld door uitgestrekte vuilnisbelten. 's Nachts zwierven er wilde honden door de straten. De bedrijven werden, voorzover ze niet in drugs deden, gerund door vermoeide mannen in garages die op afbrokkelende grotten leken; er waren matrassenwinkels, waar vieze matrassen werden beleend en opnieuw bekleed, en autoreparatiebedrijven die hetzelfde deden met auto's. Pistoolschoten en kreten als 'Radar!' klonken regelmatig door de straten (*Radar* was een van de steeds veranderende codewoorden waarmee klanten en handelaren werden gewaarschuwd dat de politie eraan kwam.) Het enige opbeurende geluid behalve kinderstemmen, kwam van het vastberaden gospelkoor van een nabij gelegen kerk, die in een voormalige winkel was gevestigd.

Boy George was snel in de hiërarchie gestegen; hij leerde vlot mee te praten in het jargon, ook al wist hij niet waar hij het over had. 166th Street en Washington was een prima plek voor de gedreven jonge tiener om zich verder te bewijzen. Veel managers kwamen pas rond het middaguur uit hun bed, maar Boy George stond vroeg op, net als zijn mentor, en controleerde of het verkooppunt open was en functioneerde. Hij bracht zijn dagen niet door met blowen op de hoek of met meiden bezoeken. In een wereld vol list en bedrog straalde George betrouwbaarheid en vertrouwen uit. Hij hield de straatdealers goed in de gaten en zorgde dat de voorraden steeds werden aangevuld. Als hij 30.000 dollar aan goederen ontving, betaalde hij ook 30.000 dollar; zijn verkooppunt maakte een gemiddelde winst van 65.000 dollar per week. George betaalde zijn mensen uit zijn eigen tien procent en gaf de rest aan het familielid van Talent. Op een gegeven moment ontstond er een territoriumstrijd, een onschuldige toeschouwer kwam om het leven, en George' reputatie was voorgoed gevestigd. Hij was pas zeventien.

George ronselde een paar oude Cabrini-vrienden. Hij ging ook naar zijn oude groepstehuis om zijn eerste Mercedes te showen en nodigde de dienstdoende groepsleider mee uit eten. 'Hij wist zich te presenteren,' vertelde de groepsleider, 'en hij wist wanneer mensen hem probeerden te piepelen.'

George' woonsituatie was echter nog onbestendig. Hij trok een poosje in bij Talent en diens moeder, maar hij liep ook wel eens meisjes tegen het lijf die hem onderdak boden. George en Joey Navedo ontbeten soms samen bij een Crown Donuts, waar George een oogje had op een leuk meisje met groene ogen, Miranda, dat achter de kassa zat. Miranda woonde in de buurt van de moeder van zijn vriend Rascal. Op hun eerste afspraak nam George Miranda en haar kleine zoontje mee naar Rikers Island; terwijl hij een vriend bezocht, deed zij een dutje op het parkeerterrein. Soms bleef George bij Miranda slapen, maar die kreeg al gauw door dat hij nog een vriendin had – die zwanger was – en gooide hem eruit. George' andere vriendin, Vada, woonde met haar moeder in de flat van Rascal. George trok bij haar in en Vada kreeg een zoon. George noemde hem Luciano. Een andere vriendin, Isabel, baarde George' tweede zoon, maar George beschouwde Vada als zijn belangrijkste vriendin – zijn vrouw.

Intussen liet Joey Navedo Boy George kennismaken met andere aspecten van het goede leven. Ze bezochten Great Adventure, een themapark in New Jersey. Joey introduceerde George in Victor's Café, het Cubaanse restaurant waar hij later Jessica en Lourdes mee naartoe zou nemen. Joey bracht George ook in contact met zijn juwelier bij Norel's, een zaak in Chinatown. De jongens probeerden op autotentoonstellingen de stoelen uit van de meest bizarre auto's en bewonderden het fraaie maatwerk aan de dure auto's van andere drugdealers. Ze deden schietoefeningen op een schietbaan in Mount Vernon. Ze skieden in de Poconos. George keek goed om zich heen. Hij zei: 'Ik was net een spons die alles opzoog.' Van Joey leerde George ook te anticiperen op de onverwachte mogelijkheden die de drugshandel kenmerken en erop voorbereid te zijn snel te beslissen. Joey's favoriete managementinstrument was angst. Ook dat nam George van hem over.

'Een drugsdealer is zoiets als een visser met een klein bootje,' zei George later. 'Je wilt de walvis vangen. Je wilt iets groots. Je wilt niet klein beginnen. Je wilt iets groots omdat je weet dat je het kan hanteren. Waar moet die visser die verdomde walvis laten? Hij zal hem moeten trekken! Maar hij wil die grote buit aan land brengen, die visser, zodat iedereen te eten heeft, iedereen gelukkig is, en we kunnen relaxen. Ik had geen diploma's nodig om te doen wat ik heb gedaan. Ik deed wat de meeste mensen niet durven, en dat is de leiding nemen over iets heel machtigs.'

In juni 1987 pakte de Drug Enforcement Administration (DEA), in samenwerking met de narcoticabrigade van de New Yorkse politie, de gebroeders Torres op. Boy George handelde snel. In plaats van 65.000 dollar aan zijn contactman af te leveren, zette hij een heroïnewerkplaats op. Hij kocht heroïne, mannitol (om de heroïne mee te versnijden), een glazen tafel, zes stoelen, een precisieweegschaal en cellofaanzakjes. George, Miranda en een vriendin, Rascal en een van Rascals vriendinnetjes, en een oudere Jamaicaanse man die 10-4 heette, namen om de tafel plaats en gingen aan het werk. De volgende dag ging de standplaats op 166th Street en Washington weer open met Boy George' nieuwe merk. Hij noemde zijn heroïne Obsession. Het Obsession-logo, in rode inkt op de zakjes gestempeld, was een miniatuurkroontje.

10-4 deed de administratie van het groeiende bedrijf, inclusief personeel en salarissen. George had 10-4 leren kennen toen hij werkte voor een merk dat Checkmate heette. 10-4 was taxichauffeur. Vóór hij zich bij George aansloot, had hij andere bekende Bronx-dealers rondgereden. Drugsdealers gebruikten vaak taxi's om bestellingen af te leveren, omdat taxi's – een gebruikelijk transportmiddel in het getto – minder opvielen dan dure auto's. George was een van 10-4's royaalste klanten geweest. Zijn oorlogsverhalen imponeerden George, en als hij een taxi nodig had, vroeg hij naar hem; 10-4 was de code waarmee het taxibedrijf hem opriep. Soms liet George hem dagenlang wachten. 10-4 buitte de relatie ten volle uit. De door de wol geverfde ritselaar vulde zijn inkomen aan via bijstandsfraude. Voordat hij taxichauffeur werd, was hij ontslagen bij de posterijen omdat hij enveloppen met donaties voor religieuze doelen had gestolen. Hij was er goed in George te helpen aan wat die nodig had: nepborgstellingen om auto's te kunnen leasen, vrienden in onroerend goed die onder een andere naam flats huurden waar heroïnewerkplaatsen konden worden opgezet, valse papieren. Het was 10-4 die Boy George' stempel voor Obsession kocht. Kort nadat George zijn merk op de markt had gebracht, werd 10-4 de rechterhand van de organisatie.

De zaken groeiden gestaag. Boy George en Joey Navedo hielden contact met elkaar. George stelde het op prijs dat Joey hem als gelijke behandelde. Joey bracht hem in contact met iemand die voor wapens kon zorgen; hij wist ook een koper te strikken voor een partij heroïne van slechte kwaliteit die George kwijt moest. Joey begeleidde de man zelfs naar het ontmoetingspunt, de Baychester Diner, en hield zelf toezicht op de transactie. Boy George vond het een gunstig voorteken dat de man die hem zijn straatnaam had gegeven, nu zijn vriend en collega was.

Maar Joey Navedo's grootmoedigheid had twee kanten: hij verdiende al jaren bij als geheim informant van de politie en de DEA. Wellicht had Joey's flamboyante gebrek aan respect voor de wet iets te maken met het feit dat hij erg nuttig was voor de recherche, wat hem een zekere mate van onkwetsbaarheid gaf. Onbetrouwbaarheid was een veel voorkomend en lastig aspect van het gettoleven. En het feit dat het zo veel voorkwam, maakte loyaliteit tot iets extra waardevols.

Toen George in 1988 Jessica leerde kennen, bezat hij vijf verkooppunten en was hij de jongste van de grotere heroïnedealers in de South Bronx. Obsession was een van de populairste merken op de markt. Hij bezat een Ferrari, een Lamborghini, een Bentley en een Porsche. Via een nepfirma van 10-4, Tuxedo Enterprises, leaste George een serie Jetta's, Maxima's en andere auto's voor dagelijks gebruik. James Bond, een van George' helden, had hem het idee aan de hand gedaan van de bijzondere accessoires ter waarde van 50.000 dollar in de Mercedes 190 waarin hij Jessica op hun eerste afspraak had opgehaald: voor- en achterin de auto zaten radarverklikkers; de nummerplaat kon in een verborgen vak verdwijnen, en een stroboscooplamp verblindde eventuele achtervolgers; in geheime vakken in de deuren en de vloer zaten wapens en verdacht grote hoeveelheden cash verstopt. Er was een apparaatje dat straaltjes olie lekte, terwijl een verborgen schakelaar een kistje in de kofferbak in gang zette waaruit kopspijkertjes werden gesproeid.

Intussen werd het Obsession-dossier steeds dikker.

In de jaren tachtig werd een belangrijk deel van de New Yorkse heroïne-markt beheerst door de leiders van Chinese genootschappen, die als *tongs* bekend staan. De drugs werden aangeleverd via bendes als de Flying Dragons, waar een van George' leveranciers deel van uitmaakte. Drugsdealers op het niveau van Boy George kochten hun voorraad van tussenpersonen, die de kwaliteit en de aanvoer bewaakten en een opslag van dertig tot vijftig procent op hun handel zetten. Heroïne van mindere kwaliteit of een lange periode van droogte kon een merk schaden, maar straathandelaren moesten genoegen nemen met wat ze konden krijgen. De kwaliteit van de dope werd minder naarmate hij door meer handen ging.

Voor dealers als George was het nagenoeg onmogelijk om rechtstreeks contact met de bron te krijgen; voor de tussenpersonen was het voorkómen van dergelijke connecties van levensbelang voor het voortbestaan van hun handel. Maar zoals zoveel in de drugshandel klonk het spel zoals buitenstaanders zich dat voorstelden en in de kranten beschreven, veel beter georganiseerd en ontwikkeld dan wat zich in het echt op straat afspeelde. Dealers maakten stomme fouten. Personeel versliep zich. Uitkijkposten hielden meisjes in de gaten in plaats van stillen. Heel veel mensen maakten lange, saaie dagen en konden toch maar nauwelijks rondkomen. Sommige jongens gaven hun verdiensten van een dag werken uit aan junkfood voor zichzelf en hun vrienden. Anderen rookten hun verdiensten op of namen een voorschot op hun handel en kwamen nooit meer uit de schulden. De handel was berucht om het vele geweld, maar een hoop mensen gingen de mist in door stomme fouten en wispelturigheid. Voor het merendeel bleef rijkdom een onbereikbaar visioen. Degenen die het goed deden in de handel – die het overleefden en er later nog profijt van hadden – waren in het algemeen niet alleen keihard en berekenend, maar hadden ook geluk. Een tijdlang golden voor George alledrie die dingen.

In april 1988 droogde George' aanvoer enige tijd op; hij drukte 10-4 op het hart te blijven proberen in contact te komen met een van zijn Chinese bronnen, een vent die Ryan heette, maar Ryan en zijn mensen waren ook op zoek naar spul. In deze periode stelde een jonge Puertoricaan, Dave, George voor aan een man die Pirate heette en die George volgens Dave uit de brand kon helpen. George vroeg de Chinezen aan de transactie mee te doen, en ze brachten ieder 300.000 dollar in voor de heroïne die ze zo hard nodig hadden. Jongens van beide kampen omsingelden het gebouw waar de deal zou plaatsvinden, zwaarbewapend voor het geval er iets misging. En er ging inderdaad iets mis: Pirate kwam het gebouw binnen met het geld maar verdween vervolgens stiekem via een geheime achteruitgang. Het was niet onmiddellijk duidelijk wie nu precies wie had opgelicht en de zaak had gemakkelijk op een bloedbad kunnen uitlopen. Maar George loste de netelige situatie professioneel op: hij vergoedde de Chinezen hun 300.000 dollar en accepteerde zijn eigen schade; hij had het gebouw van tevoren zelf moeten controleren. 'Spijt is iets voor domkoppen,' zei hij vaak.

Volgens Rascal reed George Dave naar de Henry Hudson Parkway, waar hij hem liet knielen, en schoot hem toen door zijn hoofd. George zei tegen Rascal dat als híj Dave niet had gepakt, de Chinezen het zouden hebben gedaan. Rascal beweerde ook dat George iemand die Taz heette, inhuurde om met Pirate af te rekenen en dat Pirate kort daarna verdween. George' snelle reactie op de mislukte deal maakte de weg vrij voor directe handel met de Chinezen.

George zelf ergerde zich als mensen schulden hadden: 'Trap niet in smoesjes als "O, ik zie je morgen, blablabla", als iemand je geld schuldig is. Je moet gewoon zeggen: "Hoor 'ns, vriend, ik wil vandaag eten. Dus ik ga niet wachten met eten tot morgen. Ik wil nu eten. Ik heb honger. Gewoon betalen, man. Zo hoort dat."'

George en zijn Chinese bron, die hij bij zichzelf Fried Rice noemde, wikkelden hun zaken efficiënt af, spraken af op een parkeerterrein bij Kennedy Airport, op verschillende straathoeken in Manhattan en in zakenwijken in Queens. Toen alles eenmaal volgens vaste procedures verliep, droeg Boy George de verantwoordelijkheid over aan zijn vriend Rascal en aan Danny, een andere jongen die voor hem werkte. 10-4 had de supervisie over Rascal en Danny.

Rascal en Danny haalden de heroïne-*bricks* op bij de bron. Een *brick* was ongeveer zo groot als een blok gele zeep uit de automaat van de wasserette. 10-4 volgde dan een minuut of twintig later met het geld. Of het geld ging eerst, en dan wachtte 10-4 op de bestelling. Hij haalde het zelfs een keer op in een International House of Pancakes. Over de telefoon hadden ze het over de pakjes als 'meisjes', bijvoorbeeld 'Hoeveel meisjes heb je nodig?' De meisjes van 100.000 dollar brachten 240.000 dollar op.

Deze heroïne werd in een heroïnewerkplaats versneden en vervolgens verpakt voor de detailhandel. De verhuur van een kamer aan een dealer voor zo'n werkplaats leverde meer op dan het verhuren van je flat als *stash*-huis; het risico was weliswaar hoog, maar slechts tijdelijk. George huurde flats of kamers in flats van zijn medewerkers, hun moeders, vriendinnen en vrienden. De werkplaatsen draaiden meestal een week tot een aantal maanden en de medewerkers verhuisden de boel weer als de flat verdacht begon te worden. Dat was meestal het gevolg van te veel bezoek of van de geur, die de aandacht van een buurman konden trekken of – als omkooppogingen of bedreigingen niet werkten – van de politie.

George' werkplaatsen waren zwaarbewapend. Hij was bang voor overvallers. Zulke plekken waren een voor de hand liggende bron van cashgeld en het overvallen van drugsdealers was inmiddels een lucratieve onderneming geworden; dealers meldden hun problemen zelden bij de politie. Op een gegeven moment verhuisde George, na een poging tot beroving van een van zijn werkplaatsen op 213th Street, een poosje naar het Manhattan Marriott Marquis.

In het begin betaalde Boy George 50 dollar om de heroïne naar een werkplaats of een verkoopplaats te laten brengen. Nu was de bezorging van het spul bij zijn filiaalmanagers een fulltime klus. Rascal en Danny bevoorraadden de verkooppunten. George runde er inmiddels vijf: op 166th en Washington, waar hij begonnen was; op 122nd en Second Avenue; in het grote verlaten gebouw op 139th en Brook; op 153rd-156th en Courtlandt, een speelplaats in een woningbouwproject; en op 651 Southern Boulevard, beter bekend als St. John's. George hield rekening met de plaatselijke gewoonten en sloot zijn verkooppunten als de kinderen van en naar de school in de wijk liepen.

De managers van de verkooppunten verpakten de versneden heroïne in kleinere hoeveelheden en de dealers verstopten die waar ze maar konden: in brievenbussen, onder de wielen van geparkeerde auto's, in kinderwagens of verpakt in een luier in de babytas van een moeder. De zwaarte van een strafklacht hing af van de hoeveelheid drugs die je bij je had, dus niemand wilde te veel in de buurt hebben. Om dezelfde reden vervoerde de uitkijkpost alleen maar informatie. De *runner* bracht de klant naar de dealer. De dealer nam het geld in ontvangst. Een tweede runner bracht de klant naar een pitcher, die de zakjes uitgaf.

De managers sloegen hun voorraden ook wel centraal op in een moeder-*stash*, gewoonlijk een flat of gehuurde kamer. Idealiter had de manager toegang tot meerdere lege appartementen in één gebouw, zodat hij zijn voorraad en het risico kon spreiden. Sommige managers betaalden een conciërge van een gebouw voor een lege of illegale flat of betaalden een huurder die verhuisd was voor het tijdelijk gebruik van zijn flat. Sommige betaalden de huur van een alleenstaande moeder en deden er nog geld voor melk en cornflakes voor de kinderen bij. Als de huurder drugs gebruikte, konden de managers zijn huis overnemen voor weinig meer dan een handvol zakjes heroïne of crack. Sommige managers wisten zich in te dringen in de flat van ex-vriendinnen – die ze woningbouwkuttten noemden – en weigerden te vertrekken.

De winst verschilde per locatie: Washington Avenue, Courtlandt en 122nd brachten elk 40.000 dollar per dag op; voor St. John's was 150.000 dollar heel gewoon. George legde uit dat dat verkooppunt 'op de goeie plek zat–hele goeie junks, en overal dichtbij'. Overal dichtbij betekende niet alleen dat het midden in het getto was, maar ook vlakbij een afrit van de Bruckner Expressway, wat het voor forenzen gemakkelijk maakte om te parkeren, drugs te kopen, en weer te vertrekken. Het verloederde woongebouw lag in Hunts Point in een straat die de politie de Westchester Strip noemde [naar de dure buitenwijk – vert.]. Auto's stonden driedubbel geparkeerd en de voortdurende verkeersopstoppingen maakten het voor de politie bijna onmogelijk om verrassingsinvallen te doen. Op het trottoir voor het gebouw waren vier uitkijkposten gestationeerd; anderen bivakkeerden op naburige brandtrappen. Twee runners loodsten de lange rijen voetgangers het gebouw in; je kwam uitsluitend naar dit adres als je iets nodig had van wat Boy George' mensen verkochten. De zware stalen deur van het appartement was in beton gezet. Achter het gat in de deur stond een pitcher, die de zakjes uitgaf.

Rode, gele en groene lampjes flitsten aan of uit op een zelfgemaakt paneel dat op de vloer was getimmerd. Boven, in een andere flat, legde de dealer de kleine zakjes heroïne in een geïmproviseerde etenslift en stuurde die naar beneden. De pitcher kon alleen maar uit de flat op de begane grond ontsnappen door naar boven te gaan: hij werd tijdens zijn dienst opgesloten en de ramen waren gebarricadeerd met plaatstaal, tralies en buizen.

Boy George instrueerde de pitcher. Hij sprak niet luid, maar hij legde de regels maar één keer uit: 'Als ik uit het raam kijk en ik zie een agent, doe ik de gele lamp aan. Als je dat ziet, doe je het kalmer aan. Als er niets gebeurt in de flat hierboven – als er geen signalen zijn – weet je dat er iets aan de hand is en maak je dat je als de sodemieter wegkomt. Als de sodemieter. Als ik de rode lamp aandoe, pak je je spullen, stap je in de lift en vertrek je. Groen is groen, knul. Het spul komt naar beneden en het geld gaat naar boven. Meer hoef je niet te weten, oké? Ontbijt, lunch of avondeten? We sturen een runner op pad voor een Italiaans broodje en zo'n supergrote Coke.'

Aan het eind van de dag telde de manager zijn tien of twintig procent van de winst van die dag af en betaalde daarvan zijn uitkijkposten, pitchers, dealers en eventueel nog ander personeel. Rascal en Danny haalden de rest op en leverden het bij 10-4 af om geteld te worden – vaak in sneakerdozen, een vertrouwd gezicht in de buurt. De zaken liepen zo goed dat 10-4, zelfs ondanks een aantal automatische geldtellers en het feit dat iedereen het nodige afroomde, vuilniszakken vol geld achter raakte. Iedere week betaalde hij zichzelf 12.000 dollar en Rascal en Danny elk 2.500 dollar en bracht de rest naar George. George stopte een deel van zijn geld in kluizen in leegstaande flats. Soms propte hij plunjezakken vol met geld in de kofferbak van een auto die hij in een langparkeergarage had staan.

In het voorjaar van 1988 gingen de zaken zelfs nóg beter: George' leverancier beloonde hem voor zijn slimme manier van omgaan met het Pirate-fiasco en liet hem meer rechtstreeks kopen, wat zijn winst met nog eens 100.000 dollar per brick vergrootte. Nu had George ineens nieuwe werkplaatsen en extra personeel nodig om de heroïne te bewerken; dat was het moment dat hij Jessica aannam.

Jessica had weliswaar dringend geld nodig, maar het was liefde die ze zocht. Ze was niet van plan om lang werkplaatsmeisje te blijven. Ze had nog steeds een oogje op de baas.

## HOOFDSTUK 5

Jessa kreeg een pieper en werd ingewijd in de codes van de zaak. Dubbel nul–00–betekende werk. Stond er een vijf voor de dubbele nul, dan wist ze hoe laat ze moest beginnen; de aanvangstijden waren gespreid om het risico van verdenking en potentiële berovingen te verkleinen. Als er twee heroïnewerkplaatsen in bedrijf waren, gaven de cijfers 1 of 2 aan, waar ze verwacht werd. De medewerkers werden, net als advocaten van grote advocatenfirma's die lange dagen maken, per auto opgehaald en na het werk weer naar huis gebracht. Op haar eerste werkdag werd Jessica luxe naar het werk vervoerd.

Ze meldde zich bij een werkplaats in een flat op Holland en Burke, en ook de flat maakte indruk op haar. Er was vaste vloerbedekking, een compleet ingerichte keuken, een slaapkamerameublement en een grote tv. Twee grote glazen tafels waren tegen elkaar aangeschoven. Aan beide uiteinden van de tafels stonden vuilnisbakken vol aanstekerbenzine voor het geval de politie kwam (de heroïne werd dan in de bakken gedumpt en vervolgens zou er zwavelzuur – dat op tafel klaarstond – op worden gegooid in een optimistische poging het bewijsmateriaal te vernietigen). Er lagen ook wapens op tafel voor als er een overval plaatsvond: .357's, .38's, een .45, uzi's, een automatisch geweer en een Mossberg.

Het bewerken van de heroïne was zwaar en geestdodend werk. Het werd in het algemeen gedaan door meisjes en vrouwen, vriendinnen en ex-vriendinnen en zusters van ex-vriendinnen, van de mannelijke medewerkers. George nam mensen aan op basis van horen zeggen; hij stelde degene die een meisje aanbeval verantwoordelijk voor eventuele problemen die ze met zich meebracht. Aan de ene kant van de tafel verbrijzelde iemand de brick terwijl die nog in zijn verpakking zat, voordat hij hem als een ei openbrak in een metalen schaal en de brokken tot poeder stampte. Aan de andere kant van de tafel woog iemand mannitol af, waarbij deze krijtachtige substantie werd gewogen op wat een vast onderdeel werd van de bewijsvoering in de drugsprocessen en in die tijd een populaire toespeling in gangsta-rap: het mini-precisieweegschaaltje.

Als de bevoorrading net een periode van droogte had gekend, werd er minder mannitol toegevoegd en werden de zakjes wat voller om de verkoop weer op gang te helpen. Maar zo gauw de zaken weer begonnen te lopen, werden de zakjes weer kleiner en de heroïne minder zuiver. Als

61

George aanwezig was, voegde hij de mannitol zelf toe. Het succes van Obsession was voor een belangrijk deel te danken aan de kwaliteit; George versneed net als de andere dealers zijn drugs, maar zijn basisproduct was opvallend zuiver: 87 procent. Hij vergeleek het met het verschil tussen een goedkope frisdrank en een echte Coke.

De heroïne werd vervolgens in een koffiemolen gemalen en een aantal keren gezeefd tot hij voldoende fijn was; dan husselde een andere vrouw, met twee speelkaarten als een soort slabestek, de mannitol door de heroïne. Sterke heroïne was giftig en de andere medewerkers verlieten gewoonlijk op dat moment de kamer. Sommigen droegen mondkapjes tegen de kwalijke dampen. De zakjes waren al van tevoren met het Obsession-logo gestempeld, door iemands zuster, moeder of grootmoeder, die dat thuis op basis van stukloon deed. Als de heroïne ten slotte keurig in de zakjes was afgewogen met een plastic koffielepeltje van McDonald's, plakte Jessica de zakjes dicht. In 1987, vlak nadat Boy George Obsession voor het eerst op de markt bracht, verwerkte een heroïnewerkplaats honderd tot tweehonderd gram heroïne per dag, vijf dagen per week. Tegen de tijd dat Jessica werd ingehuurd, werd als regel zevenhonderd gram per zitting of ploegendienst verwerkt.

Als George er niet was, leek de tafel bijna een familie. Medewerkers luisterden naar muziek en kletsten. Een vrouw verliet bijvoorbeeld de tafel en ging naar de keuken om voor iedereen te koken. Sommigen snoven cocaïne om tijdens de lange diensten wakker te blijven. Als George kwam, werd de sfeer gespannener. Sommige drugshandelaren meenden dat de beste manier om je te beschermen, was om je niet te vertonen, maar George geloofde niet in onzichtbaarheid. Zijn stijl van leidinggeven was een vertrouwde combinatie van omkoping en dreigementen. Als een autoritaire fabrieksdirecteur speelde hij de baas over de medewerkers. Hij legde mensen die te laat waren een boete op van 300 dollar en ontsloeg ze al als ze één keer niet waren komen opdagen – hoewel hij ze ook vaak weer terugnam. George geloofde ook in aanmoedigingspremies. Hij deed zijn tafelmanagers en betere medewerkers volledige vakantiereizen naar Puerto Rico en Disney World cadeau.

George' ex-vriendin Miranda was tafelmanager op de eerste avond dat Jessica kwam werken. Aanvankelijk viel Jessica haar nauwelijks op. Ze werkte traag en Miranda vroeg zich af wat George in 's hemelsnaam aanmoest met dat magere meisje, dat klaagde over de azijngeur van de heroïne. Toen lukte het Jessica Miranda tijdelijk te laten ontslaan. Miranda en een andere medewerkster hadden geintjes zitten maken over George' voorkeur voor dure zijden hemden en Jessica gaf de roddelaarsters bij George aan. George nam Miranda wel weer in dienst, maar vanaf dat moment besloot die haar nieuwe collega zorgvuldig in de gaten te houden. Jessica's werkplaats-schnabbel bleek echter van korte duur; ze hield het nog geen week vol.

George bevorderde Jessica tot boodschappenmeisje en begon vaker met haar uit te gaan. Ze was leuk om te zien, belangstellend zonder nieuwsgierig te zijn, kon goed tegen zijn rotopmerkingen en was slim genoeg om zich aan te passen aan de grotere wereld waarin hij leefde. Hij gaf haar ook een plek om te wonen: als een van zijn flats te verdacht werd, huurde hij een andere en liet Jessica in de verdachte flat wonen om die te laten 'afkoelen'. Ze deed boodschappen voor hem en ging naar de stomerij. Jessica hoopte op meer, maar ze deed wat hij van haar verlangde. Soms vergezelde ze hem in het openbaar, maar vaak bracht ze haar tijd door zonder hem, net zoals ze dat met andere jongens had gedaan: met telefoneren, schoonmaken, wachten, tv-kijken.

George ging regelmatig naar Puerto Rico, waar zijn vrouw Vada nu met hun zoon woonde. Soms nam hij Jessica mee; en één keer nam hij haar zelfs mee naar Vada's huis. George zei tegen Vada dat Jessica voor hem werkte, maar Vada was sceptisch: 'Dat moet wel een heel goeie medewerkster zijn dat je haar helemaal hier mee naartoe neemt.' Toen George hun allebei geld gaf en naar een winkelcentrum stuurde, bleef Vada Jessica treiteren: 'Weet je wel zeker dat je voor hem werkt? Je moet wel een heel bijzondere werknemer zijn, zijn meest *favoriete* medewerker.' Toen ze thuiskwamen, zei Vada hardop tegen George: 'Gôh, zeg, dit meisje kan echt goed met mannen praten! Je had moeten zien hoe grif ze haar telefoonnummer weggaf!'

'Waarom zeg je dat?' fluisterde Jessica.

'Wat kan jou dat schelen?' antwoordde Vada, die niet terug fluisterde.

George' regels thuis waren even streng als die hij voor zijn bedrijfjes hanteerde: geen bezoek – familie noch vrienden. Nooit zijn telefoon-, pieper- of gsm-nummer aan iemand geven. Niemand hoefde te weten waar hij heen was of waar hij geweest was. Niemand hoefde zijn echte naam te weten als ze belden en naar hem vroegen onder een van zijn schuilnamen – Tony, Manny of John –, neem alleen maar de boodschap aan. Onder geen beding mocht ze zeggen wie hij was of waar zij was, waar hij woonde of welke van de andere flats al of niet bewoond waren.

Jessica was vertrouwd met liegen en bedriegen en kon een geheim bewaren. Ze was meer geschikt voor een leven als conciërge dan als medewerkster in een heroïnewerkplaats. Ze ging graag met mensen om, had een prettige telefoonstem en was voorkomend en ordelijk. Met stijl nam ze bestellingen in ontvangst. Ze voldeed aan George' strenge norm van een schoon huishouden. 'Hij wilde alles altijd vlekkeloos schoon hebben: het huis, zijn kleren. Hij wilde nooit iets vuil zien,' zei Jessica. 'Hij bracht meestal een hele stapel video's mee naar huis en dan zat ik gewoon tv te kijken. Ik hoefde geen baan te zoeken. Ik moest koken, schoonmaken en overal voor zorgen, en aan het eind van de week kreeg ik geld.'

De eerste paar weken was dat een fantastisch bedrag: 1.000 dollar of meer. George verraste Jessica met sieraden. Hij wilde niet dat ze dingen van dun goud had die gemakkelijk verbogen of waarvan de sluiting altijd kapotging. Het moest allemaal van zwaar goud zijn. Als Jessica een mooie halsketting zag – met een hart van saffieren, bijvoorbeeld – zei George tegen zijn juwelier: 'We nemen hem, maar je moet er wel wat aan veranderen.' Hij liet robijnen op haar diamanten Rolex zetten. Hij kocht een gesp voor haar met *Jessica* ingelegd in smaragd. De armoede, die de mensen in het getto dwong allemaal te winkelen bij dezelfde goedkope zaken, bracht met zich mee dat iedereen er hetzelfde uitzag. Maar Jessica moest maatwerk zijn, net als George' auto's.

Boy George stond er ook op dat kleuren op elkaar waren afgestemd. 'Hij zorgde dat al mijn kleren bij elkaar pasten.' Geen witte kleding in de winter, niets mocht vuil zijn of geleend, geen jeans, gelig van de goedkope zeep van de wasserette, geen broeken met aan de tailleband vastgenaaide plastic ceintuurs. Hij reed Jessica naar Greenwich Village en liet haar kennismaken met de 50-dollar-regel. Niets onder de 50 dollar kopen. Geen goedkope winkels, geen vim, geen Jimmy Jazz, geen Payless. Hij was royaal met zijn geld. En als hij dingen voor haar had gekocht, eiste hij geen seks.

Seks leek voor George minder belangrijk dan het voor andere jongens was geweest. Maar als hij in de stemming was, verwachtte George wel dat Jessica deed wat haar gezegd werd. Jessica speelde de stripteasescène uit *Nine ½ Weeks* na, maar George was kieskeurig. 'Alles moest precies zoals in de film,' zei ze. Hij hield er ook van om scenario's van harde pornofilms na te spelen. Toch was zijn belangstelling voor Jessica grillig. Dan wilde hij haar bij zich hebben, en dan weer niet. De ene keer mocht ze de hele dag winkelen en de hele nacht uitgaan, en de andere keer verwachtte hij dat ze een hele week binnen bleef. George kon 's ochtends een liefhebbende echtgenoot zijn, en 's middags een huurbaas: 'Sodemieter op,' zei hij dan plotseling. 'Ik wil die lelijke rotkop van je niet meer zien.' Jessica kon hem niet sussen zoals ze met Lourdes of met haar andere mannen had gedaan. Het ging er niet om dat ze George gaf wat hij wilde; het leek hem er vooral om te gaan haar te onderwerpen aan zijn nukken en grillen.

Hoe onzeker haar leefsituatie ook was, Jessica beschouwde het als een verbetering. Ze had alles wat ze in materieel opzicht nodig had. Ze had haar eigen bed, ruimte voor haar eigen dingen. Het feit dat ze zo dicht in de buurt van een heel bijzonder iemand was, maakte ook haar bijzonder. Als je een van de meisjes van George was, telde dat net zoveel als wanneer je de vrouw van een gewone jongen was. 'Vóór ik hem leerde kennen, had ik nooit enige verwachting van het leven,' zei Jessica. 'De enige droom die ik ooit had was te trouwen, me aan één man te binden, in een klein huis met een hek eromheen en een klein tuintje achter, en heel veel kinderen.' De kinderen had ze al, maar geen van hun vaders had haar gewild. Zelfs de liefde van haar kinderen lag elders; als ze bij haar waren, huilden Brittany en Stephanie om Milagros, en Little Star om Lourdes.

Om de zoveel tijd sloeg George Jessica in elkaar en zette haar het huis uit. Dan ging ze naar haar moeder, maar vaker nog naar Milagros, die toen in een flat in Riverdale woonde, die George voor haar had gehuurd. Milagros had haar baan als caissière opgegeven om de tweeling te kunnen verzorgen. Jessica had beloofd dat ze Milagros 2.000 dollar per maand zou betalen voor hun onderhoud, maar George had maar één keer betaald. Milagros slaagde erin om rond te komen van de bijstand en vulde haar inkomen aan door als het echt nodig was voor George of Puma te werken. Als Jessica bij haar logeerde, legden ze de kinderen in de kinderwagen en zetten koers naar een winkelcentrum in de buurt dat dag en nacht open was. Jessica was gek op make-up en sloeg hele voorraden smeerseltjes en parfums in. Ze trakteerde de meisjes op kleertjes en strikken. Milagros was te praktisch om zich met dat soort dingen bezig te houden.

Jessica en Milagros gingen ook altijd naar Toys 'R' Us en sloten de avond af bij McDonald's of in het appartement, waar ze naar muziek luisterden en kaartten. George had heel veel pornofilms en soms kozen Jessica en Milagros wat uit zijn enorme collectie. Ze vielen om van het lachen over de vernuftige standjes en de vindingrijke neukpartijen in de films. Ze snoven cocaïne. Als Jessica Milagros een beetje gewaagd plaagde, duwde Milagros haar weg, verlegen maar ook wel blij. Maar zodra George bereid was haar weer terug te nemen, stond Jessica klaar om te vertrekken. Ze liet haar dochters bij Milagros achter. 'Ik deed gewoon wat mijn moeder met mij had gedaan,' zei Jessica.

Rond deze tijd liep Miranda Jessica tegen het lijf in een nachtclub in Manhattan. De goedgeklede *bitch* – Miranda bedoelde het bewonderend – die onder de knipperende lichten van Roseland stond, leek in niets meer op dat magere sollicitantje bij het heroïnebedrijf: ze was dikker geworden. Jessica had nu een figuur: flinke dijen, opvallende borsten, een duur kapsel. Met de radar van een gekwetste minnares begreep Miranda de achtergrond van Jessica's promotie. De tweeëntwintigkaraats gouden letters *Boy George* om haar hals schitterden triomfantelijk. Jessica was niet meer George'in-de-buurt-meisje, verstopt in een van zijn appartementen. Ze was weer gepromoveerd: Jessica was nu een van Boy George' maîtresses.

In de zomer van 1988 liep Boy George Cesar tegen het lijf, die met Rocco op Tremont Avenue stond. Cesar en Rocco hadden het nog niet bijgelegd, maar ze praatten in ieder geval weer met elkaar. George had een fikse snee in zijn hand. Hij legde Cesar en Rocco uit dat hij in een straatgevecht betrokken was geraakt met een vent die razendsnel was.

'En wat heb jij toen gedaan?' vroeg Rocco.

'Bovenop hem gesprongen,' zei George. De volgende keer wilde George echter meer dan improviseren. Hij herinnerde zich dat Rocco gebokst had en vroeg hem hoe hij een trainer kon vinden. 'Wie is de beste bij Gleason's?' vroeg George.

'Panama,' zei Rocco. Ze spraken af dat Rocco ze aan elkaar zou voorstellen.

'Zeg maar tegen hem dat hij me zo ver moet krijgen dat ik met Mike Tyson kan vechten,' zei George. Toen Rocco die boodschap overbracht, lachte Panama schamper. Maar de volgende keer dat Panama Rocco zag, omhelsde hij hem – Panama had inmiddels contact met George gehad. 'Als ik tegen die gast [Panama] had gezegd dat hij m'n kont moest kussen, had hij het nog gedaan ook,' zei Rocco. George was begonnen met trainen, maar het leek er meer op dat Panama, met zijn nieuwe gouden sieraden, de winnaar was. George liet Panama zelfs naar Panama vliegen om zijn ouders op te zoeken; George was ooit eens even royaal geweest voor een van zijn Chinese leveranciers, voor wie hij een huurhuis aan het strand van Puerto Rico regelde, met auto's en gewillige meisjes.

Naast Panama's bureau in zijn kantoor stond een doos boordevol nauwelijks gebruikte sportschoenen, naast een locker met trainingsbroekjes: George droeg ze allemaal één keer en gaf ze dan weg. 'Het is ongelooflijk, ongelooflijk,' zei Panama tegen Rocco, zijn hoofd schuddend over zoveel verkwisting. George wilde de Golden Gloves winnen en Panama dacht dat George een meer dan goede kans maakte. George noemde Panama 'Papi' en 'Pa'. Een van de andere trainers kwam naar Rocco toe en vroeg: 'Heb je nog meer van zulke vrienden?'

George nam ook zijn dieet serieus. 'Hij wou altijd van dat gezonde eten,' zei Jessica. 'Groente en, je weet wel, van die dingen die je lichaam zuiveren, zoals sommige soorten thee.' Hij slikte vitaminen. In plaats van frisdrank dronk hij veenbessensap. Hij fietste en jogde. In zijn nieuwe leven had hij nog minder tijd voor Jessica dan daarvoor. Danny begon als zijn vervanger te fungeren.

'George, ik wil naar de film,' zei Jessica bijvoorbeeld.

'Vraag Danny maar mee,' antwoordde George dan.

'George, ik heb een afspraak.'

'Piep Danny maar op.'

'George, ik wil winkelen.'

'Laat Danny je maar brengen, ik heb wat anders te doen.'

George hield zijn andere vrienden niet bij haar weg. Dat was niet nodig. Als een vent geld had, waren er altijd meisjes in de buurt. 'Meisjes-voor-één-nacht, die nóg wel eens wilden,' legde George uit, 'meisjes die aan me vastklitten als een goedkoop pak. En dan had je natuurlijk de meisjes die de echte parels in mijn kroon waren, chiquer dan die gewone meisjes.' Een van George' managers kreeg seks van een meisje omdat hij haar in zijn auto liet zitten – zelfs nog zonder dat hij haar mee uit rijden nam. Andere meisjes deden het voor een paar sneakers, een pak Pampers, sigaretten of een afhaalmaaltijd. Seks was een ruilmiddel. Seks was ook het recht van de jongen en het probleem van zijn belangrijkste vriendin. Jessica zag het probleem hetzelfde als de vrouwen om haar heen dat deden: het was meisje tegen meisje. Jessica stelde George geen vragen over wat hij al die uren deed die hij niet thuis was. 'Ik ben geen type om vragen te stellen, omdat ik er ook niet van hou als ze mij vragen stellen.' Maar ze probeerde wel de concurrentie te intimideren. Meisjes die George oppiepten, werden door Jessica teruggebeld. 'Niet mijn man oppiepen,' zei ze dan bijvoorbeeld, of: 'Heb het lef niet mijn echtgenoot te bellen.' Boy George kwam natuurlijk achter haar brutale gedrag en riep: 'Hoe kom je erbij mijn meisjes terug te bellen? Je mag mijn meisjes niet terugbellen.'

Als George onder de douche stond, schreef ze vlug de nummers van het schermpje van zijn pieper over en belde de meisjes een paar dagen later op. Het was een oude gewoonte, die ze niet kon laten. 'Is Georgie daar?' vroeg ze dan met haar meest sexy stem.

'George? Met wie spreek ik?'

'Ik ben zijn meisje. Hij zei dat als ik hem wilde bereiken, ik hem op dit nummer kon bellen.'

Als een meisje hem belde op een pieper die hij thuis had laten liggen, belde Jessica meteen terug. 'Hallo?' was meestal het hoopvolle antwoord van het meisje. Jessica liet die hoop even bungelen voor ze ophing.

Na een van Boy George' exotische tripjes was het altijd druk aan de telefoon.

'Is John er?' vroeg het nieuwste meisje.

'Nee, helaas niet. Kan ik een boodschap aannemen?'

'Ben je een zus van hem?'

'Nee,' zei Jessica dan, zweeg vervolgens even en zei: 'Ik ben zijn vriendin.'

In zijn telefoongesprekken met deze meisjes klonk George als de George die haar die eerste keer van Tremont had meegenomen: met goede manieren, voorkomend, zelfverzekerd. Tegen een meisje dat aangaf dat ze hem graag terug wilde zien, zei hij quasi-verlegen: 'Nou, als je denkt dat je het met mij uit kunt houden.' Jessica had de hoorn wel uit zijn hand willen rukken en krijsen: *Bitch, als ik het al niet met hem uit kan houden, moet jij wel een fucking Wonder Woman zijn*! Maar ze hield zich in en luisterde alleen maar. Een meisje dat haar vriend op dit soort dingen aansprak, kon erop rekenen dat ze te horen zou krijgen dat er meisjes genoeg waren in de wereld.

Jessica wist wanneer George een afspraak had: dan droeg hij een katoenen pantalon in plaats van een spijkerbroek. 'Waarom doe je niet gewoon je spijkerbroek aan als je met de jongens op stap gaat?' vroeg ze dan voorzichtig.

'Waarom hou je verdomme je fucking bek niet?' zei hij terug.

Jessica wist wat de gevolgen waren als ze George' regels overtrad – een gemeen pak slaag – maar ze deed het niettemin vrij geregeld. Als ze bij zijn moeder thuis bij bewustzijn kwam, wist ze dat ze verschrikkelijk was geslagen; George bracht haar daarheen omdat Rita in een ziekenhuis werkte. Als Jessica dan wakker werd, zag ze Rita's bezorgde gezicht boven zich. 'Wat heb je deze keer gedaan?' fluisterde Rita; zij was ook bang voor haar zoon. Als er sprake was van ernstig letsel, zoals die keer dat George Jessica's schedel had ingeslagen, bracht hij haar naar een privé-arts, die goed betaald werd in contanten. Jessica belde de dokter ook voor andere problemen op gezondheidsterrein, zoals die keer dat de tweeling diarree had en niets ertegen leek te helpen. De dokter vroeg altijd naar George, die hij bij wijze van grap 'de oudste baby' noemde.

George dreigde Jessica met nog ergere afranselingen. 'Ik kan je net zo goed vertrouwen als ik je kan vermoorden,' zei hij vaak. Jessica wist waartoe hij in staat was. In juni van dat jaar ging het verhaal dat hij Todd Crawford, een van zijn medewerkers, had laten omleggen. Zoals getuigen later vertelden, had George gehoord dat Todd van plan was een oude vriend van George, Snuff geheten, te beroven. Snuff en George hadden op Morris High School bij elkaar in de klas gezeten; nu verkocht Snuff crack op George' lucratieve plek op 122nd Street. Snuff was een van de weinige mensen van zijn leeftijd die George als zijn gelijke beschouwde. George liet een wederzijdse vriend Todd en zijn vriendin uitnodigen voor een etentje bij King Lobster, een restaurant op City Island. Terwijl ze zaten te eten, wachtte Taz, die vaker van dit soort karweitjes deed, in een auto op het parkeerterrein. Toen Todd zijn autodeur opendeed, beschoot Taz hem vier keer van achteren. Todd had steurgarnalen voor zijn laatste maaltijd besteld. George nam Taz fulltime in dienst en betaalde hem 1.000 dollar per week. 'Getrakteerd worden op steurgarnalen' werd de nerveuze inside-grap.

Jessica waarschuwde haar vriendinnen dat ze haar niet op de flat moesten bellen, aangezien ze het nummer aan niemand mocht vertellen. Als George de telefoon aannam, moesten ze niet ophangen; Jessica kreeg straf als er werd opgehangen. Ze droeg haar vriendinnen op om net te doen of ze een verkeerd nummer hadden gedraaid. Dat was link, want George verdraaide zijn stem om Jessica te testen. 'Sal's Pizzeria!' zei hij dan bijvoorbeeld, maar bij George had de humor altijd een scherp kantje.

Als Jessica opnam, hoefde zijn naam niet te vallen; haar vriendinnen fluisterden:

'Is-ie thuis?'

'Waar is-ie?'

'Ben je alleen?'

Meestal was dat het geval. Als ze George al zag, was het 's avonds laat. George zou Jessica geld hebben gegeven als ze erom had gevraagd, maar Jessica was meer geïnteresseerd in zijn liefde. 'Minder geld voor haar betekende meer geld voor mij,' zei George. Hij plaagde Jessica met haar 'aandachttrekkerij'. Het duurde heel lang voor hij in de gaten had dat Jessica's behoefte aan aandacht even hardnekkig was als die van het onkruid dat zich door het wegdek naar boven perst.

Aan het einde van die zomer logeerde Jessica in een van de door George gehuurde appartementen, een souterrain onderaan een stenen trap op Henwood Place. George gebruikte Henwood soms als geheime opslagplaats voor wapenleveranties. De wapens waren afkomstig uit Virginia. Een runner met de naam Wayne bracht ze naar de Bronx. Wayne zou een bestelling afleveren tijdens een van George' reisjes naar Puerto Rico. George gaf Jessica opdracht in het appartement te blijven tot de wapens waren afgeleverd. Maar in plaats daarvan kneep Jessica er tussenuit. Ze had besloten te gaan dansen met haar nichtje van dertien, Daisy. Daisy's knappe jonge moeder, die gescheiden was van de broer van Lourdes, werkte als serveerster en ging na het werk uit. Daisy bracht nogal wat tijd alleen door en verveelde zich. Ze keek erg op tegen haar oudere nichtje.

'Ze maakt dat je een goed gevoel krijgt over jezelf. Ze is beeldschoon maar ze geeft je niet het gevoel dat zij de knapste is, dat vind ik zo fijn van Jessica,' zei Daisy. Daisy mocht er zelf ook zijn, met haar lijf als een jong veulen, gave gezichtje en lange bruine krulhaar. Daisy was op een gevaarlijke leeftijd, ze spijbelde al en keek naar jongens. Ze nam de trein naar het noorden van de stad om Jessica op te zoeken; soms nam ze een taxi, die Jessica dan betaalde.

Op de avond dat Wayne de wapens zou afleveren, gingen Jessica en Daisy uit naar de Herpes Triangle, drie populaire clubs onder de bovengrondse spoorbaan op Westchester Avenue. Wayne arriveerde, trof niemand thuis op Henwood en belde George. Intussen was George net, onaangekondigd, op het vliegveld geland; hij had geen sleutels en Jessica was nog steeds niet terug toen George Wayne bij de flat trof. George was woedend dat Jessica haar deel van de overeenkomst niet was nagekomen, namelijk dat zij deed wat haar gezegd werd en dat hij alles betaalde. Maar George wist haar wel te vinden: Rascal reed hem naar de Herpes Triangle. Danny zat somber naast Rascal. George piepte Jessica op, toetste het nummer van zijn gsm in, en wachtte.

Jessica vloog naar buiten zodra ze George' boodschap ontving. Ze durfde hem niet binnen te bellen vanwege de muziek; ze belde vanuit een telefooncel op straat naar zijn gsm.

'Waar zit je?' vroeg George.

'Geen idee, ik weet het niet, de straatnaamborden zijn niet meer te lezen,' loog Jessica. Op dat moment kwam Daisy naar buiten op zoek naar Jessica, die haar gebaarde stil te staan. George zag haar armzwaai.

'Je moet één ding voor me doen,' zei hij op een toon die Jessica's hart op hol deed slaan. "Ik wil alleen dat je je even omdraait en de andere kant van de straat afkijkt."'

Jessica had de keus: George kon haar thuis in elkaar slaan, of daar op straat. Ze koos voor thuis en ging naast George achterin de auto zitten. Het maakte geen verschil: nog vóór ze op Henwood waren, was hij al begonnen haar te meppen. Toen besefte ze ineens dat ze haar sleutels in haar jas in de club had laten zitten. George gaf haar wat ze later een dubbel pak slaag noemde: tijdens de rit terug naar de club, en tijdens de rit terug naar de flat. Toen duwde hij haar bebloede lichaam op het trottoir en beval Danny haar naar binnen te brengen. Alsof het hem nu pas te binnen schoot, zei George dat Danny haar haar af moest knippen.

'Ik heb geen schaar,' loog Danny. Hij droeg Jessica langzaam de trap af en de flat in en fluisterde: 'Hij behandelt je zo slecht. Ik wou dat ik jou en de kinderen mee kon nemen.' Het enige wat Jessica wilde, was slapen.

Jessica bleef doorgaan met het schenden van de huisregels. Als ze al thuis bleef, dan liet ze in ieder geval toch mensen binnen. Op een dag belde

George woedend vanuit Puerto Rico omdat hij had gehoord dat een gouden gesp met Snuffs naam in diamanten en robijnen uit het Henwood-appartement was verdwenen. Het toeval wilde dat er een flink aantal mogelijke boosdoeners was: Danny, Rascal, een andere medewerker, Dean, die langs was geweest om een schuld te voldoen, een vriendin van Jessica die Beatriz heette en die familie in het gebouw had wonen, George' broer Enrique, en zijn moeder, Rita. George maakte duidelijk dat hij ze allemaal als schuldig beschouwde. 's Avonds kondigde hij aan dat hij op de terugweg was naar New York en daardoor raakte de hele flat in rep en roer: Rascal en Rita keerden de bank om en haalden hem uit elkaar, terwijl Enrique als een bezetene kasten en laden doorzocht. Jessica zat aangekleed en wel in het bad terwijl de kraan liep. 'Dat snappen jullie niet, maar George vermoordt me,' zei ze. Toen Rascal hoorde dat Beatriz in het appartement was geweest, begreep hij het wel: George had een hekel aan Beatriz.

George arriveerde op Henwood en ondervroeg iedereen. Hij betwijfelde of zijn eigen familie hem zou bestelen. Rascal en Danny verdienden goudgeld. Dean was al uit de gratie omdat hij drie maanden tevoren was gearresteerd met 22.000 dollar van Boy George en ruim een halve kilo heroïne op zak; het lag niet voor de hand dat Dean zoiets stoms zou hebben gedaan als het opzettelijk bestelen van George. Jessica biechtte uiteindelijk op dat Beatriz ook in huis was geweest. Dean verklaarde later als getuige dat George Jessica in elkaar had geslagen en besloten had dat Beatriz uit de weg moest worden geruimd, waarbij Dean als lokaas fungeerde. George zei tegen hem: 'Jessica belt haar op, en jij neemt haar mee uit.' Of Jessica uiteindelijk inderdaad belde, is nooit bewezen, maar hoe dan ook werd er toch een afspraak geregeld.

Het regende toen Dean Beatriz die avond ophaalde in een van George' vaste taxi's. De tante van Beatriz zwaaide van de vierde verdieping naar haar nicht en zag de lichtblauwe auto-met-chauffeur wegrijden. Achterin de auto gaf Dean Beatriz de cocaïne die George had meegegeven 'om haar kalm te houden'. Drugsmoorden hadden niet de hoogste prioriteit voor de politie. Beatriz deelde de cocaïne met de chauffeur, die hen naar Ferry Point Park reed, een afgelegen plek onder de Whitestone Bridge. Daar, in de schaduw, zat Taz, George' huurmoordenaar, te wachten. Het plan was dat Dean uit zou stappen – zogenaamd om te plassen – en Beatriz op de een of andere manier ook uit de auto zou lokken. Daarom zei Dean dat ze geen coke moest snuiven in het bijzijn van de chauffeur. 'Gedraag je en hou op met dat gesnuif.' Toen Beatriz uitstapte, kwam Taz aanlopen en beschoot haar twee keer van achteren. Haar lichaam vertoonde meteen spasmen; Taz liep naar voren, pakte haar schouder vast om haar rechtop te houden, en schoot opnieuw, en nóg een keer. Het pistool ketste. Taz en Dean renden naar hun auto's. Beatriz viel op haar knieën neer en riep: 'Help me, Dean. Laat me niet alleen, alsjeblieft.' Later die avond stuurde George een man die Moby heette naar het park om te controleren of ze echt dood was.

Jessica was zo in de war dat Danny George in paniek opbelde – Danny was bang dat Jessica zichzelf iets zou aandoen. George droeg Danny op te proberen haar te kalmeren. George ging bij Jessica langs, maar haar hysterische gedrag irriteerde hem en hij vertrok weer. Danny leefde echter met Jessica mee; hij bracht inmiddels meer tijd met George' vriendin door dan George zelf. Danny probeerde haar te troosten. Die avond begon hun verhouding. Kort daarna werd Jessica ondervraagd door rechercheurs van de afdeling moordzaken, maar daar bleef het bij.

Jaren later, toen hij getuigde in het proces tegen Taz, herinnerde Rascal zich nog de toenemende angst in de Obsession-organisatie na de moord op Beatriz. George wees de medewerkers er nog eens op dat als ze tekortschoten of niet hard genoeg werkten, 'een Taz-special' makkelijk te regelen was. Bijna iedereen moest dit soort dreigementen verduren, zei Rascal, maar 'Jessica in het bijzonder'.

## HOOFDSTUK 6

In december van dat jaar dreigde Lourdes uit haar flat op Tremont te worden gezet. Ze had een huurachterstand en de beheerder beweerde dat ze een drugstent runde. Robert woonde niet meer bij zijn moeder; hij was naar Florida verhuisd en Jehova's getuige geworden. 'Ik had geen zin om een strafblad te krijgen wegens betrokkenheid bij drugshandel,' zei Robert later. Elaine en Angel trokken bij Angels moeder in, die om de hoek woonde. Om ze uit de problemen te helpen, was George bereid Angel een *brick* heroïne in consignatie te geven. Maar ongeduld nekte het startende familiebedrijfje. In plaats van het spul te versnijden en in kleine hoeveelheden te verkopen met een winst van 120 procent, verkochten ze de *brick* onmiddellijk voor 30.000 dollar door en kreeg de familie een aanval van koopwoede. Lourdes vierde haar achtendertigste verjaardag met twee gouden trouwringen: ze trouwde officieel met Que-Que en het jonge paar vertrok uit de flat op Tremont voor een nieuw begin in een andere vervallen flat in een straat die Vyse heette. De verhuizing was nauwelijks een verbetering te noemen, hoewel Lourdes nu telefoon had en er in sommige kamers vloerbedekking lag. Maar van het feit dat ze überhaupt geld had om te verhuizen, knapte Lourdes al op. Ze trakteerde zichzelf op een receptie om haar huwelijk te vieren – een feest dat een week duurde en waarbij al het geld dat er nog over was, op ging, vooral aan coke.

George gaf zichzelf de schuld van deze mislukking en zei dat hij ze allemaal wegens gebrek aan respect zou hebben doodgeschoten als ze geen familie van Jessica waren geweest. Lourdes had laten zien dat ze een echte duivelin was, zei hij, en ze had haar leven alleen aan Jessica te danken. Vanaf dat ogenblik vermeed hij Lourdes' flat; als de veiligheid van haar dochter haar kennelijk zo weinig interesseerde, zou ze er haar hand vast ook niet voor omdraaien om hém in een val te lokken. Lourdes zei: 'Ik wist niet eens waar mijn dochter woonde.' George wilde ook niet dat Jessica naar Vyse ging. Soms sloot hij, als hij de flat op Henwood verliet, Jessica van buitenaf op. Hij accepteerde Jessica's incidentele bezoeken aan Serena, maar wilde het kind niet over de vloer hebben. Kinderen konden onbewust als verklikker fungeren en Serena was drie jaar: oud genoeg om nieuwsgierige vragen te kunnen beantwoorden, maar te jong om te kunnen liegen.

Jessica vertrouwde Cesar overigens wel haar adres toe. Het appartement lag in een doodlopende straat, niet ver van Tremont. Jessica bleef in het algemeen na een afstraffing van George uit de buurt van Vyse, maar op een dag vroeg Cesar tot haar verbazing naar de blauwe plekken. Jessica stelde hem gerust: 'George en ik hebben net wat ruzie gehad.' Ze wilde niet dat Cesar erbij betrokken raakte; ze wist dat haar broer onverstandig genoeg was om haar te willen wreken. Cesar had zijn eigen ridderlijke code: hij had haar goede naam op straat altijd verdedigd, of de roddels nu waar waren of niet.

Cesars eigen reputatie was naar Boy George' grootstedelijke maatstaven misschien nog altijd kleinsteeds, maar Cesar werd wel herkend en gemeden op Tremont Oost. Die winter had hij zich weer met Rocco verzoend en samen met twee andere jongens hadden ze een eigen kleine bende gevormd. De jongens noemden hun straatfamilie FMP: Four Man Posse. Behalve Cesar en Rocco was er nog een gedrongen, stille jongen die Mighty heette en een tobberig type, Tito genaamd. Allemaal waren ze min of meer afkomstig van Tremont: Rocco woonde nog steeds naast de oude flat van Cesar, Mighty woonde om de hoek, op Echo Place, en Tito woonde aan de overkant. 'Dat was een lekker ruig hoekje van de Bronx daar, zeg, waar een heleboel bajesklanten opgroeiden,' zei Cesar. De jongens kenden alle plekken waar de geest van beroemde lokale misdaden nog rondwaarde, legendarische heldendaden, begaan door jongens die nu gedetineerde mannen waren. Als je woonomgeving je identiteit bepaalt, hadden jaren van op daken klimmen, aan brandtrappen hangen en door de nauwe straten fietsen, Tremont tot hún plek gemaakt. Tremont had ze grootgebracht.

De jongens deden spelletjes als *Manhunt* en *Knock-Out*. *Knock-Out* was het meest favoriet. De één selecteerde een nietsvermoedende mannelijke voorbijganger en de ander moest die dan neerslaan. Wie erin slaagde, had gewonnen – *Mike Tyson*, schreeuwden ze dan, *nummer één!*' Ze beroofden een fietsenwinkel en schaften zich wapens aan. Ze kochten een M1, een .45 en een geweer en begonnen roofovervallen te plegen. Ze breidden hun wapenarsenaal uit met nog twee .375's, een .38, een .45, een M1 en een Tech 9. Ze verstopten de wapens onder Cesars bed en boven een luifel vlakbij zijn oude basisschool.

Jessica maakte zich zorgen over Cesar en vroeg Boy George eens ernstig met hem te praten. Op een avond nam Boy George Cesar mee naar Grande Billiards voor een potje poolbiljart. De uitsmijters lieten de jongens langs de eerste controle bij de benedeningang, voorbij de andere klanten die stonden te wachten om te worden gefouilleerd. Bij de tweede controlepost werden ze al even makkelijk doorgelaten. De biljarters zagen Boy George aankomen en maakten onmiddellijk de felbegeerde centrale tafel vrij. Cesar had het gevoel dat hij, als hij zo met Boy George op stap was, in een van de gangsterfilms speelde waar hij zo verzot op was.

George speelde zijn rol perfect. Hij telde 1.000 dollar uit en legde het geld op het biljart. Hij zei: 'Cesar Augustus, ik leg het je uit: als je wint, is het allemaal voor jou.' George was de enige die Cesar ooit zo formeel aansprak. Cesar won. Hij won de volgende ronde, om 2.000 dollar, ook. Hij won tot de pot 49.000 dollar bedroeg, waarna George zei: 'Nog één potje voor het hele bedrag.'

'Op een duizendje na,' zei Cesar uitgekookt. George testte hem uit. Zoals te verwachten was, won George de laatste ronde. Cesar vroeg George om een baantje.

George probeerde het Cesar uit zijn hoofd te praten: 'Als er iets met je gebeurt, wil ik niet dat je moeder mij de schuld kan geven.'

Af en toe, als George Cesar op straat zag en hem een lift gaf, probeerde Cesar hem toch weer over te halen: 'Man, laat me toch voor je werken!'

Zonder ook maar opzij te kijken naar de energieke bonenstaak op de leren passagiersstoel naast hem, zei Boy George: 'Je bent niet stom, Augustus. Ga naar school, ga naar school, *ga naar school!*'

Op sommige dagen zette Coco koers naar Cesar in plaats van naar school. Als ze Cesar niet in de buurt van de winkel op Andrews Avenue kon vinden, nam ze bus 36 naar Tremont East. Ze was niet echt assertief, maar als het aankwam op het opsporen van Cesar, wist ze van geen wijken. 'Dan dook ik ineens op,' zei ze. Meestal was Cesar niet thuis. Hij speelde met vuur of dook weg voor de gevolgen van het vuur dat hij had veroorzaakt, of hij flirtte zonder dat Coco het wist met andere meisjes uit de buurt. Coco arriveerde soms 's middags bij Lourdes en trof die dan slapend aan. Als Lourdes in een slechte bui wakker werd, wist zowel Little Star als Coco dat ze niets moest vragen, nog niet eens glaasje water. Als Lourdes een overmaat aan energie had na een ruzie met haar echtgenoot, schakelde ze Coco in om haar te helpen schoonmaken. Ze stemden de radio af op Lourdes' favoriete latinzender, 93.7 WADO. Lourdes leunde op de bezem en leerde Coco hoe ze moest dweilen. Coco vulde een emmer met heet water in het bad en gooide er dan King Pine in, het schoonmaakmiddel dat Lourdes onder de gootsteen had staan. Ze sjouwde de emmer naar Lourdes, die uit volle borst aan het zingen, vegen en tieren was.

Coco dweilde, terwijl Lourdes de meubels, asbakken en kinderen optilde, die ze vervolgens overal neerzette waar ze niet omvielen: op de keukentafel, op de bedden, op de bank. Na het moppen was het tijd voor de was. Lourdes had er een hekel aan om ergens alleen heen te gaan, zelfs naar de wasserette. Coco ging met haar mee. Weer thuis spanden ze een waslijn in de hal om de leggings, de babyhemdjes en de babysokjes te drogen, en de geur van nat wasgoed vermengde zich met die van de King Pine, zodat het hele appartement een luchtje kreeg. Maar zelfs als het eten klaar was, de was hing en Jessica's drie dochtertjes in bad waren geweest, verschoond en hun haar gedaan, was Lourdes' boosheid nog niet altijd over.

De beste dagen waren die waarop Coco Lourdes in de keuken aantrof. Lourdes' schoonheid kwam in de keuken het beste tot haar recht en Coco vond het heerlijk haar bezig te zien met haar dampende pannen. Met de ene hand de *arroz con pollo* doorroerend en in de andere een sigaret, maakte Lourdes danspassen op haar slippers, zong liedjes, en beval Coco haar de garnalen aan te geven of *uit de weg, schatje, die pan is heet!* Buren die anders uit de hoogte deden, klopten nu op de deur, schaamteloos gesmolten voor de verleidelijke geuren. 'De mensen hier komen naar mijn huis om mijn eten te eten,' zei Lourdes. Als er geld was, was Lourdes er trots op dat ze zo veel hongerige magen zo goed kon voeden. Als ze geen geld had, hielden de buren soms een inzameling voor ingrediënten, alsof het zondagavond was en er geld voor een zakje weed werd ingezameld.

Nooit zou Lourdes zich verwaardigen om te koken met de kant-en-klare potjes van Goya of de pakjes van Sazón die haar luie dochters gebruikten. *Sofrito* moest je zelf maken. Ze waardeerde haar *pilón*, haar vijzel en stamper, nog meer dan haar beeld van Sint Lazarus en haar Ierse vriendschapstrouwring. 'Als ik verhuis, is dat het eerste wat ik inpak,' zei ze. Lekker eten maakte van elk huis een thuis, zelfs van dat op Vyse, dat tot ieders afgrijzen vergeven was van de ratten. Lourdes had de *pilón* van haar moeder gekregen toen ze vijftien jaar oud was; Lourdes had toen al negen jaar eten gekookt.

Coco hield van regenachtige dagen, want slecht weer verminderde tijdelijk de aantrekkingskracht van de straat: Cesar bleef binnen en zijn vrienden bleven thuis. Dan kwam Coco ineens aanzetten en begon zonder iets te zeggen haar kleren uit te trekken. 'Wacht even,' zei Cesar dan, 'ik ben nog niet eens wakker.' Ze brachten hele ochtenden en middagen in bed door, met seks en Nintendo. Cesar had een luxe bed met een spiegel aan het hoofdeind. Coco had op die momenten het idee dat het hele leven zich daar afspeelde. Soms, als Cesar niet in de stemming was voor seks, kon Coco hem toch overhalen.

'Ze nam gewoon het initiatief,' zei Cesar. Aanvankelijk werd hij er een beetje nerveus van, maar hij begon het op den duur eigenlijk wel leuk te vinden. Coco gedroeg zich uitdagend zonder dat het aanstootgevend werd. Ze praatten ook met elkaar. Cesar vroeg haar van alles:

'Hou je van me?'

'Ja,' antwoordde Coco.

'Maar waarom dan? Waar hou je dan precies van?'

'Van alles aan je.'

'Je zegt niet wat ik wil horen.'

Van rechtstreekse vragen werd Coco zenuwachtig. Die deden haar denken aan haar stiefvader Richie en aan het feit dat ze op school nooit goed was in proefwerken. Gelukkig werden dit soort momenten meestal onderbroken omdat er bij Lourdes altijd wel iets aan de hand was en Cesars vrienden nooit erg lang wegbleven.

In een aantal opzichten was Four Man Posse beter dan familie. Met familie had je altijd overgeërfde problemen en verplichtingen, terwijl FMP ergernissen opleverde die ze in principe konden uitpraten en waarvoor ze hun eigen regels konden opstellen. Loyaliteit was het allerbelangrijkste. Niets mocht er tussen hen komen: geen andere mensen of groepen, en al helemaal geen meiden. Van elkaars zussen moest je afblijven. Moeders genoten automatisch respect. De stoep bij de flat van Rocco op Tremont gold als hun officiële verzamelplaats. De jongens zwoeren voor elkaar te sterven, nooit vragen te stellen als de ander om versterking vroeg, en elkaar nooit te verraden. Meiden mochten gedeeld worden, maar als je het meisje van een ander inpikte, moest je dat recht in diens gezicht zeggen. Als een lid echt gek was op een meisje, mochten de andere FMP-leden wel proberen haar te verleiden, maar als ze trouw bleef, moesten de anderen haar voorgoed met rust laten. Als een FMP-lid al ooit verliefd werd, kwam FMP toch nog altijd op de eerste plaats. 'Je vriend hou je altijd,' zei Cesar. 'Je meisje niet. Als je iemand doodschiet vanwege je meisje en je krijgt vijfentwintig jaar of levenslang, zal zij het niet zo lang uithouden. Doe je het voor een vriend, dan blijft die je wel trouw.'

*Leven voor je pistool, sterven door je pistool* was hun motto, en *Scarface* hun favoriete film. Cesars meest geliefde scène was die waarin Al Pacino de klanten van een chic restaurant college gaf. Doodsbang maar gefascineerd staarden de gasten naar Pacino en zijn gevolg. Doordat criminelen als zondebok fungeerden voor alles wat slecht was, legde Pacino uit, kwamen ze tegemoet aan de behoefte van andere mensen om te denken dat zijzelf goed waren. Cesar praatte graag over de band tussen Pacino en zijn maten. Hij voelde hetzelfde voor Rocco, Tito en Mighty – z'n *homies*, z'n criminele vriendjes, z'n familie, z'n bende. Iedereen beloofde trouw aan de regels van FMP, die niet zo heel veel verschilden van die van

77

eerdere generaties Tremont-jongens. Maar alleen Cesar en Mighty hielden er zich aan.

Sinds die winter ging George om met een verlegen, mollig meisje dat Gladys heette en hetzelfde steile zijdezachte haar had als Jessica. Gladys woonde met haar katholieke ouders in een eengezinswoning in een nette arbeidersbuurt in de Bronx. 'Uit zo'n nette buurt met allemaal van die huizen zoals in *A Little House on the Prairie*,' zei hij tevreden en verrukt. Hij was trots op Gladys. Hij treiterde Jessica door op te merken hoezeer hij Gladys' beschaafde gezelschap verkoos. Gladys werkte als caissière bij een bank in Manhattan. Hij bracht haar 's morgens wel eens weg als hij naar Gleason's Gym ging. Gladys verkeerde in de veronderstelling dat George zijn geld van zijn vader kreeg, die 'in de bouw zat'. George had Jessica beloofd met haar naar Hawaï te gaan, maar in plaats daarvan nam hij Gladys mee.

George deed geen enkele moeite om de foto's van zijn tripje te verbergen: Gladys lui leunend op George' schouder, Gladys glimlachend onder de palmbomen, Gladys' dikke vingers die felgekleurde dure cocktails omklemden. Het was Gladys die hij met het vliegtuig meenam voor een dagtochtje naar San Francisco om een paar Nikes te kopen die ze in New York niet in voorraad hadden. Het was Gladys die hij mee uit eten nam. Maar toen hij haar ook uitnodigde voor het galafeest van de zaak, dat hij voor kerstavond had gepland, was voor Jessica de maat vol. Vada mocht hem in Puerto Rico hebben en Gladys mocht het allerbeste van hem krijgen, maar op die bijzondere avond, zo had Jessica zich voorgenomen, zou zij het meisje zijn dat aan George' arm binnenkwam. Hij ging niet tegen haar in.

Jessica ging winkelen op Fifth Avenue en vond de perfecte creatie: een witsatijnen jurk met blote schouders. Ze trakteerde zichzelf op een manicure- en een pedicurebehandeling. Op de dag van het feest bracht ze de hele middag bij de kapper door. Het duurde zo lang voor ze klaar was, dat George dreigde zonder haar te vertrekken. Op haar witsatijnen pumps strompelde ze achter hem aan en maakte haar make-up in de auto af. Toen trok ze de witsatijnen handschoenen aan die bij de jurk hoorden.

Ondertussen stonden de medewerkers en hun partners bij het dok van World Yacht in Manhattan urenlang op hun gastheer te wachten. De 121 gasten waren gearriveerd in vervoermiddelen die bij hun status pasten: BMW's, Mercedessen, gehuurde limousines, taxi's met chauffeurs in uniform. Gladys en een vriendin liepen ook in de ongeduldige menigte rond. Eindelijk kwam de auto voorgereden; de portier deed de deur open en Boy George stapte uit op zijn Bally-schoenen. De menigte juichte en applaudisseerde. In zijn zijden smoking liep hij de loopplank van het jacht *Riveranda* op en zwaaide naar zijn mensen. Jessica hing aan zijn andere arm. De dj kondigde aan: 'Mr. en Mrs. Boy George!'

Jessica genoot van Gladys' reactie. 'Je had die griet moeten zien kijken,' herinnerde ze zich. 'Ze had mooi haar, dat geef ik toe. Maar ze was niet zo knap als ik. Ik zag eruit als Assepoester, met de prins aan mijn zijde.'

Vóór het eten hield George een speech, waarvan een van de managers zich nog herinnert dat die zoals altijd kort en bondig was: 'Laten we de wereld ingaan en geld verdienen. Bedankt voor jullie komst.' Op het menu stond onder meer biefstuk tartaar, lamssaté, haaskarbonade en voor 12.000 dollar aan flessen champagne. Loose Touch en de Jungle Brothers traden op. George betaalde Big Daddy Kane 12.000 dollar voor een kwartiertje rappen. Safire zong geen noot, maar volgens haar zeggen had ze 3.000 dollar gekregen. (Je kon niet van haar verwachten, zei ze, dat ze optrad als ze geen eigen kleedkamer had.)

10-4 had loten laten drukken voor de prijzen van de Boy George Kerstloterij ('de winnaars worden door de gastheer bekendgemaakt'). De eerste prijs was een luxe Mitsubishi Galant, de tweede prijs was 10.000 dollar, de derde een reisje naar Hawaï voor twee personen, de vierde een uitstapje naar Disney World. Troostprijzen waren onder meer een home cinema center, een cadeaubon van Macy's, een 'avondje stappen', en biljetten van 100 dollar, waarvan de kapitein van het jacht vaststelde dat niemand de moeite nam die af te halen. 10-4 kreeg een gouden Rolex en 50.000 dollar; George gaf Snuff een splinternieuwe BMW 750. Aan vier van zijn topmensen gaf George met diamanten bezette gouden gespen, elk ter waarde van 7.500 dollar. Jessica won niets, maar ze was niet geïnteresseerd in materiële zaken. 'Wat zou ik met een prijs moeten? Ik had hém toch al,' zei ze.

De tafelschikking was naar verkooppunt; de managers zaten tussen de pitchers en dealers die voor hen werkten. Eentje had al zijn jongens gleufhoeden laten dragen, die ze Godfather-hoeden noemden; aan een andere tafel had iedereen een rode cummerbund om. Veel gasten lieten hun portret schieten door de aanwezige fotograaf. Die maakte honderden foto's: van gasten die voorover leunden en het glas hieven, met bloeddoorlopen ogen en grinnikend aan de overvloedige dis, van de meisjes naast hen in nauwsluitende zijden avondjurken en tafzijden shawls. Het leek op een schoolbal, maar dan eentje met een bar die niet dichtging en zonder toezicht. Boy George betaalde alles – in contanten. De rekening van World Yacht was alleen al meer dan 30.000 dollar.

Naarmate de avond vorderde, braken er vechtpartijtjes uit. Een van de gasten daagde een dronken dealer die zich op het uiteinde van de boeg had geposteerd, uit om naar de wal te zwemmen. Een andere gast werd mee naar het dek gesleurd, van zijn bovenkleding ontdaan en bruut afgeranseld vanwege het feit dat hij een diamanten hanger had geprobeerd te stelen van een vrouwelijke gast. Jessica stelde zich voor dat ze Gladys mee naar het dek zou vragen en haar overboord zou gooien. 'Ik trok zoveel met George op dat ik al net zo begon te denken als hij,' zei Jessica later. Maar ze genoot zo van het dansen dat ze geen zin had in ruziemaken.

Voor George had het feest natuurlijk een specifiek doel: plezier versterkte de loyaliteit en loyaliteit was essentieel voor zijn onderneming. Hij zei: 'Het is goed ze bij elkaar te brengen, zodat ze weten: "Hé, dit is je familie, man. Als er eens een keer iets misgaat, is dit het soort steun waarop je kan terugvallen."' Die steun zou al snel op de proef worden gesteld. De professionele foto's van elke tafel, zo keurig per drugslocatie gegroepeerd, zouden van onschatbare waarde blijken bij het identificeren van de verschillende spelers in de hiërarchie van Obsessie.

Na nieuwjaar droogde George' beste heroïnebron opnieuw op. George belde naar Lourdes, op zoek naar Jessica. Die had op Vyse gelogeerd, na de zoveelste afranseling. Cesar nam de telefoon aan.

'Hoe gaat-ie, maatje?' vroeg George.

Cesar antwoordde: 'Ik heb me voor school aangemeld.'

'Tref me op Tremont,' zei George.

Cesar had net een week doorgebracht in Spofford Hall, een jeugdgevangenis in de South Bronx, voor een roofoverval die hij niet had gepleegd. (Hij had Coco opgedragen zijn Nintendo voor de veiligheid naar haar zuster Iris te brengen, zodat die in zijn afwezigheid niet naar de lommerd zou worden gebracht.) Een van de eisen bij Cesars voorwaardelijke invrijheidstelling was dat hij weer naar school ging. George kwam in een witte BMW om de hoek van Tremont aan. Cesar hoopte nog steeds dat George hem een baan zou aanbieden. In plaats daarvan zei die: 'Zin om mee naar de Poconos te gaan?'

'Ik ben veel te jong om naar de Poconos te gaan,' antwoordde Cesar. Zijn ex-stiefvader, Big Daddy, had zijn moeder daar een keer mee naartoe genomen.

'We gaan naar de Poconos,' zei George. Cesar had wel een beloning verdiend voor het feit dat hij zich voor school had aangemeld. Misschien had George ook wel behoefte om het goed te maken met Jessica, die al bijna een maand in ballingschap bij Lourdes zat. Hij voegde eraan toe: 'We moeten wel een paar meiden bij ons hebben. Organiseer er eentje voor jezelf.'

Cesar belde Coco. Coco was nog maar twee keer van haar leven de stad uit geweest: één keer op een familie-uitstapje naar Disney World, toen haar vader nog leefde, en een keertje naar Binghamton, New York, waar ze ooit met het Fresh Air Fund op een zomerkamp was geweest. Coco zei tegen Foxy dat ze uitging met Cesars oudere zuster. Foxy belde Lourdes om het verhaal te verifiëren. Lourdes bevestigde Coco's verhaal, maar Foxy bleef aarzelen, totdat Jessica haar belde en haar verzekerde dat alles oké was: het was een tochtje met meisjes onder elkaar.

En daar vertrok het viertal dan in een witte limousine. De auto had zelfs een naam: Excalibur. De witte lampen op het dak leken wel van kristal. Het was een heldere winterdag. Coco en Cesar zaten naast elkaar op de rode leren stoelen. Het leer herinnerde Coco aan het jasje dat Cesar aan had toen ze elkaar voor het eerst hadden gezien. Jessica en Boy George zaten tegenover hen, maar ze leken een heel eind weg.

De chauffeur reed gewoon over de gaten in het wegdek. Coco wou dat ze door haar straat kwamen, zodat ze de auto aan haar vriendinnen kon showen. De limousine voegde zich bij het snelverkeer op de Major Deegan Expressway, en reed toen over de majestueuze George Washington Bridge. Nu waren ze in een andere staat.

Om Cesars terugkeer naar school te vieren, opende George de ijskast en haalde een fles champagne tevoorschijn. Hij wilde dat iedereen een glas dronk. Hijzelf deed niet mee, omdat alcohol zijn trainingsschema zou verstoren. Coco wilde niet omdat ze van alcohol misselijk werd. Jessica wilde niet omdat ze geen drinker was en bovendien nog niet in een feeststemming was.

'Wie niet drinkt, moet maar gaan lopen – die laat ik gewoon langs de kant van de weg achter,' zei Boy George.

'Hij meent het echt,' fluisterde Jessica. 'Luister nou maar, want als hij zegt dat hij je gewoon de auto uitzet, dan doet-ie dat ook, ik heb het zelf meegemaakt.' Op een uitstapje naar Atlantic City had hij Jessica langs de kant van de weg achtergelaten. Bij een andere gelegenheid had hij zijn locatiemanagers bij wijze van grap achtergelaten in Great Adventure.

Coco kon aan het gekke gezicht dat Cesar trok, zien dat hij misselijk werd van de champagne, 'dus toen dronk ik de mijne op en die van hem.' Jessica moest drinken tot de champagne op was. George gaf de chauffeur opdracht te stoppen op de vluchtstrook. Jessica stak haar hoofd uit het elektrisch bediende raampje en braakte, terwijl ze haar lange haar achterin haar nek bij elkaar hield.

Excalibur beschikte over een videoapparaat. Ze keken naar een video van Andrew Dice Clay, George' favoriete komiek. George lachte luid en galmend. Cesar weet nog dat hij bij zichzelf dacht: dit is allemaal wel stinkend rijke shit, zeg! Hij was verbaasd over hoe aardig George was. 'Ik had eigenlijk niet gedacht dat hij met me zou praten, weet je, omdat-ie zo rijk was.' Coco vond dat Boy George' lach niet oprecht klonk.

De Mount Airy Lodge kwam in zicht, een paleis in de sneeuw. Het was het grootste recreatieoord in de Poconos. De limousine reed naar de ingang en Coco stapte uit op een rode loper. Door de rookglazen ramen van de lobby zag ze een kroonluchter hangen. Terwijl George kamers boekte, stonden Coco, Cesar en Jessica in de lobby en keken naar de gasten. Mensen stonden te kletsen, ski's op de schouders, en liepen achteloos op hun skischoenen rond, alsof de Mount Airy Lodge niets bijzonders was. Boy George gaf Cesar een setje sleutels. Net als de limousine had ook de kamer een naam: de Crystal Palace Suite.

Alles was in de kleuren goud en kobaltblauw uitgevoerd. Er was een tv, stereoapparatuur en een open haard met een blok dat nooit uitging. De rode jacuzzi in de enorme badkamer was hartvormig. Het bed was rond en er hingen spiegels tegen het plafond en aan de muren. De woonkamer kwam uit op een miniatuurzwembadje. Deze kamer was zo interessant, dacht Coco bij zichzelf, dat je nooit behoefte aan de straat zou krijgen. En als je dan toch naar buiten ging, was hier niemand die uit was op een vechtpartij.

George rustte het groepje uit met ski's, -schoenen en -stokken en vervolgens zetten Cesar en hij de meisjes af bij de oefenhelling en gingen er vandoor. Coco was zenuwachtig van opwinding; dit was de eerste keer dat Jessica en zij samen optrokken. Jessica was hartelijk en open en het kon haar niet schelen als ze iets doms deed. Een skilift bracht hen naar boven te midden van zwermen kleine kinderen. Geen van tweeën kon meer dan een meter skiën zonder te vallen. Hun benen gleden uit elkaar. Ze zakten door hun knieën. Ze lachten zo hard dat ze niet meer overeind konden komen. Coco begon te begrijpen waarom Cesar zo gehecht was aan zijn zuster.

Terwijl de meisjes in de rij stonden voor de lift, ontdekten ze George en Cesar in een afdaling op een piste voor gevorderden. Cesar had nooit eerder geskied, maar hij was heel atletisch aangelegd. De meisjes riepen en zwaaiden enthousiast, maar de jongens reageerden niet. Boy George bewonderde Cesars lef; het joch wilde alles uitproberen. En hij was ook niet bang voor Boy George. Op een gegeven moment zei Cesar tegen George: 'Als je met mijn zuster gaat, moet je ook haar kinderen accepteren.'

'Wat er tussen mij en je zuster is, is tussen mij en je zuster,' antwoordde George, maar hij vond het toch goed van Cesar dat die het voor zijn zuster opnam. Jessica en Coco, nat en koud, wachtten binnen op de jongens.

Coco zou zich deze middag altijd als een van de gelukkigste van haar leven herinneren: de onbezorgde gezinnen in hun felgekleurde jacks met bijpassende mutsen en handschoenen; het zelfverzekerde jongetje dat naar hen toe kwam toen ze waren gevallen en beleefd zijn hulp aanbood; het spoor van blauwe vlekken die Jessica's nieuwe spijkerbroek in de sneeuw achterliet.

Die avond gingen de jongens weer met z'n tweeën weg. Ze zeiden dat ze naar het casino gingen, maar Jessica was ervan overtuigd dat ze op zoek gingen naar meiden. Dat kon haar niet schelen. Coco en zij hadden het prima naar hun zin samen en zaten met hun benen in het verwarmde zwemwater. Plotseling ging het licht uit en zaten de meisjes in het donker. Alleen de onderwaterverlichting in het zwembad brandde nog. Een schorre stem verbrak de stilte. Het was George, die speelde dat hij Jason uit de film *Friday the 13th* was. 'We waren zo bang,' weet Jessica nog. 'Dat was in de tijd dat er nog dingen gebeurden waar ik bang van werd.' Boy George gooide Jessica met kleren en al in het water.

In hun eigen Crystal Palace Suite deden Coco en Cesar alsof ze op huwelijksreis waren. Ze vrijden op het ronde bed, bestelden roomservice en keken tv, vrijden nog eens in de hartvormige jacuzzi, lachten en stoeiden en gingen niet slapen. 'We bleven de hele nacht op,' zei Coco. Vanuit hun bed zagen ze het ochtend worden.

Soms bleef Coco in haar slaapkamer in de Bronx ook de hele nacht wakker, terwijl ze toekeek hoe de politie surveilleerde vanaf het dak van het gebouw aan de overkant. Drie Cubaanse broers runden een drugshandel vanuit een paar flats, en er was altijd leven in de brouwerij. En Cesar en Rocco hadden tientallen nachten op straat doorgebracht. Maar een zonsopgang was toch iets anders. Ze hoefden de tijd niet te doden, zich in de steek gelaten te voelen of het gevoel te hebben dat ze niet verder kwamen. Er was niemand op uit hen kwaad te doen, geen trieste moeders, broers en zusters om over te piekeren. De Poconos hielden hele andere vooruitzichten in: ze konden weer gaan skiën, basketballen, of een ritje op een snowmobile maken.

Maar het was de rust waar Cesar eigenlijk het meest van genoot, het feit dat hij even niet stoer hoefde te doen. Naderhand zei hij: 'Dat was iets om nooit te vergeten.' Dat weekend in de Poconos was de enige huwelijksreis die Cesar en Coco ooit hadden, hoewel ze jarenlang van elkaar bleven houden. Ze waren allebei veertien jaar.

## HOOFDSTUK 7

In het vroege voorjaar van 1989 installeerde George Jessica in de vroegere flat van zijn moeder op Morris Avenue. Zijn broer, Enrique, woonde daar nog. Dat George Jessica bij zijn familie liet wonen, was heel belangrijk voor haar. Niet lang tevoren had ze Milagros gevraagd de tweeling bij haar te brengen. Nu had ze eindelijk een thuis; ze had zelfs een zwager, al had ze dan niet echt een man. Ze was er klaar voor om als moeder en vrouw te fungeren.

Milagros was verdrietig over het feit dat ze de tweeling kwijtraakte; ze had de afgelopen twee jaar voor Brittany en Stephanie gezorgd. Het feit dat de scheiding zo plotseling kwam, was helemaal schokkend: een vriend van Jessica had Milagros op straat opgevangen met een machete in zijn hand, had de meisjes mee naar binnen genomen en Milagros gewaarschuwd dat ze nooit meer langs mocht komen. Jessica had geweigerd naar buiten te komen. Milagros maakte zich zorgen dat Brittany en Stephanie het allemaal niet zouden begrijpen en zich in de steek gelaten zouden voelen en dat ze niet veilig waren in het huishouden van George, maar ze wist niet wiens hulp ze moest inroepen. Ze wilde niet het risico lopen dat George boos werd. Milagros troostte zich met de gedachte dat de situatie wel niet zo lang zou duren. Intussen erfde ze Kevin, het jongetje op wie zij en haar moeder altijd pasten. Kevins eigen moeder was gearresteerd en het Bureau Jeugdzorg had zich ermee bemoeid; hij zou naar een pleeggezin gaan, tenzij Milagros hem in huis nam.

George bracht niet veel tijd door in de flat op Morris, maar Jessica en George' broer trokken veel met elkaar op. Enrique werkte bij de Fordham Universiteit in de beveiliging. Op weg naar huis belde hij op om te vragen wat Jessica nodig had. Ze had altijd rijst nodig, Burger King voor de meisjes, iets om het bad mee te ontstoppen.

'Waar zie je mij voor aan? Voor een bezorger of zo?' grapte hij.

Enrique vond Jessica aardig. Ze konden samen om de gekste dingen lachen. Hij was niet zo handig met vrouwen, dus ze stelde hem aan haar vriendinnen voor. Hij zag ook hoe hard ze probeerde het zijn broer naar de zin te maken. George belde bijvoorbeeld op om Jessica te zeggen dat ze eten moest koken – en kwam dan niet opdagen. Hij dreef de spot met de briefjes die ze met parfum sprayde en op het satijnen laken van hun bed legde. Hij noemde haar *stom* en *lelijk* en *dikkerd, vet varken, dikke trut, dikke fucking stomme bitch*, en *hoer*.

Als George lelijk deed tegen Jessica, reageerde zij haar woede en frustratie soms af op haar dochtertjes, noemde ze *idioten* en *domkoppen* en dreef de spot met hun tranen. 'Stomme trut, wat is verdomme je probleem,' snauwde ze dan. 'Zet die tv aan!' George schold haar de huid vol omdat ze geen goede moeder was, maar hij kon zo mogelijk nog slechter tegen kinderen. Zelfs zijn joviale vaderlijke buien waren gemengd met wreedheden. Hij zette de kinderen aan om met elkaar te stoeien, wat heel gewoon was – mensen deden dat vaak om hun kinderen wat sterker te maken – maar George ging altijd net iets te ver. Hij dwong de tweeling om door te vechten, ook al huilden ze – niet de eerste kreetjes van pijn die iedereen altijd negeerde, maar diepe snikken van verdriet. Brittany gooide hij een keer in het bad; een andere keer vouwde hij Stephanie in de slaapbank op.

Gestoei met Jessica liep al even onverklaarbaar uit de hand. Op een dag sloeg hij haar tijdens een stoeipartijtje zo hard dat zijn hand dik werd. 'Ik ga mezelf hiermee niet mollen,' mompelde hij en sloeg haar in plaats daarvan met een stok. Toen Jessica begon te lachen, raakte George door het dolle heen. 'Al van kleins af aan begin ik te lachen zo gauw iemand me begint te slaan,' vertelde Jessica later. 'En als ik lach, denkt hij dat ik hem uitlach en dan blijft hij me maar slaan.'

George beschimpte Jessica: ze kon nergens heen, haar eigen familie wilde haar niet, mensen gingen alleen maar met haar om vanwege zijn geld, haar moeder was een verschrikking, ze had haar eigen kinderen in de steek gelaten. Jessica troostte zichzelf met op een rij te zetten wat ze wel had: haar oude spijbelmaatje Lillian, bijvoorbeeld, was al een vriendin lang voordat ze Boy George had leren kennen. 'Ik heb Lillian,' herhaalde Jessica tegen zichzelf als een mantra, alsof die bevestiging van zusterschap haar kon verdedigen tegen wat ze vreesde dat de waarheid was.

George nam Lillian een keer mee naar Atlantic City, zonder dat Jessica dat wist. Later vroeg hij aan Jessica waarom ze niet naar haar vriendin was gegaan.

'Lillian was weg,' zei Jessica.

'En vraag je je dan niet af waar ze was? Je vriendin?' zei George grinnikend. 'Ik heb d'r net geneukt. Bel 'r maar op.'

Lillian ontkende dat ze met George was geweest, tot George aan de telefoon kwam en beschreef wat ze aanhad toen hij haar een uurtje geleden bij haar moeders gebouw had afgezet. Lillian hing op. Jessica haastte zich naar Lillian, maar Lillian was al gevlucht. Jessica vertelde Lillians vriend wat er gebeurd was, verleidde hem vervolgens en rapporteerde haar verovering daarna triomfantelijk aan George. Natuurlijk gaf George haar een pak slaag, maar deze keer zette hij haar niet het huis uit. Die maand in het appartement op Morris Avenue was de langste aaneengesloten periode die ze met George had doorgebracht, wat Jessica een geweldige prestatie leek. Ze had het nog nooit zo lang uitgehouden met een man. Helaas stemde in diezelfde maand april een federale rechter in met een verzoek van de FBI om een telefoontap te mogen plaatsen.

De taps namen vooral telefoontjes van Jessica op. George was meestal op pad, terwijl zij het grootste deel van de tijd aan het bellen was, waarbij ze in wisselgesprekken van de een naar de ander schakelde. Ze belde als een bezetene naar piepers. Ze smachtte naar Serena, die ze vaak wekenlang niet zag, ook al kon ze Serena niet aan als die een poosje bij haar logeerde. Jessica verveelde zich en was depressief. Alleen in gesprekken over intriges en plannen, of in doodsbange gesprekken met vriendinnen als George haar weer eens geslagen had, klonk ze min of meer energiek.

Ze bleef Gladys, de caissière bij de bank, lastigvallen met telefoontjes. Ze jeremieerde over een meisje, Erica, dat George in Hawaï had ontmoet, over ene Millie uit Puerto Rico en over een meisje uit de buurt dat in drugs handelde en in een Rolls-Royce reed, ene Razor. Maar het had ook zijn voordelen om verwaarloosd te worden: Jessica hield er een druk eigen liefdesleven op na. Ze bleef George' medewerker Danny ontmoeten. Ze belde Puma, soms om hem te zien, maar vaker nog om te klagen over de manier waarop George haar verwaarloosde.

'Trinket daar?' vroeg ze dan.

'Ja,' zei Puma. En hij deed een keer alsof hij een drugsdeal opzette als dekmantel voor hun volgende ontmoeting.

Jessica deed soms net of ze stiekem Serena ging opzoeken en Enrique paste dan op Brittany en Stephanie, die onbewust één laag van Jessica's dubbele leugens maskeerden. Soms had Jessica geen zin om de deur uit te gaan, maar Enrique stond erop; hij was erg gehecht aan de tweeling.

George werd in beslag genomen door nieuwe plannen. Zijn heroïneaanvoer was weer hersteld en Obsession bleef goed verkopen, zodat zijn prioriteit nu kwam te liggen bij het witwassen van geld. Hij werkte samen met een effectenmakelaar, die schoenendozen vol biljetten van 10 en 20 dollar voor hem in obligaties omzette. George had een financieel adviseur ingehuurd om zijn zakelijke belangen te spreiden; hij had nu aandelen in een waterzuiveringsbedrijf en overwoog de bouw van een shopping-mall en de overname van een fastfoodketen van kiprestaurants. Hij sponsorde ook een aantal veelbelovende jonge boksers.

Terwijl 10-4 het grootste deel van de dagelijkse zaken afhandelde, probeerde George een aantal nieuwe heroïneverkooppunten in Manhattan op te zetten. Hij begon op de hoek van Fifth Avenue en 105th Street, First Avenue bij de 115th, en 132nd Street tussen Madison en Park. Geen van alle wilde lukken. Hij bracht een tweede merk op de markt, Sledgehammer, maar had ook een nieuwe heroïnewerkplaats nodig om de productie van Obsession niet in gevaar te brengen. 'Wat wil je,' vroeg 10-4 hem, 'McDonald's én Burger King worden?' George kocht auto's en verscheepte er een paar naar Puerto Rico. Hij liet Rascal, Danny en 10-4 naar San Juan vliegen met koffers vol cash geld. Hij hield ook nauw contact met Vada, die middenin de renovatie van hun buitenhuis zat.

George had het huis het jaar tevoren gekocht, voor 140.000 dollar contant. De koperen badkamerkranen werden eruit gesloopt en vervangen door gouden. Arbeiders stortten asfalt voor een basketbalpleintje. George liet een zwembad aanleggen waarvan de tegels in zijn initialen waren gelegd boven een afbeelding van het Obsession-logo. Toen Fried Rice op bezoek kwam, trof hem het verschil tussen de enorme luxe van het huis en de straatarme omgeving: 'De binnenkant leek niet op de buitenkant,' zei hij. 'Het was zoiets als een beha van driehonderd dollar onder een jurk van twintig.'

Jessica benijdde Vada vanwege haar positie, maar Vada kwam maar zelden in de Bronx en hun contacten beperkten zich tot de telefoon. Als Vada belde, zei ze: 'Zo, kleine boze heks van het oosten, geef mijn man maar.' Jessica moest Vada respecteren, maar ze wist toch de nodige steken onder water te geven. Dan hield ze de hoorn ver van zich af alsof die besmet was en kirde: 'Je *meisje*, schat,' en gaf de telefoon fijntjes aan George. Ze gunde Vada niet de eer haar zijn vrouw te noemen.

George vroeg haar dat voorjaar dan eindelijk ten huwelijk, voor een deel om het goed te maken dat hij op Jessica's verjaardag met een ander meisje naar Hawaï was gegaan; hij gaf haar geld voor een diamanten ring en moedigde haar aan een professionele portretfoto te laten maken. Ze droeg een corsage en de fotograaf deed de foto in een lijst die een vergrote vorm van haar ring was.

Eind april was Boy George bezig met de voorbereiding van een nieuwe zending heroïne. Rascal belde; George was niet thuis; Rascal zei tegen Jessica dat ze George' leverancier op moest piepen om een nieuwe ontmoetingsplaats door te geven. Jessica schreef de informatie op, maar ze was minder geïnteresseerd in George' zakelijke dan in zijn liefdesleven. De verloving had weinig geholpen tegen haar angst voor de concurrentie:

Jessica: 'Er zijn toch geen meiden bij jullie, hè?'
Rascal: 'Hè?'
Jessica: 'Hij is niet met een meisje?'
Rascal: 'Wat?'
Jessica: 'Jullie hebben geen meiden daar, toch?'
Rascal (sarcastisch): 'Ja, vier grieten.'

Maar Jessica's telefoontje naar Fried Rice maakte haar tot medeplichtige van George' drugshandel. De wetgeving op dit terrein had betrekking op een breed scala van activiteiten: in principe kon een medeplichtige verantwoordelijk worden gehouden voor de totale hoeveelheid drugs die door een criminele onderneming was verwerkt. Op basis van de strenge drugswetgeving werd de strafmaat bepaald aan de hand van het gewicht van de drugs; helaas voor Jessica stond George op het punt de grootste deal van zijn leven af te sluiten. Vijf dagen na het telefoontje gingen George en een andere dealer een deal aan voor tweeëndertig bricks eersteklas witte Chinese heroïne; ze betaalden 1,1 miljoen dollar, cash. Iedere brick had een straatwaarde van ten minste 175.000 dollar. De ruil vond plaats in de Whitestone Lanes in Queens. Jessica's boodschap stond op de tapes van de door de politie afgeluisterde telefoongesprekken.

10-4 bracht vijftien stuks van George' aandeel van zeventien bricks naar een *stash* en bracht er twee van naar de nieuwe werkplaats op nr. 740 van 243rd Street om te worden bewerkt. De medewerkers zaten al klaar. George had de eer de eerste versnijding te mogen doen; het spul was zo sterk dat George en 10-4 er ziek van werden. De werkplaats was nog maar net geopend en op de tafel en stoelen na stond er geen ander meubilair. De twee mannen gingen naar een slaapkamer, gingen op het vloerkleed liggen en sliepen tot de volgende ochtend 9.00 uur. George nam de bestellingen voor eten van de medewerkers op en ging naar de winkel. Terwijl hij weg was, kwamen Rascal en Danny de eerste bestellingen ophalen. Er werd van ze verwacht dat ze de verkooppunten rechtstreeks bevoorraadden, maar die klus hadden ze stiekem uitbesteed aan Moby. Meestal piepte Moby naar Rascal om de aflevering te bevestigen, maar die ochtend liet hij niets van zich horen. Rascal belde de moeder van Moby, vermoedend dat er iets mis was, en dat bleek het geval te zijn: Moby was gearresteerd. Rascal belde 10-4, die hem opdracht gaf weer naar de werkplaats te gaan.

Inmiddels was de volgende partij gereed. 10-4 gaf Rascal en Danny opdracht die af te leveren, terwijl hij het slechte nieuws over Moby aan George doorgaf. Rascal en Donny namen een taxi. Rascal was zo bang voor George' reactie dat hij niet onmiddellijk de DEA-agenten opmerkte die hen net in een witte BMW hadden gesneden. Er was geen tijd meer om de heroïne in het tasje met I ♥ New York, dat op de grond lag, te dumpen.

10-4 kreeg pas de volgende ochtend vroeg door hoe groot de crisis was, toen hij zijn zoon bij diens school had afgezet. Met zijn pyjama nog aan belde hij Rascals moeder vanuit een telefooncel: Rascal en Danny waren met meer dan tienduizend Obsession-zakjes heroïne gearresteerd. Geen van de verkooppunten ging open. 10-4 piepte de managers op, maar niemand belde terug. Hij riep ze opnieuw op. De managers waren gearresteerd en de piepers waren in beslag genomen en flitsten nu zijn code op de bureaus van de rechercheurs die al jaren aan de Obsession-zaak werkten.

Om 8:36 belde 10-4 naar de flat op Morris Avenue. George sliep met Jessica in het bed dat zijn moeder had achtergelaten. DEA-agenten, die zich voordeden als monteurs van de telefoonmaatschappij, zaten in een geparkeerde vrachtwagen te surveilleren. Anderen zaten in auto's die niet als politieauto's herkenbaar waren en hielden de ingang van het gebouw met verrekijkers in de gaten. Allemaal hadden ze kogelvrije vesten aan. De agenten die de gesprekken afluisterden, hoorden 10-4 tegen George zeggen hem bij een lantaarnpaal vlakbij te treffen, veel geld mee te brengen en erop voorbereid te zijn dat hij ervandoor moest, 'een Jimmy James Brown' moest doen. De twee bricks heroïne die de avond tevoren waren bewerkt, waren verdwenen.

Boy George kleedde zich snel aan en zei tegen Jessica: 'Ik moet weg.'

'Waar naartoe?' vroeg ze slaperig.

'Maak je geen zorgen. Ik moet weg. Ik bel je wel van waar ik ben en misschien kun je op bezoek komen.' Hij pakte 7.500 dollar en gaf Jessica opdracht zijn foto's te verbranden: de grote foto van George in Hawaï met allemaal parkieten op zijn armen, foto's van het feest met Kerstmis, de foto waarop hij poseerde als Rambo, volgehangen met pistolen. Op een ervan stond hij schouder aan schouder met zijn maffia-idolen: Fat Tony, John Gotti en Carmine Persico. Die voorzorgsmaatregelen waren echter overbodig; hij had nog geen voet op straat gezet of de agenten hadden hem al opgepakt.

De federale agenten reden met Boy George door Central Park op weg naar het hoofdbureau. Toen George uit het raam van de witte Lincoln Mark IV keek, wees een van de agenten op een zaailing: 'Zie je dat plantje? Dat is een boom tegen de tijd dat je vrij komt.'

De politie hield Jessica en Enrique vast terwijl ze de flat doorzochten en arresteerden ze vervolgens. George verzekerde de rechercheurs dat ze nergens mee te maken hadden. Jessica en Enrique werden ondervraagd en ten slotte vrijgelaten. Jessica maakte een aantekening in haar zakagenda: 'Slechte dag (naar de gevangenis geweest).'

Nadat George op het DEA-hoofdkwartier was ondervraagd, werd hij over-gebracht naar het Metropolitan Correctional Center, een gevangenis in het zuidelijk deel van Manhattan, waar ook 10-4 en andere leden van de Obsession-groep al zaten. 10-4 sloeg binnen een week door. Buiten de gevangenis namen agenten geld en goederen in beslag op basis van de federale regelgeving voor verbeurdverklaring. Ze hadden al een van George' Porsches gevonden en een Mercedes waaraan net voor 50.000 dollar aan maatwerk aan de carrosserie was uitgevoerd. Toen het nieuws over het overlopen van 10-4 bekend werd, slonk het aantal getrouwen steeds sneller. Boy George keek regelmatig met dreigende blik de grote groepscel rond en zei: 'Wie volgt?'

Vada was de volgende, ook al verraadde ze George niet letterlijk. Het verhaal ging dat ze er vandoor was met de man die George aandelen in de keten van kippenrestaurants had proberen te verkopen. Tegen de tijd dat de DEA aan George' huis in Puerto Rico toekwam, was er weinig meer in beslag te nemen: geen auto's, geen geld, geen sieraden. Ze troffen alleen wat etensresten en een fles Obsession-parfum van Calvin Klein aan. In een inloopgarderobe stonden wel nog tientallen paren sneakers keurig naast elkaar. De agenten lieten het ingebouwde zwembad leeglopen zodat ze foto's van het bezwarende tegelwerk konden nemen. George hoorde nooit meer iets van Vada of hun zoontje.

Dankzij de gevangenis begon George zich te realiseren wat Jessica al dacht sinds ze elkaar voor het eerst ontmoetten: dat zij de juiste vrouw voor hem was. Op de morgen van de arrestaties van Obsession, toen ze George' moeder belde om zijn instructies over het vernietigen van bewijs door te geven, nam de tap Jessica's voorgevoel op: 'Weet je waarom ik moet lachen?' Jessica vervolgde: 'Dezelfde mensen die hem verlinken, zeggen dat-ie mij niet kan vertrouwen omdat ik 'm zal verraden.' Met haar drie dochters trok ze bij zijn moeder in. George betwijfelde of Jessica hem zou verraden, maar toch wilde hij dat Rita haar nauwlettend in de gaten hield. Maar Jessica's agenda gaf blijk van een vrouw die haar taken serieus nam:

Naar de rechtbank geweest.
Serena's verjaardag.

Bij Honey op bezoek geweest.
Boodschappen doen!
Met grootmoeder naar de dokter.
Bij George geweest.
Naar George.

Jessica ontdekte dat het het verstandigst was om uiterlijk om kwart over elf bij de gevangenis te zijn voor het bezoekuur tussen de middag, dat soms pas om één uur begon. Bij gevangenisbezoek – net als bij een bezoek aan de eerste hulp of de sociale dienst – werden mensen onderworpen aan lange, onvoorspelbare vertragingen. Jessica moest wachten op een bewaker die haar een formulier gaf, en nog langer wachten op de bewaker die het ophaalde. Er stond bijna altijd een rij mensen. Ervaren bezoekers brachten hun eigen pennen en munten voor de lockers en de koffieautomaten mee. Ze wisten dat ze in de buurt van de deur moesten blijven om hun naam te kunnen horen als die afgeroepen werd. Bewakers riepen de vrouwen af met de achternaam van de gevangene bij wie ze op bezoek kwamen. Jessica was er trots op om naar voren te kunnen komen voor de roemruchte George Rivera.

Het kon daarna nog wel een uur kosten om de hele procedure te doorlopen: jassen en tassen moesten over een lopende band door de röntgenapparatuur. Jessica liet haar sieraden en piepers in een goedkoop plastic bakje vallen. Boy George had haar zijn favoriete bedeltje in bewaring gegeven: twee kleine gouden bokshandschoentjes, die de Golden Gloves-bokswedstrijd symboliseerden die hij nog altijd wilde winnen. Ze droeg het verfijnde hangertje aan een dun gouden kettinkje om haar hals. 'Omdat ik zijn trouwste partner ben,' zei ze.

Als ze door de metaaldetector heen was, werd haar hand gestempeld, mocht ze na een zoemer de binnenhal betreden, vervolgens weer in de rij staan en het bezoekersboek tekenen. Ze leverde haar identiteitsbewijs in in ruil voor de sleutel van een kluisje. Als George' afdeling – 5-Zuid – werd omgeroepen, mocht ze door naar een volgende ruimte. Ze legde haar hand onder een ultraviolette lamp. Een bewaker controleerde of ze een stempel had en weer een andere bewaker ging met haar mee de lift in naar de vijfde verdieping. Daar moest ze weer in een hal wachten. Een bewaker opende een deur die toegang gaf tot nog weer een kleine hal, waar bezoekers snacks konden kopen. George weigerde echter junkfood te eten, dus kocht Jessica meestal alleen maar een light cola voor zichzelf. De hal lag tussen twee ovale bezoekruimten, die zichtbaar waren door dikke glazen ramen. Smerige plastic stoelen stonden langs de muren, naar binnen gericht alsof er net een praatgroep bezig was geweest. Jessica kreeg een stoel toegewezen. Ze ging zitten. Ze wachtte. Op een gegeven moment werd de gevangene 'aangevoerd'. Een bezoek duurde meestal een uur, tenzij jouw gevangene de bewaker voor zich had weten te winnen. Dat had George.

Jessica rapporteerde aan George wat ze op straat had gehoord: wie er van plan was schuld te bekennen, wie er verder op het punt stond hem te verlinken. Op enig moment gingen er zelfs geruchten dat zijn moeder met de politie zou samenwerken. Jessica's pogingen om bij Rita te wonen, waren op niets uitgelopen: de twee vrouwen maakten ruzie over geld en de dingen die George had achtergelaten. Jessica klaagde tegen George dat zijn moeder geen geduld had met kinderen; ze beweerde dat Rita George' rottweiler gebruikte om de kinderen angst in te boezemen. Rita beschuldigde Jessica van luiheid en gebrek aan respect. Tegen de zomer had Jessica de meisjes weer teruggebracht naar haar eigen moeder. Lourdes woonde nog steeds samen met Que-Que en Cesar in het deprimerende appartement op Vyse.

Jessica besteedde niet zo heel veel tijd aan haar dochters, maar ze kleedde ze goed en legde hun op het oog mooie leventjes op foto's vast. Ze kocht matrozenjurkjes, sokjes en slipjes, hoofdbandjes en armbandjes, haarbandjes en schattige hoedjes. Ze verraste hen met een Barbie-poppenhuis en richtte een speelgoedkeukentje in met miniatuurborden, -potjes en -pannetjes. Ze vulde de speelgoed-ijskast met speelgoed-eten en zette van alles op de kleine plankjes. Het voelde goed de meisjes die dingen te geven die ze zelf als kind had willen hebben. Cesar erfde van Boy George een aantal merk-traningspakken en ongebruikte sneakers. Jessica breidde haar collectie leren jassen weer uit. Ze had er meer dan veertig: lang en kort, autojassen en jacks, en eentje gevoerd met mink.

Aanvankelijk bezocht Jessica George elke dag. In de lange, rustige uren die ze samen doorbrachten, luchtte George zijn hart tegen Jessica. Hoewel hij zich cool voordeed, zag zijn situatie er uiterst grimmig uit. Als hij werd veroordeeld op basis van de samenzweringswetgeving, wachtte hem mogelijk levenslang. Rascal en 10-4 waren celgenoten: in juni liep Rascal over naar justitie, gevolgd door Danny. En te midden van al het verraad bleef Jessica een trouwe vriendin. 'Hij kwam heel dicht bij me, en dat terwijl hij in de gevangenis was. We deelden heel veel met elkaar,' zei ze.

Jessica zei iets over de op handen zijnde verjaardag van een van haar vriendinnen en George droeg Jessica op 1.000 dollar te besteden om de verjaardag goed te vieren. Hij bestelde een Mercedes-Benz-limousine om haar en haar vrienden naar Victor's Café te brengen. Hij belde die avond vanuit de gevangenis naar Victor's Café om zijn gelukwensen over te brengen. Om vanuit de gevangenis rechtstreeks te kunnen bellen met niet tevoren goedgekeurde nummers, vergde enige invloed.

Jessica en haar vrienden werden dronken van de champagne. Ze namen foto's van zichzelf terwijl ze kersen aten en hun steak aansneden. Er was een verjaardagstaart met kaarsjes. De knappe obers zongen. Het feest was heel wat geslaagder dan Jessica's eigen verjaardag, toen George in Hawaï was geweest met dat andere meisje. Hij had Jessica verrot gescholden toen ze hem had opgespoord in de bruidssuite van het hotel om te vragen waarom hij niet gebeld had. Nu belde George een paar keer per dag. Hij droeg een liedje aan haar op: Paula Abduls 'Forever Your Girl'. Hij verbaasde zich over haar kennelijke loyaliteit. Als het Jessica was geweest die in de gevangenis was beland, zei George, 'zou ik waarschijnlijk nog diezelfde dag met iemand anders naar bed zijn gegaan'.

In het openbaar behandelde George zijn hechtenis als een tijdelijke tegenslag, maar de andere drugshandelaren beschouwden de val van Obsession net zoals hij jaren tevoren de ondergang van de onderneming van de gebroeders Torres had beschouwd. De een z'n dood was de ander z'n brood. Er waren altijd klanten die bediend moesten worden. Er was een groep die het merk Blue Thunder liet herleven. Ook Jessica's straatwaarde steeg weer flink. Dealers hadden wel belangstelling voor het meisje van Boy George. En zij had belangstelling voor hen – misschien omdat ze het meisje van George was, of misschien gewoon omdat ze Jessica was.

In de gevangenis zat George intussen weg te kwijnen, geobsedeerd door zorgen over zijn zaak, zijn toekomst en Jessica's doen en laten. Ze bracht pornografische bladen voor hem mee en zijn favoriete tijdschrift, *Yachting Magazine*. Hij ontwierp een nieuw model voor de grotere jachten en bracht een jacuzzi op het dek aan. 'Als ik maar een stuk papier heb,' zei hij, 'dan teken ik.'

Buiten de gevangenis genoot Jessica van zijn geld. Ze propte zoveel vriendinnen als maar mogelijk was in limousines en nodigde iedereen uit voor etentjes en dansen. 'Met al dat geld tot haar beschikking begon Jessica te veranderen – zoals ik wel verwacht had,' zei Lourdes. 'Ze gaf wel 1.000 dollar uit in een club – niet dat ik het voor mezelf nodig had, hoor – maar ze nam het toch af van mijn kleinkinderen.' Jessica hielp Lourdes' haperende kortetermijngeheugen een handje met een sarcastische opmerking: 'Zeg ma, je bent toch niet vergeten dat je de bijstandscheques van de meisjes krijgt?' Maar Jessica kocht toch een wasmachine voor Lourdes en gaf haar geld voor de huur en de elektriciteit.

Al gauw gingen Jessica en haar nichtje Daisy bijna elke avond dansen. Klein en groot, ervaren en naïef, vormden Jessica en Daisy een geweldig team: Jessica ging uit met drugsdealers, en de dealers hadden vrienden die met Daisy uitgingen. Jessica introduceerde haar kleine nichtje in de wereld van de nacht. Het was een zomer van cocaïne, clubs, hotelkamers en verhitte, benauwde bezoeken aan de gevangenis. Eén jongen liet Jessica in zijn rode Corvette rijden.

Jessica erfde de huurovereenkomst van een appartement van haar grootmoeder van moederszijde, die naar Florida was verhuisd. Jessica kon zich niet voorstellen dat ze alleen in het kleine hoogbouw-appartement op de 54th Street en Tenth Avenue in Manhattan zou wonen, maar het was een veilige plek om er haar waardevolle dingen op te slaan – in Lourdes' flat op Vyse liepen veel te veel mensen in en uit. Op avonden dat Jessica en Daisy naar clubs in de stad gingen, was het appartement een handige plek om te overnachten. Ze namen er soms ook jongens mee naar toe, maar Jessica vond het nog steeds het prettigst om bij haar moeder thuis te slapen.

Van tijd tot tijd liep Jessica daar Coco tegen het lijf. Coco vond het heerlijk om de avonturen van haar wilde schoonzus aan te horen: Jessica had Daisy ooit eens in een schietpartij onder een auto getrokken; een andere keer gingen Daisy en zij naar een hotel met twee broers, en Jessica had de rekening betaald. Jessica gedroeg zich net zo met mannen als Cesar met meiden deed. Zo ging ze bijvoorbeeld naar Grande Billiards en deed alsof ze niet kon biljarten. Ze droeg bij voorkeur een witte legging en een laag uitgesneden truitje. Met haar pieper tussen haar borsten vroeg ze dan een knappe jongen haar te helpen bij het plaatsen van een biljartstoot. Dat deed zo'n jongen meestal graag. Hij legde dan van achteren zijn armen om Jessica heen en zij boog zich over het biljart om te richten, waarbij ze haar kont tegen zijn kruis aanduwde. Het was een eenvoudige truc, en hij werkte altijd.

Jessica leidde een snel leven. Ze nam altijd een taxi, waar ze ook naartoe ging. 'Ik denk dat ik daar door George aan gewend ben geraakt, altijd maar onderweg,' zei ze. Die zomer zat Little Star zo vaak in een auto dat ze protesteerde toen Coco haar op de bus zette richting het woonblok waar Foxy woonde.

Een enorme tamtam verbond de gevangenis en de straat, en het nieuws van Jessica's bloeiende sociale leven bereikte George al snel. Hij sprak haar erop aan; ze ontkende de verhalen. Hij schreeuwde tegen Jessica en klaagde bij zijn moeder, die hem de raad gaf Jessica de ruimte te geven. Om haar toewijding te bewijzen, stemde Jessica toe in een tatoeage. 'Als je van me houdt, doe je dat voor me,' zei George. Hij eiste de beste kwaliteit, en niet de een of andere primitieve tattoo aangebracht door een ex-gevangene met maar twee kleuren en potloodlijnen. Hij keek de vakbladen na tot hij een tatoeage-kunstenaar ontdekte in Elizabeth, New Jersey, die als een van de beste van het land werd beschouwd.

De eerste tatoeage, een hart met een roos, hoog op haar rechterdijbeen, was heel elegant. *George.* Bij haar volgende bezoek aan de gevangenis deed ze de split van haar rok open om hem aan George te laten zien. 'Jij stomme trut!' zei hij met een mengeling van bewondering en ongeloof. In de lift terug naar de uitgang zei een vriendin van een andere gevangene dat ze boos was op Jessica: nu wilde haar vriend dat zij er ook een liet zetten. Jessica's volgende tatoeage luidde *Jess loves George*, met een pijl over haar echte hart. Hij beloofde er ook een te nemen, met de namen omgekeerd.

In augustus, vier maanden na zijn arrestatie, werd George overgebracht naar Otisville, een huis van bewaring in de provincie, waar hij meer dan een jaar op zijn proces moest wachten. Nu hij zo ver weg was, werden de aantekeningen over George in Jessica's agenda een stuk minder; alleen op hun maandelijkse gedenkdag noteerde ze iets over George. Tegen oktober was die dag van *George en Jessica* veranderd in die van *Jessica en George.* Op de laatste pagina van haar kleine zwarte boekje stelde ze moeilijke vragen aan zichzelf:

1. Is het een straf van God dat ik niet gelukkig ben
2. Hou ik echt van deze Persoon
3. Wil ik echt Gelukkig worden met
4. Kan ik echt op George wachten
5. Hoe kan ik mezelf helpen en hem ook
6. Zal ik ooit gelukkig zijn
7. Houdt hij Echt van mij.
8. Heb ik het gezelschap van een andere man nodig
9. Wat kan ik echt doen voor deze persoon? Wat zijn mijn beperkingen?
10. Als ik zeg dat ik iets beloof, beloof ik dan het tegenovergestelde of lieg ik alleen maar een beetje, of betekenen mijn beloften niets

Toch ging ze door met haar meer publieke blijken van loyaliteit. In totaal liet ze te zijner ere zes tattoos zetten, inclusief een banier met *Eigendom van George* op haar billen en een gedicht op een perkamentrol die zich iets boven haar schouderblad ontrolde:

*George*
*Waar ik ook ben*
*of wat ik ook doe*

*Jij bent er altijd*
*Altijd in mijn gedachten*
*en in mijn hart*

Het leek of Jessica zichzelf van buiten naar binnen probeerde te overtuigen van haar liefde.

Door de omstandigheden gedwongen, moest George zich wel aanpassen aan Jessica's escapades. Niettemin was hij geschokt toen hij uiteindelijk de telefoontaps beluisterde. Ter voorbereiding van zijn proces had hij kopieën van de opnamen gekregen; ze zaten in een grote doos. Jessica kreeg zijn eerste uitbarsting middenin de nacht te verduren. Ze was bij Lourdes. 'Hoe laat is het?' vroeg ze.

'Luister, kreng.' George speelde een cassettebandje bij de hoorn af.

'Hoe komt het dat je mag telefoneren?' probeerde Jessica hem aan het lijntje te houden.

'Het doet er niet toe hoe dat komt, kutwijf, luister.' En zo ging het. De afluisterapparatuur van de DEA had alle telefoontjes opgenomen die ze had gepleegd vanuit het appartement op Morris Avenue dat ze met George had gedeeld: haar intieme conversaties met Danny en Puma, ongecensureerde gesprekken met vriendinnen over seks en over haar leven met George. De taps gaven ook een verklaring voor een mysterieus bezoek van de New York City Police dat voorjaar, dat George altijd een raadsel was gebleven. Er was een politieagent verschenen in reactie op een anonieme melding van huiselijk geweld. Het was waar dat George de tweeling pijn had gedaan, die op dat moment bij Jessica was. Maar George had betwijfeld of de buren het lef zouden hebben gehad om de politie te bellen. In werkelijkheid had een DEA-agent de plaatselijke politie gebeld toen hij Jessica's paniektelefoontje naar een vriendin had afgeluisterd.

Jessica beweerde dat justitie haar erin wou luizen: 'Het is de stem van een of ander blank meisje.' Ze herinnerde George eraan hoe ze achter hem had gestaan op het belangrijkste punt: ze had geweigerd hem te verraden. Ze was een van zijn weinige vrienden gebleven. Maar dat soort loyaliteit was niet genoeg om George' woede te sussen. Grafstenen, zei hij, verkochten als warme broodjes. Hij fantaseerde er openlijk over hoe hij haar lichaam in delen bij Lourdes zou afleveren.

Avond aan avond luisterde Boy George in zijn cel steeds opnieuw naar de bandjes. Jessica's stem omringde hem. In de werkelijkheid was ze zelden thuis – of negeerde zijn telefoontjes. Wanhopig probeerde hij haar te bereiken in het appartement in Manhattan, waar hij slechts haar vage boodschap op het antwoordapparaat hoorde, dat ze daar had geïnstalleerd met het oog op zijn telefoontjes: 'Hallo, ja oké, ik accepteer een collect call.' Eindelijk luisterde Boy George dan toch naar Jessica, net op het moment dat ze buiten zijn bereik raakte.

## HOOFDSTUK 9

In plaats van alleen gangster te spélen, was Cesar er inmiddels een geworden; zijn stoere houding was versteend en een deel van zijn identiteit geworden. Hij noemde zichzelf een overval-jochie. Naar zijn idee ging hij van tikkertje spelen via het verstoppen van drugs in zijn broekzak over op het bij zich dragen van wapens. 'De periode waarin je met je vrienden naar de film gaat? Die heb ik overgeslagen,' zei hij. Zijn vriend Tito droomde er nog steeds van beroepshonkballer te worden. Mighty praatte nooit over de toekomst, maar Mighty praatte nu eenmaal sowieso weinig. Rocco was meer geïnteresseerd in de levensstijl van gangsters; als iemand naar zijn leeftijd vroeg, zei hij gekscherend: 'Vijfentwintig jaar tot levenslang.' Maar Cesar vond het heerlijk om gangster te zijn. Net als George was hij heel direct: hij ondernam actie. Hij werd als leider van FMP beschouwd.

FMP's vergrijpen waren ernstiger geworden. Cesar en Mighty waren het brutaalst, terwijl Rocco en Tito hun steeds roekelozere voorbeelden volgden. Ze luisterden naar Public Enemy om zich te laten opfokken. Ze pleegden op klaarlichte dag een overval op Fordham Avenue met een Dillinger dubbelloops. Ze joegen in de ondergrondse op slachtoffers. Mighty liet zich vaak volledig meeslepen. Zoals Rocco zei: 'Hij had 'n Napoleon-complex, omdat-ie zo klein was.' Op een keer, toen Cesar iemands zakken leeghaalde, trok Mighty zijn schoenen uit. Rocco, die een oogje had op het witte jasje van de man, waarschuwde Mighty: 'Geen bloed,' maar Mighty gaf de man toch een dreun op zijn neus, zodat het jasje waardeloos werd.

Een andere keer reden ze rond in de auto van Rocco toen ze iemand met een walkman en een autoradio zagen, die naar een geüniformeerde taxi uitkeek. Rocco's Caprice Classic, met zijn getinte ramen, leek wel een beetje op zo'n taxi. Rocco liet Cesar en Mighty uitstappen, reed een blokje om en liet de man instappen. Hij reed weg, haalde zijn vrienden weer op en beval de doodsbange man hun alles te geven. 'Ik ben Puertoricaan,' smeekte de man terwijl Cesar zijn zakken doorzocht. 'We beroven je niet vanwege je nationaliteit, hoor,' antwoordde Rocco. Toen de man het in zijn broek deed, raakte Mighty door het dolle heen en begon hem met 'de knuppel' te slaan. 'Mighty, zorg dat hij niet gaat bloeden! Geen bloed in de auto!' riep Rocco. Het enige wat ze konden doen, was de man uit de auto zetten voor Mighty hem dood kon slaan. Later gebruikten ze de Ajax van Lourdes om de boel schoon te maken.

Jessica waarschuwde Cesar. Hij trok zich niets van haar aan. Ze deed een beroep op George. Die stuurde Cesar vanuit de gevangenis een lange brief, waarin hij hem 'mijn beste zwager' noemde. In de brief haalde hij herinneringen op aan de Poconos. Hij schreef Cesar dat zijn familie ongerust was als hij hele nachten wegbleef. Hij vertelde hem dat het echt geen lolletje was in de gevangenis: 'Denk erom, de blanke man interesseert het geen fuck hoe het met je is... hij gaat weer naar huis, naar zijn warme bed, terwijl jij in de gevangenis moet boeten.' George beschreef de eenzaamheid in de gevangenis en het gevoel dat je vrienden je in de steek hebben gelaten. Hij schreef Cesar dat hij van hem hield en dat hij hoopte dat ze elkaar weer zouden zien, 'maar niet hier binnen.' Hij wilde dat Cesar van zijn, George', fouten leerde. Het naschrift luidde: 'Zorg goed voor je familie en laat de straat de straat. Want het enige wat het je oplevert is dat je doodgaat of naar de gevangenis – en een herinnering wordt, net als BOY GEORGE.'

Boy George' waarschuwingen konden Cesar niet intomen. Hij was eigenwijs, jong en knap en barstte van de opstandige energie, wat waarschijnlijk allemaal bijdroeg tot zijn merkwaardige moralistische levenshouding. Hij begreep dat zijn acties gevolgen hadden, maar in zijn leefwereld leken die gevolgen niet zozeer te worden bepaald door wensen of intenties als wel door het lot.

In het najaar ging Coco op een middag bij Lourdes langs. Ze kwam net van de kliniek op Burnside Avenue. Ze wachtte op Cesar. Hij kwam thuis en ze ging achter hem aan zijn kamer in. Hij ging op bed liggen. Zij leunde tegen de vensterbank. Enigszins nerveus vertelde ze hem het nieuws waarvan ze hoopte dat hij er blij om zou zijn.

Ze hadden een kind gewild. Ze hadden nooit voorbehoedmiddelen gebruikt en ze hadden al meer dan een jaar lang heel wat afgevrijd. En eindelijk hadden ze geluk.

'Kom hier,' zei hij. Ze maakte zich zorgen over zijn ernstige gezicht. Hij legde zijn oor tegen haar buik. Toen leunde hij tegen het hoofdeinde en trok haar tegen zich aan. Ze legde haar hoofd op zijn borst. Ze weet nog goed hoe ze zijn hart hoorde kloppen en hoe hij het haar uit haar ogen had geveegd. Hij vond het leuk als Coco haar haar had geföhnd en het los en recht droeg, net als Jessica. Coco probeerde te geloven dat hij blij was om hun kindje, maar: 'Ik heb koppijn,' was het enige wat hij zei.

Ze vielen in slaap, werden wakker en vrijden. Rocco kwam langs. Cesar ging onder de douche. Rocco en hij gingen weg. Coco deed de afwas, veegde de vloer en dweilde die. Ze nam vlug een douche; ze vond het verschrikkelijk om onder het gat in het plafond boven de douche te staan, omdat daar ratten waren. Ze trok haar favoriete blauwe jurk zonder mouwen aan. Ze hield van de manier waarop de stof rond haar enkels ruiste. Ze deed blauwe sandalen aan. Ze bracht wat parfum van Lourdes aan in haar hals en op haar polsen.

'Tot ziens,' zei Coco.

'Tot ziens, mami,' zei Lourdes.

Coco liep de trappen af en de straat op; de wind tussen haar tenen voelde aangenaam aan. In de bus zocht ze een plaatsje bij het raam. Terwijl de bus over Tremont reed, zag ze ineens Rocco en Cesar op straat bij de Concourse. Ze keek van een afstand naar Cesar zonder dat hij het in de gaten had, net zoals toen ze hem op University had geobserveerd, voordat ze elkaar kenden. Het hart zonk haar in de schoenen: hij had zijn arm om een ander meisje. 'Ik dacht dat ik doodging,' zei Coco. Een klein deel van haar stierf inderdaad op dat moment.

Thuis trok Coco gevechtskleren aan. Ze deed een aantal t-shirts over elkaar aan om te voorkomen dat de straat een gratis show kreeg. Ze stak scheermesjes in haar paardenstaart en smeerde haar gezicht in met haar vertrouwde Vaseline. Toen ze weer op Tremont terugkwam, was het meisje verdwenen. Coco en Cesar hadden een schreeuwpartij in de hal van Felix' gebouw op Mount Hope; Cesar gaf haar een uitbrander omdat ze het lef had gehad om aan een vechtpartij te denken met een kind in haar buik. Maar nog geen paar weken later werd Cesars verraad al overschaduwd door zijn arrestatie.

Er was een schietpartij geweest. De politie pakte Cesar, Mighty en Rocco op en ondervroeg ze ieder apart. Ze waren allemaal schuldig, maar Cesar loog om zijn vrienden te beschermen, in de wetenschap dat hij een lagere straf zou krijgen omdat hij nog minderjarig was. Mighty probeerde ook de schuld op zich te nemen. Rocco beantwoordde geen enkele vraag; hij had een eigen advocaat. Rocco en Mighty werden naar Rikers overgebracht en Cesar belandde weer in Spofford Hall.

Toen Lourdes en Coco Cesar in Spofford bezochten, herkende Coco het meisje dat Cesar op Tremont had omhelsd. Het meisje had de naam *Caspar*, Cesars graffiti-tag, met bleekwater op de broekspijp rond haar indrukwekkende dijbeen aangebracht. Hoe wist ze dat Cesar in Spofford zat? Hoe vaak was ze al op bezoek geweest? Ik laat die griet niet voorgaan, dacht Coco bij zichzelf. Gewoonlijk was ze niet erg assertief, en zeker niet tegenover gezagsfiguren, maar ze wendde zich toch tot de bewaker. 'Wanneer mogen we erin?' Coco moest Cesar dan wel met andere meiden delen, maar zij was tenminste zwanger. Ze hoopte dat ze hem een zoon zou geven; maar los daarvan, zij gaf hem zijn eerste kind en zou daardoor altijd voorop staan.

Coco hoopte dat Cesar niet al te lang in de gevangenis hoefde blijven; jongens uit hun buurt waren er constant in en uit: Hype, Cesars oude vriend van West Tremont, zat ook in Spofford, net als Coco's jeugdvriend-je Wishman en nog een andere jongen die Coco kende. Ze verwoordde haar optimisme in de kerstkaarten die ze verstuurde, als briefjes in een fles. Ze schreef: 'Van Cesar, Coco en ons nieuwjaarskind dat al gauw komt!' De hele herfst was Coco al niet meer naar school geweest; in januari 1990, meteen nadat Cesar was veroordeeld, ging ze er officieel van af.

Coco was de enige die aanwezig was toen Cesar veroordeeld werd. Ze was zes maanden zwanger. Lourdes had ook willen gaan, maar die was in het ziekenhuis opgenomen na twee toevallen; Jessica had beloofd er te zijn maar kwam niet opdagen. Jessica ging om met Papito, een collega van George, die probeerde wat van George' niet in beslag genomen heroïne voor hem te verkopen. Op een avond, toen Jessica in Papito's auto zat te wachten met een van haar tweelingdochters en Papito's vriendin, werden ze door de politie omsingeld. Behalve 109 zakjes heroïne vond de politie in Papito's broekzak ook een kopie met aantekeningen van de aanklacht tegen George. Geschreven instructies – 'snoer ze de mond' – stonden boven een lijst van medeverdachten, de federale officieren van justitie die de zaak hadden behandeld, en de rechter. De politie arresteerde Papito en hield Jessica uren vast voor ze haar weer lieten gaan. Nu hield ze zich gedeisd.

Coco had zonnebloempitten meegebracht om die in de rechtszaal aan Cesar te geven, maar ze kon alleen maar naar hem zwaaien. Cesar en Mighty werden voor de schietpartij veroordeeld voor onbepaalde tijd, variërend van twee tot zes jaar. Mighty was zestien en werd als volwassene berecht; Cesar, vijftien jaar, viel onder het jeugdrecht en werd naar de Division for Youth gestuurd, die op straat bekend stond als DFY. Rocco kreeg vijf jaar voorwaardelijk. Coco hoorde nu bij een tweede weinig populaire categorie meisjes: niet alleen was ze zwanger, ze was nu ook de vrouw van een bajesklant.

Voor Coco was het grootste verschil tussen Cesar in de gevangenis en Cesar vrij, zijn aandacht. 'Hij had veel meer aandacht voor me toen-ie in de bak zat,' zei ze. 'Als hij eruit is, trekt hij met zijn vrienden op.' Maar Coco vond het, in tegenstelling tot Jessica, niet echt prettig in het middelpunt te staan. Ze voelde zich prettiger aan de zijlijn: als ze Cesars bewegingen kon nagaan via wat ze van Lourdes bijeen kon sprokkelen, en als een detective aanwijzingen kon combineren. Nu was de relatie veel minder een spelletje. Tegenover elkaar in de bezoekruimte, met uren voor de boeg, moesten Coco en Cesar nieuwe methoden uitvinden om te communiceren; ze mochten elkaar zelfs niet zoenen. Ze smokkelde verboden waar naar binnen: snoep, repen, zonnebloempitten.

Soms schreef Cesar Coco elke dag – liefdesbrieven, boze brieven, brieven met instructies voor het kind en vaderlijke bevelen. Pagina's vol schreef hij in een steeds netter handschrift. Cesar volgde lessen voor middelbare-schoolcertificaten en begon over de toekomst na te denken, hoofdzakelijk in termen van het vermijden van het verleden:

*Lieve Coco*

*Hoe is-ie Schat! Hoe gaat het met je goed hoop ik. Wat mij betreft ik ben oké, luister Coco wat ben je van plan met je leven te doen, waar ga je mijn Kind grootbrengen, Is het veilig voor mijn kind, ga je er zelf voor zorgen of je familie, Coco ik kan je nu al wel vertellen dat ik niet wil dat iemand mijn kind slaat tenzij hij of zij iets Stouts doet, als iemand mag slaan is dat alleen jij of ik, Niet mijn moeder of jouw moeder of iemand anders van onze familie Zorg dat ik mijn kind niet vuil zie of altijd met een vieze luier, als de baby een schone luier om moet doe jij dat of een ander meisje, niet een van je gore vrienden, Coco de reden waarom ik je dit allemaal zeg is dat ik niet wil dat er iets met mijn kind gebeurt, Of beter gezegd ons kind dat we samen hebben gemaakt, niet alleen ik en niet alleen jij ...*

Als liefde een race was, moest Coco hard hollen om bij te blijven. Hoop en verlangen botsten op harde dreigementen als Coco niet vaak genoeg schreef of niet thuis was als hij belde. Cesar bepaalde Coco's waarde in termen van haar vermogen om het kind te beschermen en van haar seksuele trouw aan hem:

*Coco zorg goed voor ons kind want als er iets mee gebeurt vermoord ik je ik weet dat ik dat altijd tegen je zeg bij kleine stomme dingen, maar deze keer meen ik het echt. Laat ik alsjeblieft niet merken dat je een vriendje hebt gehad of ook maar geprobeerd hebt iemand in de buurt van zijn lippen te kussen, want dan sla ik je verrot, de reden dat ik dat zeg is omdat ik heel veel van je hou ... als ik niet van je hield zou het me geen fuck kunnen schelen ...*

De enige toekomst die Cesar voor zich zag, was het kind; de enige vreugde die ze met z'n tweeën hadden gekend, had zich in het verleden afgespeeld.

*Weet je nog in de Poconos toen we vrijden in de jacuzzi, onder de douche,*
*op de bank, in het ronde bed, in het zwembad, dat was echt geen shit,*
*ik zal het nooit vergeten, ik herinner me nog die jacuzzi met al die bub-*
*bels die van de bodem naar boven kwamen, weet je nog dat we ruzie*
*hadden en daarna gingen vrijen, dat was fantastisch ik was echt gek op*
*die shit, maar het gekst van alles was ik op jou en dat ben ik nog steeds.*

Zij moest nu zijn leven buiten de gevangenis in stand houden: bezoeken
afleggen, boodschappen aan vrienden doorgeven, sneakers voor hem kopen, hem brieven en foto's – die hij flicks noemde – doorsturen.

In de gevangenis waren foto's goud waard, net zoiets als eten of geld.
Flicks vormden het bewijs dat je echt iemand was en dat je nog steeds
verbonden was met de buitenwereld. Toen haar zwangerschap zichtbaar
werd, wilde hij foto's van haar buik, maar alleen polaroids: 'Ik wil niet
dat je ze met een gewone camera neemt, want bij het ontwikkelen van
de film kijken ze naar de foto's, dus ik wil niet dat iemand anders dan ik
je lijf ziet, dat mag ik alleen maar.' Maar de foto's mochten ook weer niet
zo expliciet zijn dat ze tegen de regels van de gevangenis ingingen. Coco
kon maar niet beslissen waar de grens lag tussen acceptabel en sexy. Hoeveel buik was te veel? De grenzen die ze in acht nam, had ze op straat
opgedaan. Gevangenissen waren anders. Ze wist al dat ze geen foto's in
badpak mocht sturen, want daarvan had de gevangenis er een aantal te-
ruggestuurd.

Cesars eisen werden steeds uitvoeriger. Hij wilde sexy brieven: 'Schrijf
me wat je met me gaat doen maar ik wil dat je viezere dingen tegen me
zegt dan nu, oké?' – en hij wilde dat die sexy brieven lang waren: 'Ik haat
het als je me schrijft en je schrijft alleen maar drie korte zinnen over ons
dat we vrijen. Ik hoop dat de volgende brief die je schrijft wel twee bladzijden sekstekst heeft. Denk je dat je me kan laten klaarkomen met een
brief?'

Cesar praatte maar zelden over zijn angsten, maar op papier deed hij dat
wel. De nachten waren het moeilijkst. Je kon er niet, zoals vroeger, aan
ontkomen door de hele nacht op straat rond te hangen. Hij had nachtmer-
ries:

*... Gisternacht droomde ik dat jij toen ik eruit kwam zwanger was en de*
*vader van dat kind was Kodak. En in mijn droom zag ik je met hem*

*neuken en dat je dat al een hele tijd deed voor ik eruit kwam. Ik hoop dat die droom niet uitkomt, want yo Coco ik vermoord jou en hem en neem mijn kind mee.*

Coco had inderdaad met Kodak gepraat. Het kon bijna niet anders: hij woonde nog steeds tegenover haar. Iedere dag stond Kodak de hele dag voor het gebouw van zijn moeder drugs te dealen. Coco had geen enkele reden om niet met hem te praten. Tenslotte konden woorden geen kwaad. Coco wilde Kodak ook niet beledigen; hij was haar eerste geweest. En bovendien, hij was veel te aantrekkelijk.

Toen ze elkaar eindelijk een keer kusten, had Cesar al over hun gesprekken gehoord. Coco was over het braakliggende terrein vlakbij haar moeders huis naar Andrews gelopen. Het stond haar nog levendig voor de geest, zowel door wat er voorviel als door het feit dat ze naar haar idee voor het eerst van haar leven helemaal alleen was. Thuis was er altijd wel iemand in de buurt en ze durfde nooit naar een winkel zonder haar broer, een nichtje of een vriendin. Kodak zag zijn kans schoon. Hij kwam op haar af en zei: 'Wat zie je er goed uit, Coco!' Toen kuste hij haar – een kus voor de nacht in het volle licht van de dag. Coco voelde zich ongemakkelijk, beschaamd en opgewonden.

Bij haar volgende bezoek aan Cesar loog ze tegen hem. Ze zei dat ze die kus niet had gewild; ze zei dat ze Kodak niet teruggekust had. Cesar raakte helemaal door het dolle heen. Ze stond op om weg te gaan. Hij schreeuwde: 'Ga verdomme zitten.' Ze ging zitten. Cesar schold haar de hele bezoektijd de huid vol en ging in zijn brieven door:

*... Ik weet dat je iemand gaat neuken dus ik denk er maar niet aan. het enige waar ik echt om geef is mijn kind ... je weet waarom ik geen meisje wilde dat geen maagd meer was ... Maar dat geeft niet want je zult er spijt van krijgen geloof me dat ik het je betaald zal zetten voor wat je me aandoet en dat zal geen pak slaag worden dus maak je daar maar geen zorgen over. Dus dat is alles wat ik tegen je stomme kop te zeggen heb. Denk erom dat je iedere dag terugschrijft om me te laten weten hoe het met je buik is. O nee, je hoeft helemaal niks te vertellen over jou want het kan me niet SCHELEN OMDAT JE ME AL LANG GENOEG HEBT BELAZERD. JE DOET MAAR WAT JE WIL ALS JE HET KIND HEBT GEKREGEN WANT DAT IS HET ENIGE WAT ME INTERESSEERT DAT IS MIJN KIND*

Het ongeboren kind hielp de ruzie bij te leggen. 'Yo, wanneer ga je bevallen?' schreef Cesar met enige tederheid. Hij was wanhopig bij de gedachte dat hij het kind zo weinig kon zien in de gevangenis. Hij haatte het, een afwezige vader te zijn, zoals zijn eigen vader, die vertrokken was toen Cesar net twee jaar was. 'De komende vier jaar moet ik ermee leren leven,' schreef Cesar. 'Maar in ieder geval heb ik iets wat van mij is en altijd van me zal blijven houden. MIJN KIND.'

In april werd er een gezond, voldragen meisje geboren:

*Lieve: Coco*
*... Let goed op haar laat niemand en ik bedoel niemand haar gezicht of haar lippen kussen, oké? Ook niet als ze ouder wordt ... Coco ik heb het Babyboek ingevuld. Ze weegt 6 pond en is 45 centimeter lang heeft bruin haar en blauwe en lichtbruine ogen, toch. Ze heet Mercedes Antonia Santos.*

Door het vaderschap schroefde hij zijn eisen nog verder op. Omdat de baby ziek kon worden van de kou, mocht Coco alleen maar op warme dagen op bezoek komen. Hij wilde dat Coco elke dag die hij miste, op foto's vastlegde. Coco vond het een heerlijke klus; ze had altijd al veel foto's gemaakt en zolang ze maar geen foto maakte als het kind sliep, kon er niets misgaan. (Foto's van slapende kinderen waren taboe omdat het dan leek alsof ze dood waren.) Cesar had nog steeds allerlei verzoeken, maar de vragen over Mercedes kwamen nu eerst: Heeft ze nog steeds uitslag? Die bult op haar borst? Op de handenarbeidcursus maakte hij een speelgoedkist met de inscriptie: *Voor Mercedes van Papa.* Nu had hij het in zijn brieven over *Vader Cesar, Dochter Mercedes, Moeder Coco.* Het vaderschap had de ranglijst in zijn hart omgegooid. Coco was gedegradeerd, maar haar status werd nog veel lager toen Cesar erachter kwam dat Sunny, de moeder van haar ex-vriend Wishman, bij de geboorte van Mercedes had geholpen.

Een hele pagina lang was Cesars getier met hoofdletters geschreven: 'YO COCO WAT DEED DAT WIJF SUNNY IN HET ZIEKENHUIS. YO CO-CO ALS IK ERACHTER KOM DAT MIJN KIND BIJ SUNNY THUISKOMT SLA IK JE OP JE STOMME BEK.' Toen ging hij ineens over op kleine letters. Het was alsof hij zich plotseling had gerealiseerd dat de macht verschoven was:

*Maar Coco neem me het Kind niet af wat er ook gebeurt neem me mijn hart niet af. Anders haal ik het jouwe eruit door je strot. Dus denk daar wel aan oké. Zorg goed voor mijn prinsesje hoor. Dag, dag* CASPAR ROCK *en* ZIJN PRINSES *Mercedes Antonia Santos.*

Hoe bezitteriger Cesar zich gedroeg, hoe meer Coco hem ontweek. Het kan ook aan het voorjaar hebben gelegen, of aan het feit dat Coco's buik niet dik meer was. Vaak kleedde Coco Mercedes aan en ging dan de straat op. Cesar belde op en Foxy dekte haar dochter dan met tegenzin, terwijl ze de smoesjes gebruikte die vrouwen altijd gebruikten:

*Ze is met het kind naar het ziekenhuis.*

*Ze moest bijstand voor het kind aanvragen.*

*Ze is kleren voor het kind kopen.*

*O, Cesar, ze is boodschappen doen.*

Foxy wilde niet verklappen dat Coco weer regelmatig uitging. Coco liet Mercedes dan achter bij Foxy en ging dansen of nachtzwemmen: over het hek klimmen om buiten de openingsuren te zwemmen in het Roberto Clemente State Park. Coco bleef met Kodak flirten. Hij flirtte terug. Maar Foxy vond het vervelend om tegen Cesar te liegen. Ze vond het vervelend om weer met een nieuw kleinkind te worden opgezadeld, en er waren er nog meer op komst: de vriendin van haar oudste zoon Manuel was zwanger, en Iris was zwanger van haar tweede kind. Iris liet haar oudste zoontje soms bij Foxy achter. Gelukkig hielp Richie mee; hij voedde en verschoonde hem en hij nam het kind met zijn kleine plastic autootje mee naar buiten als hij zijn heroïne ging scoren. Foxy hield wel van haar kleinkinderen, maar ze bracht al sinds haar veertiende jaar kinderen groot en ze wilde even rust.

Andere grootmoeders in de buurt zouden dat begrijpen. Ze gaven in ieder geval hun kritische commentaar, waar de eigenwijze jonge meiden zich niets van aantrokken:

*Eigen schuld dikke bult.*

*Je vond het toch ook leuk toen je het kind maakte.*

*Ik ben de grootmoeder, niet de moeder.*

*Je bent een vrouw, geen meisje meer.*

Ten slotte nam Coco Foxy's klachten serieus en bracht Mercedes bij Lourdes, waar ze Jessica tegen het lijf liep. Jessica had het die zomer druk met onderzoek voor Boy George' rechtszaak. Coco leerde Jessica beter kennen en Little Star hield Mercedes gezelschap.

## HOOFDSTUK 10

In augustus 1990 was George weer terug in de gevangenis in Manhattan in verband met de selectie van de jury voor zijn rechtszaak. Hij had behoefte aan een duvelstoejager en een bondgenoot. Jessica ging regelmatig op bezoek. Hij hielp haar de vervelende toelatingsprocedure te omzeilen met een vals toegangspasje dat een privé-detective voor hem op de kop had weten te tikken. Met dit pasje kreeg Jessica de faciliteiten die advocaten hadden, wat inhield dat er geen beperkingen aan de bezoekuren zaten. Jessica trok met het oog op deze truc passende kleding aan. 'George heeft graag dat ik me voordoe als een jonge professionele vrouw,' zei ze. 'Ik vind het heerlijk. Ik vind het zalig om me chic aan te kleden. Ik zie er graag belangrijk uit, ik zie er graag sexy uit.' Ze droeg colbertjasjes met korte strakke rokjes en transparante nylons om haar benen goed te laten uitkomen. Ze liep John Gotti een keer tegen het lijf. Ze sjouwde met aktetassen vol gesmokkelde etenswaren. George en zij ontwikkelden een code voor zijn verzoeken. George vroeg bijvoorbeeld: 'Wat ga je voor de meisjes koken?' en deed vervolgens suggesties voor het menu. 'Willen ze niet liever *rabo guisado*?' zei hij, of: 'Ik dacht dat je *tostónes* ging maken.' Ze propte markeerstiften vol met weed en hij bracht de lege weer mee en ruilde die om. Ze hadden privacy in een goed geïsoleerde kamer voor advocaten en hun cliënten. George schaduwbokste er, Jessica voerde kleine dansjes uit, ze hadden er seks, ze praatten. George hield haar daar soms de hele dag bij zich. Jessica zei later over haar juridische taken: 'Er ging daar niets *juridisch* om!'

Jessica fungeerde ook als boodschappenmeisje. Ze vloog naar Florida voor 'een vertrouwelijke kwestie' en liep heel Fifth Avenue af voor kleren voor de rechtszitting. De eisen die George aan zijn kleding stelde, luisterden nauw. Hij wilde uitsluitend truien met een ingebreid motief. De katoenen broeken moesten per se een omslag hebben. De sokken moesten bij de broek passen. Jessica sjouwde vuile spullen naar de stomerij en schone weer terug naar de gevangenis. Ze zeulde schoenendozen vol contant geld naar zijn effectenmakelaar op Wall Street, die haar enige tijd inhuurde als receptioniste. 'En dan belde George: "Hoe gaat het met mijn aandelen?" En dan zei ik zoiets als: "Reebok is aan het stijgen!"'

Het appartement van haar grootmoeder in Manhattan bleek voor Jessica een handige plek te zijn om er tijdens de zitting te logeren. George verwachtte van haar dat ze in de rechtszaal was. Jessica zei dat dat was omdat hij van haar hield; George zei dat haar aanwezigheid daar het risico verkleinde dat ze als getuige werd opgeroepen.

George verwachtte ook dat ze hem in de gevangenis bleef bezoeken. Op een avond werd ze op weg naar huis op het metrostation bij 59th Street overvallen door een stel jongens die haar haar verlovingsring afhandig maakten. Ze was blij dat ze die portretfoto had laten maken. Wat Jessica misschien nog belangrijker vond dan de relatie als zodanig, was het bewijs van die relatie.

In Harlem Valley, een jeugdgevangenis in Wingdale, New York, deelden de jongens zich per blok en per buurt in, net als thuis. Cesars connectie met Boy George was hem al voorgegaan. Cesar vertelde: 'Toen ik daar aankwam was het van: "Yo, dat is die zwager van Boy George," en er kwamen jongens naar me toe die zeiden: "Yo, man, ik ken Boy George."' Maar Cesar wilde de relatie niet uitbuiten.

In Harlem Valley waren de omstandigheden de beste die Cesar in al zijn gevangenisjaren zou meemaken. In die tijd werden minderjarige delinquenten nog als tieners behandeld. George mocht alleen collect call bellen; Cesar kon gewoon gebeld worden en zelf rechtstreeks naar buiten bellen. George moest Jessica vragen foto's op te sturen; Cesar schoot zelf rolletjes vol met een camera die het personeel de jongens liet gebruiken. Hij stuurde Coco foto's van zichzelf in zijn kamer, op zijn Ninja Turtle lakens. George kon op zijn walkman alleen de middengolf ontvangen; cassettebandjes mochten uitsluitend rechtstreeks van de groothandel afkomstig zijn. Coco stuurde Cesar door haarzelf samengestelde bandjes, waaruit allerlei privé-herinneringen spraken. George kocht bewakers om om eten uit Little Italy en Chinatown voor hem mee te brengen. Cesar at eten dat Lourdes had gekookt en in Tupperwarebakjes voor hem meebracht.

Aanvankelijk kwam Lourdes vaak op bezoek. Haar maaltijden deden Cesar terugdenken aan de gelukkigste perioden van zijn kindertijd, toen het leven was zoals hij dat het liefst wilde: voorspelbaar en streng. Hij had nog steeds goede herinneringen aan die eerste maanden in de Bronx. Lourdes was doorgegaan met zwartwerken in een bedrijfje dat bijouterieën maakte. 's Morgens maakte ze voor iedereen havermout, volgens haar eigen speciale recept. Na school wachtten ze haar op in een pizza-tent in de buurt van haar werk. Er gold een vaste bedtijd. Zelfs om een beetje water moest je vragen. 'Als er geen mannen waren, hadden wij een gestructureerd, geregeld leven,' zei Cesar.

Harlem Valley was streng. De bewakers informeerden naar Lourdes' bakjes. Ze roken eraan en proefden van het eten. Ze belden haar in de Bronx en zeiden: 'Mrs. Morales, wanneer komt u weer?' Ze plaatsten bestellingen; het extra geld hielp. Als Cesar zijn moeder kon bereiken vóór ze kwam, zei ze wat er op het menu stond.

'Wil je dat, papi?,' vroeg ze.

'Ik dacht 't wel,' zei Cesar. Hij vond alles lekker wat ze kookte.

Lourdes hoopte dat de gevangenis Cesar de les zou leren die zij hem niet had kunnen bijbrengen. Ze was er niet optimistisch over, maar ze zag ook geen alternatief. Cesar was gelukkig wel veiliger in Harlem Valley; geen van de jongens had een wapen. Twee grotere jongens waren hem al te lijf gegaan en hadden zijn sneakers gestolen. Rocco zag de blauwe plekken toen hij op bezoek was en maakte er een polaroidfoto van als bewijs. Maar Cesar weigerde een klacht in te dienen – hij zou het zelf wel afhandelen; de enige manier om er zeker van te zijn dat andere jongens je niet lastigvielen, was jezelf een harde reputatie te verwerven. Rocco gaf de schokkende foto uiteindelijk aan Coco, die hem achterstevoren in een album stopte. Soms haalde ze hem tevoorschijn, kuste de zwarte en blauwe plekken op zijn gezwollen gezicht en stopte de foto dan weer liefdevol terug.

Lourdes dwong zichzelf te geloven dat Cesar zichzelf in de jeugdgevangenis kon beschermen. Ze wist dat machogedrag onder druk vaak verschrompelde, maar hij accepteerde wel de gevolgen van zijn daden en Cesar was een vechter. Ze zei: 'Een verrader wordt nooit een man. Hij wordt een insect.' Ze konden over haar zeggen wat ze wilden, maar als het op haar zoon aankwam, kon ze op straat haar rug rechthouden.

Van de drieëndertig verdachten die oorspronkelijk in staat van beschuldiging waren gesteld, stonden alleen George en vijf van zijn medeverdachten op toen rechter Shirley Wohl Kram op de eerste dag van het eerste proces de rechtszaal betrad. Een van die medeverdachten was Miranda, die ten tijde van haar arrestatie al twee jaar geen deel meer uitmaakte van George' leven en de drugswereld, en die weigerde schuld te bekennen. Ook haar zus stond terecht; ze was caissière en had maar heel even in een van George' werkplaatsen gewerkt. De meeste anderen die op een laag niveau in de organisatie hadden gewerkt, bekenden wel; ze hadden te weinig nuttige informatie om een deal te kunnen sluiten. 10-4, Rascal en Danny stonden straffen van dertig of veertig jaar te wachten; ze hoopten dat hun medewerking tot een verkorting van hun straftijd zou leiden. In ruil voor 10-4's getuigenverklaring hadden de federale aanklagers ermee ingestemd om af te zien van vervolging van zijn zoon.

10-4's dagenlange getuigenverklaring, waarin hij de drugshandel heel zakelijk en tot in de kleinste details beschreef, zette de nuchtere toon voor een verhaal dat de aanklagers en verdedigers in de drie lange maanden daarna beurtelings probeerden te dramatiseren of weg te wuiven. Vastzitten in de rechtszaal was niet zo heel veel anders dan het isolement van een woonblok in het getto; de vernederingen die anderen ondergingen, werden een bron van vermaak, en de ernst van wat er op het spel stond raakte op de achtergrond door het grote belang dat aan onbetekenende details werd gehecht.

Tientallen federale agenten, politieagenten en deskundigen waren als getuige opgeroepen, onder wie een bevende autohandelaar, die George een aantal auto's had verkocht. De aanklagers toonden de stapels wapens, de opzichtige sieraden en de dozen met lege zakjes met het rode Obsession-logo. Op enig moment kwamen ze met een 'echte' koningskroon op de proppen: een kroon van nepdiamanten, die iemand voor de grap aan George had gegeven. Er waren meer komische momenten, zoals die keer dat een deskundige op het gebied van codetaal Boy George' pogingen om in codetaal te spreken kalmpjes onderuithaalde. Nog maar een week of drie voor zijn arrestatie had George door de telefoon tegen een vriend gezegd: 'Ik moet mijn shit ergens stiekem noteren en zo. Ik moet het in code opschrijven.' In het volgende gesprek dat voor de jury werd afgespeeld, klaagde George tegen zijn vriend Snuff over een gebrek aan aanvoer. George overwoog om tijdelijk een paar crack-verkooppunten op te zetten, zodat er geld bleef binnenkomen en ook om te voorkomen dat Obsession-medewerkers overliepen naar andere baantjes:

Snuff: Maar ik heb geld zat.
George: O, ik heb ook genoeg, maar ik wil de zaak gewoon niet verkloten en dan op een dag hongerlijden en dat soort shit, het geld is niet het punt...
Snuff: Yeah.
George: Dat is het enige waar ik me zorgen over maak, dat die nikkers daar, man, als ik die nikkers erop betrap dat ze ergens anders geld verdienen, yo man, dan krijgen we daar een bloedbad.
Snuff: Nou! Ik weet wat je bedoelt. Stel dat ze hun spul gaan verkopen op onze plekken?
George: Yes, en je snapt dus ook wel wat ik ga doen. Ik ga zelf verkooppunten opzetten.
Snuff: Verkooppunten waarvoor?
George: Alleen voor noodgevallen, brother, ben je hartstikke gek of zo? Op dit moment hadden we de poet al kunnen binnenhalen.

Tijdens de eindeloze schorsingen in het proces speelden George' mede-verdachten soms een potje voetbal in de gang, maar Boy George concen-treerde zich zoals zo vaak op het grotere spel. Iedere ochtend gaf hij zijn advocaat een lijst met vragen en opmerkingen, die hij had opgesteld na het bestuderen van de getuigenverklaringen die de dag tevoren waren afgelegd. Hij leerde steno in een poging zijn tempo op te voeren bij het maken van aantekeningen van wat er aan de orde kwam. 's Nachts raad-pleegde hij de Bijbel om strategische ideeën op te doen. 'Ik kan er argu-menten uit halen,' zei hij. Hij had een hekel aan de kameraadschap die zich begon te ontwikkelen tussen de vaste bezoekers van de rechtszaal. Toen hij Miranda een keer gezellig zag kletsen met een agent, siste George haar toe: 'Waarom praat je godverdomme met hem? Hij is bezig je levenslang te laten opbergen!'

De Obsession-zaak bleef nog jaren doorgaan, vooral dankzij 10-4's boekhouding en hulp: in december arresteerde de politie George' huur-moordenaar, Taz; Snuff en twee van de Chinese leveranciers werden niet veel later opgepakt en berecht. Papito – die was gearresteerd met zakjes heroïne en een exemplaar met aantekeningen van George' tenlastelegging op zak – vond de dood, en het geboeide en verminkte lichaam van Joey Navedo, George' vroegere mentor en zijn judas, werd in Florida in de kof-ferbak van een auto aangetroffen. Maar op de ochtend van de eerste plei-dooien was George optimistisch, gedroeg hij zich respectvol en was hij passend gekleed: zijn advocaat wilde hem afschilderen als een ietwat poenige handelaar in juwelen, die het niet had getroffen met zijn boek-houder en verkeerde vrienden had gehad.

In diezelfde maand september liep Jessica Felix tegen het lijf, de oudere man van Tremont die ze sinds haar jeugd had gekend. Felix hield zich nog steeds op bij de winkel in de buurt van zijn flat op Mount Hope Place. Hij deelde nog steeds biljetten van 1 dollar uit aan kleine kinderen, net als indertijd aan Jessica. En hij had nog steeds een zwakke plek voor haar. Jessica vertelde hem dat Lourdes en Little Star op het punt stonden uit het appartement op Vyse te worden gezet, en Felix vroeg ze bij hem te logeren. Hij vertelde Jessica dat hij van plan was naar Florida te verhui-zen; zijn zoon had zelfmoord gepleegd en Felix wilde weg. Kort na die gelukkige ontmoeting verhuisden Lourdes, Que-Que, Jessica en Little Star naar Mount Hope. Maar de drukte en de financiële spanningen in het gezin dreven Felix het huis uit.

Lourdes' nieuwe woonblok op Mount Hope liep parallel aan haar oude blok op Tremont: als ze door het om veiligheidsredenen getraliede raam van de woonkamer naar buiten keek, kon ze haar oude appartement zien.

Maar de nieuwe woning was veel ruimer dan die op Tremont en Vyse. Felix' gebouw had nog iets van zijn oude grandeur behouden. De voordeur was bewerkt en voorzien van smeedijzeren traliewerk, al was het glas vaak kapot. De vloeren waren van marmer en er was zelfs een intercom, al deed die het nooit (bezoekers staken hun hand langs de glasscherven en lieten zichzelf binnen). In de hal was een open haard, waarvan het rookkanaal was dichtgemetseld, als een soort speen. Soms werkte de lift. Lourdes kende al heel wat van haar buren; hoewel er veel tussen appartementen werd geschoven, verlieten maar weinig mensen de buurt helemaal. Tito, Cesars oude vriend van FMP, dealde op een hoek van Mount Hope; het feit dat ze hem kende, bracht enig respect voor haar mee en een zekere mate van bescherming.

Het appartement zelf was zoals veel appartementen waar Lourdes in had gewoond: donkere slaapkamers, een benauwde badkamer met vochtplekken op de muren, een smalle, licht hellende gang. In de keuken kwam de kalk van de muren, de kleuren in het trappenhuis waren de bekende favorieten van de huisbazen in een getto: fel mosterdgeel, roodbruin. Door de oude ramen kwam zomers te weinig frisse lucht binnen en 's winters te veel, en nooit genoeg daglicht. Maar zoals ze al zo vaak had gedaan, ging Lourdes aan de slag. Ze zette een tafel in de eethoek, onder een kastje waar ze voorzichtig de Heilige Lazarus neerzette en zijn altaartje inrichtte. Op handen en knieën schrobde ze de vloeren. Ze nam de muren met ammonia af, nam toen de keuken onderhanden, pakte haar vijzel en stamper uit en timmerde haar gelukshoefijzer boven de deur. Little Star, die net vijf was geworden, bleef in de buurt van haar grootmoeder. Jessica kwam en ging.

Op een dag, toen Jessica en Daisy Mount Hope afliepen naar de winkel op de hoek, zag Jessica Tito naast de telefooncel staan.

'Tito, jongen,' weet ze nog dat ze bij zichzelf zei. 'Je bent knap geworden! Hartstikke knap!' Terug in het appartement van Lourdes belde Jessica naar de telefooncel. Tito nam op; hij beschouwde de telefoon als zijn persoonlijke zakenlijn. Met haar zwoele stem zei ze:

'Hallo, knappe jongen.'

'Wie is dat?' vroeg Tito.

'Wie is dat?' herhaalde Jessica. Ze vertelde hem hoe knap hij eruitzag. Ze beschreef zijn kleding – een beige met wit Calvin Klein-poloshirt, beige jeans.

Tito raakte gealarmeerd. Concurrerende drugshandelaren stuurden soms meiden als lokaas. Een paar van zijn en Rocco's succesvolste overvallen waren alleen maar mogelijk geweest dankzij informatie die ze van meisjes hadden opgepikt. De meisjes lekten de informatie niet per se met opzet; dealers pronkten met hun geld en voorraden om indruk op ze te maken, en de meiden schepten natuurlijk vervolgens op over wat ze hadden gezien. Jessica hoorde de angst in Tito's stem en zei wie ze was. Toen vroeg ze of Tito haar een lift naar Manhattan wilde geven.

Of Tito zich zijn eed aan F M P herinnerde – nooit uitgaan met de zusters van je partners – wist hij later niet meer. Hij had altijd al een oogje op Jessica gehad, vanaf het moment dat hij Cesar had leren kennen. Alle leden van F M P hadden dat. Tito had een vrouw, maar plotseling was daar Jessica in het oude appartement van haar grootmoeder. Ze zat tegenover hem op de bank, trok haar topje uit voor een raam dat op de George Washington Bridge uitkeek, en stelde lachend en uitnodigend een vraag waarop maar één antwoord mogelijk was: 'Heb je er bezwaar tegen als ik dit uitdoe? Het is hier zo warm!'

Coco zag Jessica vaker nadat Lourdes naar Mount Hope was verhuisd. Ze was te bang om zich te gedragen zoals Jessica, maar ze leerde veel van de manier waarop Jessica zaken aanpakte. Coco vergezelde Jessica een keer naar een restaurant met twee drugsdealers; Jessica ging met een van de twee; de meiden bleven de hele nacht kletsen en porno kijken. Jessica wist alles van de manier waarop je met mannen in de gevangenis omging: ze vertelde Coco hoe mannen 'poëtischer, romantischer werden, ze laten kanten van zichzelf zien die ze op straat niet kunnen laten zien'. Ze legde uit dat je naar de jongens moest schrijven over de dingen die ze wilden horen als ze in de gevangenis zaten, en dat het beter was om je problemen en avonturen voor jezelf te houden. Coco stortte haar hart bij Jessica uit over haar verwarring over Cesar en Kodak. Jessica hoorde haar aan zonder haar te veroordelen; zijzelf hield immers zowel van Tito als van George.

Maar Coco kwam er ook achter dat Jessica niet het perfecte meisje was dat ze zich had voorgesteld: 'Soms was ze echt heel leuk, zoals "Wat eten we vanavond?" – natuurlijk lieten we eten komen – en op andere momenten was ze meer in de trant van "Laat me verdomme met rust".' Soms joeg Jessica George aan de telefoon expres tegen zich in het harnas en ze kon zich al even plotseling tegen haar kinderen keren. Als Jessica aanstalten maakte te gaan dansen, negeerde ze Serena, die wanhopig aan haar benen krabde en haar nylons kapottrok omdat ze niet wilde dat haar moeder wegging. Lourdes schreef het feit dat het humeur van haar dochter zo op en neer ging, toe aan het feit dat ze in een lift ter wereld was gekomen.

Anderzijds was Jessica ook heel royaal voor Coco. Als Jessica naar Puerto Rico ging, gaf ze Coco 100 dollar om te babysitten, al zou Coco het ook voor niets hebben gedaan. Coco besteedde een deel van het geld aan afhaaleten en stuurde de rest naar Cesar. Coco en Jessica gingen maar zelden samen uit; in plaats daarvan bleef Coco bij de kinderen en ging Jessica uit met Tito of een van haar andere mannen. Coco was blij met het excuus om weg te kunnen bij haar moeder, waar het hectisch was. Ze stylede het haar van de meisjes. Coco zei: 'Ik gaf ze stekeltjes.' Ze smeerde Vaseline in hun haar. Ze strooiden babypoeder op de vloer in de eetkamer en deden alsof ze schaatsten. Serena vond het leuk om de televisie uit te zetten en naar haar spiegelbeeld in het scherm te kijken. Ze zwaaide dan heen en weer, met een haarborstel als microfoon in haar hand.

Lourdes had ooit zangeres willen worden. Ze vertelde graag aan ieder die het horen wilde, dat ze als meisje zoveel talent had gehad dat een manager haar had gevraagd zich aan te sluiten bij een rondreizende zanggroep. Haar moeder had haar toestemming geweigerd. De details van het verhaal verschilden elke keer weer: soms werkte haar moeder te hard en had ze Lourdes nodig om haar te helpen met haar zusjes en broertjes; soms wilde Lourdes detective zijn, vrachtwagenchauffeur of stewardess. Maar het verhaal bleef hetzelfde: Lourdes die naar vrijheid verlangde, haar moeder die haar dromen kapotmaakte. Haar moeder had gewild dat haar eerste kind een zoon was en ze maakte altijd grapjes tegen vrienden dat ze Lourdes in een vuilnisbak had gevonden. Lourdes verklaarde haar lot vooral als het resultaat van wrok: 'Als ik dan niet kon worden wat ik wilde, dan werd ik maar gewoon niets. En als ik niet kon doen wat ik wilde, dan deed ik maar gewoon niets.'

Lourdes dreef de spot met Jessica's ambities en net als Lourdes koesterde Jessica daar wrok over. George was niet veel beter. Toen Jessica bekende dat ze interieurontwerpster wilde worden, schamperde hij: 'Die mensen gaan naar school.' Maar toen Serena Jessica bekende dat ze zangeres wilde worden, moedigde Jessica haar aan; ze zei tegen Serena dat ze alles kon doen wat ze wilde. De weinige tijd die Jessica aan Serena besteedde, was helemaal voor Serena alleen.

Af en toe nam Jessica Serena mee naar de rechtszaal. Niet zichtbaar voor de steeds vermoeidere ogen van de rechter en de jury, zat Serena op haar knieën op de grond en gebruikte de mahoniehouten bank als tafel waaraan ze rustig tekeningen maakte voor Daddy George.

Nog een tijdje nadat Cesar en Mighty in de gevangenis waren beland, bleven Rocco en Tito drugsdealers beroven. George liet Rocco weten dat hij de rechtszaak moest bijwonen omdat de getuigenverklaringen iedere dag een soort masterclass waren: rechercheurs zetten de nieuwste surveillancetechnieken uiteen, de vertegenwoordiger van de belastingdienst legde de belastingwetgeving uit, twee volle jaren van intensief politiewerk werden gepresenteerd in heldere, toegankelijke taal, die de jury kon begrijpen. 'Kom erbij zitten en luister naar wat die mensen te vertellen hebben, want dat hoor je te weten,' zei George. 'Wees verstandig. Leer ervan. Leer de belastingregels.' Maar Rocco begon steeds minder zin in de misdaad te krijgen. Hij was verliefd geworden op een schoolmeisje dat Marlene heette. Toen raakte hij ook Tito nog kwijt, die terug naar school was gegaan en er de voorkeur aan gaf zijn vrije tijd door te brengen met honkballen en uitgaan met Jessica.

Er was één meisje, dat informatie verzamelde om een eigen drugshandel te kunnen beginnen maar de meeste vriendinnen van George' medeverdachten waren vooral geïnteresseerd in een ander soort opleiding: ze schepten er genoegen in om te horen wat hun vriendjes hadden uitgespookt in al die uren dat ze niet thuis waren geweest. Het bleek dat 10-4 er drie vriendinnen op na had gehouden in drie appartementen, die hij slim genoeg precies hetzelfde had ingericht. Eén meisje kwam erachter dat haar vriend haar niet vanwege een gaslek in een hotel had ondergebracht, maar omdat een concurrerende dealer had gedreigd haar te vermoorden om hem te straffen. Vrouwen kwamen de vriendinnen tegen van wie ze het bestaan allang kenden, en vriendinnen ontmoetten andere vriendinnen over wie ze niets geweten hadden; sommige raakten voorzichtigjes met elkaar bevriend. Jessica ging lunchen met Gladys, de caissière met wie George was omgegaan. Ze ging ook uit met Isabel, de moeder van zijn tweede zoon.

Jessica, Elaine en Lourdes waren allemaal in de rechtszaal op de dag dat Mike Tyson verscheen. Tyson moest zelf voor de rechter verschijnen in een zaal verderop, maar hij kwam even langs om zijn oude maatje succes te wensen. Naderhand, in de cafetaria, vroeg hij Jessica mee uit.

'Ik zal wel babysitten,' bood Lourdes aan. Ze hield Tyson haar T-shirt voor om er zijn handtekening op te zetten.

Jessica keek haar moeder veelbetekenend aan. 'Had je vanavond niet iets anders te doen?'

'O, dan doe ik het wel,' riep Elaine. Zou Mike haar servet willen tekenen?

'Moet je niet op je eigen kinderen passen?' zei Jessica kortaf.

'Breng je kinderen anders gewoon mee,' opperde Tyson behulpzaam.

'Mijn kinderen mogen niet zo lang opblijven,' zei Jessica, alom verwarring zaaiend.

Dit was geen plotseling ontstane onafhankelijkheid; ze was verliefd.

Tito gaf veel om Jessica. Ze was zes jaar ouder en hij wist dat ze een toneelspeelster was, maar hij kon er niets aan doen. De seks was fantastisch. Ze hielden wedstrijden om te zien wie de meeste orgasmen had. Tito was verbaasd over hoeveel plezier Jessica in bed had. Als ze klaargekomen was, moest ze vreselijk lachen en hij vroeg dan: 'Jessica, wat is er?' en dan zei zij: 'Niks, gekkie.' Soms snoven ze coke. Ze was ook zijn leermeesteres in zaken. Hij zei: 'Jessica is een meisje met wie je geld kan verdienen.'

Tito en Jessica speelden het klaar een parttime huishouden op te zetten in Jessica's appartement in Manhattan. FMP was feitelijk ontbonden maar bleek een volmaakte dekmantel voor hun verhouding. 'De zus van Cesar heeft een lift nodig,' zei hij bijvoorbeeld tegen zijn vrouw. Of, als Jessica hem oppiepte: 'Dat is de moeder van Cesar,' of 'de moeder van Cesars dochter heeft Pampers nodig.' Doordeweeks woonde Jessica George' rechtszaak bij en ging Tito naar school. 's Avonds kookte Jessica, terwijl Tito zijn huiswerk maakte. Hij liefhebberde nog wel wat in roofovervallen als Rocco opdook, maar Rocco's schoolmeisje trok hem langzaam het rechte pad op. Jessica hanteerde behendig beide werelden: ze verpleegde Tito toen hij in een vuurgevecht een schampschot had opgelopen en ze verraste hem met een taart toen hij zijn diploma van de middelbare school haalde.

Op een avond maakte Tito echter de fout om de telefoon aan te nemen.

'Hallo,' zei Tito.

'Hallo!' echode Boy George. 'Wie ben je verdomme?' Tito gaf de hoorn aan Jessica.

'Hallo,' zei Jessica.

'Wie was dat verdomme?'

'Alsjeblieft, zeg! Een vriend van mijn broertje.' Ze lachte luid en kirde tegen Tito: 'Hij denkt dat je een vriend van mij bent!'

Tito ging soms naar de Obsession-rechtszaak om bij Jessica in de buurt te zijn. Tijdens een onderbreking in het getuigenverhoor ging Tito een keer de zaal uit. Hij piepte Jessica via de telefooncel in het gerechtsgebouw op, een ouderwetse cel met koperen deurkrukken en vouwdeuren. De code voor IK HOU VAN JOU verscheen op het scherm van Jessica's pieper.

George zag Jessica staan. Hij gebaarde vanachter de tafel van de verdediging. 'Waar ga je heen?'

Ze wees op haar pieper.

'Sorry,' zei Tito, sloeg zijn arm om Jessica en trok haar de telefooncel in. 'Ik moest even een zoen hebben.'

'Je bent hartstikke gek,' zei Jessica zwoel en gaf hem een kus.

George kwam nooit achter Jessica en Tito, maar Cesar wel, en die was woedend. Tito was wispelturig, openlijk emotioneel. Cesar maakte duidelijk wat hij ervan dacht: 'Je kunt er nu een eind aan maken, of ik doe het, als ik de gevangenis uitkom.' Tito maakte een eind aan de relatie. Jessica belde Cesar op en zei huilend: 'Je verpest mijn leven.'

Maar Jessica bleef Tito toch ontmoeten. Ze verraste hem bij de deur van zijn huis met alleen een leren jas en hoge hakken aan. Tito moest moeite doen zich tegen de verleiding te verzetten. Zoals voormalige gevangenen gevangenisfilms bekijken om zichzelf op het rechte pad te houden, zo bekeek Tito video's van Jessica en hemzelf tijdens het vrijen. De video's herinnerden hem aan waartoe ze in staat was met andere mannen. Toen werd Tito gearresteerd op beschuldiging van wapenbezit: hij had een semi-automatische Tech 9. Hij was doodsbenauwd voor de gevangenis. Hij betaalde zijn borgtocht en ging plichtsgetrouw terug naar zijn vrouw.

Half november 1990 sprak de jury een gedeeltelijk vonnis uit; George werd schuldig bevonden aan twee van de veertien punten van de aanklacht tegen hem: belastingontduiking en samenzwering om een criminele onderneming te runnen. Vier van George' medeverdachten, onder wie Miranda, werden ook veroordeeld; één fortuinlijke manager werd vrijgesproken. George werd weer naar Otisville overgebracht in afwachting van de bepaling van zijn strafmaat.

Net als ziekenhuizen brengen ook gevangenissen relaties terug tot hun essenties. George had Jessica, zijn moeder, zijn broer, en Isabel, de moeder van zijn tweede zoon. Zijn vrienden was hij geleidelijk aan kwijtgeraakt. George stelde Jessica voor, bij Isabel in te trekken. Jessica weigerde. George raakte door zijn geld heen. De rechtszaak had hem meer dan 200.000 dollar gekost en nu moest hij ook zijn hogerberoepszaak nog financieren. George' straatrelaties namen bij iedere serie arrestaties verder af. Hij dacht dat hij de meeste kansen had om te overleven als hij een imago van macht kon blijven uitstralen, zelfs als die macht afnam. Maar om vanuit de gevangenis invloed te houden zonder geld, was absoluut onmogelijk. De feestdagen kwamen eraan. Ogenschijnlijk waren Jessica en George nog steeds een stel, maar inmiddels kwam ze nog slechts onregelmatig op bezoek en die bezoeken verliepen vaak niet prettig.

Zelfs na zijn veroordeling deed George nog alsof zijn hoger beroep succesvol zou aflopen. Hij sprak met zoveel vuur over de toekomst dat het haast gênant was hem tegen te spreken. George zei tegen zijn moeder en broer dat ze niet voor het vonnis naar de rechtszaal mochten komen als ze ook maar enige emotie zouden tonen: 'Ik wil geen traan zien vallen. Want als jullie met van die tranenshit en gejank beginnen, raak ik in de stress. Ik wil met opgeheven hoofd naar buiten kunnen gaan, lachend, lachen, allemaal! Lachen! Het is gewoon een soort kaartspel dat we hier aan het spelen zijn!' Zijn vader kwam wel opdagen.

Op 13 maart 1991 zat de rechtszaal vol met juridisch medewerkers van advocatenkantoren, agenten en rechercheurs. Er waren zoveel belangstellenden, dat de mensen langs de wanden stonden. Er was extra parketpolitie ingezet om de deuren te bewaken en de ramen te blokkeren voor het geval Boy George zou proberen te ontsnappen of zichzelf zou willen verwonden. Rechter Kram zei tegen hem dat hij een van de meest gewelddadige mensen was die ooit in haar rechtszaal waren verschenen. Ze zei dat ze in de lange maanden van de rechtszaak geen spoor van spijt had gezien.

Boy George stond overigens niet terecht voor gewelddadigheden. Toch betrok rechter Kram de vele beschuldigingen op dat punt in haar overwegingen. Op basis van de federale richtlijnen voor vonnissen kon gedrag dat niet beantwoordde aan de regels van bewijsvoering die voor een rechtszaak golden, wel van invloed zijn op het vonnis. Het bestreden bewijs viel onder de categorie 'relevant gedrag', gedrag waarmee rekening kon worden gehouden als het in verband kon worden gebracht met de veroordeling of licht wierp op de omstandigheden van de misdaden. Relevant gedrag hoefde alleen te beantwoorden aan het criterium van 'voldoende bewijs' en niet aan het criterium van 'onomstotelijk bewijs' zoals dat bij het strafproces gold.

In het geval van Boy George waren de gevolgen van zijn 'relevante gedrag' vernietigend. Achter de vonnissen voor belastingontduiking en samenzwering zaten tenlasteleggingen van verschillende moorden onder auspiciën van de Obsession-organisatie. En er was sprake van dreiging met moord, inclusief het dreigement dat George zou hebben geuit tegen de aanklagers en de rechter.

Boy George was drieëntwintig jaar oud toen hij werd veroordeeld. De rechter legde hem levenslang op, door te brengen in een federale gevangenis, zonder mogelijkheid tot voorwaardelijke invrijheidstelling. George lachte toen hij het vonnis hoorde – zoals hij zich had voorgenomen – maar het effect daarvan was eerder griezelig dan uitdagend.

Jessica was niet aanwezig op de zitting. Vergeefs probeerde ze hem over de telefoon te troosten. George zei tegen haar dat hij liever had gehad dat ze dood was dan vrij. Kort daarna sloot de telefoonmaatschappij Lourdes' telefoon af.

## HOOFDSTUK 11

Foxy was de eerste die woedend was over Coco's tweede zwangerschap. Het was weliswaar Coco's buik, maar iedereen was toch vooral beducht voor Cesars reactie. 'En ik moest steeds maar tegen hem zeggen dat je niet uitging; nu lijkt het net of ik een leugenaar ben! Ik zeg dat je thuis bent, en dan blijk jij zwanger!' riep Foxy uit. Lourdes had ook weinig medelijden met Coco, ook al had ze zich meer dan eens in dezelfde ongelukkige omstandigheden bevonden: zwanger van een andere jongen dan de vader van het vorige kind.

Coco belde naar Cesars slaapzaal in Harlem Valley. Ze wist dat als ze niet vlug was, Lourdes of die bemoeial van een Elaine haar voor zou zijn met het nieuws. 'Ik moet je iets vertellen,' zei ze.

'Wat, heb je op straat staan zoenen?'

'Nee, het is iets ergers.'

'Is er iemand in je klaargekomen?'

'Nee, het is iets ergers.'

'Wat dan?'

'Ik ben zwanger.'

Coco weet nog dat ze *hoer* en *slet* hoorde, maar niet veel meer; ze kreeg pijn in haar buik van Cesars woede. Het interesseerde hem niet dat Kodak geen vreemde was maar de jongen die haar had ontmaagd. Het deed er voor Cesar zelfs niet toe dat Kodak de enige andere jongen afgezien van Cesar was met wie ze ooit seks had gehad. 'Ik ging met mijn vriendinnen op stap en belandde toen bij hem thuis,' had Coco willen uitleggen, maar Cesar gaf haar niet eens de kans.

Zijn verontwaardiging achtervolgde haar ook via de post:

*Coco ik kan 's nachts niet slapen want iedere keer als ik mijn ogen dicht doe komt het beeld van jou en hem die seks hebben me scherp voor de geest ... Als je nou maar niet zwanger was geworden, zou het gemakkelijker voor me zijn geweest. Dan hadden we misschien nog vrienden kunnen zijn ... Ik haat je, haat je, haat je uit het diepst van mijn ziel. En er is niets wat dat nog kan veranderen ik haat je meer dan ik ooit van je heb gehouden ... Ik haat je meer dan ik de mensen haatte op wie ik geschoten heb waardoor ik hier terecht ben gekomen. Ik haat je meer dan ik van mijn moeder hou.*

*... Coco deze brief wordt maar zeven kantjes lang want we hebben niet meer papier op de afdeling. Maar ik geloof dat zelfs een miljoen velletjes papier nog niet genoeg zouden zijn om te zeggen hoe ik je haat.*

Coco redeneerde dat als het kind er de oorzaak van was dat ze Cesar kwijt was geraakt, ze hem misschien terug kon krijgen als zij het kind kwijtraakte. Ze maakte een afspraak voor een abortus. Ze ging naar de kliniek maar was haar ziekenfondskaart vergeten. Ze maakte een nieuwe afspraak maar vergat die. Uiteindelijk ging ze op weg om voor de derde keer een afspraak te maken, maar toen had ze de moed niet meer. Coco's zuster Iris herinnert zich nog hoe Coco zichzelf op haar buik stompte en zich tegen de muur aan gooide. 'Ze deed er alles aan om het kind kwijt te raken,' zei Iris. Maar het kind overleefde alles, dus toen ging Coco er maar van uit dat het zo moest zijn. Cesar zag het echter puur als een keuze:

*Coco het eerste wat ik wil zeggen is dank je wel voor het feit dat je mijn hart zo hebt verscheurd als je gedaan hebt ... Coco er lopen twee meiden rond die maagd zijn en verliefd op mij en die heb ik links laten liggen omdat ik wilde proberen een gezin met jou te worden. Maar ik heb het natuurlijk verpest want ze zijn misschien wel geen maagd meer. Dus ik heb aan twee kanten verloren. Niet alleen die meiden maar ook jou. Op dit moment heb ik behoefte aan een echt leuk meisje dat maagd is en van me houdt zodat ik me geen zorgen hoef te maken dat ze het weer met haar eerste vriendje aanlegt.*

De gebruikelijke geruchten deden de ronde. Kodak ontkende dat het kind van hem was. Buren roddelden. Jessica stond achter Coco. Ze pleitte voor haar bij Cesar: 'Neem mij nou,' zei ze tegen haar broer. 'Ik heb kinderen van verschillende vaders. Mensen maken fouten. Wat kan het jou schelen wat andere mensen zeggen?' Jessica wist dat Cesar nog steeds van Coco hield.

In haar slaapkamer in Foxy's appartement, die ze met Mercedes deelde, richtte Coco een ereplaats in voor de beste ex-schoonzuster van de wereld. Een muur en de kastdeur hingen helemaal vol met foto's van Jessica. Jessica poseerde niet met woongebouwen vol graffiti op de achtergrond en knielde ook niet in smerige trappenhuizen, zoals andere meisjes. Ze zat voorin een Batman-en-Robin auto.

Kodaks moeder was minder toeschietelijk over de zwangerschap. 'Het kind kan niet van mijn zoon zijn,' zei ze tegen Coco, 'want die zat vast.' Maar toen in maart 1991 Nikki Victoria werd geboren, deden haar moedervlekken Kodaks moeder van gedachten veranderen: al haar kinderen hadden die. Jessica verwelkomde de baby als haar nichtje en Lourdes verwelkomde Nikki als een kleindochter. Cesar bleef Coco de huid vol schelden. Jessica adviseerde Coco haar rug recht te houden. 'Krijg nou alsjeblieft geen medelijden met mijn broer. Maak het uit, dan komt hij vanzelf wel bij je terug,' zei ze. Daar had Coco de moed niet voor, maar ze vond het wel fijn dat Jessica er vertrouwen in had dat ze stelling kon nemen.

Cesar belde regelmatig naar Foxy om te horen hoe het met Mercedes ging – Coco hield dan de hoorn bij Mercedes' mond zodat hij haar geluidjes kon horen – maar zijn vragen veranderden al gauw in felle aanklachten. Als Foxy de telefoon aannam, begon het gescheld nog eerder. Cesar gaf Foxy de schuld van Coco's ontrouw.

'Zie je wel, ik wist wel dat je dochter met iemand ging,' zei Cesar. 'Je dochter is een verdomde hoer!'

'Je bent zelf een verdomde hoer!' was Foxy's reactie.

'Mama, gooi nou gewoon de hoorn op de haak,' smeekte Coco.

'Die verdomde klootzak!' krijste Foxy. 'Die verdomde klootzak zal me verdomme de mond niet snoeren!'

'O, alsjeblieft, hou op, hou alsjeblieft op,' smeekte Coco weer, terwijl haar moeders geschreeuw haar overstemde. 'Het kon me niet schelen wat-ie over mij zei,' vertelde Coco later, 'maar ik wou niet dat ze ruziemaakten. Ik voelde me schuldig tegenover mijn moeder omdat ze wist dat ik ging dansen en zo, maar ze wist natuurlijk ook niet dat ik zwanger zou worden. Dus is het mijn schuld dat ze nu een leugenaar lijkt.' Het was die eeuwige driehoek die zoveel meisjes en vrouwen in Coco's omgeving gevangen hield: dat onoplosbare conflict tussen bloedverwantschap en liefde en verlangen, tussen jezelf, je moeder en een man.

Coco gaf een groot feest voor Mercedes' eerste verjaardag. Een eerste verjaardag was, net als *sweet sixteen* worden, een belangrijke mijlpaal; Mercedes had het een heel jaar gered, en Coco wilde die prestatie duidelijk markeren. Foxy wist wel hoe je een feestje moest bouwen. Toen Coco nog klein was hadden ze een keer voor Halloween met z'n allen buiten bladeren verzameld en die binnen op de vloer uitgespreid. Richie had een vogelverschrikker gemaakt, die Foxy een joint in z'n mond had gestoken. Voor de verjaardag van Mercedes liet Foxy iedereen bij de deur 2 dollar betalen. Jessica hoefde niet te betalen, die was familie. Ze droeg het gestreepte Gap-poloshirt dat Boy George haar had gegeven na hun eerste afspraak. Ze had een pieper in de linkerzak van haar jeans en eentje in haar rechterzak. Om haar opgestoken haar zat een groen sjaaltje. Edwin, de jongere broer van Coco's ex-vriend, keek naar Jessica terwijl die danste.

Wishman en Edwin konden niet met elkaar opschieten. Wishman was een straattype, terwijl Edwin meer een moederskindje was. Die dag paste Edwin op zijn kleine zusje. Hij bracht haar naar Coco's slaapkamer om haar luier te verschonen en voordag hij wist wat hem overkwam, stond Jessica daar ineens tegen de slaapkamerdeur geleund. Hij zag dat het hetzelfde meisje was als in de collage op de muur. Jessica was in het echt zelfs nog mooier. 'Gôh, wat doe je dat lief, zo lief en zorgzaam,' zei Jessica. Je zult vast een goede vader zijn, later.'

Laat op de avond viel de politie op het feest binnen en probeerde vervolgens vergeefs Foxy ervan te overtuigen dat ze haar appartement moest laten gebruiken voor surveillance: ze hielden nog steeds de Cubaanse drugsdealers in de gaten die vanuit het gebouw aan de overkant opereerden. Edwin en zijn vriend Freddy gaven Jessica en Daisy een lift naar het appartement in Manhattan. Jessica vroeg de jongens mee naar boven. 'Hoe zullen we het doen met slapen?' vroeg Jessica. Niemand zei iets. Jessica kreeg een idee. Ze riep Daisy naar de slaapkamer. De meiden kwamen naar buiten in korte hemdjes. Freddy nam Daisy eens goed op en vond het oké om te blijven. Daisy en hij namen de woonkamer.

Jessica zag dat Edwin zenuwachtig was. Ze deed een badjas aan om hem te helpen te relaxen. 'Ik moet even wat oefeningen doen om me te ontspannen,' zei ze. Ze boog zich voorover en raakte met haar vingers de grond aan. Ze deed haar armen omhoog. Ze liet hem haar tatoeages zien, en dat ze bijna een spagaat kon maken.

'Alsjeblieft,' zei Edwin. 'Hou daar alsjeblieft mee op. Wil je alsjeblieft ophouden?'

'Yo, waarom?' vroeg ze quasi-onschuldig. Ze had de badjas aan. Hij was nog helemaal aangekleed. 'Je bent een knappe jongen.'

'Ik ben geen jongen.'

'Nou, dan ben je een knappe jongeman, weet je.'

'Ik ben heus niet zo jong meer.'

'Nou, laten we het dan maar eens gaan doen.'

'Helemaal echt?' vroeg hij.

Jessica lachte.

Hij zei: 'Weet je het zeker?'

'Hij was zestien toen,' zei Jessica veel later, terwijl ze er vertederd aan terugdacht. Ze verwachtte dat zij het voortouw zou moeten nemen. 'Maar,' zei ze, 'daar had ik me in vergist.'

Jessica begon heel wat tijd met Edwin door te brengen in het appartement van Sunny. Sunny vond het prettig haar over de vloer te hebben.

Edwin zei later dat Jessica de enige vriendin was met wie zijn moeder ooit op kon schieten, hoewel ze het soort meisje was waarvoor moeders hun zonen waarschuwden. Sunny woonde nog steeds vlakbij Coco, op Andrews Avenue. Jessica en Edwin sliepen in het onderste stapelbed, een andere broer van Edwin sliep bovenin. Wishman had een eigen kamer omdat zijn ruzies met zijn broers altijd op vechten uitdraaiden; Sunny, die ook nog een kleuter en een baby had, kon niet tegen al dat geruzie. De jongens hadden een keer zo met elkaar gevochten dat ze de politie had moeten bellen.

Sunny hoefde Edwin nooit twee keer wakker te maken voor school. Zij en Jessica brachten de middagen kletsend door, uitgestrekt op Sunny's grote bed. Sunny herinnert zich hoe gekwetst Jessica zich door Lourdes voelde, die ze beschreef als egoïstisch en altijd met die mannen van haar bezig.

Soms bracht Milagros de tweeling mee en bleven ze een tijdje bij Jessica. Sunny vond deze uitbreiding van het toch al volle appartement geen probleem: kinderen speelden met elkaar, en hoe meer er waren, hoe makkelijker het was om te babysitten. Serena logeerde soms bij Coco in Foxy's appartement of bij Milagros, maar meestal was ze bij Lourdes.

George wist uiteindelijk te achterhalen dat Jessica bij Sunny woonde. Hij vroeg zich hardop af wat voor soort man met een monster uit zou willen gaan, het monster dat Jessica zou worden als iemand zwavelzuur in haar mooie gezichtje zou gooien. Was het waar dat ze aids had? Dat haar dochters mager en uitgehongerd waren? 'Dat is erg,' zei hij schamper. Sunny pakte de hoorn van Jessica af. George waarschuwde Sunny dat ze goed op haar zoontje moest passen. Sunny belde de telefoonmaatschappij en vroeg om telefoontjes uit de gevangenis te blokkeren. Toen kwam er een jongen bij Sunny aan de deur die een boeket witte rozen afleverde. Bij het griezelige boeket zat een kaart van George. Hij hoopte dat ze de rozen mooi vond; op de begrafenis van haar zoon zouden er heel veel net zulke bloemen zijn.

Jessica hield nog steeds contact met George. Verslagen zei ze: 'Als George me echt dood wilde, zou ik al lang dood zijn geweest.' George' moeder regelde verzamelgesprekken: Jessica gebruikte een telefooncel op de hoek van 176th Street en Andrews, George belde vanuit de gevangenis, en zijn moeder verbond hen door. Het was dezelfde telefooncel waarbij Cesar altijd had rondgehangen terwijl Coco van bovenaf toekeek.

In Sunny's woonkamer hoorde Jessica een waarschuwingskreet van buiten. Ze paste op Sunny's dochters en haar eigen tweeling. De kreet – Po-Po – was een waarschuwingssein dat mensen in de buurt bij het zien van de politie aan elkaar gaven; het was geen zeldzaam geluid op Andrews. Jessica liep naar het keukenraam om te zien of er misschien iets interessants aan de hand was.

De straat was afgezet. Er stond al een aantal politiewagens en er kwamen er nog meer aan. Toen hoorde ze: 'Politie! Doe open! *Policía!*'

'Ik had zoiets van: "Hoe kan dit voor mij zijn? Verdomme, ik moet boeten voor iemand anders z'n fouten en de tranen sprongen me in de ogen," vertelde Jessica later. Een politieagent zei dat ze iemand moest charteren die de kinderen kon komen halen. Ze belde Coco, die de drie stratenblokken vanaf Foxy hard naar Sunny's appartement rende. Coco troostte de meisjes, die hysterisch waren, terwijl een agent Jessica handboeien omdeed en haar mee naar beneden nam.

Sinds George' veroordeling hadden narcotica-agenten in zijn geconfisqueerde auto's rondgereden en dat deden ze net zo opzichtig als toen George zelf er nog in rondreed. In de doorlopende wedstrijd tussen politie en dealers vormden George' auto's het teken dat de overheid deze ronde had gewonnen.

Op die dag zat de agent met het engelachtige gezicht die de Obsession-zaak had opgerold, buiten op Andrews Avenue te wachten terwijl hij lui achterover hing op de bestuurdersplaats van de Mercedes. Jessica herkende hem van haar lange dagen in de rechtszaal tijdens George' proces. Er stapte nog een rechercheur in, die achterin ging zitten. Jessica herinnerde zich nog dat hij naar voren leunde, zijn hete adem in haar nek. 'We hebben gehoord dat je een slet bent.'

'Je moeder is een slet,' zei Jessica liefjes.

George' mini-tv zat zwijgend in het dashboard. Jessica vroeg de agent of ze een telefoontje mocht plegen. Ze kon Lourdes niet bellen; Lourdes had geen aansluiting; ze kon niet eens de huur betalen. Jessica probeerde tevergeefs Sunny te bereiken om haar te vertellen dat de kinderen bij Coco waren. Achter Jessica verdween de Bronx uit het zicht. Naast de bestuurder gezeten, ging ze richting het hoofdbureau van de DEA in Manhattan, in dezelfde Mercedes Benz als waarin George haar op de avond van hun eerste afspraak, drie jaar geleden, had opgehaald.

Vanuit de gevangenis belde Jessica, net als George vóór haar, zijn moeder collect. Rita gaf Jessica een tijd op waarop ze de volgende dag kon terugbellen. Op de afgesproken tijd belde George via een andere lijn en verbond zijn moeder hen door.

'Nou, zeg maar tegen die bitch dat ze er nu wel achter komt wat het betekent om in de bak te zitten,' hoorde Jessica hem schreeuwen.

'Laat 'm barsten,' zei ze.

'Laat 'r barsten,' zei hij. En toen begonnen ze te praten.

Een agent van de NYPD zei later dat ze helemaal niet van plan waren geweest om Jessica dat voorjaar te arresteren. Wel hadden ze haar in de gaten gehouden in de hoop dat ze hen naar het Obsession-geld zou leiden of naar medewerkers die nog op vrije voeten waren en een hogere plek in de piramide hadden ingenomen. Maar om redenen die nooit helemaal duidelijk werden, was de strategie plotseling veranderd. George' advocaat veronderstelde dat Jessica gearresteerd was in de hoop dat ze zou getuigen tegen de huurmoordenaar van Obsession, Taz, die al maanden eerder was opgepakt. Volgens de politie had George echter een opdracht uitgezet om Jessica te liquideren. Het plan voor de moord was afgeluisterd via een telefoontap in de gevangenis: George zou proberen Isabel zover te krijgen dat ze Jessica mee uit dansen vroeg, en vervolgens moest Isabel, als ze bij de club waren, doen of ze iemand moest bellen. Dan moest ze Jessica vragen met haar mee naar buiten te gaan, waar Jessica zou worden doodgeschoten. De moord zou eruitzien als een uit de hand gelopen roofoverval.

Het kostte Jessica twee maanden bellen en schrijven om de 5.000 dollar voor haar borgsom bij elkaar te schrapen. Een deel van het geld was afkomstig van de schoonzus van Elaines vader, die Jessica als een tante beschouwde. Boy George herinnerde Jessica aan wat hij altijd zei als ze geld had gevraagd voor Lourdes of voor een van de problemen die haar familie altijd had: 'Wat doen ze verdomme voor jou?'

'Het is toch familie.'

'Is dat familie?' vroeg hij dan spottend. 'Is dat echt familie? Mijn familie doet meer voor je dan die van jou.'

'Dat is waar,' gaf Jessica toe.

Jessica stuurde Coco en Edwin bezoekformulieren. Omdat ze allebei onder de achttien waren, moesten hun moeders die ondertekenen. Op moederdag was Coco de enige die eraan dacht Jessica een kaart te sturen.

In de periode tussen Jessica's arrestatie en haar veroordeling, werden Coco en zij dikkere vriendinnen dan ooit tevoren. Jessica schreef vanuit de gevangenis aan haar nichtje:

*Aan: Mijn lieve kleine Mercedes...*

*Hallo Mercedes hoe gaat het met je? Nou je titi jessica maakt het slecht. Ik mis je zo ontzettend. Ik kan bijna niet wachten om je weer te zien. Ik vraag me af of je me vergeten bent, of dat je op mijn borst in slaap viel. Ik kom weer even thuis en daarna moet ik een heel lange tijd weg. Maar ik wil dat je één ding onthoudt dat je titi jessica Heel Veel van je houdt. Ik weet dat je dit nog niet kunt lezen maar als je ouder wordt zul je het lezen en zien hoeveel ik van mijn kleine nichtje hou.*

*Wees een Lief Meisje en zorg goed voor je zusje en Mama. Liefs voor altijd je titi* JESSICA.

Jessica vertelde Coco in haar brieven dat ze al vlug op borgtocht vrij zou komen. Haar broer Robert en zijn vriendin Shirley hadden zich bereid verklaard voor haar garant te staan. Jessica had besloten te verklaren dat ze schuldig was. 'Ik ben opgevoed met de gedachte dat als je iets gedaan hebt, je dat ook gedaan hebt, en je schuift de schuld niet op een ander,' zei ze. Jessica's advocaat had geregeld dat ze zich begin september mocht melden om haar straf uit te zitten, zodat ze wat tijd had om bij haar familie te zijn. Ze had haar plannen voor de zomer al klaar; Coco voelde zich gevleid over het feit dat haar schoonzus haar in vertrouwen nam:

*Yo, als ik nog niet zwanger ben, wat ik betwijfel, word ik in ieder geval zwanger in die twee maanden bij Edwin thuis, we gaan seks hebben als ontbijt, brunch, lunch, avondeten, dessert, constant, tot hij of ik er bij neerval ... Coco ik maak deze brief morgen af omdat ik mijn slaappil heb genomen en ik voel dat-ie al werkt.*

Toen Jessica eindelijk op borgtocht vrijkwam, was het Coco die ze belde om kleren te brengen; onder geen enkele voorwaarde ging ze naar de Bronx terug in gevangeniskleding in juli, als iedereen buiten zat. Coco pakte wat ze kon vinden: een zwarte legging, zwarte sandalen en een lindegroene blouse. Jessica schoot in het gerechtsgebouw een toilet binnen om zich om te kleden en zich op te maken. Coco en zij namen de ondergrondse rechtstreeks naar Andrews, naar het huis van Sunny. Jessica's terugkeer leek op de eerste dag buiten met een nieuw kindje:
*Edwin, daar is Jessica!*
*Hé Jessica, ik dacht dat je weg was.*
*Je bent dik geworden, Jessica!*
Jessica zag Edwins hoofd uit het keukenraam van Sunny steken en weer verdwijnen. Het volgende moment lag ze in zijn armen. Ze bleef bij Sunny tot de avondklok die haar was opgelegd en leende toen geld voor een taxi naar Lourdes. Aan het eind van die week was ze bij Sunny ingetrokken. Coco kwam langs; Wishman en zij flirtten met elkaar en verdwenen toen in Wishmans kamer. Sunny vond het prettig dat Jessica en Coco vriendinnen waren. De twee meisjes hielden haar zonen binnen. In Morris Heights waren de straten in juli op hun wildst.
    Die zomer was heel bijzonder. Op sommige avonden zaten Jessica en Edwin urenlang over van alles en nog wat te praten op de brandtrap die boven Andrews hing. 'Hij vertelde me zelfs over zijn dromen en angsten,'

zei ze. Hij was de enige jongen, behalve Tito, van wie ze echt had gehouden; de enige jongen die nooit meisjes sloeg, wat ze ook hadden gedaan. Toen Jessica Edwin in zijn slaap met een riem sloeg – er had een meisje gebeld om te zeggen dat ze zwanger was – werd Edwin niet boos. Hij zei alleen maar: 'Jessica, je bent gek. Kalmeer, alsjeblieft.'

In september 1991, op de avond voor Jessica zich weer bij de gevangenis moest melden, gaf Sunny een feestje en ontmoetten Coco en Milagros elkaar voor het eerst. Mercedes en Nikki waren in slaap gevallen, en Milagros, die op weg was om wat coke te scoren, hielp Coco ze naar huis brengen. Nadat ze de kinderen bij Foxy hadden afgeleverd, gingen ze terug naar het feest. Ze probeerden niet te lachen om Elaine, die was gaan huilen toen ze het glas hief op Jessica. Een bravoure houding bij droevige zaken was oké, maar bij de zachtere kant van dingen die moeilijk te dragen waren, voelden ze zich heel onbehaaglijk.

Jessica, Elaine en Daisy besloten om lopend naar Lourdes terug te gaan. Op Burnside Avenue stond Jessica stil en klopte op het raam van een souterrain waar Tito tijdelijk woonde. Hij was nog steeds op borgtocht vrij en ze hadden afgesproken elkaar die avond te zien in een club op de kruising van Tremont East en Webster, die Devil's Nest heette. Ze waren er geen van tweeën heen gegaan, maar Tito was blij dat hij nog een laatste glimp van Jessica opving. 'Klik klak klik... en weg was ze,' zei hij.

De meisjes bleven de hele nacht op. De volgende ochtend weigerde Lourdes haar slaapkamer uit te komen om gedag te zeggen. Edwin, Elaine en Daisy brachten Jessica naar de rechtbank. Ze verbaasde hen met haar voorstel om met de ondergrondse te gaan, hoewel ze samen genoeg geld hadden voor een taxi. 'Ik wilde tijd rekken, dit was het moeilijkste wat ik ooit heb gedaan,' zei ze. De bewakers zeiden dat Jessica al haar sieraden aan haar zuster moest geven.

Later die avond, alleen in de gevangenis, barstte Jessica in huilen uit. Ze weet nog dat ze dacht: Ik kan niet geloven dat ik mezelf heb aangegeven. Waarom ben ik eigenlijk niet weggelopen?

## HOOFDSTUK 12

Een paar weken later, in oktober 1991, kwam Cesar onaangekondigd thuis. Op de drempel van het appartement van zijn moeder kleedde hij zich uit; toen ze de deur opendeed, lagen zijn gevangeniskleren aan zijn voeten op de grond. Gevangeniskleren in huis brachten ongeluk. Lourdes trok hem naar binnen en keek samenzweerderig de hal rond. Ze dacht dat hij uit de gevangenis was ontsnapt. Toen Coco, die op bezoek was, Lourdes' blije kreten hoorde, raadde ze dat het Cesar was. Ze pakte Nikki op en verstopte zich.

Cesar had zijn straf van minimaal twee jaar uitgezeten. Zijn vrijlating was goedgekeurd door de jeugdreclassering. Het appartement waarin hij thuiskwam op Mount Hope Place, was niet zo heel veel anders dan dat op Vyse van waaruit hij naar de gevangenis was gegaan, maar zijn familie zag er wel slechter uit. Lourdes, veertig nu, was iets van haar veerkracht kwijtgeraakt. Little Star, die inmiddels zes jaar was, leek een miniatuurmoeder, met donkere kringen om haar ogen. Brittany en Stephanie waren bij Milagros, die nu vlakbij Coco's moeder op Andrews Avenue woonde. Robert was teruggekomen uit Florida en leefde inmiddels een zeer geregeld leven in Brooklyn. Hij werkte als kassier bij een bank. Elaine woonde met Angel en hun twee zoontjes in een klein appartement met één slaapkamer op Morrison. Ze vocht als een leeuw om haar zaken in de hand te houden: haar echtgenoot van drugs en de gevangenis weg te houden, en haar twee jonge kinderen te behoeden voor de invloed van hun vader. Coco, van wie Cesar nog steeds hield, had een kind dat niet van hem was, en Jessica zat in de gevangenis.

Ook in Cesars FMP-familie was er van alles veranderd. Zijn oude makker Rocco ging nog steeds om met het ambitieuze schoolmeisje, dat vast van plan leek van Rocco een fatsoenlijk man te maken. Rocco was bezig een middelbare-schoolcertificaat te halen en pleegde alleen nog parttime roofovervallen op dealers. Hij moedigde Tito aan op school te blijven en alleen buiten de schooluren te stelen – Tito maakte kans op een beurs vanwege zijn honkbalprestaties – maar Tito had het niet volgehouden. Nu handelde hij in drugs en was – zonder dat Cesar dat wist – zwaar aan de cocaïne. Sinds Tito's verhouding met Jessica was de vriendschap met Cesar bekoeld. Cesar zei later dat hij Tito eigenlijk nooit helemaal had vertrouwd. Het was hem altijd opgevallen dat Tito te aarzelend was, en iemand die niet handelend wist op te treden, kon een gevaar vormen. Tito leek zo mogelijk nog erger paranoïde dan vroeger. Alleen Mighty, die één dag eerder dan Cesar uit de gevangenis was gekomen, kwam hem vertrouwd voor, als vanouds.

Maar op Cesars eerste dag thuis knikte Lourdes naar haar slaapkamer, waar Coco zich had verstopt. Coco was zo zenuwachtig dat haar handen te veel trilden om haar haar te doen, dat ze blond had geverfd.

'Hoi, hoe gaat het?' vroeg hij, terwijl hij de deur van de slaapkamer opendeed. Zijn stem! Ze was helemaal vergeten hoe die klonk, zo dichtbij en zonder de galm van een bezoekruimte in de gevangenis. Cesar zag er naar Coco's idee nog aantrekkelijker uit dan vroeger, en hij was altijd al aantrekkelijk geweest. Zijn vroeger wat magere armen waren nu gespierd. Zijn buik, die ze zag omdat hij er al pratend langzaam overheen wreef, was strak. Zijn aanwezigheid bezorgde haar hoofdpijn, hoewel de pijn ook kon zijn veroorzaakt door haar gewoonte om haar paardenstaart te strak aan te trekken. 'Laat me je dochter eens zien,' vroeg hij. Coco staarde naar zijn gezicht terwijl hij naar Nikki glimlachte. Het was onmogelijk om niet te glimlachen als je haar zag: een vrolijk, mokkakleurig kindje met een klein moedervlekje op haar wang. Haar ogen hadden dezelfde lange wimpers als die van Kodak en waren helder, net als die van Coco. 'Wat is ze mooi! God zegene haar,' zei Cesar. Dat was het enige. Hij draaide zich om en ging de kamer uit.

Diezelfde middag werd Lourdes' man, Que-Que, opgepakt. 'Ik ben blij dat jullie hem meenemen, anders had ik hem zelf vermoord!' zei Lourdes tegen de politie. Het huwelijk was verslechterd sinds de verhuizing van Vyse naar Mount Hope. Lourdes en Que-Que waren cocaïnemaatjes geweest, maar ze zei dat hij sindsdien een privé-relatie met heroïne was aangegaan en dat de problemen die het gaf om aan de dope te komen, hem achterbaks en afstandelijk maakten: hij stal haar voedselbonnen, bracht haar sieraden naar de lommerd, waaronder haar Ierse vriendschapstrouwring, en ze kon hem niet met de huur op pad sturen. 'Weed roken? Mij best. Een beetje coke snuiven? Dat snap ik. Maar o nee, géén heroïne,' zei Lourdes.

Een van de voorwaarden waaronder Cesar vervroegd was vrijgelaten, was dat hij ofwel terugging naar school, ofwel ging werken. Hij koos voor de school, met de gedachte dat het dan makkelijker was om te spijbelen. Hij schreef zich in aan het Bronx Community College. De school lag aan de westkant van de Bronx, vlakbij Foxy's huis. Cesar en Coco zagen elkaar iedere dag en gingen onmiddellijk weer met elkaar naar bed. Coco bleef daarna met Mercedes bij Lourdes. Cesar bracht eerst Serena naar school en ging dan zelf. Het was niet altijd makkelijk om Little Star wakker te krijgen; ze was gewend geraakt aan het patroon van Lourdes: 's nachts opblijven en dan tot 's middags slapen. Maar soms werd Coco wakker van Serena's pogingen om Cesar wakker te maken. 'Tío, ik moet naar school. Wakker worden, Tío, wakker worden.' Ze had dan al gegeten en zichzelf aangekleed.

'Breng haar naar school, Coco,' bromde Cesar van onder zijn kussen. Coco vond het geen probleem. Ze was gesteld geraakt op Serena, maar ze vroeg zich af hoe een kind met zulke droevige ogen aan zo'n optimistische bijnaam was gekomen. Little Star leek niet erg voorbestemd te zijn voor een vrolijk leven; ze leek meer een oud vrouwtje. Coco vond haar ernstige blik soms een beetje eng; toen zij en Cesar een keer aan het vrijen waren, zag Coco Little Star door de brede kier onder Cesars deur door gluren. Regelmatig vroeg ze Coco wanneer Jessica thuiskwam. 'Ik weet het niet, mami,' zei Coco dan en probeerde haar af te leiden met een spelletje of een liedje. Coco zag liever de zonzijde. Kinderen moesten vrolijk en uitgelaten zijn. Coco zei: 'Serena was veel te ouwelijk voor een kind van zes.'

Soms nam Coco Serena mee naar Foxy, waar Coco met Mercedes en Nikki in haar eigen kamer woonde. Serena was een makkelijk kind; ze vroeg nooit ergens om en was niet lastig. Maar Nikki had last van kolieken en Coco kon haar niet aan. 's Nachts bonsde Coco op de muur tussen haar kamer en die van haar moeder, net zo lang tot Foxy of Richie kwam en Nikki meenam. Soms liet Coco Nikki achter bij Foxy – of bracht haar bij Sheila, Nikki's peettante en de buurvrouw van Foxy – en nam ze Serena en Mercedes mee om Cesar uit school op te halen.

Het Bronx Community College lag op een heuvel boven University Avenue, die uitkeek over Aqueduct Park. Als ze de studenten zag, wou Coco dat ze nooit van school was gegaan. Cesar deelde alles met haar wat hij leerde: wiskunde, nieuwe woorden. Ze hield het meest van wiskunde. Bij Lourdes thuis plaagde hij haar, onder de douche, een keer toen ze een woord verkeerd uitsprak. Maar nog geen maand later hield hij op met het volgen van de lessen. Het huishouden had geld nodig. Hij kreeg een baan als controleur van crackverkopen vlakbij school, in Aqueduct, en daar wachtten Coco en Mercedes hem vervolgens op.

Thuis was Cesar heel lief, maar in het openbaar had hij het alleen over Coco als de moeder van zijn dochter. Hij bracht andere meisjes mee naar huis, maar die bleven niet slapen. Coco leerde rustig af te wachten; ze deed alsof ze geen problemen had met de gestage stroom meiden die door zijn slaapkamer trok. Als hij de hele nacht met een van die meisjes opbleef, sliepen Mercedes en zij bij Lourdes op de kamer, ging ze naar Foxy's huis, of verhuisden Mercedes en zij naar de bank in Lourdes' woonkamer.

Coco mocht dan wel alles accepteren, Mercedes voelde daar niets voor. Soms reed Cesar haar rond in de auto van Rocco. Als hij dan een meisje een lift aanbood, weigerde Mercedes haar plek naast hem af te staan. Ze deed alsof de grijze Ford Taurus haar privé-limousine was. 'Mijn plek!' zei ze bijvoorbeeld, of: 'Mama's plek!' en het meisje moest dan maar achterin gaan zitten.

Coco hoopte dat haar geduld Cesars vertrouwen in haar loyaliteit zou herstellen. Ze nam een baantje bij Youngland, een kinderkledingzaak op Fordham, maar Lourdes, die op Mercedes paste, begon over geld te zeuren en Coco verdiende niet genoeg om haar meer te betalen. Niettemin was Mercedes een mooi voorwendsel voor Coco om alsmaar weer naar Mount Hope te gaan.

*Mercedes wil haar vader zien.*

*Mercy huilt om haar vader.*

*Ongelooflijk, het kind is zo aan hem gehecht!*

Coco had niet zo'n moeite met Cesars meiden zolang het maar steeds andere waren. Maar toen legde hij het aan met Lizette en kwamen er minder andere meisjes. Cesar kende Lizette nog van Vyse. Voorzover Coco wist, waren er in november alleen maar zijzelf, Lizette, en Lizettes' beste vriendin, Vicky. Cesar nam Vicky mee naar zijn kamer zodra Lizette naar school was. Op een keer riep hij haar terwijl Lizette onder de douche stond. 'Breng het kind mee,' zei hij. Maar de gedachte aan seks met hem zo kort nadat hij het met een ander meisje had gedaan, beviel Coco niet erg.

'Kom op,' zei hij.

'Je hebt net met haar gevreeën –'

'Als het je niet bevalt, ga je maar weg.'

'Ik wil niet weg,' zei Coco.

'Nou, kom op dan.'

Cesar hield nog steeds van Coco, maar hij wilde haar straffen vanwege Nikki. Hij had haar gewaarschuwd toen hij in Harlem Valley zat: 'Coco, als ik eruit kom zal ik alles doen wat ik kan om je het leven zuur te maken.' Behalve het gedoe met de andere meiden, bekritiseerde hij expres Coco's uiterlijk, zodat wat haar blij maakte en zelfvertrouwen gaf, een bron van ongemak werd. In plaats van haar te helpen om de slechte gewoonte om aan haar gezicht te peuteren, af te leren, deed hij alsof hij ervan walgde. In plaats van Coco's verlegenheid om Nikki te verzachten, hamerde hij juist op haar verraad: 'Iedere keer als ik zijn dochter zie, moet ik eraan denken.'

Binnen een paar weken was Lizette zwanger en dumpte haar moeder haar bij Lourdes. Lizette weet nog dat haar moeder tegen Lourdes zei: 'Ik schaam me dood voor m'n dochter en voor wat ze heeft gedaan. Je mag 'r houden hoor.' Aanvankelijk was Lourdes heel hartelijk. Terwijl Cesar op straat bezig was, leerde ze Lizette hoe je rijst moest koken zonder dat het een vochtige sneeuwbal werd en hoe je biefstuk met peper en azijn kon marineren. Lourdes zat ook met vrienden in haar slaapkamer, waar ze cocaïne snoven. Ze vroeg Lizette het niet tegen haar zoon te zeggen, en Lizette antwoordde: 'Ik weet van niks,' waarmee ze zich hield aan een basisregel van het getto. Lizette merkte later op dat Lourdes in ieder geval nog de moeite nam, haar zaakjes te verbergen; bij haar thuis gebruikten ze rustig de hele nacht door drugs, terwijl zij toekeek.

Lizette hield haar mond over Lourdes' drugs, maar Cesar zou er natuurlijk toch achter komen en dan zou Lourdes denken dat Lizette haar had verlinkt. De vriendschap tussen de oudere en de jongere vrouw begon te verzuren; er ontstonden ruzies over koken en schoonmaken. Lourdes klaagde bij Cesar dat Lizette lui was; Lizette zei dat Lourdes haar alles wilde laten doen. Lizette zei tegen Cesar dat Lourdes hypocriet was. Cesar was het met haar eens, maar Lourdes was nu eenmaal zijn moeder. Lizette vond dat Cesar zich meer gedroeg als Lourdes' man dan als haar zoon: hij schold Lourdes uit vanwege haar slechte gedrag en dan rende die huilend naar haar slaapkamer, hij joeg haar vrienden het appartement uit, hij bepaalde of ze wel of niet kon gaan dansen en inspecteerde haar kleding. Op een keer sleepte hij Lourdes weer mee naar boven omdat ze iets veel te bloots aan had. Ondertussen hielden Lizette en Little Star elkaar gezelschap. 'We kregen een beetje een band,' zei Lizette. Ze keken samen tv en kleurden tekeningen. Little Star huilde veel. Ze zei tegen Lizette dat ze haar moeder miste. Lizette miste haar eigen moeder ook.

Coco had zich grotendeels teruggetrokken in Foxy's huis. Je kon je rivale nog zo haten, maar met zwangerschap had je consideratie. Er waren meiden die zo keihard waren dat een dikke buik ze niets deed, maar zo eentje was Coco er niet. Tenslotte was het ongeboren kind onschuldig. Als je een zwanger meisje vervloekte en er gebeurde iets met het kind, kon je de rest van je leven zelf vervloekt zijn. Misschien herstelde het kind van Lizette het evenwicht dat door de komst van Nikki verloren was geraakt: Coco had een kind van Kodak en Cesar kreeg nu een kind van Lizette; Coco en Cesar zouden quitte staan. En Coco bleef Cesar stiekem ontmoeten – elke dag. Coco had haar jongere broer Hector overgehaald om met haar van slaapkamer te ruilen, zodat ze dichter bij de brandtrap was. Op die manier kon Coco naar beneden klauteren zodra Cesar in Rocco's auto aankwam en toeterde. 'Ik vergaf hem,' zei ze.

'Ik vergaf hem omdat ik van hem hield en niets slechts in hem wilde zien.'

Maar het was juist het slechte dat indruk maakte op de mannen in Coco's familie en hen intimideerde. Cesar gaf Richie geld en leende hem een keer zijn pistool. Cesar liet Coco's oudere broer Manuel met het pistool op straat rondlopen. Maar Cesar had weinig op met kerels die alleen maar praatjes hadden. Toen bleek dat een nichtje van Coco regelmatig door haar vader verkracht werd, dreigde iedereen de man te vermoorden, maar het was Cesar die hem aftuigde en hem beval het meisje met rust te laten. Cesar kocht eten voor Coco als ze nog niet had gegeten, en alles wat Mercedes maar nodig had. Coco's kamer stond vol met van alles en nog wat. Hij kocht ook dingen voor Nikki, een gebaar dat Coco hoopvol uitlegde. Zelfs als hij Coco twee keer op een middag zag, ging hij 's avonds nog terug naar Foxy, zogenaamd om Mercedes in te stoppen. Coco sloop dan haar kamer uit en liet de meisjes op haar kamer achter, in diepe slaap.

Maar als ze bij Lourdes waren, negeerde Cesar Coco volledig. Hij liep haar op weg naar de badkamer straal voorbij. Lizette kwam achter hem aan. Coco hoorde ze onder de douche lachen. Cesar en zij hadden vroeger ook zo gelachen. Cesar en Lizette kwamen dan weer langs in een handdoek, en vervolgens aangekleed hun kamer uit, klaar om de straat op te gaan.

Op weg naar buiten tilde Cesar Mercedes op en snuffelde met zijn neus in haar hals. 'Dag Mercy, papa komt weer terug,' zei hij. Tegen Coco zei hij: 'Maak mijn sportschoenen schoon. Allemaal.' Ze pakte een lap en de witte schoenpoets en ging Cesars slaapkamer binnen. Op het hoofdeinde van haar oude bed hingen foto's van Lizette en Cesar. Lizette had alles waarvan Coco dacht dat Cesar dat wilde: een gaaf gezicht, niet te groot, geen kinderen van andere jongens. Coco besloot zijn beste vrouw te zijn. Lizette kookte voor hem en deed zijn was, maar Coco maakte het ene na het andere paar sneakers schoon. Ze zette ze in nette rijen in zijn kast. Ze streek zijn T-shirts en zijn jeans. Ze zei: 'Hij hoefde nooit iets naar de stomerij te brengen, want ik streek de vouw erin.'

Na zijn ontslag uit de gevangenis bracht Mighty veel tijd door in het huis van Lourdes; zijn moeder en broer waren van Tremont vertrokken en hij handelde in drugs vanuit een leegstaand huis op Mount Hope. Mighty was min of meer familie. Als Lourdes kookte, liet ze hem een bord eten brengen; soms ruilde ze eten voor drugs. Mighty maakte gebruik van Lourdes' wc. Hij droeg kleren van Cesar. Lourdes had het idee dat de vriendschap tussen de jongens hun gemis aan broederliefde compenseerde. 'Mighty had een broer op wie z'n moeder gek was. Robert gaf Cesar nooit broederliefde. Wat Mighty en Cesar met elkaar hadden, was wat ze misten – en ze legden het met z'n tweeën bij elkaar,' zei Lourdes. Het enige wat Lourdes niet prettig vond van Mighty was het feit dat hij dronk. Als hij nuchter was, was hij fantastisch – een beetje verlegen zelfs – maar alcohol maakte hem vals.

Cesar vertrouwde Mighty volkomen: 'Mighty was de ideale soldaat. "Wat er ook is, ik ben erbij. Wat er ook is, ik ben er." Hij was een man van de praktijk. Hij voelde zich het prettigst als hij in actie was. Hij hield er niet van om te moeten beslissen.' Dat deed Cesar. Mighty was geen prater, wat zijn woorden meer gewicht gaf.

Mighty vond Lizette leuk. Hij had een hekel aan Coco, omdat die Cesar pijn had gedaan. Hij keek haar vol verachting aan. 'Hoe gaat het, slavenmeisje? Lekker aan het slaven vandaag?' zei hij dan. Als hij alleen was met Coco, jutte hij haar op; waarom bleef ze bij Cesar? Coco wist niet hoe ze moest reageren. Ze voelde zich onbehaaglijk onder zijn aandacht. Ze verweet zichzelf dat ze Cesar slecht had behandeld, maar wat had Mighty daar eigenlijk mee te maken? 'Ik zei altijd tegen 'm dat het me niks kon schelen, maar dat deed 't natuurlijk wel,' zei ze.

Coco voerde haar tegenaanvallen tegen Lizette in het geheim uit, als Lizette naar school was. Ze gooide de pluchen beesten die Lizette Cesar gaf, in de vuilverbrander. Ze kraste *Coco en Cesar* in de kast op zijn slaapkamer. Ze takelde hun foto's toe en prikte de afbeeldingen van Lizette met een pen door. Ze vernielde de foto waarop Cesar met zijn armen en benen Lizette van achteren omhelsde, zijn handen om haar grotere borsten. 'Ik maakte ze zo kapot dat ze ze met geen mogelijkheid meer goed konden krijgen,' zei Coco. Ze kraste haar naam in het hoofdeinde van het bed, en een waarschuwing: *Dit bed is van Coco. Wie hierin slaapt is een hoer*.

Coco richtte haar beledigingen steeds meer op Cesar, hoewel ze hem niet rechtstreeks uitdaagde: hoe kon hij zich in zijn kamer opsluiten als Mercedes, zijn enige kind, graag met hem wilde spelen? Cesar liep een keer langs de woonkamer zonder zijn kleine dochtertje een blik te gunnen. Coco keek tv met Mercedes, Lourdes en Little Star. 'Beledig mijn dochter niet zo,' voegde ze hem ten slotte toe. Hij smeet de deur van zijn kamer dicht.

In die decembermaand van 1991 was het Lizette die Cesar meenam naar de rechtbank voor Jessica's veroordeling. Coco ging met Lourdes mee. De nacht ervoor sliep Lizette in Cesars kamer en Coco bracht de nacht met Mercedes op de bank door.

Toen Coco Jessica in de rechtszaal zag, begon ze te huilen. Cesar haatte tranen en hij haatte rechtszalen. 'Ma, ik moet naar de reclassering,' mompelde hij tegen Lourdes. Zonder Jessica gedag te zeggen, gingen Lizette en hij weg. Later gaf Cesar toe dat hij het niet kon verdragen te moeten aanzien wat er met zijn zuster stond te gebeuren.

Als Jessica het tot een proces had laten komen, zou ze tot een verplichte straf van minimaal twintig jaar gevangenisstraf zijn veroordeeld. In plaats daarvan had ze schuld bekend op één onderdeel van de aanklacht: deelname aan een drugsorganisatie. De rechter vroeg Jessica of ze nog iets wilde zeggen voor hij zijn vonnis oplegde. Jessica stond op en zei zacht: 'Ja, edelachtbare. Ik wil alleen maar zeggen dat ik spijt heb van het misdrijf dat ik heb begaan en het enige wat ik hoop is dat ik ooit nog terug kan naar mijn familie en mijn moeder.'

Anders dan het leek, was het niet de rechter die Jessica's vonnis bepaalde; voor federale misdrijven golden verplichte minimumstraffen, die de bevoegdheden van de rechter uitholden. De hoeveelheid drugs was bepalend voor de strafmaat. De duur van de straf nam toe met sprongen van vijf, tien en twintig jaar per gram bovenop een door het Congres bepaald minimumaantal jaren. De rechter zei: 'In het algemeen leg ik niet het soort verklaring af dat ik nu ga afleggen, maar... ik heb het idee dat deze zaak zich eigenlijk niet leent voor de geldende minimumstraf. Ik vind dat u straf verdient en u moet ook gestraft worden, maar ik vind een vonnis van tien jaar wel bijzonder streng en ik zou dat dan ook liever niet opleggen, maar ik heb nu eenmaal een ambtseed afgelegd waaraan ik me moet houden.'

Het bewijs van Jessica's betrokkenheid bij de Obsession-organisatie was beperkt: twee vermeldingen in 10-4's administratie naar aanleiding van de paar dagen die ze op de werkplaats had gewerkt, en het korte bericht dat ze had doorgegeven aan George' leverancier en dat door de telefoontap was opgenomen. Maar om de verplichte minimumstraf te bekorten had Jessica met justitie moeten meewerken, en dat had ze geweigerd. De enige manier om straf te ontlopen, was het vertellen van alle geheimen, maar ze was net zo loyaal aan George als Cesar aan Rocco was geweest. Ze had ook haar gezin te beschermen, en Milagros, die nu de voogdij over de tweeling kreeg. Jessica vroeg zich af of haar kinderen eigenlijk niet beter af waren zonder haar. De rechter vervolgde: 'En uit wat ik ervan begrijp, bent u betrokken geraakt bij die Rivera-figuur, en die heeft u beslist op het slechte pad gebracht. Maar u bent daar in eerste instantie uit eigen vrije wil naartoe gegaan. Wat ik hoop is dat u in de gevangenis een vak leert zodat u, als u vrijkomt, uit de problemen kunt blijven.'

Hij stond Jessica een paar extra ogenblikken toe om afscheid te nemen van haar dochters. In de grootsheid van de stille rechtszaal leken de kinderen nog kleiner. Brittany en Stephanie, gekleed in dezelfde zeegroene trainingspakjes, sloegen hun armen om Jessica's benen. Serena omklemde wanhopig haar middel. Elaine moest ze voorzichtig lostrekken. De parketwachter zei dat het tijd was. Coco was te aangeslagen om Jessica ook maar aan te raken; ze klemde zich in plaats daarvan aan Mercedes vast. Lourdes lag half achterover tegen de rugleuning van de bank waarop ze zat. Mercedes huilde. Coco liet haar onhandig op haar knie op en neer wippen. Mercedes begon nog harder te huilen.

'Heb je haar flesje meegebracht? Ze heeft honger, Coco, zie je dat niet? Ze heeft honger,' zei Lourdes. 'Waar is Little Star?'

Serena was stiekem naar de hal gelopen om te proberen nog een blik te werpen op haar moeder als die werd weggeleid.

Toevallig had Serena twee weken tevoren de vader verloren die ze nooit had gekend. Puma had nooit de comeback in de amusementswereld gemaakt waarop hij had gehoopt; in plaats daarvan was hij blijven dealen. Hij was niet zo groot geworden als George maar hij had goed geboerd. Hij en zijn vrouw Trinket waren naar een woonbuurt in Mount Vernon verhuisd; Trinket wilde wat afstand scheppen met de Bronx en de onvermijdelijke bijwerkingen van Puma's werk.

In diezelfde decembermaand hadden ze een verjaardagspartijtje bijgewoond met hun twee zoontjes. Na het feest had Puma zijn gezin naar huis gereden en de auto in de straat voor zijn huis geparkeerd. Hij pakte zijn jongste zoontje van de bank en stapte het pad naar de voordeur op. Trinket probeerde hun oudere zoontje wakker te maken dat op de achterbank in slaap was gevallen, toen er plotseling twee jonge kerels uit de struiken opdoken. Het waren allebei drugsdealers die Puma tot op dat ogenblik als vrienden had beschouwd. Trinket legde haar hand op de mond van het kind en trok hem onder de auto. Ze hoorde Puma smeken om zijn zoontje te sparen. Ze hoorde schoten. Puma gooide het kind van zich af. Het overleefde de aanslag.

Vlak voor Kerstmis ging Cesar bij Rocco langs. Rocco was in de douche bezig zijn hoofd te scheren toen een van zijn maten belde: er viel een drugsdealer te beroven. 'Het is een kwestie van timing. 'Yo, oké.' Je moet er op tijd bij zijn, anders mis je de boot,' zei Rocco. Maar deze keer was Rocco niet snel genoeg. Hij zei dat hij zich nog moest aankleden, maar zijn maten konden niet wachten. Hij bood Cesar als zijn vervanger aan: 'Laat mijn vriend meegaan, hij is net vrijgekomen, je kunt hem vertrouwen.'

Cesar kwam thuis met 25.000 dollar, duizelig van het gemak waarmee het gegaan was. 'Het leek wel een tasjesroof bij een oude vrouw,' zei hij. Hij gaf een deel van het geld aan Rocco en was razendsnel door de rest heen. Hij kocht een winterjas voor zichzelf en kleren, sneakers en sieraden; hij kocht een hele voorraad eten en betaalde Lourdes' achterstallige huur en elektriciteitsrekening; hij kocht cadeautjes voor Serena en een kerstboom. Hij gaf Lizette een ketting met een naamplaatje en wat kleding. Voor Coco kocht hij niets, maar hij gaf Mercedes een zwart lamsleren jasje. Ze was bijna twee jaar. Eerst vond ze het jasje doodeng; ze noemde het *kuko* – monster – en huilde, maar Cesar kreeg haar zover dat ze het toch aantrok. En toen wou ze het niet meer uitdoen.

Begin januari verloor Lizette haar kindje door een miskraam. Cesar kreeg weer wat meer belangstelling voor Coco en wat minder voor Lizette, maar zelfs na de miskraam durfde hij Lizette niet naar huis te sturen; ze had hem verteld dat de vriend van haar moeder haar had proberen te versieren. Lizettes' miskraam gaf Coco echter nieuwe moed. Op een middag trapte ze de deur van Cesars kamer open. 'Als je dan zo'n vrouw bent, kom je die kamer uit,' gilde ze naar Lizette. 'Wat is er, Cesar, heb je soms nog een hoer daar? De ene hoer na de andere! En als je klaar bent, waarom kom je dan niet naar je vrouw?'

Lourdes rende naar de keuken en kwam terug met een blikopener. 'Hier,' zei ze. 'Sla haar hier maar mee.' Het was niet persoonlijk – Lourdes vond Lizette best aardig – maar een vechtpartijtje was een vechtpartijtje. Vechtpartijen brachten wat opluchting, wat ruimte om adem te halen en ze boden wat vermaak op een anders maar sombere dag. De volgende keer dat Coco het op haar heupen kreeg, gaf Lourdes haar een knoflookpers.

Maar zelfs zonder de belofte van een baby was Coco toch nog jaloers op Lizette. Lizette stond meer in het centrum van de dingen. 'Cesar ging nooit met mij uit, of hand in hand, of samen in de ondergrondse, nooit. Hij ging altijd met haar op pad,' zei Coco.

Jessica had Kerstmis in de gevangenis in Manhattan doorgebracht, in afwachting van haar overplaatsing naar een definitieve gevangenis. Ze doodde de tijd met brieven schrijven en bij de telefooncel wachten tot het haar beurt was. Ze schreef Trinket via Milagros en condoleerde haar; ze belde Rocco en ze maakten grapjes en hadden telefoonseks; ze belde Edwin. Als Edwin niet huis was, ondervroeg ze zijn kleine zusjes over zijn escapades. Ze gaf de kinderen opdracht om eventuele rivales te waarschuwen dat Edwin al een vrouw had, die gevaarlijk was en eerstdaags uit de gevangenis zou komen. Jessica kon Lourdes niet bellen omdat haar moeder nog steeds geen telefoon had.

John Gotti was ook weer in de gevangenis in Manhattan en hij liet eten dat de bewakers voor hem kochten in Little Italy, naar de vrouwen van Jessica's afdeling brengen. Jessica liep hem een keer tegen het lijf in de gevangenislift en Gotti herkende haar van haar periode als 'juridisch medewerkster'. 'Dag, mijnheer de mooie Don,' zei ze, 'het kan de beste overkomen.' Ze lachten allebei. Jessica vertelde later: 'Hij was zo grappig, met dat haar en zo. Ik dacht bij mezelf: zo oud is hij eigenlijk niet eens.'

Sommige bewakers herinnerden zich Jessica ook. George en de Obsession-zaak waren inmiddels uitgegroeid tot een gevangenislegende: Jessica's zes tatoeages, haar seksleven, George' dreigementen om haar te vermoorden, de exotische James Bond-auto's, het feest op het jacht op kerstavond. Niemand leek verbaasd toen Jessica een officiële berisping kreeg wegens het hebben van seks met een mannelijke gevangene, Jamal geheten, in een onbewaakte ruimte. Iemand had ze verlinkt. Jamal had George' vroegere advocaat. 'Je blijft altijd Miss Rivera,' waarschuwde een bewaker haar. 'Als ik jou was, zou ik me met geen enkele andere man meer inlaten. Er wordt al over gekletst.'

Maar Jessica wist eigenlijk niet zeker of ze nog wel George' meisje wilde zijn; ze vond Jamal aardig. Ze zei tegen de bewaker: 'Ik ga voor tien jaar de gevangenis in. Ik maak nog gauw van de gelegenheid gebruik.' Jamal zorgde ervoor dat zijn moeder geld overmaakte op Jessica's karige kantinetegoed en haar sneakers stuurde voordat ze werd overgeplaatst. De volgende halte was een tijdelijk verblijf in een gevangenis in Georgia.

Ondertussen droeg Boy George, die in Lewisburg zat, het zijne bij aan de geruchtenmachine in het gevangeniswezen: Jessica hoorde dat haar in Georgia een pak slaag wachtte. Maar de vrouwen daar, die zogenaamd zo loyaal waren aan George' vrienden, scholden haar alleen maar uit. De autoriteiten brachten Jessica vervolgens over naar Oklahoma, waar ze een maand bleef en waar niemand de moeite nam haar lastig te vallen. Ten slotte bracht een gevangenisbus haar, met geketende voeten en handboeien, naar haar eindbestemming: Florida. George had volgens zeggen geregeld dat iemand Jessica met een flink pak slaag zou opvangen. Maar dat voorjaar, vlak voor haar vierentwintigste verjaardag, arriveerde ze bij de extra beveiligde vrouweninrichting in Marianna en werd volgens dezelfde eindeloze en deprimerende procedure als iedereen ingeschreven.

Een bewaker verwijderde haar ketenen en maakte de handboeien open. Ze kleedde zich uit, ging op haar hurken zitten en hield haar billen uit elkaar. Ze hoestte en hoestte nog eens – om alle mogelijke smokkelwaar uit lichaamsopeningen te krijgen. Ze ging met haar handen onder haar borsten langs, zoals haar werd opgedragen. Ze deed haar mond open en haar tong omhoog. Ze stak haar armen omhoog en ging met haar vingers door haar haar. Ze kreeg een bruine papieren zak met toiletspullen – zeep, tandpasta, deodorant – een paar stel gevangeniskleren, opdracht om keukendienst te draaien, en een cel.

## HOOFDSTUK 13

In maart 1992 ging Lizette terug naar haar moeder. Coco woonde nog altijd met haar twee dochters bij Foxy en Cesar bleef haar daar bezoeken. Hij genoot van de vrijheid zonder een inwonende vriendin, maar de pret was gauw voorbij. In mei werd hij door de politie opgepakt wegens een overtreding van een van de voorwaarden van zijn proeftijd: hij had zonder rijbewijs in de auto van Rocco gereden. Toen hij na een zomer in Rikers bij zijn moeder terugkwam, woonde Serena inmiddels bij Robert, mét de extra bijstand die ze Lourdes had opgeleverd. Lourdes had al maandenlang geen huur meer betaald. Ze gebruikte meer dan ooit en was al gesignaleerd in het leegstaande gebouw op Mount Hope. Mighty gaf Lourdes cocaïne – om haar probleem binnenskamers te houden, weg van het geroddel – maar Cesar probeerde haar te kalmeren door haar in weed te interesseren.

Cesar legde onmiddellijk weer contact met Coco, maar hij kwam ook weer een ander meisje tegen, Roxanne. Roxanne had een hals als een zwaan, amandelvormige ogen en het lichaam van een danseres. Ze liep over van zelfvertrouwen in de buurt van jongens. Met haar vriendinnen hing ze rond op Tremont, voor de Kentucky Fried Chicken. Alle vrienden van Cesar – Rocco, Mighty en Tito – hadden geprobeerd haar te versieren, maar het was Cesar, met zijn onschuldige uiterlijk, die ze uitkoos.

Op een middag kwam Coco langs op Mount Hope om Cesar een paar foto's te laten zien. Lourdes stond voor het gebouw met vriendinnen te praten.

'Cesar is niet thuis,' zei Lourdes bij wijze van groet tegen Coco. 'Cesar is niet thuis.' Waarom zei ze twee keer hetzelfde?

'Waar is je zoon?'

'O, geen idee, Coco, hij is vannacht niet thuis geweest, met de jongens op stap.'

'Oké, Ma, dag,' zei Coco. Lourdes onderschatte haar; ze leek vergeten te zijn dat Coco ook een Boogschutter was. Coco dook het gebouw in en toen ze de keiharde muziek uit het appartement op de vijfde verdieping hoorde, wist ze meteen dat Cesar wel thuis was.

Hij deed de deur open met alleen een handdoek om. Hij wilde haar niet binnenlaten. Zijn haar was nat.

Roxanne, die een paar straten verderop woonde, gaf dat najaar een feestje in het souterrain van het gebouw waar haar moeder woonde. Het was al na drieën 's nachts toen een nicht van Roxanne en Mighty besloten om hamburgers te gaan halen. Mighty had al flink wat op. Toen ze over het parkeerterrein van de White Castle liepen, kreeg Mighty een woordenwisseling met een groepje jongens die tegen een auto stonden geleund. De jongens lieten hun wapens zien maar Mighty bleef stoer doen. Hij was ook gewapend.

Het nichtje van Roxanne kende Mighty goed genoeg om bang te worden en rende naar het feest terug om Cesar te halen. Cesar was net zelf in een vechtpartij betrokken geraakt, maar hij rukte zich los en rende weg om zijn vriend te hulp te komen. Toen Cesar arriveerde, waren de jongens al in het restaurant, terwijl Mighty zich op het parkeerterrein stond op te fokken. Toen Cesar er niet in slaagde hem te kalmeren, ging hij met hem mee naar binnen. De zaak liep onmiddellijk uit de hand. Al schietend baanden Cesar en Mighty zich door de glazen deuren een weg naar buiten.

Mighty had de gewoonte om tijdens een schietpartij voor Cesar te gaan staan; hij was kleiner, zodat Cesar over zijn hoofd heen kon schieten. Cesar had Mighty al vaak gewaarschuwd voor die gewoonte, maar het was ook een teken van het vertrouwen dat ze in elkaar hadden. Mighty plaagde Cesar ermee en zei dat Cesar zich altijd achter hem kon verschansen. Maar deze keer maakte Cesar een fout. Hij kan zich niet herinneren dat hij de trekker overhaalde, maar hij weet nog wel hoe zijn beste vriend achteroverviel toen de kogel door zijn achterhoofd ging.

Rocco hoorde het nieuws en rende razendsnel Tremont af. Toen hij bij de White Castle aankwam, was Cesar al verdwenen en Mighty was met spoed naar Lincoln Hospital gebracht, waar hij meteen overleed. De politie had de plaats van de misdaad al afgezet. Mighty's bloed was overal.

Cesar was naar het huis van Roxannes moeder gerend, waar Rocco hem later vond. Hij trof Cesar aan terwijl die onsamenhangend zat te mompelen op Roxannes bed en dreigde zichzelf van kant te maken. Rocco kreeg hem zover dat hij zijn wapen afgaf. De volgende dag sloegen Cesar en Roxanne op de vlucht. Een paar weken lang slopen ze van het ene appartement naar het andere en van hotel naar hotel, levend op hamburgers, broodjes en Kentucky Fried Chicken, die Roxanne voor hen haalde.

Roxannes moeder had een vriend die het voortvluchtige stel van een gestage stroom cash voorzag. In de volgende weken, kregen Roxannes moeder en haar vriend ruzie over het geld. Roxannes moeder wilde niet dat haar dochter in de gevangenis belandde en zei Roxanne iedere keer als ze thuis kwam douchen, onomwonden de waarheid. Roxanne nam haar frustratie hierover mee terug naar Cesar, die begonnen was sigaretten te roken. Hij haatte sigaretten. Hij vocht met Roxanne, maar alles was beter dan alleen te zijn met zijn gedachten. Hun dagen bestonden uit seks en ruzie – 'Ruzie, vechten, seks. Ruzie, vechten, seks,' zei Cesar. Later gaf hij toe: 'Ik was gestrest. Ik kon er niet mee omgaan.'

Coco was ook geschokt door de ernst van het gebeurde maar ze wist niet wat ze ermee aan moest, en dus werd ze geheel in beslag genomen door de gedachte aan Cesar op de vlucht met een andere vrouw. Ze vond Roxanne niet eens echt knap; ze was vast deels Dominicaans, of ze het wou toegeven of niet, en ze was slank, op het magere af. Coco vroeg zich af hoe Cesar seks kon hebben met iemand die net zulk haar had als een zwart meisje.

Om geld te krijgen, leverde Cesar een paar keer drugs af, waarbij hij met de trein naar Bridgeport en New Haven ging. Hij onderhield contact met Coco bij Foxy. Hij piepte haar op. Ze belde hem dan terug. 'Coco, ik moet hier weg. Ik wil hier niet zijn,' zei hij. Coco wist niet wat 'hier' betekende, want Cesar was overal. Hij had in een hotel op Van Cortlandt gezeten, in een hotel in Yonkers vlakbij Rosedale, in het appartement van de vriendin van zijn vriend Luis, om de hoek van Lourdes' oude appartement, op Anthony Avenue. Cesar logeerde bij Elaine en bij Milagros, maar die werden allebei zo zenuwachtig dat hij weer weg moest. Hij sliep in het appartement van een volwassen vrouw, de oudere zuster van een vriend, maar daar ging hij weer weg toen ze seks met hem wilde. Hij sliep in het souterrain van het gebouw op Tremont, waar hij en Coco seks hadden op een trainingstoestel voor gewichtheffers. Hij sliep zelfs in het Empire State Building, via de zoon van de huismeester. Cesar was op nog heel wat meer plaatsen geweest waar Coco nog nooit van had gehoord, met mensen die ze niet kende, maar Cesar vertelde haar alles. Hij vertrouwde Coco met zijn leven, al vertrouwde hij haar dan niet met andere mannen. Hij vertelde haar dat hij bang was en dat hij op kerstavond in een kelder op stukjes papier onbegrijpelijke zinnen had geschreven. Hij zei dat hij zich realiseerde dat hij niets had gemaakt van zijn leven. Hij wilde nog steeds zelfmoord plegen. Ze praatten nooit rechtstreeks over Mighty; dat was een te pijnlijk onderwerp. Maar over Roxanne praatten ze wel.

Cesar wist wel dat Roxanne niet de oorzaak van zijn angst en spanning was, maar toch gaf hij haar op de een of andere manier de schuld. Ze was zwanger. Ze kon maar niet beslissen wat ze zou doen: het ene moment dreigde ze het te laten weghalen. En als hij haar dan gelijk gaf, zei ze sarrend: 'Ik hou het kind. Denk je dat jij me kan voorschrijven wat ik moet doen?' Uiteindelijk besloot Roxanne het kind te houden en met Cesar te blijven omgaan, maar wel naar haar moeders appartement terug te gaan. Cesar ging ermee akkoord om met Roxanne te blijven gaan, te slapen waar hij maar kon, en Coco stiekem te ontmoeten.

Zonder dat zowel Coco als Roxanne het wist, zag Cesar ook nog een ander meisje, Giselle, die hij belde als Roxanne of Coco niet bij hem konden zijn. Cesar kon niet alleen slapen. Giselle was een buurmeisje dat hij nog van vroeger kende – zelfs nog van vóór hij Coco had leren kennen. Een van Cesars vrienden bewaarde zijn voorraad drugs in het appartement van Giselles moeder en Cesar ging altijd met hem mee als hij een nieuwe voorraad ging halen. Hij had Giselle jarenlang niet gezien. In die periode was ze getrouwd, naar Yonkers verhuisd, had ze een zoon gekregen en was ze gescheiden. Ze was kortgeleden weer naar de buurt teruggekomen en woonde weer bij haar moeder. Haar zuster ging met Cesars vriend Luis.

Giselle en Cesar ontmoetten elkaar meestal bij haar zuster op Anthony. Giselle kookte voor hem. Cesar bleef lang op met Luis en zijn vrienden, maar Giselle was geen type om te blijven plakken; ze liet hem meestal met zijn bezoek alleen en kroop met haar zoontje in het bed van haar zuster. Als het bezoek weg was, verstopte Cesar zijn 9mm Taurus met de twee magazijnen in een sigarendoos bovenop een kast in de woonkamer, die het raam aan de straatkant blokkeerde. Hij had zijn wapen liever dichterbij gehad, maar dat was te gevaarlijk met Giselles zoontje in de buurt. Vervolgens trok hij de slaapbank uit, maakte Giselle wakker en droeg het kind terug naar bed.

Het is niet waarschijnlijk dat een ander meisje Coco's liefde voor Cesar zou hebben verminderd. 'Voor mij,' zei Coco, 'was ik altijd met hem. Ik wist wel dat we niet samen waren, maar voor mij, zoals ik het bekeek, was ik altijd met hem. Hij maakte zich geen zorgen, hij wist dat ik nooit met iemand anders zou gaan. Hij wist als hij met een ander meisje was *dat Coco hem altijd weer terug zou nemen*. En zo was het ook.' Giselle paste zich evenwel niet zo snel aan die andere meisjes aan. De nacht nadat ze hem op Mount Hope had gezien met Roxanne op schoot, liet ze Cesar alleen slapen.

In januari 1993 verruilde Rambo, een rechercheur van het bureau Moordzaken in de Bronx, zijn trainingspak voor het uniform van een personeelslid van het elektriciteitsbedrijf. Zijn keus voor deze vermomming was logisch: gaslekken waren in de wijk net zo gewoon als brandjes. Er was die ochtend een tip binnengekomen over de plek waar Cesar de nacht had doorgebracht. Rambo en de andere rechercheurs reden naar Anthony Avenue. Ze hadden gehoord dat Cesar niet van plan was zich zomaar over te geven.

Rambo, die zijn bijnaam te danken had aan zijn bodybuilderslijf, stond bekend om het grote aantal zaken dat hij oploste. In 1988, toen de handel in crack de pan uit rees, had hij zich laten overplaatsen naar het 46ste district. Tremont, toen op zijn hoogtepunt, was altijd goed voor minstens vijf schietpartijen per week. Door de stoere jongens in de buurt werd Rambo beschouwd als een eerlijke agent, omdat hij mensen niet onnodig lastigviel. 'Hij belazerde je niet,' zei Cesar. 'Als je niks bij je had, plantte hij ook niet stiekem iets bij je. Hij zei: "Ik krijg je heus wel een keer, maar ik krijg je op een fatsoenlijke manier."' Rambo spoorde weggelopen dochters op en haalde stereoapparatuur bij ex-vriendinnen terug; hij bracht Pampers mee als hij aan huis kwam en gaf geld voor melk. Mensen namen hem in vertrouwen; hij gaf iemand die te veel tijd had nooit het gevoel dat hij haast had. Hij respecteerde de mannen, en als de vrouwen naar hem floten, deed hij graag zijn hemd uit om zijn spieren te laten zien.

In de vier maanden dat hij nu achter Cesar aan zat, waren Rambo en Lourdes voorzichtig vrienden aan het worden. Hij kwam regelmatig bij haar langs en doorzocht iedere keer het appartement, maar ze schold hem niet uit, wat hij op prijs stelde. 'Ze was bang,' zei Rambo. 'Ze wilde haar eigen zoon natuurlijk niet verraden, maar ze wist dat als een andere agent of een beginneling Cesar zag, en als die gewapend was, dat ze hem dan zouden doodschieten, en ze wist dat ik dat niet zou doen, tenzij het niet anders kon.' Rambo verzekerde haar dat als Cesar zich vrijwillig overgaf, hij hem veilig zou afleveren. Lourdes gaf dit door aan Cesar, zoals Rambo ook had verwacht, maar Cesar zei opnieuw dat hij niet zonder strijd zou opgeven. Rocco verspreidde misleidende leugens: dat Cesar naar Puerto Rico was gevlucht, naar Springfield of naar Florida.

Op een middag ging Cesar naar Big Joe's, een tattooshop op Mount Vernon. Cesar had zich nooit eerder laten tatoeëren. Hij hield van een gave, gladde huid. Hij had al een brandplek op zijn schouder, die hij had opgelopen toen Lourdes een pan kokend water over hem heen had gegooid. Maar het feit dat hij zijn beste vriend had gedood, had een diepere wond achtergelaten, en de tatoeage zou zijn boetedoening zijn; het zou een wond zijn die Cesar de buitenwereld wilde tonen.

Cesar schepte tegen de tatoeagekunstenaar op over het feit dat rechercheur Rambo achter hem aan zat.

'Dat is een vriend van me,' zei de tatoeëerder. In feite had Rambo een bijbaantje bij hem als body-piercer.

Cesar zei: 'Als je hem ziet, zeg dan maar dat Cesar hier geweest is.'

Eerst dacht Rambo dat die boodschap weer een valse aanwijzing was. Maar toen hoorde hij dat de tatoeage, die net boven het hart van de jongen zat, luidde: *Forgive me Mighty, R.I.P.*

Rambo belde aan bij het appartement van Giselles zuster. Politieagenten bewaakten de brandtrap, het steegje achter de huizen en het dak. Toen de zus van Giselle opendeed, drong een aantal agenten naar binnen. Cesar lag naast Giselle en haar zoon in de woonkamer, in hun provisorische bed. Rambo deed Cesar handboeien om en gaf Giselle vervolgens opdracht hem aan te kleden. Ze gaf haar huilende zoontje aan haar zuster en trok Cesar een trainingsbroek aan. Cesar zei dat ze een extra boxershort en een paar sokken mee moest geven, zodat hij een schoon stel had als hij in de gevangenis de andere in de wasbak waste. Ze knoopte de veters van zijn Nikes vast en stopte een biljet van twintig dollar in zijn zak voor deodorant en shampoo.

Rambo bracht Cesar naar het 46ste district. Hij stond Lourdes toe, broodjes en vruchtensap te brengen. Later vroeg Cesar hem: 'En, wie heeft de politie op me af gestuurd?'

'Weet je wat jouw probleem was?' antwoordde Rambo. 'Te veel meiden.'

Toen ze het nieuws hoorde, begon Coco te huilen, maar zodra ze hoorde dat Cesar in bed had gelegen met Giselle, moest ze toch ook wel lachen. 'Net iets voor hem,' zei ze. De politie had hem in zijn blootje gezien. Roxanne zou zich vernederd voelen.

Coco was zwanger. Ze was er al bang voor geweest, maar de eerste test was negatief geweest. De tweede was positief. Opnieuw droeg ze een kind van Cesar, en opnieuw zat hij in de gevangenis. 'Eerst vond ik het vreselijk. En toen voelde ik me ineens *gelukkig*. Ik dacht: oké, weet je, *eindelijk*! Ik dacht zelfs dat ik Cesar kon schrijven om hem het goede nieuws te vertellen.' En het goede nieuws was zelfs nog beter omdat Roxanne er waarschijnlijk door van slag zou zijn.

Cesar vertelde het Roxanne tijdens een bezoek aan Rikers Island, waar hij zat. 'Dat was het begin van het eind,' zei hij. In mei 1993 bracht Roxanne hun dochter ter wereld, die ze Justine noemde. Justine had Roxannes ogen en Cesars lichte huid en brede lach. Een vriend van Cesar, Ace genaamd, huurde een particuliere advocaat voor hem in, maar toen werd Ace vermoord. Toen de advocaat het nieuws overbracht, stelde hij Cesar voor om het Bureau voor Rechtshulp in te schakelen of naar een schikking te streven. Cesar vertrouwde Rechtshulp niet; de vorige advocaat van Rechtshulp had hem geadviseerd een roofoverval te bekennen die hij niet eens gepleegd had. De maand daarop verklaarde Cesar dat hij schuldig was aan doodslag. Hij werd veroordeeld tot een onbepaalde straftijd van negen jaar tot levenslang. Hij zou in elk geval het minimum van negen jaar moeten zitten. Deze keer werd Cesar door Justitie als volwassene behandeld. Hij was negentien.

De Coxsackie-gevangenis was de eerste van een hele serie extra beveiligde inrichtingen waar Cesar in de loop van de jaren tussen pendelde. De meeste gevangenen in Coxsackie waren jong, dus er werd heel wat af gevochten. Sommige gevangenen noemden het het Gladiatorenkamp. Tito, zijn oude vriend van FMP, zat daar ook, in afwachting van zijn proces voor de moord op zijn vrouw. Sinds de laatste keer dat hij Cesar had gezien, waren de dingen snel uit de hand gelopen: hij was doorgegaan met het beroven van drugsdealers en met het gebruiken van te veel coke. Tito beweerde dat hij schoten had gewisseld met een insluiper, die zijn vrouw had doodgeschoten en vervolgens op hem vuurde; de officier van justitie beweerde dat Tito zijn vrouw had gedood en vervolgens op zichzelf had geschoten om de moord te verdoezelen.

Wat er ook van waar was, Tito weigerde zich schuldig te verklaren. Cesar probeerde hem te overtuigen. Indertijd, toen Tito alleen maar wegens wapenbezit was veroordeeld, had hij de nacht voor de uitspraak opgerold op het voeteneinde van Rocco's bed doorgebracht. Cesar wist niet zeker of Tito hard genoeg was voor het gevangenisleven, maar hij wist wel dat de vijftien jaar die de officier van justitie Tito had aangeboden, beter was dan wat hij zou krijgen als hij het tot een rechtszaak liet komen. Tito was echter vastbesloten om zijn onschuld te bewijzen.

Cesar en Tito zaten niet op dezelfde afdeling maar ze trokken samen op bij het luchten. Ze treiterden hun tegenstanders bij het handballen. Ze schreeuwden 'Tremont East! Tremont East!' als ze basketbalden. Ze zaten op de tribune en praatten. Ze hadden het nooit over Tito's relatie met Jessica of over wat er met Mighty was gebeurd. Ze haalden herinneringen aan betere tijden op. Ze praatten over alle meiden die ze gekend hadden of graag hadden willen kennen en vroegen zich af wie er zou reageren op de brieven die ze de wereld instuurden – Tito noemde ze vliegers.

'Het gaat erom dat je meiden aan het schrijven krijgt, zodat je de tijd door kan komen,' zei Cesar. Hij wierp zijn netten ver uit. Om te beginnen kreeg hij brieven van Coco, Roxanne en Lizette. Hij schreef naar andere meisjes per adres van vrienden, omdat hij die meisjes alleen bij hun bijnaam, hun flat of hun straat kende. Tegen Tito zei hij: 'Als we van tevoren geweten hadden wat voor leven we zouden hebben, hadden we hun adressen kunnen noteren.'

Het feit dat Cesar als volwassene werd beschouwd, bracht met zich mee dat hij in principe in aanmerking kwam voor echtelijke bezoeken, die *trailers* werden genoemd. Ze ontleenden hun naam aan de trailers, caravans, die zich op het terrein bevonden en waarin gevangenen een nacht met hun familie konden doorbrengen. Om in aanmerking te komen voor zo'n bezoek, moest een vrouw wel de wettige echtgenote zijn. Maar *trailers* vergden een meisje met voldoende middelen: geld voor de reis en het eten, vasthoudendheid om alle noodzakelijke stukken te verzamelen en de nodige papieren in te vullen, en het doorzettingsvermogen om het vol te houden tot haar echtgenoot zijn straf had uitgezeten.

De gevangenis was in feite de vervulling van de loze belofte van het getto: je werd nog verder naar de marge van het leven gedrukt. Cesars vermogen om in de buitenwereld sterke relaties te onderhouden, zou met het verstrijken van de jaren kunnen wegkwijnen. Hij beschikte niet langer over de middelen die hij buiten de gevangenis had gehad: smetteloze sneakers, splinternieuwe kleren, zijn seksuele vaardigheden, verschillende meiden om te imponeren en mee te experimenteren. Roxanne was niet geschikt voor zo'n langdurig traject; hij had hun kind nog steeds niet gezien en haar verklaringen daarvoor klonken als smoesjes. Alle bezoekers moesten een identiteitsbewijs hebben, maar Roxanne was er nog steeds niet toe gekomen om een geboortebewijs voor haar dochter aan te vragen. Coco wilde wel, maar die was chaotisch en liet zich gemakkelijk afleiden. Cesar vroeg zich af hoe lang een meisje het zonder seks volhield. 'Je probeert gewoon je adresboekje vol te krijgen,' zei Cesar. 'Je hebt heel wat reservebanden nodig voor zo'n lange reis.'

Acht maanden later stuurde een vriend hem het adres van Giselle.

## HOOFDSTUK 14

De extra beveiligde inrichting in Marianna, Florida, waar Jessica de eerste twee jaren van haar straf zou uitzitten, was in die tijd de enige zwaarbeveiligde staatsgevangenis voor vrouwen in het hele land. Hoewel Jessica niet gewelddadig was en geen eerdere veroordelingen achter de rug had, moest ze daar toch de eerste tijd van haar straf doorbrengen vanwege de lengte van haar straftijd. De vrouwen die de steriele afdelingen van Marianna bevolkten, waren in het algemeen arm en afkomstig uit minderheden, met levens die in veel opzichten op dat van Jessica leken. De enorme stijging van het aantal vrouwen in de gevangenis was het onbedoelde gevolg van een drugsbeleid dat bij zijn pogingen de grote dealers ten val te brengen, legio kleintjes te pakken kreeg. De weinig strenge opstelling van het personeel tegenover de vrouwen weerspiegelde hun betrekkelijk onbelangrijke positie in de *War on Drugs*: hoewel Marianna een hightech vesting was, functioneerde het instituut meer als een ziekenhuis met wat meer regels, dan als een gevangenis waar gevaarlijke misdadigers huisden. De sfeer was eerder deprimerend dan straffend.

Jessica was populair in Marianna. Ze had tal van vriendinnen en minnaressen. Ze kwam voor de vrouwen op als een bewaker ze slecht behandelde. Ze verdedigde zelfs vrouwen die geen vriendin van haar waren. Toen een onpopulaire bewaker een keer foto's in beslag nam waarop ze een nogal diep decolleté droeg, zei Jessica: 'Het zijn implantaten, dat is alles.'

'Dit zijn foto's voor je familie en vrienden. Dit is geen *Playboy*,' zei de bewaker.

'Hoe weet jij hoe de *Playboy* eruitziet?' vroeg Jessica. De andere vrouwen vonden het prachtig.

De gevangenis was in ieder geval minder angstaanjagend en veel vervelender dan Jessica zich had voorgesteld. Ze haalde haar certificaat algemene ontwikkeling. Ze kreeg een baantje bij de gevangenisdienst, waar haar creatieve uitvluchten haar de bijnaam 'De luie koningin' opleverden. Tijdens het werk beweerde ze bijvoorbeeld dat ze diarree had, zodat ze de wc in haar cel kon gebruiken in plaats van de openbare. 'Ik zet een soap op, hang het bordje ''wc in gebruik'' op en dat zit ik daar gewoon te zitten. Als er mensen langskomen, maak ik geluiden,' zei Jessica. 'Op die manier kan ik zestien minuten wegblijven.' Ze stelde zich voor dat ze een brief aan Mike Tyson schreef, die ook in de gevangenis zat: *Hé Mike, ken je me nog? Ik ben het meisje van George.*

Jessica had altijd wat te doen. Ze schreef naar Coco, Edwin, Daisy en George. Ze schreef naar Tito via Coco, en naar Cesar, toen ze eenmaal toestemming hadden gekregen voor deze briefwisseling tussen gevangenen onderling. Ze stuurde alle kinderen van de familie verjaardagskaarten en kerstwensen. Ze verzon kwalen en pijnen voor de leuke gevangenisdokter, in de hoop dat die haar zou betasten. Ze viel voor een wispelturig meisje dat Tamika heette, en hun ruzies sloegen hele middagen en avonden van verveling dood. Ze schreef zich in voor iedere cursus die de gevangenis aanbood: over religie, ouderschap en hiv. 'Ik heb de werkgroep mishandelde vrouwen geprobeerd,' zei ze, 'maar dat was me te veel. Ik zit nu in de werkgroep seksueel misbruik. Ik wou me geen mishandelde vrouw voelen.'

Jessica wilde alles wat ze leerde, graag delen. Ze stuurde haar dochters brochures over aids. Jessica's vriendinnen plaagden haar en zeiden dat kleine meisjes geen risico liepen hiv op te lopen. 'Nee,' zei Jessica, 'maar ik wil niet dat ze op straat net zo onwetend zijn als ik dat was.' Ze schreef haar nichtje Daisy en, op een kopietje van haar certificaat: 'Dit zou jij ook moeten halen.' (Niet lang daarna deed Daisy dat ook inderdaad.) Jessica stuurde Mercedes een boek om haar te helpen bij het leren van de eerste beginselen van het lezen en schrijven. En Coco probeerde ze af te brengen van haar eeuwige wens om dikker te worden. Jessica was begonnen met sporttrainingen. 'Word alsjeblieft niet dik,' schreef ze, 'ik heb allemaal vetrollen.'

Aanvankelijk vond Jessica het wel prettig om naar Florida te gaan, omdat haar grootmoeder van moederszijde en een aantal ooms daar woonden; vóór Jessica vertrok had Lourdes beloofd nu en dan met de meisjes naar het zuiden te komen, zodat ze nauwer contact met ze kon houden. Het Florida-deel van Lourdes' familie waren werkende mensen, en als Lourdes op bezoek kwam, knapte ze meteen op: ze werd dikker en ging zonder wallen onder haar ogen terug naar de Bronx. Lourdes' gevoelens over Florida waren echter dubbel. Ze was haar familie natuurlijk dankbaar voor het feit dat ze haar reis betaalden, maar soms voelde ze zich gebruikt. Het kwam er altijd op neer dat zij voor haar moeder zorgde, kookte en schoonmaakte, terwijl de anderen allemaal naar hun werk gingen. Dat jaar ging Lourdes echter niet één keer de stad uit voor een bezoek; het ging allemaal zo slecht dat ze zelfs de straat nauwelijks uitkwam.

Lourdes en Milagros gingen vaak samen naar het leegstaande pand op de hoek om drugs te gebruiken; overdag, als ze sliepen, probeerde Serena haar kleine zusjes rustig te houden, voor de tv. 'Ze was zo lief,' zei Lourdes. 'Ze zat nergens aan.' Elaine kwam langs om te kijken hoe het met haar nichtjes ging; ze leerde Serena hoe ze een blik spaghetti moest opwarmen. Ze zei dat ze nooit de deur moest opendoen, maar Serena kon er niks aan doen. Lourdes' vrienden kwamen langs en soms bood een buurvrouw aan Serena mee naar het park te nemen. Jessica, honderden kilometers verder, maakte zich zorgen. Ze zei: 'Al dat rondhangen, al die mensen die maar kwamen en gingen, mijn dochter had geen enkele privacy.'

Lourdes reageerde gewoontegetrouw iets te verontwaardigd op zulke beschuldigingen. Zo vertelde ze dat ze Que-Que's spullen een keer had gevonden in zijn laars onder het bed, binnen bereik van de kinderen: drie zakjes dope, een lepel en een injectiespuit. Serena had gezien hoe ze hem met zijn magere kont door de kamer had geslagen! Maar Jessica wist wel beter. Dreigend zei ze tegen haar moeder: 'Die vrienden met wie je rondhangt, leiden je regelrecht hierheen. Geloof me, er staat hier al een bed voor je klaar.'

Omdat er niemand was die haar 's morgens kon brengen, ging Serena meer dan twee maanden niet naar school en bleef ze in de eerste klas zitten. Ten slotte bracht Bureau Jeugdzorg een bezoek; Lourdes gaf haar voogdij op. Ze zei dat ze overspannen was en bang dat ze de kinderen iets zou aandoen. Jessica stemde erin toe dat Serena naar het wat meer geregelde huishouden van Robert in Brooklyn ging, waar hij in de buurt van het Wachttorencomplex van de Jehova's getuigen woonde. Hij en Milagros zouden om het weekend voor de kinderen zorgen, zodat ze allebei af en toe een adempauze hadden. Maar de tweeling smeekte niet naar Robert te hoeven en Serena huilde als het 's zondagsavonds tijd was om weer naar Brooklyn te gaan. Robert gaf later toe dat zijn huis niet de meest aantrekkelijke plek voor een kind was. Zijn huwelijk was wankel en hij had last van een zware depressie. Na zijn werk ging hij meteen naar bed.

Jessica was degene die in de gevangenis zat, maar haar familie daarbuiten leek het niet veel beter te maken. Niemand had genoeg geld. Jessica had geld nodig voor snacks, postzegels en toiletartikelen. Lourdes hield geen cent over. Elaine kon maar net rondkomen. Robert stuurde alleen maar religieuze lectuur. Jessica belde Milagros. Milagros zei: 'Ze heeft geen idee hoe het hier is. Ik draag kleren van twee jaar geleden. Ik koop alleen dingen voor de kinderen.' Jessica's grootmoeder stuurde af en toe een cheque, en Coco ook, zodra ze zelf 20 dollar van haar bijstandsgeld wist over te houden. Jessica's vervreemding van haar familie maakte het moeilijker voor haar om helemaal van George los te komen. 'Mijn moeder kan me nog geen 20 dollar sturen, maar als de elektriciteitsrekening niet betaald was of als ze uit hun huis dreigden te worden gezet, wie kwam er dan aan geld? Ik kwam aan geld. George betaalde,' zei Jessica.

George hielp Jessica contact te houden met haar dochters. Zijn moeder stortte geld op Jessica's tegoed (hij had geprobeerd om geld van zijn kantinetegoed op dat van haar te storten, maar het overmaken van geld tussen gevangenen onderling was niet toegestaan). Van het geld kon ze postzegels en telefoontjes betalen. Per gevangenis verschilden de mogelijkheden om te telefoneren. In die tijd werd er 4 tot 5 dollar per gesprek van Jessica's rekening afgeschreven. Elk gesprek werd na een kwartier automatisch afgebroken. Voor een vervolgtelefoontje moest opnieuw 4 dollar worden betaald. De enige andere mogelijkheid was om het gesprek voor rekening van de andere partij te laten komen, wat voor de arme families van de gevangenen een zware last was. Lourdes was haar telefoonaansluiting al lang geleden kwijtgeraakt. Milagros liet uiteindelijk de mogelijkheid van binnenkomende gesprekken voor haar rekening blokkeren; ze kon de extra kosten niet meer betalen. Elaine, die dat soort telefoontjes ook van Cesar kreeg, beperkte Jessica tot eentje per maand.

De toestand frustreerde Jessica. Haar kinderen waren nog te jong om te schrijven. 'Tegen de tijd dat ik er met eentje praat en die me vertelt wat ze heeft gedaan en dat ze van me houdt en me mist, gewoon maar een beetje kletst, weet je, is het kwartier al weer om. En dan moet ik weer terugbellen om met de andere twee te praten, want anders voelen die zich achtergesteld. Dus voor je het weet heb je nog maar 1 dollar op je rekening.'

De telefoontjes zelf waren al moeilijk genoeg. Stephanie nam bijvoorbeeld de telefoon aan en zei dan tegen Milagros: 'Mammie, Jessica is aan de telefoon.' Serena nam het toestel zover mogelijk mee en kroop bijna in de hoorn om een beetje privacy te hebben. Op Jessica's vragen antwoordde ze fluisterend 'ja' en 'nee'. Jessica vroeg zich af hoe ze haar dochter kon helpen bij het verwerken van wat er met haar gebeurd was toen ze nog een klein meisje was, terwijl zij nog maar net toe was aan het verwerken van wat er met haarzelf gebeurd was. 'En ik weet dat er zoveel meer is wat ze wil zeggen. En dat ik de enige ben tegen wie ze het kan zeggen,' zei Jessica.

Milagros haalde Serena ten slotte toch weg bij Robert; Robert zei dat zijn vrouw jaloers was op de aandacht die hij aan zijn nichtje besteedde. Naast de drie kinderen van Jessica had Milagros ook Kevin nog en paste ze op nog een aantal kinderen, onder wie de jongste van de twee zoontjes van Puma en Trinket. Trinket logeerde af en toe ook bij Milagros; ze had getuigd tegen de drugsdealers die Puma hadden vermoord, en ze was zelf met de dood bedreigd. Serena deelde een kamer met haar zusjes. Ze plakte haar foto's van Jessica boven haar bed. Op een ervan hingen er perfecte Shirley Temple-krullen op haar rug, terwijl ze haar ogen dichtkneep tegen de zon. 'Voor mijn lieverdje,' stond er in Jessica's ronde handschrift. 'Kijk mij nou, nog steeds proberen om er knap uit te zien. Nou ja, dat helpt ook weinig! Ik hou van je, Jessica Jessica,' alsof ze haar identiteit moest benadrukken. Daarnaast hingen een paar foto's van papa George, die Jessica had doorgestuurd.

George belde de meisjes af en toe en bracht Jessica dan verslag uit van die gesprekken. Hij stuurde hun verjaardagskaarten. Hij dacht aan Jessica met moederdag. Lourdes niet; George' moeder wel. Rita schreef onder andere: 'Voor een fantastische schoondochter. Ik heb weer een vogeltje gekocht en dat naar jou genoemd... ik vind het zo erg wat er allemaal gebeurt...'

De gevangenisdokter schreef Jessica na moederdag bedrust voor; Serena's kaart had Jessica helemaal van streek gemaakt. 'Mijn dochter schreef: "Ik hou van je, Jessica." Mijn familie had toch moeten zeggen: "Serena, ze is je mammie, niet je Jessica..." Mijn gezicht is zo rood, mijn ogen helemaal opgezet,' zei ze. Ze kon geen eten binnenhouden. 'Ik denk dat het stress is. Alles wat ik eet, gooi ik er weer uit en dan komt er bloed mee.' Ze keek verlangend uit naar George' brieven. 'Niemand anders hield van me. Niemand gaf me liefde.'

In de gevangenis is correspondentie tussen gedetineerden die familie of medeverdachten van elkaar zijn, alleen toegestaan als het om juridische aangelegenheden gaat. George en Jessica mochten elkaar schrijven omdat ze beiden verdachten in de Obsession-zaak waren. Vanwege George' eerdere dreigementen tegen Jessica werden hun brieven echter gescreend, maar de passages die voor Jessica het belangrijkst waren – zijn liefdesbetuigingen – kwamen door de controle heen. Eén brief had hij met zijn eigen bloed geschreven. Hij bewees zijn liefde ook met harde bewijzen van zijn onverschilligheid ten opzichte van andere meiden: hij stuurde Jessica de foto's door die haar oude rivalen hem hadden gestuurd – Miranda met haar groene ogen, de manager van de heroïnewerkplaats, met een gevangenisstraf van tien jaar in Alderson, knielend op de binnenplaats van de gevangenis; Gladys, de caissière, dik en in een flanellen babydoll gehuld. Hij stuurde Jessica veel foto's van zichzelf. Op een ervan stond hij met melancholieke blik voor een muurschildering van de skyline van Manhattan bij avond. Achterop stond: 'Hier sta ik, wachtend op jou. Ik zal altijd van je blijven houden, Jessica. Ik heb mezelf tot jouw vaderfiguur gemaakt, ik kan je dus niet in de steek laten, nooit.' Op een andere kaart vroeg hij: 'Jessica Rivera, wanneer ben je klaar voor mij en een huwelijk?'

Ondertussen eiste Jessica haar vroegere titel Mrs. Rivera weer op en gebruikte die als afzender. Ze stuurde foto's van George naar Coco en schreef: 'Ik en mijn man George maken het goed.' Hij beloofde te betalen voor de bezoeken van de meisjes. Coco liet de foto's aan Mercedes en Nikki zien, maar ze gunde George geen plekje op haar muur met foto's. Ze vond George niet geschikt voor Jessica. 'Hij is veel te streng,' zei Coco.

In de tweede zomer van Jessica's detentie gaf George zijn moeder opdracht om Jessica's dochters mee naar Florida te nemen voor een bezoek. Rita en George' stiefvader gingen ermee akkoord om Serena een paar dagen mee te nemen omdat die makkelijk was, maar de tweeling was ze te veel. Eenmaal in de gevangenis ging Serena meteen bij haar moeder op schoot zitten, begroef haar gezicht in haar moeders hals en hield Jessica's middel met haar benen strak omklemd. Ze vroeg of Jessica met haar wilde spelen in de kinderkamer, maar Jessica zei: 'Even wachten, lieverdje, ik moet eerst met oma praten.' Ze moest alles over George horen.
   'Heb je geen tijd voor me terwijl je me in geen twee jaar hebt gezien?' vroeg Serena.
   'Ze heeft gelijk,' herinnerde Jessica zich dat ze bij zichzelf had gedacht. 'Waar ben ik mee bezig? Hier met die vrouw over George zitten kletsen?'
   Rita en haar man zagen zich gedwongen duimen te draaien, terwijl Jessica en Serena het grootste deel van die eerste bezoekdag in de kinderkamer doorbrachten. Serena was helemaal opgewonden: ze kreeg alle aandacht van Jessica, die met plezier het ene na het andere spelletje met haar deed. Ze kochten een bagel uit de automaat en maakten die in een magnetron warm. Heel langzaam begon Serena te reageren op de vragen die Jessica haar stelde. Ze vertelde dat ze over een paar weken, als ze acht werd, naar Coney Island zouden gaan. 'Ja,' zei ze tegen Jessica, 'Títi Elaine en Títi Daisy droegen haar leren jassen. Títi Coco's buik werd steeds dikker.' Jessica vroeg naar Lourdes. Serena zei: 'Oma gebruikt het witte medicijn weer.'
   Rita was niet te spreken over de manier waarop ze behandeld was; kennelijk ergerde het haar om op de tweede plaats te komen na een kind. Op de tweede dag van hun verblijf kregen Jessica en zij ruzie, zoals ze al zo vaak hadden gehad. 'Kom mee, we gaan,' beval Rita Serena. Serena pakte Jessica's been vast en begon te gillen. Een bewaker vroeg Rita het meisje gelegenheid te geven om gedag te zeggen. Jessica keek toe hoe Rita en haar man Serena wegleidden. Wanhopig riep ze de man van Rita na: 'Pas op mijn kleine meisje, alsjeblieft. Laat haar Serena alsjeblieft niets aandoen!'

Die avond vroeg Jessica aan de dienstdoende bewaker of ze naar het hotel mocht bellen. De telefoon werd niet opgenomen. De bewaker zei: 'Maak je maar geen zorgen, maak je geen zorgen. Je hebt net zolang de tijd als ik dienst heb.' Uiteindelijk kreeg Jessica ze te pakken. Ze vertelde later dat Rita besloten had het driedaagse bezoek met een dag te bekorten; ze had de vliegtuigboekingen al laten veranderen en de koffers waren al gepakt. Jessica vroeg of ze Serena aan de lijn kon krijgen om haar gedag te zeggen. Serena had de middag bij het zwembad van het hotel doorgebracht en op het parkeerterrein gespeeld.

'Wat ben je aan het doen, Serena?' vroeg Jessica.

'Ik was buiten naar de jongens aan het kijken die in het reuzenrad ronddraaiden.'

'Is er iemand bij je?'

'Nee.'

'Weet je het zeker?'

Het punt was dat Serena liever buiten was.

Milagros had zich niet bemoeid met de telefoontjes van papa George aan de meisjes en ze had hun teleurstelling weggewuifd toen hij niet over de brug kwam met de stapel kerstcadeautjes die hij had beloofd. Ze had zijn gespot over haar liefdesleven en zijn gemene insinuaties over haar behoefte aan een man over zich heen laten gaan. Maar Milagros' geduld was op toen Rita Serena na de reis naar Florida zomaar in de hal van het appartementengebouw dumpte: volgens Milagros had Rita alleen maar aangebeld en Serena toen daar achtergelaten. Het was een gevaarlijke omgeving. Junks zetten spuiten in het trappenhuis en crackgebruikers rookten in de hal. Serena was nog een kind. Rita's gedrag ging verder dan een gebrek aan fatsoen; ze zette Serena's veiligheid op het spel. Jessica kon zichzelf Mrs. Iedereen noemen, maar voor Milagros waren de dagen van papa George voorbij.

Serena ging weer naar het zomerfeest waar Milagros voor had gespaard. De politie had de straat afgezet, zodat de kinderen speelruimte hadden. De leidsters, twee vrouwen van middelbare leeftijd die in hetzelfde gebouw als Milagros woonden, brachten de dag rokend en kletsend door, zittend op stoelen naast een lekkende brandkraan, naast een koelbox met limonade waar de kinderen niet aan mochten komen. Kinderen kropen in en uit een oude auto. Serena zei niet veel over haar bezoek aan Jessica, maar ze vertelde haar vriendinnen en nichtjes wel over het zwembad, het reuzenrad en het speelgoed in de kinderkamer.

In Florida piekerde Jessica over het bezoek en probeerde zich de kleinste details te herinneren. Op enig moment had Serena gefluisterd: 'Mammie, mag ik je wat vragen?' Maar toen had ze zich weer bedacht. Vlak voor ze gedag had gezegd, had Serena het opnieuw geprobeerd. 'Gaat het goed met je?' had ze gevraagd. 'Doen ze hier lelijke dingen met je?'

'Nee, dat gebeurt alleen op de televisie,' had Jessica haar gerustgesteld.

Vanaf dat moment zorgde Jessica ervoor dat ze Serena alleen maar foto's stuurde waarop het leek alsof de gevangenis een plek van vrienden en pret was. Ze stuurde er eentje waarop ze een pluizige puppy knuffelde en een andere waarin ze op een zandveldje stond, uit het zicht van de gevangenismuur. De gevangenis zag er aantrekkelijker uit dan de straat.

Jessica belde Serena om haar met haar achtste verjaardag te feliciteren. 'Is dat een strand, waar die foto is gemaakt?' vroeg Serena.

'Het is een strand, een mooi strand en er is een zwembad en ik heb het hier prima,' loog Jessica.

'Als je het zo fijn hebt,' vroeg Serena, 'waarom kom je dan niet hierheen?'

# Deel II

# Opgesloten

## HOOFDSTUK 15

In de Bronx zaten de tweelingzusjes opgewonden op hun bedjes in hun slaapkamer vol tierelantijnen in het appartement van Milagros. De bedden waren vlotten. De gedachten van de meisjes zweefden weg, richting Coney Island, waar ze op het strand Serena's verjaardag zouden gaan vieren. Het was het eerste jaar dat de meisjes allemaal bij elkaar woonden en een slaapkamer deelden, zonder dat ze zich er zorgen over hoefden te maken of hun grote zusje achter moest blijven of vertrekken. Op het linoleum onder het bed stonden hun paarse zomerklompjes van Payless, gekapseisde schoenschepen, versierd met turquoise en gele hippiebloemen.

Brittany en Stephanie waren zes jaar en nog steeds magertjes; ze hadden allebei een bol voorhoofd in een maanvormig gezicht dat naar boven toe smaller werd en eindigde in een dun haarknotje, waardoor hun hoofd de vorm van een tulpenbol kreeg. Milagros had hun haar in een pony geknipt, wat de droevige uitdrukking in hun ogen met de zware oogleden accentueerde. Maar in werkelijkheid was de tweeling vrolijk en levendig, opgewonden gillend als ze elkaar achternazaten. Serena bezat niets van hun opgewektheid. Ze was maar iets groter, maar door haar manier van doen leek ze veel zwaarder. Op de ochtend van haar achtste verjaardag sliep ze lang; Brittany en Stephanie hoopten dat ze gauw wakker zou worden. Ze zaten op de rand van hun bed en keken naar haar, de vier magere beentjes ongeduldig bungelend.

Serena draaide zich om, haar benen wijdbeens op de afbeeldingen van Beauty en het Beest op het laken. Haar lange haar zat in de war. Ze sliep meestal slecht. Het lawaai van de straat maakte haar bang. De muziek, de sirenes, het geschreeuw en geschiet vanuit de nachtclub op University Avenue, het ene geluid boven het andere uit. Serena knipperde met haar ogen en ging langzaam rechtop zitten. Ze wreef in haar ogen.

In de deuropening verscheen heel even Serena's halfbroertje Lucas, het tweejarige zoontje van Trinket en Puma. Hij was het kind dat Puma in zijn armen had gehad toen hij werd neergeschoten. Serena keek zonder enige emotie naar Lucas. Vastgebonden in zijn wandelwagentje had hij zichzelf met heftige rukken weten voort te bewegen. De dikke arm van Milagros trok hem weg.

'Gefeliciteerd, Serena!' zei Stephanie.

'Ja, gefeliciteerd!' voegde Brittany eraan toe.

Serena wuifde hun aandacht weg en begon te geeuwen. Ze bekeek een plakplaatje van een hart op haar arm. Milagros riep: 'BrittanyStephanieSerena! Eten!' Serena liet zich van het bed vallen. 'Kom op,' zei ze tegen haar zusjes en ging ze voor naar de gang.

'Je hebt Serena nog niet gefeliciteerd,' zei Brittany tegen Trinket, die op hoge hakken gehaast door het appartement rende, te laat voor haar werk. Trinket hield stil, legde haar handen op Serena's schouders en duwde haar achteruit de slaapkamer in. 'Gefeliciteerd,' klonk het vanuit de kamer. Serena kwam naar buiten met een verlegen glimlachje en een lippenstiftkus op haar wang. Op de bedden en een paar stoelen na, had Milagros geen meubels. De kinderen persten zich in kleine plastic stoeltjes aan een piepklein tafeltje dat ze allang ontgroeid waren. Serena gaf haar zusjes de pannenkoeken die Milagros had gebakken.

Elaine kwam binnenvallen met haar twee smetteloze zoontjes en recalcitrante echtgenoot Angel op sleeptouw. Angel was gestopt met drugs, maar Elaine had hem nog niet vergeven. Juist die ochtend was ze weer pijnlijk herinnerd aan de camera waarmee ze foto's had kunnen nemen op deze verjaardag van Serena, als het toestel tenminste niet voor dope was verpand geweest. Hij had ook een keer al haar meubilair verkocht; gelukkig had Jessica hun een slaapkamerameublement gegeven afkomstig uit een van George' appartementen, nadat hij gearresteerd was. Elaine was dat jaar zo in geldnood geweest dat ze zelfs een deel van George' drugs had bewerkt, waarbij hij haar vanuit de gevangenis in Manhattan had geïnstrueerd.

Angel zette de koelbox in Milagros' keuken en ging naast Kevin op de grond zitten. Kevin, die tien was, keek naar een illegale video van de gangsterfilm *Blood In, Blood Out*. Lourdes had beloofd te komen, maar alleen Serena verwachtte haar echt. Coco verraste iedereen door op tijd te zijn.

'Títi, kijk,' zei Serena en trok Coco haar kamer in. Ze gaf haar tante een schoolschrift, dat open lag op een pagina waar achter de woorden '*Ik wou*' ruimte was waarin ze had geschreven: 'Ik wou dat er geen drugs op de wereld waren, dat zou fijn zijn.'

'Dat is mooi,' zei Coco, maar ze wilde de dag een beetje vrolijk houden. Een verjaardag moest onbezorgd zijn; het was de belangrijkste dag van het jaar. 'Nou, waarom zingen we niet allemaal een liedje? Mercy, laat je nichtjes en neefjes het liedje eens horen dat ik je heb geleerd? Ik heb het ook gezongen toen ik zo oud was als jij, "Lieve lieve moeder".'

De tweeling begon en Mercedes, Serena en Nikki vielen in. Nikki's enthousiasme maakte van haar onbegrijpelijke woordjes een acceptabel kabbelend achtergrondgeluid. Coco klapte in haar handen en knikte bij iedere lettergreep van ieder couplet. Het was een liedje dat Foxy's oudere zus, Aida, in het kindertehuis had geleerd en voor Foxy had gezongen, en dat Foxy op haar beurt aan haar dochter had geleerd:

Ik had een lieve lieve moeder
Dat was zo'n lieve schat
Ze nam mij altijd vlug op schoot
Als ik het moeilijk had

Die nacht lag ik te slapen
toen er een engel is gekomen
die zei terwijl ik sliep
ik heb haar meegenomen

Toen ik die ochtend wakker werd
Zag ik het al gauw
Ja, ze is in de hemel
En daarom is die blauw

Dus kinderen eer toch je moeder
Want weet je wat het is
Raak je ooit je moeder kwijt
Dat is 't ergst' gemis

Ten slotte waren de volwassenen klaar. De kinderen verzamelden zich in de hal. 'Heeft mama het raam dichtgedaan?' vroeg Serena aan Kevin, terwijl ze de knop van de lift indrukte.

'Geen idee,' zei hij. De liftdeur ging rammelend open. Stephanie sprong over een plasje urine. Er lagen ook plassen in de hal beneden, maar daar roken ze naar King Pine. De conciërge spoot de muren af in het kader van zijn ochtendschoonmaak. 'Hallo,' riep hij naar de stoet kinderen.

'Hallo!' riepen ze een voor een terug terwijl ze door het ontbrekende paneel onderin de veiligheidsdeur glipten.

'*Dios bendiga tu barriga*,' zei hij tegen Coco. God zegene je buik.

'Dank je,' zei Coco. Ze sprak geen Spaans maar ze kende wel een paar standaardzinnetjes. De conciërge ging met een doek over een rafelige kaart met 'Heb respect voor de burengeboden' die op de muur hingen. 'Help je buren' en 'Leer je buren kennen' waren de enige geboden die nog niet zo waren doorgekrast dat ze onleesbaar waren geworden. Buiten verwarmde de zon de straat. Angel duwde de koelbox, die hij op een boodschappenkarretje had gezet, tot aan de ondergrondse en zei de vrouwen en kinderen daar gedag.

Op Coney Island stond een koude wind, waardoor ze niet konden zwemmen, maar de kinderen renden door het zand en baadden pootje in de zee. De hele groep verzamelde zich op de Boardwalk, de houten boulevard, voor de lunch. Aan een picknicktafel voor de dichtgespijkerde Freak Show at iedereen, behalve Elaines zoontjes, met smaak van de kip met rijst en bonen die Elaine had klaargemaakt. Haar jongens hadden geen honger, want Elaine had ze eerder al stiekem op een hamburger getrakteerd.

De kinderen bibberden in hun vochtige kleren. Ze hadden blauwe lippen van de kou. Door de windvlagen was het onmogelijk de kaarsen op Serena's verjaardagtaart aan te steken. De taart zat al gauw onder het zand en werd uit elkaar getrokken voor een taartengevecht; Milagros gooide de restanten in een vuilnisbak. Serena bracht de rest van haar verjaardag door met het in en uit de draaimolen tillen van haar nichtjes en neefjes. Op de lange terugreis naar de Bronx viel Serena in de ondergrondse doodmoe naast Coco neer. De trein passeerde met grote snelheid Brooklyn. Serena keek naar de daken van de huizen. 'Ik wil ook in een huis wonen,' zei ze.

'Ik ook, mami,' zei Coco. 'Als ik een eigen appartement krijg, moet het zo groot zijn dat mama Jessica er ook kan wonen.'

Serena wees naar een hek. 'Een zwangere vrouw kan niet over dat hek klimmen,' merkte ze op. Afwezig veegde ze wat zand van haar sneakers. 'De leukste verjaardag was die toen ik zes werd.'

Dat was de zomer voor haar moeder wegging. Jessica had een buurtcentrum afgehuurd en een groot feest voor Serena gegeven. Al Serena's vriendjes en vriendinnetjes en familie kwamen feliciteren, vertelde Serena: 'Zelfs mensen uit Florida.' In de zaal hingen slingers en op de tafels lagen ballonnen en zakken snoep. Jessica had een dj ingehuurd en een clown die de gezichten van de kinderen beschilderde. Zelfs Lourdes was komen opdagen. Serena had nog steeds de foto's van haar en haar grootmoeder, wang aan wang naast de Minnie Mouse-verjaardagtaart.

Twee jaar later zat Serena peinzend in de ondergrondse, plakkerig van het zand. Nikki had haar duim in haar mond en leunde voorzichtig tegen Coco's dikke buik. Mercedes stopte haar hoofdje in wat er nog over was van Coco's schoot.

'Oude mensen zouden net zo moeten denken als kinderen,' fluisterde Serena cryptisch. Coco knikte. Het was een advies dat zij op haar negentiende jaar graag ter harte nam. Ze bedekte Mercedes' schouders met een handdoek en hield haar stevig vast. De trein sloeg in noordelijke richting af en zocht hortend en stotend zijn ondergrondse weg naar de Bronx.

Coco had een moeilijke tijd. Eerst was Cesar achter slot en grendel gegaan vanwege de dood van Mighty. Een paar maanden later kreeg Coco's
moeder Foxy een zenuwinzinking en bracht drie weken door in een
psychiatrisch ziekenhuis. Toen Foxy een dagje naar huis mocht, kwam
ze ook wel thuis maar belde ze nog geen uur later al een taxi om haar
terug naar het ziekenhuis te brengen. De situatie thuis was haar te veel.
Op de zaal in het ziekenhuis kwam ze weer tot rust. Een nieuwe vriend,
Hernan genaamd, kwam op bezoek; ze zaten urenlang te praten en op
haar bed te vrijen tot de zuster tussenbeide kwam en zei dat hij moest
vertrekken.

Toen Foxy uit het ziekenhuis was ontslagen, bracht ze hele dagen met
Hernan en zijn vrienden door in een park in de buurt of voor de Oval
Pharmacy, waar ze altijd haar antidepressiva haalde. Tegen haar familie
zei ze dat ze een afspraak in het ziekenhuis had. Foxy zei: 'Ik wilde niet
naar huis.' Maar Coco vond het niet prettig om daar zonder haar moeder
te wonen; het gewoonlijk zo chaotische huis kwam nu triest en somber
over. Iris en Manuel waren vertrokken, en haar stiefvader, Richie, leek
ten einde raad. Coco's broer Hector was van school gestuurd omdat hij in
de buurt van de school met een pistool in de lucht had geschoten. Als
Foxy 's avonds thuiskwam, begonnen Richie en Foxy ruzie te maken en
altijd raakte ook Hector er uiteindelijk bij betrokken. Soms nam Coco de
kinderen mee en ging naar Milagros. Maar meestal vond Coco Milagros
vervelend of, als Milagros drugs had gebruikt, een beetje eng. Toen begonnen Foxy en Milagros samen rond te hangen en te gebruiken. Coco beklaagde zich, maar ze trokken zich niets van haar aan. Coco kon ook niet
naar Lourdes. Lourdes was weer uit haar huis gezet en woonde nu bij een
Dominicaanse drugsdealer, voor wie Coco bang was en die, wat nog erger
was, Foxy en Milagros soms van drugs voorzag.

Die junimaand in 1993, toen Coco vijf maanden zwanger was, besloot
ze 'dakloos' te worden. Dakloos worden hield in dat je in een opvangcentrum terechtkwam, waarna er een lange procedure begon om een eigen
appartement te krijgen. Als ze in een opvangcentrum zat, kon Coco in
aanmerking komen voor een sociale-woningwetwoning en haar naam op
de lange wachtlijst krijgen. Twee keer had Foxy Coco persoonlijk naar het
tehuis gebracht, en twee keer was Coco haar moeder weer meteen achterna gegaan. Coco vond de centra eng, vooral de gemengde tehuizen. Na de
laatste poging had Coco gezegd: 'Ik blijf waarschijnlijk bij mijn moeder
wonen tot ik oud en grijs ben.' Maar Foxy moedigde de wankele stappen
van haar jongste dochter naar onafhankelijkheid aan. Coco's oudere broer
en zus en hun gezinnen waren met succes dakloos geworden. Deze keer
kwam Coco als zwangere vrouw in aanmerking voor een spoedplaatsing.

Ten slotte besloot ze het nog een keer te proberen met een vriendin, wier oom aanbood de meisjes met de auto te brengen. Foxy was uit, dus hoefde Coco geen afscheid te nemen. Ze had geen geld, wat een geluk bleek want, zo vertelde Coco later, als ze wel geld had gehad, zou ze met een taxi naar huis zijn teruggegaan.

Haar vriendin stond haar bij in de toelatingsprocedure – wachtend en de kinderen kalmerend, die honger kregen en moe werden. Ze zeurden en huilden tot ze bij het aanbreken van de dag op de grond in slaap vielen. Coco werd naar Thorpe House gestuurd, een doorgangsverblijf voor vrouwen en kinderen op Crotona Avenue. Het gerenoveerde gebouw was maar één huizenblok af van het spijbelpand waar Serena was geconcipieerd.

Thorpe House was gerenoveerd door de dominicanessen van Onze Lieve Vrouw van de Rozenkrans. Het geelbruine bakstenen gebouw met drie verdiepingen bood onderdak aan zestien gezinnen. Een smeedijzeren hek met prikkeldraad er bovenop scheidde het huis aan de achterkant van de tuin van een dertien verdiepingen hoog flatgebouw dat boven Thorpe uittorende. Op zonnige dagen glinsterde het kapotte glas op het trottoir; ook de kapotte cassettebandjes die in het prikkeldraad hingen, glinsterden. Er was iets vrolijks in de sfeer.

Aan de overkant beschaduwden bomen een klein parkje met banken, de takken versierd met lege plastic tassen. Aan de stam van een van de bomen hing een houten kruis met plastic bloemen en rafelige linten, ter herinnering aan de slachtoffers van een drievoudige moord die daar vlak voor Coco's komst had plaatsgevonden.

De nonnen wezen Coco een appartement op de eerste verdieping toe. Haar voordeur was net voorbij het hokje van de beveiligingsman, aan het eind van een korte gang. De deur gaf direct toegang tot de woonkamer; tegenover de twee slaapkamers was de keuken, rechts achterin. Coco bedekte de wanden van de woonkamer met foto's, net als in de slaapkamer die ze had achtergelaten. Een van de eerste dingen die ze deed, was haar dochters meenemen naar een Sears-filiaal op Fordham om portretfoto's van ze te laten maken. Ze zette de foto's van twintig bij dertig centimeter in het raam, met de afbeelding naar buiten. Ze had een van Cesars vriendinnetjes in de buurt gezien, het meisje dat ze hem op Tremont had zien omhelzen. De portretten toonden Coco's prachtige dochters, mocht het meisje toevallig langslopen.

Coco en de meisjes gebruikten maar één van de slaapkamers; in de andere zette Coco de meubels die ze had gekregen maar die ze niet mooi vond. Mercedes en zij deelden een dubbel bed; Nikki sliep op de matras ernaast, die ze als een soort onderschuifbed uittrokken. De kamer keek uit op een braakliggend terrein en een gebarricadeerde eengezinswoning. Coco zette een ladekast voor het raam om haar dochters te beschermen tegen het geweervuur dat ze soms 's nachts hoorde. Op de kast zette ze een Mariabeeld, een porseleinen bloemenmandje en een porseleinen eenhoorn, die ze van Lourdes in bewaring had gekregen tot die een wat veiliger onderkomen had gevonden. Naast de kast kon nog net een bureautje staan, waaraan Coco brieven aan Cesar schreef als de meisjes sliepen. Ze haatte alleenzijn, zelfs op een paar meter afstand van haar dochters in de woonkamer. Soms maakte ze 's nachts Mercedes wakker om maar gezelschap te hebben.

Als Coco ook maar even geld voor de telefoon had, belde ze haar moeder. Foxy was maar zelden thuis; meestal was ze bij Hernan. Coco was woedend dat haar moeder een nieuwe vriend had en hield bij iedere gelegenheid lange tirades tegen Foxy over Hernan. Hij was klein, Vietnamveteraan, en had dik zwart haar en een donkere huid. Coco vond dat hij eruitzag als een verkrachter en dat Foxy, met haar lichte gave huid, te goed voor hem was. Foxy ging ook nog om met Coco's stiefvader Richie en stond op het punt haar achtste kleinkind te krijgen, maar toch gedroeg ze zich als een puber. Coco vroeg aan iedereen die bij haar moeder was, bij haar op bezoek te komen. Dat beloofden ze wel, maar ze deden het maar zelden.

De staf van Thorpe House streefde ernaar de moeders te leren hoe ze zelfstandig een huishouden konden runnen; hoe ze hun door de wol geverfde slimheid om konden buigen in de richting van de minder roerige gang van zaken in de traditionele wereld. Maar die twee volstrekt verschillende vaardigheden lieten zich moeilijk combineren: de ene was afgestemd op heuvelachtig terrein en was zoiets als een four-wheel drive; de andere ging ervan uit dat de wegen vlak en geplaveid waren. Net als een aantal andere bewoonsters voelde Coco wel aan dat het optimisme van de staf zijn beperkingen had, maar ze was, meer dan veel van haar medebewoners, bereid naar de nonnen te luisteren. Coco had extreem veel meegemaakt zonder dat ze keihard was geworden. Ze wilde dolgraag een plan voor haar toekomst opstellen en stond open voor de hulp die Thorpe House bood, al was het niet altijd even duidelijk of die bij haar paste. Haar begeleidster, een Ierse non met grijs haar, die zuster Christine heette, begon al snel genegenheid voor Coco te voelen.

Coco reageerde enthousiast op de workshops over geld en begroten. Elke twee weken kreeg ze 125 dollar bijstand, maar vaak had ze dan al een schuld van 110 dollar. Thorpe betaalde de huur, gas, water en licht. Coco hoopte dat de begrotingscursus haar zou leren hoe ze kon ophouden met het eeuwige sappelen, een probleem dat ze aan zichzelf weet. De dag dat de bijstandscheque arriveerde, was betaaldag. Als ze de cheque had geïnd, legde Coco onmiddellijk geld opzij voor een van haar eerste prioriteiten: *Mensen die ik geld schuldig ben.* Ze was altijd wel iemand iets schuldig: 8 dollar aan Thorpe voor geld voor de wasserette, 6 dollar aan een buurvrouw voor eten, 15 dollar voor Dayland, een drugsdealer uit de omgeving van haar moeder, die haar de vorige kerst 200 dollar had geleend omdat ze geen geld voor cadeautjes had gehad. Coco oormerkte het geld door de namen – 'Dayland,' 'Sheila' – op de bankbiljetten zelf te schrijven. Ze legde ook geld opzij voor strippenkaarten voor allerlei afspraken en voor een taxi in noodgevallen. Het was niet ongebruikelijk dat ze nog maar 5 dollar overhield, waarmee ze dan de volgende twee weken moest zien door te komen.

Meestal was ze ook wel iemand voedselbonnen schuldig. Gelukkig waren Coco's dochters nog onder de vijf jaar en kwamen ze in aanmerking voor het aanvullende voedselprogramma voor vrouwen, baby's en kinderen. Ze kreeg gedagtekende bonnen voor met name genoemde artikelen: eieren, cornflakes en het kostbaarste van alles: melk. Wat overbleef van het geld ging naar kleren voor de kinderen en noodzakelijke toiletspullen. Aan hoe de kinderen eruitzagen, kon je de kwaliteit van hun moeder afmeten: slonzigheid en vlekken waren het zichtbare bewijs van falen, van het feit dat de armoe je de baas was. Coco hield de meisjes liever binnen dan ze er buiten onverzorgd te laten bijlopen. Ze was urenlang bezig met het vlechten, krullen, kammen en borstelen van hun haar, waarbij ze kwistig met de vaseline tekeerging. Als ze klaar was, wreef ze even flink in haar handen en haalde die dan over het gezicht van haar kinderen; vaseline hielp ook hun huid glad te houden. 'Ik wil dat ze er perfect uitzien. Ze zijn zo mooi,' zei Coco. Het ergerde haar dat ze Mercedes 's morgens piekfijn naar de peuterspeelzaal bracht en haar 's middags met haar kleren onder de vingerverf weer terugkreeg. Weken tevoren berekende Coco al de prijs van de kleren die ze wilde kopen. En zodra het maar even kon, deed ze een aanbetaling en liet ze ze wegleggen.

Maar begroten loste Coco's grootste probleem niet op: dat iedereen om haar heen ook armlastig was en dat Coco geen nee kon zeggen. Soms gaf ze haar geld veel te snel uit, alleen maar om nu eens degene te kunnen zijn die het uitgaf, wat haar de gelegenheid gaf haar integriteit te bewaren. 'Op deze manier kan ik tegen de meisjes in het huis die om geld vragen, nee zeggen zonder te liegen,' zei Coco. Drinkebroers houden er een vergelijkbare logica op na: ze kopen hun bier per flesje in de winkel op de hoek: beter zo dan een six-pack tegelijk, ook al kost een los flesje meer. Want anders moest je je bier ofwel met anderen delen, of je kreeg de

naam gierig te zijn tegenover je vrienden; de tochtjes naar de winkel door-
braken bovendien de verveling en gaven je iets te doen.

Maar Coco's zuster Iris wist wél heel goed hoe ze de zaken aan moest
pakken. Haar geheim was dat ze een sterke persoonlijkheid bezat. Met
strengheid kon je allerlei problemen buiten de deur houden, en Iris kon
potentiële leners met één ijzige blik afweren. Coco was veel te makkelijk
over te halen; zelfs als ze erin slaagde géén bank te spelen voor mensen
die ze nauwelijks kende, fungeerde ze uiteindelijk meestal wel als buurt-
kruidenier: 'Ze klopten op de gekste tijden bij me aan met "Coco, heb je
zus? Coco, heb je zo?"'

Met Cesar in de gevangenis moest ze nog meer met haar geld doen. Hij
moest winterschoenen hebben, een jas, sokken, handdoeken en lakens,
geld voor toiletartikelen en postzegels. En hij vroeg ook om extra dingen,
zoals een levensgrote afdruk van zijn favoriete foto van Mercedes met
haar haar in Shirley Templekrullen. Coco kon geen nee tegen hem zeggen. 'Het geld van de bijstand is voor de meisjes. Het is voor de meisjes,
niet voor hem,' zei ze, maar alleen tegen zichzelf. De enige keer dat ze
tegen hem zei dat ze geen geld had, zei hij dat ze het maar moest lenen.
Delilah, de woekeraarster in de straat waar haar moeder woonde, zette
honderd procent op elk bedrag dat ze uitleende en verdubbelde dat elke
week. Coco's leningen van 20 dollar kostten haar geregeld 60 dollar, dus
ze deed hetzelfde met Cesar als wat ze met de nonnen deed: net zo lang
aarzelen tot er geen ontkomen meer aan viel, dan dingen beloven die ze
niet waar kon maken, vervolgens sorry zeggen en zichzelf de schuld geven.

Op een dag gingen Coco en Iris boodschappen doen. Hoewel Coco had
uitgerekend wat ze kon besteden, voegde ze zich naar Iris, die ze als een
financieel genie beschouwde. Iris was de enige van wie Coco wist dat ze
daadwerkelijk kon rondkomen van haar bijstandsuitkering. 'Ik geef jou
mijn lijstje van mensen die ik geld schuldig ben en dan moet jij het verdelen,' zei Coco tegen Iris. Iris nam haar mee naar Big R Food Warehouse
en raadde Coco aan de reuzenpakken kip en varkenskoteletten te kopen.
Iris maakte er kleinere porties van en vroor die apart in; Coco vergat vaak
het vlees op tijd voor het eten te ontdooien. Iris zorgde dat de schoolkle-
ren van haar kinderen de avond tevoren gestreken en wel op een stoel
klaarlagen; Coco moest constant alles overhoophalen op zoek naar een
haarborstel of een bijpassende sok. Coco wist dat ze Iris' strikte handha-
ving van de orde nooit zou kunnen evenaren, maar ze droomde er wel van
dat haar dochters in kamers zoals die van Iris konden slapen. 'Die zijn
voor deftige mensen,' zei Coco. In de slaapkamer van haar nichtje paste
alles bij elkaar: gordijnen, sprei en lakens.

Maar Coco's trots op haar zuster was gemengd met zorgen. De rigide manier waarop Iris haar problemen benaderde, bracht weer eigen problemen met zich mee. Iris woonde in een woningbouwflat en het was gevaarlijk om 's morgens vroeg of 's avonds laat alleen met de lift te gaan. Ze ging zelden ergens heen zonder haar echtgenoot Armando, zelfs niet naar haar familie. Die waakzaamheid eiste zijn tol: Armando keek altijd zorgelijk en Iris klemde constant haar kaken op elkaar. Maar vooral het feit dat Iris niet gelukkig was, baarde Coco zorgen. De zorgen van het gezin maakten een onuitgesproken, weinig aantrekkelijke waarheid duidelijk: dat zelfs als je verstandig leefde – zo noemde Coco het – het allemaal nog steeds heel kwetsbaar was. De armoede trok iedereen naar beneden. Coco liet haar lichaam slap worden om de val te breken; Iris en Armando bevroren en hun kou maakte vervolgens ook hun kinderen stijf. Zelfs binnenshuis pakte Armando, als hij zich in zijn favoriete stoel liet vallen, de armleuningen nog stevig vast.

Babyland, Kiddieworld, Youngland: het waren Coco's favoriete winkels. Aan het plafond hingen wandelwagens. Kinderstoelen, hobbelpaarden en schommels stonden in rijen; ronde rekken hingen vol felgekleurde kleertjes. Hele afdelingen waren gewijd aan iedere fase van het leven van een baby. Bij Youngland ruilde Iris de spijkerbroek van 12,99 dollar die Coco had laten wegleggen, voor een bijna exact dezelfde broek die maar de helft kostte; Coco zou nooit het lef hebben gehad om de brutale blik van de verkoopster te negeren. Iris en Coco stonden in de rij. De toonbank torende hoog boven hen uit, zoals in een politiebureau. Coco telde drieëntwintig verschillende haarbandjes. 'Mijn dochters hebben alle haarbandjes, behalve die met de fluitjes,' zei ze. Dit verzuim zat haar dwars. 'Het is beter om dochters te hebben, want die kun je kleren laten dragen die er gewoon leuk uitzien,' zei Coco. Jongens eisten merkkleding. Ze giechelden toen ze beseften dat ze zelden iets voor zichzelf kochten. 'In mijn slipjes zitten gewoon *gaten*,' zei Coco uitgelaten tegen Iris. Buiten gaf ze een dakloze 3 dollar.

Coco's begeleidster in Thorpe House, zuster Christine, maakte zich zorgen over het feit dat Coco zo royaal was. Als je arm was, moest je geluk hebben en bijna alles precies goed doen. In een leven zo gevoelig voor invloeden van buiten als dat van Coco en haar twee dochtertjes, konden de gevolgen van zelfs maar de kleinste goede daad ernstig zijn. Een lening van 10 dollar aan een buurvrouw kon tot gevolg hebben dat je geen geld voor de bus had, wat weer met zich mee kon brengen dat je een afspraak met de sociale dienst miste, wat dan weer kon leiden tot een verlies van twee weken bijstand. Kinderen die honger leden, vergrootten de spanning in een toch al gestrest huishouden. En als dat alleen maar kon worden opgelost door naar een woekeraar te gaan, liep de geleende 10 dollar al gauw op tot 40 of 50 dollar, waarmee Coco op een maand achterstand kwam. Maar voor Coco ging er niets boven familie, en familie omvatte ook Cesar en Lourdes en vrienden, zowel oude als nieuwe. Coco gaf Foxy een paar van haar eigen voedselbonnen en die van haar kinderen, omdat Foxy zeven mensen te eten gaf van de werkloosheidsuitkering van haar jongste zoon en alle rekeningen betaalde.

Zuser Christine wilde eigenlijk tegen Coco zeggen: *Zorg dat je bij je familie wegkomt.* Maar ze kon het niet. Niet iedereen kon vanaf een zinkend vlot op een reddingsboot klauteren. Je redde het ofwel door keihard te worden, zoals Iris, of je kwam er nooit uit. Coco zag geen andere mogelijkheid. Ze bewonderde Iris' prestaties, maar zo zou zij nooit kunnen leven. Ze kon ook niet leven zoals haar oudere broer Manuel, die zichzelf beter kleedde dan zijn kinderen. Coco kon de mensen van wie ze hield niet links laten liggen, reden waarom Foxy en haar broer Hector altijd eerst bij haar aanklopten. Het woord dat bij zuster Christine opkwam als ze aan Coco dacht, was *verstrikt.* Coco zelf zou gezegd hebben dat ze gewoon goedhartig was.

## HOOFDSTUK 16

Nog maanden nadat Coco naar Thorpe House was verhuisd, bleef ze toch vijf of zes keer per week bij Foxy op bezoek gaan; het gaf haar een zinvol gevoel van zekerheid. Maar het onderhouden van de banden brak haar wel op – ze miste afspraken, de aanvraag voor een woning verloor aan urgentie, om nog maar te zwijgen van het geld dat ze aan buskaarten uitgaf. Toch bleef ze zich vasthouden aan het woonblok van haar moeder en behandelde ze Thorpe als een soort pied à terre. Ook in de buurt van Thorpe waren goedkope winkels, maar Coco kocht haar shampoo en zeep altijd bij Bank of Bargains op University Avenue. Er was ook een C-Town in haar nieuwe buurt, maar Coco ging liever naar het filiaal dat het dichtst bij haar moeder was en waar ze Foxy soms kon overhalen om met haar mee naartoe te gaan. Deze toewijding vereiste wel dat Coco een taxi moest nemen om zichzelf, de meisjes en de drieëntwintig zakken met de boodschappen voor een hele maand, naar huis te brengen. Hector was in Coco's oude kamer in Foxy's appartement getrokken, maar hij liet Coco haar kast daar houden als bewaarplaats van dierbare bezittingen: het zwarte lamsleren jasje dat Cesar voor Mercedes had gekocht, twee witte namaakbontjasjes die de meisjes de vorige Pasen hadden gedragen, Mercedes' met de hand gemaakte roze satijnen verjaardagsjurk.

Coco's nieuwe leven was vergeven van de bureaucratie. Maar de talloze contacten die ze met stedelijke, provinciale en federale organisaties had, maakten haar kleine wereldje niet groter: dezelfde meisjes en vrouwen gingen naar dezelfde kantoren met dezelfde behoeften en wachtten op beslissingen die op het oog nogal willekeurig leken. De gesprekken zelf waren gewoonlijk zinloos en kort – vaak maar een paar minuten – maar je moest soms hele ochtenden of middagen op je beurt wachten. Coco's dagen bestonden uit een reeks afspraken: geplande en niet-geplande bezoeken aan de polikliniek, meldingen bij de sociale dienst, screenings voor sociale huurwoningen, de tweewekelijkse handtekening voor de extra bijstand. Ze moest zich elke week bij de nonnen melden die het opvanghuis runden: voor controle van haar appartement (om te zien of dat wel schoon was), controle van de ijskast (om te zien of die wel schoon was en of er eten was), en voor lezingen over opvoeding en gezondheid. Als Coco de kinderen niet hoefde aan te kleden voor een afspraak, niet op weg was naar een afspraak, of niet met de bus terugkwam van een afspraak, zat ze wel in een wachtkamer vol vrouwen en kinderen, die ook tot vervelens toe zaten te wachten tot ze aan de beurt waren.

En toch was Coco altijd blij als ze weg kon uit het opvanghuis, waar ze zich ingeperkt voelde door de regels. 'Het is er zo saai,' zei ze over Thorpe. Alles was beter dan binnen te moeten zitten met haar twee rusteloze kinderen, zonder geld, zonder telefoon, met haar groeiende buik en een non aan de deur die haar eraan herinnerde dat ze weer iets niet had gedaan. Coco vond de nonnen op zichzelf wel aardig, maar wat ze niet prettig vond was dat 'ze zich allemaal met mijn zaken bemoeien'. Er gold een avondklok en je moest toestemming vragen als er iemand wilde blijven slapen. Toen ze in de recreatie eens een tros ballonnen op een houten plankje uitsneed en Cesars naam met glitterverf op een van de ballonnen schreef, vroeg iemand van het personeel: 'Wat doet de naam van die vent er toch altijd bij?' Niemand had commentaar op de ballonnen met 'Mercedes,' 'Nikki' en 'Ongeboren Kindje'; maar Cesar was toch ook een deel van Coco!

Als Coco de deur uit wilde, moest ze haar afwezigheid noteren in een boek. Onder 'Bestemming' schreef ze, als ze geen 'sociale dienst' of 'de kliniek' noteerde, 'moeder' of 'schoonmoeder'. Op de hoek van Crotona Avenue stapte ze op bus 36 en stapte uit op Tremont, bij de Concourse. Lourdes vertelde haar de nieuwste roddels, vooral over Roxanne. Roxanne en haar kind kwamen ook regelmatig bij Lourdes langs, en de mogelijkheid van een toevallige ontmoeting gaf de verder nogal eentonige dagen een beetje opwinding. Roxanne had gezegd dat als ze Coco zag, ze haar in haar buik zou schoppen – tenminste, dat was wat de zus van Roxanne tegen Lourdes had gezegd en wat Lourdes tegen Elaine had gezegd en wat Elaine weer tegen Coco had gezegd.

Andere keren ging Coco naar Foxy, maar daar kreeg ze niet zoveel aandacht. Soms ging ze bij Sheila, Foxy's buurvrouw, langs of bij Milagros. Milagros woonde nog steeds op Andrews, een paar straten bij Foxy vandaan, met Kevin en Jessica's drie dochters. Milagros paste soms op zodat Coco uit kon gaan, maar de vele vecht- en schietpartijen in de clubs vergalden haar plezier nu ze kinderen had: 'Dan was ik daar aan het dansen en dan dacht ik eigenlijk alleen maar aan de kinderen. Stel je voor dat er iets met me zou gebeuren en dat ze op hun moeder wachtten en dat ik dan niet thuiskwam?' Soms paste Coco op en kon Milagros high worden, wat Coco noemde 'haar ding doen'. Veel middagen zaten ze gewoon te kletsen en wuifde Coco Milagros' adviezen over Cesar goedmoedig weg. Soms lieten ze de problemen van andere mensen praten: op een dag was er een talkshow, *Shirley* genaamd, waarbij het onderwerp een huwelijk zonder seks was. In de studio zaten dikke vrouwen met een slechte houding in een slordige rij, met hun voeten wippend en in veel te korte rokjes. Onder hun onderkin liepen teksten voorbij: *Heeft in de tien jaar van haar huwelijk geen seks gehad* of: *Heeft al zes jaar geen seks meer gehad*.

'Ik zou het niet langer dan twee maanden uithouden. Jij moet negen jaar. Denk je dat je het volhoudt?' vroeg Milagros.

'Wat ik in ieder geval wel weet, is dat ik er nooit zo zal uitzien, zo dik en lelijk,' zei Coco minachtend. 'Daarom wil ik trouwen. Ik kan het alleen maar volhouden als ik trouw.' Als Cesar Roxanne tot zijn wettige vrouw koos, wilde Coco alleen blijven. Cesar was nogal vaag over zijn trouwplannen. Hij zei dat Coco haar loyaliteit moest bewijzen. Milagros zei tegen Coco dat het alleen maar op een teleurstelling uit kon draaien. Coco had het vermoeden dat Cesar wilde zien of ze een zoon zou baren.

Terwijl Coco en Milagros televisiekeken, speelden de kinderen in de slaapkamer. Serena organiseerde een spelletje dat Verhuizen heette. Het poppenwandelwagentje was al volgepakt met babypoeder, de poppen waren uitgerust met rugzakjes, klaar voor vertrek. Brittany zat in elkaar gevouwen op de vensterbank haar teennagels te lakken, met haar hoofd tussen haar knieën en leunend tegen het veiligheidsrek. Stephanie bracht nep-make-up aan op het gezicht van Mercedes. Serena droeg een blad vol namaak-eten dat Jessica jaren tevoren had gekocht.

'We gaan verhuizen,' verklaarde ze. Ze hadden geen bestemming. 'We moeten dit eten meenemen. We hoeven alleen onze spullen mee te nemen.'

Milagros had het inderdaad veel over verhuizen gehad. Het afgelopen jaar was ze haar beste vrienden kwijtgeraakt aan de gevangenis en de dood: Jessica zat opgesloten en Puma was vermoord. Milagros wilde ook ophouden met drugs; ze gebruikte veel te veel coke. En ze wilde afstand scheppen tussen haarzelf en de moeder van Kevin, die eerstdaags uit de gevangenis kwam en het erover had dat ze Kevin terug wilde. Daar kwam nog bij dat de Bronx kinderen niets te bieden had. Het enige speelterrein was een betonnen veldje tussen de gebouwen. Kevin was elf en had regelmatig moeilijkheden op school. 'Als hij vraagt of hij een mes bij zich mag hebben, lijkt het me hoog tijd om iets te doen,' zei Milagros. Hij was al een keer in elkaar geslagen en kortgeleden was er weer een steekpartij op school geweest, dezelfde school waar Coco op had gezeten. Twee keer per dag moest Milagros naar de school lopen om Kevin naar de wc te begeleiden omdat hij niet alleen durfde.

Milagros' oudere broer, die met een van Puma's zusters was getrouwd, had zich kortgeleden gevoegd bij een toenemend aantal vrienden en buren uit de Bronx die naar elders waren getrokken, en het nieuws dat Milagros over hen bereikte, klonk allemaal even goed. De appartementen waren er ruim. Kinderen konden veilig buiten spelen. De scholen waren streng op huiswerk en verzuim. Moeders hoefden 's nachts niet op de eerste hulp door te brengen. Er was werk. Willy, de vader van Jessica's tweeling, woonde er al, net als zijn moeder en een paar zusters. Het leek Milagros wel goed als de tweeling in zijn buurt woonde en de familie haar kon helpen met de zorg voor de kinderen, zodat zij weer kon gaan werken.

Milagros stelde Coco voor, het gezamenlijk aan te pakken; ze konden samen door de fase van het opvanghuis heen en elkaar helpen met de kinderen.

'Ik kan niet zo ver weg zijn van mijn moeder,' zei Coco.

'Wat ben je toch een moederskindje, Coco,' zei Milagros met enige vertedering. Maar ze had Coco toch aan het denken gezet.

Coco bleek het, haast ondanks zichzelf, toch wel naar haar zin te hebben in de perioden dat ze in Thorpe thuisbleef. Ze genoot van de spelletjes tijdens de ouder- en kinduurtjes. Ze blonk uit bij de inspecties van haar appartement. Ze was helemaal enthousiast na een afspraak met zuster Christine waarbij ze de formulieren voor de aanvraag van woonruimte hadden ingevuld. Ze deed volop mee met de rollenspellen in de workshop drama, waarin ze een zwanger meisje speelde dat jaloers was op een niet-zwangere rivale die voor haar middelbare-schoolcertificaat studeerde. Als ze Mercedes van de peuterspeelzaal en Nikki van de kinderopvang ging ophalen, lag het vlees al in de gootsteen onder stromend heet water te ontdooien. In Nikki's geval hield kinderopvang in dat ze de ochtend voor de televisie doorbracht bij een zorgelijk uitziende vrouw in een donker appartement; de echtgenoot van de vrouw liep door het huis in zijn hemd en een trainingsbroek. Coco vond het geen ideale situatie, maar ze vond het niet eerlijk om Mercedes naar school te sturen en Nikki thuis te houden, en het viel niet mee om iets voor elkaar te krijgen als ze haar allebei voor de voeten liepen.

Bij zonnig weer nam Coco de kinderen mee naar de overkant. Mercedes reed op haar rode driewieler in het parkje rond. Als ze geld had voor een filmrolletje, leende Coco zuster Christines camera. Coco vond fotograferen een van de leukste dingen die er bestonden; Nikki vond het bijna even leuk om te poseren. Ze ging met haar ene been naar voren staan, stak haar kin naar voren en straalde. Mercedes had een voorkeur voor de gangsterstijl die ze op de polaroidfoto's van haar vader en zijn vrienden had gezien: handen op gebogen knieën, met een dreigende blik vanwege de storing, of rechtop staand met haar armen over elkaar en een opzettelijk vervaarlijke uitdrukking op haar gezicht. Nikki hield van meisjesachtige kleren, maar als Coco Mercedes sexy aankleedde – korte topjes die haar buik bloot lieten – werd Mercedes onrustig. Toen ze nog klein was, had ze een paar keer in haar broek geplast. Net als Serena hield ook Mercedes er niet van om haar lichaam te tonen. Coco kleedde Mercedes daarom wat sportiever.

Als het donker werd, deed Coco de meisjes in bad terwijl ze het eten opzette, dat ze uit plastic kommetjes op schoot aten terwijl ze televisie keken. *Cops* was het favoriete programma van Mercedes. Coco maakte rijst met bonen en gebakken kip, rijst met bonen en gebakken varkenskotelet, rijst met bonen en Smac, of – als het het einde van de maand was – alleen rijst met bonen. Het was altijd een hele strijd om Nikki aan het eten te krijgen en Mercedes in bed. Coco won gemakkelijk van Nikki, maar gaf vaak toe aan Mercedes, waarna ze – in een poging ze gelijk te behandelen – Nikki ook liet opblijven. Als Coco de slapende kinderen naar de slaapkamer had gebracht, zette ze altijd de radio aan. Net zomin als zijzelf konden Mercedes en Nikki in stilte slapen. Dan maakte Coco schoon of ging ze op bezoek bij Jezel en Maritz, de andere Puertoricaanse meisjes in Thorpe.

Op een avond bleef een groepje moeders nog lang kletsen in het appartement van Jezel. Coco vertelde over Cesar: hun eerste ontmoeting, zijn andere vriendinnen, hoe ze zouden trouwen als hij haar koos.

'Ik zou 'm niet meer moeten als-ie mij dat allemaal had geflikt,' zei een van de meisjes.

'Maar jij weet niet hoeveel ik van 'm hou,' zei Coco, terwijl de tranen in haar ogen sprongen. 'Ik hou van hem.'

'Dat geloof ik graag. Maar 't enige wat-ie ooit voor je gedaan heeft, is je zwanger maken,' zei het meisje.

Coco ging daarna wat minder vaak op bezoek bij de andere bewoners. Regelmatig verzette ze de meubels van de woonkamer, soms wel drie keer in de week; Mercedes en Nikki kwamen zo ongeveer iedere dag in een nieuw interieur thuis. Ze snakte naar bezoek. Foxy had 'altijd smoesjes'. Lourdes was 'alleen maar met haar eigen ding bezig'. Iris moest haar man toestemming vragen om op bezoek te mogen komen, hoewel ze er toch in slaagde om, zoals Coco het noemde 'een doodenkele keer' langs te komen. Cesar hield haar tenminste wel gezelschap.

Zodra Coco in Thorpe thuiskwam, rende ze naar de brievenbus. Geen tassen met boodschappen, geen slapend kind op haar arm, konden haar van de zilverkleurige brievenbussen vandaan houden. Ze kreeg brieven van haar ex-vriendje Wishman, die in Baltimore in de gevangenis zat op beschuldiging van poging tot moord, maar het waren de brieven van Cesar waar ze echt naar uitkeek. 'Als hij niet schrijft, word ik helemaal depri,' zei Coco. Enveloppen met zíjn achternaam, aan *Coco Santos*, voorspelden goed nieuws; waren ze geadresseerd aan *Coco Rodriguez*, haar eigen achternaam, dan beloofden ze weinig goeds. Als *Santos* was doorgestreept en vervangen door *Rodriguez*, maakte ze de brieven liever open als ze alleen was, om te voorkomen dat de kinderen haar zagen huilen – want dan gingen zij ook huilen – maar ze kon zelden het geduld opbrengen om te wachten.

Coco schreef lange brieven terug. Ze schreef ook met de hand de brieven over die Cesar haar stuurde om door te zenden naar zijn gedetineerde vrienden. Ze gebruikten een geheime code, die Coco probeerde te ontcijferen. Zijn vrienden zaten dan wel in de gevangenis, maar via hun brieven hoorde ze de meest smakelijke roddels van de straat. Een paar keer nam ze de vrijheid zich voor te stellen: 'Tussen haakjes, dit is Coco, de vrouw van Cesar, degene die zijn eerste kind heeft gekregen en nu zijn laatste,' schreef ze een keer. Deze manier van communiceren paste bij haar indirecte stijl.

Cesar klaagde over de gevangenis, maar soms leek het een gemakkelijker en leuker leven dan dat wat Coco leidde. Cesar had geen kinderen die hij eten moest geven, in bad doen en aankleden; hij hoefde zich geen zorgen te maken over dagelijkse levensbehoeften; hij woonde op een afdeling met zijn vrienden. Hype, de jongen die Cesar op Tremont West had geïntroduceerd, zat ook in Harlem Valley. Ze hielden handdoekengevechten na het douchen en speelden hele middagen basketbal. Cesar studeerde voor zijn middelbare-schoolcertificaat; hij schreef nu al veel netter en had een grotere woordenschat opgebouwd. Coco's beperkingen waren haar eigen schuld, maar dat Cesar in zijn bewegingen beperkt was, was de schuld van de gevangenis. En Cesar bepaalde nog steeds de voorwaarden van hun relatie – of hij haar uitkoos of haar aan de kant zette. Ze schreef hem om te vragen of hij het erg vond als ze een meisje ter wereld bracht. 'Coco,' schreef hij terug, 'ik hoop dat je, als het een meisje is, niet begint met dat geouwehoer van "ik hoop dat je van haar zult houden" want je weet dat ik van het kind zal houden of het nou een meisje of een jongetje is. Zolang het maar van mij is interesseert het me geen fuck, al is het een homo, ik zal er nog steeds van houden dus maak je maar geen zorgen, oké?'

Coco maakte zich zorgen omdat Cesar steeds zeurde dat ze op bezoek moest komen, terwijl die bezoeken veel geld kostten en moeilijk te organiseren waren met twee kinderen. Ze had geprobeerd de 60 dollar die de bus naar Harlem Valley kostte, bij elkaar te sparen. Maar op een dag had ze geluk: Cesar werd overgeplaatst naar New York City, dus ze hoefde niet ver meer te reizen. En toen had ze nog meer geluk: hij belde haar op.

'Goed nieuws!' riep Coco toen ze de telefoon in de hal van Thorpe House ophing, 'Cesar zit in Rikers!' Ze stak haar hoofd om de deur van haar buurvrouw. Jezel zat aan haar kleine keukentafel en blies een grote wolk sigarettenrook uit.

'Dan kan ik daar ook heen, meid, daar kan ik ook heen,' zei Jezel. Jezel had via de telefoon een relatie met Tito gekregen. Tito had Coco gevraagd hen met elkaar in contact te brengen. Coco, die nog heel goed wist hoe gek Tito op Jessica was geweest, concludeerde dat Tito op vrouwen met een dikke kont en grote borsten viel, maar het belangrijkste was toch wel het feit dat Jezel keihard was; Coco had ook weten te achterhalen dat Tito in de gevangenis zat omdat hij zijn vrouw had vermoord.

Jezel bracht Tito enige afleiding in het saaie gevangenisleven, en Tito bracht Jezel afleiding in het saaie leven in het opvangcentrum. Jezel deed iets voor Coco terug door haar voor te stellen aan een neef van haar, die ook een gevangenisstraf uitzat. Jezels neef stuurde Coco ingewikkelde tekeningen, met kleurpotlood ingevuld. Cesar stuurde geen tekeningen. De neef gaf Coco ook complimenten en stelde vragen over haar leven. Coco was nieuwsgierig naar wat voor misdrijf de neef had begaan, maar, zei ze: 'Als ze het niet zelf zeggen, moet je er niet naar vragen.'

Coco rende de trap af, haar appartement in en zette de radio harder. 'Papa zit in Rikers, Mercy.'

'Papa zit in Rikers!' herhaalde Mercedes. Ze ging met haar hoofd heen en weer op de maat van de muziek en probeerde haar moeder na te doen die nu een Jamaicaanse dans uitvoerde die ze gisteren van een van haar buurvrouwen had geleerd. Mercedes draaide met haar heupen alsof ze de hoelahoep deed en stak haar mollige armpjes in de lucht. 'Ik wil bij papa op bezoek!' riep ze. 'Papa zit in Rikers!' Coco raakte haar kinderen wat minder aan nu ze ouder werden, maar ze was zo uitgelaten, dat ze Mercedes' handen vasthield.

Als Coco haar kinderen aanraakte, was dat met een doel: ze mooi maken of straffen. Ze droogde ze stevig af na een bad, liet ze stilstaan als ze ze aankleedde en trok hun hoofd achterover als ze hun haar borstelde, vlocht, in elkaar draaide en vastzette. Zelfs haar tedere gebaren waren vaak ruw. De avond voor ze naar Rikers zouden gaan, ging Coco aan het werk om Mercedes Cesars favoriete kapsel te geven: Shirley Temple-krullen. Mercedes stribbelde tegen. 'Zit stil, mami,' zei Coco. 'Wil je er niet mooi uitzien voor papa?' Er mooi uitzien kostte ruim een uur. Coco bepaalde van tevoren wat ze aan zouden doen: de kinderen (gestreepte paarse truien met wijde zwarte jeans) en zijzelf (een lichtblauw-groen trainingspak met bijpassende haarspeld). De meisjes poedelden in bad terwijl

Coco aan het strijken was. Ze maakte hun schone oren nog eens schoon, want soms inspecteerde Cesar die. Voor ze naar bed gingen, lakte ze hun teennagels en de kleine maantjes van hun vingernagels.

Ze was opgewonden bij het vooruitzicht dat ze Cesar weer zou zien maar ze bespeurde ook enige tegenzin bij zichzelf. Het probleem waren de rode vlekken in haar gezicht; ze had weer zitten peuteren. Het was een gewoonte die haar overgrootmoeder ook had gehad. Overal op haar gezicht en neus zaten kleine ronde plekjes. Coco deed haar uiterste best eraf te blijven maar 's avonds, als de kinderen sliepen en zij zelf niet kon slapen, begon ze vaak te peuteren. Ze stond over de wastafel gebogen en keek in de badkamerspiegel. Ze begon ze te inspecteren. Maar zelfs toen moest ze nog tegen zichzelf zeggen: 'Niet aanzitten, niet aanzitten, niet aanzitten!' Ze was niet ontevreden over wat ze zag; eigenlijk was Coco wel ingenomen met haar uiterlijk. De schuldigen waren de stilte en de duisternis. Het volgende moment drukte ze haar nagels – die ze in een poging die neiging te bedwingen had kortgeknipt – in haar wangen. Ze drukte zo hard dat haar gezicht begon te bloeden.

Ze had zich minder zorgen over de plekjes gemaakt toen Cesar verder weg zat. Bezoeken daar vergden de nodige voorbereidingstijd, zodat de plekjes een beetje konden wegtrekken. Cacaoboter hielp ook wel om ze weg te krijgen, maar nu zat haar gezicht helemaal vol. Ze hoorde hem al tieren, morgen in Rikers – *Als je zo met je gezicht blijft kloten houdt niemand van je. Blijf met je poten van je gezicht af!* In zijn brieven schreef hij altijd wel iets over de vlekken. Die waren een bewijs van het feit dat ze alles verkeerd deed. En tegelijkertijd interpreteerde Coco Cesars tirades als een bewijs van zijn liefde. Cesar wilde dat zijn vriendinnen en zijn kinderen er in de bezoekruimte goed uitzagen. Een vriendin die er goed uitzag, verhoogde zijn status, net als op straat.

De volgende dag, op Rikers, begroetten handgeschreven bordjes Coco. Bezoekers werden uitgenodigd smokkelwaar – zonder dat ze gestraft werden – in een doos te deponeren: *de vrouwengevangenis op Rikers heeft nog heel wat kamers vrij voor een kort/lang verblijf/Dus pas maar op dat je niet betrapt wordt.* Op een ander bord stond *Controleer je zelf voor dat ik het doe.* Die dag werd een dikke vrouw betrapt op het binnensmokkelen van heroïne. Daarna schreeuwde een bewaker tegen de lange rij vrouwen, grootmoeders, kleine jongens en meisjes die allemaal gefouilleerd moesten worden: 'Jullie kunnen maar beter geen drugs bij je hebben. Ik ben dan wel geen gynaecoloog, maar ik weet wel hoe het in elkaar zit!' Niemand meldde zich. Een andere rij stond voor de laatste detectiepoortjes. Iedereen moest zijn sokken en schoenen uitdoen.

'Het wordt hier echt te gek,' fluisterde een vrouw achter Coco. Een andere vrouw zei: 'Dat meen je niet!' 'Ik heb mijn eigen man,' grapte weer een ander, 'en ik laat geen enkele vrouw behalve de gynaecologe in mijn kut kijken.' Een grote vrouw tilde haar rok op. 'Ze kunnen me m'n kont kussen,' zei ze, als een brutale cowgirl weglopend op haar gespierde blote benen.

Mercedes staarde naar de vrouw die betrapt was en zachtjes huilde terwijl haar jongste kind zich snikkend tegen haar buik aandrukte. Het oudere zoontje dronk nonchalant uit een blikje 7Up dat een bewaker hem gegeven had, maar hij had nog niet helemaal geleerd hoe je cool moest blijven; toen een andere bewaker zijn moeder handboeien aandeed, keek de jongen met grote starende ogen toe, waarmee hij zichzelf verraadde.

Het kostte Coco nog een uur om de bezoekruimte te bereiken. De meisjes kregen Cesar in de enorme donkere ruimte snel in de gaten en renden naar hem toe. Hij kuste Coco afwezig en ging op de hem toegewezen plek zitten. Zijn feloranje trainingspak bolde wijd uit, als een parachute. Terwijl de kinderen bij hem op schoot klommen, rekte hij zich uit en keek snel de ruimte rond. Bezoeken gaven gedetineerden de kans om vrienden van andere afdelingen te zien en informatie te verzamelen. Drie tafeltjes verderop zag hij Rocco, die met zijn moeder zat te praten. Rocco's kleine broertje had zich als een garnaal in zijn plastic stoeltje opgerold. Cesar wilde dat Rocco naar hem toekwam. Coco wilde dat Cesar aandacht aan haar besteedde, hoewel haar gezicht geen spoor van ongeduld of behoefte liet zien.

Cesar bewoog zijn lippen zonder geluid te maken: 'Kom naar deze kant. Je moet deze kant op komen.' Rocco was van zijn gevangenis elders hiernaartoe overgebracht omdat hij medeverdachte was in de zaak van Cesar. Cesars overplaatsing naar Rikers was het gevolg van een nieuwe aanklacht. Hij en Rocco, die een straf uitzat voor een drugsdelict, werden beschuldigd van een roofoverval in Manhattan. Cesar kon zich niet al zijn roofovervallen precies meer herinneren, maar hij was ervan overtuigd dat hij aan deze niet schuldig was; ze hadden alleen maar mensen in de Bronx beroofd.

Uiteindelijk wendde Cesar zich tot Coco. 'Ik heb mijn vader gezien, ik heb hem vandaag gezien,' zei hij. Cesar keek alsof deze mededeling niet erg belangrijk was, maar aan zijn ogen was te zien dat hij blij was. Hij had zijn vader jarenlang niet gezien; nu zat die ook in Rikers, vanwege een drugsdelict. Cesar had in de rij gestaan voor het eten en toen zijn vader herkend, die een keukenkar voortduwde.

Cesar pakte de flessendop die de kinderen naar elkaar gooiden – en waarmee hij de kleren kon ophalen die Coco voor hem had achtergelaten in de kluisjesruimte – en probeerde Mercedes ertoe te bewegen met hem te spelen. Hij schaduwbokste wat. Ze trok haar hoofd terug en keek naar haar moeder. Hij gaf een zachte tik tegen haar pruilmondje. Ze ging naar achteren. 'Aha! Daar hebben we Nikki! Ik hou niet meer van je, Mercedes!' zei hij en tilde Nikki op zijn schoot. Mercedes verstopte haar hoofd in Coco's oksel. Coco zei later dat ze de gekwetste reactie van haar dochter heel goed begreep; ook tegen haar speelde Cesar zijn genegenheid voor andere meisjes altijd uit.

'Hou je van me?' vroeg Nikki aan Cesar.

'Ik hou van je,' zei hij op vlakke toon.

'Jij mijn papa?'

'Ja,' zei hij, en keek weg. Coco en Cesar zaten ongemakkelijk bij elkaar. Ze deed haar best hem in een gesprek te betrekken. Ze bewonderde de nieuwe afdeling, zo schoon als die was! 'Heb je mijn brief gekregen over de naam van de baby?' begon ze zachtjes. Ze had hem geschreven welke naam ze in gedachten had als het kind een meisje was. Aanvankelijk had Cesar Giselle gezegd. Nu had hij liever Whitney, dezelfde naam die hij ook voor Mercedes had gewild. Coco had het vermoeden – naar later bleek, terecht – dat Whitney een van Cesars meisjes was.

'Nautica,' zei Cesar, Coco onderbrekend. Zijn stem werd hard. 'Nautica! Wat is dat nou verdomme voor naam?' Coco beet op haar lip. Een rij verder zat een stel elkaar te kussen. De handen van de man bewogen in de loshangende blouse van het meisje. Ze zat wijdbeens op het tafeltje dat bedoeld was om afstand tussen hen te houden, terwijl zijn knieën, tegen elkaar gedrukt als handen in gebed, tussen haar benen zaten. De vliegtuigen van La Guardia klonken alsof ze op het punt stonden op het dak te landen.

De kinderen waren ook bezig de grenzen van de bezoekregels af te tasten. Ze liepen naar Rocco en Rocco's moeder. 'Als je de volgende keer komt, geef dan ook mijn vader op zodat Mercy haar grootvader kan leren kennen,' mompelde Cesar tegen Coco. Ze hadden nog maar een paar minuten. 'En wat is er aan de hand met jou en Roxanne?' vroeg hij.

'Ik mag het kind niet zien,' zei Coco. 'Mercedes wil haar zusje zien.'

'Ik wil niet dat jullie ruziemaken,' zei hij. Hij kuste alleen de meisjes gedag. De bezoekers verzamelden zich bij het hek van de eerste van een hele serie uitgangen. Nikki keek naar haar moeder, die naar Cesar keek.

'Dag papa,' zei Nikki zacht. Cesar en Rocco stonden uitgebreid te praten terwijl ze wachtten om gefouilleerd te worden. Coco keek naar Cesar.

'Dag papa,' probeerde Nikki nog een keer, iets harder.

'Dat is je papa niet,' bracht Coco haar in herinnering.

'Nee!' zei Nikki streng tegen zichzelf. 'Cesar!'

Nikki's strenge stem trok de aandacht van Coco en ze probeerde haar dochter gerust te stellen. 'Jouw vader lijkt op jou,' zei Coco liefdevol tegen Nikki.

Niet lang na haar bezoek aan Rikers zat Coco, nog met haar jas aan nadat ze Mercedes van de peuterspeelzaal had opgehaald, in haar appartement, met Cesars laatste brief op haar buik. Tranen druppelden op het papier. Mercedes hield zich aan de stoel vast. Nikki, die in kleermakerszit in een hoek van de keuken zat, vlakbij de overvolle vuilnisemmer, wiegde zichzelf op de maat van een eigen liedje. De brief, die aan Coco Santos was gericht, begon veelbelovend.

*Al vanaf dat ik klein was heb ik altijd kinderen gewild en een vader voor ze willen zijn omdat ik zelf nooit echt een vader heb gehad. Maar ik heb het verpest en ik heb nog een kans, en ik heb mezelf beloofd dat ik het deze keer goed zal doen, zo niet voor mezelf dan voor mijn kinderen. Ik ga je iets vertellen wat niemand weet behalve Mighty moge hij rusten in vrede.*

*Coco, als het geen jongen is en ik wil nog een kind van je zou je dat dan goedvinden? Want ik zal niet ophouden met kinderen krijgen zolang ik geen zoon heb. Het kan me niet schelen al krijg ik vijftien dochters, dan ga ik nog door. Ik denk dat je een meisje krijgt, ik weet niet waarom maar dat voel ik gewoon. Ik wil zo graag een zoon dat ik denk dat ik nooit een klein jongetje krijg ... Als jij me mijn kinderen niet geeft, krijg ik ze wel van een ander. Weet je Roxanne heeft gezegd dat ze nooit meer een kind van me wil die stomme trut. Ik heb haar niet nodig. Ze is niet de enige die kinderen kan krijgen.*

De aanklacht wegens roofoverval werd verworpen en Cesar was weer terug in Coxsackie. Het vreselijke deel van de brief betrof Cesars ontdekking dat er nóg een meisje een dochter van hem had. Cesar wilde dat Coco de moeder van het kind opspoorde. De enige aanwijzingen waren haar naam, Whitney, en een vage aanduiding van haar adres, een gebouw in de buurt van Burnside op Davidson Avenue. Het scheen dat het kind sprekend op Mercedes leek.

De echte Mercedes schreeuwde om Coco's aandacht. Ze had op de peuterspeelzaal een nieuw liedje geleerd. 'Leg die brief neer, mammie, en luister hoe ik zing,' drong ze aan. Cesar gaf Coco opdracht om te doen alsof ze zijn zus was, op zoek naar een verloren gewaande nicht. 'Zeg tegen die griet dat ik wil dat het kind mijn naam krijgt,' schreef Cesar. De herkenningsmelodie van *Cops* klonk uit de slaapkamer – 'Bad boys, bad boys, whatcha gonna do? Whatcha gonna do when they come for you?'

Coco zei : 'O, Mercedes! Ga gauw kijken, *Cops*, in de slaapkamer!' en duwde Mercedes richting het geluid van de politiesirene. Nikki sjokte achter haar grote zusje aan. Coco huilde.

## HOOFDSTUK 17

Lourdes zag eruit als een schoolmeisje op die koude septembermorgen in 1993 toen ze haar jongste zoon ging bezoeken. Ze droeg een groen met rood gestreepte trui met capuchon en een bijpassende groene legging. Ze had linnen schoenen aan. Een gouden klem hield haar haar, dat tot haar middel kwam, bij elkaar in een knot. Dunne gouden ringen hingen aan haar oren. Ze had haar lippen zomerroze gestift. Maar tegen de tijd dat Lourdes de met bomen geflankeerde oprijlaan van de gevangenis in Coxsackie had bereikt, zag ze eruit als een in elkaar gezakte pudding. Ze haatte gevangenissen. 'Omdat ik de pijn van de hele bezoekruimte voel, van alle mensen in de gevangenis, en daar kan ik niet tegen,' zei ze. Ze sjokte achter Mercedes aan, die naar het toegangshek huppelde, dat was afgezet met grote rollen prikkeldraad. In een nabijgelegen wei graasden koeien. Lourdes onderging de ellenlange procedure met gebogen hoofd. Toen de bewaker vroeg: 'Wat is uw relatie met de gedetineerde?' fluisterde Lourdes: 'Moeder' – een woord dat ze normaliter met luide stem uitsprak.

Tegen haar buik rustte een arm in een mitella. De verhalen over hoe ze aan het gips kwam, waren levendig en liepen nogal uiteen: zelf gaf ze de voorkeur aan het verhaal over een tochtje dat ze met haar vriend Domingo had ondernomen om kippen te kopen, zijn bewonderenswaardige bemoeienis met andermans huiselijke problemen, en het feit dat zij vóór hem gesprongen was om de kogel op te vangen die de boze echtgenoot op hem had afgeschoten. Lourdes had haar best gedaan om er voor het gevangenisbezoek vrolijk uit te zien, misschien om de woedende reacties te temperen die ze van haar zoon verwachtte.

De bewaker die dienst had in de bezoekruimte van Coxsackie was verdiept in een puzzelboekje. Lourdes, Coco en Mercedes wachtten tot hij opkeek. Ten slotte gebaarde hij met zijn kin richting hun plek. 'Ga maar aan de tweede tafel zitten, bij het raam,' zei hij, zonder op te kijken. Coco en Lourdes aarzelden. Ze keken onzeker rond. 'Daar,' zei de bewaker ongeduldig, zonder verdere aanwijzingen. Ze liepen op hun tenen een paar traptreden af en naar het midden van de ruimte. 'Zie je dat zwarte meisje met die witte vent? DAAR IN DE BUURT!' schreeuwde de bewaker.

Lourdes ging op een stoel zitten die zo dik onder het vette vuil zat dat andere bezoekers met initialen en harten van hun aanwezigheid hadden blijk gegeven. De stoel wiebelde. 'Kan ik van stoel ruilen? Van welke kant komt-ie?' vroeg ze.

Mercedes wees naar een deur. 'Papa komt daarvandaan, *Abuela*,' zei ze. Lourdes tikte werktuiglijk met haar linkervoet op de vloer. Toen Cesar eindelijk door de gedetineerdeningang binnenkwam, rende Mercedes de zaal door; een bewaker maakte net op tijd zijn handboeien los zodat hij haar kon opvangen toen ze in zijn armen rende. Cesar droeg haar naar de bewaker die bureaudienst had en die zijn registratienummer opschreef. Hij liet Mercedes vrolijk op en neer springen terwijl hij op Lourdes en Coco afliep. Lourdes stond op. Cesar zette Mercedes voorzichtig neer en omhelsde zijn moeder, die snikte. Hij kuste zacht Coco's wang. Zij huilde ook. 'Waarom huil *jij* in godsnaam?' vroeg hij. Hij glimlachte zorgelijk en keek naar de vrouwen in zijn leven, van de een naar de ander: Coco met haar dikke buik en door haar zelf veroorzaakte rode vlekken, Lourdes met opgezet gezicht en sniffend, Mercedes die vrolijk vanuit een hoofdje vol perfecte krullen toekeek.

Hij kwam meteen tot de kern van de zaak, terwijl hij zijn moeder recht in de ogen keek: 'Zo, en wat is er met jou aan de hand? Wat betekent dit allemaal?' Hij wist het meeste al van Elaine, die dacht dat Domingo Lourdes in elkaar had geslagen omdat ze zijn drugs had gestolen. Elaine had Cesar verteld over de schietpartij die als gevolg daarvan was ontstaan tussen Domingo en haar man, Angel, en over hoe Domingo zelfs Robert had bedreigd toen die Lourdes' spullen was gaan ophalen. Elaine had zelfs de politie gebeld en Domingo was in de gevangenis beland vanwege verboden wapenbezit. Ondanks het gedoe van zijn familie wist Cesar dat het aan hem was om de kwestie – hoe die ook in elkaar zat – te regelen. Iets regelen was vanuit de gevangenis een heel stuk moeilijker. Hij had Rocco al bericht gestuurd, die weer vrij was.

Wat Cesar nog niet wist, was dat Lourdes, terwijl Robert nog bezig was te zorgen dat zijn moeder naar Florida kon, Domingo op borgtocht vrij had gekregen en naar hem terug was gegaan. Toen Lourdes haar versie van het verhaal vertelde, werd de uitdrukking op Cesars gezicht almaar neutraler. Hij verstrakte, terwijl Lourdes maar doorzeurde over dat Elaine alleen maar aan zichzelf dacht, dat de man van Elaine een leugenaar was, dat hoewel Robert Lourdes had uitgenodigd om bij hem en zijn vrouw te logeren, ze het niet zo ver weg in Brooklyn kon uithouden, laat staan hun Jehova's getuigenregeltjes overleven.

Cesar keek naar Coco, die er stilletjes bijzat. Hij legde zijn grote hand op haar dikke buik. Het kind zou over een maand komen. Cesar leek rustiger te worden van het fysieke contact met zijn ongeboren kind. Hij vroeg zijn moeder: 'Waar woon je nu?' Ze zei niets. Hij keek naar Coco. 'Is ze weer bij hem terug?' vroeg hij. Coco beet op haar lip en sloeg haar ogen neer. Lourdes begon opnieuw uit te leggen dat het door Angel kwam dat ze geslagen was, maar Cesars gezichtsuitdrukking maakte dat ze een andere benadering koos. 'Ja, ik ben weer terug bij mijn man,' zei ze. 'We zijn weer in het appartement.'

Cesar onderbrak haar. 'Hij geeft je dan wel eten, kleren en onderdak, maar dat deed hij ook al voordat hij je sloeg – en dan ga jij terug? Hij slaat je nog een keer dood. Wat denk je dat ik ga doen? Hier rustig zitten af-wachten?' Cesar legde zijn benen over elkaar en liet zijn kin op zijn han-den rusten als de Denker. 'Wat is dat voor man? Ik ben een gewelddadig type maar mijn vriendin sla ik niet. Kijk maar wat ik Coco allemaal heb aangedaan, maar geslagen heb ik haar nooit.' Hij staarde in de verte om zijn toenemende woede de baas te blijven en merkte toen Lourdes' bibbe-rende wangen op. Zijn stem werd zachter. 'Toen ik klein was, kon ik niks doen, maar nu wel. Niet dood, maar ik laat al zijn botten breken. Ik weet dat je van hem houdt, en dat moet je zelf weten, maar dit is jouw zaak niet meer. Laat het los.' Hij legde zijn armen om Coco heen en duwde zijn gezicht in haar borsten.

De conversatie kabbelde voort; Coco luisterde toe terwijl Cesar en Lourdes het over Cesars ontdekking van zijn andere dochter hadden. Mer-cedes kwam van de andere kant van de zaal en bood Cesar een autootje zonder wielen aan. De uren verstreken. Cesar en Coco kusten elkaar en toen Lourdes even naar de wc was, vrijen ze een beetje. Lege verpakkin-gen stapelden zich op. Ze praatten bij over familie en vrienden. In een rustig moment zei Cesar tegen Lourdes dat hij kortgeleden heroïne had geprobeerd. Hij had wat gesnoven, samen met Tito, die ook nog in Cox-sackie zat. Cesar dacht dat hij het niet opnieuw zou doen, hoewel hij moest bekennen dat hij in de gevangenis doodging van verveling. 'Als iemand spul binnenbrengt en je zit in de bak en je zit maar de hele dag te niksen – ik haat die activiteitenprogramma's – en iemand zegt "Wil je high worden?", dan wil je wel,' zei hij. Cesar gaf Coco opdracht om de volgende keer dat ze op bezoek kwam, ook om Tito te vragen, zodat die ook bezoek kreeg. Ze knikte, verontschuldigde zich vervolgens en ging naar het toilet, waar ze zich vastgreep aan de rand van de wasbank, die verstopt zat met wc-papier, haren en sigarettenpeuken, en barstte in tra-nen uit. Ze had nooit gedacht dat Cesar heroïne zou proberen. Toen hij nog gewoon vrij rondliep, had hij alle drugs veroordeeld, op weed na.

Ondertussen stak Lourdes een paar losgeraakte haarstrengen terug in haar knot. 'Je wordt heus wel weer verliefd, hoor. Hij is toch niet de enige man op de wereld?' verzekerde Cesar zijn moeder. Lourdes tilde trots haar kin op. Een straal middagzon scheen door de ramen, die zo dof waren dat het leek alsof ze met een reuzen-schuurspons waren geschuurd.

'Het bezoekuur is afgelopen!' riep een droevig uitziende bewaker. 'Wegwezen! Moven! Tijd om te gaan!' Mercedes wilde nog een snoepje. Het geld was op en er was alleen nog een toffee over. 'Mag ik die?' vroeg ze aan haar vader, die hem vervolgens in zijn mond stopte. Hij trok een overdreven gezicht om te laten zien hoe lekker het snoepje was. 'Proef maar,' zei hij, haar uitlokkend om het plakkerige spul op het puntje van zijn tong te proeven.

'Geef hier!' riep Mercedes. Cesar haalde de toffee uit zijn mond en hield haar die voor, maar net op het moment dat ze hem wilde pakken, trok hij hem weg. Opnieuw bood hij hem aan, en net toen ze hem wilde pakken, slikte hij hem door en likte zijn lippen.

Hij bedolf haar gekwetste gevoelens met omhelzingen, maakte er een spelletje van, overstemde haar huilen met lachen, kusjes en gekke geluiden. In de subtiele tirannie van dat ogenblik klonk de polsslag van Cesars buurt door: de schreeuw om aandacht, de onderstroom van woede over al die kleine behoeften die ofwel genegeerd waren of waar niet aan tegemoetgekomen was, de machtswellust, verpakt in plagerijtjes, en de plotselinge uitbarstingen van liefde. Toen was het voorbij en Cesars dochtertje van drie jaar oud ging terug naar de buitenwereld en liet hem achter.

Tot Coco's opluchting vroeg Mercedes deze keer niet waarom Cesar niet mee naar huis ging. Sommige ouders vertelden hun kinderen leugens: ze zeiden dat hun vader in de gevangenis werkte of dat het een ziekenhuis was. Elaine gebruikte haar broer als voorbeeld: ze zei tegen haar zoontjes dat Tío Cesar moest boeten omdat hij slechte dingen had gedaan. Coco meende dat het het beste was zo dicht mogelijk in de buurt van de waarheid te blijven, maar het ook weer niet al te cru te maken, dus als Mercedes ernaar vroeg, verzekerde ze haar dat papa thuis zou komen als hij niet meer ver weg hoefde te zijn. Toen de bewakers het bezoek de bedompte ruimte uit lieten, keek Coco niet meer om. Ze zei: 'Ik was altijd zo van de kaart dat ik niet kon omkijken en dan miste ik hem weer de hele weg terug.'

Coco en Mercedes speurden onderweg naar herten langs de snelweg. Lourdes zat te broeden en haar boosheid aan te wakkeren: 'George sloeg Jessica met een stuk hout. Angel – heb ik gelijk of niet, Coco? – heeft Elaines kaak gebroken,' riep ze uit. In feite was het George die de kaak van Jessica had gebroken. Maar er kwamen zoveel vechtpartijen, vernederingen, ruzies en uit de hand gelopen feestjes voor, dat het niet meer bij te houden was. 'En Robert, die is nota bene Jehova's getuige en toch bereid zijn jongere broer iets te laten doen waardoor die misschien nog langer

185

moet zitten? Hij is godsdienstig en dat lijkt me dus niet juist. Heb ik gezegd wat zij moeten doen als ze geslagen werden? Heb ik iets tegen Jessica gezegd? Heb ik tegen Elaine gezegd dat ze bij Angel weg moest gaan? Waar halen ze het recht vandaan, mij te zeggen wat ik moet doen?' Coco en Mercedes vielen in slaap. Lourdes ging maar door: 'Ik heb tegen Cesar gezegd "Hou op met dat machogedoe. Hou op met dat geweld! En probeer alsjeblieft vrij te komen!"'

De boosheid maakte plaats voor droefheid. Lourdes keek uit het raampje naar een wit houten landhuis op een heuvel. 'Eén avond van mijn leven zou ik wel eens in zo'n huis als dat willen logeren, met een veranda, en alles rustig en vredig,' zei ze. Ze rommelde in haar tas op zoek naar sigaretten en zocht op de radio een Spaanstalige zender, die ze pas ruim een uur later vond, nadat ze de wonderbaarlijk lange spanwijdte van de Tappan Zee Bridge over waren. Hoe dichter ze bij de Bronx kwam, hoe harder ze de radio zette.

Cesars vrienden en vriendinnen stelden zijn loyaliteit op prijs. Als hij je als familie beschouwde, stond hij achter je, wat er ook gebeurde. Hij was meedogenloos eerlijk en wat hij zei kon pijn doen, maar dat maakte hem ook betrouwbaar in een wereld waarin onduidelijkheid en list en bedrog troef waren. Hij was berekenend tegenover meisjes, maar zijn vleierijen waren altijd ergens op gebaseerd. In zijn omgang met vrouwen haalde Cesar liefde en trouw niet door elkaar. 'Ik hield van Coco met mijn hele hart, maar ik ben haar nooit trouw geweest,' zei hij. Lizette gaf hem condooms mee als hij uitging. Als Roxanne het vermoeden had dat hij vreemdging, suste hij haar door te zeggen: 'Oké, maar welk meisje kan er tegen jou op?' In de gevangenis, waar zaken meestal via een omweg werden geregeld, bracht Cesar zijn wensen helder en duidelijk naar voren: hij moest een vrouw hebben die hem door zijn straf heen hielp, een beetje leuk, flink meisje, dat precies deed wat ze moest doen: zijn kinderen regelmatig mee op bezoek brengen, hem gezelschap houden tijdens een caravanbezoek, geld op zijn kantinetegoed storten. Hij hoopte op een meisje dat hem begreep en dat ook zijn moeder in de gaten kon houden, maar daar durfde hij niet op te rekenen.

Coco wou dat hij háár wilde, hoewel ze niet zeker wist welke criteria er bij de keuze golden. Haar moeder bekende ze aarzelend haar twijfels over het huwelijk: 'Het gaat allemaal te snel. We willen alles zó snel doen dat het daardoor misgaat.' Als ze trouwden, moest zij hem onderhouden en er waren al zoveel andere dingen die ze moest doen: een eigen appartement regelen, de school afmaken, een goede baan vinden, een heel goede moeder en een voorbeeld voor haar dochters zijn. Ze wilde haar rijbewijs halen en sparen voor een auto met open dak. En op de dag dat Cesar vrijkwam zou ze – met de kinderen achterin – naar de poort van de gevangenis rijden en het portier aan de passagierskant openzwaaien. Haar stoutste droom was het om fotograaf te worden. En minimaal wilde ze wat dikkere borsten en billen hebben en ophouden met aan haar gezicht te pulken.

Coco hield haar grootste twijfels meestal voor Cesar verborgen, maar niet voor zichzelf. 'Iedere dag bedenk ik weer iets anders,' zei ze. Er was alle reden voor haar verwarring; Cesar leek zelf ook enigszins in de war. Hij had wel geschreven dat hij van haar hield, maar ze herinnerde zich dat hij een keer had gepocht dat hij haar brieven kon schrijven die alleen maar bedoeld waren om haar voor de gek te houden. Het was al lang geleden dat hij dat had gezegd, maar nu vroeg ze zich iedere keer als hij 'ik hou van je' schreef, af: *zegt hij dat alleen om mij voor de gek te houden?* Ze was er bijna van overtuigd dat zijn belofte om een tatoeage te nemen met de tekst *Cesar houdt van Coco* gelogen was. Boy George had Jessica hetzelfde beloofd, maar toen had hij alleen een hart genomen en Jessica's naam weggelaten.

Coco was blij dat Cesar eerlijk was over zijn andere meisjes – de meeste jongens logen daarover – maar als ze met Cesar trouwde, wilde ze geen andere meisjes meer in de buurt. Sterker nog, ze wilde nu al geen andere meisjes meer in de buurt. 'Ik kan je toch niet bedriegen zoals ik hier zit,' had hij geprotesteerd, alsof het idioot was dat ze zich zorgen maakte. Maar Coco wist heel goed wat er zich tijdens bezoekuren afspeelde. Mercedes was een keer gestuit op een stel in een wc-hokje. Anderen slaagden erin seks te hebben in de open bezoekruimte. Waarom droegen gewoonlijk goedgeklede meisjes anders van die lelijke cowgirlrokjes?

Er waren heel wat dingen die Coco Cesar in haar brieven niet durfde te vragen maar waar ze wel over piekerde. Hoe kon je bij een vechtpartij betrokken raken als je opgesloten zat? Had Tito zijn vrouw echt per ongeluk doodgeschoten? Waarom wreef Cesar niet over zijn polsen als de bewaker hem de handboeken had afgedaan? Handboeien deden toch pijn? Met Cesar deelde ze alleen de betere fragmenten van haar tegenstrijdige gedachten: fantasieën over de caravans, de seks die ze miste, Mercedes' jongste escapades en prestaties.

Coco vertelde hem niet dat ze liever niet op bezoek kwam als ze geen geld had om eten uit de automaat te kopen, en dat ze zich, als ze wel op bezoek kwam, te onbehaaglijk voelde om in zijn bijzijn te eten. Ze zei niet hoe moeilijk het voor haar was om echt te houden van Justine, de dochter die hij met Roxanne had gekregen. Justine was een onschuldig kind, maar Coco werd jaloers als hij het trots over Justines mollige armpjes had. Ze schaamde zich voor deze tekortkoming. Ze maakte zich ook zorgen over het feit dat Cesars verlangen naar een zoon groter leek dan zijn liefde voor zijn reeds geboren dochters. Zij wilde degene zijn die hem een zoon gaf, maar ze maakte zich ook zorgen over het feit dat als ze het geluk had een zoon te krijgen, ze die weer kon verliezen. Coco was ook bezorgd over het feit dat Mercedes nu al zo vaak haar vader imiteerde, en Mercedes was nog wel een meisje. 'Die jongen zal zóveel op zijn vader willen lijken dat ik bang ben dat hij – wat god verhoede – net zo eindigt als hij, achter de tralies, en dat ik dan moet doormaken wat Lourdes doormaakt.'

Het was al moeilijk genoeg om de vriendin te zijn van een jongen die in de gevangenis zat. Cesar was alleen maar met zichzelf bezig; hij vroeg haar zelden iets: 'Hoe is het met jou, met Mercedes en ons ongeboren kind? Komt het kind al?' Dat was het wel zo'n beetje. Hij hield haar bezoeken bij alsof hij een werkgever met een prikklok was. Hij wilde lakens die bij zijn handdoeken pasten, trainingspakken die bij zijn sportschoenen pasten, niets mocht zwart, grijs, oranje of blauw zijn. Als ze alleen kwam, zei hij dat hij wou dat ze de kinderen had meegebracht. Als ze de kinderen meebracht, moesten ze mooi aangekleed zijn. Hij zei voortdurend dat ze zich niets moest aantrekken van wat andere mensen zeiden, maar hij eiste tegelijkertijd dat ze er goed uitzag tegenover zijn vrienden. Ze kon nooit het perfecte meisje zijn dat hij wilde. En in plaats van dat hij haar verzekerde dat ze knap was, lachte hij haar uit omdat ze zich zorgen maakte. 'In iedere brief zeg je steeds "ik heb kleine borsten en een medium kont", nou en? Als ik geen klachten heb, waarom zou jij die dan wel hebben?' Hij haatte het als ze en plein public begon te huilen. 'Ik denk dat hij gewoon niet wil dat de mensen denken dat hij me aan het huilen heeft gemaakt,' zei ze. Dus huilde ze maar thuis, in bed. 'Niemand merkt het, want ik doe het 's nachts,' zei ze. Maar haar dochters merkten het wel.

'Mamma, waarom huil je altijd?' vroeg Nikki dan met haar hese stemmetje. Mercedes werd boos van ongerustheid. Ze eiste dat Coco ophield, en die hardere vorm van liefde hielp soms wel.

Coco relativeerde de problemen die ze had als gevolg van het feit dat ze haar kinderen alleen moest opvoeden. Ze voerde dagen nadat ze ze ontvangen had, nog complete gesprekken met Cesars brieven. Dus hij had er genoeg van dat zijn dochtertjes verschillende moeders hadden? 'Dat is jouw zaak,' riep ze tegen haar ladekastje. En wat was ze van plan te gaan doen met Nikki's vader, die op het punt stond vrij te komen? 'Wat ik met hem ga doen? Moet ik hem soms in mijn zak stoppen?' vroeg Coco aan de telefooncel. Haar buren in Thorpe hoorden antwoorden die Cesars oren nooit bereikten: 'Hij denkt dat ik niks te doen heb. Hij begrijpt het gewoon niet. Ik ga naar de sociale dienst. Ik zorg voor de kinderen. Ik heb ook een leven,' zei ze, hoewel ze niet altijd zeker wist of dat wel zo was. Tegelijkertijd versmalde Cesars kritiek de onmogelijke verwachtingen van de buitenwereld tot tekortkomingen waartegen ze zich kon verdedigen – wat Cesar niet begreep, niet zei, niet zag.

Voor Cesar terug moest naar Coxsackie, maakte Mercedes kennis met haar grootvader. Coco had haar mee naar Rikers genomen met Lourdes en had om een bezoek aan Cesars vader verzocht. Mercedes zat bij hem op schoot. Jessica hoorde van het bezoek en schreef Coco, waarbij ze haar verweet dat ze Mercedes in gevaar had gebracht. Jessica onthulde dat de vader van Cesar degene was geweest die haar had misbruikt en ze zei dat ze niet wilde dat haar dochters bij hem in de buurt kwamen, 'en ik wil ook niet dat mijn nichtjes bij hem op schoot zitten, want zo is het met mij ook begonnen... ik zou niet willen dat iemand van jullie moest doormaken wat ik heb doorgemaakt en nog doormaak.' Coco voelde met Jessica mee, maar geen enkele man zou iets ondernemen tegen een meisje terwijl haar moeder naast hem zat. 'Ik heb er genoeg van dat mijn dochters allemaal van die verkeerde grootvaders hebben!' zei Coco ter verdediging, zij het alleen tegen zichzelf.

Coco vertelde Cesar al snel over Jessica's onthulling. Gelukkig zaten op het moment dat het gevaarlijke nieuws Cesar ter ore kwam, zijn vader en hij niet meer in dezelfde gevangenis.

Eindelijk kondigde Coco's zuster tegen eind oktober aan: 'Coco staat op het punt te bevallen.' Iris kwam echter niet naar het ziekenhuis; ze was al twee keer eerder voor niets op komen dagen. Ook Coco's buurvrouw uit Thorpe House, Jezel, kwam niet. Nikki's vader was vrijgekomen en Nikki logeerde bij hem en zijn vrouw in Baltimore. Maar Mercedes vergezelde Coco naar het ziekenhuis en wachtte in de hal van de kraamafdeling terwijl Coco naar de verloskamer werd gebracht.

De dubbele deuren aan het eind van de hal klapten open. Foxy kwam druk in de weer binnen, gekleed in een tuinbroek en met appelgebak en warme chocola, en met Hernan in haar kielzog. Ze hield de papieren zak omhoog als een fakkel. 'Hij zorgt goed voor me,' zei ze, achterwaarts gebarend met haar kin, en plantte de zak op een stoel. 'Waar is Coco?' Toen verdween ze door een deur. Mercedes sloeg haar armen om Hernan heen. Mercedes negeerde Hernan als Coco erbij was, maar die avond stak ze haar neus in zijn hals.

'Hallo, Mercedes, hoe gaat het?' vroeg hij respectvol.

'De politie heeft mama meegenomen,' zei ze ernstig. Ziekenbroeders hadden Coco van de eerste hulp overgebracht naar de kraamafdeling. 'We zijn op de vlucht voor ze. De politie heeft mama. Wij zijn voor ze op de vlucht zodat we haar terug kunnen krijgen.'

Mercedes trok zich op aan een leuning in de hal. Zij en Hernan stoeiden wat. Mercedes vroeg Hernan geld en hij gaf haar al zijn losse munten. Coco stak haar neus om de deur van de hal en Mercedes kwam behoedzaam dichterbij. Ze kuste de buik van haar moeder en toen haar hand, als een minstreel. Coco snakte naar adem en trok zich toen weer voorzichtig in haar kamer terug; Mercedes ging weer naar Hernan toe en zei met een droevig stemmetje: 'Ik wil liggen.' Hij maakte een bed van stoelen en legde daar hun jassen op. Ze kroop erop en staarde naar de tl-buizen op het plafond. Rusteloos klom ze weer van de stoelen af. Toen dicteerde ze een denkbeeldige brief aan Cesar, waarin ze hem informeerde over de baby en over de vervelende toestand waarin Jezels zoon verkeerde nu zijn moeder hem huisarrest had opgelegd. Mercedes oreerde vanaf de vloer, waar ze op haar zij lag en luie gebaren met haar arm maakte:

*Lieve papa,*
  *Mammie krijgt nu het kindje.* ESJKLMMNOP 1-2-3
  *Mijn moeder krijgt een kind en ik kan niet naar haar toe want ze heeft gezegd dat dat niet mag ... hij zit in de problemen omdat zijn moeder niet wil dat hij naar buiten gaat, daarom is hij binnen ... Hij moet een week binnen blijven, dan mag hij de volgende week weer naar buiten. Zijn moeder heeft hem geslagen. Ze heeft hem naar binnen gehaald en hem een pak slaag gegeven.*
  *Dag papa*
  *Ik hou van hem en hij houdt van Mercedes. Hij heeft me een keer een klap gegeven omdat ik aan mijn gezicht peuterde.*

Af en toe verdween Foxy in het toilet om een sigaretje te roken. Ze dacht met genoegen terug aan Coco's geboorte en haar zalige tijd op de psychiatrische afdeling. 'Ik wou dat ik naar het ziekenhuis terug kon. Ik heb het gevoel dat dat de enige plek is waar ik echt kan uitrusten,' zei ze. Coco kwam opnieuw haar kamer uit gestrompeld en hield zich kreunend aan de leuning vast. 'Mama! Mama! Mam-maaaaaa!'

Foxy rende naar haar toe om haar te ondersteunen en samen strompelden ze door de gang. Mercedes kwam bij hen staan toen ze stilstonden bij een poster over ontsluiting, alsof ze een rondleiding door een museum kregen. Foxy wees op een tekening van vier centimeter: zover was Coco op dit moment.

'O, mijn god! O, mijn god!' hijgde Coco gelukzalig. Foxy hielp Coco terug naar haar kamer. Mercedes keek verloren rond.

'Bevallingen zijn bijzonder,' zei Hernan achteloos, zijn autoradio tussen zijn knieën heen en weer draaiend.

Mercedes' splinternieuwe zusje, Nautica Cynthia Santos, had gezwollen oogjes en een rood neusje. Ze had een roze met wit mutsje op. Mercedes had een ander kindje in haar hoofd gehad – een jongetje – en ze keek over Nautica heen en speurde nieuwsgierig de kamer af. Ze zocht de schuld bij de vroedvrouw. 'Ik dacht dat het een broertje zou zijn,' zei ze beschuldigend.

'Jij dacht dat het een jongetje was, maar kijk maar, het is een meisje,' zei de vroedvrouw uitnodigend. Mercedes staarde naar haar kleine zusje. 'Meisje,' zei ze nadenkend. Ze lachte verlegen. Ze klopte plichtmatig op Nautica's hoofdje. 'Waar heb je dat baby'tje vandaan, mama?'

'Kijk eens wat je mama heeft gedaan,' zei de vroedvrouw.

'Je *vader* heeft het gedaan,' zei Foxy ironisch.

De kleine handjes van Nautica klemden zich tot kleine vuistjes. Coco bekeek haar nieuwe kindje slaperig, mompelend: 'Ze heeft de dikke lippen van haar vader.'

Pasgeboren kinderen konden – zolang ze tenminste pasgeboren waren – mensen mobiliseren. De volgende dag reed Hernan Foxy en Milagros naar het ziekenhuis, haalde Coco en Nautica op en bracht ze allemaal terug naar Thorpe House. Hij kocht een grote pizza, limonade en vruchtensap en ze vierden het in Coco's appartement. Foxy bleef de hele tijd, zonder dat ze een smoesje verzon om weg te gaan en high te worden. De volgende dag brachten Foxy en Hernan een wiegje. Het was van Iris' dochter geweest maar Foxy had een nieuw matrasje gekocht. Iris beloofde een wandelwagentje voor het kind te kopen als er een voorschot kwam van haar rechtszaak: een aantal jaren geleden had ze een miskraam gehad en Foxy had, zonder dat Iris het wist, onder haar naam een proces aangespannen. Volgens de aanklacht was Iris' miskraam veroorzaakt door een val van een kapotte trap in Foxy's gebouw; Iris was met tegenzin langzamerhand enthousiast geworden. Uit een nadeel kon voordeel worden gehaald, maar soms moest je, zoals Foxy wel wist, de zaak een handje helpen.

De organisatie van Thorpe House berustte op heldere afspraken en gevolgen. Coco's zwangerschap had haar een bijzondere status en enige toegeeflijkheid opgeleverd, maar nu was ze gewoon weer een van de moeders. Maar tot teleurstelling van zuster Christine maakte de geboorte van Nautica Coco onrustiger. Ze werd brutaler – ordelozer bijna – alsof Nautica's komst Coco toestemming had gegeven zich te gedragen alsof ze op

191

straat rondhing. Ze blondeerde haar haar en föhnde het steil, 'precies zoals dat van Jessica'. Ze liet haar neus piercen. Ze maakte plannen om te gaan dansen. Ze kleedde zich alsof ze uitging, ook al zat ze binnen. Ze kocht nepgouden oorringen van meer dan zes centimeter doorsnee met het woord *LOVE* erin. Ze verkondigde dingen als 'Ik ga heus niet thuiszitten omdat ik drie kinderen heb,' waarbij ze haar opvatting benadrukte met een uitdagende beweging van haar schouder. Ze ontdekte opnieuw de lol van het kijken naar jongens: 'Nu ik het kind kwijt ben, kan ik weer eens lekker om me heen kijken!' Zelfs haar opmerkingen over Cesar waren brutaal. 'Ik hoef niet naar hem te luisteren, ik ben niet meer zwanger,' verklaarde ze.

Mercedes vond deze houding van haar moeder niet prettig, althans niet als Coco zich tegen haar vader keerde. 'Ik hou van mijn vader,' zei Mercedes dan verdedigend. Op een dag, toen ze op weg waren naar Foxy, wees Mercedes op een werkplaats waar ze autobanden repareerden. 'Wat is dat?' vroeg Mercedes.

Coco zei vals: 'Het huis van je vader!' Mercedes lachte meestal als Coco lachte, maar ze aarzelde als Coco's opmerkingen over haar vader sarcastisch waren. Andere keren hadden ze een sterke band met elkaar in hun gedeelde verlangen naar de man die ze allebei aanbaden. Dan zongen ze samen luidkeels het lied dat Coco aan Cesar deed denken ('I Will Always Love You,' van Whitney Houston). Als Coco zich eenzaam voelde, zei Mercedes triest: 'Ik mis papa.' En als Coco het had over haar nieuwsgierigheid naar de dochter die Cesar met Roxanne had, beweerde Mercedes plotseling dat ze haar zusje miste.

Coco's nieuwe houding was niet alleen moeilijk voor haar dochter, zij beroofde haar ook van het genoegen dat ze daarvoor ontleend had aan haar prestaties in Thorpe House. Tevoren hadden jaloerse medebewoners enigszins misprijzend gereageerd op Coco's enthousiaste reacties, maar nu kraakte ze zichzelf af. Ze ontweek zuster Christine; ze rukte de prijzen en certificaten die ze had verdiend van de muur en verving die door foto's van Cesar. Onderaan een van haar getuigschriften had haar favoriete Thorpe-medewerkster geschreven: 'Ik wou dat je vaker hier was.' Coco snauwde: 'Ik word gek van die mensen, ik moet die stomme prijzen niet meer, wat is dat voor soort prijs? De-ik-wou-dat-je-vaker-hier-was-prijs?' Ze ging door met haar uitjes – naar Milagros, naar Lourdes, naar haar moeder – met als gevolg dat ze vaak de avondklok overtrad. Coco miste ook een aantal huisvergaderingen en Mercedes verzuimde op de peuterspeelzaal. Tijdens een controle van haar appartement kreeg Coco een minpunt voor vleesjus in de vriezer, en twee voor een rand in de badkuip. Ze deed alsof het haar niet kon schelen, maar dat deed het wel. Het waren op zichzelf geen belangrijke overtredingen, maar de nonnen van Thorpe House wisten dat de levensvatbaarheid van Coco en haar gezin afhing van haar vermogen om juist de kleine dingen te blijven doen.

## HOOFDSTUK 18

Coco's verjaardag, die dat jaar op Thanksgiving viel, begon niet goed. Haar oude vriendinnen uit de buurt hadden beloofd haar mee uit dansen te nemen. In de weken ervoor, als ze haar vriendinnen tegen het lijf liep bij haar moeder, bij de kliniek, bij de bushalte of bij de telefooncel voor de winkel, hadden ze het er voortdurend over gehad. Coco had drie dagen tevoren haar kleren al gestreken: een groen met wit sweatshirt met capuchon en een wijde beige broek, die ze van Hector had geleend. Maar op die koude novemberavond gingen haar vriendinnen in Thorpe naar Brooklyn en alle anderen waren blut. Ze overwoog nog heel even de vriendinnen van haar broers uit te nodigen, maar Manuel zou Yasmin nooit mee laten gaan, en Hector deed altijd wat Manuel deed. Manuel verwachtte dat Yasmin gewoon thuis in Foxy's appartement bleef, ook als hij naar zijn werk was.

Maar Coco bleef hopen. Je wist maar nooit. Nikki was weer terug van de logeerpartij bij haar vader en Foxy had al toegezegd om op de drie kinderen te zullen passen. Hoe dan ook, Coco móest gewoon uitgaan. Ze leende de jas van haar moeder en ging de buurt af. Eerst ging ze bij Milagros langs, maar die had vanwege Thanksgiving mensen te eten. Dronken stellen dansten in de duistere woonkamer, naast een tafel vol lege borden en kruimels. Coco vond het allemaal wat onaangenaam en wierp een blik in de kamer van de meisjes, waar een heel stel kinderen in het blauwe licht van de televisie lag te slapen. Serena, klaarwakker te midden van de kluwen kinderen, zat met haar rug tegen de muur. Coco stond even stil en gaf voor ze wegging Serena's zorgelijke gezichtje een zoen. Toen liep ze naar haar moeders woonblok en ging bij haar vriendin Angie langs. Angie had een blauw oog, haar bezorgd door een streng vriendje. Angies kleine zoontje zat stilletjes in een ledikantje; er lagen geen lakens op het vieze matrasje. Er was verder niets in de woonkamer, op een moederdagkaart na, die open op de grond lag.

Vervolgens ging Coco langs bij haar vriendin Vanessa. Misschien dat die mee wou. Coco baande zich een weg door de troep in het appartement van Vanessa's moeder naar de ordelijke oase die de kamer van Vanessa vormde. Die was vol met meisjes die zich aan het opmaken waren en over Vanessa's dilemma praatten: ze wilde geen maagd meer zijn, maar ze zat nog op school. Haar vriendinnen, van wie de meeste al drop-outs waren, adviseerden haar te wachten. Over maagdelijkheid en school werd gesproken alsof die twee zaken onlosmakelijk met elkaar waren verbonden; het verlies van het een leidde onherroepelijk tot het opgeven van het ander. Terwijl Coco wachtte tot Vanessa had uitgemaakt dat ze niet mee kon gaan dansen, liet ze Vanessa's nichtje met haar sleutels spelen. Toen hoorde Coco dat haar vriendin Terry 9 dollar had en daarom misschien wel bereid was om uit te gaan. Coco trof Terry in de enorme lobby van Angie's flat, waar ze te midden van suffige meisjes stond en bier uit een plastic bekertje dronk. Coco's enthousiasme leek bijna een inbreuk. De meisjes deelden zwijgend één sigaret.

'Geef me twintig minuten, Coco, zodat ik dit kan opdrinken en dan even naar boven kan om te doen wat ik moet doen,' zei Terry. Wat ze moest doen, had met drugs te maken. Coco dronk niet, rookte niet en gebruikte geen drugs. Toen ze jong was, had ze alcohol en weed geprobeerd, maar ze had het niet prettig gevonden.

'Ik kom weer terug als ik bij mijn schoonmoeder ben langs geweest,' zei Coco. Lourdes maakte altijd een hoop ophef van Coco, zelfs op gewone, saaie dagen maakte ze er een hele toestand van als Coco langskwam.

In Lourdes' gebouw op Mount Hope had iemand het eindelijk helemaal gehad met de gammele lift. Zelfs als hij het deed, moest je nog heel hard op de knop drukken en de bedrading moest regelmatig provisorisch worden opgelapt. Nu hing het hele paneel eruit. Coco drukte op wat er over was van de knop voor de derde verdieping en de lift bracht haar hortend en stotend naar de vierde. Ze haastte zich de trap af naar Lourdes' appartement. Er zat een kroonkurk over het kijkgat, de dop van een van Lourdes' lievelingssapjes, Sunny Delight.

Haar nieuwe onderkomen was een eenkamerappartement naast het gebouw waar ze het laatst gewoond had. De conciërge had de donkere ruimte zonder ramen stiekem verhuurd en droeg de huur niet aan de huisbaas af. De bedompte kamer stond tot het plafond toe vol met spullen die oude of nieuwe beloften inhielden: luidsprekers, stereoapparatuur, gereedschapskisten, autoradio's, een hometrainer, tv's, video's. Uit de muur stak een bumper van een Honda; er hingen camera's, wachtend op bijzondere momenten; er stond zelfs een Nikon aan de voet van Lourdes' beeld van Sint Lazarus. Het bed stond middenin de kamer. Om in de ijskast te kunnen, moest de deur van het appartement dicht zijn; aan de greep hing een stel handboeien. Er was een gootsteen en een gaspit, maar geen fornuis. Lourdes vond het vreselijk dat ze geen echte keuken had. Ze kon nu niet eens koken.

Maar op de avond van Coco's verjaardag had de kamer iets feestelijks. De elektriciteit, illegaal van een buurman afgetapt, was afgesloten en overal stonden kaarsen. Lourdes, die haar betoog op bed afstak, legde het probleem uit. De buurman was homo en verliefd op Domingo; als haar knappe echtgenoot nu maar één enkel bezoekje aan de homo zou willen brengen, zouden ze weer licht hebben. Maar Domingo, zei ze spottend, was bang. Als hij het appartement verliet, dook hij onder het kijkgat in de deur van de homobuurman langs. 'Hij is bang voor een flikker!' sarde ze.

In de smalle ruimte naast de ijskast zat een oudere man, die uit een bierfles dronk die in een papieren zak zat. Naast hem stond Domingo tegen de ijskast geleund en deed alsof hij Lourdes' schimpscheuten niet hoorde; ze sprak Engels, zodat hij het niet kon verstaan. Domingo werkte fulltime op Hunts Point, waar hij groenten uitlaadde die met trucks werden aangevoerd; als bijbaantje handelde hij in drugs. Hij was nog maar kortgeleden geïmmigreerd vanuit de Dominicaanse Republiek en zag Mount Hope als een tussenstop en, zo leek het, Lourdes als een minnares annex moeder, die hem langzamerhand meer last dan gemak bezorgde. Maar hij had geen andere keus en wilde ook de extra inkomsten uit zijn drugshandel niet kwijtraken (Domingo zei later dat Lourdes had gedreigd zijn zaakje te houden als hij het lef had om weg te gaan). Het was zijn droom om Engels te leren en zijn vrachtwagenrijbewijs te halen. Lourdes pochte dat Domingo wilde dat zij hem zijn eerste kind zou geven. Ze beweerde regelmatig dat ze zwanger was en treurde vervolgens over de miskramen die er onvermijdelijk op volgden. Als Jessica Elaine sprak, vroeg ze altijd: 'Hoe is het met mama? Weer zwanger?'

Lourdes bleef maar doorpraten, waarbij ze haar mitella gebruikte om haar woorden kracht bij te zetten. De kaarsvlammen flakkerden. Ze schepte op over haar lange haar, haar lekkere kont en haar Puertoricaanse aantrekkingskracht, over hoe ze als ze danste niet eens hoefde te flirten om een man te versieren. Domingo trok zijn wenkbrauwen ironisch naar Lourdes op, terwijl hij als een gevangenbewaarder rammelde met de handboeien die aan de deur van de ijskast hingen. Lourdes kwam van het bed af en pakte een trouwfoto van haar zoon Robert en zijn vrouw. Ze zwaaide ermee als met een boze vuist. 'Je moet nu gaan trouwen, schatje,' zei ze, Coco met haar gebroken arm aanstotend. Ze beweerde dat ze een proces had aangespannen. 'Als ik het geld krijg, geef ik je verdomme een trouwerij in de kerk cadeau.'

Coco barstte in huilen uit. 'Waarom huil je, mami?' vroeg Lourdes geschrokken. Ze keek beschuldigend naar Domingo, vuurde een salvo van Spaanse woorden op hem af en riep: '*Waarom huilt ze*?' In wat één vloeiend gebaar leek, duwde Lourdes Domingo opzij, commandeerde de oude man van de enige stoel af, zette Coco daarin en knielde voor haar in de onmogelijk kleine ruimte tussen de tafel en de muur met planken.

'Ik weet het niet, maar het lijkt wel of ik het ene ogenblik moet huilen, en het andere moment lachen, en dan weer huilen. Het ene moment ben ik blij, en dan weer niet. Ik weet niet hoe het komt,' flapte Coco eruit.

Lourdes begreep het probleem van verjaardagen. Mijlpalen waren moeilijke momenten. Zelf was ze over een paar weken jarig, ze werd dan drieenveertig. Ze tilde Coco's kin op en legde haar goede hand stevig op Coco's natte wang. Met hese stem barstte ze los in een bluesversie van 'Happy Birthday', waarbij ze haar hele ziel in het lied legde. Toen begon ze aan 'Sixteen Candles', Coco niet toestaand haar ogen af te wenden, totdat ze abrupt stopte met applaus voor zichzelf. 'O, ik ben gek op dat liedje!' zei Lourdes. 'Ik ben gek op dat lied! Vind jij het geen mooi lied, mami?' Coco glimlachte verlegen. 'Gefeliciteerd, Coco! Gefeliciteerd!' Lourdes schreeuwde haast, om haar verslagen hopelijk-toekomstige-schoondochter moed in te praten. Het geluidsvolume van haar wensen moest compenseren wat ze aan overtuigingskracht misten. Lourdes verklaarde vervolgens op normale toon dat Domingo een winterjas voor Coco zou kopen. Een vent die hij kende, verkocht jassen die van een vrachtwagen waren gevallen.

'Ik wil nergens op hopen, want altijd als ik ergens op hoop, gaat het niet door,' zei Coco, en vertrok. Ze had al jaren geen winterjas meer gehad. Twee kleine jongens waren aan het voetballen in de hal van het trappenhuis. 'Happy Thanksgiving,' zei een van hen tegen haar.

'Happy Thanksgiving,' zei ze terug. Ze trok het windjack dat ze van haar moeder had geleend, strakker om zich heen en duwde de zware voordeur open. Ze haastte zich over Mount Hope Place, zoals ze al zo vaak had gedaan, naar de lichten van Tremont Avenue.

Toen ze weer bij Foxy terug was, keek ze even hoe het met haar dochters was en vertrok toen weer voor haar afspraak met haar vriendin Terry. Het was zo koud dat alleen de drugsdealers op straat waren. Coco riep naar het raam van de slaapkamer van haar jongste broer: 'Hector! Gooi de sjaal van mama eens naar beneden!' De sjaal kwam naar beneden zeilen. Coco snoof erin, terwijl ze hem omdeed. 'Ik ruik net als mijn moeder als die sigaretten en weed rookt – oef!' zei ze. 'Ik geloof dat ik veel te wijde kleren aan heb. Ik voel me dik. Ik ben mager, maar ik voel me dik.'

'Je moet niet zo zeuren, Coco,' zei Terry.

'Coco!' riep Hector. Hij gooide nog iets uit het raam. Aan een luciferboekje had hij een vrijkaartje vastgeplakt voor een club in de buurt, die The Fever heette. Hij was op de hoek van Webster en Tremont: Coco kwam er altijd langs als ze bus 36 nam. Lourdes ging daar altijd dansen toen hij nog Devil's Nest heette. Nu schoten er zwarte bliksemflitsen over het uithangbord: 'The Fever–Catch It!' Coco hoopte dat ze Roxanne zou tegenkomen. Vechtpartijtjes brachten wat leven in de brouwerij. Het was haar verjaardag. Er moest iets gebeuren. Er moest iets veranderen.

The Fever zat in het souterrain van een bouwvallig pand vlakbij de plek waar Mighty was doodgeschoten. Uitsmijters fouilleerden willekeurig bezoekers. Het kostte 5 dollar extra als je je jas bij je hield, en 1 dollar om je pet op te mogen houden. Kennelijk was het dat wel waard om te kunnen paraderen in je merkspullen, want de meeste tieners hadden hun winterkleding aangehouden, hoewel de temperatuur bijna tropisch heet was. Alleen de gogogirls waren op de hitte gekleed, in leren hotpants en topjes met glitters.

Coco met haar paardenstaart zag er kwetsbaar uit terwijl ze haar vriendin Terry door de menigte voorging. De meisjes dansten met weinig enthousiasme. Ze fluisterden met elkaar en dansten weer wat. Ze gingen aan de zijkant van de dansvloer staan en keken toe. Jongens die zich de drankjes van 5 dollar konden permitteren, stonden rond de bar die het podium omgaf waarop de gogomeisjes dansten. Verveeld gooiden de meisjes hun benen uit boven de petten van de jongens. Coco kocht een drankje, dat ze nog steeds niet ophad toen ze drie uur later naar huis gingen.

Bij Thorpe House aangekomen, realiseerde Coco zich dat ze vergeten was haar sleutels terug te vragen aan Vanessa's kleine nichtje. Ze was buitengesloten, maar ze wilde de afwezigheid van haar kinderen gebruiken om haar appartement schoon te maken. Hoewel Coco het niet toegaf, wilde ze toch weer uitblinken bij de controle van de appartementen. Terry en zij bonkten wel een kwartier lang met hun vuisten en lichamen tegen de voordeur van Thorpe en kregen ten slotte de bewaker wakker. Hij slofte weg om de loper te zoeken. Coco liet zich op de grond zakken, terwijl Terry een verhaal over Thanksgiving las dat op het mededelingenbord in de hal hing.

Terry bestudeerde het aandachtig. Ze had een bril nodig: haar neus raakte bijna de papieren kalkoenen die op het bord zaten geprikt. De nonnen hadden een fotokopie gemaakt waarop bovenaan stond *Ik ben dankbaar...*

'Ik zie allemaal schrijffouten en ze kan niet eens *God* spellen!' riep Terry uit over een bijdrage van een bewoonster. Die van Coco las ze hardop voor:

*Ik ben dankbaar... Voor mijn drie oogappels Mercedes Nikki & Nautica. Ik dank god dat ik drie mooie dochters heb. Ik ben dankbaar dat ik een*

*lieve familie heb die heel veel om ons geeft. Ik ben dankbaar omdat ik*
*een mama heb die altijd voor me klaarstaat & me begrijpt.*

*Ik ben ook dankbaar voor de man die ik heb. Hij bezorgt me af en toe*
*wel koppijn. Maar dat hebben we allemaal wel eens.*

*En het allerfijnste vind ik dat ik eindelijk op mezelf ben (woon) &*
*mezelf kan zijn & ten slotte dank ik god als mijn kinderen al vroeg wat*
*verder kunnen komen (school)*

Coco had een Smiley getekend met pijlen die naar het woord *school* wezen.

'Ik zou eigenlijk naar de gevangenis moeten,' zei Coco verlegen. 'O, ze
zijn zo slim als ze uit de gevangenis komen. Cesar leert er zoveel. Je zou
eens moeten zien hoeveel hij weet.' De bewaker van Thorpe House was
beneden waarschijnlijk in slaap gevallen, maar Coco en Terry leken het
niet te merken – of het kon ze niet schelen. Ze haalden herinneringen op
aan hun jeugd.

'Ik nam mijn problemen mee de straat op,' zei Coco. 'Dat is tenminste
iets, ik hield ze nooit voor mezelf. Ik denk dat het kwam omdat ik iemand nodig had om tegen te praten.' Ze dacht even na. Ze leek in een
melancholieke bui te zijn. Haar gewoonte om haar eigen leven te becom-
mentariëren was ook een manier om er greep op te houden. 'Ik kan bijna
niet wachten tot mijn kinderen groot genoeg zijn zodat ik over alles met
ze kan praten.'

Eindelijk kwam de bewaker terug; hij kon de sleutel niet vinden.
Foxy's woongebouw was angstaanjagend stil. Naast het gebouw, op wat
jarenlang braakliggend terrein was geweest, stonden splinternieuwe een-
gezinswoningen: de jongste poging van de gemeente om de verloederde
buurt op te kalefateren. De pastelkleurige huizen hadden allemaal een
buitenlamp en een oprit. De bewoners parkeerden hun auto en controleerden vervolgens het slot van het hek, waarna ze door hun zwaar gebarricadeerde deuren naar binnen glipten en verdwenen. Zo middenin de
buurt straalden de huizen een onwezenlijke vrolijkheid uit. Ze mochten
dan wel bedoeld zijn om te inspireren, maar de onmogelijkheid om iets
wat zo vlakbij stond ooit te kunnen verwerven, had op de een of andere
manier het tegenovergestelde effect. De nabijheid ervan maakte de mislukking des te groter en persoonlijker.

Cesar belde Coco niet op haar verjaardag. Hij was weer overgeplaatst en
wachtte nog op telefoonrechten. Maar hij had haar een lange brief gestuurd, die Coco voorlas aan iedereen die het maar wilde horen. Op de
dag dat ze de brief kreeg, las ze hem drie keer voor zichzelf. Hij wilde de

relatie die zij ook wilde: 'Ik heb iedereen hier verteld dat je een meisje hebt gekregen en ze riepen zoiets van "Shit, man, je kan verdomme niet eens een jongetje maken." Ik heb gezegd dat jij en ik al van plan waren het nog een keer te proberen. Je hebt al ja gezegd, dus haal het niet in je kop om van gedachten te veranderen.'

Hij accepteerde Nikki: 'Ik vind het kloten om het toe te geven maar het is ook mijn schuld dat je zwanger van Nikki bent geworden... ik heb je murw gemaakt door altijd maar ruzie met je te maken en je van van alles en nog wat te beschuldigen.' Hij gaf haar meer privileges: 'Mamita, ik geef je je vrijheid.' Hij riep haar tot vrouw uit. De gevangenis had hem veranderd: 'Hoe gelukkiger ik je maak, hoe loyaler je zult zijn... In onze relatie is geen vertrouwen of begrip, alleen maar liefde en onze kinderen. Dat wil ik niet meer... ik vind nooit meer een vrouw die het 9 jaar met mij wil uithouden of die zoveel van me houdt als jij. Ik dacht dat ik twee vrouwen had die om me gaven, maar die zijn nu allebei met een ander. En dat zijn Lizette en Roxanne. Jij bent de enige die nog achter mij staat.'

Hij had slechts één verzoek:

*Het enige wat ik je vraag is van je gezicht AF TE BLIJVEN. En knip niet zelf je haar, en kleed je zoals ik dat graag wil. Coco ga één keer in de maand of in de twee maanden naar de kapper om je haar te laten knippen. Kleed je alsof je om jezelf geeft. Draag geen vieze sneakers en vuile kleren. Maak je sneakers en schoenen schoon. Doe je haar, zie er altijd leuk uit. Dat is het enige wat ik je vraag. Ik kleed me altijd netjes, dat is niet om indruk te maken op anderen maar op mezelf en dat is wat jij moet doen Coco indruk maken op jezelf.*

Hij noemde haar 'lieveling'. 'Ik mis je. Praten kussen lachen grappen ruzie en vrijen.'

De brief maakte haar trieste verjaardag tot de mooiste die ze ooit had gehad.

'Ikhouvanhemmijnliefste,' fluisterde Coco terug.

Foxy zei zelden tegen Coco wat die met haar kinderen moest doen. Maar al vanaf Nautica's geboorte had ze er bij haar dochter op aangedrongen, gaatjes in Nautica's oren te laten prikken; ze wou dat de mensen haar kleindochter niet langer voor een jongetje aanzagen. Coco gunde haar moeder dat pleziertje graag en ging met de meisjes bij Foxy langs, in de hoop de 10 dollar te kunnen lenen die dat kostte, maar alleen haar broer Manuel, zijn vriendin Yasmin, en Manuels twee kinderen, waren thuis.

Yasmin kwam uit de slaapkamer geschuifeld in een oversized t-shirt en slippers, het lange haar loshangend.

'Kan ik geld lenen voor oorbellen voor Nautica?' vroeg Coco aan Manuel.

'Ik ben geen bank,' zei hij. Manuel was zo mogelijk nog harder dan Iris. Hij was pas drieëntwintig maar als het om geld ging, gedroeg hij zich als een oude man. Yasmin probeerde een van Coco's supergrote oorbellen uit. Manuel trok een zuur gezicht. 'Je ziet er veel te vrouwelijk uit met die dingen. Blijf maar gewoon zoals je bent,' zei hij.

Coco wilde veel dingen in haar leven anders. Ze wilde trouwen, een eigen appartement hebben en weer naar school gaan. Zuster Christine had haar verteld over een middelbare-schoolproject voor jonge moeders, met kinderopvang op de school. Daar wilde Coco graag aan meedoen. 'Waarom ga jij niet terug naar school?' vroeg ze enthousiast aan Yasmin. Yasmin was veertien.

'Ik wil wel,' zei Yasmin. 'Iedereen zit op school, en dat geeft me het idee dat zij allemaal slim zijn en ik stom.'

'Er is een school voor meisjes zoals wij. Je kunt je nu inschrijven.' Coco vertelde Yasmin dat haar vriendin in Thorpe, Jezel, een opleiding volgde voor een baan als assistente op een kinderdagverblijf. Jezel was niet echt geïnteresseerd in dat soort werk – ze had geen geduld met kinderen, en vooral niet met haar eigen zoon – maar het sprak Coco juist aan, omdat die van kinderen hield.

'Ik wil wel naar school, maar dan moet ik fatsoenlijke kleren hebben. Ik ga niet naar school als ik geen fatsoenlijke kleren heb,' zei Yasmin. Ze had ook een bril nodig.

'En als je kleren hebt, wat is dan je volgende smoesje?' vroeg Manuel, terwijl hij langs haar heen de keuken inliep.

'Niks smoesjes, ik wil echt naar school,' riep Yasmin hem achterna en rolde met haar ogen. Ze schoot op Coco af en fluisterde: 'Coco, ik geloof dat ik zwanger ben!'

'Waarom laat je het niet onderzoeken?'

'Omdat ze daar te lui voor is,' zei Manuel, die weer op de bank kwam zitten.

'Mijn broer gebruikt crack,' zei Coco plagend.

Manuel sloeg een kruis. 'Godzijdank niet. En maak alsjeblieft geen geintjes over zulke dingen.' Nikki klauterde bij haar magere oom op schoot. 'Je mag niet tussen de benen van een man voelen, Nikki!' zei Manuel op scherpe toon. Nikki begon te huilen.

'Leg het dan wat beter uit, kijk nou eens hoe ze huilt,' zei Coco.

'Je mag tussen niemands benen voelen,' probeerde Yasmin.

'Niet bij meisjes, niet bij jongens,' voegde Manuel eraan toe.

'En vooral niet bij mannen,' zei Coco. Ze telde vier van haar negen voedselbonnen af en stopte die in Foxy's maandverbanddoosje, waar de jongens niet durfden te kijken. Manuel verbaasde Coco door haar 10 dollar voor Nautica's oren te geven en Nikki 1 dollar om haar over haar vernedering heen te helpen.

In het hokje op Burnside Avenue zat de mevrouw die gaatjes maakte, wijdbeens op een krakkemikkige kruk in haar kogelvrije veiligheidsstalletje. Ze droeg een goudkleurig suède jasje en in haar zwarte jeans zaten op strategische plekken gaten met zilveren randjes. Het leek of haar kleren bedoeld waren om haar op te beuren. Een gettoblaster stond snoeihard aan. De toonbank lag vol met gouden kettingen en oorbellen. Er stond ook een klaptafeltje met speelgoed: Barney-rugzakjes, nep-Barbies.

'Ik wil dat,' zei Mercedes en wees op alles.

'Ik heb geen geld, Mercedes,' schreeuwde Coco. De muziek stond zo hard dat het moeilijk te verstaan was.

'Gebruik dat van de baby dan,' opperde Mercedes praktisch.

'Wil je dan niet dat je zusje oorbellen krijgt?' vroeg Coco.

'Ze is lelijk met oorbellen,' zei Mercedes.

'Dus jij en Nikki mogen wel oorbellen hebben en je zusje niet?'

'Ja,' zei Mercedes. Nikki stond er stilletjes bij.

Coco hield Nautica's kleine hoofdje vast terwijl de vrouw met viltstift op elk oorlelletje een stip zette. Zonder enige waarschuwing prikte ze vervolgens het eerste roze bergkristallen oorbelletje erin. Nautica's adem stokte even, tot ze krijsend begon uit te ademen. De tranen liepen Coco over de wangen. De vrouw stak snel een oorbel door Nautica's andere oorlelletje.

Coco duwde de oorbellen er verder in. Het uiteinde prikte in Nautica's hoofdhuid. 'Ze zijn te groot,' zei Coco snotterend.

'Ik doe het bij zoveel kinderen,' zei de vrouw onverschillig.

'O,' zei Coco, terwijl ze al haar moed verzamelde. Ze zou zich normaliter hebben laten intimideren door de toon van de vrouw, maar nu moest ze het opnemen voor een klein kindje. 'Ze is pas vijf weken, maar–'

'Ik doe het bij zóveel kinderen die pas twee weken oud zijn,' zei de vrouw. Einde verhaal.

Coco ging onmiddellijk naar Foxy terug om haar moeder de oorbellen van Nautica te laten zien. In de lift naar boven keek een buurvrouw naar de nu onmiskenbaar vrouwelijke Nautica. Haar ogen gleden vervolgens over Mercedes en Nikki en hoofdschuddend zei ze: 'Kan je nou echt niks goed doen, Coco? Drie meisjes!' Coco lachte haar scheve glimlach en haalde haar schouders op. De vrouw slofte de lift uit en zonder de moeite te nemen haar hoofd om te draaien, voegde ze eraan toe: 'Dat is het enige wat ik goed gedaan heb. Een zoon krijgen.'

De drang om dingen te kopen was in het getto altijd groot, maar tegen de kerstdagen werd het verwachtingsniveau bijna onverdraaglijk hoog en de spanning werd nog versterkt door de blues waarmee elke feestdag gepaard ging. Foxy had geen geld om cadeautjes voor haar kleinkinderen te kopen, dus ontweek ze haar eigen kinderen meer dan anders. Lourdes raakte haar gevoel voor dramatiek kwijt. Domingo zei dat haar batterij 'bijna op' was. Hij drong er bij Coco op aan om met de kinderen langs te komen om Lourdes weer wat op te beuren.

Kerstmis in de gevangenis was nog erger. Jessica had mutsen en dassen gehaakt voor haar dochters en nichtjes en neefjes, maar ze had niet genoeg geld voor postzegels om ze op tijd op te kunnen sturen; ze verdoofde zichzelf met de slaappillen die ze had ingenomen. Vlak voor Kerstmis kreeg Cesar het tijdens het luchten aan de stok met een moslimgevangene. De bewakers waren rond de feestdagen altijd voorbereid op dit soort uitbarstingen. Cesar bracht kerstavond door achter slot en grendel – in kamerarrest – in afwachting van een overplaatsing nog verder weg, naar een geïsoleerde afdeling. Hij schreef Coco: 'Ik heb het deze keer echt goed verpest.'

Toch keek Coco altijd uit naar Kerstmis. Anders dan haar vage plannen van trouwen, school en een baantje, was Kerstmis een stukje toekomst waar ze zich echt een beeld van kon vormen, en ze wist precies hoe ze dat tot werkelijkheid moest omtoveren. Rond de deur van haar appartement hing ze knipperende lichtjes op, die een potpourri van kerstliedjes speelden. Midden op de deur hing ze een rode krans en foto's van haar kinderen. (Foxy versierde haar deur met engelenhaar en plakte een met de hand geschreven briefje tussen de miniatuur cadeaudoosjes: 'Als iemand iets van deze deur steelt: Manuel en Hector wonen hier en die zullen je flink te pakken nemen. Foxy.') Terwijl Coco's grotere dromen twijfel en kleinerende opmerkingen opriepen, bekritiseerde niemand een moeder vanwege het feit dat ze haar kinderen met Kerstmis verwende. Dat jaar maakte Thorpe House het probleem een stuk eenvoudiger: de kinderen kregen heel veel cadeautjes die aan het tehuis geschonken waren en de nonnen voorzagen de moeders van kerstbomen. Coco maakte foto's van Mercedes en Nikki bij de kerstboom, met Nautica bij Mercedes op schoot.

Maar in plaats van te profiteren van het voordeel dat ze van de giften van Thorpe House had, kocht Coco cadeautjes voor iedereen in haar grote familie, hoewel ze haar schuld van de vorige kerst nog niet aan Dayland had terugbetaald. Het was opnieuw een voorbeeld van Coco's destructieve ruimhartigheid. Maar anders dan zoveel van haar acties die op teleurstelling uitliepen, schonk het haar veel voldoening om haar familie hun cadeaus te zien uitpakken.

Niet lang daarna bekende Coco in een brief aan Cesar dat haar oude jeugdvriendje Wishman haar vanuit de gevangenis had geschreven. Cesar eiste dat de correspondentie ophield. Hij vertrouwde Wishmans bedoelingen in de verste verte niet; Cesar schreef ook andere meisjes en hij wist uit ervaring wat er uit een gevangenisbriefwisseling kon voortvloeien.

Al maanden had hij, zonder dat Coco het wist, gecorrespondeerd met Giselle, het meisje bij wie hij op de ochtend van zijn arrestatie was geweest. Eerst waren zijn brieven alleen maar een manier om de tijd te doden, een lijntje naar de buitenwereld. Een brief, hoe saai ook, maakte de dag beter. En van een heel goede brief kon je weken plezier hebben. Als je naam werd omgeroepen in verband met post, betekende dat dat je ertoe deed. In een instelling waar alles onpersoonlijk was, gaf een brief aanzien: die was, op naam, alleen en direct aan jou gericht. Als je een lange straf had, bracht een brief je in herinnering dat er daar buiten iets was, dat er iets mogelijk was – reden waarom sommige gevangenen met levenslang liever helemaal geen brieven kregen. Het onderhouden van een briefwisseling vergde ook fantasie en concentratie, vaardigheden die het proces van institutionalisering vertraagden.

Correspondentie kon binnen de gevangenis een toekomst creëren: brieven konden tot bezoek leiden, en bezoek was een soort cadeau. De grote meerderheid van de gedetineerden kreeg geen bezoek. Een daadwerkelijke ontmoeting bood een jongen een betere mogelijkheid om liefde op te wekken. Ook iemand aan de andere kant van een telefoonlijn was prettig, een meisje dat je op haar kosten kon bellen; en als zij zelf niet geïnteresseerd was, kon ze je misschien wel bij een zuster, nicht of tante introduceren. Je moest tussen de regels door kunnen lezen, wat een spel was – de moeite waard omdat het leuk was en omdat het voor afleiding zorgde, ook al bereikte je misschien niet altijd je doel. Veel jongens vroegen de meisjes om foto's, die *flicks* werden genoemd. *Flicks* werden gecontroleerd, maar zoals met veel gevangenisregels, speelden ook hierbij inconsequentie en toeval een grote rol en heel veel foto's kwamen gewoon binnen. De meisjes poseerden in lingerie en in uitdagende standjes. Sommige meisjes stuurden *flicks* die haast te ver gingen (een creatieve vrouw had lippenstift op haar vagina aangebracht voor een exclusieve foto). Giselle was terughoudender. Maar in de maanden waarin ze elkaar brieven schreven, gebeurde er iets bijzonders: Cesar en Giselle werden vrienden.

Het frustreerde Cesar dat het niveau van communicatie dat hij met Giselle had, met Coco of Roxanne niet mogelijk leek. Hij vertrouwde zijn dilemma over met wie hij zou trouwen aan Giselle toe; ze wou niets zeggen – het was zijn leven – maar de gesprekken kalmeerden hem. Giselle was bevriend gebleven met haar ex-echtgenoot. Ze voedden hun zoontje gezamenlijk op. Sommige jongens in de gevangenis lazen de *Cosmopolitan*, opdat ze vrouwen beter zouden leren begrijpen. Maar Cesar putte inzicht uit Giselles gezonde verstand: hij raadpleegde haar over zijn relatie met Coco, over de ruzies, de verzoeningen en de teleurstellingen.

Giselle deed hem denken aan Jessica. Ze was klein, donkerharig en had een sexy figuur. Als ze glimlachte, kwam er een spoortje van een litteken van een vechtpartij uit haar kindertijd tevoorschijn; haar gêne over dat litteken gaf de vertederende indruk dat ze heel verlegen was. Ze zorgde voor zichzelf op een manier waarvan Cesar vond dat een echte vrouw dat zo moest doen: ze had een vaste afspraak elke zaterdag bij de schoonheidssalon en manicuurde haar nagels.

Giselle drong er bij Cesar op aan, geduld te hebben met Coco. Coco bracht in haar eentje drie kinderen groot, terwijl Giselle het al moeilijk vond om er eentje groot te brengen met hulp van haar ex en haar moeder. Ze wees Cesar erop dat het niet zo simpel was om een bezoek aan de gevangenis te regelen met twee kleine kinderen en een baby. Niettemin vroeg Cesar zich bij zichzelf af hoe Coco het voor elkaar kreeg naar Wishman te schrijven als ze het zo druk had.

In Wishmans laatste brief aan Coco had hij geschreven dat de federale aanklachten tegen hem waren ingetrokken. Cesar stelde zich zo voor dat Wishman alvast Coco mobiliseerde als een van zijn meisjes voor als hij vrij kwam. Wishman had om foto's gevraagd. Coco had die gestuurd, hoewel ze dat niet aan Cesar had verteld. Cesar kende Coco goed genoeg om wantrouwig te blijven. Hij voelde zich soms niet zozeer haar aanstaande echtgenoot als wel de vader van een lastig kind.

Giselle wees er Cesar fijntjes op wat een geluk het was dat Coco thuis kon blijven en zijn dochters kon grootbrengen. Giselle had het zo druk met vooruit te komen in het leven dat ze haar zoontje zelden zag. Vier avonden per week, na een hele dag werken, volgde ze van zes tot tien uur lessen aan het Bronx Community College. Haar zoontje was zo vaak bij zijn grootmoeder dat hij die *mama* noemde en Giselle gewoon bij haar voornaam.

Giselles rustige en onverwachte inzichten verruimden die van Cesar; haar voorbeeld bood hem een nieuwe manier van kijken naar bekende dingen. Hij keek uit naar haar brieven. In een brief aan Coco durfde hij, zich wellicht optrekkend aan Giselles optimisme, het jaar op hoopvolle toon te eindigen: 'Gelukkig 1994. Nog 7 jaar en 10 maanden, geen 9 jaar meer.'

Die winter werden alle records gebroken. De ene sneeuwstorm na de andere teisterde de stad. Op een saaie januarimiddag kreeg Coco in Thorpe House een telefoontje. 'Hoe gaat-ie, *bitch*?' vroeg de beller.

'Wie is dat?' zei Coco.

'Wie is dat?' zei Jessica plagend.

'Is dat Jessica?' gilde Coco. Het gesprek moest kort zijn, want Jessica's maatschappelijk werker had haar toegestaan om rechtstreeks te bellen, een privilege dat officieel alleen in noodgevallen was toegestaan. Coco zei vlug tegen Jessica dat Tito meer foto's wilde hebben; dat Cesar was overgebracht naar Southport, een speciale gevangenis nog verder weg; dat ze van plan was een tattoo met Cesars naam te laten zetten. Coco vroeg ook Jessica's advies over wat ze moest doen met een droom die Mercedes net had gehad. Mercedes was wakker geworden met de vraag waar Cesar was. Ze leek haar droom niet te kunnen onderscheiden van de werkelijkheid.

'Waar is papa?' had Mercedes gevraagd.

'Het was een droom,' zei Coco.

'Hij lag hier naast me. Waar is hij nu?' Coco was geschrokken van Mercedes' gespannenheid.

'Je weet waar papa is,' zei Coco streng. Mercedes was in tranen uitgebarsten.

Jessica zei tegen Coco dat ze een glas half vol water moest doen en dat onder het bed moest zetten, pal onder Mercedes' kussen. Ze had dit trucje van Lourdes geleerd en ze zwoer dat ze er een keer haar leven mee had gered toen ze nog met George samenwoonde. Ze was uitgegaan zonder hem dat te vertellen en terwijl ze afwezig was, was er in het appartement ingebroken. Jessica had George telefonisch het slechte nieuws doorgegeven en hij had haar kalmpjes meegedeeld dat hij haar zou vermoorden als hij thuiskwam. Jessica had in paniek Lourdes gebeld en Lourdes had Jessica over het glas water verteld. Toen George thuiskwam, was hij niet eens boos geweest.

Alleen al het geluid van Jessica's stem hielp Coco zich beter te voelen: 'Ze maakte m'n dag helemaal goed. Zij is de enige die me van een slecht humeur af kan helpen.'

Toen Coco de telefoon neerlegde, vroeg Mercedes haar moeder om haar opnieuw het verhaal van haar droom over haar vader te vertellen, iets waar ze al wekenlang steeds weer om vroeg. Mercedes vond het idee dat haar vader thuis sliep fantastisch. Een van Mercedes' favoriete verhalen over de korte periode van zeven maanden waarin haar vader nog vrij was, was over de nachten dat ze, in het appartement van haar grootmoeder op Mount Hope, gezellig tussen haar ouders in had gelegen in het grote bed van haar vader.

Coco regelde dat ze de week daarna haar eerste tatoeage zou krijgen. Zoals zoveel dingen in haar leven, was de tatoeage niet zozeer een blijk van overtuiging als wel een poging iets goed te maken. Jessica had erbij Coco op aangedrongen, te vechten om Cesar te behouden – 'Als Roxanne een miljoen foto's stuurt, stuur jij er gewoon twee miljoen' – en Cesar had haar zelfs opgedragen om trouwringen te kopen. Maar trouwringen kostten geld en hij wilde ook dat de kinderen op bezoek kwamen – wat ook geld kostte – en hij had altijd weer geld nodig voor zijn kantinetegoed. Cesar had haar zelfs zo ver gekregen dat ze weed naar binnen smokkelde toen hij op Rikers was, en ze had het idee gehad dat ze, omdat ze die ene keer ja had gezegd, niet meer het recht had te weigeren. 'Ik wil niet dat mij overkomt wat Jessica is overkomen,' zei Coco. 'God verhoede dat ik betrapt word, wat moet er dan van mijn kinderen terechtkomen?' Een tatoeage was een simpelere manier om haar loyaliteit te bewijzen.

Manuel regelde de afspraak voor Coco bij hun moeder thuis, met een man die Spider heette en van wie hij hoopte het vak te kunnen leren. Manuel nodigde Coco uit zijn slaapkamer te gebruiken, wat Coco verbaasde omdat Manuel gewoonlijk niet wilde dat er mensen aan zijn spullen zaten. Coco kon het beter vinden met Hector, die een klein hartje had, ook al deed hij nog zo zijn best hard over te komen.

Manuels kamer was op slot; hij hield zijn kamer afgesloten voor de rest van de familie. Hij had er zijn eigen voorraad eten en ook zijn eigen tv en stereoapparatuur. Voor de ramen hingen gordijnen. Moët, de fret die hij als huisdier hield, rende in zijn kooi rond. Bidprentjes van recente begrafenissen van een paar van Manuels vrienden stonden op een bureau, tussen nette rijtjes merkdeodorants en -aftershaves. Maar het was er benauwd; in Foxy's appartement was het ofwel ijskoud ofwel snikheet; een middenweg was er niet.

Coco zat op bed en sloeg een van de tatoeageboeken open. Hectors veertienjarige vriendin Iris zat naast haar. Coco's familie noemde het mooie meisje met de bruine ogen soms Hectors Iris, om onderscheid te maken met Coco's oudere zuster. De moeder van Hectors Iris zat in de gevangenis, en hoewel Hectors Iris formeel bij een zus van haar woonde, bracht ze de meeste tijd bij Foxy thuis door. Coco en Hectors Iris namen de tatoeageboeken door als twee meisjes die modebladen bekeken. Iris was zwanger. Yasmin, Manuels meisje, was eindelijk ook zwanger. Boven hen stak een foto van Jessica in de lijst van een poster met de titel HOT STUFF, waarop een sexy brandweervrouw stond, die bijna schuilging achter een enorme brandslang. Coco en Iris bekeken de ene map na de andere, pagina's lang, vol draken, Jezussen, Garfields, Tweeties en eenhoorns. Ze bewonderden een krullerige tekst *Ter herinnering aan.* Coco zei dat als ze geld had, ze er zo een zou nemen met de naam van haar vader erbij.

'Hoeveel kosten drie kinderen, mét naam en geboortedatum?' vroeg Coco aan Spider.

'Dat hangt ervan af,' zei Spider, en haalde zijn zelfgemaakte boortje tevoorschijn. Terwijl Manuel op zoek ging naar papieren handdoeken, trok Spider aan de gitaarsnaren waarvan hij naalden had geknutseld. Hij maakte er eentje schoon met Ajax. Hij was ingespannen bezig onder een hoofdband die hij zo had opgerold dat je alleen het woord *Marlboro* zag, alsof de merknaam letterlijk een gedachte was. Spiders sweater met capuchon, waar niets op stond, was ter hoogte van zijn middel afgeknipt. *Metallica* stond er schuin over zijn harige buik. Spider had het vak in de gevangenis geleerd. Eerst had hij op zijn eigen arm geoefend; hij had al grote vorderingen gemaakt toen hij zijn lessen rond zijn nek in praktijk bracht. Over zijn doodskopring trok hij rubber handschoenen aan.

Ondertussen keek Coco verder naar de voorbeelden. Alles wat maar naar een afbeelding van een vrouw zweemde, had enorme borsten; ruggen waren altijd achterovergebogen. De afgebeelde vrouwen leken allemaal hetzij bedreigd te worden – achternagezeten door zeg maar een gorilla – of zelf bedreigend te zijn: agressief zwaaiend met een pistool, of een slang verzwelgend. Coco viel met name op een plaatje van een meisje met grote borsten en golvend zeemeerminnenhaar, dat in iedere hand een pistool had en uitdagend bovenop een wereldbol stond.

'Die is mooi. Ze lijkt op Jessica,' zei Coco.

'Die is leuk, "Eet mij!"' zei Iris, wijzend op een aardbei.

Coco's oog viel op een reproductie van een foto. 'Dat zou leuk geweest zijn, een foto van hem,' mompelde ze.

'Die doe ik niet graag,' zei Spider.

Coco koos een hart met een wapperend lint eronder, waarop moest komen te staan *Coco houdt van Cesar.* 'Maar ik wil twee linten,' voegde ze eraan toe. Cesar wilde dat Coco's nieuwe tatoeage bij haar hart kwam, maar ze had een klein litteken daar, waarvoor ze zich geneerde en ze besloot hem in plaats daarvan op het dikste deel van haar rechterdijbeen te laten zetten. Ze ging op haar buik op Manuels bed liggen en joeg Mercedes en Nikki weg. Ze gingen achteruit maar bleven bij de deur rondhangen.

'Ik laat dat ene lint er wel omheen slingeren, zodat het er twee lijken,' beloofde Spider.

'Ik heb er al een gewild sinds Jessica,' zei Coco. Ze keek omlaag naar de foto van Jessica. Spider wreef haar dij in met Mennen-deodorant. Hij drukte het plakplaatje aan en wreef erover tot het beeld op haar huid verscheen. Coco wilde paars, haar favoriete kleur, maar Spider besloot dat het blauw, groen, geel en rood moest worden.

'Mijn man, Cesar, heeft een tatoeage met de naam van zijn vriend, links op zijn borst, met "R.I.P.", echt heel mooi,' zei Coco een beetje opgelaten. Het was stil in de kamer, op het geluid van een film in de video na. 'Ik heb het idee dat ik hier op bed lig te wachten op mijn man Cesar.'

'Niet zeuren,' zei Iris, en glimlachte. Spider mat de hoeveelheid inkt af in een lepel. De naald nam de vloeistof op. Hij prikte in Coco. Ze kromp ineen. Ze klemde een kussen tegen haar borst. 'Ik heb het gevoel dat ik in stukken gesneden word. Zoals je een sinaasappel schilt, zo voelt het, alsof mijn huid eraf komt,' zei ze. Ze dook onder het kussen en bedekte haar hoofd.

'Mijn moeder huilt,' riep Mercedes geschrokken. 'Mama huilt!' Niemand lette op haar. Ze draaide iedereen haar rug toe en legde haar armen over elkaar. Nikki stond naast haar zusje, in een veel te groot T-shirt, waarin haar armen en benen verdwenen. Het was een oude favoriet van Coco, met de tekst 90% *Bitch* – 10% *Angel*. Mercedes begon te krijsen. Nikki probeerde een rustiger aanpak. 'Mama, waarom krijg je toetoe?' vroeg ze.

Richie, Coco's stiefvader, stak zijn hoofd om de deur. Richie woonde in Ward's Island opvangcentrum voor mannen, in afwachting van een appartement, maar hij mocht in de weekends bij Foxy op bezoek gaan. 'Hé, *gumba*, hoe gaat het?' Hij keek naar Mercedes. 'Waarom huilt Mercedes?' Niemand gaf antwoord.

Foxy verscheen achter hem, haar handen aan haar schort afvegend. 'Ik wil graag een roos, hier,' zei ze, terwijl ze hard sloeg op een plek boven haar borst. Ze trok de halsopening van haar T-shirt naar beneden en liet Spider een tatoeage zien die haar broer haar had gegeven. Het moest een roos voorstellen, maar de dikke steel leek wel een sperzieboon. 'Wil je die afmaken?' vroeg Foxy Spider vriendelijk.

'Niets aan doen, gewoon laten genezen. Als je eraan zit, kan het gaan ontsteken,' zei Spider.

'Coco, waarom geef je de meisjes zo kort voor het eten nog snoep?' vroeg Foxy. Coco zei niets. Ze liet de kinderen vaak snoepen. Foxy en Richie gingen terug naar de keuken. Mercedes' snikken waren nu iets zachter en minder onregelmatig. Coco keek onder het kussen uit en glimlachte naar haar dochtertjes. Mercedes trok een pruillip en lachte toen opgelucht terug. Coco zei: 'Ik geloof dat dat helpt, als ik naar mijn kinderen kijk.'

'Sommige mensen vinden het prettig. Die willen het steeds opnieuw, alsof ze verslaafd zijn,' zei Spider. De temperatuur in de kamer steeg. Zweet druppelde van Spiders voorhoofd op Coco's hoofd. Hij nam een slokje cola. De naald maakte een zeurend geluid. Hij maakte de omtrek van het hart met blauwe inkt. Coco strompelde de hal in en waste haar been met zeep. De kinderen kwamen achter haar aan. Nikki liep te babbelen terwijl ze de hal door zigzagde: 'Mama, ik hou van jou.' Haar T-shirt sleepte achter haar aan over de vloer.

Coco's oom Benny, die een puinhoop had gemaakt van Foxy's roos, hield haar vlakbij de badkamer tegen. Hij woonde min of meer bij Foxy. Het gevangenisleven en de heroïne hadden hem eronder gekregen, hoewel hij nog steeds wel een sprankje leven in zich had. Foxy noemde hem toegeeflijk 'de man van de duizend-en-een leugens'. Benny hield er nog steeds van om uit te gaan, maar hij was wel wat rustiger geworden sinds hij ontdekt had dat hij HIV-besmet was. Hij waarschuwde Coco voor vuile naalden. 'Je wilt natuurlijk helemaal geen preek van me horen,' zei hij, en hield er toen eentje, die hij besloot met: 'Je bent te oud voor een preek.'

Manuel bewonderde het hart op Coco's been. 'Dat is verdomd mooi,' zei hij, onder de indruk.

Toen Coco terugkwam in Manuels slaapkamer, bleek dat Nikki zichzelf op de grond vermaakte met een kleurboek. Spider had nog heel wat in te vullen. Coco maakte zich op voor de volgende ronde. Ze zocht steun bij Jessica's foto. Ze sloeg haar ogen op alsof ze bad, en fluisterde: 'Vooruit, meid, vooruit,' waarbij ze zich in pijn met Jessica verbond. 'Dat is waar, Jessica kan heel goed tegen pijn,' pochte Coco. Ze beschreef de tatoeage die Jessica op haar bil had, *Eigendom van George*. Coco wilde dat haar volgende tatoeage ook zo was, *eigendom van Cesar*, maar dan met een pijl naar beneden.

'Ja, maar stel dat je uit elkaar gaat? Stel dat je 'n ander krijgt?' vroeg Manuel op scherpe toon.

'Dat moeten ze dan maar accepteren. Dat is wie ik ben. Het is een deel van wie ik ben.'

'Ik zou alleen maar de naam van mijn kinderen nemen,' zei Manuel.

'Hij heeft me dingen geleerd die ik niet wist. Als Cesar ooit zou zeggen "Ik hou niet van je", zou ik zijn gezicht openkrabben.'

'Daarom moet je je wel twee keer bedenken voor je de naam van een man op je lijf zet. Ik zou alleen maar die van mijn moeder of mijn dochter nemen,' zei Manuel.

Spider zigzagde met de naald over de huid van het getekende hart. Hij kleurde het blote vel in. Nikki vergeleek zijn tekening met de hare en sprong in het rond. 'Mama klaar met toetoe! Toetoe, mama blij,' zei ze.

In de woonkamer zaten Richie, Foxy, Benny en een paar vrienden van Hector aan tafel te kaarten, met de radio op de achtergrond aan. Mercedes krijste dat ze Foxy's flesje Malta wilde. Spider pakte zijn boortjes, die Benny 'de aids-machine' noemde, en vertrok met Manuel en Yasmin, die op een joint uitgingen om te relaxen.

Coco lag nog steeds op Manuels bed, om de wond te laten drogen. 'Ik kan haast niet wachten tot het zomer is,' zei ze ondeugend. Dan zou ze naar Lourdes' buurt gaan en zorgen dat ze haar allemaal zagen. Ze verheugde zich bij de gedachte langs alle meisjes op Mount Hope te paraderen met wie Cesar geslapen had; de jaloezie die het zou oproepen als ze haar tatoeage liet zien! Tatoeages waren bijna net zo kostbaar als gouden naamplaatjes om je hals. Coco's dagdroom eindigde abrupt toen een kakkerlak over het bloedende hart op haar dij kroop.

Kort nadat hij naar Southport was overgeplaatst, brak Cesar weer met Coco. 'Wat het meest pijn doet is dat hij zei dat hij geen kinderen meer met mij wil. Ik wil een jongen. Dat weet hij,' zei ze. Ze gaf de schuld van de breuk aan haar vlekkerige gezicht. In een van haar talloze excuusbrieven schreef Coco in een P.S.: 'Het spijt me dat ik niet het meisje ben dat je wilt dat ik ben. Ik wou, alleen voor jou, dat ik dat perfecte meisje kon zijn. Maar dat ben ik niet.' Ze beloofde wel hem geld te sturen als ze haar bijstandsuitkering ontving.

De volgende dag belde Cesars vriend Tito vanuit Rikers om gedag te zeggen. Tito belde vaak, omdat hij een rij telefooncellen in Rikers beheerde. Uit zelfbescherming had hij zich aangesloten bij de Latin Kings-bende, en hij perste geld voor ze af van gedetineerden die van de telefoons gebruik wilden maken. 'Je vriend heeft het met me uitgemaakt; dat komt omdat ik in mijn gezicht peuter en hij wil me geen zoontje geven,' vertelde Coco hem.

'Coco, laat je gezicht met rust en gebruik je hersens,' zei Tito. Hij probeerde het haar duidelijk te maken: Cesar was naar Southport overgeplaatst als straf voor de vechtpartij die hij met de moslimgevangene had gehad. Gedetineerden moesten naar Southport als de isoleerafdeling in hun eigen gevangenis niet streng genoeg was. De gedetineerden in Southport zaten dag en nacht alleen op hun cel en er golden strenge beperkingen voor alle activiteiten en contacten met de buitenwereld. Van eenzame opsluiting werd je gek, legde Tito uit. Als je zo opgesloten zat, kreeg je de neiging om tegen iedereen 'Fuck you' te zeggen. Het was Coco's plicht als vrouw om het hem gemakkelijker te maken. Coco probeerde Tito's theorie op haar zus uit, die zich niet liet overtuigen. 'Coco, het lijkt wel of jij eenzame opsluiting hebt; het enige waar je aan denkt is Cesar, Cesar en nog eens Cesar,' zei Iris. Coco bracht haar idee over haar geschonden huid naar voren. 'Je gezicht is alleen maar een voorwendsel,' zei Iris.

Als er al sprake was van een oorzaak of reden, veranderde die steeds. Coco en Cesar maakten het al gauw weer goed, kregen dan weer ruzie en verzoenden zich vervolgens weer, om allerlei redenen die Coco op het laatst niet meer kon onthouden. Coco's nieuwe leraar hielp haar met zelfstandige naamwoorden, voorzetsels en bijvoeglijke naamwoorden. Ze liet hem haar tatoeage zien. Coco was sterk aan de start en beroerd in het doorzetten. Ze miste een aantal lessen. In schooljargon zei ze dat ze 'begon te klooien'. Ze schreef naar Wishman en vervolgens naar Cesar, om die op te biechten dat ze Wishman geschreven had. Het was pas februari en het sneeuwde zo hard dat het leek of het nooit zou ophouden. Op de envelop van Cesars laatste, verzoenende brief stond een zinnetje dat erop leek te wijzen dat hij – beter dan zij – wist waar ze op afstevende: 'Gebruik je hersens om je lijf in toom te houden.' De volgende keer dat haar leraar kwam, werkten ze aan maatschappelijke onderwerpen en werkwoorden.

## HOOFDSTUK 20

Op een avond stonden Coco, Mercedes en Nautica op Columbus Circle in Manhattan te wachten op de bus die ze naar de gevangenis in Southport zou brengen. Coco had Nikki bij Foxy achtergelaten; als het tussen Cesar en Coco niet zo best ging, wist ze dat het maar beter was om alleen zijn eigen dochters mee te brengen. Er stond een rij oude bussen met draaiende motoren. Vervoersbedrijven als Operation Prison Gap, sommige geleid door ex-gedetineerden, brachten familie en vrienden van gedetineerden naar gevangenissen om hun geliefden te bezoeken. Zonder dit soort bedrijven zou bezoek niet mogelijk zijn; maar heel weinig mensen hadden een auto. Over de hele staat verspreid lagen gevangenissen, en gedetineerden werden, zo op het oog willekeurig, voortdurend van de ene naar de andere overgebracht. De passagiers waren bijna altijd vrouwen en kinderen.Op een paar speciale ritten op moederdag of familiedag na, deden de bussen hoofdzakelijk mannengevangenissen aan. Voor vrouwelijke gedetineerden zoals Jessica was het veel moeilijker om hun familie te zien. De buspassagiers herkenden elkaar vaak, van andere keren, van de lange uren die ze samen wachtend hadden doorgebracht, of uit de buurt; het merendeel van de gedetineerden in de staatsgevangenissen kwam uit dezelfde wijken van de stad New York. Een aantal vrouwen raakte met elkaar bevriend.

In Southport mocht Cesar maar drie uur per week sporten. Hij werd daarvoor, geboeid, naar een kooi in een afgeschermd deel van de luchtplaats gebracht, waar hij opzit- en opdrukoefeningen kon doen, kniebuigingen kon maken en kon springen. Douches liepen maar een gelimiteerde tijd en waren ook beperkt tot drie keer in de week. Net als Jessica vond Cesar het erg belangrijk dat hij schoon was en hij vond dat dus heel moeilijk. Hij had geen boeken. Hij had geen foto's om naar te kijken. Radio's waren verboden. Hij dacht na over zijn leven. Het verbaasde hem dat hij de meisjes en de feestjes veel minder miste dan de mogelijkheid om een ijskast open te doen of kiekeboe te spelen met Mercedes op de grond. Hij zei: 'De straat is een soort zondebok. Je krijgt ruzie met je moeder en je gaat de straat op en je maakt ruzie met iemand op straat – en twee minuten later weet je niet eens meer waar de ruzie over ging.' Hij herinnerde zich overigens nog wel de keer dat hij en Rocco in een appartement inbraken om drugs te stelen en toen de dealer en zijn kleine zoontje thuis troffen. De dealer had geroepen: 'Niet mijn kind, alsjeblieft!' En Cesar had het kind van hem overgenomen en het naar een andere plek in het appartement gebracht. Ook al hadden ze de man alleen maar een pak slaag gegeven en hem vastgebonden, Cesar realiseerde zich nu pas hoe verschrikkelijk het voor dat kind moest zijn geweest zijn vader zo bang te zien.

Het isolement van zijn cel maakte dat hij afwisselend somber en hyperactief was. Hij kreeg last van angstaanvallen. In een brief aan Coco had hij wanhopig geschreven: 'Ik voel me echt depressief.' Coco maakte zich zorgen omdat Cesar – wat hij ook allemaal had meegemaakt – zich nog nooit eerder zo had uitgedrukt.

De buschauffeur begroette de reizigers hartelijk. 'Allemaal welkom,' zei hij. 'Er gelden een paar regels in de bus. Drugs zijn verboden. Word alsjeblieft niet dronken. Hou rekening met anderen, heb een prettig bezoek morgen. Neem op de terugweg dezelfde plaats als op de heenweg, ga volgende week weer mee en breng een vriendin mee.'

Coco gaf Mercedes iets te snoepen en legde haar oude zwarte bontjasje als dekentje op de achterbank. Ze hield Nautica in haar armen tot die wegdoezelde en legde haar toen voorzichtig naast Mercedes, die al vlug in slaap was gevallen. Ervaren bezoekers waren uitgerust met een voorraadje rolletjes muntgeld en bankbiljetten voor de automaten, doorzichtige plastic zakken met schone was en wisselgeld. Sommigen hadden hun mooiste kleren bij zich, zorgvuldig opgehangen in stomerijhoezen. De reis slokte bijna al Coco's geld op. Lourdes' vriend Domingo had Coco 20 dollar meegegeven voor Cesars kantinetegoed en Coco zelf had nog 20 dollar apart gelegd voor de automaten, zodat Cesar en de meisjes wat konden eten. Ze pakte een sandwich die ze voor onderweg had meegenomen en bood de vrouw naast haar de helft daarvan aan.

De vrouw sloeg dat af maar bood Coco wat bronwater aan. Terwijl Coco een slokje nam, zei de vrouw: 'Dit is zo'n prettige bus, rust, aardige mensen. Je hebt geen idee.' Ze vertelde over minder prettige reizen, met harde muziek, concurrerende vriendinnetjes, huilende kinderen, dronken vrouwen. Ze liet Coco een foto van haar zoon zien. De jongen had net van een plaatselijk jeugdfonds een beurs voor een privé-school gekregen.

'God zegene hem, wat is-ie knap,' mompelde Coco. Ze vond het fijn als andere mensen goed nieuws hadden. Mercedes kroop dichter tegen haar kleine zusje aan en Coco legde de jas over ze heen die ze van Foxy had geleend. De lichten van de stad verdwenen en de bus reed in het donker verder. Sommige passagiers waren helemaal van de wereld, met hun walkman in hun oren. De vrouwen kwebbelden; twee kleine meisjes deden een klapspelletje. Een oude vrouw liep langzaam door het pad, steunend op haar stok. Haar dikke buik hing onder haar hangborsten, maar ze was heel opgewekt. 'Kreeg ik me daar toch een beroerte in Rikers, zomaar in de bezoekruimte!' zei ze. De man die ze daar had bezocht was nu haar echtgenoot. Morgen, pochte ze, zou hij hun eerste gezamenlijke belastingaangifte ondertekenen.

De nacht was lang. Gesprekken vielen stil. Het was een wirwar van armen en benen in het middenpad, kinderen hoestten, vlechten lieten los. Coco keek uit het raam. Ze kon zich niet voorstellen dat ze, zoals Milagros van plan was, buiten de stad zou wonen, weg van haar familie. De oude bus reed krakend verder.

Nautica werd als eerste wakker; bij zonsopgang spuugde ze een beetje en begon te huilen. Coco deed haar een katoenen mutsje op. 'Straks zie je je papa. Ik heb vlinders in mijn buik bij de gedachte dat ik straks je vader zie,' zei Coco. Iedere keer als de bus over een hobbel reed, tilde ze Nautica op en glimlachte.

Zo'n half uur voor ze bij de gevangenis zouden aankomen, stopte de bus bij een chauffeurscafé.

De vrouwen pakten hun spullen en hun stomerijgoed en persten zich in de kleine toiletruimte van het restaurant. Daar tutten ze zich op en deelden complimenten, lippenstift en klachten in de rokerige toiletruimte. Ze wilden zich niet verkleden in de toiletten van de gevangenis, waar ze kostbare bezoektijd mee zouden verkwisten.

'Ik heb altijd een jurk aan als ik bij mijn man op bezoek ga,' zei een jonge vrouw in een appelgroene nauwsluitende jurk waarin haar figuur goed uitkwam. Een oudere vrouw haalde knorrig haar vingers door haar gepermanente krullen.

'Heeft Albany toestemming gegeven?' vroeg een vrouw aan een ander. Ze had het over de officiële toestemming om met een gedetineerde te trouwen; het hoofdkantoor van de Dienst Justitiële Inrichtingen zat in Albany.

'Een vriendin van me maakt mijn trouwjurk. Ik heb hem al helemaal voor ogen,' antwoordde de aanstaande bruid.

Coco stond tegen de muur geleund te luisteren, wachtend tot het enige wc-hokje vrij was; ze was veel te verlegen om zich in het bijzijn van anderen om te kleden. Ze wierp een blik in de spiegel: om geld uit te sparen had ze haar pony zelf geknipt. Ze had hem verstevigd met vaseline, wat de ongelijkheid nog extra deed uitkomen. Op haar wangen had ze een rijtje verse rode plekken.

'Ik neem haar wel even,' bood een vrouw aan en reikte naar Nautica. Coco glipte de wc in en stak zich in de nette kleren die Elaine haar had geleend: een beige coltrui met bijpassende rok en een geborduurd jasje. Ze droeg nylons onder de rok met split, zodat ze Cesar haar tatoeage kon laten zien. Haar eigen stijl was sportiever, maar ze wilde Cesar laten zien dat ze volwassener was geworden.

In de wachtruimte zat Mercedes naast Coco, zwaaiend met haar benen, en neuriede een liedje bij zichzelf. 'Ben je hier al eens eerder geweest?' vroeg een vrouw bezorgd. Haar oogschaduw leek wel een regenboog. De vrouw leunde over Mercedes' hoofdje heen en bewoog haar lippen zonder geluid te maken, zodat Mercedes het niet kon horen: 'Bereid je erop voor dat hij achter tralies zit, je kunt alleen zijn handen aanraken.' Coco's ogen schoten vol tranen.

Alle bezoekers mochten door naar de volgende fase in de toegangsprocedure, behalve Coco. Coco wachtte. Nautica viel in slaap. Mercedes zat te tekenen. Coco liet haar zien hoe ze I ❤ You kon tekenen. 'Dat heb ik van je Títi Jessica geleerd,' zei Coco.

Na een kwartier ging Coco aarzelend naar de bewaker achter zijn bureau. Ze had de papieren niet goed ingevuld en hij had niet de moeite genomen haar dat te vertellen. Ze was nu al een uur kwijt. Mercedes kwam net met haar neus boven het bureau uit. 'Wat heb je in je lunchtrommeltje?' vroeg ze de bewaker, terwijl Coco zich inspande om tegelijkertijd Nautica te dragen en te schrijven.

De bewaker wees naar een klein keukentje. 'Daar warm ik mijn lunch op,' zei hij. Er kwam een vrouw het damestoilet uit, geheel getransformeerd. De bewaker boog zich voorover en fluisterde: 'Wie is die zwaar opgemaakte vrouw?'

'Wat zit er in je lunchtrommeltje? Vertel!' zei Mercedes.

'Nou, je praat wel veel, zeg. Ik wed dat je een kleine flirt bent.'

De bewaker stempelde Coco's hand met onzichtbare inkt, toen die van Mercedes, en bracht ze ten slotte naar een deur.

Die leidde naar een korte doorgang naar een ander gebouw, waar Coco en haar kinderen twaalf minuten moesten wachten tot twee bewakers klaar waren met hun gesprek, waarna de ene Coco uitschold omdat de metaaldetector was afgegaan doordat ze vergeten was haar horloge af te doen. Toen dat opgelost was, mochten ze de bezoekruimte in. Met Nautica op haar arm, zocht Coco langzaam haar weg naar de haar toegewezen stoel aan het eind van de s-vormige rijen. Mercedes paradeerde door de ruimte, aanvankelijk zonder de geboeide mannen achter de tralies op te merken.

Ze veroorzaakte enige opwinding; haar blonde krullen dansten terwijl ze nieuwsgierig rondkeek op zoek naar haar vader. Coco ging op een stoel zitten die aan drie andere vastzat. Ze deed alsof ze helemaal in beslag werd genomen door Nautica, die op haar schoot zat te wiebelen. Cesar stond in de binnenste kooi, wachtend tot een bewaker het hek opendeed. Op het laatst kreeg Mercedes hem in de gaten. Hij kwam schuifelend naar hen toe gelopen, nauwelijks in staat zich te bewegen. Hij droeg voetijzers en handboeien, met elkaar verbonden door een ketting om zijn middel. Mercedes keek hem doodsbang aan. 'Kom naar buiten! Hier,' zei ze wanhopig.

'Dat kan niet,' mompelde Cesar.

'Niet plagen, kom naar buiten!' zei Mercedes.

'Zie je niet dat ik geboeid ben? Ik kan me niet bewegen, Mercy,' zei hij, terwijl hij zijn polsen iets omhooghield.

'Doe ze af. Doe ze af,' gebood ze. 'Doe ze af!'

'Dat kan ik niet.'

'Laten we ons handenklapspelletje spelen!'

'Mercedes,' zei Coco vermanend.

'Ik kan ze niet afdoen, Mercedes,' zei Cesar.

Mercedes ging kordaat met haar vinger over de onzichtbare inkt die de bewaker op haar hand had gestempeld. Al vlug werden haar gebaren vager. 'Papa, heb je geld bij jou thuis?' vroeg ze rustig.

'Nee, Mercedes,' zei hij bedroefd.

Toen klaarde Mercedes op. Het leek alsof ze ineens had begrepen dat haar vader niet kon tegen het beeld van hemzelf dat door haar paniek weerspiegeld werd. 'We gaan een stapelbed kopen en Nikki moet onderin en ik mag bovenin!' ratelde ze. 'Je kunt komen logeren en met mij bovenin slapen, en we kunnen een bubbelbad nemen.'

Cesar kneep zijn ogen dicht, alsof hij plotseling haar stem van heel ver weg hoorde.

'Wil je een liedje horen?' vroeg Mercedes. Toen begon ze te zingen. Haar vader was helemaal onder de indruk, tot ze zei: 'Dat is het liedje van Nikki's vader,' waarmee ze de betovering verbrak. Hij keek met een strak gezicht over zijn schouder. 'Kijk eens naar mama's gezicht,' drong Mercedes aan. 'Mama heeft weer aan haar gezicht gezeten.'

Cesar had Coco niet geplaagd of een compliment gemaakt over haar nette outfit. Hij had ook niets gezegd over de tatoeage of over de speciale Weeboks die Nautica aanhad. Toen hij nog in Harlem Valley zat en Mercedes de goedkopere, merkloze sneakers droeg die skippies werden genoemd, had hij ze haar zelf uitgedaan en ze door de bezoekruimte gesmeten. Sindsdien lette Coco erop dat Mercedes merksneakers droeg als ze op bezoek gingen, maar het leek er allemaal niet toe te doen–alleen maar vanwege haar gezicht. 'Ik heb er genoeg van; als dat is wat je wil, mij best,' zei Cesar tegen Coco. De volgende drie uur zeiden ze geen woord meer.

Coco hield zich bezig met Nautica. Nautica hield zich vast aan de tralies, die vol lipstick zaten. Mercedes ging op ontdekkingstocht door de bezoekruimte en verzamelde complimenten.

'O, dat meisje, is dat jouw dochter?' vroeg zijn buurman toen Mercedes langskwam.

'Dat klopt,' zei Cesar.

'Ze lijkt op Shirley Temple.'

'Dat zijn mijn twee dochters. Ik heb nog twee kinderen met andere vrouwen, vier in totaal. Ik ben negentien; ik ben vroeg begonnen, weet je.'

Opnieuw vroeg Mercedes aan Cesar: 'Papa, wil je een liedje horen?' Ze zong 'Lieve, lieve moeder,' maar raakte vast bij een bepaalde regel. Ze bleef maar steeds opnieuw beginnen, tot ze op hetzelfde punt kwam en begon dan weer opnieuw. 'Ik had een lieve, lieve moeder...' Cesar plaagde haar: 'En hoe staat het met je vader?'

Tussen de middag zei Cesar eindelijk iets tegen Coco. 'Geef me eens wat te eten.' Ze kocht drie pakjes kippenvleugels uit de automaat en wachtte bij de magnetron. Ze scheurde de pakjes saus open en schoof alles zwijgend door de opening. Cesar zat gebogen over de piepschuimbakjes. Hij stopte de vleugels in zijn mond. De handboeien sneden in zijn polsen.

Toen hij klaar was, ruimde Coco de bakjes op. Cesar veegde zorgvuldig zijn handen af. Hij keek opzij en stak zijn handen door de opening en hield vast wat hij kon van Coco. En die aanraking deed wat alleen een aanraking kan doen.

Coco's woorden tuimelden uit haar mond. Ze vertelde hem over een nieuw meisje in Thorpe, dat alles van caravanbezoeken afwist. Het meisje was in de gevangenis getrouwd. Ze had Coco verteld wat ze allemaal mee moest brengen: satijnen lakens, en aardbeien met slagroom. Coco had ook nieuwe dingen geleerd door naar pornofilms te kijken.

Cesar keek kalm naar Coco. Hij wachtte tot ze klaar was en zei toen teder: 'Seks is niet alles.' De isoleercel had hem tot nadenken aangezet. Als ze wilden trouwen, moesten ze wel met elkaar communiceren. Coco beet op haar lip. Zijn hoop kwam over als een verwijt. 'Ik wil dat jij van mij houdt en ik van jou. Als ik jou gelukkig maak, komt het geluk binnen en doe jij dingen om mij gelukkig te maken,' zei Cesar.

Ondertussen stond Mercedes naar het stel naast hen te staren. Hij was een jonge, magere zwarte man met een gebit vol gouden tanden, zij een grote blanke vrouw van middelbare leeftijd in een simpele zijden jurk. Hij was boos; zij zag er moe uit. Hij wenkte haar dichterbij en ze drukte haar stevige boezem tegen de tralies. Ze boog haar hoofd om te luisteren. Hij vloekte. Toen stompte hij haar met zijn geboeide handen systematisch op haar borst. Hij bleef zacht praten terwijl hij haar stompte, en zij hield haar lichaam strak om het op te vangen. Alleen haar hoofd ging steeds iets achterover. Coco keek stiekem toe.

'Ze hebben al jaren trailers gehad,' zei Cesar zonder een spoor van ironie.

Een bewaker klom bovenop iets wat op een stoel van een badmeester leek, een teken voor Cesar dat ze minder dan een uur bezoektijd over hadden.

'Als ik alleen al denk aan het feit dat ik terug moet naar die cel, dan word ik helemaal depressief,' zei Cesar. Naast brieven was schaken de enige activiteit waarmee hij de tijd in eenzame opsluiting kon doorkomen. Hij had een schaakbord van papier gemaakt, en zijn tegenstander gaf zijn zetten door van verderop in de gang. Het aanstaande afscheid werd een obstakel tussen hen. 'Je moet volgende week komen of ik sla je op je bek, je hebt me lekker gemaakt,' zei hij neerslachtig.

Aan het eind van het uur had het stel naast hen zich verzoend. De jonge man drukte berouwvol zijn wang tegen de tralies, terwijl de vrouw zijn haar invlocht. De bewaker riep dat de tijd om was. Stoelen schraapten over het zeil. De mannen probeerden zich uit te rekken. Kinderhandjes grepen als klauwtjes de tralies vast. Een van de moeders riep tegen haar man, die met de andere mannen praatte: 'Kijk naar je zoon! Kijk naar je zoon!' De man tegen wie ze het had, maakte een gebaar alsof hij het bezoek van zich afschudde. Ze duwde haar zoon dichter naar de kooi toe waar haar man in stond. 'Zeg papa gedag. Kijk naar je zoon! Kijk naar je zoon!' Ze drukte de jongen tegen wat hen scheidde. 'Roep je vader! Roep je vader!' De dunne vingers van de jongen grepen zich vast aan de tralies. Zijn vader maakte een gebaar van dag-zeggen en zocht toen weer de bescherming van zijn vrienden.

'Mam, hij heeft gedag gezegd! Papa heeft dag gezegd!' riep de jongen uit.

Coco zag dat Cesar naar een tienermeisje keek dat in de rij stond. Nautica sliep, zwaar op Coco's arm.

Coco was blij dat ze de frisse koude buitenlucht kon inademen. Ze wachtte terwijl Mercedes vol enthousiasme de bus inklauterde. De gedachte aan een bezoek aan Cesar was iets heel anders dan de werkelijkheid; hij bleek veel veeleisender dan in haar fantasie. Ze kon het zich met geen mogelijkheid permitteren hem op korte termijn weer te bezoeken – de verjaardagen van de kinderen kwamen eraan. Maar ze kon geen nee tegen hem zeggen. Coco was blij dat ze weer op weg naar huis was, al was dat dan naar Thorpe.

Kort daarna schreef Cesar en zei dat ze bezoeken van de meisjes aan

Southport zoveel mogelijk moest beperken; hij wilde niet dat ze hem vaker dan nodig opgesloten zagen.

Coco's bezoeken aan haar moeder en Lourdes waren zoektochten. Ze had raad nodig, maar Foxy en Lourdes bevonden zich niet in een positie om haar te kunnen helpen; ze hadden hetzelfde soort problemen. En toch bleef Coco steeds maar weer naar dezelfde plekken terugkeren, op zoek naar antwoorden. Mercedes, die bijna vier was, was veel directer; soms leek het wel of zij de onuitgesproken zorgen en twijfels van haar moeder verwoordde.

In het begin van die winter nam Coco de meisjes mee naar Lourdes. Lourdes ontkende nog steeds dat Domingo iets te maken had met het feit dat haar arm in het gips zat. Lourdes hield audiëntie in bed, haar lange haar loshangend, een deken om haar middel geslagen als de onderkant van een kerstboom. Twee vrouwen zaten naast haar op het bed, terwijl een andere een zwartgeblakerde pan schuurde. Domingo zat aan een half opgeklapte tafel en hakte *cilantro*. Hij legde handenvol gesneden groente naast een indrukwekkende berg knoflook. Naast hem stond een man die een biertje dronk. Toen Coco binnenkwam, vielen de gesprekken stil.

Lourdes wenkte haar dichterbij. De dames vertrokken. Met haar goede arm pakte Lourdes Nautica op. Ze hield het hoofdje van het kind in haar handpalm, met het gezichtje naar haar grootmoeder toe. 'Kijk verdomme eens naar dat kind!' riep ze vrolijk. 'Mercy, geef me haar flesje eens aan.' Mercedes pakte de fles uit de zijzak van de splinternieuwe babytas en keek toe hoe haar grootmoeder Nautica op schoot nam.

'Liefje, wil je mijn haar vlechten?' vroeg Lourdes Coco. Coco wurmde zich achter het bed en begon Lourdes' haar met haar vingernagels in kleine bundeltjes te verdelen.

Mercedes aaide over het gips van haar grootmoeder. 'Wie heeft dat gedaan?'

'Een jongen,' zei Lourdes ondeugend.

'Domingo heeft het gedaan,' verklaarde Mercedes.

'Nee, Mercy,' zei Lourdes, met een veelbetekenende blik richting Domingo. Alleen zijn ogen en wenkbrauwen waren zichtbaar door de boekenplank die de kamer in een slaapkamer en een keuken verdeelde. 'Domingo heeft het niet gedaan,' zei Lourdes met nadruk. 'Hij zou *Abuela* nooit zoiets aandoen. Het waren twee *morenos* die het hebben gedaan.'

Domingo wierp een blik om de plank heen. 'Hou je van me,' vroeg hij schertsend aan Mercedes.

'Hij heeft het niet gedaan,' herhaalde Lourdes, in een poging haar aandacht vast te houden. Mercedes deed een beroep op haar moeder, maar

Coco concentreerde zich op Lourdes' vlecht. Domingo rommelde ostentatief in zijn zak, als een goochelaar die zijn konijn zoekt. Toen haalde hij er een dollar uit. Mercedes kroop naar het voeteneind van het bed om hem te pakken te krijgen. Hij trok hem weg en lachte.

'Wat zeg je dan, Mercedes?' moedigde Coco haar aan.

'Dankjewel,' zei Mercedes. Domingo gaf haar het geld. Maar Lourdes kwam, om haar vriend op stang te jagen, bij elke gelegenheid weer terug op Mercedes' tot zwijgen gebrachte vragen over het opgelopen letsel: toen Coco haar vertelde over de ringen die ze had gekocht om met Cesar te trouwen, zei Lourdes: '*Abuela* zou heus niet tegen je liegen, Mercy'; en toen Coco haar het laatste nieuws over Cesar vertelde, reageerde ze met: 'Domingo zou *Abuela* zoiets heus niet aandoen.' Ten slotte borstelde Coco het laatste stukje van Lourdes lange vlecht en deed Nautica een schone luier om voor onderweg.

'Snoep snoep snoep,' zong Domingo terwijl hij Mercedes in haar jas hielp. Hij loodste haar de hal in. 'Snoep snoep snoep,' ging hij verder en nam haar mee de lift in. Beneden ging hij met haar naar Edward's, de zaak aan de overkant waar Cesar en Rocco vroeger biljartten.

Coco wachtte buiten met de baby. 'Drie genoeg voor je, Coco?' vroeg een buurvrouw.

'Op dit moment, ja. Mijn man en ik willen er graag nog een als hij vrijkomt, maar hij heeft negen jaar.'

Coco zou wensen dat Lourdes Mercedes niet blootstelde aan de verwarring van al haar relaties. Terwijl Nikki het leuk vond om met andere kinderen te spelen, gaf Mercedes de voorkeur aan het gezelschap van volwassenen, en Lourdes kon een verhaal op zo'n manier vertellen dat de gruwelijkste details rechtstreeks naar je hart gingen, bijna zonder even te stoppen bij je oren. Toen Mercedes klein was, leek ze veel op Little Star, en hoewel Coco hetzelfde was geweest, wilde ze dat Mercedes zo lang mogelijk kind kon zijn.

Edward's was net weer geopend na een tijd gesloten te zijn geweest vanwege een drugsinval. De nieuwe eigenaar had de zaak opgeknapt met een frisse nieuwe verflaag. Mercedes en Domingo kwamen naar buiten, een tevreden duo. Mercedes likte aan een ijsje en had twee lollies in de hand die niet de zijne vasthield. Coco pakte er een – de andere was voor Nikki – en stak die in haar paardenstaart.

Die winter ontving Coco eindelijk haar voorlopige acceptatie voor een woning in de sociale sector. Ze had allang in een appartement moeten zitten, maar bureaucratische rompslomp en Coco's eigen slordigheid hadden de zaak vertraagd. Zuster Christine maakte zich zorgen: ze was bang dat Coco's uitstel afstel zou blijken. 'Het was niet dat ze moeilijk te bereiken was,' zei zuster Christine later. 'Het was alleen maar moeilijk haar op het juiste spoor te houden.'

Toch was Coco nog een van de gelukkigere bewoners; veel vrouwen hadden het veel moeilijker: pas geïmmigreerd, met gewelddadige echtgenoten die geen Engels spraken, meisjes met opvliegende karakters, meisjes die drugs gebruikten, meisjes met kanker en zonder familie. Coco bracht geen drugsweekenden in hotels door met vrienden van haar vriendje en vroeg niet iemand om op de kinderen te passen zodat ze even naar de winkel kon om vervolgens dagenlang weg te blijven. Als de buurman stiekem een wild feest gaf en de meisjes boven weggliepen om te blowen, was Coco degene die op de kinderen paste. Maar die andere vrouwen kwamen en gingen weer, terwijl Coco in Thorpe House bleef, vastgeklemd tussen haar verleden en haar toekomst.

In Wishmans laatste brief had hij de datum van zijn vrijlating genoemd. De beschuldiging van poging tot moord was ingetrokken. Hij zou binnenkort vrijkomen en wou dat Coco hem kwam opzoeken bij zijn moeder thuis. Coco kleedde zich niet langer zoals toen ze tienerliefjes waren; al haar geld en energie gingen nu in haar dochters zitten. Ze zwoer dat ze niet alleen naar Wishman toe zou gaan. Ze kende zijn streken en ze vertrouwde zichzelf niet.

Maar voordat ze het wist stond hij daar, aan de deur van haar appartement in Thorpe House, lachend, zijn blauwgroene ogen op haar gericht, knap en belangstellend, naar zeep ruikend. Ze kookte eten. Ze flirtten terwijl ze Nautica te eten gaf en naar bed bracht. Ze zette Nikki en Mercedes voor de tv in de woonkamer. Toen zij en Wishman de slaapkamer inliepen, voelde Coco een zware last van zich afvallen.

Op de voorgeschreven tijd bracht ze hem naar de voordeur. Coco en Miss Lucy, de beveiligingsbeambte, keken zijn soepele lichaam na terwijl hij Crotona Avenue afliep. Ze zagen hem in het donker verdwijnen, richting Tremont.

'Mooie jongen, Coco,' zei Miss Lucy.

'Hij is net uit de gevangenis,' zei Coco.

Coco voelde zich schuldig over haar ontmoeting met Wishman, maar ze wou hem ook graag terugzien. Drie dagen later had hij echter een andere vriendin; Coco hoorde dat ze maagd was. Maar hij en Coco belden elkaar af en toe op. De gesprekken deden haar denken aan die met Cesar nadat hij uit Harlem Valley was gekomen: Wishmans stem die overliep van daadkracht en grote woorden gebruikte die ze niet eens kende. Hij vroeg haar wat ze van plan was te gaan doen.

'Ik ga verhuizen, dan wordt het zomer en kan ik naar buiten,' zei ze.

'Maar wat wil je voor de *toekomst*?' Hij wou dat ze vooruitdacht.

'Dat weet ik niet,' zei ze onzeker.

'Je moet echt plannen maken, meid.' Hij had zich ingeschreven aan het Bronx Community College. Ze vertelde over haar tatoeage. Hij spotte ermee. Eerst dacht ze dat Wishman teleurgesteld was dat ze Cesars naam op haar lijf had, maar zijn reactie kwam voort uit iets wat vleiender was dan jaloezie: hij wou dat ze vooruit kwam in het leven. Een tatoeage was iets voor een straatmeid. 'Je hebt een heel leven voor je. Je hoeft niet naar me te luisteren, maar denk erom, je bent nog jong,' zei Wishman. Coco wou het gesprek gaande houden. Ze vroeg of hij van plan was een tatoeage te nemen met de naam van zijn dochtertje.

'Hoezo? Moet ik net zo worden als jij?' vroeg hij spottend.

Het Morris Heights Health Center was een roddelplek. Coco liep er bijna altijd bekenden tegen het lijf. Gelukkig was er dat voorjaar, toen ze Mercedes en Nikki meenam voor controle, niemand die ze kende, niemand die haar gefluisterde verzoek om een zwangerschapstest kon horen. De receptioniste zei haar dat ze een aparte afspraak voor zichzelf moest maken. Het was niets voor Coco om twee keer hulp te vragen over zo'n gevoelige zaak. Als ze opnieuw moest komen, moest ze weer iemand vinden om op de baby te passen, en ze was bang dat iemand uit haar moeders buurt of die van Lourdes haar zou zien. Ze had ooit Giselle in de kliniek gezien. 'Ik wil dat meisje niet in de buurt zien, want die begint vast praatjes rond te strooien,' zei Coco.

Cesar wist bijna zeker dat Coco met Wishman naar bed was geweest. Hij herkende het patroon van ontwijken en vermijden dat ontstond als ze iets gedaan had waarover ze zich vreselijk voelde. Ze was opgehouden met hem foto's te sturen, alsof ze hoopte dat ze op die manier verdween, en ze schreef weinig. Wat hem nog wantrouwiger maakte, was Coco's gedrag toen ze dat voorjaar op bezoek kwam. Rocco en zij kwamen met de bus toen Cesar twintig werd.

Coco was meestal stilletjes in het bijzijn van Cesars vrienden, maar Rocco had haar tijdens de zes uur in de bus met grappen en verhalen op haar gemak gesteld. Hij had zijn hoofd kaalgeschoren, zei hij, omdat 'er zoveel problemen in de wereld zijn en wie heeft er dan tijd voor zijn haar?' Zijn ondergebit bestond uit gouden tanden. Hij complimenteerde Coco met haar kinderen: 'Ik snap niet hoe je het kunt, met drie kinderen, ik bewonder je, Coco.' Zijn vrouw en hij hadden een dochtertje van zeven maanden en het ouderschap putte hem nog steeds uit. Cesar had zich beledigd gevoeld door Rocco; hij had hem gevraagd Mercedes' peetvader te zijn en Rocco had nog steeds de doopplechtigheid niet geregeld. Maar Rocco kon het zich financieel niet permitteren; hij had Cesar zonder succes proberen uit te leggen wat de essentie was van het leven van een werkende man met een eerste kind – namelijk blut zijn. Cesar zocht de schuld bij Rocco's vrouw Marlene.

Coco begreep het wel. Misschien was het haar begrip voor Rocco dat haar op haar gemak stelde. Hoe dan ook, Cesar merkte dat ze niet verlegen was toen ze eten voor hem ging halen uit de automaat. Er ging een soort vaag zelfvertrouwen uit van haar korte, vierkantige lijf – misschien was het de manier waarop ze haar hoofd hield terwijl ze bij de magnetron stond te wachten om zijn gebarbecuede kippenvleugeltjes op te warmen. Hij kon het verschil pas veel later benoemen, in zijn cel. Haar huid zag er beter uit. Ze leek goed in haar vel te zitten. Hij raakte ervan overtuigd dat ze zwanger was toen hij haar volgende brief kreeg. In plaats van te ondertekenen met 'Liefs, je Vrouw Coco,' had ze gekrabbeld 'Coco de bitch'.

Cesars vermoeden bleek juist. Ditmaal ging hij echter niet tegen haar tekeer. In plaats daarvan schreef hij een brief aan Foxy:

*Lieve Foxy: Hallo! Hoe gaat het met jou en je familie? Goed, hoop en bid ik. Wat mijzelf betreft, ik ben op dit moment helemaal naar de kloten ... Foxy, ik weet al dat Coco zwanger is. Maar zeg maar niet tegen haar dat ik het weet. Ik schrijf haar niet omdat ik niets te vertellen heb ... Maar ik wil je om een gunst vragen. Laat Coco alsjeblieft dat kind niet krijgen.*

*Als Coco dat kind krijgt, zullen de andere kinderen daaronder lijden ... Ik hou echt van Coco en ik wou een gezin. Maar ik geloof niet dat dat is wat ze wil. Ik overleef het wel. Wat me het meeste pijn doet is dat ik haar een nieuwe kans had gegeven en dat ze het toch weer opnieuw heeft gedaan. Ze had toch op z'n minst een voorbehoedmiddel kunnen gebruiken ... Ik wil echt veel foto's van Mercy en Naughty, vooral nu ik ze voorlopig niet zal zien.*

Cesar was ervan overtuigd dat Coco zich vergiste als ze dacht dat Wishman om haar gaf. Cesar en Wishman waren vrienden voordat Cesar Coco leerde kennen, en Cesar had Nikki's vader, Kodak, ook gekend. Cesar vermoedde dat Wishman achter Coco aan was gegaan om het Cesar betaald te zetten dat die Coco in eerste instantie van hem had afgepikt. Wishman wou dat Coco een abortus liet doen, zodat zijn vriendin er niet achter zou komen dat hij haar had bedrogen. Coco zei later: 'Niemand kan mij voorschrijven wat ik met mijn kind moet doen.'

Coco wist dat ze nu geen enkele kans meer bij Cesar maakte; de schandelijke zwangerschap had een eind gemaakt aan hun eindeloze knipperlichtrelatie. Nu Cesar niet meer in het geding was, kon ze alleen maar hopen dat Wishman het zou accepteren. Coco had al op een rijtje gezet wat ze wist van Wishmans kwaliteiten als vader: hij vond haar dochters leuk en baby'tjes brachten altijd het beste in mensen naar boven, konden harde mensen verzachten, gebroken relaties weer lijmen. In zijn brieven had Wishman kritiek uitgeoefend op Nikki's vader omdat die Nikki verwaarloosde, en Wishman had verteld hoe hij zijn andere dochter miste, hoe hij voor dat meisje zou hebben klaargestaan als de moeder niet naar Philadelphia was gegaan. Coco ging nergens heen.

Ze hechtte grote betekenis aan kleine signalen, zoals die keer dat hij tijdens een potje basketbal even naar haar toekwam en haar over haar buik wreef. Maar ze kon de negatieve signalen ook niet helemaal negeren: als zij en Wishman aan het stoeien waren, was hij een beetje te ruw in de buurt van haar buik; als ze vrijden had ze soms het gevoel dat hij een hekel aan haar had. Sunny, Wishmans moeder, stelde Coco gerust: 'Ik weet zeker dat hij je wel zal willen als je het kind eenmaal hebt.' Sunny kon dat natuurlijk niet voorspellen, maar ze leek in ieder geval bereid een goede grootmoeder te zijn. Ze zei tegen Coco: 'Dit kleinkind kan ik tenminste zien.' Coco wou dat ze met Jessica kon praten.

## HOOFDSTUK 21

Zodra het Jessica duidelijk werd dat Lourdes nooit naar Florida zou komen, vroeg ze overplaatsing aan naar een strafinrichting dichter bij huis.
In maart 1994, net toen Milagros haar spullen inpakte om naar de provincie te verhuizen, werd Jessica overgeplaatst naar een extra-beveiligde
inrichting in Danbury, Connecticut, op een uur reizen van de Bronx.
Daar zou Jessica de rest van haar straftijd uitzitten. Het zag eruit als een
middelbare school met prikkeldraad, bovenop een golvende heuvel. Gan-
zen waggelden tevreden over het grote, gladgeschoren grasveld. De vloeren glommen van het voortdurend in de was gezet worden door de gevangenen, net als op haar voormalige afdeling in Florida; de gebouwen waren
ook hier opgetrokken uit gemetselde betonblokken, maar in Danbury
waren ze niet beige, maar zalmkleurig geschilderd. De federale gevangenis van Danbury was oorspronkelijk een mannengevangenis geweest en
verkeerde nog in de ombouwfase. Voor de duur van de renovatieperiode
kreeg Jessica tijdelijk een cel in de gymnastiekzaal toegewezen. De cel
tegenover haar werd bewoond door een jonge Braziliaanse vrouw, Player,
die zich nog herinnerde dat ze Jessica haar spullen zag uitpakken. 'Ze had
een superblanke huid,' zei Player. 'En heel veel tattoos.'

Jessica kreeg een baan toegewezen bij de elektriciteitscentrale van het
complex, waar ze opgeleid werd tot bekleder en leerde hoe ze buizen met
fiberglas moest isoleren. Ze schakelde over op nachtdiensten. Een Dominicaanse gevangenbewaarder, Ernesto Torres, hield toezicht. Er was weinig te doen tijdens de lange nachten in het ketelhuis. Torres geloofde niet
in 'poetswerk,' de zinloze opdrachten die een groot deel van het gevange-
niswerk uitmaakten: vloeren boenen die al schoon waren, glimmende
koperen pijpen met staalwol poetsen, glimmende messing leuningen
poetsen, de ene na de andere verflaag aanbrengen. Het zat Torres dwars
dat een aantal collega-gevangenbewaarders de vrouwen zo ruw behandelde; mannelijke gevangenen, zei hij, zouden de beledigingen en scheldpar-
tijen nooit gepikt hebben.

De gedetineerden die onder zijn toezicht vielen, deden hem denken aan
vrouwen uit zijn oude buurt. Torres was opgegroeid in een arme wijk van
Bridgeport, Connecticut. Op de eerste dag van zijn werk in Danbury was
hij een jeugdvriendin tegengekomen – de vriendin was een van de gedetineerden. Hij vond dat de gevangenschap zelf de straf was en dat de bewa-

kers hun persoonlijke opvattingen voor zich moesten houden en gewoon hun werk doen. Als het maar even kon, liet Torres de vrouwen met rust. Hij zat tijdens zijn dienst in zijn kantoortje achterin het gebouw en de vrouwen brachten hun tijd door met van alles: kletsen, brieven schrijven, flirten, een dutje doen, naar de radio luisteren. Als Torres koffie zette, deelde hij die. Hij liet zijn kast openstaan, zodat de vrouwen zijn kookspullen en cassettebandjes konden gebruiken. Om de dagelijkse sleur te doorbreken, bracht hij soms luxe schatten aan eten uit de vrije wereld mee: Kentucky Fried Chicken, bosbessensap, doughnuts. 'Mr. Doughnut' werd zijn bijnaam. Iedere goede daad betekende een overtreding van de personeelsvoorschriften. Onder gevangenen was aardig gedrag een risico, net als in het getto. En nog vreemder was het dat Torres geen wederdiensten leek te verwachten.

Torres was wel gewend aan het geflirt; het was een constant gegeven in het leven van een bewaarder in een vrouwengevangenis. Zowel bewakers als gevangenen verveelden zich dood; er hing een sfeer zoals aan het einde van een lange zomer met dezelfde mensen in dezelfde straat. Sommige collega's namen condooms mee naar het werk. Torres kreeg waarschijnlijk meer aandacht dan de meeste andere bewakers omdat hij emotioneel contact had met de vrouwen. Hij was ook knap, met fijne trekken, onvoorstelbaar lange wimpers en bruinzwarte ogen. Hij was klein, maar compact en, in de stilstand van de tijd in die omgeving, bijna hip. Hij droeg een klein gouden oorringetje en had zijn haar glad naar achteren in een nette paardenstaart. Afgezien van die paardenstaart vertoonde hij een bijna griezelige gelijkenis met Boy George.

Jessica reageerde op Torres' knappe uiterlijk. Ze danste voor hem – in het magazijn, in zijn kantoor, op de loopbruggen rondom de ketel – en deed uitdagend de rits van haar gevangenisoverall naar beneden. 'Er waren er meer die dat deden,' vertelde Torres later, 'maar zij was erg goed.' Ze zong ballads van Celine Dion en Boyz II Men. Hij zag haar gulle mond als ze lachte. Ze vroeg hem om een verjaarszoen, die hij haar ook gaf, niet wetend dat haar verjaardag pas maanden later was.

Al gauw praatten Jessica en Torres hele nachten door. Hij vertelde haar over zijn twee kinderen en bekende dat zijn vrouw en hij problemen hadden. Jessica vertelde hem over haar dochters, vooral over Serena, die net negen was geworden. Jessica vertelde over haar eigen ongelukkige jeugd en over haar spijt dat Lourdes haar niet genoeg aandacht had gegeven. Ze vertelde hem ook dat ze jarenlang misbruikt was. Torres knipte een tijdschriftartikel over kindermisbruik uit en gaf haar dat. Ze vertelde hem over Boy George en liet hem de tatoeages zien die ze van plan was met laser te laten verwijderen zodra ze vrijkwam. Torres kookte pasta met

228

saus op zijn elektrische plaatje en verraste haar met ijs voor het dessert. Hij liet haar naar zijn favoriete house-cassettes luisteren. En hij bracht een fles van haar favoriete parfum DNA voor haar mee.

Familiedag was een belangrijk evenement voor de vrouwen in de gevangenis. Voor degenen die het geluk hadden bezoek te krijgen, was het feest vaak de enige mogelijkheid om hun familie te zien. Familiedag leek op een bedrijfsuitje: er waren voorstellingen en spelletjes, hamburgers, hotdogs en ijsjes voor de kinderen. Jessica had vijf maanden uitgekeken naar de festiviteiten. Ze had Serena al meer dan een jaar niet gezien; de tweeling had ze in de drie jaar sinds haar arrestatie niet meer gezien. 'Het was het enige waar ze wekenlang over praatte,' wist Torres zich te herinneren. Lang van tevoren had Jessica Lourdes alle benodigde formulieren gestuurd en de gratis kaartjes voor een bus die rechtstreeks vanuit de Bronx ging. Ten slotte werd het dan toch eindelijk Familiedag – en kwam er niemand opdagen.

Jessica was er helemaal kapot van. Terug in haar cel schold ze een van de bewakers uit; die stuurde haar naar de strafcel en gaf haar een slechte aantekening voor brutaliteit en het geen gevolg geven aan een bevel. Toen ze weer aan het werk mocht, gaf Torres haar als troost een roos en een mooie kaart. Hij bood aan, de cadeautjes die ze voor haar kinderen had gemaakt, op te sturen – ook een inbreuk op de regels voor bewakers. Hij maakt Jessica's pakket nog aantrekkelijker door er dingen uit de buitenwereld aan toe te voegen: snoep, een *Jurassic Park*-video voor de tweeling en een flesje parfum voor Serena.

Tot op dat moment had Jessica Torres vooral als een uitdaging beschouwd, en haar pogingen hem voor zich te winnen als een afleiding om de tijd te doden. Maar zijn hartelijke gebaar naar haar dochters raakte haar. Ze deed een beroep op Amazon, een gevangene die Santeria beoefende, en op een avond voerden ze een ritueel uit dat de romance moest bevorderen. Jessica nam een appel mee naar het ketelhuis. Daar haalden ze het klokhuis eruit. Jessica schreef Torres' naam op een stukje papier, rolde dat op en stak het in de appel, als een briefje in de erfzonde. Amazon smeerde wat honing op de appel. Jessica verstopte hem in Torres' kluisje. Hij vond de appel en gooide hem weg. Hij dacht dat 'die voodoo' een geintje was. Pas maanden later raakte hij ervan overtuigd dat Jessica een verleidster was die God had gezonden om hem op de proef te stellen, en dat het feit dat hij haar geen weerstand had kunnen bieden, hem in de macht van de duivel had gebracht.

Torres zei tegen Jessica dat ze beter verdiende dan een vluggertje met een getrouwde man in een kleedkamer. Hij smokkelde een zelfhulpboek naar binnen – *Women's Worth* van Marianne Williamson – en gaf het Jessica cadeau. Ze interpreteerde dit als een teken dat hij het meisje dat ze was geweest, accepteerde en dat hij haar wilde helpen om de vrouw te worden die ze kon zijn. Ze onderstreepte passages die weergaven wat ze voelde en las hem die voor.

Intussen was Jessica's vriendin Player verliefd geworden op een bewaker die dienst had in de recreatiezaal. Uiteindelijk werden Jessica en Player kamergenoten. Als schoolmeisjes dagdroomden ze over hun mannen. Ze holden naar het raam om ze te kunnen zien aankomen voor hun dienst. Ze ontwikkelden een geheime code, zodat ze vrij over hun aanstaande geliefden konden praten, waarbij ze de bewakers Jackie en Diane noemden alsof het mede-gevangenen waren op wie ze verliefd waren. Players verliefdheid doorbrak vooral de sleur van het gevangenisleven, maar Jessica was helemaal bezeten van Torres. Ze begon te dagdromen over hun toekomst, als hij was gescheiden en zij vrij was.

Jessica deed er altijd lang over om zich voor iets te kleden, maar haar voorbereidingen voor haar dienst in het ketelhuis werden een ritueel dat haar volledig in beslag nam. Ze douchte. Ze wreef zich met lotion in. Ze had nooit veel geld op haar kantinetegoed, maar ze vulde dat zoveel mogelijk aan met wat ze van vriendinnen kon lenen. Ze leende Players lingerie, gecamoufleerd door haar olijfgroene werkpak. Ze deed haar haar, maakte zich op en deed parfum tussen haar borsten. Ze eindigde altijd met een schoonheidsvlekje, links boven haar lippen, wat maakte dat de goedkope lipstick er veel chiquer uitzag als ze lachte.

Jessica's dienst in het ketelhuis werd het hoogtepunt in haar leven: tussen twee diensten las en herlas ze Torres' opbeurende kaarten. Ze maakte Player helemaal gek met haar gezeur om Torres' brieven voor te lezen als kinderverhaaltjes voor het slapengaan; Jessica zei hele passages op die ze uit haar hoofd had geleerd. Player, die een straf uitzat voor verduistering, zag een bron van mogelijkheden in Jessica's geliefde; ze regelde dat haar moeder Torres vóór zijn dienst ontmoette op een parkeerterrein in de buurt. Hoewel Torres dat later ontkende, beweerde Player dat haar moeder hem verboden spullen had geleverd: nagellak, gekleurde contactlenzen, lingerie van Victoria's Secret. Jessica vroeg nooit iets voor zichzelf.

Jessica schreef Serena over haar nieuwe vriend en zei dat ze gauw allemaal bij elkaar zouden zijn. Ze kondigde aan dat ze niet naar de Bronx terug wilde; in plaats daarvan zouden ze allemaal naar een gelukkiger plek gaan, ver weg. De gedachte aan weer een verandering bracht Serena van slag; ze miste Jessica, maar ze wilde haar zusjes niet kwijtraken. Mi-lagros was woedend op Jessica, omdat die met dat soort plannen het hoofd van een kind van een negen op hol bracht.

## HOOFDSTUK 22

Kort nadat Cesar had ontdekt dat Coco zwanger was van Wishman, kwam Coco erachter dat Cesar al die tijd Roxanne het hof had gemaakt. Wat Coco nog niet wist, was dat Cesar ook Giselle, Lizette en een aantal andere meisjes had geschreven. 'Hij is een klootzak en ik ben een kreng. We zijn allebei hetzelfde en we zullen nooit veranderen,' zei Coco. Net als Cesar piekerde ze constant over geld en nu nog extra, omdat ze binnenkort uit Thorpe House zou vertrekken.

Al maandenlang stond Coco dankzij een speciaal project op de nominatie voor plaatsing in een gerenoveerd appartement. Het gebouw lag op de hoek van 173rd Street en Vyse, niet ver van de plek waar Lourdes ooit gewoond had. Maar als gevolg van vertragingen in de bouw en de nodige formaliteiten werd de verhuizing steeds weer uitgesteld. In de woongebouwen van het speciale project zou een maatschappelijk werkster beschikbaar zijn om bewoners als Coco te helpen hun chaotische leven op het goede spoor te houden en idealiter zou Coco, dankzij kinderopvang en andere ondersteuning, weer naar school kunnen of een baan vinden. Coco's andere opties waren ofwel gebruikmaking van Paragraaf 8 – een federaal huursubsidiesysteem waarbij het verschil tussen dertig procent van een bijstandsinkomen en de reële huur werd gesubsidieerd – ofwel een appartement in de sociale woningbouwflats. Het had zuster Christine de nodige diplomatie gekost om Coco af te brengen van het idee van de flats waarvoor Bureau Huisvesting het gas en licht betaalde. Coco betaalde in Thorpe geen huur en kon daar al niet rondkomen, zelfs niet met haar ijverige passie voor begroten. Eerder die winter had Coco erin toegestemd om eens een kijkje te gaan nemen in het opgeknapte gebouw van het speciale project en toen ze het lichte, pasgeschilderde pand zag – vlakbij een parkje waar de kinderen konden spelen – was ze enthousiast naar Thorpe House teruggekeerd.

Maar Coco's openlijke enthousiasme maakte haar het mikpunt van de jaloezie van haar huisgenoten, die haar begonnen te bespotten. Als ze snel had kunnen verhuizen, had ze misschien aan de gebruikelijke pesterijen kunnen ontkomen, maar het voortdurende uitstel maakte dat de denigrerende opmerkingen van anderen effect begonnen te krijgen. Sommige bewoners en iemand van het personeel vertelden haar dat de nonnen geld kregen voor iedereen die ze naar het speciale project stuurden, dat mannen er niet eens op bezoek mochten komen, dat het personeel er nieuwsgieriger was dan in Thorpe, en dat de aanwezige maatschappelijk werkster tevens als spion voor de sociale dienst fungeerde. Kritiek op het welzijnswerk was niet onterecht, en de vrouwen hadden groot gelijk dat ze op hun hoede waren, maar Coco kreeg niet eens de kans om daar zelf achter te komen. Ze wilde wanhopig graag weg uit Thorpe House – en voorkomen dat ze het nieuws van haar zwangerschap aan de nonnen moest vertellen. Rond juni 1994 was ze in wat ze een vechtbui noemde: op zoek naar ruzie om de stress te verlichten. Ze wist altijd dat ze op het punt stond 'er een zootje van te maken' als haar handen begonnen te trillen.

De kans om te vechten was een van de weinige gettomogelijkheden die niet alleen constant aanwezig waren maar zelfs aangemoedigd werden. Maar Coco wist dit gewoonlijk te vermijden; ze wilde niet vechten waar haar kinderen bij waren. Maar nu was ze er helemaal klaar voor, en ze kreeg een verhitte woordenwisseling met een meisje in Thorpe dat ook zwanger was. Toen de beledigingen op een fysieke vechtpartij uitliepen, duwde Mercedes Nikki het appartement in maar bleef zelf in de hal om op haar moeder te kunnen letten; de bewaker haalde de twee vrouwen uit elkaar. Gelukkig besloten de nonnen hen er niet uit te zetten; Coco zou immers toch al vertrekken. Maar helaas was de enorme vriend van het zwangere meisje net uit de gevangenis ontslagen. Volgens Coco's buren had hij op haar deur staan bonken en laten weten dat hij, als hij Coco zag, vast van plan was haar haar schandalige behandeling van zijn ongeboren kind en zijn vrouw betaald te zetten.

Coco vluchtte naar Foxy, maar daar was het veel te vol voor een radeloze zwangere vrouw met drie kleine kinderen. Ze zei haar afspraken met het speciale project af, vroeg om Paragraaf 8-faciliteiten en trok in de eerste de beste woning die ze kon vinden: een appartement op Prospect, maar een paar straten ten zuiden van Thorpe House. Haar maatschappelijk werkster maakte zich grote zorgen over haar veiligheid en de slechte staat van het gebouw; zuster Christine vreesde het risico van verkrachting. Maar Coco verzekerde dat het wel zou gaan. Ze zei niets over de man die ze in de hal van het gebouw had gezien en die Coco had gewaarschuwd voor ratten; ten slotte waren er in het appartement van haar moeder muizen.

De locatie was gunstig. 'Het is groot en vlakbij Tremont waar de supermarkt is, daar ben ik blij om. En het is licht,' zei Coco. Op de ramen vlakbij de brandtrap zaten geen sloten, maar als ze haar hoofd uit het raam stak, kon ze de etalage van een bruidswinkel zien – drie stoffige etalagepoppen in het wit uitgedost – naast een feestartikelenwinkel, waar ze heen kon voor de verjaardagen van haar kinderen.

Drugsactiviteiten vormden de levensader van Coco's nieuwe gebouw. Er was geen enkele vorm van beveiliging: deuren stonden altijd open en de binnenplaats noodzaakte tot een zenuwslopende run van de straat naar de hal. Duivenpoep vormde een stinkend zandkasteel in de afbrokkelende fontein van het gebouw. De brievenbussen waren opengebroken, de deurtjes scheef en gedeukt. De lampen in de gangen werden voortdurend gestolen.

Dit soort bouwvalligheid was geen onbekend fenomeen, maar Coco was hier een vreemde, zonder haar familie om haar te beschermen. In Foxy's buurt was ze veilig door haar bloed- en liefdesbanden. Bovendien kende ze er de mensen en kon ze eventuele bedreigingen beoordelen met haar kennis en ervaring. Hier was onbekend volk, geen vriendinnen of de vriendjes van haar buren of de vrienden van haar broers. Of het gevaar nu wel of niet groter was, het feit dat ze het niet kende, verhoogde het gevoel van onveiligheid: er kon overal en ieder moment iets misgaan. Ze kon niet langer Hector fluiten om haar en de meisjes naar boven te begeleiden. 'Mijn huis eng,' fluisterde Nikki, die daarmee het algemene gevoel vertolkte.

Coco's reactie verschilde niet veel van haar reactie op de zwangerschap: ze zou haar best doen met wat er vóór haar lag en de rest uit de weg gaan tot ze weer iets moest bedenken. Ze kalmeerde haar eigen zorgen door zich te richten op die van Mercedes en Nikki en hielp hun opkomende paniek afleiden: ze zette de radio aan, vond een muziekzender en begon eerst met hun slaapkamer. Met de waardebon van de sociale dienst van 750 dollar voor meubels had Coco stapelbedden voor de twee oudste kinderen gekocht, twee banken voor de *sala* en een tweepersoonsbed voor haarzelf en Nautica. Bedden, verklaarde ze, waren om in te slapen, niet om op te springen, maar ze liet de meisjes toch lekker springen. Ze hing een ingelijste plaat van de Kleine Zeemeermin op. Vlak daarbij zette ze de houten clown die ze in Thorpe had gesneden: *Cesar en Shorty en ons ongeboren kind, Mercedes, Nikki. Gemaakt door Coco. Mama houdt van papa, 1993*. Ze vroeg de mening van de kinderen in haar wervelwindsnelle inrichtingsactie: moest de plank voor de poppen in hun kamer komen te hangen, of in de woonkamer, om er Abuela Lourdes' *figuras* op te zetten? In de woonkamer hing Coco roze nylon gordijnen op, die ze opleukte met een rode kerststrik. Ze pakte haar geliefde foto's uit, die ze naast de babyschoentjes van haar kinderen zette.

De grotere problemen kon Coco echter niet verbeteren: de verstopte wc, de lekkende gootsteen, de voordeur die alleen maar dicht ging met een karateklap, de drugsdealer die de plek voor het gebouw in gebruik had. 'Hé, Shorty,' riep hij soms veelbetekenend, en: 'Hoe heet je, Shorty?'

Coco mompelde gedag en liep snel langs. Ze probeerde ook de goot buiten haar keukenraam niet te zien, die vol lag met afval: een bal, een luier (gebruikt), een kindersok, een lollystokje.

Meteen al de eerste keer dat ze in het appartement sliep, maakten de ratten hun debuut; ze waren zo groot als magere katten en hondsbrutaal. Coco was geschokt. Nautica kon wel gebeten worden. Coco vond het doodeng om naar de keuken te gaan – het licht deed het niet – maar Nautica moest haar flesje hebben en het water uit de badkamerkraan was niet warm genoeg. Maar zodra Coco de gang instapte, sloop er een rat langs de muur en verdween de keuken in. Coco sloot zich in de slaapkamer op. Nautica krijste tot haar stem hees werd. Lang nadat ze was opgehouden met huilen, bleef ze nog met droge snikken uithalen.

De volgende ochtend durfde Coco de keuken niet in te gaan; eten trok ratten aan; de meisjes hadden honger. Hoe moest ze daar koken? Moe en verslagen deed ze wat kleren in plastic tasjes, verzamelde haar kinderen, kreeg met moeite de verbogen deur van het appartement op slot, en trok zich terug in de betrekkelijke veiligheid van Foxy's huis. Het was de zomer van 1994; anderhalf jaar tevoren was Coco het huis uitgegaan; nu was ze terug, opnieuw zwanger.

Op 1 juli bracht Yasmin, de vriendin van Coco's broer Manuel, een zoontje ter wereld. Hun grote blijdschap nam veel ruimte in Foxy's overvolle appartement in. Aan het eind van de week waagde Coco zich, voorzien van een klein gevolg, naar Prospect. Haar escorte omvatte haar drie kinderen, Wishmans twee jongere zusjes, Hectors broodmagere vriend Weedo, en Weedo's vriendin Lacey. (Weedo had zijn bijnaam te danken aan het feit dat hij altijd weed rookte.) Coco had op Wishmans zusjes gepast om zijn moeder wat rust te geven, maar de kinderen putten Coco volledig uit: ze moest ze voortdurend in de gaten houden. Ze hadden haar dochters vloeken geleerd. Een paar dagen eerder, bij Foxy, was Coco Foxy's slaapkamer binnengelopen en had het oudste meisje, dat nogal dik was, bovenop Nikki aangetroffen. Coco raakte door het dolle heen; haar handen begonnen te trillen en ze had Hector moeten roepen om tussenbeide te komen. Maar Weedo en Lacey waren makkelijk: ze waren veertien en verliefd en op zoek naar privacy. Coco was bovendien bang om alleen in het appartement te zijn.

Toen Mercedes hoorde dat Weedo zou blijven slapen, deed ze haar armen over elkaar en keek haar moeder woedend aan. 'Je hebt gezegd: geen jongens in huis!'

'Hij mag binnenkomen, Mercedes, voor deze ene keer,' zei Coco.

'Nee!' zei Mercedes. 'Je hebt gezegd: geen jongens, alleen maar meisjes in huis!'

'Dit is maar één jongen, voor één nachtje, omdat hij de vriend van Lacey is,' zei Coco. 'Vind je Lacey niet lief?'

'Je hebt het beloofd!' zei Mercedes. Haar boosheid was niet de gebruikelijke frustratie die ze op haar moeder botvierde tot Coco haar haar zin gaf: deze woede klonk intenser, wanhopiger.

In het appartement speelden de kinderen in een van de slaapkamers. Weedo en Lacey doken de douche in. Hun gelach achtervolgde Coco terwijl ze door het snikhete appartement dwaalde en frisse lucht probeerde te krijgen. Hun vrolijkheid maakte haar blij. ''t Doet me denken aan mij en Cesar toen we jong waren,' zei ze bij zichzelf. De meeste ramen waren scheef en het merendeel was dichtgeverfd. Met veel moeite kreeg ze er eentje open: geen wind. Ze trok de plastic hoes van de bank af. Ze wilde zuinig op de bank zijn, maar ze wilde ook dat haar gasten het prettig hadden. Ze gaf Weedo en Lacey haar enige stel lakens.

Coco bracht de meisjes naar bed in hun grote kamer en nam zelf de kleine, maar al gauw stonden ze allemaal bij de deur. Ze wilden niet alleen slapen. Ze legde haar matras op de grond en ze klommen erop.

'Mammie, zuig je op mijn duim?' vroeg Nikki. Coco had geprobeerd Nikki van die gewoonte af te brengen, maar Coco's richtlijnen, hoe goed bedoeld ook, raakten vaak verloren in de dagelijkse aardverschuiving van kleine rampen. Coco vertelde Nikki een verhaal over Daisy, Jessica's nichtje en vroegere uitgaansvriendin, die een vriend had die een keer klaagde dat Daisy nog steeds op haar duim zoog. De moraal van het verhaal was op de achtergrond geraakt door Daisy's lef, die inspirerender was. 'Daisy deed het en die was al groot. Ze zei tegen haar vriend: "Je moet me maar nemen zoals ik ben!"' zei Coco. Ze keek onderzoekend over de matras naar Mercedes. 'Jouw pappie zuigt ook op zijn duim,' zei ze zacht. Mercedes glimlachte. Wishmans zusjes stopten onmiddellijk hun duim in hun mond.

Lacey stak haar hoofd om de deur, een handdoek om haar bleke lichaam. 'Waarom zijn jullie allemaal in dezelfde kamer?' vroeg ze.

'Mijn dochters zijn niet te bang om in hun eigen kamer te slapen,' loog Coco. Ze zei ook niets over het simpele keukenmes naast haar bed. Het mes was een gewoonte die Coco van haar moeder had overgenomen, hoewel Foxy niet bang was geweest voor vreemden, maar voor Coco's vader.

De kinderen vielen in slaap, maar in de kamer ernaast begonnen Weedo en Lacey ruzie te maken. Weedo had een opvliegend karakter. Coco kon nauwelijks stil blijven liggen op de kale boxspring naast Nautica, die in haar slaap aan haar speen zoog. Coco kon amper adem krijgen. Ze maakte zich zorgen over Nautica's astma maar durfde de deur niet open te doen vanwege de ratten. Eindelijk slaagde ze erin het raam boven de brandtrap open te krijgen. Maar nog steeds was het onverdraaglijk heet. Het zweet drupte op de plastic matrashoes. Luie gesprekken vanaf de straat drongen door de doodstille lucht heen. Een zwerfkat jankte met weinig overtuiging. Weedo schreeuwde echter uit volle borst tegen Lacey. 'Ik ga er fucking vandoor,' riep hij. Ze zei dat hij dat vooral moest doen. 'Ik ga godverdomme naar huis,' schreeuwde hij. Ze moedigde hem aan. Coco was blij dat haar kinderen door de volgende paar rondes heen sliepen.

Coco hoopte maar dat ze niet begonnen te vechten; dan zou ze zich ermee moeten bemoeien. Coco raakte altijd betrokken als ze andere mensen – zelfs onbekenden – zag vechten in het bijzijn van kleine kinderen. Ze schreef het toe aan die keer dat Nikki's vader, Kodak, haar achterna had gezeten naar Foxy's binnenplaats. Mercedes was toen pas twee. De binnenplaats was vol met kinderen, tieners en volwassenen. Kodak kwam langs in een dure auto met een nieuwe vrouw en vroeg: 'Hoe komt het dat je iedere keer als ik langskom niet bij Nikki bent?'

'Ze is bij je moeder,' had Coco gezegd. 'Als je wat vaker langskwam, zou je me heus wel met haar zien.' Coco herinnerde zich nog dat Kodak door het dolle heen was geraakt. Zelfs toen Mercedes wanhopig begon te schreeuwen dat iemand haar moeder moest helpen, was er niemand tussenbeide gekomen.

Nog niet zo lang geleden had Coco zich vlakbij Thorpe midden in een vechtpartij tussen een man en een vrouw geworpen. Ze kende ze geen van tweeën, maar ze had heel flink tegen de man gezegd: 'Je bent volwassen. Wil je vechten? Doe dat dan thuis.'

Eindelijk doezelde Coco weg. Om ongeveer drie uur in de ochtend zat ze ineens rechtop; ze rook brand. Stemmen – mannenstemmen – klonken angstig dichtbij, alsof ze zich op de brandtrap bevonden. Ze kroop naar het raam om te kijken. Ze schrok zich dood: de punt van een gymschoen op de vensterbank en twee handen die het raam omhoogschoven. Ze legde Nautica op de matras tussen de kluwen slapende kinderen, kroop onder de boxspring waar ze op had gelegen, duwde hem met haar rug omhoog, zette hem tegen het raam en gooide zichzelf er tegenaan om hem omhoog te houden. De stemmen mompelden. Een van de mannen lachte kakelend. Ten slotte gingen ze weg. Als ze gewild hadden, hadden ze makkelijk binnen kunnen komen.

Coco zette het raam vast met een schroevendraaier en zette de boxspring er weer tegenaan om het te blokkeren, drukte er zich tegenaan en liet zich op de vloer glijden. Ze hield het mes in haar armen tegen haar groeiende buik. Ze probeerde wakker te blijven, maar sukkelde in slaap. Eén keer schrok ze wakker, maar het waren alleen maar Weedo of Lacey, die in de kamer ernaast lachte.

Tegen de ochtend was de slaapkamer heter dan een broeikas en de kinderen een wirwar van armen, paardenstaarten en benen. Mercedes kreunde zachtjes. Nautica hijgde. Nikki, die last had van neusholteontsteking, snurkte. Weedo en Lacey gooiden de kapotte voordeur achter zich dicht en Nikki werd wakker van het lawaai. Ze kroop naar het raam en keek ze na, met haar kin op haar handen. Boven de smerige straat verdween Laceys blonde haar in de zomernevel. Een vuilniswagen stopte. De jonggeliefden, slordig aangekleed, staken Prospect Avenue over en liepen zuidwaarts om de bus op Tremont Avenue richting University te nemen, dezelfde bus waarmee Coco altijd van Cesar naar haar moeders huis was gegaan.

Bij Foxy thuis maakten Coco en Foxy weer net zoveel ruzie als toen Coco nog een tiener was. Coco klaagde steen en been over Hernan. 'Ze wil gewoon niet dat ik met iemand omga,' zei Foxy. 'Ze moet zich erbij neerleggen.' Tijdens een woordenwisseling gooide Foxy een glas naar Coco; na een andere ruzie nam Foxy extra pillen om maar in slaap te komen. Coco nam Mercedes en Nautica mee naar Milagros om de boel wat te kalmeren. Nikki was een paar weken bij haar vader in Baltimore. Toen Coco weer terug was in de Bronx, kondigde ze aan dat ze overwoog naar Troy te verhuizen. Het kleine stadje was saai, maar mooi en rustig en de kinderen hadden er veel speelruimte. Foxy duimde voor haar. 'De kinderen hebben een fatsoenlijke omgeving nodig... Wishman doet geen sodemieter voor d'r. Ze moet alles helemaal alleen doen.'

Coco en Wishman zagen elkaar nog steeds, en Wishman bleef in het openbaar ontkennen dat Coco's zwangerschap door hem kwam. 'Ik laat hem met rust,' zei Coco. Maar ze hoopte op een zoon.

Eind augustus kreeg Hectors vriendin Iris een zoon; ze noemden hem Lil Hector. Een paar dagen later ging Coco dansen en kwam Wishman tegen. Later gingen ze naar een kamer die hij van een vrouw had gehuurd in een gebouw vlakbij dat van zijn moeder. Ze vrijden drie keer; Coco vroeg zich later af of hij soms had geprobeerd de baby iets aan te doen. Ze moest naar de wc en moest zich aankleden om over de gang te kunnen lopen. Maar toen ze opstond, verloor ze bloed. Wishman belde zijn moeder; Sunny belde het alarmnummer.

Ondertussen bracht Wishman Coco naar de wc en hielp haar haar bebloede kleren uittrekken. Toen kwam Sunny binnenstormen; Coco voelde zich licht in het hoofd, de ambulance kwam, ze bleef bloed verliezen. Terwijl twee broeders Coco op een brancard legden, probeerde een andere informatie van Wishman te krijgen – Coco's naam, geboortedatum en adres. Wishman bleef maar herhalen: 'Ze is een boogschutter.' Daar moest Coco later in het ziekenhuis wel om lachen.

De volgende paar dagen waren een chaos van bezoeken aan de eerste hulp. Coco bleef maar hevig bloeden en werd uiteindelijk in het ziekenhuis opgenomen. Een week lang probeerden de artsen het bloeden te stoppen; op enig moment werd Coco, ten onrechte, verteld dat de baby dood was. Uiteindelijk werd ze om drie uur 's ochtends naar een operatiekamer gebracht voor een spoed-keizersnede.

Als Coco het nieuwe kindje had kunnen vasthouden, zou het in de palm van haar hand hebben gepast. De spichtige beentjes waren nauwelijks groter dan die van een kikker, maar ze bewogen niet; ze bungelden alleen maar. En het was weer een meisje. Ruby Diamond Pearl was drie maanden te vroeg geboren en woog maar 636 gram. Haar blauwgeaderde huid was bezaaid met kleine buisjes ter grootte van limonaderietjes. Haar borstkasje ging hijgend op en neer en was kleiner dan een kippenborst. Coco was zo ontdaan dat ze eigenlijk wilde geloven dat ze haar kindje per ongeluk met een ander hadden verwisseld. 'Ze zag eruit als een crackbaby,' zei ze beschaamd.

Terwijl het kindje op de kinder-intensive care voor haar leven vocht, bracht Coco een angstige week door op een andere etage van het ziekenhuis. Foxy smokkelde Mercedes naar binnen; Wishman kwam niet op bezoek; Sunny wel. Het geroddel was al begonnen.

*Wishman gebruikt vast, Coco.*

*Iemand moet iets doen. Dat kindje is niet goed.*

Al Coco's andere kinderen waren gezond, dus belde Coco Sunny om te vragen of Wishman drugs gebruikte. Hij rookte alleen weed. Wishman stelde Coco ook gerust en liet zijn naam op het geboortebewijs zetten. Coco werd uit het ziekenhuis ontslagen en ging naar Foxy. Pearl bleef in het ziekenhuis.

Midden in de crisis besloot Coco naar Troy te verhuizen. Ze had het idee dat er in de Bronx niets goeds meer kon gebeuren. Haar zuster zag ze zelden, ze kon niet van haar eigen moeder op aan, en misschien dat de afstand Foxy's belangstelling voor Coco en haar kinderen weer zou opwekken. Coco wilde ook weg uit de buurt, waarvan ze het gevoel had dat die vol hypocrieten zat: mensen die zich voordeden als aardig maar ondertussen lelijke dingen over haar vertelden en nu ook over haar kindje. Wishman was maar één keer in het ziekenhuis op bezoek geweest en had toen zijn nieuwe vriendin meegebracht. Foxy was boos dat Wishman een ziekelijk kindje liet zitten, maar Coco was ervan overtuigd dat hij uiteindelijk wel bij zou draaien. 'Als het voor mij al moeilijk is, terwijl ik het kind heb gebaard, bedenk dan eens hoe beroerd hij zich moet voelen,' zei ze. En ondertussen bracht Coco haar moeder in herinnering dat ze haar kinderen zonder twee vaders had opgevoed en dat ze het net zo goed zonder drie kon.

Foxy ging ermee akkoord om een oogje op Pearl in het ziekenhuis te houden terwijl Coco in een opvanghuis in Troy zat en tot rust kwam. Richie wilde het appartement op Prospect wel in de gaten houden. Richies broer had hem genoeg geld geleend om uit het opvanghuis te kunnen en een appartement te huren, en Richie zou Coco's meubilair gebruiken tot hij zelf wat kon kopen. Ondertussen pakte Coco de belangrijkste dingen in die ze mee kon nemen: de mooiste kleren van de kinderen en haar foto's. Richie beloofde om goed te passen op de speelgoedkist die Cesar voor Mercedes had gemaakt, tot ze die kon komen ophalen. Een vriendin bood een lift naar Troy aan.

Coco had drie doelen op het moment dat ze uit de stad vertrok. Op weg naar haar nieuwe huis, in een file op de Tappan Zee Bridge, schreef ze ze op een stukje papier. Het eerste doel omcirkelde ze: 'mijn kindje uit het ziekenhuis'. Naast het tweede doel: '*Cesar* in mijn leven', tekende ze een fronsend gezicht en schreef eronder: 'Voorlopig nog een droom'. Het derde doel was : 'Dat mijn vier kinderen hun school afmaken en trouwen en *niet* worden zoals *ik*!!!'

Op een ander stuk papier tekende ze een groot hart en zette er haar familie in: 'Dit is mijn leven hier: Mercedes, 4 jaar oud; Nikki, 3 jaar oud; Nautica, 11 maanden oud, (moeder) Coco, 20 jaar oud, Pearl 1 maand oud.' Ze schreef ook opmerkingen in de hoeken van het vel papier, alsof ook hoop opnieuw kon worden geordend, zoals de beeldjes op de planken van het appartement dat ze ontvlucht was.

*Het leven is Kut MAAR ik ben een sterke vrouw!*

*Ik ga die meisjes de wereld geven!*

*Ik zal nooit iemand Boven mijn Kinderen stellen.*

En toen verfraaide ze de onderkant met de zin die de volgende tatoeage werd van de zeven die ze er uiteindelijk zou hebben: *Mercedes, Nikki, Nautica, Pearl. Mijn vier schatten.*

# Deel III

# De stad uit

## HOOFDSTUK 23

Om in Troy voor permanente huisvesting in aanmerking te komen, moest Coco aantonen dat ze dakloos was. Kort na aankomst installeerde ze Nikki en Nautica bij Milagros en nam Mercedes met zich mee naar een plaatselijk opvanghuis, Joseph's House, een gerenoveerd winkelpand in het centrum. De daklozen moesten iedere ochtend hun biezen pakken; Coco en Mercedes namen dan de bus terug naar Milagros' appartement. De bus reed over River Street, parallel aan het industriële havengebied van Troy aan de Hudson River. Deze buurt was ooit een welvarende arbeiderswijk geweest. Sporen van betere tijden waren nog wel zichtbaar, maar alles was nu min of meer verlopen. Op de Victoriaanse huizen die niet waren dichtgespijkerd, hingen bordjes: *Verboden Toegang* en *Appartement te Huur*.

Vanuit de bus zag Coco hoe blanke meisjes wandelwagentjes met baby's met een donkerder huidskleur voortduwden door de troosteloze straten. In een vervallen portiek bespeurde ze een dealer.

Ze kwamen langs een Burger King. Net voor de ingang van Corliss Park, waar Milagros woonde, was een winkelcentrum met een paar winkels. Op het parkeerterrein lagen grijze plakken asfalt, als platgeslagen zandtaarten. Een Rent-A-Center bevond zich naast de Town Village Wasserette en Stomerij, waar elke dertiende was gratis was. Voorbij het benzinestation, waar de bus linksaf sloeg, was een cadeauwinkel, Living Recovery, van een organisatie, die afkickprogramma's organiseerde.

Corliss Park leek totaal niet op de hoogbouwflats in de Bronx. Lage huizen met maar één verdieping en een tuin stonden aan één enkele slingerende straat. Tussen de huizen, met voor- en achtertuin, stonden bomen. Barbecues, tegen de elementen beschermd met groene plastic vuilnisbakzakken, rezen op als reuzenpaddestoelen. Kinderen lieten hun fiets gewoon buiten staan, niet op slot.

Milagros had heel snel een huis toegewezen gekregen; ze had alle formaliteiten al rond voor ze uit de Bronx vertrok. Coco moest meer dan drie maanden wachten; ze was in Troy gearriveerd zonder één van de vereiste papieren. Pearls ziekte had tot gevolg dat ze nog chaotischer was dan anders. Ze was de geboortebewijzen van de kinderen kwijt, terwijl ze die nodig had om ze bij een medische praktijk aan te kunnen melden, wat weer noodzakelijk was omdat ze ingeënt moesten worden voor ze op een school konden worden ingeschreven. En ze was hun inentingsboekjes vergeten, net als alle andere vereiste formulieren. Om huisvesting te krijgen, moesten er afspraken worden gemaakt en papieren getekend, maar Coco had niet eens geld voor de bus, omdat ze geen bijstand kreeg; de sociale dienst in de Bronx betaalde nog steeds de huur van haar appartement dáár en weigerde haar dossier over te dragen aan Troy. Foxy leende af en toe 20 of 30 dollar van Delilah, de woekeraarster, en maakte dat aan Coco over via Western Union, wat weer 15 dollar extra kostte. Maar steeds als Coco echt wat geld had – 40, 50 of 60 dollar – onderbrak ze haar dakloosheid en maakte de drie uur lange busreis naar New York om Pearl te zien. Coco was zo uitgeput van alle georganiseer en gereis, dat ze vaak in slaap viel van het gezoem van de hartbewakingsapparatuur zodra ze bij het bedje van Pearl zat.

Voordat haar nieuwe kleindochter geboren was, stond Foxy's moederinstinct op een laag pitje, maar de crisis had de competente vrouw in haar wakker gemaakt die Coco zich van vroeger herinnerde en naar wie ze nog steeds terugverlangde. Foxy kon het niet opbrengen op Hectors afspraken met de reclassering te letten – vanwege die keer dat hij een pistool mee naar school had genomen – maar ze ging wel elke dag naar het ziekenhuis. Foxy was in zekere zin verantwoordelijk voor de problemen van Hector, maar niemand kon haar iets verwijten wat Pearl betrof. Het kindje bleef uiterst zwak: ze had zelfs nog 50 gram gewicht verloren na een operatie in verband met hartruis, en werd nog steeds geteisterd door infecties. Ze moest beademd worden, wat slecht was voor haar nog niet volgroeide longen. Foxy bad in de ziekenhuiskapel voor ze weer naar huis ging.

Als Coco niet naar de stad kon, hield ze zich op de hoogte van Pearls toestand via Foxy's buurvrouw Sheila, die telefoon had. Pearls toestand verbeterde bij elke volgende versie van het verslag. De sombere prognose van de artsen werd in Foxy's woorden een voorzichtige prognose, die door Sheila nog weer wat mooier werd gemaakt. 'Het kindje is heel ernstig ziek' werd 'Ze redt het nog steeds' en vervolgens 'Ze groeit elke dag iets'. Een van de artsen had tegen Foxy gezegd dat áls Pearl al bleef leven, ze zich niet normaal zou ontwikkelen. Foxy hoopte dat er tegen de tijd dat Coco zich eindelijk in Troy had gesetteld, beter nieuws te melden zou zijn. Foxy's ervaring was dat voorspellingen maar zelden uitkwamen.

Laat in de herfst van 1994 had Foxy een meevaller. Richies oude schadeclaim – in verband met zijn val van de brandtrap – was eindelijk toegewezen. Het leek Coco nauwelijks toeval dat haar moeder zich weer met Richie had verzoend kort voordat hij de cheque van 70.000 dollar ontving, maar Coco was in ieder geval blij dat ze elkaar weer zagen. Ze gaven het geld – waarvan Richie een deel in de oven van zijn fornuis had verstopt – uit als water: iedereen at afhaaleten, Foxy ging overal per taxi naartoe, Richie gaf zijn broer de 12.000 dollar die hij hem schuldig was, betaalde de begrafenis van Foxy's zuster Aida, kocht een pistool om zich te beschermen, en gaf iedereen een leren jas cadeau. Coco zei tegen hem: 'Jullie zijn hartstikke gek.' Waarop Richie zei: 'Je kan morgen wel dood zijn.' Altijd als Coco hem in de Bronx zag, gaf hij haar wat geld. Nog geen week later kreeg de familie ook goed nieuws over Pearl: ze had weer een operatie overleefd en er mochten een paar slangetjes uit. Coco mocht haar voor het eerst even vasthouden. 'Dat was zo'n heerlijk gevoel,' zei ze tevreden.

Coco vond de hele situatie stiekem wel prettig: in Troy paste Milagros op Nikki en Nautica; in de Bronx gedroeg haar moeder zich als moeder, en haar stiefvader was weer in beeld. Coco voelde zich weer een tiener. Met één kind kon je overal naar toe, en Mercedes, die nu vier was, ging overal met Coco mee. Het duo kuierde door de lege hoofdstraten van Troy, waarbij ze de onuitgesproken grenzen in acht namen waarbinnen arme mensen rustig kunnen lopen en elkaar ontmoeten. Ze zaten in Barker Park, tegenover een verlaten warenhuis. Ze kochten snacks bij de Night Owl and hingen rond bij Kentucky Fried Chicken. 's Nachts, in de opvang, bleven Coco en Mercedes op en praatten met de andere vrouwen die van elders kwamen. Ze waren naar Troy gekomen vanuit Brooklyn, New Jersey en de Bronx. Coco liet een favoriete foto van Cesar zien, waarop hij grinnikend en met open armen uit de douche stapte. De vrouwen waren vol bewondering voor hem.

Coco vond de dagen bij Milagros saai. Milagros zette nooit muziek op of danste met de kinderen; ze wilde alleen maar tv-kijken. Coco schreef brieven aan iedereen in de Bronx. Het werd levendiger als Jessica's kinderen uit school kwamen. Coco had er alles voor over om ze aan het lachen te krijgen. Soms speelden ze schooltje. Serena benoemde zichzelf tot onderwijzeres en als Coco geen stoute leerling speelde, was ze wel een brutale ouder, die de klachten van de juffrouw over haar moeilijke kind wegwuifde. Op een keer stuurde Serena, onzeker over wat haar te doen stond, Coco naar het schoolhoofd. Coco weigerde en veroorzaakte grote consternatie bij Serena, maar ze gaf op het laatste moment toe; Coco was gevoelig voor het verschil tussen plagen en spotten. Serena genoot van alle aandacht. Coco voelde zich schuldig over het feit dat ze een van de meisjes voortrok, maar ze vond dat Milagros Brittany en Stephanie – die ze al vanaf hun geboorte verzorgde – voortrok, en Kevin, Milagros' oudste kind, was bijzonder omdat hij een jongen was.

Coco hielp de kinderen contact met Jessica onderhouden. Ze dicteerden haar brieven en maakten tekeningen die ze in de envelop erbij stopte. Coco schreef Jessica een lange brief met bekentenissen: ze kon nog steeds niet uitleggen hoe dat met Wishman had kunnen gebeuren, maar ze wist wel dat ze nog steeds van Cesar hield. Ze stuurde een foto van Pearl mee. Het kind zag er schrieltjes uit; Jessica schreef terug dat ze het een mooi kindje vond. Jessica verzekerde Coco dat ze, wat er ook gebeurde, altijd haar schoonzusje zou blijven. Ze schreef dat Coco niet moest luisteren naar wat de mensen zeiden, dat ze de groeten aan de meisjes moest doen en sterk moest blijven.

Omstreeks januari 1995 had Richie zijn fortuin er bijna helemaal doorheen gejaagd. Om rond te kunnen komen, verhuurde Foxy een slaapkamer aan Octavio, een van de Cubaanse broers die een aantal drugsverkooppunten in de buurt runden. Octavio bewaarde er soms zijn dagvoorraad drugs. Octavio, humeurig en met een pokdalig gezicht, was waarschijnlijk nog tamelijk jong, maar de straat had hem snel ouder gemaakt. Hij betaalde Foxy 40 dollar per week en af en toe gaf hij geld voor sigaretten of melk. Pitchers en runners kwamen en gingen, 's morgens, 's middags en 's avonds. Het was de bedoeling dat ze hun pakketje afhaalden en dan weer vertrokken, maar als Octavio ze niet wegjoeg, bleven ze rondhangen. Ze keken liever naar worstelwedstrijden op tv, inventariseerden de voedselsituatie in de keuken of flirtten met de knappe vriendinnetjes van Hectors vriendin. Foxy kon niet tegen de chaos en bracht de nacht meestal bij Richie of Hernan door.

De twee mannen in haar leven woonden vlak bij elkaar; ze forensde tussen hen heen en weer. Soms verkleedde Foxy zich bij wijze van vermomming, om niet door de mand te vallen. Op een keer had Hernan het vermoeden dat ze naar Richie was gegaan en bleef hij uren voor de deur van Richie's huis staan wachten. Uiteindelijk gaf hij het op, maar liet wel een briefje achter:

Foxy. Waarom lieg je altijd?
Ik heb lang staan wachten en dit achtergelaten omdat ik weg moest.
Hernan.

Als Coco die winter naar de Bronx kwam, voelde haar moeders appartement niet langer als thuis. Foxy liet zich voor geen goud overhalen er 's nachts te blijven, zelfs niet met haar kleinkinderen; het appartement dat ze had verlaten, was een combinatie van een hotel, stash-huis en tienerhonk geworden. In het vage licht rookten tieners joints, keken naar illegale video's van nieuwe films, hadden seks, lachten en ruzieden, hielden schijngevechten en kaartten. Baby'tjes kropen over de grond. Op de muur van de woonkamer zaten zoveel afdrukken van kinderhandjes dat het wel behang leek. De kinderen maakten allemaal deel uit van de familie: zonen en dochters van de buren, neefjes en nichtjes, vriendjes van vriendjes, andere kinderen.

Vroeger zou Coco het gewoel fantastisch hebben gevonden, maar nu voelde ze er zich niet prettig bij. Milagros hield Nautica meestal in Troy bij zich, maar Coco maakte zich zorgen over de veiligheid van Mercedes en Nikki in wat ze dat 'in en uit geloop' noemde. Ze maakte zich ook zorgen over de pitbull, Sugar, van haar oom Benny, die – hoewel in de badkamer opgesloten – soms wist te ontsnappen. Coco hield haar dochters bij zich in Foxy's slaapkamer. Ze werden onrustig en lastig, Coco verloor haar geduld en sloeg ze. Vervolgens voelde ze zich schuldig en verwende ze met snoep of speelgoed uit de dollarwinkel, wat ze zich eigenlijk niet kon permitteren. De logés hadden alle kasten leeggegeten. In de ijskast lag alleen de HIV-medicatie van oom Benny. Op een keer toen Nikki voor de badkamerspiegel stond, sneed ze haar hand aan een van zijn scheermesjes. Er waren geen pleisters, schone handdoeken of toiletpapier.

Zo vaak als ze kon, ging Coco in haar eentje naar het ziekenhuis. Nikki en Mercedes mochten niet op de kinderafdeling komen en Hectors vriendin Iris bood aan om thuis op ze te passen. Maar Coco maakte zich zorgen: Iris blowde weed en als ze dat niet deed, verloor ze soms haar geduld met haar enige zoon. Coco stapte liever bij Tremont over op een andere bus om de kinderen naar Lourdes te kunnen brengen.

Tijdens een van Coco's bezoeken aan de Bronx merkte ze dat een dikkige jongen met bruine ogen, een vriend van haar broer, steeds langskwam. Hij heette Aaron, maar iedereen noemde hem Frankie. Frankie herkende Coco uit de buurt, maar Coco kon hem zich niet herinneren. Je zag hem gemakkelijk over het hoofd: hij had bleke trekken, wel knap maar wat saai en hij zei weinig. Hij stotterde als hij nerveus was, behalve als hij stoned was. Coco merkte dat haar moeder opleefde als Frankie er was. 'Hij bracht mijn moeder weed, of mijn moeder gaf hem weed, en hij was er zo'n beetje altijd,' zei Coco. In het algemeen hield Coco niet van jongens met een buikje, maar Foxy's houding tegenover Frankie was Coco opgevallen. Toen raakte door een nieuwtje van Cesars roddelzieke zus Elaine alles in een stroomversnelling.

Coco had al een poosje niets meer van Elaine gehoord, maar die wist Coco op te sporen bij Foxy en vertelde haar dat Cesar getrouwd was, officieel. Cesar had Elaine laten beloven dat ze de naam van de bruid alleen aan zijn familie vertelde, aan zijn *huidige* familie. Coco was verbijsterd.

Ongeveer tezelfdertijd werd Pearl, die zes maanden in het ziekenhuis had gelegen, aan de zorgen van Foxy toevertrouwd. Foxy stemde ermee in het kindje in huis te nemen tot Coco een eigen appartement had. Foxy ging terug naar haar eigen flat, waar Pearls thuiskomst aanleiding was voor een grondige schoonmaakbeurt. Alle gasten, Octavio incluis, werden de deur uitgezet. Foxy had hem al veel eerder kwijt gewild, maar was bang geweest om hem eruit te gooien; dealers weigerden soms te vertrekken. Maar zelfs Octavio vond dat een ziek kindje recht had op een goed begin.

Pearls komst bracht het slaperige gebouw in rep en roer. Het kind had zoveel apparatuur nodig, dat er een hele optocht aan te pas kwam: haar speciale bedje, een splinternieuw astma-apparaat, slangen voor aansluiting op de zuurstoftank, reservetanks, flesjes met medicijnen, zalfjes en potjes. Foxy droeg Pearl vlug het appartement binnen, langs het briefje dat ze op de deur had geplakt: 'Roken absoluut verboden! De baby is al thuis. Foxy'. Buren kwamen langs om het kindje te zien; hun nieuwsgierigheid was niet altijd even onschuldig van aard. Pearl had Wishmans ogen, maar ze stonden waterig in plaats van boos. Haar magere gezichtje had bolle wangen, waardoor het leek of er kiezels in zaten.

Hector, die net als Cesar al vroeg de rol van lijfwacht van zijn familie op zich had genomen, bleek de belangrijkste beschermer van zijn kleine nichtje. Hij deed tevens dienst als menselijke rookmelder en zette overtreders het appartement uit. Hij zette alleen zijn muziek niet zachter – Hector was stapel op zijn hiphopcollectie – en Pearl kreeg weinig slaap. Niemand sliep veel, behalve Foxy, die van de dokter een middel tegen haar migraine had gekregen. Van de injecties viel ze als een blok in slaap. Pearl lag constant te beven, alsof ze elektrische schokken kreeg, maar de precieze oorzaak daarvan – muziek, slaande deuren, geschreeuw en gelach op de gang, of haar ziekte – was moeilijk te achterhalen.

Niettemin was de rookvrije babykamer een toevluchtsoord. Wishmans veertienjarige broer Shorty kwam zijn nichtje iedere dag opzoeken. Shorty had een vete met een bende, de Netas, en kwam in wat hij als vermomming beschouwde; hij liep de paar straten vanaf zijn moeder met een t-shirt over zijn hoofd getrokken. Misschien voelde hij zich verwant met het zwakke kindje, waarvan het leven net zo bedreigd werd als het zijne.

Wishman negeerde zijn dochter echter. Als hij in het appartement kwam, vermeed hij de kamer van Pearl. Op een keer kwam hij binnen om een groepje meisjes daar te monsteren, maar hij wierp nog geen blik in de wieg. Foxy schreef hem af als een onvervalste schoft. Frankie daarentegen was meteen al gek geweest op het kindje.

Frankie was opgegroeid in de woningbouwflats in de buurt van Foxy's appartement. Hij woonde daar met zijn moeder, jongere broer en stiefvader. Frankies eigen vader, een Italiaan, was vertrokken toen Frankie twee jaar oud was. Frankie was goed in sport. Na de middelbare school ging hij naar Florida, waar hij bij een honkbalteam in een lage divisie speelde en bij de Detroit Tigers deelnam aan een oefenwedstrijd; hij werd niet geselecteerd. 'Ik was er kapot van, daarom ben ik niet verdergegaan,' zei hij. Hij ging terug naar de Bronx.

Frankie had het net uitgemaakt met de moeder van zijn zoontje toen hij Coco tegenkwam. Hij was aardig voor Coco's dochters en dat vond Coco prettig. Op een dag kocht Coco bokshandschoenen voor haar dochters. Het was buiten te koud en de meisjes hadden naast de tv nog iets anders nodig om ze bezig te houden. Hectors vrienden pikten de handschoenen in – ook zij hadden hun buik vol van de televisie – maar Frankie haalde ze terug en leerde de meisjes sparren. Mercedes en Nautica maakten ijverig boksbewegingen. Nikki was er niet goed in; haar gebrek aan lef baarde Coco zorgen. Als andere kinderen Nikki's speelgoed afpakten of als haar nichtjes en neefjes te agressief werden, moest Coco Nikki dwingen zich te verdedigen. Gelukkig lette Mercedes, die stevig was gebouwd, op haar zusje.

Veel jongens verloren hun geduld na een paar minuten spelen met kinderen, maar Frankie niet. Coco observeerde hem nauwlettend als haar kinderen in zijn buurt waren, en zijn genegenheid voor haar dochters leek oprecht. Ze stoeiden. Nautica dook bovenop de wriemelende kluwen en Frankie lachte spontaan: hij begon niet te tieren als hij per ongeluk een voet in zijn gezicht kreeg. Coco maakte oogcontact met Frankie om blijk te geven van haar belangstelling.

Frankie toonde zijn respect en stelde zijn twee kinderen aan Coco voor. Hij kon niet opschieten met hun moeders, maar zijn eigen moeder kon dat wel en hij had dus gelegenheid met de kinderen om te gaan als hun moeders ze meebrachten voor een bezoek aan hun grootmoeder. Mercedes en Nikki konden het goed vinden met Frankies dochter, en Nautica speelde met zijn zoon. Een paar avonden later trok Coco een soepele broek van dunne stof aan, waarin de vorm van haar benen goed uitkwam. Ze liet zich op de bank vallen. Frankie zat op de vloer voor haar. Hij vroeg of ze alsjeblieft zijn haar wilde invlechten; ze zei ja en hij leunde achterover tussen haar dijbenen. Ze bewoog zich niet. 'Mag ik mijn hoofd in je schoot leggen?' vroeg hij beleefd. Hij streelde haar buik en zijn hand bewoog naar boven, naar haar borsten. Al snel gaf hij expliciet blijk van zijn bedoelingen. Hij zei: 'Weet je, Coco, weet je, ik wil bij jou zijn.'

Op Valentijnsdag gaf hij haar bloemen en een hartvormige doos chocolaatjes. Dat had nog nooit iemand voor Coco gedaan. Valentijnsdag was ook de dag waarop Foxy en Richie indertijd hun relatie begonnen waren, en dat vond Coco een gunstig voorteken. Ze vroeg spontaan: 'Yo, Frankie, wil je met me samenwonen?'

Coco redeneerde dat ze voldoende wist over Frankie: hij kwam uit dezelfde buurt, was een vriend van haar broer. Ze had haar belangrijkste geheimen met hem gedeeld: haar blijvende liefde voor Cesar, haar verdriet over het feit dat Wishman Pearl negeerde. Mercedes leek haar oordeel op te schorten, maar Nikki en Nautica noemden hem al papi. Hij zei dat hij zich zo verbonden voelde met Pearl dat het wel leek of ze zijn eigen kind was. Als Octavio werk voor hem had, kocht Frankie Pampers voor Nautica. Hij droeg bij aan de huur van Foxy. Coco verwachtte dat als het aanzoek geen goed idee was, Foxy haar wel zou hebben gewaarschuwd. Maar Foxy lette niet erg op Coco.

Coco wilde naar Troy terug en zich daar installeren. Bureau Huisvesting had haar een appartement met drie slaapkamers aangeboden in Corliss Park, vlakbij Milagros. Frankie zou overkomen zodra hij genoeg had verdiend om te kunnen verhuizen. Hij wilde een kabelaansluiting omdat hij graag naar de sportzenders keek; hij beloofde ook te betalen voor kamerbreed tapijt, een luxe voor Coco, die alleen maar zeil gewend was. Zoals Coco zei: 'Cesar is niet de enige die beter verdient, nu ik een man heb gevonden die van mij en mijn kinderen houdt.'

Coco en de meisjes verhuisden op een winderige dag in maart 1995. Het eerste wat Coco deed – nog voor ze de radio aansloot – was Cesar haar telefoonnummer en nieuwe adres sturen.

Cesar hield niet van Giselle; hij hield van Coco. Hij vond Giselle aardig, maar het huwelijk had in eerste instantie puur opportunistische redenen. Hij moest wettig getrouwd zijn om in aanmerking te komen voor trailerbezoeken, en hij moest een meisje hebben op wie hij kon rekenen voor bezoek en voor het aanvullen van zijn kantinetegoed. Zijn vrienden droegen wel eens wat bij, maar die waren voortdurend in of net uit de gevangenis en zaten met of zonder geld. Rocco bleef zijn belangrijkste contact, maar Rocco was aan het veranderen. Zijn vrouw had gezegd dat hij zijn leven moest beteren en anders zijn dochtertje zou verliezen. Zodra hij de werkverlofperiode (afwasser bij een restaurant) van zijn gevangenisstraf erop had zitten, had ze hem naar AmeriCorps gestuurd. Nu was Rocco jeugdwerker in een sociaal woningbouwcomplex. Hij praatte nog steeds als een halve gangster, maar Cesar voelde dat er iets veranderd was.

Cesar zeurde Coco en Roxanne aan hun hoofd om zijn dochters mee te brengen, maar dat deden ze meestal niet. Elaine slaagde erin hem af en toe eens een doos eten te sturen, maar ze had het zelf ook moeilijk. Op Lourdes kon je niet rekenen. Het leven in de gevangenis was in de verste verte niet te vergelijken met zijn eerdere periode als minderjarige in de jeugdgevangenis. De eenzame oudere gedetineerden om hem heen waren deprimerend. De meeste kregen nooit bezoek of post. Cesar had Giselle ten huwelijk gevraagd zodra hij het vermoeden had gekregen dat Coco weer zwanger was. Giselle stelde voor om een jaar te wachten, maar tot zijn opluchting duurde de verloving maar zes maanden.

Giselle had niet veel op met Cesars leven als gangster; er zaten zoveel familieleden van haar in de gevangenis dat haar moeder negen kinderen had moeten grootbrengen die niet van haar waren. Ze was altijd een beetje voorzichtig geweest, zelfs nog toen ze elkaar alleen als buurtgenoten kenden. Giselle wist nog hoe ze Cesar voorbij zag flitsen op zijn fiets. Hij was altijd druk, aan het spelen, aan het bekken trekken, nooit rustig. Jaren later was ze hem tegengekomen op de hoek van Tremont, zijn magere hals vol opzichtig goud. Hij had haar doen denken aan Mr. T. Ze maakte zich zorgen over het gevaar van opvallende sieraden. 'Doe ze onder je hemd,' had ze hem aangeraden.

'Waarvoor? Daar heb ik die kettingen toch voor, om ze te laten zien?' zei hij.

'Ze kunnen je wel beroven,' waarschuwde ze.

'Ik word niet beroofd.' Cesar grinnikte. Hij deed zijn hemd omhoog en liet een .45 zien die in zijn broekband stak. De tweede keer dat ze hem tegen het lijf liep, was bij haar zus, toen Cesar op de vlucht was voor de politie.

Giselle hield de verloving geheim voor haar moeder, die zich Cesar maar al te goed van Tremont herinnerde. In het weekend waarin Giselle vertrok om te trouwen, zei ze tegen haar moeder dat ze met een meisje van haar werk wegging. Cesar was overgebracht naar Clinton, een extra beveiligde inrichting vlakbij de Canadese grens. Terwijl Giselles maag zich tijdens de zeven uur durende busreis van de zenuwen omdraaide, probeerden een paar andere vrouwen haar te kalmeren.

Er bestond een netwerk van steun en loyaliteit onder een aantal vrouwen van gevangenen. De vaste bezoekers vertelden het andere echtgenotes als er een vriendin op hun plek had gezeten. Ook bewakers zeiden wel eens iets tegen een vrouw, als haar man haar dubbel- of drievoudig of zelfs viervoudig bedroog, of lieten 'per ongeluk' ultraviolet licht schijnen op de handtekening van een andere vrouw, die met onzichtbare inkt was aangebracht. Een aantal bewakers leek jaloers te zijn op het feit dat de gevangenen zulke knappe jonge bezoeksters konden krijgen. Sommige bezoeksters maakten afspraakjes met bewakers. De gevangenen grapten dat de bewakers zo gespannen waren omdat ze kennelijk minder seks hadden met hun vrouwen thuis dan de gevangenen tijdens hun trailerbezoeken. Ervaren bezoekers gaven nieuwkomers raad over de regels en hoe die te omzeilen, belangrijke lessen die ze hadden geleerd van hun eindeloze palavers met de gevangenisbureaucratie.

Het landelijke stadje Dannemora, New York, lag geïsoleerd en was voor de vrouwen uit minderheden die bij gedetineerden op bezoek gingen, niet erg uitnodigend. De buitenmuur van de gevangenis domineerde één kant van een korte hoofdstraat. Ertegenover had iemand die Ting heette, een heel monopolie opgebouwd: Ting's Warenhuis, Ting's Café en Ting's Hotel. De vrouwen legden hun geld bij elkaar en namen een kamer om na de lange busreis te kunnen douchen en zich op te frissen voor ze de straat overstaken naar de gevangenis.

De kamers in het hotel waren rommelig maar schoon. Op de deur hing een papier met de bezoektijden van de gevangenis, plus informatie over gratis koffie en waar de strijkplank te vinden was. Maar Cesar had Giselle gewaarschuwd dat ze niet naar Ting's moest gaan; hij had gehoord dat een vriendin van een gevangene daar verkracht was, en hij had Giselle de naam gegeven van de vrouw van een van de gevangenen. De vrouw was haar man naar Dannemora gevolgd en verhuurde kamers aan andere bezoekers. De vrouw gaf gratis advies; ze was zelf ook in de gevangenis getrouwd en vroeg maar 25 dollar voor drie nachten, inclusief maaltijden. Giselle meldde zich en merkte dat ze niet kon slapen.

Giselle was ordelijk. Ze had alle papieren bij zich die ze voor het huwelijk nodig had: een cheque van 25 dollar voor de trouwakte, een bewijs dat ze de verplichte huwelijksvragenlijst had ingevuld, de uitslag van een bloedonderzoek, haar identiteitsbewijs, de ringen. De volgende ochtend trok ze een zwarte jurk en zwarte schoenen met hoge hakken aan. Ze zei: 'Ik leek wel een weduwe in plaats van een bruid.' Cesars bruine trui paste bij de bruine sportschoenen die onder zijn groene gevangenispak uitstaken.

Cesar was zo nerveus terwijl ze op de gevangenisaalmoezenier wachtten, dat hij cola op zijn trui knoeide. Een vriend van Cesar en diens vriendin waren getuigen. De ceremonie duurde drie minuten, inclusief het wisselen van de ringen. Cesar moest de zijne afdoen en aan de bewaker geven, die hem meenam. Later haalde hij de ring weer op bij de goederenkamer, nadat die was onderzocht op smokkelwaar en geregistreerd was als zijn eigendom.

De bruid en bruidegom konden geen foto's maken op hun trouwdag.

Een huwelijk was een 'bijzonder bezoek', en de bonnetjes die gevangenen konden inruilen voor polaroids, waren alleen geldig tijdens gewone bezoekuren. Giselle bedacht later dat dat maar goed was ook. Ze kon maar niet ophouden met huilen, en wat voor foto zou dat hebben opgeleverd: een bruid met rode ogen!

## HOOFDSTUK 24

'Mercedes! Mercedes! Mercedes!' riep de priester tijdens de collectieve doopplechtigheid eind april 1995. Halfdode lelies, die er nog van Pasen stonden, tooiden het altaar vanwaar af hij zijn boodschap zo luidkeels verkondigde aan zijn verblufte parochianen; zijn accent was moeilijk te verstaan. Hij had ook moeite met de uitspraak van de vernuftige namen van de kinderen, maar hij sprak met groot enthousiasme over iets dat met hun staat van genade van doen had. Rocco en zijn vrouw Marlene hadden geregeld dat Mercedes mee kon doen, en Coco en haar dochters waren ervoor naar de Bronx gekomen. Frankie was al in de stad; voor de deur van Foxy's gebouw dealde hij voor Octavio om wat extra geld te verdienen.

Een witkanten jurk met kleine parelmoeren knoopjes en een glanzend kroontje met een sluiertje had de meestal in spijkerbroek geklede Mercedes in een bruidje omgetoverd. Ze hadden een paar uur tevoren met z'n allen op Fordham Avenue gewinkeld voor het jurkje. Het feit dat Mercedes zo mooi was en dat Rocco en Marlene zo royaal waren geweest, maakten Coco emotioneel. 'Het lijkt wel of ze gaat trouwen, ik geloof niet dat ik daar al aan toe ben,' zei ze.

'Mercedes! Mercedes! Mercedes!' schalde de priester opnieuw. Rocco fluisterde tegen Mercedes: 'Dat is waarschijnlijk de enige naam die hij kan uitspreken.' Toen het haar beurt was om naar het altaar te komen, nam Rocco haar mee en tilde haar op boven de doopvont. De priester gaf onbegrijpelijke instructies.

Coco fluisterde: 'Zeg maar "Dat wil ik", Mercy.'

'Dat wil ik,' herhaalde Mercedes. De priester zei weer iets.

'Zeg "Dat wil ik", Mercy,' moedigde Coco aan.

'Wat wil ik?' vroeg Mercedes.

Het doopwater liep over haar voorhoofd. Mercedes was helemaal beteuterd toen Rocco haar weer neerzette. Hij maakte haar weer aan het lachen door een gek gezicht te trekken. De priester riep: 'Mercedes! Mercedes! Mercedes! Welkom in dit nieuwe leven!'

Maar het was vooral het oude leven dat trok. Na de plechtigheid haalden ze Rocco's dochter bij de moeder van Marlene op en besloten met z'n allen een taxi naar Tremont te nemen. Coco wilde naar Lourdes om met Mercedes op te scheppen; Rocco en Marlene gingen bij de moeder van

Rocco op bezoek. Rocco hield de meisjes onderweg bezig met een imitatie van de priesterlijke preek: 'Gadoems slaksfds larsedfiskis!' Hij legde Coco uit dat hij het vervelend vond dat het zo lang had geduurd voor Mercedes werd gedoopt maar dat het, ondanks het feit dat Marlene ook werkte en ze bij haar ouders woonden, toch meer dan een jaar gekost had voor hij er na zijn vrijlating financieel weer een beetje bovenop was.

Op Tremont, vlakbij de trap naar Lourdes' oude gebouw, genoot Mercedes van de laatste ogenblikken in de armen van Rocco. Rocco vertelde haar een anekdote: 'Je vader zat hier met zijn hoofd in zijn handen en bleef maar huilen. "Heb je gevochten?" vroeg ik. Nee, hij had kiespijn!' zei Rocco lachend.

Na gedag te hebben gezegd, liep Coco met Mercedes en Nikki naar Lourdes. Hun verschijning in de straat bracht heel wat opwinding teweeg. Een dronken vrouw met een blikje Budweiser in haar hand neuriede over de schoonheid van Mercedes tot er een man aankwam die de vrouw wegjoeg.

'Iedereen kijkt naar je, Mercy,' zei Coco.

'Nou, en?' zei Mercedes eigenwijs.

'Hoor je dat? "Iedereen kijkt naar je, Mercy." "Nou, en?"! Ik kan bijna niet wachten om haar mee te nemen naar de straat van mijn moeder. Daar valt vast iedereen voor haar,' riep Coco uit. Mercedes sloeg linksaf, richting Mount Hope. Bij de winkel op de hoek stonden twee mannen.

'*Esa es la hija de Cesar*,' zei de ene. Dat is de dochter van Cesar.

'Wat is ze mooi! God zegene haar,' zei de ander.

'*Qué linda.*'

'Ze ziet er zo volwassen uit!'

'Ze brengt de hele straat in beroering! Ze lijkt wel een kleine Jessica!' zei Coco.

Mercedes rende naar Domingo, die bij zijn hamburgerkar stond. Als het warm was verkocht hij hamburgers – en stiekem ook drugs – bij Lourdes voor de deur. Domingo bukte en tilde Mercedes op.

'Domingo, heb je een cadeautje?' vroeg ze. 'Mammie, mag ik een hamburger?'

'Je weet dat ik geen geld heb, Mercy,' antwoordde Coco. Domingo gooide er een op de grill en beloofde die te komen brengen.

Lourdes woonde niet meer in de studio met Domingo; ze had een klein appartement met één slaapkamer ertegenover. Het was van een buurvrouw die Maria heette. Maria's zoon had Lourdes op een avond meegebracht toen hij haar slapend op het dak had aangetroffen. Volgens Lourdes had Domingo Roxanne en Justine – Roxannes dochter van Cesar – Lourdes' bed aangeboden. Lourdes was toen maar bij Maria blijven wonen, die langzaam aan kanker doodging. Lourdes verpleegde haar en zorgde voor haar twee treurige kinderen. Maria's neef, een grote rustige man uit Panama, Emilio, woonde er ook. Lourdes en Domingo gingen toch nog redelijk met elkaar om; zij kruidde het vlees voor zijn hamburgers en lette soms op de kar. Daarnaast verkochten ze nog steeds drugs aan vrienden en buren, en hij gaf haar wat geld als dat nodig was.

Op de dag dat Mercedes gedoopt werd, deed Lourdes alsof ze druk was met Mercedes, maar ze leek prikkelbaar. Domingo bracht de hamburger in een papieren servetje. Lourdes knoopte Mercedes een theedoek om. 'Voorzichtig met je jurk, Mercy,' zei ze terwijl ze een sigaret opstak.

'Ze hebben zich zo uitgesloofd voor haar,' zei Coco. 'De jurk kostte 120 dollar, de schoenen 30 en de sluier 20. En ze hebben ook de nylons nog betaald.' Lourdes mompelde iets terug, maar haar ogen stonden glazig en bleven gericht op het Spaanstalige nieuws op tv. Er viel een ongemakkelijke stilte. 'Mercedes vraagt vaak naar haar zusje,' probeerde Coco. 'Dan roept ze *Justine, Justine.*'

'O,' zei Lourdes.

'Nou, ik ga maar weer 'ns,' zei Coco.

Geen reactie.

Toen zei Lourdes: 'Oké, mami,' en stond op van de bank om ze uit te laten.

'Mag ik een dollar?' vroeg Mercedes luid en duidelijk. Lourdes schuifelde naar de donkere slaapkamer waar Maria in bed lag en kwam er met een terug.

'Mag ik een dollar?' echode Nikki zachtjes.

'Jullie moeten hem samen delen, hoor,' zei Lourdes lusteloos. Terwijl de meisjes hun jas aantrokken, hield Mercedes het dollarbiljet op, legde het tegen haar mond, trok speels haar wenkbrauwen op en liet de dollar toen knappen.

'Niet doen, kind,' zei Lourdes en griste de dollar terug. Mercedes deinsde geschrokken achteruit. Lourdes vervolgde: 'Jan en alleman heeft dat biljet in zijn vingers gehad, het is vies.'

Coco liep naar de deur. Lourdes loodste de kinderen achter haar aan en gaf Nikki een standje, die op haar hurken was gaan zitten om een klein altaartje achter de voordeur te inspecteren. Mercedes hield de dollar zonder nadenken weer bij haar mond. Zonder enige waarschuwing sloeg Lourdes haar in haar gezicht. Mercedes begon te krijsen, niet zozeer vanwege de pijn als wel van verbazing en een gevoel van verraad.

'Ik had d'r toch gezegd dat ze geen geld in haar mond moest stoppen,' zei Lourdes bot. Ruw pakte ze Mercedes' hoofd vast en hield het tegen haar buik. 'Het is *vies*, dat is niet goed, mami,' zei Lourdes; het klonk troostend, maar ze streelde Mercedes tamelijk ruw. Toch leek deze aanpak te werken. Lourdes bezegelde het pact met een banaan, die Mercedes in de hal met Nikki deelde terwijl ze op de lift wachtten, die nooit kwam. Ze namen de trap. Er hingen twee jongens over de leuning die naar beneden spuugden. 'Lourdes, ze zijn hier aan het spugen!' riep Coco naar boven. Er ging een deur open, Lourdes riep zonder veel overtuiging 'Ophouden!' en sloeg de deur toen weer met een klap dicht. 'Ik heb het idee dat ze anders tegen me is,' zei Coco over Lourdes. 'Ik voel me niet meer op m'n gemak.'

Coco vond het leven in de provincie aanvankelijk wel prettig, hoewel ze het 's nachts eng vond. Ze was het niet gewend om zo dicht bij de aarde te zijn, zo dicht bij de natuur. In de keuken hingen geen gordijnen. Ze zei: 'En die bomen bewogen altijd. Ik had het gevoel dat ik er gezichten in zag.' De trap kraakte als ze naar beneden ging om een flesje voor Nautica te halen, dus kroop Coco met haar kinderen bij elkaar op een bed van lakens op de vloer van de woonkamer. Ze had nog geen meubels.

Ze voelde zich veiliger als Frankie op bezoek was. Op moederdag stuurde haar zus koekjes en snoep, wat haar goed deed. Foxy belde. Cesar en Jessica belden collect. In een wisselgesprek praatte ze om beurten met Cesar en Jessica. 'Ik switchte steeds van de een naar de ander en omgekeerd, "Wacht even, wacht even", boodschappen van de een aan de ander. En toen heb ik gezegd: "Yo, Cesar, bel later maar terug, je zus wil met me praten." Maar dat was alleen om hem van de telefoon te krijgen.' Ze wilde Jessica voor zichzelf.

Jessica vertelde Coco over Torres, zij hij het in bedekte termen, uit angst dat het gesprek werd opgenomen. 'Ze klonk blij,' zei Coco.

Frankie was echter niet zo kapot van Coco's soms dagenlange telefoongesprekken en dat gaf aanleiding tot spanningen tussen Frankie en Mercedes. Toen Coco een keer bijna een hele middag met Cesar had gekletst, hing ze tevreden de telefoon op.

'Die fucking nikker,' mompelde Frankie.

'Dat mag je niet zeggen over mijn vader,' zei Mercedes. Of ze zei, als Frankie Mercedes vroeg iets te doen wat ze niet wilde: 'Je bent mijn vader niet. Ik hoef niet naar je te luisteren.'

Coco bewonderde het lef van haar dochter, maar Mercedes en Frankie maakten haar ook gek met hun geruzie. Mercedes zeurde om tekenfilms, Frankie wilde sport.

Plezier ging altijd boven regels bij Coco, waar de deur steevast voor iedereen openstond: de buurtkinderen verzamelden zich in en rond haar appartement. Frankie kwam en ging, Serena bracht haar vrije tijd in het huis of in de tuin door. Coco's grasveld kon alle gedoe niet aan. De paar plekken gras die er nog waren, waren al snel in modder veranderd, bezaaid met chipskruimels. Het kapotte speelgoed dat overal verspreid lag, deed denken aan een kinderkamer in een gevangenis. Op de stenen muur onder de witte gevelbekleding had Serena met maffe letters gekalkt 'Coco's Huis'.

Coco liet Serena en haar vriendinnetjes in de keuken en de woonkamer op hun rollerskates rijden. De muziek stond altijd aan. Zelfs toen een kerkelijke organisatie ingezamelde meubelen schonk, bleef het min of meer een gekkenhuis. Het huis was een puinhoop, maar meestal vrolijk – tenzij Coco begon te schreeuwen, en zelfs dan luisterden de kinderen nauwelijks naar haar. Haar gegil was spontaan en hard, vol ergernis, terwijl Milagros' woedeaanvallen veel akeliger – kouder – waren, zo heftig dat de kinderen vanzelf stil werden.

Jessica wist wat ze moest zéggen om je je beter te laten voelen, maar Coco wist wat ze moest dóen. Zelfs op dagen dat ze het moeilijk had, liet ze gewoon uit haar handen vallen waar ze mee bezig was en begon te dansen. Er was nooit een bijzondere aanleiding nodig om te dansen. Mercedes deinde een beetje stijfjes, verlegen, maar Nikki danste levendig en zonder gêne. Foxy had haar geleerd om op z'n Spaans te dansen. Zelfs Nautica, nog in de luiers, probeerde de nieuwste dansen. Ze zette één handje op de grond, stak haar kontje naar achteren en bewoog op de maat van de muziek, terwijl ze als een vlinder met haar andere arm zwaaide. Iedereen klapte. Maar hoe gek Coco ook deed, ze had altijd oog voor kinderen zoals Serena, die aan de kant bleven staan. Dan danste Coco naar haar toe en stak haar korte armen uit. 'Kom op, mami,' zei ze dan. Serena was te verlegen om mee te dansen, maar ze genoot van de vrolijke lichtheid die haar tante tentoonspreidde. Soms trok Coco Serena gewoon mee en kreeg haar aan het dansen. 'Je bent gek, Títi,' zei die giechelend.

Serena hielp Coco met de kinderen. Ze verschoonde luiers en deelde cornflakes uit, vulde flesjes en kopjes met zoete sapjes, voerde rijst. Ze troostte Nautica als die van de trap af viel. Nautica liep altijd overal tegenaan. Ze had dezelfde pijpenkrulletjes en dezelfde trekken als Cesar toen die klein was, maar ze had nogal kromme beentjes en viel als ze hard rende. Coco's dochters aanbaden Serena. Coco zei vaak: 'Ik zou Serena zo willen hebben.' Ze vond Serena's aanwezigheid zowel voor haarzelf als voor haar kinderen prettig. Als Frankie bleef slapen, moest Serena echter van Milagros thuiskomen.

Coco voelde zich gegriefd door Milagros' voorzichtigheid. 'Er gebeurt echt niets,' zei ze tegen Milagros. Als de kinderen in de buurt waren, kuste ze Frankie zelfs niet. Net als Milagros had Coco haar dochters geleerd niet te kijken als er iets romantisch of seksueels op tv was. Maar het waren niet de intimiteiten tussen Frankie en Coco, die Milagros zorgen baarden.

Milagros vertrouwde geen enkele man. Nachtenlang, vertelde ze, had ze gezien hoe haar eigen moeder door haar vriend was geslagen, en de mannen daarna waren geen haar beter. Te veel vriendinnen waren misbruikt door broers, stiefvaders, ooms of iemands vriend. Eén meisje dat ze kende, was verkracht door een politieagent. Milagros had ook te maken gehad met een onderzoek door het Bureau Jeugdzorg, toen ze met Serena naar de dokter was geweest in verband met een complicatie als gevolg van vroeger misbruik. Over haar regels met betrekking tot mannen viel niet te onderhandelen: alleen bloedverwanten. Soms sloop Serena toch naar Coco's huis en als Milagros dan onverwachts langskwam, rende Serena naar boven en verstopte zich. Maar meestal was Frankie op pad, was Coco aan het koken en zat Serena op het aanrecht, bungelde met haar benen en hield haar tante gezelschap. Toen huurde Coco een wasmachine voor 39 dollar per twee weken van Rent-A-Center, en zat Serena daarop.

Grasduinen in Rent-A-Center – een paar minuten lopen van Corliss Park – was net zoiets als grasduinen in een catalogus. Coco slenterde door de modelkamers, kleine toneeltjes, maar volledig ingericht en aangesloten. In de woonkamers stonden stereo's en schemerlampen naast een bank met een laag tafeltje op een tapijt. Een tv stond in een aparte kast. Onder donzen kussens en kleurige quilts bevonden zich degelijke matrassen. Op stapelbedden lagen speelgoedbeesten. Keukenapparatuur stond in de rij om dienst te doen. Glasserviezen stonden geduldig te wachten in kasten met doorzichtige deuren.

De meubels wenkten je; een spiegel riep *Huur mij*! Op het goedkope hout zag je geen krassen, limonadevlekken of vieze kindervingers. De huur- en koopprijzen stonden op een bord: *splinternieuw, contant; verhuurd geweest; huurkoopprijs*. Er waren ringen die je voor 16,99 dollar per week kon huren. *Gratis sieraden schoonmaken terwijl u wacht! Gratis installatie van uw stereo*! Bij Wal-Mart was alles goedkoper, maar daarvoor moest je een auto hebben. Bij Rent-A-Center hoefde je niet te wachten als je iets reserveerde. Ze brachten het gratis thuis.

De mensen bij Rent-A-Center behandelden Coco netjes. 'Miss Rodriguez, we zouden graag horen wanneer u komt betalen,' zeiden ze bijvoorbeeld. Het was de bedoeling dat ze op zaterdag betaalde maar ze gaven haar tot maandag, en als ze te laat was – wat meestal het geval was –

moest ze 5 dollar extra betalen. Vijf dollar was veel, maar het was goedkoper dan lenen van Delilah, de woekeraarster in de Bronx.

Hoewel Cesar nu getrouwd was, bleef hij Coco opbellen: eerst twee keer per dag, toen vier of vijf keer, en altijd op haar kosten. Coco negeerde haar steeds hoger wordende telefoonrekening. Als sentimentele oudjes haalden ze herinneringen op aan hun jeugd. Coco voelde zich gevleid door het feit dat hij zich alles nog precies herinnerde. Ze zei: 'Hij weet alles nog – de laatste keer dat we vrijden, alle standjes. Ik zei: "Dat komt omdat je daar zoveel tijd hebt om na te denken."'

Cesar complimenteerde Coco met haar onafhankelijkheid. Alleen hij begreep hoe belangrijk het was geweest dat ze weg was gegaan bij haar moeder en uit de Bronx: 'Het is je gelukt. Je woont nu daar, ben je nou niet trots op jezelf? Je had het moeten doen toen ik op de vlucht was.' Ze vertelde hem haar volgende doel: auto leren rijden. Ze praatten over wanneer hij vrij zou komen en fantaseerden over hoe ze Mercedes en Nautica ergens ver weg mee naartoe zouden nemen – misschien naar de Poconos – waar ze één keer een echt gezin konden zijn vóór Cesar terugging naar Giselle. Hij zei: 'Ik wou dat ik alle kinderen die ik bij andere meisjes heb, bij jou had gehad.'

Coco deed zich ten opzichte van Giselle ruimhartiger voor dan ze in werkelijkheid was: 'Wie weet? Misschien word je wel verliefd op je vrouw. Dat gebeurt wel vaker in de loop van de tijd.' Cesar vroeg om foto's: sexy foto's van Coco, blije foto's van hun dochters. Serena nam foto's van haar tante voor haar oom. Coco poseerde verleidelijk in ondergoed. Ze keek koket over haar schouder terwijl ze met haar handen tegen de muur stond alsof ze werd gefouilleerd. Ze sabbelde op een speen van Nautica. Ze schreef stoute dingen op de achterkant van de foto's. Maar Coco maakte zich zorgen dat Serena, die nu tien was, de bedoeling van de foto's zou begrijpen. 'Ook al is ze nog maar een kind, het is niet goed,' zei Coco. Uiteindelijk kreeg Mercedes tot taak foto's te maken, omdat die immers pas vijf was.

In haar gesprekken met Cesar beloofde Coco hem foto's te sturen, maar ze zei ook tegen Cesar dat het maar een geluk was dat ze niet met hem was getrouwd. 'Ik zou me ontzettend hebben uitgesloofd om indruk op je te maken, terwijl jij er stiekem van die grieten op na hield,' zei ze. Ze vermeden het onderwerp Frankie, behalve dat Cesar Coco op het hart drukte erop te letten dat zijn kinderen Frankie geen pappie noemden. Mercedes deed dat ook niet, maar Nautica wel.

In een van hun gesprekken zei Cesar een keer: 'Je hebt geen idee hoe graag ik eens flink zou willen huilen. Ik heb geen familie daarbuiten,

alleen mijn kinderen.' Coco ging vroeger op de vuist met meisjes die alleen al naar hem keken als hij op straat liep; nu zei ze niet eens meer dat
ze van hem hield. Hij ging verder: 'Je zegt het niet eens meer, ik moet het
steeds weer vragen.'

Coco hield nog steeds van hem maar voelde zich stom als ze dat zei,
niet zozeer omdat hij nu getrouwd was maar omdat ze hem opnieuw had
teleurgesteld. 'Ik voel me zo verdomde schuldig over wat ik gedaan heb,'
flapte ze eruit. Hij begon te huilen. Ze bedwong haar tranen tot de verbinding werd verbroken, wat na een half uur automatisch het geval was.

Niet lang daarna werd Coco's telefoon afgesloten wegens onbetaalde
rekeningen en moesten zij en Cesar elkaar weer gaan schrijven.

## HOOFDSTUK 25

Twee maanden na het begin van haar verhouding met Torres ontdekte Jessica dat ze zwanger was. In paniek beweerde ze dat ze in de toiletten verkracht was, tegen de grond gesmeten was door iemand–misschien een monteur–die ze niet kon thuisbrengen. Helaas had ze onvoldoende nagedacht over de details van haar verhaal; in een rapport over haar beschuldiging beschreef ze als de plaats van het misdrijf de toiletten in haar vorige afdeling, een deel van de gevangenis waar ze geen toegang meer had. Maar het onderzoek wees toch al in de richting van Torres.

Al vóór de zwangerschap hadden zowel bewakers als gevangenen ongevraagd hun vermoedens over zijn relatie met Jessica gemeld. De rapportages leken overigens niet zozeer over de seks te gaan als wel over de voordelen die hun verhouding met zich meebracht: in officiële memo's werd gewag gemaakt van een 'grote' pizza en een 'grote doos' donuts; een van de gevangenen filosofeerde over de vele keren dat Torres zijn handen waste ('hij heeft er zijn handen zeker vol aan'); een andere zei vals: 'Als Torres langskomt, ruik je het parfum van Martinez.' Een collega-bewaker maakte gebruik van Torres' afnemende populariteit door een vier pagina's lange klacht, met hoofdletters getypt, over diens politieke opvattingen in te dienen:

TEN SLOTTE WIL IK NOG ZEGGEN DAT TORRES IN GESPREKKEN OVER ZAKEN ALS WAPENS, DRUGS EN BIJSTAND TEGEN MIJ HEEFT GEZEGD DAT HIJ VINDT DAT ALLE DRUGS GELEGALISEERD ZOUDEN MOETEN WORDEN EN DAT IEDEREEN DIE IN DE GEVANGENIS ZIT WEGENS HANDEL IN DRUGS DAAR TEN ONRECHTE ZIT OMDAT ZE ALLEEN MAAR PROBEERDEN HUN GEZIN TE ONDERHOUDEN EN DE KOST TE VERDIENEN.

De gevangenisdirectie had Jessica in augustus een zwangerschapstest laten doen, die negatief was; maar in oktober was de test wel positief. Jessica vroeg om een abortus maar zei dat de gevangenis die weigerde, tenzij ze er zelf voor betaalde. Ze had geen geld. Ze belde haar vroegere pro-Deoadvocaat, maar tegen de tijd dat die had bemiddeld en er een datum voor de abortus was vastgesteld, had Jessica met Torres gesproken en was ze van gedachten veranderd.

Jessica's toewijding aan Torres compliceerde een toch al complexe situatie nog meer en verergerde haar situatie. In de eerste plaats had ze, door een beëdigde verklaring af te leggen waarin ze beweerde te zijn verkracht, meineed gepleegd; als ze veroordeeld werd, zou dat kunnen betekenen dat ze nog langer in de gevangenis moest zitten. Omdat de zogenaamde overval had plaats gevonden in een federale instelling, startte de FBI een eigen onderzoek.

Begin november trok Jessica het verhaal over de verkrachting in, gaf toe dat ze seks met Torres had gehad, en weigerde verder nog iets te zeggen. Torres werd uiteindelijk geschorst. Jessica's loyaliteit aan Torres had haar ongewild een reputatie van verklikker bezorgd. Zogenaamd voor haar eigen veiligheid werd ze overgeplaatst naar wat als 'de camping' bekend stond, een minder zware afdeling, iets hoger op de heuvel. Kort na de overplaatsing werd ook Jessica's oude celgenoot Player naar deze afdeling overgebracht. In hun kamer, die ze deelden met vier andere vrouwen, stonden drie stapelbedden, waren kluisjes, een raam en genoeg ruimte voor een kleine tafel met stoelen. Jessica koos het onderste bed en prikte de onderkant van het bovenste bed vol met foto's van haar dochters.

In deze minder zwaar beveiligde afdeling golden ook minder beperkingen. Er werd nog wel drie keer per dag appèl gehouden, maar de vrouwen konden zich vrij over de afdeling bewegen, pottenbakken of aan picknicktafels onder de bomen zitten. Net als de moeders en grootmoeders die in hun appartement in de Bronx opgesloten zaten, keken de gevangenen naar soaps op tv en deden ze kaartspelletjes. Op zaterdagavond werden er oude films gedraaid in de bezoekruimte. Altijd hield er wel iemand een stoel vrij voor Jessica. Op zondag luisterden de vrouwen graag naar *Radio Suave*, een programma met salsamuziek dat vanuit New York werd uitgezonden. Om het zwakke geluid van de eenvoudige walkmans die in de gevangenis waren toegestaan te versterken, knutselden de vrouwen luidsprekers van lege toiletrolletjes in elkaar. Als er een aardige bewaker dienst had, dansten ze en hielden elkaars handen vast; anders dansten ze op de voorgeschreven afstand van elkaar.

Jessica schepte weinig plezier in haar nieuwe vrijheden. Ze verliet maar zelden de donkere ruimte van haar onderste bed. 'Ze leefde in haar eigen kleine wereld,' zei Ida, een van haar kamergenoten. Jessica en Torres schreven elkaar, waarbij Players moeder als 'per adres' fungeerde. Jessica leerde zijn brieven uit haar hoofd en spoelde ze vervolgens door de wc. Ze fantaseerde over het gezin dat zij en Torres zouden vormen met hun baby, zijn twee andere kinderen, en haar drie dochters. Ze zei dat Torres, geholpen door een meelevende collega, op een avond op het gevangenisterrein was geweest en haar op het grasveld achter Jessica's afdeling had ontmoet. Onder een enorme iep kusten ze elkaar.

Intussen zeurde het onderzoek door, parallel aan de zwangerschap. Jessica had een baan in de keuken gekregen. 's Ochtends sleepte ze zich naar het werk. Ze klaagde veel. Ze had zich altijd al omringd met vrouwen die het haar naar de zin wilden maken, maar het onderzoek bezorgde haar vriendinnen extra last. Om het gevangenisleven draaglijk te laten zijn, moest er wel met regels worden gesjoemeld, maar Jessica's reputatie betekende dat zij – en iedereen met wie ze omging – strikt gecontroleerd werd. Bewakers haalden de kamer helemaal overhoop op zoek naar bewijzen.

Toch deden de vrouwen concessies aan Jessica omdat ze zwanger was – en nog meer concessies toen bleek dat ze weer een tweeling verwachtte. Baby's betekenden hoop en groei, niet alleen louter overleven. Ze trokken je de toekomst mee in, zelfs als je letterlijk gevangenzat in je verleden. Een zwangere buik – in of buiten de gevangenis – vroeg toch om minimale blijken van optimisme. Op een avond legde een bewaker met wie Jessica het goed kon vinden, zijn hand op haar buik om de baby's te kunnen voelen en gaf er toen een kus op.

Ida was de kok van het stel en zij stelde het zich tot taak om Jessica vol te stoppen. Ida was zwanger geweest toen ze was gearresteerd en had nog steeds spijt van haar abortus; Jessica's zwangerschap gaf haar een nieuwe kans om iets goeds te doen. Jessica was gek op Ida's speciale gerechten: bananenpudding, cake van bakbananen en chilikidas, een typisch gevangenisgerecht waarbij alle zoete (of hartige) dingen die voorhanden zijn, door elkaar worden geprakt en op biscuitjes (of koekjes van bakbanaan) worden gesmeerd. De vrouwen stookten ook illegale drank door fruit en brood uit de kantine te mengen en het boven een paneel van het plafond te zetten om te gisten.

De FBI wilde een DNA-test op Jessica's ongeboren kinderen uitvoeren, maar dat weigerde ze. Op enig moment controleerden FBI-agenten ook haar telefoonlijst en bezochten haar zuster in de Bronx. Elaine was bang dat Jessica weer teleurgesteld zou worden in de liefde. Maar Jessica bleef in Torres geloven, ook toen hij niets meer van zich liet horen.

Dat voorjaar, in 1995, gingen Elaine en Coco met Coco's eigen dochters en die van Jessica naar Danbury. Jessica was bijna aan het eind van haar zwangerschap. De bezoekruimte in haar afdeling was licht en luchtig. Aan één kant stond een rij automaten. Aan de andere kant hing in een speelhoek een ingewikkelde lijst met regels. Er was ook een bord met *Welkom*. Omdat sommige kinderen dachten dat ze hun moeder op haar werk of in het ziekenhuis bezochten, mochten bezoekers niet de term *gevangenis* of *bajes* gebruiken.

Jessica had een plastic tas met haakwerk bij zich. Ze droeg een licht-bruin trainingspak. Haar witte t-shirt, perfect gestreken, hing los over haar buik, die hard en dik was. De rode gevangenisverf in haar haar was uitgegroeid, zodat haar bruinzwarte haarwortels zichtbaar waren. Ze had geen make-up op, alleen lipstick. Haar gezicht was dikker geworden maar ze zag er kwetsbaar uit.

Serena en de tweeling renden op haar af en omhelsden haar. Brittany en Stephanie werden naar een poppenhuis toegetrokken dat ze hadden ontdekt, maar Serena bleef in de buurt van haar moeder. Jessica probeerde de ongemakkelijke sfeer tussen hen te verlichten door te laten zien wat ze gemaakt had: twee truitjes voor de ongeboren tweeling, een met stof bekleed fotoalbum voor Elaine voor moederdag, en voor Serena een roze met gele sprei, met hetzelfde patroon als een rokje dat ze haar lang gele-den had gestuurd.

'Dat is wel een voordeel als je vastzit,' mompelde Coco bemoedigend. 'Je wordt ontzettend creatief.'

Met een schuin oog naar de bewaker haalde Jessica een plastic bladzijde uit een van de fotoalbums. Het was een afbeelding van haar meest recen-te echo. Ze liet Serena haar broertjes zien. 'Zie je wel, dat is baby A: z'n hoofd, z'n ogen, z'n oortjes.' Jessica ging met haar vinger langs de contou-ren. 'En dat is baby B. Zie je daar z'n ogen, en z'n oren? Je kunt hem niet echt goed zien, maar dat is zijn hoofd. Ze zijn echt groot, hè? Dat zei de dokter ook, dat ze allebei een groot hoofd hebben.'

Jessica maakte Serena's verwarde paardenstaart los en kamde de klitten er met haar vingers uit. Ze haalde de strengen bij elkaar en maakte een prachtige knot bovenop Serena's hoofd. Haar handen bewogen werktuig-lijk, bedreven. Serena vond het heerlijk als iemand haar aanraakte. Ze stond tegen Jessica aangeleund en beet op haar lip. Jessica legde een hand op haar dikke buik. Serena tilde haar hand op en legde haar eigen hand eronder.

'Mammie,' fluisterde Serena. Dat herinnerde Jessica aan wat hun speci-ale ritueel was geworden sinds het bezoek in Florida: samen een bagel uit de automaat eten. Jessica hielp Serena het geld tellen en hand in hand liepen ze naar de rij automaten. Serena deed het geld in de gleuf en drukte op de knop; gedetineerden mochten geen geld hanteren.

De klik-klik – de gevangenisfotograaf – stelde voor om buiten een foto van ze te maken. Normaliter vond Jessica het leuk om te worden gefoto-grafeerd. Toen George in de gevangenis in Manhattan zat, zei hij vaak: 'Schat, koop maar een rolletje van zesendertig.' Hij stuurde haar foto's uit tijdschriften, die ze na moest maken. Als er in de gevangenis fotodagen waren, bedachten zij en haar kamergenoten van tevoren wat ze aan zouden trekken en wat ze van elkaar konden lenen. Ze deden hun haar, experimenteerden met make-up en oefenden iedere pose alsof ze een modereportage maakten. Jessica leende in de gevangenis nooit geld voor eten maar wel vaak voor toiletartikelen. Maar op die dag, buiten bij de ingang van het gebouw, leek Jessica onzeker. In plaats van zich van opzij te laten fotograferen, zoals de meeste zwangere meisjes deden, keek ze recht in de camera met een uitdrukking van bezorgde gelatenheid. Ze zette de dikke gevangenisbril af waar ze zo'n hekel aan had en ging naast een stekelige struik staan.

Serena vond het nooit prettig om op de foto te gaan. Op verjaardagen moest ze er met haar haren worden bijgesleept om bij haar zusjes en neefjes en nichtjes te gaan staan en moest ze worden overgehaald om een leuk gezicht op te zetten, er sexy uit te zien, zich los te maken van de muur. Nu zag ze eruit alsof ze zich achter de stekelige takken van de struik wilde verbergen. 'Kom op,' zei Jessica zachtjes en trok haar naar zich toe. Ze pakte de hand van haar dochter vast. Serena zette haar andere hand op haar heup en probeerde te glimlachen.

Kinderen die in een federale gevangenis geboren worden, moeten binnen 48 uur na hun geboorte worden opgenomen door familie, anders komen ze onder de voogdij van de staat waarin hun moeder verblijft. Jessica bracht de twee jongetjes ter wereld in een ziekenhuis in de buurt van de gevangenis. Sommige gevangenen moesten tijdens de bevalling handboeien om, maar Jessica's dokter accepteerde dat niet. Hij had echter niets te zeggen over de gewapende bewaker die tijdens de bevalling op wacht stond. Tot op het moment van de bevalling had Jessica gehoopt dat Torres zou komen om de geboorte van hun kinderen mee te maken, maar ze hoorde niets van hem. De geboortedatum was de dag waarop ze hem afschreef. 'Alles wat ik voor hem voelde, stierf af toen hij niet kwam opdagen in het ziekenhuis,' zei ze de volgende middag koeltjes. Ze beweerde dat ze de jongens uit liefde Michael en Matthew had genoemd, maar het leek er meer op dat ze hen zo uit verlangen en wrok had genoemd. Michael was de naam van Jessica's vader. Matthew was de zoon van een vriendin uit de gevangenis, die Jessica indertijd had leren kennen in Manhattan; de vriendin was al vrij, maar Jessica was vervolgens toevallig bevriend geraakt met Matthews zus, die in Danbury zat. Jessica en Matthew voerden lange telefoongesprekken. Jessica en hij raakten steeds hechter bevriend naarmate Jessica meer ontgoocheld raakte over Torres. 'Ik zal nooit spijt krijgen van mijn zoontjes,' zei ze onaangedaan.

Ze kreeg ze in het ziekenhuis echter nauwelijks te zien; de dienstdoende bewakers waren niet altijd bereid met haar naar de kraamafdeling te lopen. Toen ze er eindelijk mee instemden om haar naar ze te laten kijken, liep ze voorzichtig over de gang, met de bewakers naast zich terwijl ze haar infuus voortrolde. Ze probeerde een praatje te maken, misschien om de gêne van de starende blikken van andere patiënten af te leiden. Ze maakte een van de vrouwelijke bewakers een compliment over haar diamanten verlovingsring.

In haar kamer maakten de bewakers aantekeningen van Jessica's gesprekken met bezoekers. Op het tafeltje aan de voet van haar bed lagen handboeien, naast een roos die Matthew had meegebracht. Hij verraste haar ook met lotion van Crabtree & Evelyn uit de cadeaushop van het ziekenhuis. Hij kwam later met Lourdes en Elaine terug om de baby's op te halen, en Jessica werd uit het ziekenhuis ontslagen. Ze slaagde erin de lotion de gevangenis in te smokkelen, maar de vrouwelijke parketwachter die haar moest begeleiden, confisqueerde wel de gipsen voetafdrukken van Matthew en Michael; die werden als smokkelwaar beschouwd.

Lourdes beloofde te helpen met de baby'tjes, maar het was Elaine op wie het uiteindelijk neerkwam. Zij en haar man Angel hadden zich bereid verklaard voor ze te zorgen zolang Jessica in de gevangenis zat. Angel had kort tevoren een afkickprogramma gevolgd en was nu aan de methadon. Hij werkte lange dagen in een fabriek in Queens. Elaine had haar middelbare-schoolcertificaat gehaald en werkte als vrijwilliger op de school van haar zoontjes als onderwijsassistent. Ze wilde eigenlijk echt werken, maar haar man was tegen en ze voelde zich gedwongen om thuis te blijven en haar uiteengevallen familie bij elkaar te brengen.

Elaine was in therapie gegaan om te leren hoe ze haar geduld kon bewaren tegenover haar kinderen, met name haar jongste zoon, die net als Cesar heel veel energie had. Ze was dubbel over het sterke instinct tot zelfbehoud dat haar het lot van haar zuster en broers had bespaard. Ze had gesproken over haar schuldgevoel over het feit dat ze Cesar niet méér had geholpen toen die nog klein was en ook toen hij op de vlucht was nadat hij Mighty had doodgeschoten; ze was bang geweest om haar zonen bloot te stellen aan Cesars levensstijl, en met het drugsverleden van haar man had ze gevreesd voor onverwacht bezoek van de politie. Hoewel Angel er inmiddels beter voor leek te staan, verloor ze haar vertrouwen in het huwelijk. Ze schaamde zich voor een man die in de rij moest staan voor een bekertje methadon. Elaine had geen idee hoe ze het moest redden met twee baby'tjes – het appartement dat zij en haar man met hun twee opgroeiende zonen deelden, was nauwelijks groter dan een studio –

maar ze kon ook de gedachte niet verdragen dat haar neefjes in een pleeggezin zouden opgroeien.

Kort na de geboorte van de jongetjes verscheen Lourdes eindelijk in Danbury. Jessica was aanvankelijk niet erg tegemoetkomend. Hoewel Jessica al vier jaar in de gevangenis zat, was Lourdes nog maar twee keer op bezoek geweest. Jessica had genoeg van de smoesjes van haar moeder: ze wist niet hoe ze er moest komen, ze had geen geld, ze was zogenaamd zwanger, ze had problemen met haar man, ze voelde zich niet lekker. Jessica had het idee dat ze gewoon niet zo lang van huis wilde zijn, wat een indirecte toespeling was op Lourdes' verslaving aan mannen en drugs; Lourdes hield vol dat er geen sprake was van verslaving.

Sarcasme was Jessica's methode om weer contact met haar moeder te maken; hun pesterige conversatie zorgde voor een veilige afstand en neutraliseerde de spanning die er altijd tussen hen was. Jessica was hard tegen Lourdes, maar ze snakte tegelijkertijd naar haar aandacht en liefde. Nu beoordeelde ze wreed het lichaam van de oudere vrouw.

'Ze krijgt eindelijk tieten,' zei Jessica, en ze rolde met haar ogen. 'Ma, je wordt dik. Je bent niet lekker mollig, maar gewoon dik. Vertel op, ben je zwanger, heb je een tumor, wat is 't?'

'Ik weet het niet, kind,' zei Lourdes smekend, pruilend met haar dubbele kin. Lourdes zei tegen Jessica dat ze al weer vlug weg moest: 'Ik moet naar de dokter. Daarom kan ik niet blijven. Ik moet naar een maatschappelijk werkster.'

'Je hebt helemaal geen maatschappelijk werkster nodig. Je kan toch met mij praten,' zei Jessica, toegeeflijk.

'Wil je mijn haar doen?' vroeg Lourdes. Toen Lourdes haar lange haar in haar nek optilde, zag Jessica dat haar moeder de twee bokshandschoentjes omhad die Boy George haar aan een dun gouden kettinkje cadeau had gegeven. Ze raakte ze zachtjes aan. 'Hij zou verbaasd staan dat ik ze nog steeds heb,' zei Jessica. 'Waarschijnlijk denkt-ie dat ik ze al lang verkocht heb,' voegde ze er sarcastisch aan toe. Toen verviel ze in het soort vragen dat ze altijd aan Lourdes stelde, waarbij ze een hele lijst van verloren voorwerpen opsomde, alsof Jessica er maar niet aan kon wennen dat haar moeder niet goed paste op wat ze van Jessica in bewaring had gekregen. 'Het paarse lamsleren jasje? De leren laarzen? De kettingen? De ringen?'

Lourdes herhaalde wat ze altijd zei: 'Ik weet het niet, Jessica' en 'Dat heb ik je toch verteld?' Ze liet de pauzes tussen haar antwoorden voor zichzelf spreken. Jessica boog zich voorover. 'Geef me je oorbellen,' fluisterde ze. Ze ging achteruit zitten en vroeg achteloos: 'Laat me je oorbellen eens passen.'

'Voorzichtig, Jessica,' waarschuwde Lourdes met een blik op de dienst-doende bewaker.

'Ach, de ene hand wast de andere,' zei Jessica en legde uit dat de bewa-ker een 'vriend' was.

Lourdes tuitte haar lippen alsof ze iets vies gegeten had. 'Maar soms weet de rechterhand niet wat de linker doet.'

Na het bezoek stond Lourdes bovenop de heuvel die uitkeek op de ex-tra beveiligde inrichting beneden haar. Terwijl ze wachtte tot haar doch-ter gefouilleerd was, zodat die voor een raam kon verschijnen om gedag te zwaaien, haalde Lourdes een bedelarmband uit haar zak en deed die om haar opgezwollen pols. Op de letterbedeltjes stond LOVE. Een van Domin-go's drugsklanten had hem die gegeven in plaats van geld, en Domingo had hem vervolgens aan Lourdes gegeven. 'Het is maar goed dat ze deze niet heeft genomen,' zei Lourdes. 'Anders had ik een nieuwe moeten kopen! Kijk maar 'ns hoe ze me m'n oorbellen heeft afgetroggeld.'

Daar verscheen Jessica voor het raam. Van een afstand, zonder de kracht van haar expressieve gezicht, de zwoele stem, de intelligentie in haar bruine ogen, zag Jessica er verslagen uit. Lourdes zwaaide. Jessica zwaaide terug. Allebei zagen ze er minder uit, kleiner. Lourdes zwaaide bij iedere stap de heuvel af naar het parkeerterrein, tot ze haar dochter niet meer kon zien.

Toen de zomer aanbrak, voelde Jessica zich geheel verlaten. Eerst was ze Torres kwijtgeraakt, toen haar zoontjes en nu hoorde ze ook nog dat haar vriend Matthew verdacht veel tijd met Elaine doorbracht. De gevangenis-directie plaatste Jessica onder toezicht uit angst voor een zelfmoordpo-ging. Haar slechte buien vervreemdden haar van haar kamergenoten, die hadden genoten van de korte rust van haar verblijf in het ziekenhuis. Ze waren niet erg enthousiast over de Jessica die ze terugkregen; in de kleine ruimte was het moeilijk Jessica's depressie te ontlopen. Het was duidelijk dat ze het moeilijk had, maar zelfmoordbewaking betekende wel dat er ieder uur een bewaker kwam kijken.

Een tijdlang stortte Jessica zich in de 'mix'. De mix was voor de gevan-genis zoiets als de straat voor het getto. Hoewel de groep vrouwen hier veel minder gevaarlijk was dan op de extra beveiligde afdelingen, speelde Jessica toch met vuur: ze roddelde en maakte links en rechts afspraak-jes, negeerde de vaste vrouwen en vriendinnen en lokte bedreigingen uit. 'Ze begon vreemd te doen,' zei Player. Jessica legde het aan met een schreeuwlelijk van een vrouw, die met haar agressieve gedrag Jessica's kamergenoten tegen zich in het harnas joeg, maar Jessica bleef haar uit-nodigen. Jessica's kamergenoten naderden het einde van hun straftijd en wilden hun tijd rustig uitzitten; ze vroegen Jessica uiteindelijk om naar een andere kamer te verhuizen. Ze ging naar een hoekkamer.

Jessica probeerde het bij haar familie. Haar oudste broer Robert had opnieuw een zelfmoordpoging gedaan. De telefoons van Lourdes en Coco waren afgesloten. Elaine had weinig geduld met Jessica's depressie, klaagzangen en verzoeken om kantinegeld. De extra kosten die Matthew en Michael met zich meebrachten, maakten het haar moeilijk om elke maand weer rond te komen, en haar moeizaam verworven geduld met haar eigen zoontjes smolt weg in de constante zorg voor de tweeling. Matthews voortdurende gehuil maakte dat Elaines kinderen niet konden slapen, zodat ze onhandelbaar waren als ze 's morgens naar school moesten. Elaine werd bang dat ze Matthew iets zou aandoen en besteedde hem tijdelijk uit aan haar benedenbuurvrouw. Ze was aan het regelen dat de tweeling naar Milagros kon.

Jessica wilde terug naar de extra beveiligde afdeling, waar minder druk heerste om je goed te gedragen. Ze koos de gemakkelijkste weg terug: eenzame opsluiting bij wijze van straf. Sommige gevangenen noemden een verblijf in de isoleercellen 'een vakantie', omdat ze dan even weg waren uit de mix, pillen konden nemen en niet hoefden te werken. Om er te belanden, was het voldoende een rechtstreeks bevel niet op te volgen. Op een avond bleef Jessica bij het appèl in de tv-ruimte. Ze bleef koppig op de bank zitten in haar zomeruniform: een kaki short en gevangenisbloes. Ze droeg een honkbalpet met de klep naar achteren.

'Appèl! Je moet naar je kamer,' zei de bewaker tegen Jessica.

'Nou, en?' antwoordde Jessica. 'Tel me hier maar. Ik wil niet naar mijn kamer.' De list werkte perfect.

Een bewaker bracht haar naar de isoleercel. Daar aarzelde ze tussen twee alternatieven: opgeven of opvallen. Ze wilde ontsnappen en ze wilde aandacht. Een depressie gaf je het idee dat je steeds dieper viel, slapen hielp maar tijdelijk en woede gaf haar energie. Ze sliep, en vroeg toen om een onderzoek om vast te stellen of ze misschien manisch-depressief was, de diagnose die een arts van Robert had gesteld na een van zijn zelfmoordpogingen. Ze zocht vergetelheid in slaappillen, die de gevangenisartsen in ruime mate en van alle merken voorschreven – Naprosyne, Flerexil, Dolobid – en verzette zich daar vervolgens tegen. 'Ze denken zeker dat ze me verdomme onder de pillen moeten houden,' zei ze verontwaardigd. Haar verlangen naar een hereniging met Serena hielp haar door de moeilijkste momenten, plus de troost die ze putte uit de stemmen van de andere vrouwen in de isoleerafdeling, die oude r&b-liedjes zongen. Het gezang suste haar in slaap.

## HOOFDSTUK 26

Pearl kwam op moederdag 1995 thuis bij haar familie in Corliss Park. Milagros haalde haar op in de Bronx en nam haar in een Greyhoundbus mee naar het noorden. Ze was negen maanden, had een scheel oog en een te groot hoofdje. Ze had nog steeds zuurstof nodig; het slangetje zat in haar kleine neusje, dat meestal onder het snot zat. Ze had uitpuilende ogen, net als haar grootmoeder Foxy, die last had van haar schildklier. In plaats van verdriet straalden Pearls ogen echter een haast verontrustende wijsheid uit. Coco had het idee dat Pearl haar iets wilde leren, maar Coco kon nog niet vaststellen wat het precies was.

Pearl moest minstens drie keer per dag een half uur aan een vernevelaar voor haar zware astma. In een crisis werd Coco heel geconcentreerd, dus hoe meer problemen Pearl met ademen had, hoe beter Coco daarop reageerde. Als Pearls liesbreukje begon op te zwellen, wist Coco dat het tijd was voor een behandeling; het breukje was soms zo groot als een tennisbal. Als de nood niet zo hoog was, ging Coco, die het toch al allemaal nauwelijks aankon, met de astma om zoals met zoveel andere dingen: net zoals het uitkwam. Pearls benauwde ademhaling begon gewoon te lijken, net als haar constante spugen. In haar liefde was Coco consequenter; ze was gek op baby'tjes en kon uren met Pearl spelen. Ze kuste de littekens die Pearls lijfje doorsneden als de sporen van een boze vogel.

Maar Pearls broosheid maakte Coco bang en ze moest vaker een beroep doen op Milagros dan haar lief was; Milagros, die in de thuiszorg had gewerkt, had enige verpleegervaring. En hoewel Milagros nooit iets terugvroeg – alleen een hoogst enkele keer voedselbonnen als ze geen eten meer had – had Coco's afhankelijkheid tot gevolg dat ze een ander soort schuld opbouwde. Coco was gepikeerd over het feit dat Milagros altijd hardop zei wat ze vond. Het ging niemand iets aan hoe Coco haar kinderen opvoedde. Maar ook al hoefde ze zich niets van Milagros' raadgevingen aan te trekken, ze moest ze wel aanhoren.

Milagros' grootste klacht was dat Coco veel te soft was tegen Mercedes. Als Mercedes haar zin niet kreeg, mompelde ze soms 'donder op', gaf Milagros een schop, of zei dat ze haar mond moest houden. Op een keer pakte Milagros Mercedes in haar nekvel; Mercedes rende verontwaardigd naar haar moeder, krijsend dat Milagros haar geslagen had – maar dat recht had alleen een moeder. Milagros was echter vastbesloten: kinderen mochten niet tegen haar vloeken, niet in het bijzijn van andere kinderen. Na de ruzie hield Coco Mercedes thuis tot ze Coco compleet gek maakte. Milagros waarschuwde Coco voor wat ze beschouwde als een nog groter probleem: als Coco er niet in slaagde een kind van vijf te laten gehoorzamen, hoe moest het dan als Mercedes geen kind meer was?

Vanaf dat ze nog heel klein was, nog vóór ze zelfs maar een peuter was, trok Mercedes al de aandacht omdat ze brutaal was. Er hing zo'n mist van wanhoop in het getto, dat zelfs het kleinste teken van rebellie werd beschouwd als een heldere, doordringende lichtstraal. *Stout*, uitgesproken met vertederde ergernis, was bijna altijd bedoeld als compliment.

Een kind dat boos werd op een oom die het expres bang maakte of dat schopte als een neef te dichtbij aan het schaduwboksen was, was stout. Stout was het tegendeel van verlegen of bang: zoals Lil Hector, Coco's drie jaar oude neefje, toen hij splinternieuwe sneakers bij Foxy uit het raam gooide om zijn ouders weg te krijgen bij hun weedrokende vrienden. Stout was ook gedrag dat tieners en volwassenen leuk vonden: kleine meisjes die sexy dansten en het over 'm'n vrijer' hadden; kleine jongens die in hun eigen kruis grepen of langs de dijen van vrouwen streken; bijdehante kleuters die eigenwijze woorden als *yo, hoer, bitch* en *klootzak* gebruikten. Een van de eerste woorden die Nautica kon zeggen, was *puta*, en een tijdlang kneep ze haar ogen dicht en spuugde als ze haar zin niet kreeg.

'Stout' werd aangemoedigd in kleine kinderen, maar dat veranderde als ze ouder werden en niet meer zo schattig waren. Het ongeduld van de volwassenen had ongetwijfeld te maken met het extra werk dat drukke kinderen met zich meebrachten, en het groeiende besef dat naarmate de kinderen groter werden, ze hun opstandigheid lichamelijk kracht konden bijzetten. Maar wat de oorzaak van de plotselinge verandering ook was, het kostte een kind jaren om te begrijpen hoe het zat, met vallen en opstaan. Er werden publiekelijk fouten gemaakt, en straf was vaste prik. In de eerste jaren van Mercedes' leven was 'stout' nog iets positiefs.

Mercedes wist al heel lang hoe belangrijk het was om een grote mond op te zetten, maar ze begon ook door te krijgen hoe belangrijk het was dat ze tegen Coco zei wat die wilde horen. Vrouwen waren in het algemeen geneigd de oudere jongens af te houden van geroddel, maar vroegen wel regelmatig aan meisjes en jonge kinderen: 'Met wie is papa?' Kinderen waren een goede bron van informatie omdat ze altijd aandacht zochten. Mercedes wist precies wat de belangrijkste thema's waren – liefde, loyaliteit en verraad – lang vóór ze gevoel voor verhoudingen kreeg of de kunst verstond om gebeurtenissen in hun onderlinge verband te zien. Ze paste haar verhalen ijverig aan haar moeders belangstelling aan: intriges die op Cesar betrekking hadden, onthullingen over de hypocrisie van de buren, lasterpraatjes over Foxy's vriend Hernan, aan wie Coco nog steeds een hekel had. De dramatische aanleiding was altijd geweld: 'Hernan heeft me geslagen.' Als Coco dreigde naar hem toe te gaan, vluchtte Mercedes in fantasieliedjes. Tegen dat ze vijf was, hadden Mercedes' sterke verhalen haar geloofwaardigheid bij iedereen ondermijnd, behalve bij haar moeder. Andere mensen noemden haar achter haar rug bemoeiziek en bazig; bij kinderen van haar eigen leeftijd had ze problemen met het maken en houden van vriendjes.

Ook met Frankie kon ze niet opschieten. Veel te vaak ging Mercedes stampvoetend naar bed, krijsend: 'Ik wil mijn vader,' en bleef dan krijsen tot ze uitgeput in slaap viel.

Coco verlangde ook naar Cesar. Op een avond lag ze naast Frankie op de dekens die ze op de vloer van de woonkamer had gelegd. Pearl sliep naast hen en haalde moeizaam adem. Frankie zei kalm: 'Je houdt niet van me.'

'Maar er zijn zoveel vormen van liefde,' antwoordde Coco. 'Jij laat merken hoe je je voelt, we vrijen, je behandelt mijn kinderen goed. Daarom hou ik van je, denk ik.'

'Hou je net zo van mij als van de vader van je kinderen?' vroeg hij.

'Dat kan niet. Omdat – nee,' zei ze. Later vroeg ze zich af of ze niet beter had kunnen liegen. Ze omhelsde hem. Haar liefde voor Cesar was iets heel anders; voor Frankie voelde ze iets dat meer te maken had met dankbaarheid.

'Daarom hou ik van je, Coco. Je bent zo open,' zei Frankie.

Coco zei eenvoudig: 'Dat is omdat ik op m'n eenentwintigjarigste al door 'n godvergeten hel ben gegaan.'

Het leven buiten de grote stad bevrijdde Frankie tijdelijk van zijn reputatie van kleine crimineel. In de Bronx was hij een doodgewone, kleine, parttime drugsdealer, een uitvoerder, een beetje een intrigant, een streber. In Corliss Park, bij de plaatselijke blanke tieners die gefascineerd waren door de gettocultuur, ging Frankie door voor een echte representant daarvan. Hij maakte misbruik van hun bewondering, schepte op over zijn heldendaden in de Bronx en deed zich stoerder voor dan hij in werkelijkheid was. Coco waarschuwde hem: 'Hou nou op met je voor te doen als Mr. Hercules. Wat zal ik lachen, zeg, als iemand je 'n pak slaag geeft.' Maar een tijdlang vormde Frankies reputatie een dekmantel voor wat hij aan werkelijke macht miste. Hij runde drugs vanuit de Bronx. Hij was wat Coco 'het rustige type' noemde, niet brutaal en agressief, en minder opvallend voor de politie.

Hoe drukker Frankie werd, hoe minder tijd hij voor Coco en haar kinderen had. Hij kwam 's avonds laat pas bij Coco in bed, als ze allang sliep. 's Morgens nam hij een douche, ontbeet en kondigde aan: 'Ik ga, mami.' Hij verloor zijn belangstelling voor stoeipartijtjes. Al gauw zette hij ook de vuile borden niet meer in de gootsteen. 'En als hij al thuis is, speelt hij alleen maar met zijn spelcomputer,' zei Coco. Drugs veranderden jongens, en Frankie werd steeds minder de jongen die hij was en meer zoals de andere jongens die ze kende. Coco had hulp nodig met de meisjes, maar ze had niet het idee dat ze die van hem kon eisen; het waren immers niet zijn kinderen? Maar ze zei er wel iets van dat hij zo vaak weg was.

'Eén ding kun je wel vergeten, Coco, en dat is dat je mijn leven kunt bepalen. Ik laat me niet opsluiten,' zei Frankie. Maar als hij thuisbleef, kwamen de mensen naar hem toe. De telefoon ging voortdurend. Auto's stonden met lopende motor voor Coco's woonkamerraam, dat uitkeek op een parkeerterrein. Jongens staken hun hoofd om de deur:

*Frankie hier?*

*Is-ie thuis?*

*Waar hangt-ie uit?*

Coco wist dat het niet goed was om jongens in haar appartement rond te hebben hangen, maar ze verveelde zich als ze alleen met de kinderen thuiszat. Ze probeerde huisregels aan te houden. Ze joeg het gezelschap het huis uit om vanwege Pearls astma buiten hun sigaretten en weed te roken, maar toen begonnen de buren te klagen over de herrie. Ze liet de jongens boven roken, in Mercedes' kamer, op voorwaarde dat ze het raam opendeden en de deur dichthielden. Maar als Mercedes dan thuiskwam van school, klaagde ze over de stank en de rommel die ze achterlieten en zette ze de boel zo op stelten dat Coco de jongens weer naar buiten stuurde. Rick Mason, hoofd Beveiliging van het Bureau Huisvesting van de gemeente, vroeg zich ook af wat zich bij Coco afspeelde: hij reed regelmatig door Corliss Park en kwam dan langs het treurige groepje jongens dat vaak op Coco's kleine veranda stond. Vier maanden nadat ze haar intrek in het appartement had genomen, kreeg Coco een aanzegging tot ontruiming, vanwege het feit dat ze het verbod van het hebben van een langdurige gast had overtreden.

Aan de muren van een verbouwde kamer van het Victoriaanse pand waarin het Bureau Huisvesting van Troy gevestigd was, hingen foto's van vervallen huizen die waren gerenoveerd, van ontwrichte gezinnen die nu weer bij elkaar waren. Coco's hoorzitting over de voorgenomen uitzetting vond plaats in een oude woonkamer waarin nog een open haard zat. Onder het meer dan vijf meter hoge plafond leek Coco nog kleiner dan ze al was. De oren van haar pas nieuwe konijn-tattoo piepten uit boven de hals van haar gestreepte blouse met korte mouwen. Ze had de meisjes netjes aangekleed en hun haar in kleine knotjes gevlochten. Coco zat voorovergebogen aan het eind van de lange vergadertafel en hield Pearl op haar schoot als een schild.

Rick Mason zat naast een huisvestingsambtenaar aan de andere kant. Coco herkende Mason van zijn vele ritten door Corliss Park. Nog voor de hoorzitting geopend was, gooide ze haar verhaal er al uit en viel daarbij terug op de ontkenning die door honderden vrouwen in gemeentewoningen werd gebruikt: er woonde geen man in huis, alleen zijzelf en de kinderen. Ze was zo bang dat ze haar huis zou worden uitgezet, dat haar zenuwachtigheid haast erger klonk dan de waarheid. Ze zei dat Frankie iedere dag op en neer reisde vanuit de stad – drie uur heen en drie uur terug – maar nooit bleef slapen.

'Heeft-ie werk?' vroeg de ambtenaar.

'Eh, nee.'

'Dat zal hem dan wel wat kosten,' merkte hij op. 'Iedere dag op en neer reizen.'

Coco moest uitkijken dat ze niet iets zei wat zijn maandelijkse bijstandsuitkering in gevaar kon brengen; ze wist eigenlijk ook niet waarom hij daarvoor in aanmerking kwam, maar ze wist wel dat hij daarvan leefde. En als hij zijn uitkering kwijtraakte, liep zijn moeder het risico haar gesubsidieerde appartement in de Bronx uit te moeten, waar Frankie nog steeds stond ingeschreven als thuiswonend.

Gelukkig ging de huisvestingsambtenaar door met de vragen die Coco verwachtte. Frankies adres. Of hij vrienden in Troy had. Was hij de vader van een van haar kinderen? Coco wees er nadrukkelijk op dat Frankie alleen maar op de veranda mocht komen. Het leek de ambtenaar niet te interesseren; de hoorzitting was de eerste stap in een langere procedure en hij was verveeld. 'Vergeet niet tegen hem te zeggen dat hij gearresteerd wordt als hij weer in Corliss Park komt,' zei de ambtenaar plichtmatig. Het enige wat resteerde was de papierwinkel.

Tot dan toe had Rick Mason er alleen maar bij gezeten, zijn gespierde armen over elkaar geslagen op zijn gewichtheffersborst en achterovergeleund in zijn stoel als een slim jongetje in een saaie les. 'Ben ik nu aan de beurt?' vroeg hij eindelijk.

Mason wist alles van drugs, uit de eerste hand; hij had als jongere een ernstig cocaïneprobleem gehad. Hij was bovendien opgegroeid in een sociale-huisvestingsomgeving; hijzelf, zijn moeder en zeven broertjes en zusjes waren na de dood van zijn vader naar de woningbouwflats, de Taylor Homes, van Troy verhuisd. Mason schreef het aan het welzijnswerk toe dat zijn ontwrichte familie het had gered. Hij was van mening dat meisjes als Coco en hun kinderen kansen verdienden die ze anders niet kregen. De laatste jaren had hij met enig plezier en veel trots gezien hoe enthousiast mensen uit New York en Puerto Rico waren als ze de normale gemeentewoningen zagen die onder zijn toezicht vielen. Maar Troy was failliet; er was geen industrie meer en plaatselijke politici hadden een subsidie van het ministerie van Volkshuisvesting gebruikt om een hockeyteam binnen te halen. Nu maakten drugs kapot wat er nog over was van zijn belegerde geboortestad. Zijn zoon en een broer waren bij de politie, en die hadden hem verteld van de drugs die vanuit Brooklyn en de Bronx binnenstroomden. Hij gaf jongens als Frankie niet de schuld van de problemen van de gemeente, maar Mason was pragmatisch en drugsdealers waren een gemakkelijk doelwit.

Hij keek Coco recht in haar ogen en sprak haar aan, niet grof en niet vriendelijk: 'Er lopen constant mensen in en uit. Ik ben aan de deur geweest en heb aangeklopt. U was er niet en uw kinderen ook niet. Uw vriend en al zijn kleine vriendjes waren er wel, binnen en buiten. Kunt u me uitleggen wat er aan de hand is? Ik klop aan en een oude man in een onderhemd doet de deur open. Overal lopen kleine kinderen rond. Leg me eens uit wat er gaande is.'

'Hij was niet in huis,' loog Coco. 'Hij was buiten, op de veranda.'

'Probeer me nou maar niet te vertellen wat ik wel en niet gezien heb. Ik was er, u niet.'

'Ik weet niet wat u bedoelt, met een oude man in zijn ondergoed. Frankie loopt nooit in zijn ondergoed,' zei ze nerveus. De strijd om het huurcontract was even vergeten. Mason had de meest kwetsende beschuldiging geuit die iemand maar kon uiten: dat ze haar kinderen niet beschermde.

Mason verhief zijn stem. 'Er liepen allerlei mensen alsmaar in en uit, en uw vriend zat daar op zijn tuinstoel als was hij de baas van het spul. We komen dan wel niet uit de Bronx hier, maar we zijn heus niet gek,' zei hij. 'U moet uw kinderen daar niet aan blootstellen, en ook de kinderen van anderen niet.'

De ambtenaar onderbrak het gesprek in zijn haast om te concluderen: 'Begrijpt u, zijn we het eens, dat hij zal worden gearresteerd als hij zich bij u vertoont? Wilt u een verklaring tekenen waarin we dit opnemen?'

Mason vervolgde: 'Als ik hem bij u in de buurt zie, laat ik hem oppakken.'

Coco ging ermee akkoord een voorlopig huurcontract voor acht maanden te ondertekenen. Ze verklaarde dat er geen andere bewoners waren dan zijzelf en de meisjes. Als alles goed ging, zou ze daarna weer een normaal contract krijgen.

De ambtenaar pakte zijn stukken bij elkaar en zei: 'En nu alstublieft geen problemen meer maken. Het leven is zonder uitzetting al moeilijk genoeg.' Zijn ogen gleden over Mercedes, Nikki en Nautica, die op grote donkergroene stoelen langs de wand zaten, met hun rug strak tegen de leuning en hun beentjes recht vooruit; ze keken doodsbang. Hij voegde eraan toe: 'En u hebt uw handen al vol genoeg.'

'Mammie?' vroeg Nikki timide.

Mason stond op en gaf Coco een hand. 'Er zijn genoeg goede mannen in Troy die u niet in de problemen zouden helpen. Hij mag er echt niet meer in.'

Het eerste wat Coco deed toen ze terug was in Corliss Park, was de tuinstoel naar de straat sjouwen en hem in de afvalcontainer gooien. Toen liep ze regelrecht naar Family Dollar. Mercedes trok Pearls zuurstoftank op wieltjes voort. Coco kocht een aantal pakken decoratieve witte tuinhekdelen, liep terug naar Corliss Park en ramde ze gedecideerd de grond in. Ze hing een boeket rode en blauwe plastic bloemen aan een van de lage paaltjes en wachtte tot Frankie thuiskwam om hem te vertellen dat hij moest vertrekken.

Frankie redde het niet in de Bronx. Hij bekende Coco later dat hij zich ontheemd had gevoeld bij zijn moeder thuis. Zijn jongere broer had zijn oude kamer ingepikt. Zijn moeder, die parttime bij een bookmaker werkte, accepteerde het niet dat een van haar zonen tot ver in de middag op haar bank sliep. Buiten liep hij het risico mensen tegen te komen die hij geld schuldig was: Octavio, de dealer; Delilah, de woekeraarster; de moeders van zijn twee kinderen. Hij ging terug naar Troy. Na een paar stiekeme nachten bij Coco bracht hij de meeste tijd door met een paar vrienden die in een krakkemikkige flat in een huurkazerne op Second Avenue, vlakbij River Street, zaten.

De flat fungeerde als hangplek en *stash* voor crack die vanuit uit de Bronx werd aangevoerd. Ze dealden vanuit het Phoenix Hotel, waar ze via een crackverslaafde een kamer hadden gehuurd. De zaken liepen fantastisch. Een gram, die in de stad 30 dollar opleverde, bracht in Troy 100 dollar op, en ze konden bovendien nepspul kwijt omdat de klanten in de provincie gemakkelijker te intimideren en te misleiden waren. 'Er zijn hier een hoop dommies,' zei Frankie. 'In de stad zouden ze er niet intuinen.'

Maar het tempo van het dealen van crack lag Frankie te hoog. 'Het gaat te snel,' zei hij, 'veel te snel, je wordt er een soort bang van.' Hij kwam constant geld tekort, en hij was ook slecht in het innen van zijn schulden; crackschulden vereisten ook in Troy dreigementen en af en toe eens een pak slaag. Zijn relaxte karakter was meer geschikt voor de weedhandel.

Dus begon hij hasj te dealen vanuit de flat op Second Avenue, waar hij de kosten deelde met een andere jongen die pas vanuit de Bronx naar Troy was gekomen en met twee blanke jongens, die de weinig stevige deur van de flat openzetten voor een wisselend gezelschap van verveelde vrienden, kennissen en klanten. Frankie rookte al zo lang weed, dat hij op het oog het gewicht van een zakje kon bepalen. Hij was niet ambitieus; hij wilde alleen maar genoeg verdienen om zelf te kunnen blowen. Soms ging hij wekenlang niet naar de stad, en dan bijvoorbeeld weer een week lang elke dag. Af en toe nam hij de bus, maar de politie controleerde nu en dan bussen en stations; hij gaf er de voorkeur aan dat zijn plaatselijke tienerklanten hem reden. De tieners vonden het fantastisch om naar het getto te kunnen voor een actie die deed denken aan de avonturen in rapvideo's op tv, hoewel de werkelijkheid verwarrender en minder spannend was. De blanke jongens vormden een dekmantel voor Frankie: hun auto's werden op de grote weg minder snel aangehouden. Het was bovendien een stuk comfortabeler dan de bus en ze vroegen geen bijdrage voor tol of benzine.

Maar wat Frankie het fijnste vond van zijn nieuwe situatie, was de vrijheid die hij genoot. Hij had het grootste deel van zijn leven met vrouwenregels doorgebracht. Nu, op zijn vierentwintigste, kon hij ieder uur van de dag keiharde muziek draaien – niet Coco's trage soul, maar rap, merendeels hardcore, die Coco verbood. Op Second Avenue stonden veel lege huizen, en de mensen die er wel woonden waren niet van het soort dat de politie belde vanwege wat overlast. En hij kon zijn pornovideo's bekijken wanneer hij maar wilde. Honkbalwedstrijden werden niet verstoord door Mercedes' gezeur om tekenfilms. Er was minder aanleiding om te denken aan alle mensen die hij had teleurgesteld. De beste elementen van zijn relatie met Coco bleven zo'n beetje hetzelfde als eerst. Alleen hun seksleven werd rustiger.

Hij douchte nog steeds in haar appartement omdat zijn huisgenoten de badkamer niet schoonmaakten. Hij at bij Coco als zijn maagzweer opspeelde van de vele vette pizza's en opgewarmde cheeseburgers. Maar Coco sliep meestal als hij haar 's nachts onverwacht bezocht, en overdag hadden ze met vier kinderen geen ogenblik privacy. Als hij er al in slaagde Coco 's ochtends de douche in te trekken, stond Mercedes al op de deur te bonzen voor ze elkaar ook nog maar gekust hadden. Zelfs zonder dergelijke onderbrekingen was de situatie link; als Frankie tegen Coco zei dat ze mooi was, begon ze te huilen. Ze had weer zitten krabben aan haar gezicht en armen en de plekken die ze op haar rug kon bereiken.

Pearls ziekte putte Coco uit. Frankie ging niet meer met haar mee op de eindeloze doktersbezoeken en ze redde het tijdens de lange wachttijden niet in haar eentje met een baby, een peuter en twee kleine kinderen. Het was al een risico om de bus te nemen: Nautica kreeg nogal eens een driftbui en Coco moest zowel Pearl als haar draagbare zuurstoftank meesjouwen. En soms viel Mercedes zo diep in slaap dat ze niet makkelijk weer wakker te krijgen was.

Ze moest Frankie urenlang aan zijn hoofd zeuren om met meer dan twee kinderen thuis te blijven. En Coco kon ook Milagros niet al te vaak lastigvallen, omdat die nu ook Jessica's twee zoontjes had en Matthew en Michael bang en lastig waren. Als Milagros op de meisjes paste, kregen Mercedes en Brittany en Stephanie altijd ruzie, dus het kwam er meestal op neer dat Mercedes met Coco meeging.

Coco had nooit genoeg geld voor een taxi. Ze zat altijd om geld verlegen. Frankie hield zijn verdiensten in het algemeen voor zichzelf. Coco moest de drie weken vanaf de dag dat ze boodschappen in huis had gehaald tot aan het eind van de maand met 10 dollar zien rond te komen; de sociale dienst had weliswaar bepaald dat Pearl een uitkering kreeg in verband met haar handicaps, maar het geld was nog niet binnen. De meisjes hadden nog steeds geen jassen en bedden. Coco zei soms tegen Frankie: 'Ik weet heus wel dat het niet jouw kinderen zijn, maar je doet echt helemaal niets voor ons.' En dan gaf Frankie haar een tijdje de voedselbonnen die hij van een zijn klanten kreeg. Maar Coco had altijd van alles nodig: steun, Pampers, melk.

Mercedes begon Frankies zakken na te kijken op kleingeld als hij onder de douche stond of sliep. Er viel een keer een zakje crack uit, dat ze aan haar moeder gaf; Frankie beweerde dat hij het had opgeraapt toen een andere dealer, op zijn hielen gezeten door de politie, het al rennend had weggegooid. Coco vroeg zich af of Frankie soms gebruikte. Er was ook iets mis met Mercedes; ze klaagde voortdurend dat haar tanden en kiezen pijn deden, en tegen eind november 1995 ging ze wel vijf keer per dag onder de douche.

Coco vertelde haar vermoedens over Frankie aan iedereen die het maar wilde horen. Ze zei tegen Serena dat die verder moest kijken dan alleen de buitenkant. 'Het lijkt wel of hij niet veranderd is, hij is heel lief en aardig, maar hij is echt anders,' zei Coco. Frankie zag er wel anders uit. Sterker nog, hij zag er fantastisch uit. Zijn houding was beter. Zijn hemd hing niet langer slap langs zijn lijf. Op de een of andere manier had hij ook geen afhangende oogleden meer. Zijn gezicht glom van het scheren; zijn sneakers waren splinternieuw. Coco merkte ironisch op: 'Je bent brutaler geworden.'

'Meen je dat?' vroeg Frankie. Hij vatte haar kritische opmerking als een compliment op.

In december, net toen Coco op het punt van instorten stond, bracht Frankie zijn zoon voor een lang bezoek mee uit de stad en liet het kind bij Coco achter. Ze begon te denken dat Frankie het wel prettig vond als zij thuiszat, opgezadeld met de kinderen. Coco had hem nooit voor een versierder aangezien, maar ze had ook nooit meegemaakt dat hij populair was, en nu was hij dat wel. Ze stuurde Mercedes, met Frankies zoon, op onderzoek uit. Ze brachten een hele dag in het *stash*-huis door. Mercedes had, behalve een paar roddels, weinig te melden. Coco bracht een onaangekondigd bezoek aan het appartement, gewapend met eten. 'Ik wil niet dat je honger hebt. Wat er tussen ons ook aan de hand is, je moet wel eten,' zei ze ontwapenend.

Halfblote blanke meisjes, vrouwen en vrienden van Frankies vrienden, lagen op de oude bank, hun knieën opgetrokken tot hun kin. Coco vond ze schaamteloos: met alleen een oversized t-shirt aan paradeerden ze rond, niet alleen voor de ogen van Mercedes, maar ook voor die van de vrienden van hun mannen. Blanke jongens scheen het niet te kunnen schelen hoe hun meisjes zich gedroegen. Coco had gehoord dat ze heel gemakkelijk met seks waren. Om meisjes in Troy te versieren, hoefden jongens geen Pampers of melk te kopen of de meisjes het wisselgeld van sigaretten te laten houden. Coco liet zich ook niet omkopen, maar ze was wel solidair met de codes van de Bronx.

Hoewel Coco degene was die gezegd had dat Frankie weg moest, had ze toch het idee dat hij haar in de steek had gelaten. Ze verweet het Rick Mason en schold op Huisvesting. Ze fantaseerde over een terugkeer naar de Bronx. Ondertussen ging het Frankie steeds beter; hij hing ingelijste foto's van zijn favoriete beroepsworstelaars in de woonkamer van het *stash*-huis. Hij verzekerde Coco dat het allemaal maar tijdelijk was, maar toen hij een kabelaansluiting nam, was Coco bang dat hij nooit meer thuis zou komen.

Mercedes bleef intussen klagen over kiespijn en ze ging nog steeds heel vaak onder de douche; Coco nam haar mee naar de kliniek. De tandarts zei dat vijf van haar kiezen rot waren en getrokken moesten worden; de dokter constateerde dat Mercedes genitale wratten had. Hij legde uit dat hij Bureau Jeugdzorg moest informeren. Coco was geschokt. Mercedes

had altijd wratten gehad, al vanaf dat ze heel klein was, maar de kinder-
arts in de Bronx had daar nooit een probleem van gemaakt. En nu zei deze
dokter ineens dat haar dochter misschien wel misbruikt was. Hoewel er
andere oorzaken konden zijn, vreesde Coco, nu de mogelijkheid geopperd
was, het ergste. Het seksuele risico dat mannen voor kleine meisjes inhielden, was zo groot dat zelfs de waarschuwingen ertegen doortrokken
waren van fatalisme. De dreiging hing de moeders van dochters constant
boven het hoofd, als een laaghangend wolkendek van angst; het was een
van de meer algemeen genoemde redenen waarom zwangere ouders liever
een jongetje wilden. Goede moeders hielden het niet met verschillende
mannen, niet alleen omdat promiscuïteit uit den boze was, maar ook
omdat je om je kinderen te beschermen het aantal mannen dat over de
vloer kwam, zoveel mogelijk moest beperken. De regels waren heel helder als je ze hoorde: laat je dochters nooit alleen met mannen die geen
familie zijn. Maar in de praktijk was dat haast onmogelijk en vrouwen
slaagden er niet altijd in aan die eis te voldoen: een buurman paste op het
kind omdat de moeder met spoed naar het ziekenhuis moest; een zus die
oppaste moest even vlug naar de winkel en een vriend van haar broer
paste op haar nichtje; een vriend bood aan een oogje op de kinderen te
houden om een uitgeputte vrouw even rust te geven; kinderen bleven
vaak nog lang wakker als hun moeder al sliep. En alles werd nog erger als
volwassenen aan de drank waren of drugs gebruikten.

Coco meende dat ze altijd heel alert was geweest. Vanaf dat ze nog
maar heel klein waren, had ze haar kinderen gewaarschuwd dat ze hun
benen bij elkaar moesten houden en niet bij een man op schoot moesten
gaan zitten. Ze liet ze nooit met vreemden meegaan, maar gezien haar
diepe onzekerheid en de vlottende familierelaties waarvan ze afhankelijk
was, was het onmogelijk – en soms gewoon onbeschoft – om een scherpe
grens te trekken tussen wie er nu precies familie was en wie niet. Een
levenslange stroom van tegenstrijdige boodschappen – dat je sexy moest
zijn, dat je beleefd moest zijn, dat alle mannen klootzakken waren maar
dat vrouwen niets waren zonder hen – versterkte haar gevoel van machte-
loosheid en zinloosheid. In zekere zin had Coco zowel haar hele leven
tegen dit risico gevochten als erop gewacht, zodat haar schuldgevoel en
haar falen de reële vraag opriepen of er nu wel of niet sprake was geweest
van misbruik. Mercedes' eigen verwarring bleek tijdens het onderzoek bij
de dokter: haar moeder had haar altijd gezegd dat ze zich niet door een
man moest laten aanraken. De dokter moest haar omkopen met een lolly.

Cesar was inmiddels naar de Sing Sing overgebracht. Coco vond dat ze
hem onmiddellijk en hoogstpersoonlijk moest informeren. Foxy beloofde

op Nikki en Pearl te passen. Coco, Mercedes en Nautica gingen met de trein naar Ossining.

Coco was bang. Ze had de hele nacht niet geslapen. In de bezoekruimte sprak ze een bewaker aan. Ze legde hem het verhaal van Mercedes' wratten uit en zei: 'Ik weet niet hoe hij zal reageren.' De bewaker wees haar een tafel dichter bij hem toe. Coco nam Nautica op schoot. 'Niks tegen papa zeggen, hoor, Mercy,' zei Coco.

'Waarom niet?' vroeg Mercedes.

'Als papa boos wordt, houden ze hem nog langer in de gevangenis,' zei Coco. Mercedes ging in de lege stoel tegenover de bewaker zitten. 'Kom hier, Mercy, die stoel is voor de gedetineerde,' voegde ze eraan toe.

'Wat is een gedetineerde?' vroeg Mercedes.

'Iemand die in de gevangenis zit. Naughty, haal die kauwgom uit je mond.' Nautica deed het niet. 'Naughty, haal die kauwgom uit je mond, dan gaat papa met je spelen in de kinderkamer,' probeerde Coco. Ze zag Cesar aankomen. 'Mercy, Naughty: papa,' fluisterde ze. Nautica klom van haar schoot en rende haar zusje achterna. Met op iedere arm een dochter kwam Cesar naar de tafel lopen. Mercedes ging bij hem op schoot zitten. Nautica trok hem aan zijn mouw voor de speelkamer. 'Wil je bij papa op schoot?' vroeg Cesar Nautica. Ze lachte verlegen. 'Naughty, wil je op papa's schoot?' vroeg hij nog een keer. Ze weigerde. 'Nou, dan niet,' zei hij gepikeerd. Hij deed alsof hij haar een por in haar buik gaf.

'Mercedes,' zei Coco en haalde diep adem. Toen hield ze niet meer op: 'Weet je nog dat Mercy wratten had en dat ik je dat toen ze nog een baby was heb geschreven in Harlem Valley? Nou, hier hebben ze er nooit iets over gezegd. Maar die daar in Troy zijn echt heel precies, hè, Mercy? Ze gaan alles na. Ik ben met haar bij de dokter geweest en die zei dat iemand met haar heeft gerommeld, en maandag moet ze onderzocht worden omdat dat altijd moet voor ze ze weghalen, maar ze hebben er Bureau Jeugdzorg en van alles en nog wat bij gehaald en ik moet van het ziekenhuis hier haar gegevens hebben over hoe oud ze toen was. De twee enige mensen bij wie ik haar toen regelmatig heb gebracht waren mijn moeder en de jouwe, en jouw moeder zegt dat het misschien Richie is geweest, maar als die iets had willen doen, zou hij het toch ook wel met mijn zus en mij hebben gedaan...'

Cesar staarde Coco aan; Mercedes keek naar haar moeder, toen naar haar vader, en toen weer naar haar moeder. Coco zweeg en glimlachte onzeker.

'Valt er iets te lachen?' vroeg Cesar ijzig.

'Nee.'

'Waarom lach je dan?'

'Niks.' Coco wist niet waarom ze glimlachte.

'Ben je klaar?' zei hij ongeduldig. Ze knikte. 'We praten hier later wel over,' zei hij, en pakte toen zijn dochters bij de hand. Ze brachten de rest van de bezoektijd in de kinderkamer door. Ze bouwden huizen met vrolijk gekleurde stenen en aten het plastic eten dat Nautica hen serveerde op borden die ze in een plastic gootsteentje afwaste. Ze speelden domino. Hij liet ze op zijn knie paardjerijden, zo snel dat ze nauwelijks konden ademhalen van het hobbelen en het lachen.

Terug in de Bronx ging Coco bij Lourdes langs om te vertellen wat er aan de hand was, maar Lourdes was 'met haar eigen ding bezig'. Coco probeerde vervolgens Elaine, die in de buurt op bezoek was bij haar schoonmoeder. Coco riep vanaf de straat naar boven en Elaine en haar gezin kwamen haar tegemoet in de hal. Mercedes had honger; Elaines man Angel ging patat halen. Sinds de laatste keer dat Coco haar gezien had, was Elaine een stuk dikker geworden. Ze ging weer naar school. Angel en zij hadden problemen. De kinderen begonnen krijgertje te spelen. Elaine vroeg Coco hoe het met haar was. Coco begon te huilen en kon een paar minuten lang niets zeggen. 'Denk je ook niet dat als Richie het gedaan had, hij het ook wel met mij en mijn zus zou hebben gedaan?' vroeg ze.

'In jouw familie is het nooit gebeurd,' zei Elaine zacht. 'In jouw familie is het nooit gebeurd,' herhaalde ze, haar stem vaster. 'In mijn familie wel. Ik heb tegen mijn moeder gezegd: "Mama, als het in onze familie is gebeurd, en als het kind alleen maar bij haar familie en die van ons is geweest, denk je dan ook niet dat het dus waarschijnlijk in onze familie is gebeurd?" Ze zei dat ze het kind nooit alleen bij haar vriend had achtergelaten, behalve als ze naar de winkel ging. En je kent mijn moeder, Coco. Die was nooit vijf of tien minuten naar de winkel. Altijd minstens drie kwartier. "En wie deed de kinderen in bad als jij stond te koken? En wie bracht de meisjes naar bed? En wie paste er op de kinderen als jij naar de winkel was?" Mijn moeder huilde alleen maar.'

Coco huilde in de bus naar Foxy. Mercedes en Nautica staarden haar stilletjes aan. Coco moest weer denken aan iets dat Elaine over Jessica had gezegd: dat Jessica niets gedaan had toen de dokter had ontdekt dat Serena misbruikt was. Elaine had dat heel nadrukkelijk gezegd: 'Ze koos ervoor, het niet te horen. Daar koos ze voor. Maar jij doet er tenminste iets aan, Coco. Jij probeert erachter te komen,' had Elaine gezegd. Het had Coco ook goed gedaan dat Elaine haar, in de acht jaar dat ze haar kende, nu voor het eerst had omhelsd.

In Sing Sing, na het bezoek van Coco, sloeg Cesar zijn cel kort en klein. 'Hij ging helemaal door het lint. Het was zo heftig,' zei een van zijn vrienden. 'Zo heb ik Cesar nog nooit gezien.' Cesar verscheurde zijn brieven en trok zijn boeken uit elkaar. Hij scheurde zijn kleren en zijn lakens aan flarden. Hij maakte alles kapot wat hij had, behalve zijn foto's. De bewaking liet hem zijn gang gaan.

Coco vertelde iedereen die ze die dag in de Bronx tegenkwam, over wat Mercedes naar haar idee was overkomen – buren, nichtjes, de vrouw van Rocco – alsof de woede die zij persoonlijk voelde, zou overgaan als iedereéén in paniek raakte. Ze vertelde het ook om te zien hoe anderen erover dachten, hoe ze haar troostten, en hoe ze haar schuldgevoelens konden verminderen. Mercedes trok Coco opzij: 'Waarom vertel je het aan iedereen?' Mercedes leek zich vernederd te voelen, maar haar humeur knapte op zo gauw ze weer in Corliss Park waren. De volgende dag vertelde ze Stephanie en Brittany dat ze misbruikt was en schepte op dat ze een dag vrij van school had gehad en de hele dag met haar vader had gespeeld – een onverwachte meevaller.

Die avond gingen de meisjes naar boven naar de badkamer; sinds haar bezoek aan de tandarts had Mercedes zichzelf tot de tandenkoningin van de familie uitgeroepen. Bij de wastafel speelde ze de baas over haar jongere zusjes en deelde grootmoedig tandpasta uit. Nikki deed de deksel van de wc dicht, klom erop en zette een voet op de rand van de wastafel. Als een ervaren generaal draaide ze de kraan wijd open, met haar tenen.

'Ik poets 's avonds mijn tanden,' schepte Mercedes op. En wat zachter fluisterde ze: 'Naughty niet.' Nautica, die ook een paar rotte kiezen had, speelde liever naast het bad met haar poppen. Mercedes, nog steeds vol van haar dagje met Cesar, droeg een lied aan hem op.

'Dit is het liedje dat ik 's nachts zing als ik om mijn vader huil,' zei ze plechtig, en barstte uit in 'I Believe' van R. Kelly.

'Ik ook! Ik huil 's nachts ook om mijn vader,' riep Nikki uit.

Maar Mercedes was de uitverkorene. Ze zag haar vader vaker en hij stuurde altijd brieven, foto's en verjaardagskaarten. Het enige wat Nikki van Kodak had, waren wat kleren waarmee hij haar voor haar laatste verjaardag had verrast. De laatste tijd vroeg Nikki steeds als Mercedes alweer een brief van Cesar kreeg: 'Mammie, waarom schrijft mijn papa niet?'

Terwijl Mercedes het bluesnummer krijste, probeerde Nikki mee te doen, maar toen Mercedes zei dat ze stil moest zijn, ging Nikki naar haar kamer. Ze nam de rode fluwelen rok die haar vader haar had gestuurd voorzichtig uit de kast en streek een onzichtbare kreukel weg. Met haar vrije hand pakte ze een foto met ezelsoren, die bovenop haar kapotte tv lag. Het was een foto van haarzelf en haar moeder. Nikki nam hem iedere dag mee naar school. Op de foto stond Nikki als baby, tevreden slapend in Coco's armen. Coco, die haar ogen ook dicht had, rustte met haar kin op Nikki's hoofdje.

Nikki drukte de foto tegen haar borst. Ze haalde Mercedes' roze satijnen jurkje van haar eerste verjaardag tevoorschijn en danste de kamer rond, aangestaard door haar verfomfaaide poppen. 'Ik zal altijd een prinses zijn, altijd een prin-ses,' zong Nikki zachtjes bij zichzelf.

Anders dan de kinderen van anderen, die alleen maar af en toe kleine ziektetjes hadden, leek het wel of de gezondheidstoestand van Coco's dochters afwisselend ernstig en héél ernstig was. Mercedes zat niet goed in haar vel en was verontrustend stil; Pearl spuugde voortdurend, soms wel tien keer op een dag. Coco probeer Pearl rond te laten kruipen in alleen maar een T-shirt en een luier, maar Pearl vatte steeds kou; het appartement was tochtig, en Mercedes, Nikki, Brittany en Stephanie renden voortdurend het huis in en uit. Pearl moest ook nog steeds drie keer per dag haar astmabehandeling hebben, en heel wat keren kon Coco Pearls kleertjes pas verschonen als de andere kinderen naar bed waren. Zelfs als Pearl haar zuurstoffles niet nodig had, eiste ze meer aandacht dan Coco gewend was bij een peuter: meer dan Nautica, nu twee, die nog steeds voortdurend viel en overal tegenaan liep.

Op een ochtend in januari, toen Coco snel een douche nam, kwam Mercedes de badkamer binnen geheld en schreeuwde: 'Er is iets met de baby!' Pearl was helemaal blauw. Coco rende met Pearl naar Milagros. Terwijl Milagros mond-op-mondbeademing toepaste, verstijfde Coco van angst. Milagros kreeg de hevig bevende Coco zo ver dat ze de ambulance belde. Milagros paste op Coco's andere kinderen tot Coco en Pearl terugkwamen uit het ziekenhuis. Toen kreeg Mercedes, in februari, haar wratten weer terug; soms werd Coco midden in de nacht wakker omdat ze moest plassen of Nautica op de wc moest zetten en dan vond ze haar dochter in slaap in het inmiddels koude badwater.

Zelfs toen de wratten waren weggehaald, bleef Coco overal om huilen. Ze moest huilen over een episode in een soap waarin een tienermeisje brutaal deed tegen haar moeder. Ze huilde toen een andere vrouw, die haar kind bij de vader had achtergelaten, dat kind na zes moeilijke jaren terug wilde. Ze huilde om vrolijke verhalen en om droevige, om meisjes die boos waren of tot over hun oren verliefd. Ze vroeg zich af of ze overspannen was. Ze zei: 'Mijn god, ik kan geloof ik wel overal om huilen.' Ze begon weer tot bloedens toe aan haar gezicht te krabben. Nikki begon haar na te doen. Coco smeekte haar daarmee op te houden, keek in de spiegel en vroeg zich af: 'Waarom zit ik aan mijn gezicht? Waarom heb ik die slechte gewoonte? Zou mijn vader het soms ook gedaan hebben? Hoe kom ik eraan?'

Op een middag, toen Frankie langskwam, las Coco hem voor uit een brochure over een vakantiekamp. Ramapo was een kamp op het platteland voor kinderen in moeilijke omstandigheden, en Coco overwoog Mercedes en Nikki erheen te sturen. Ze vond eigenlijk wel dat ze te jong waren om drie weken weg te zijn, maar ze wilde ze ook het huis uit hebben, weg van al het geruzie. Ze had fijne herinneringen aan haar eigen ervaringen met een kamp van het Fresh Air Fund.

Coco werd onzeker toen ze Frankie uit de brochure voorlas. Toen hij glimlachte om haar aarzelende uitspraak, barstte ze in tranen uit.

'Verdomme, Coco,' zei hij, 'huil je nou alweer?'

Coco's wanhoop maakte zelfs Milagros ongerust. Milagros gaf weinig om het uiterlijk van haar kinderen – ze vond het voldoende om ze te eten te geven en in de kleren te steken – maar Coco was altijd trots geweest op hoe haar meisjes eruitzagen. Nu leek ze niet in de gaten te hebben dat hun kleren niet bij elkaar pasten en dat hun haar niet netjes zat. Mercedes en Nikki gingen ook niet altijd naar school; Milagros stuurde Serena 's ochtends naar Coco om te kijken of ze wakker waren. Op een ochtend kreeg Pearls medische verzorgster Coco niet wakker, hoe hard ze ook op de deur bonsde. Ze voer later tegen Coco uit omdat die niet op tijd wakker was geweest om Pearl haar astmabehandeling te geven en dreigde Bureau Jeugdzorg te bellen.

Foxy kwam op spoedbezoek. Gewoonlijk maakte Coco haar huis van top tot teen schoon als er iemand kwam, maar nu liep ze door de rommel achter haar moeder aan. Coco zei: 'Je weet niet wat het is, ik huil elke dag om je, mama. Ik mis je zo.' Toen Foxy weer vertrok, nam ze Nautica voor een weekje mee naar de Bronx, om Coco enigszins te ontlasten.

Coco's zuster Iris opperde dat Coco naar een psycholoog moest. 'Ik heb al zoveel afspraken voor Pearl, dacht je dat ik tijd had voor nóg een afspraak?' vroeg Coco sarcastisch. In toenemende mate begon Coco's hoop op hulp zich op Frankie te richten. Het feit dat hij er niet was, maakte hem extra aantrekkelijk; zonder zijn gezelschap, zonder zijn bereidheid om te babysitten en zonder de extraatjes die zijn geld mogelijk maakte, was haar leven eenzaam en uitzichtloos. 'Iedere keer als ik een taxi zie stoppen, word ik helemaal opgewonden en dan is-ie het niet en ben ik weer van de kaart,' zei ze. Coco's speelsheid was verdwenen en haar kinderen bleven in haar buurt rondhangen. Nikki verzekerde haar regelmatig dat ze knap was. Mercedes lette stilletjes op haar.

Toen kreeg Coco 1.734 dollar aan achterstallige uitkering voor Pearl en richtte het appartement in. Ze kocht meubels en een grote tv van de blanke buurvrouw, die uit Corliss Park vertrok. De oranjebruine fluwelen bank leek precies op de bank die Lourdes vroeger had toen Coco Cesar had leren kennen, maar de rest van Coco's geërfde interieur was groen en roze, met een koeienprint. Ze was blij dat haar spullen bij elkaar pasten, ook al was het niet haar eigen keus: de koeienmobile, de koeienkoektrommel en het koeienlepelrek pasten bij de koeiensierlijst van het behang. De lijst hield niet helemaal, omdat de vrouw die uit de muur had gerukt, maar Coco timmerde hem weer stevig vast.

Ze hing groene nylon gordijnen op, een groene rieten waaier naast haar prent van het Laatste Avondmaal, en nog een waaier naast een poster van een lenige zwarte panter midden in een sprong. Ze deed een foto in een lijst die Iris van ijslollystokjes had gemaakt en hing de wand in de eetkamer vol foto's. Er waren er een aantal bij van Jessica en haar vriendinnen.

Kort daarna kwam Frankie terug naar het nieuw ingerichte appartement. Coco hoopte dat zijn thuiskomst het gevolg was van een van haar vele ultimatums – dat hij op moest houden met dealen – maar hij had problemen met zijn huur. Bovendien had zijn moeder gedroomd dat hij in de gevangenis zou belanden of gewond zou raken. Het leek een goed moment om er even tussenuit te knijpen.

Dat Frankie soms een tijdlang geen drugs verkocht, was niet ongewoon. De laagste baantjes in de drugshandel hadden veel weg van andere lage baantjes: werknemers werden ontslagen in verband met schommelingen in de aanvoer of de handel, of werden het zat en rusteloos, of ze hadden er geen fiducie meer in, net als in de paar fabrieken die nog in Troy waren. Technisch gezien mocht Frankie nog steeds niet bij Coco wonen, maar gelukkig kreeg Coco, dankzij problemen elders, uitstel van executie. Rick Mason had zijn aandacht verlegd van Corliss Park naar de Fallon Apartments, waar Iris en haar familie nu woonden.

Zonder werk of genoeg weed om hem af te leiden, begon Frankie zich bezitterig te gedragen. Hij merkte dat Coco op een bepaalde manier naar Large keek, een buurman, ook dealer, die zijn auto op een plek voor het huis parkeerde.

'Waarom doe je lipstick op?' vroeg Frankie.

'Omdat ik er niet zo bleek uit wil zien,' zei ze pinnig.

'Doe de gordijnen dicht,' beval hij. Hij ondervroeg haar steeds vaker. Waarom droeg ze strakke kleding naar afspraken en wijde kleren hier met hem thuis? Waarom had ze kinderen van andere mannen en niet van hem? Coco gaf toe dat de situatie niet ideaal was: 'Heb ik eindelijk een relatie, en dan wil ik geen kind. En toen ik met die jongens omging, had ik geen relatie maar kreeg ik wel kinderen. Ja, dat is wel gek.' Maar ze begreep ook wel dat ze er niet nog een kind bij kon hebben, voorlopig tenminste niet, ook al wilde ze nog altijd graag een zoontje.

Gelukkig versterkte Pearl Frankies gevoel van erbij te horen. Hij pakte haar altijd op om te knuffelen. Hij gaf haar haar astmabehandelingen en liet Coco slapen. Soms liet hij Pearl op zijn borst slapen, zodat hij wakker werd als ze geen adem kon krijgen. Maar hij voelde er weinig voor op álle kinderen te passen, ook al had hij niets anders te doen. Nu het weer buiten wat beter werd, kon Coco Pearl in ieder geval wel in een handdoek wikkelen en naar Milagros vluchten. Serena rolde de zuurstoftank mee. Milagros legde Pearl bij Matthew en Michael, die ze op een laken op de grond had geïnstalleerd. Coco en Milagros keken tv, kaartten en kletsten. Op enig moment stak Frankie dan een ontevreden hoofd om Milagros' deur. 'Kom nou thuis, Coco,' zei hij.

'Maar ik ben nu hier,' zei zij.

'Kom nou, Coco, ik heb honger.'

'Jij hebt gedaan wat jij wou, nu is het mijn beurt,' antwoordde ze, maar ze begon al te aarzelen.

Toen Frankie wegging, zei Milagros: 'Dat moet ik je nageven: voor een jonge moeder doe je het best goed. Je gaat er niet zomaar vandoor.'

Coco zuchtte. 'Waar zou ik heen moeten?'

Op een keer verraste Frankie Coco 's middags met de vraag of ze een potje mee ging voetballen. Ze vloog naar boven om zich te verkleden. Ze was al vier dagen het huis niet uit geweest. Maar toen ze weer beneden kwam, was hij al weg. Ze duwde de deur naar de veranda open: hij was al halverwege de straat, op weg naar het honkbalveld, omringd door zijn vrienden.

Mercedes kwam naar haar toe gerend. 'Mag ik met Frankie mee, mama?' vroeg ze buiten adem. Haar haar zag er fantastisch wild uit, met krullen die uit haar paardenstaart los waren gekomen. Haar gezicht was rood van opwinding. Coco staarde Frankie in de verte na.

'Mama?' herhaalde Mercedes. '*Mama!*'

'Ik weet niet waarom je mee wilt, denk maar niet dat je mee mag doen,' zei Coco. Mercedes rende achter de jongens aan, holde naar Frankie, en pakte zijn hand.

'Denk maar niet dat ik je nodig heb! Met Pearls geld elke maand erbij heb ik genoeg om zelf de rekeningen te kunnen betalen!' riep Coco, terwijl ze haar vriend en haar dochter nakeek die de eerste lentedag van het jaar inliepen.

## HOOFDSTUK 27

Terwijl Coco's situatie alsmaar moeilijker werd, probeerde Jessica juist haar leven weer op te bouwen. 'Mijn dochter krijgt borstjes, ik moet snel vrijkomen,' zei Jessica. In januari 1996 had ze overplaatsing aangevraagd naar het drugsprogramma van de gevangenis. Als je het programma afmaakte, kreeg je een jaar strafvermindering. Of je aan dit soort welzijnsprogramma's, binnen of buiten de gevangenis, kon meedoen, hing niet altijd af van de vraag of deelname noodzakelijk was en berustte zelden op heldere gronden: de tegenstrijdige regels en de bureaucratie waren voor iedereen–personeel en cliënten–een verschrikking. De willekeur van de bureaucratie leidde ertoe dat veel arme mensen overheidssteun beschouwden als een soort door de staat gesubsidieerde loterij.

Jessica was nooit verslaafd geweest, maar ze kon wel worden beschouwd als een 'gevangene die hulp nodig had', wat uiteindelijk een geluk bleek. Vóór haar veroordeling was ze ondervraagd door een reclasseringsambtenaar voor het biografische deel van het rapport dat de rechtbank eiste. In dat gesprek had Jessica toegegeven dat ze op feestjes wel eens weed en cocaïne had gebruikt. Ze had ook coke gebruikt om af te vallen toen George vond dat ze te dik werd. Het enkele feit van drugsgebruik dat de reclasseringsambtenaar had genoteerd, gaf Jessica de kans om praktische vaardigheden te verwerven die haar toekomstmogelijkheden sterk konden verbeteren.

Vergeleken met het luie gevangenisleven leek het drugsprogramma wel een rekrutenkamp. Bewakers zagen erop toe dat de kledingvoorschriften werden gehandhaafd. Ze verboden de plaatjes die de vrouwen met een strijkbout op hun kleding aanbrachten om hun gevangenispak te individualiseren. Iedere dag begon met een ochtendoverdenking. De week werd in beslag genomen door bijeenkomsten, thema's en afkortingen van afkickprogramma's en leerprojecten. Iedere deelnemer kreeg een maatje toegewezen met wie ze een verslag moest schrijven van de vereiste gesprekken over het wekelijkse thema. Er vonden plenaire bijeenkomsten, groepsbijeenkomsten en individuele sessies plaats.

Het programma omvatte vijfhonderd uur therapie en opleiding op vijf gebieden: Leren nadenken, Communicatieve vaardigheden, Criminaliteit, Voorkomen van terugval, en Welzijn. Net als in Florida reageerde Jessica enthousiast. Ze zei dat haar favoriete cursus, Gevoelens, haar het meeste hielp. Ze toonde zich geïnteresseerd in het onderzoeken van de verbanden tussen het heden en haar herinneringen aan het verleden. Ze kreeg belangstelling voor andere onderwerpen dan de liefde en werd zelfs een beetje nieuwsgierig. Ze zei: 'Zoveel stukken van mijn jeugd zijn weg, ik denk door het trauma en al die dingen.' Het was moeilijk te zeggen of haar nieuwe zelfvertrouwen voortkwam uit het feit dat ze iets nuttigs had opgestoken of gewoon uit het feit dat ze zich had aangepast aan een nieuwe cultuur van herstel, met zijn eigen jargon en bestaansrecht; hoe dan ook, ze leek het beter te maken dan ooit. 'Zoals ik het zie,' zei ze, 'maak je, door van iemand afhankelijk te zijn, dezelfde fouten als je ouders.'

Jessica raakte ervan overtuigd dat haar ervaringen met Lourdes' verkeerde vrienden ertoe geleid hadden dat ze liefde met geweld verwarde. Ze bleef loyaal aan George, met wie ze nog steeds contact had, maar ze begon hem in het openbaar wat minder te verdedigen. En ze gaf zichzelf minder de schuld. Ze begon te praten over haar angstige ervaringen, zoals de keren dat George Russische roulette had gespeeld met een pistool tegen haar hoofd. Toen ze zich realiseerde dat het pistool geladen was, had ze bedacht dat 'de kogel me geen pijn zou doen, omdat ik al helemaal verdoofd was van de pijn'.

Toch weigerde ze zichzelf als slachtoffer van huiselijk geweld te beschouwen; ze had het idee dat de dynamiek tussen George en haar gecompliceerder was dan de analyse aangaf. Ze dacht liever aan wat George haar had gegeven dan aan wat hij had genomen; en ze was zelf ook gemeen tegenover hem geweest. Om George' goede kanten te ontkennen of zijn hartelijkheid en adviezen te bagatelliseren – en dan ook nog tegenover de autoriteiten – ging tegen haar persoonlijke code in. 'Wees een flinke vrouw,' had Lourdes tegen haar gezegd toen ze was gearresteerd. 'Je moet je rug recht kunnen houden op straat.'

Jessica nam ook haar gedrag als ouder onder de loep. Ze schreef Serena dat ze alles wat die haar kon verwijten, ook zichzelf verweet: boosheid dat Jessica in de gevangenis zat, boosheid dat ze zichzelf sowieso in een positie had gebracht waarin ze kon worden gearresteerd, verlangen naar haar eigen moeder, 's nachts huilend in bed liggen. Ze verzekerde Serena dat het oké was als die haar haatte en niet terugschreef.

Maar terwijl Jessica de problemen van het verleden probeerde aan te pakken, deden zich ook weer nieuwe problemen voor. Coco schreef Jessica over wat er met Mercedes aan de hand was, en Jessica werd overspoeld door herinneringen aan het misbruik van haarzelf en van Serena. Plotseling leek haar pas ontdekte geloof in het belang van zelfonderzoek een stuk minder sterk, en oude gewoontes lieten zich weer gelden. Toen ze zes weken met het programma had meegedraaid, liet ze op Valentijnsdag een verliefd stel haar bovenste bed gebruiken voor een beetje privacy. Relaties tussen gevangenen waren volgens de regels van het programma niet toegestaan, en iemand van de afdeling verlinkte ze.

Het was typerend voor Jessica dat zij het stel de hand boven het hoofd hield, maar de gevangenisleiding ondervroeg de vrouwen individueel, en een van de verliefden bekende; Jessica zag het aan de beschaamde blik van het meisje toen ze na het gesprek de kamer van de directeur uitkwam. Jessica keek haar woedend aan.

De vrouw zei: 'Weet je, Jessica, ik wil niet vechten.'

In plaats van rustig te blijven, viel Jessica tegen haar uit. 'Ik vraag je niet of je wil vechten,' zei ze verhit. 'Maar je kunt maar beter zorgen dat je je tegen de klappen beschermt als die komen.' Jessica had al een berisping gekregen voor haar rol in het rendez-vous, en nog eentje vanwege het feit dat ze het niet had verteld. 'BERISPING' stond er boven de brief. 'Ms. Martinez heeft vandaag een berisping gekregen voor het feit dat ze gelegenheid heeft gegeven tot een seksuele relatie op de afdeling. Het was haar verantwoordelijkheid om dit te melden en dat heeft ze niet gedaan.' Nu kreeg ze een derde berisping, voor het dreigen met geweld. Ze werd uit het programma gezet. Daarmee verspeelde ze ook het jaar strafvermindering.

Jessica verruilde het kakiuniform voor een feloranje trainingspak. Haar loyaliteit had haar een verblijf van drie weken op de isoleerafdeling bezorgd. Op die afdeling hadden de gevangenen geen enkel privilege, ook niet voor wat betreft persoonlijke bezittingen. Een bewaker sloot Jessica in een kale cel op. Jessica had stiekem twee favoriete foto's mee naar binnen gesmokkeld: met de ruggen tegen elkaar geplakt en verstopt in het plastic hoesje van haar gevangenisnaamplaatje. Op de ene kant stond de tweeling in roze satijnen jurkjes. Op de andere Serena, breed lachend op Jessica's schoot. De foto was genomen tijdens het gevangenisbezoek in Florida. Serena droeg een rood-wit-blauw pakje, met haar haar opgestoken. Het was een van de weinige foto's van Serena waarin de blijdschap het won van haar zorgelijke aard. Tussen de twee foto's had Jessica een klavertjevier gestopt. Dat had ze gekregen van Tamika, een oude vriendin uit Florida, die het bij het begin van haar straf in de gevangenistuin had geplukt; Tamika had het vervolgens aan Jessica gegeven op de avond voor haar vertrek.

Jessica lag op de dunne matras. Ze draaide de foto's om en om, waarbij de gezichten van haar dochters leken te vallen, als een puzzel die ze niet kon oplossen. Ze troostte zichzelf met fantaseren over het leven waarnaar ze verlangde in plaats van het leven dat ze nu had.

Toen Jessica uit de isoleerafdeling mocht, wachtte haar een plaats op een gewone afdeling en een stapel post: ze had een advertentie in een krant gezet en had nu schrijfvrienden in het hele land. Een van haar interessantste briefschrijvers zei dat hij advocaat was; hij woonde in dezelfde stad als waar Cesar onlangs gevangen had gezeten: Elmira, New York. Er was ook een brief van acht kantjes van Cesars maatje, haar ex-geliefde, Tito; Tito zat in de Sing Sing, waar hij een straf van vijfentwintig jaar tot levenslang voor moord uitzat. Ze kreeg een briefje van Big Daddy, haar favoriete stiefvader, die vertelde dat Lourdes zijn uitnodiging om mee te gaan naar de Poconos had afgeslagen. Jessica kreeg ook een brief van de gedetineerde zoon van een medegevangene, die op het idee was gekomen haar te schrijven omdat hij zijn foto's had doorgekeken en toen weer had gezien hoe mooi ze was. Haar oudere broer Robert had een zelfgemaakte computertekening gestuurd, in een brochure van de Jehova's getuigen gevouwen. Er waren verlate Valentijnskaarten van haar dochters, waaronder eentje van Serena met zelfgetekende harten en een met de computer gemaakte eenhoorn. Serena had slechte cijfers op school: 'Ik kon t niet glove, Maar nu gaat t beeter.'

Amazon, Jessica's gevangenisvriendin die aan Santeria deed, bood Jessica een gratis consult aan ter ere van haar aanstaande verjaardag. Ze hadden voor 's avonds op Jessica's afdeling afgesproken, na het appèl. Amazon kreeg beelden van Serena: 'Ze zal weglopen. Je zult haar nooit meer zien.' Ze zag Serena zelfs weglopen als Jessica weer vrij was.

Jessica's achtentwintigste verjaardag viel op een koude dag in maart. Haar vriendinnen begonnen de speciale dag met een corsage, gemaakt van lollies. Een van hen speldde die op haar uniform, terwijl een ander haar een boeket gaf dat ze van het bureau van een bewaker had gestolen. Tijdens haar dienst in de keuken zag Jessica haar vriendinnen van alles de deur uitsmokkelen: tomaten in hun zak, paprika's achter een boek, uien in een broekband. Ze maakten haar favoriete chilikida: gestampte chips, kaas, paprika, ui, tomaat en pepertjes, gemengd met water en verhit in de magnetron. Ze bakten ook een cake.

Jessica kon Amazons voorspellingen echter niet van zich afzetten, en ze ging opnieuw naar de oudere vrouw voor een vervolgafspraak. Jessica geloofde in Amazons visionaire gaven. Voor ze verliefd was geworden op Torris, had Amazon voorspeld dat Jessica twee kinderen zou krijgen van een man in uniform. Deze keer zag Amazon weer een man. Hij was groot en sterk. 'Die zou me goed aan kunnen vullen,' zei Jessica op dezelfde dromerige toon als waarmee ze haar eerste tijd met Boy George beschreef. Amazon zei tegen Jessica dat deze nieuwe man haar een liefde zou doen voelen zoals ze die nooit eerder had gekend, en Amazon voorzag dat Jessica's buik weer zou groeien.

Jessica was ook weer in therapie. Dat voorjaar beschreef de dokter haar toestand:

... Ms. Martinez komt over als boos en lijkt met haar problemen om te gaan door haar gevoelens domweg de vrije teugel te laten. Ze meldt dat ze mensen uitscheldt en ook vaak heeft geslagen toen ze nog vrij was. Ze zegt dat het haar plezier en bevrediging geeft om iemand te zien lijden omdat ze het idee heeft dat zij háár doen lijden. De gedetineerde vertelt dat ze een geschiedenis van zelfmoordpogingen heeft (negen keer) en zegt dat de enige reden waarom ze nog leeft haar kinderen zijn, in het bijzonder haar tienjarige dochter. Lijkt kenmerken van borderline te hebben met narcistische trekken.

Gedetineerde ... praatte over het seksuele misbruik door haar stiefvader gedurende een groot aantal jaren. Ze voelt een grote woede ten opzichte van hem en haar moeder, van wie ze vindt dat die haar niet heeft beschermd of haar de koesterende zorg heeft gegeven waaraan ze behoefte had. Ze herhaalde opnieuw dat de enige momenten waarop ze het gevoel heeft dat ze leeft, is als ze pijn heeft ... We maakten een nieuwe afspraak om te beginnen met het werkboek *De moed om te helen*.

Diagnose: woedeaanvallen, langdurige depressie, onverwerkt trauma van seksueel misbruik.

De dokter constateerde ook een patroon: Jessica's emoties waren aan het begin van de sessies extreem heftig, maar namen al na een kort contact merkbaar af.

Keer op keer bracht Jessica het gesprek op haar 'gebrek aan vertrouwen in anderen en een diepgewortelde angst om gekwetst te worden'. Ze praatte vaak over haar dochters. In mei noteerde de dokter:

Ze ... bracht foto's van haar kinderen mee die ze gisteren had gekregen. Ms. Martinez liet de foto's trots zien en verklaarde dat het de kinderen waren die haar hielpen zich te focussen en haar zelfbeheersing niet te verliezen ... Vooral haar dochter van tien.

Wat Jessica zich over Serena voorstelde, kwam grotendeels voort uit haar eigen herinneringen aan toen ze zo oud was als Serena nu. Behalve Serena's brieven en nu en dan een bericht van Coco, had Jessica weinig informatie over wat er echt omging in het leven van haar dochter. Jessica groef in haar eigen geheugen naar aanwijzingen. Ze had zichzelf vroeger gesneden om de spanning te verlichten, krassen getrokken in de dunne huid van haar onderarmen, de tanden van een kam in het binnenste deel van haar dijbenen gezet. Nu ze vrouw was, gaf Jessica de voorkeur aan andermans bloed. 'Ik word het soms zo fucking zat, dat het me geen sodemieter kan schelen wie er moet boeten, en wie er ook maar mee te maken heeft, zal verdomme boeten, voor iedere traan die ik laat,' zei ze. 'Ik probeer mezelf op te dragen: "Vergeef, vergeef, vergeef", maar ik voel dat mijn hart vol wraak zit. Wraak: dat is de enige bevrediging die ik heb.' Ze vroeg zich af of haar heftige gevoelens voor mannen als Torres en George misschien eerder voortkwamen uit haat dan uit liefde.

In augustus 1996 kwam Torres te laat opdagen voor zijn veroordeling in het federale gerechtsgebouw in New Haven. Hij droeg een marineblauw uniform van het warmwaterbedrijf waar hij nu werkte. Toen hij voor de rechter opstond, zag hij eruit als Boy George – op de korte paardenstaart en zijn zichtbare nervositeit na.

Toen Torres geconfronteerd werd met de positieve resultaten van de DNA-test van speeksel van de tweeling – waarvoor een FBI-agent naar Troy was gegaan – had hij ingestemd met een schuldigverklaring aan een overtreding. Jessica mocht de zitting niet bijwonen, maar ze had haar advocaat gevraagd om namens haar drie dingen te verzoeken: ten eerste, dat Torres zijn vaderschap van de tweeling erkende; ten tweede, dat de kinderen zijn achternaam kregen; en ten derde wilde ze dat hij financieel zou bijdragen aan het onderhoud van de kinderen of in ieder geval de reiskosten, zodat Milagros met ze naar Danbury kon komen.

De rechter verwierp alle drie de eisen – dat waren zaken voor de burgerlijke rechter – hoewel hij tegen Torres zei dat het verlies van zijn vrouw en baan al voldoende straf was voor de aanklacht. Hij legde Torres een voorwaardelijke straf op wegens schending van het federale strafrecht op het punt van seksueel misbruik van personen die onder toezicht van de overheid stonden.

## HOOFDSTUK 28

Camp Ramapo Anchorage, in Rhinebeck, New York, bood een speciaal programma onder de naam *Mild Month*. Het was een aanvullend programma dat in mei, gedurende het schooljaar, werd georganiseerd voor kinderen met sociale en onderwijsproblemen. *Mild Month* had als doelstelling kinderen binnen een vaste dagindeling een consequente structuur, geconcentreerde aandacht, veiligheid en plezier te bieden. De jonge begeleiders waren studenten die op een lerarenopleiding zaten of maatschappelijk werk of psychologie studeerden. De verhouding begeleider-deelnemer was één op één; als gebrek aan aandacht het probleem was, was het aantal begeleiders een goede remedie. De filosofie van Ramapo was dat als de deelnemers zich veilig voelden, zij de vaardigheden konden aanleren die ze op school nodig hadden. De kinderen werden niet naar prestatie beloond, maar naar de mate van hun inspanning en attitude.

Coco had Mercedes en Nikki in de winter opgegeven, en toen het mei werd, hield ze zich dapper aan haar besluit. Het was een gedurfde, ongekende stap – om haar kinderen willens en wetens in handen van vreemden te geven – waarmee ze zich de afkeuring en het misprijzen van haar familie en vrienden op de hals haalde. In haar omgeving betekende goed moederschap dat je je kinderen weghield van de autoriteiten. Coco had wekenlang geprobeerd de kritiek, de afkeurende commentaren en de hatelijkheden te negeren. 'Je moet risico's nemen in het leven,' zei ze.

Op de dag van vertrek nam Milagros op haar veranda grimmig de afscheidszoenen van Mercedes en Nikki in ontvangst. Ze had een groot T-shirt en een lycra legging aan. Een van Jessica's zoontjes lag op zijn buik op de droge grond voor haar blote voeten. Hij leek heel tevreden en stak af en toe zijn beentjes in de lucht. Milagros had sowieso grote twijfels over Coco's stap. Wat was dat voor kamp dat mannelijke begeleiders voor kleine meisjes in dienst nam?

De hele week had Coco haar dochters overhoord over goede en slechte aanrakingen, wat de kinderen hadden geleerd uit een kleurboek over voorkoming van misbruik. Milagros riep vanaf haar stoep terwijl de meisjes hun neefjes en nichtjes zoenden: 'Laat je niet door een man aanraken. Mannen hebben geen enkele reden om je aan te raken, onthou dat!' Coco bond ze nog eens op het hart om een bloesje onder hun topje te dragen.

'Ik hou van je, mama, ik hou van je, Frankie, ik hou van jullie allemaal,' herhaalde Nikki onverstoorbaar tegen iedereen.

'Dat zegt ze al dagen,' zei Coco, terwijl ze Nikki onderzoekend aankeek. Frankie was niet eens buiten. Coco zei dat de meisjes naar binnen moesten gaan en hem gedag zeggen. Hij zat peinzend op de bank, luisterend naar zijn walkman en ondertussen naar een sportprogramma kijkend. Hij liet zich zoenen maar zei niets. Frankie hield niet van afscheidnemen. Coco ook niet, maar zij had nog een paar uur met haar dochters.

Toen ze bij Ramapo aankwamen, ging Nikki Coco en Mercedes voor over een bospad dat bedekt was met dennennaalden. Het kamp lag aan een eigen zoetwatermeer op een enorm terrein met beboste heuvels, velden en beken. In de verte hoorden ze zingen. Coco droeg Nautica; Mercedes pakte Coco's vrije hand vast. Het zingen werd luider bij het punt waar de kinderen moesten worden afgeleverd. Over de hellingen kwamen van alle kanten begeleiders aan, huppelend en in hun handen klappend. Ze begroetten hun pupillen en hielpen hun tassen dragen. Het merendeel van de deelnemers woonde in New York City en was met de bus gekomen. Mercedes klampte zich aan het been van haar moeder vast. Coco liet zich door de opwinding meeslepen.

'Hei-die hei-die hei-die ho!' riep een van de begeleiders.

Coco begon meteen mee te doen. 'Dat vind ik leuk. Dat ze het niet erg vinden om voor gek te staan. Dat ze de kinderen aan het lachen willen maken,' zei Coco. Ze vroeg zich af hoe je aan zo'n baan kon komen.

De begeleider van Nikki's groep, een donkerharige eerstejaars studente die Sarah heette, bukte zich en gaf Nikki een hand. Nikki, die haar witte teddybeer als een aktetas onder haar andere arm geklemd hield, keek naar Coco en zei: 'Dag mammie.'

'Geef je me niet eens een knuffel en een kusje?' vroeg Coco.

Nikki omhelsde vlug haar moeder en zusje. Toen pakte Nikki Sarahs hand en liep weg. Nautica riep haar achterna: 'Mag ik mee?'

Sarah kwam teruglopen naar Nautica, ging op haar hurken zitten en keek haar aan. 'We maken een afspraak,' zei Sarah. 'Wat vind je hiervan? Zie je dat zandpad aan het eind van het grasveld? Tot zover mag je ons brengen.' Tot Coco's verbazing liet Nautica Nikki bij het pad los en keek haar zusje na, die in de luidruchtige kluwen kinderen verdween. Mercedes weigerde echter een stap te verzetten.

Mercedes' begeleidster, Beth, stelde Coco voor haar naar haar slaaphut te vergezellen. Beth was een veteraan in Ramapo. Ze ging hun over een bospad voor naar een bruine houten hut. Op de bedden zaten naamplaatjes. Welkomstgroeten hingen aan de houten wanden. Beth vroeg Mercedes haar eigen naamplaatje te zoeken. Mercedes stopte haar hoofd verlegen in Coco's buik. 'Het is groen,' hielp Beth. Mercedes stak haar vinger in haar mond.

'Denk goed na, Mercedes, concentreer je! Je bent te zenuwachtig. Je gaat veel te snel!' zei Coco.

'Je hebt een goeie plek. Vlakbij de tafel waar de boeken zijn,' gaf Beth aanwijzingen. Ze vertelde Mercedes dat de groep iedere avond na het tandenpoetsen een verhaal koos, dat Beth dan voorlas.

Coco keek de hut rond. 'O, ik wist niet dat ze een radio mee mochten brengen!'

'Die is van de begeleiders,' zei Beth.

'Ik wil niet,' zei Mercedes.

'Wat is er aan de hand, Mercedes?' vroeg Coco.

'Mercedes, we kunnen naar de –,' begon Beth.

'Ik zei dat ik niet wou,' zei Mercedes.

'O, Mercedes –,' zei Coco.

'Ik wil niet. Ik ga met mijn moeder mee,' verklaarde Mercedes. Ze slikte een snik in. Coco fluisterde over Mercedes' hoofd heen tegen Beth: 'Mag ze niet bij haar zusje? Als ze bij Nikki kan zijn, is er niets aan de hand.'

'Mercedes, je zusje is vlakbij. Het is tijd voor je moeder om te gaan,' zei Beth. Mercedes schudde haar hoofd. Andere begeleiders, die voelden dat er iets stond te gebeuren, liepen met hen mee terug naar de plek waar gezongen werd. Buiten gehoorsafstand van de begeleiders fluisterde Coco: 'Wat vind je van een deal, Mercedes? Als je straks weer thuis bent, mag je vragen wat je wil en dat zal ik dan proberen te krijgen.'

Mercedes stond stil. Ze staarde naar haar moeder, de tranen nog steeds rond haar ogen. 'Ik geloof je niet,' zei ze nadenkend.

'Geloof je me niet?'

'U kunt nu beter gaan. Hoe langer het duurt, hoe moeilijker het is,' waarschuwde Beth.

De begeleiders liepen achter Coco aan, die Mercedes volgde, die naar Nautica toeliep, die in de zandbak was gaan zitten. Ze had in haar broek geplast. Coco tilde Nautica op en liep richting auto. Mercedes rende naar Coco en de begeleiders gingen sneller lopen. Ze draafden naast Mercedes en noemden alles op wat ze in het kamp kon doen: aardbeien plukken (en er zo veel eten als je maar wou), in de speelkamer met blokken bouwen, boottochtjes op het meer, etentjes met hamburgers en frietjes.

'Ik blijf hier niet,' riep Mercedes over haar schouder. 'Ik ga met mijn moeder mee.'

'Je moeder gaat nu weg,' zei Beth hijgend.

'Ik blijf niet.'

'Dag Mercedes,' zei Coco. Mercedes dook naar Coco's been als een keeper naar een bal. De begeleiders hielden Mercedes op de grond vast. Coco rukte zich los en rende weg. Nautica wipte op en neer en keek beurtelings naar haar snikkende moeder en haar krijsende zusje. Zandklonten vielen van Nautica's natte kontje op de grond.

Coco keek over haar schouder en zag Mercedes slaan en schoppen in een menselijke kluwen. 'Natuurlijk, dat is het, ze houden ze vast in een knuffel,' zei Coco en stond stil om op adem te komen. Haar stem brak. Ze rukte zich los van dit beeld en begon weer te rennen, in vliegende vaart langs de bomen. Toen ze op het parkeerterrein aankwamen, kreeg ze kramp en zette Nautica op de motorkap van een auto. Coco zette haar handen plat op het hete metaal en haalde diep adem, terwijl de tranen haar over de wangen liepen. Door het bos heen kon ze Mercedes horen huilen. Mercedes achterlaten was het moeilijkste wat ze ooit had gedaan. Met uitzondering van de keren dat ze haar als baby bij Lourdes had achtergelaten, was het de eerste keer dat Coco en haar dochter niet bij elkaar waren.

Op de terugweg stopte Coco bij een Price Chopper en kocht een cake voor Serena om te vieren dat die de onderbouw van de middelbare school had doorlopen. Milagros had geen feestje georganiseerd; ze vond feestjes alleen iets voor verjaardagen. Maar Coco vond dat aan zo'n speciale dag aandacht moest worden besteed. Ze versierde Serena's cake met blauwe glazuur. Serena kwam aangerend zodra ze Coco in het oog kreeg. Coco liet haar de cake zien; Serena had op een cadeau gerekend. Zwijgend las ze de simpele gelukwens en trok toen een sip gezicht. Coco duwde de cake in Serena's handen. 'Zo zit het leven nu eenmaal in elkaar!' zei Coco gepikeerd. Ze keerde zich van Serena af en rende haar huis binnen.

Coco vulde de eerste ongemakkelijke dag van afwezigheid van de meisjes met muziek en de geur van schoonmaakmiddelen. Schoonmaken gaf haar het gevoel dat ze haar leven in de hand had. Frankie hielp mee. Hij haalde een plakkerige limonadevlek weg die al maanden op de deur van de koelkast zat. Coco deed de afwas en schrobde daarna de gootsteen. Ze gooide stapels kranten en kapotte stukken speelgoed weg en sorteerde kleding. Ze maakte laden leeg. Ze deed de ene was na de andere.

Pearl lag graag op haar rug op de grond onder de glazen tafel van Rent-A-Center toe te kijken hoe haar moeder door de keuken liep. Om de zoveel tijd boog Coco zich over de tafel en dan keek Pearl naar haar op alsof ze naar een ster keek. Coco probeerde Pearl aan het praten te krijgen. Ze hief haar armen op en zei: 'Zeg "Ik ben een wonder. God zegene me dat ik leef."' Pearl, geheel onder de indruk, stak haar armpjes in de lucht.

Meestal hing Coco haar was binnen op, zelfs op mooie zomerdagen; soms schaamde ze zich te veel over de wondjes op haar gezicht om zich te laten zien. Veel mensen meden het harde daglicht en gingen pas in het milde donker van de avond een luchtje scheppen. Coco droeg bij warm weer geen topjes of korte mouwen. Maar die dag voelde ze zich goed genoeg om een t-shirt aan te trekken en de natte was buiten op te hangen. Nautica kwam achter haar aan. Pearl hield zich aan de leuning bij het trapje vast. Coco zette speels knijpers in Nautica's truitje, zodat die eruit zag als een tevreden stekelvarken. Geconcentreerd gaf Nautica de knijpers een voor een aan. 'Mama's hulpje,' zei Coco. Nautica lachte quasi-onverschillig.

Coco sleepte het kinderbadje naar het trottoir. Pearl hield zich aan de rand vast en keek toe hoe het vol met water liep. Ze was dol op water. Altijd als haar zusjes in bad zaten, kroop ze bij ze – een paar keer met kleren en al. Nu zette Coco haar in het badje en begon ze genoeglijk te poedelen. Frankie zat Coco achterna met de tuinslang. Pearl was zo opgewonden om haar ouders te zien spelen dat ze zich vrolijk achterover liet vallen – en zonk. Coco kwam net de hoek om toen ze onder water gleed. Vlug tilde Coco haar op.

Na de lunch gingen de meisjes een poosje naar bed. Frankie ging op pad met zijn vrienden. Coco schreef Mercedes en Nikki brieven (ze had er de avond tevoren ook al twee aan allebei geschreven). De was droogde in de zon. Een grasmaaier zoemde in de verte. Een hond blafte. Coco luisterde naar een praatprogramma en ruimde haar liefste foto's van de kinderen op in een lege babydoekjesdoos.

Frankie kwam vroeg thuis met een videofilm die voor kinderen geschikt was, een gebaar dat Coco zeer op prijs stelde. Coco kookte en iedereen at en keek gezamenlijk naar de film, gezeten op de vloer, die gedweild was en van schone lakens voorzien. Coco rustte altijd beter uit als Frankie naast haar lag, vooral sinds Pearl bij hen sliep. Eén keer had hij Pearl het leven gered. Ze had een heftige aanval gekregen en hij was wakker geworden toen haar hoofd tegen zijn been bonsde. Die avond vielen ze allemaal samen in slaap, terwijl Pearls zuurstofapparaat zijn regelmatige geluidjes maakte.

Een paar dagen later scheurde Coco Mercedes' eerste brief open. Hij was gedicteerd aan een begeleider en geschreven op een bloknoot van een farmaceutisch bedrijf.

*Lieve mama,*
*Ik mis je en ik mis thuis, ook al vind ik het hier fijn. Ik hou van boot-*

tochtjes! Ik vind de speelkamer leuk. We hebben een feest gehad en ijs gegeten en met al mijn vriendinnen een spel gespeeld dat heet 'Hoe laat is het, mijnheer Wolf?' Vanavond gaan we weer met de boot. Ik hou van je en wil Frankie zien. Deze brief is voor hem Frankie. Ik mis Pearl. Ik zal altijd van je houden (zelfs als je boos op me bent). We hebben ook Frisbee gespeeld. Mijn lievelingslied is 'Boom Chicka Rocka Chicka Boom'. Ik zal het voor je zingen. Ik wil dat je me opbelt. Ik heb vriendjes hier.

Liefs, Mercedes.


Aan het eind van de week kondigde Frankie aan dat hij ook ging kamperen. Coco was achterdochtig. Hij vond het al vervelend om zich op onbekend terrein uit te moeten kleden. Ze kon zich niet voorstellen dat hij het in een bos zou doen.

Frankie sjouwde zijn gettoblaster naar boven. Hij pakte droge kleren van de verwarming en van deurknoppen. Coco volgde zijn spoor door een zee van kinderondergoed: Winnie-the-Pooh, Drie Kleine Poesjes, Beauty en het Beest. Op de tailleband van zijn boxershort had ze geschreven Coco en Frankie, een duidelijke hint naar zijn dikkere middel.

'En er zijn géén meisjes. Toch?' zei ze plagerig. Ze volgde hem naar beneden. Hij liep weer naar boven. Ze liet zich op de sofa vallen en zapte naar het weerkanaal. De weerman voorspelde voor die middag zwaar onweer.

'Je bent wel stom, zeg! Kamperen in dit weer? M'n reet!' zei Coco. 'Waarvoor heeft hij drie onderbroeken nodig?' vroeg ze Nautica en Pearl. 'Meiden!' gaf ze zelf het antwoord. Frankie negeerde haar en kuste de meisjes gedag. De hordeur klapte dicht. Een vriend stapte uit de passagiersstoel en liet Frankie in de wachtende auto stappen. Coco rende naar de deur. 'Frankie, jij –,' riep ze.

'Zeg het maar, Coco, zeg het maar,' zei hij.

'Waarom neem je de rest van je spullen ook niet mee, fucking klootzak!' schreeuwde ze.

'Omdat ik dat niet wil,' antwoordde hij koeltjes met een uitgestreken gezicht.

'Ik hoop dat de bliksem in je reet slaat!' gilde ze. Ze had nog een handdoek om haar natte haar en langs de haargrens had ze zitten pulken. Frankies vriend keek haar schamper aan. Ze gooide de deur dicht, sloot met een ruk de gordijnen en liet zich op de bank vallen. Ze wilde niet dat Frankies vrienden haar zagen, maar ze mochten haar wel horen: 'Ze gaan naar de Bronx, ik weet het zeker!' krijste ze als een krankzinnige. 'Kamperen m'n reet!' Iemand in de auto zette de muziek harder. 'Waarom praat je zo? Je schreeuwt tegen mijn papa! Dat mag je niet doen,' zei Nautica.

Pearl maakte een pruttelend geluidje alsof ze aan het snorkelen was. Coco scheurde de verpakking van Pearls medicatie open, sleurde het apparaat naar het stopcontact en ramde de stekker erin. Ze tilde Pearl ruw op, nam haar op schoot en gaf haar achter elkaar twee doses, ter compensatie van de gemiste. Pearl kreeg geleidelijk aan minder zuurstof toegediend, maar ze had nog wel astmabehandelingen nodig. Ze beefde. Coco was nog steeds woedend. Na een tijdje ontspanden ze zich allebei.

Het werd nacht. Pearl sliep onrustig. Coco kon niet slapen. Krekels tjirpten. Coco zei zachtjes bij zichzelf: 'Als ik het uitmaak met Frankie, zou een andere man dan mij en mijn dochters willen?'

Het eerste wat Coco de volgende morgen deed, was haar zus Iris bellen. Ze wilde weten hoe Foxy de moed had kunnen opbrengen om weg te gaan bij hun vader, Manuel, die in die periode geen werk had en verslaafd was aan de heroïne. 'Weet je nog van mama, dat mensen zeiden dat papa was doodgegaan omdat zij hem de deur had uitgezet?' vroeg Coco ongerust. Iris dacht dat het hun stiefvader, Richie, was geweest die Foxy de moed had gegeven met Manuel te kappen. Maar er waren jaren eerder al problemen geweest, en het slaan was er geweest zolang Iris zich kon herinneren – ze dacht nog steeds met afschuw terug aan die keer dat hun vader Foxy aan het bed had vastgebonden en haar verkrachtte, en hoe zijn ouders, bij wie ze inwoonden, net deden alsof ze haar wanhopige kreten om hulp niet hoorden. Manuels heftige uitbarstingen joegen de hele familie schrik aan, maar iedereen schreef ze toe aan de drugs; niemand wist toen nog dat hij schizofreen was. De politie kwam zo vaak bij hen thuis, dat ze op het laatst simpelweg zeiden: 'Kom maar mee, Manny, je kent het klappen van de zweep.' Hij had ook een keer het huis leeggestolen nadat Foxy hem de deur had uitgezet. Op het laatst nam ze hem terug, maar hij sloeg haar opnieuw en belandde in de gevangenis.

In die periode van Manny's gevangenschap leerde Foxy Richie kennen op een kinderverjaardagspartijtje, hoewel Richie Foxy wel kende uit de buurt. Ze was langs zijn huis gekomen op weg naar een cursus voor schoonheidsspecialiste. Haar lange blonde vlecht was Richie onmiddellijk opgevallen; vervolgens merkte hij dat ze met een zwarte man liep. 'Een knap Puertoricaans wit meisje met een zwarte kerel? Daar word ik doodziek van!' zei Richie. Op het feestje verzekerde Foxy hem dat de zwarte man gewoon een vriend was.

Foxy nodigde Richie regelmatig uit om langs te komen en dan zei hij dat hij blut was en bood zij aan een taxi te betalen. Zijn woonsituatie was op dat moment penibel. 'Ik wilde een dak boven m'n hoofd, zij zorgde voor me: kookte, maakte schoon, waste m'n kleren,' zei Richie. Hij werd het eerst verliefd op de kinderen.

Coco zag een parallel tussen Foxy's onvrede over Manuels heroïneverslaving en haar eigen gezeur aan Frankies hoofd. 'Ik geloof dat ik erg op mijn moeder lijk,' zei Coco. 'Ik doe wat een man en een vrouw doen. Ik geloof dat we hetzelfde zijn, op de drugs na. Nou ja, de drugs... maar niet zoveel, een klein beetje.' Weed was beter dan heroïne.

Op de ochtend van de laatste dag van het kamp van de meisjes sprong Coco uit bed nog voordat de wekker ging en kleedde zich aan. Ze had haar kleren de avond tevoren al klaargelegd en ze had haar haar ook al gedaan. Ze bracht Pearl en Pearls apparatuur naar Milagros. Coco deed Nautica een kanariegeel shortpakje aan, dat bij haar eigen kleren paste. Voor Mercedes en Nikki had ze ook zulke pakjes gekocht, die ze netjes opgevouwen in een tas had gedaan. Ze had ook hun gouden sieraden ingepakt, die ze niet naar het kamp hadden mogen meenemen.

Bernie Kosberg, de directeur van Camp Ramapo, begroette de ouders in de eetzaal. De stadsmensen zagen er timide uit tegen het lichte hout en de invallende zonnestralen. Kosberg, een spraakzaam type van in de vijftig, droeg een oorring en een hawaïhemd. Hij somde op wat de kinderen geleerd hadden – rustig blijven zitten tijdens het eten, naar elkaar luisteren, vork en mes gebruiken – en drukte de ouders op het hart hiermee door te gaan. Hij benadrukte hoe belangrijk het was om kinderen niet met onverwachte dingen te confronteren. Op kamp hadden de begeleiders iedere avond aan de kinderen uitgelegd wat ze de volgende dag gingen doen. Hij waarschuwde de ouders ook om op te letten of ze symptomen van de ziekte van Lyme zagen. Coco hoorde helemaal niets. Ze verlangde er wanhopig naar haar dochters te kunnen knuffelen. Ongeduldig zat ze de welkomstspeech uit. Eindelijk nodigde Kosberg iedereen uit het terrein te verkennen. De ouders sloften naar buiten, sommige knipperend tegen het licht, enigszins verloren. Hij raadde de volwassenen aan, zich door de kinderen te laten leiden.

Mercedes kreeg haar moeder meteen in de gaten. Ze rende naar Coco en sloeg haar armen om haar heen. Coco huilde. Het frisse gezichtje van haar dochter straalde. De donkere kringen om haar ogen waren verdwenen. Ze lachte voluit. Nikki kwam wat aarzelender naar Coco toe. Snikkend knuffelde Coco ze met haar ene arm. Met de andere zocht ze in haar tas naar hun sieraden. Mercedes praatte opgewonden over haar nieuwe vrienden, maar Coco haalde oorbellen, kettingen en ceintuurs uit elkaar en deed ringen aan de kleine vingertjes. Ze gaf Mercedes een enkelbandje cadeau met twee bijzondere bedeltjes: een hoefijzer om geluk te brengen, en een fopspeentje. Coco stak oorbellen in Nikki's oren en deed haar een halsketting om. Ze deed haar eigen ringen ook om. 'Mercedes was zo ongeveer het populairste meisje van het kamp,' zei Beth, de hoofdleidster van Mercedes' groep.

'Wat fijn om te horen,' antwoordde Coco. 'Wie heeft je haar gedaan?' fluisterde ze tegen Nikki.

Nikki mompelde: 'Mijn begeleidster.'

'Voor hier ziet het er nog niet eens zo gek uit,' zei Coco geruststellend. Coco was druk met Nikki te verkleden. Ze trok haar het *Camp Ramapo*-truitje uit en hield het nieuwe gele pakje open voor Nikki om in te stappen. Nikki's gebrek aan enthousiasme voor haar nieuwe kleren stelde Coco teleur. Mercedes trok de kleren aan met een somber gezicht. De zusjes keken ontsteld naar elkaar. Wat was er aan de hand? Coco trok Nikki's taille recht en verschikte iets aan haar gouden ketting, stapte achteruit en nam haar nieuw aangeklede dochters op. Toen leek ze de andere sfeer op te merken. Ze wendde zich tot Nikki's leidster en zei: 'Maar ze ziet er zo leuk uit met haar sieraden.' Niemand zei iets.

Mercedes nam haar zusjes en moeder mee naar het Studiecentrum, een ruimte met een hoog plafond, kindertafeltjes en -stoeltjes, en planken vol boeken. Werk van de kampdeelnemers hing overal aan de muren. Mercedes zocht haar pakket: een grote groene vuilniszak vol met haar productie van drie weken. Ze pakte er een spin uit die ze van stro had gemaakt.

'Wat is dat, Mercedes? Je vader?' vroeg Coco lachend.

'Nee, een spin,' zei Mercedes, duidelijk in verwarring.

De leidster van het Studiecentrum stelde zich voor. Ze zei: 'Een van Mercedes' favoriete boeken is *Meisjes kunnen alles wat ze willen*.'

'Ik wil dokter worden!' verklaarde Mercedes. Coco keek verrast. Een flits van ongerustheid trok over Mercedes' open gezichtje. Coco glimlachte en keek zwijgend naar de grond. Mercedes voegde eraan toe: 'Ik wil moeder worden.' Coco ging op zoek naar Nikki.

De leidster werd door een andere ouder in beslag genomen en Mercedes verzamelde rustig haar spullen. Als een advocaat die haar papieren na een zware rechtszitting bij elkaar pakt, ordende ze haar tekeningen en schetsen. Ze stak de grote envelop onder haar arm. Haar moeder stond buiten, knipperend tegen het zonlicht en haar tranen met moeite bedwingend. Coco zei zacht: 'Ik heb hoofdpijn, ik denk omdat ik zoveel glimlach.'

Nikki, die het altijd heerlijk vond om toneel te spelen, gaf een mat optreden in de talentenshow die haar groep opvoerde. Halverwege haar vertolking van 'Killing Me Softly' barstte ze in tranen uit en verstopte zich in Coco's schoot. De familie begaf zich naar de picknicklunch. Mercedes leidde Nautica langs het buffet, legde uit wat ze kon kiezen en droeg haar papieren bordje. Mercedes lette erop dat iedereen genoeg had. Pas toen iedereen lekker zat te smullen, ging ze haar eigen bordje opscheppen. Nautica was net als Mercedes een goede eter. Nikki zat te kieskauwen. Nautica had haar portie kippenboutjes binnen de kortste keren op, at toen het grootste deel van die van Nikki en keek verlangend naar Mercedes' bord. Mercedes gaf haar bord aan haar zusje – geen gejammer, geen ruzie.

'O, dat ben ik helemaal niet gewend van haar. O, ze is zo veranderd in die drie weken!' zei Coco onzeker.

Mercedes stelde haar moeder gerust en fluisterde: 'Iedere morgen als ik wakker werd, zei ik "Ik wil naar huis."'

'Geef me een zoen,' zei Coco.

Coco's onzekerheid werd minder naarmate Mercedes het meer begon te hebben over oude vertrouwde dingen. Mercedes pakte Coco's hand en trok haar mee naar een grote boom, waaronder een lange man in een zijden hemd en een broek met vouw zat. Naast hem op een stoel zat een kleine jongen: zijn zoon. De short van de jongen hing tot over zijn knieën. Mercedes ging recht voor hem staan, alsof hij een beeld was op een tentoonstelling dat ze al vaak had gezien en waar ze niet echt meer in geïnteresseerd was.

'Dat is hem nou, mama,' zei ze treurig.

'Wie is dat?'

'Dat is die jongen. Die jongen op wie ik verliefd ben.' Hij haalde zijn schouders op en deed zijn hoofd omlaag. Mercedes draaide zich om om iets te drinken te halen. Hij sprong van zijn stoel en draafde haar achterna. Bij de tafel met limonade vulde Mercedes eerst een bekertje voor de jongen en toen pas voor zichzelf.

Deelnemers, ouders en leiding verzamelden zich bij een openluchtpodium voor de slotceremonie, waarbij het hele kamp meezong. Mercedes, Nikki en Coco brulden alle kampliederen mee. Ze hielden elkaars hand vast.

Het afscheid was een koor van klaagliederen. Leidsters moesten deelnemers troosten. Leiders moesten elkaar troosten. De deelnemers stapten in de bussen die naar New York City gingen, drukten hun neus tegen de ramen en zwaaiden gedag. Nikki's leidster, Sarah, klampte zich aan Nikki vast en snikte.

'Ik kan haast niet geloven hoe gehecht ze zijn aan mijn dochters,' zei Coco. Toen begon Nikki te huilen. Nautica schrok en begon ook te snikken. Mercedes bewoog zich door de natte moesson als een ervaren hulpverlener. Ze nam Nikki op haar ene arm en hield Nautica's hand vast met de andere. Ze wachtte geduldig op Coco. Langzaam pakte Coco de zakken met spullen en kleren en volgde Mercedes, die de weg door het bos naar het parkeerterrein wees.

Op de thuisreis vroeg Coco zich hardop af of Mercedes' leidster misschien tegen haar gelogen had over Mercedes' populariteit. Het was voor Coco moeilijk voorstelbaar dat de Mercedes die zij kende zo door haar leeftijdgenoten gewaardeerd werd. Mercedes was een probleemkind. Een vechtertje. Nikki was altijd een makkelijker kind geweest.

Mercedes' kennelijke succes tijdens het kamp kon erop wijzen dat Coco gefaald had in de opvoeding van Mercedes. Mercedes leek dit aan te voelen en begon haar kampervaringen aan te passen; activiteiten die ze een paar uur tevoren nog leuk had gevonden, noemde ze nu vervelend. Ze zwakte het belang van haar nieuwe vrienden af. Ze bagatelliseerde haar prestaties, net zoals haar moeder dat in Thorpe had gedaan toen ze op het punt stond zelfstandig te worden. Mercedes zwoer dat ze nooit meer terug wou naar dat vreselijke kamp. En als een giechelend schoolmeisje noemde ze haar leidster, Beth, die ze erg aardig had gevonden, 'dikzak' in het Spaans. Coco lachte gretig mee. 'Ik weet dat het niet verstandig is,' zei ze, maar ze deed het toch, met haar hand voor haar mond.

Thuis in Corliss Park kon Mercedes zien dat er iemand in haar altijd zo nette kamer was geweest. Haar teddybeer hing nog steeds aan de muur, naast de kerstman en de poster van Roberto Clemente, die Frankie haar had geleend. Maar de Pocahontas-tent die Coco Nikki met haar verjaardag had gegeven, was ingestort, en de meubels die Cesar had gemaakt, lagen vol was. Iemand had de vensterbank als asbak gebruikt en er een brandgat in gemaakt. Tegen de raamstijl stond een gelukskaars.

Die avond vroeg Mercedes Nikki in de Pocahontas-tent te komen zitten, terwijl Coco beneden de kampdingen van haar dochters in de vuilnisbak gooide. Ze noemde het 'extra rommel'. Ze bewaarde wel de brieven en foto's. Ze bekeek een gevangenisfoto, die Cesar aan Mercedes had gestuurd. Hij trainde tegenwoordig; zijn biceps spande onder zijn shirt terwijl hij voor een muurschildering hurkte met zijn arm om Gabriel, de zoon van zijn vrouw Giselle. De volgende ochtend vroeg Coco Mercedes: 'Vind je het vervelend dat papa je foto's van die jongen stuurt?'

'Nee,' zei Mercedes, en deed de koelkast open. Coco lette scherp op haar. Mercedes zei er achteraan: 'O, het is zo'n knappe jongen.'

'Zo is het,' zei Coco opgelucht.

Na dit hoopvolle begin ging het met Coco's zomer van kwaad tot erger. Op een avond kwamen Milagros en de kinderen Coco gezelschap houden na een flinke ruzie met Frankie. Om vier uur in de ochtend, met alle kinderen om hen heen in slaap, zei Milagros: 'Ik blijf maar hier, het is al zo laat.' Kevins lange benen hielden de bank bezet. Wat later, vertelde Coco, was ze wakker geworden en had ze gemerkt dat Milagros aan haar zat. Geschrokken deed ze alsof ze nog sliep en duwde Milagros weg; Milagros nam de tweeling mee en vertrok. Daarna keken de twee vrouwen nooit meer samen films; Mercedes of Serena brachten videobanden heen en weer en gaven briefjes door als Coco of Milagros rijst, Pampers of melk nodig had. Als Coco en Milagros wel bij elkaar waren, was de sfeer geforceerd. Coco zei: 'We kaarten zelfs wantrouwig.' Milagros lachte om Coco's vermoedens; ze hield vol dat Coco het verkeerd had uitgelegd. Ze spraken nooit meer over het incident, maar het maakte wel dat Coco vraagtekens begon te zetten bij Milagros' relatie met Jessica en Coco haalde de foto's van Jessica en haar gevangenisvriendinnen van de muur.

In de Bronx was de situatie intussen zo dat Coco's neef Jesus eindelijk uit de gevangenis was. Foxy had hem in huis genomen omdat zijn moeder, Aida, was gestorven toen hij in de gevangenis zat en Jesus nergens anders heen kon. Maar haar goede daad had consequenties die zelfs tot aan Troy reikten. Jesus was al opvliegend geweest vóór hij de gevangenis in ging, maar toen hij eruit kwam, was het alleen nog maar erger geworden. Als hij dronk, kon hij gevaarlijk worden en hij leek erop uit te zijn om alle lol in te halen die hij had moeten missen. Maar te veel lol leidde altijd tot problemen en Jesus was slechts voorwaardelijk vrij. Hij deed mee aan een gewapende overval waarin een andere jongen werd doodgeschoten. Jesus ging ervandoor. Coco's broer Hector had echter het meest te lijden onder de verdenking. Hector bleef binnen om geen problemen te krijgen, maar dat hield in dat hij altijd thuis was als de politie of Jesus' reclasseringsambtenaar langskwam. Intussen verplaatste Jesus zich voortdurend. Hij logeerde bij Coco's oudste broer, Manuel, en Yasmin, Manuels zeventienjarige vrouw, die behalve haar eigen zoontje ook Manuels twee andere kinderen grootbracht. Hun moeder lag bijna constant in het ziekenhuis, en de tante die meestal op de kinderen paste, had rust nodig. Yasmin had de kinderen in huis genomen om te voorkomen dat ze naar een pleeggezin moesten. Yasmins zuster woonde ook in het appartement met haar twee kinderen, en zij en Jesus kregen iets met elkaar. Al gauw gingen de twee mannen samen stappen en achter de meiden aan, en was Yasmins zus zwanger van Jesus. Manuel begon Yasmin af te snauwen, en Hector begon het voorbeeld van zijn oudere broer te volgen. Yasmin, aan het eind van haar Latijn, bracht Manuels twee oudere kinderen naar Iris, maar Iris had al snel door dat ze ze niet aankon en gaf ze door aan Coco. De jongen probeerde altijd achter Coco aan te komen als ze naar de wc ging; allebei de kinderen hadden rotte kiezen en huilden constant van de kiespijn. Coco probeerde ze af te leiden met uren verstoppertje spelen. Ze speelden zelfs buiten als het regende; ze was bang dat ze ze anders iets zou aandoen. Foxy haalde de kinderen al snel weer op en bracht ze terug naar Yasmin. Coco was opgelucht, maar ook bezorgd, en ze voelde zich schuldig.

In dezelfde periode ging Frankie om met een blanke man die zijn vriendin sloeg, en hij begon agressiever te worden tegen Coco. Op een ochtend eiste hij dat Coco zijn ontbijt maakte, en de discussie liep uit op een ruzie met zoveel geschreeuw dat de buren kwamen kijken. Toen Coco Frankies kleren uit het slaapkamerraam begon te gooien, gaf hij haar een harde duw. Nikki, meestal niet van haar stuk te brengen, rende de kamer uit om Mercedes te roepen en Mercedes kwam aangerend: 'Mama, is alles goed met je?'

'Kijk nou eens wat er gebeurt voor de ogen van mijn kinderen! Verdomme, mijn kinderen! Ze gaan dit niet meemaken, jij smerige schoft!' schreeuwde Coco, en zei dat hij op moest donderen. Mercedes keek ernstig toe terwijl hij zijn spullen pakte. Hij gaf haar zijn Roberto Clemente poster en een horloge. Hij vertelde haar dat hij haar moeder niet had willen slaan. 'Ik schaamde me alleen zo,' zei Frankie. 'Ik kon de situatie gewoon niet aan.'

Kort daarna stierf Coco's overgrootmoeder. Coco vond het vreselijk dat ze het geld niet had om naar de Bronx te kunnen. Op de dag van de begrafenis kwam Frankie op bezoek en vroeg aan Coco of ze high wilde worden. Tot zijn verbazing zei Coco ja. Ze had geen weed meer gerookt sinds die ene keer dat ze het geprobeerd had, toen ze dertien was. Later bekende ze dat ze zich gewoon close met Frankie had willen voelen. De eerste keer dat ze rookten, was ze bang, maar de tweede keer ging het beter. De derde keer viel ze 's middags in slaap en bleef tot diep in de nacht slapen; Milagros kwam de kleintjes halen, en toen Coco eindelijk wakker werd, speelden de oudere kinderen nog op straat. Milagros zei tegen haar dat de stilte in Coco's appartement haar had doen denken aan de huizen van meisjes die ze gekend had die aan de drugs waren. Coco kon zich achteraf weinig van het gebeurde herinneren, behalve dat ze op enig moment in de spiegel in de badkamer keek en haar moeders gezicht zag. Ze zwoer dat ze nooit meer high zou worden.

Eind augustus was de invloed van het kamp geheel uitgewerkt. Als Coco vloekte, zei Mercedes niet langer: 'Mama, wil je alsjeblieft niet vloeken.' Na vergeefse pogingen om haar beginnende vaardigheid als diplomaat in de omgang met haar zusjes in te zetten, zocht Mercedes eerst haar toevlucht tot nukkigheid en vervolgens tot dwingelandij. Ook de strijd met Brittany en Stephanie laaide weer op. Mercedes zong overigens nog wel de kampliedjes. Ze leerde 'Boom Chick Rocka Chicka Boom' aan Pearl, die als ze in bad poedelde zanggeluiden maakte. Mercedes leerde de liedjes ook aan Nautica, die ze ernstig voor haar poppen zong. En ze leerde ze zelfs aan Brittany en Stephanie, die de tekst van gejuich voorzagen. Matthew en Michael waren nog te jong om de woorden te zeggen, maar ze vonden het leuk om hun zusjes koprollen en radslagen te zien maken. Mercedes zong zelfs onder het fietsen, waardoor Coco wist wanneer ze langs het raam van de woonkamer fietste en op het punt stond bij de boom af te slaan. De manier waarop ze het stuur vasthield, deed Coco aan Cesar denken.

Mercedes vond het heerlijk om door Corliss Park te fietsen. Ze freewheelde vaak de heuvel af en sloeg dan bij het huis van Milagros af om de jongens op het basketbalveldje te ontlopen. Ze zwaaide naar de blanke dames die aan een picknicktafel de hele middag sigaretten zaten te roken en koffie te drinken. Ze kende alle trottoirs en wist precies waar de kuilen zaten die haar voorwiel deden opwippen. Ze wist waar ze vaart moest minderen voor de bochten met gevaarlijk zand. De dames aan de picknicktafel konden het aan haar aflezen: haar plezier in haar stevige benen, het zelfvertrouwen dat uit de vastbesloten kin sprak, het genot van de vrijheid en de frisse lucht. Ze leken haar uitbundigheid te delen, ook al ging die aan hen voorbij. De rook van hun sigaretten steeg omhoog in het zonlicht, als een lichte nevel, en reikte tot boven de populieren.

# Deel IV

# Van het ene huis naar het andere

## HOOFDSTUK 29

In december waren Coco en Frankie weer bij elkaar, maar ze hadden maar zelden seks. Ze zei tegen haar moeder: 'Ik voel me verdomme net een non.' Foxy antwoordde dat ze zich Coco met niemand anders kon voorstellen dan met Frankie. 'Zie jij maar 'ns iemand te vinden op wie niks aan te merken is,' zei Foxy. Frankie bewaarde zijn drugsvoorraad soms in Corliss Park, maar zelf was hij meestal op pad: hij had een auto aangeschaft. Coco wilde dat hij thuisbleef, maar als hij thuis was, was ze niet tevreden over de manier waarop hij haar kinderen behandelde. Op een ochtend betrapte ze Frankie toen hij met een schaar vlak voor Nautica's gezicht knipbewegingen maakte. Hij zei dat hij er genoeg van had dat Nautica alsmaar om eten vroeg, wat ze dan vervolgens niet opat. Maar dat vond Coco geen reden: 'Het is prima als je ze iets wil laten zien, ze iets wil leren, maar je moet ze niet bang maken.' Ze zei dat hij dat met zijn eigen kinderen ook nooit zou doen.

Hun voortdurende geruzie was besmettelijk: Coco schreeuwde tegen Nautica, die vervolgens aan haar moeders haar trok en haar schopte. Mercedes krabde Nikki tot bloedens toe. Pearl krabde zichzelf, net als Coco toen ze klein was. Op een ochtend werd Nikki in tranen wakker. 'Het lijkt wel of ik mijn moeder weer zie met Richie,' zei Coco. Vóór ze in de gaten had wat er gebeurde, werd Frankie gearresteerd, kort voor Kerstmis.

Huilend belde hij Coco op; die belde zijn moeder, die tegen Coco zei: 'Het is al die tijd goed gegaan, waarom doet-ie nou zo stom?' Frankie was aangehouden omdat hij zijn veiligheidsgordel niet om had. Hij moest zijn rijbewijs laten zien, waarop bleek dat er een arrestatiebevel op zijn naam stond. En nog wel een in verband met een moord. Frankie raakte in paniek: Coco en hij kenden mensen die gearresteerd en veroordeeld waren voor misdaden die ze niet begaan hadden, net zoals ze ook mensen kenden die wel misdaden hadden gepleegd, maar nog steeds vrij rondliepen en weer nieuwe misdaden begingen; tussen schuld en straf zat maar zelden een verband. Zelfs Iris' echtgenoot Armando, een betrouwbare man met een baan, was wel eens door de politie aangehouden. Gelukkig pleitten vingerafdrukken Frankie vrij en zijn moeder maakte telegrafisch geld over naar Coco waarmee ze hem op borgtocht vrij kon krijgen. Door dit voorval begon Coco serieus te overwegen terug te gaan naar de stad, waar zij en haar problemen minder opvielen en waar Frankie bij haar kon wonen zonder voortdurend door de politie in de gaten te worden gehouden. Eigenlijk fantaseerde Coco iedere keer over verhuizen als ze het gevoel had dat ze in de val zat.

Maar Cesar, aan wie Coco had geschreven dat ze zich zo onrustig voelde, zei dat ze gewoon moest blijven zitten waar ze zat. Hij had weer eenzame opsluiting gekregen en hij had veel over zijn dochters nagedacht. Als Coco naar de Bronx terugging, zou ze zich neerleggen bij het soort leven waaraan ze allebei hadden geprobeerd te ontsnappen.

*Ik begrijp wat je bedoelt over dat Troy jou en Mercedes te veel wordt, maar ik wil echt niet dat mijn dochters in de Bronx opgroeien. Probeer te verhuizen en in Troy te blijven denk aan de kinderen en hou op met steeds alleen maar aan jezelf te denken ... Je hebt die kinderen om de verkeerde redenen gekregen en nu moet je daarvoor boeten. Ik weet dat ik in de bak zit voor iets wat ik gedaan heb, maar jij met je egoïstische stomme kop en je egoïstische manier van leven hebt de dingen psychologisch nog erger gemaakt voor mijn dochters en die van jou. Ik zeg niet dat je een slechte moeder bent. Je zorgt heel goed voor mijn kinderen en ik zal ze je nooit afnemen, maar je verpest hun geest. Maar dat zie je niet omdat je te druk bent met neuken en het ene kind na het andere te krijgen van kerels die geen flikker om jou of jouw of (HUN) kinderen geven ...*

*Ik heb heus ook fouten gemaakt Coco maar ik wou niet dat jij of Roxanne die kinderen kreeg want ik wist dat ik bij geen van jullie zou blijven, maar jullie hebben allebei die kinderen om de verkeerde redenen gekregen en nu moeten mijn dochters daarvoor boeten net als ik. Mercy was de enige over wie ik het eens was dat we die kregen. Begrijp me goed, ik hou van al mijn kinderen evenveel en met heel mijn hart. Maar het doet me pijn om te weten dat ze te lijden hebben onder ONZE stommiteiten ...*

*Jij denkt misschien dat het genoeg is om een goede moeder te zijn maar dat is het niet. Ik weet wat het is om op te groeien in een gezin met broers en zusters van verschillende vaders en om mijn moeder steeds met andere mannen te zien en al die andere shit die je flikt. Het is niet goed ... Ik probeer je te laten inzien hoeveel pijn je die kinderen bezorgt. Ik weet het, ik heb het zelf meegemaakt. De pijn overheerst alles. Ga nou eerst eens met je hoofd denken en hou op om met je kut te denken. Een kind kan lichamelijk gezond zijn en oké lijken, maar een geestelijk trauma is een heel ernstige ziekte die zelfs de gezondste kinderen aantast en ze ernstige problemen kan geven in hun leven. Kom op, leer nou eens van je fouten en hou op met ze steeds weer opnieuw te maken.*

*Waarom denk je dat ik nog geen kind met mijn vrouw heb? ... Je weet dat ik een moord zou doen voor een zoon, maar ik kan mijn kind niet dezelfde psychologische hel laten doormaken die Mercedes, Whitney, Justine en Naughty doormaken ...*

*... Ik zeg niet dat je geen seks meer mag hebben. Ik zeg alleen maar dat je geen kinderen meer moet krijgen alsof het niks is. Je krijgt ze om de verkeerde redenen en het enige wat je doet is ze op den duur pijn bezorgen. En dat ze je dan zien en zeggen: O, mijn moeder is een hoer. En als zij kinderen heeft van een aantal andere mannen, dan is het ook oké voor mij. Ik wil niet dat mijn dochters net zo worden als jij of ik ... Nou deze brief was niet slecht bedoeld, maar hij moet je de ogen openen. Ik ben het echt zat hier opgesloten te zitten en toe te moeten zien hoe je jouw leven en dat van je kinderen verpest. Ik hoop dat je mijn raad wil aannemen omdat hij goed bedoeld is niet slecht. Nou, ik wil dat je me een heleboel foto's van mijn kinderen stuurt ... en denk erom, ik verwacht ook mijn kinderen met JOU te zien. Het zijn onze kinderen, en ze zijn ONZE verantwoordelijkheid ... Ik wil Mercedes en Naughty met hun moeder zien. Ik ga eindigen dag.*

Coco las de brief, las hem nog eens en zei: 'Ik voel me smerig. Het is al erg genoeg dat ik ze heb, hij hoeft me echt niet te herinneren aan wat ik heb gedaan.' Nog diezelfde middag bracht ze de kinderen bij Milagros en nam de bus naar de stad naar de kliniek van Planned Parenthood.

Coco's pogingen om te voorkomen dat ze zwanger werd, waren net als haar pogingen op andere terreinen: goedbedoeld en oprecht, maar ze verzonken altijd in het niet bij andere problemen en raakten uiteindelijk in het vergeetboek. Toen Pearl geboren werd, had ze de dokter gevraagd of ze gesteriliseerd kon worden en die had gezegd dat ze het haar huisarts moest vragen – maar Coco had geen huisarts. Ze had het ook aan een verpleegster in het ziekenhuis gevraagd, maar die wist niet zeker of de verzekering zo'n operatie vergoedde. Coco was vast van plan geweest door te zetten, maar nog geen maand later waren zij en de kinderen dakloos in Troy. Sinds die tijd had ze nog wel andere mogelijkheden overwogen, maar ze kende ook haar eigen zwakheden. Als ze er niet eens altijd aan dacht om haar eigen kinderen hun medicijnen te geven, hoe moest ze er dan in 's hemelsnaam aan denken om de pil te slikken? Haar zus Iris had Norplant, waarvan ze beweerde dat ze er misselijk van werd, en Coco vond het een doodeng idee om een klein buisje onder de huid van je arm te hebben. Ze had ook verhalen van vrienden gehoord, dat de overheid proefkonijnen nodig had om Norplant te testen en het gebruik daarom met name onder Puertoricanen en zwarte mensen propageerde. Coco had ook wel eens aan een injectie gedacht, maar zich laten afschrikken door geruchten over bijwerkingen. Elaine beweerde dat ze sindsdien geen zin meer in seks had; Iris had gehoord dat meisjes kaal en mager werden, en Coco, klein en dun, probeerde nog steeds dik te worden. Maar Cesars brief was de prikkel die ze nodig had gehad; ze maakte een afspraak voor de volgende ochtend.

Die avond, toen Coco op een antwoord aan Cesar zwoegde en iedere zin overdacht en herschreef, vroeg Mercedes haar moeder of die een brief voor haar wilde schrijven. Mercedes dicteerde, terwijl Coco schreef:

*Lieve Papa,*

*Hoe gaat het? Goed hoop ik. Ikzelf snap iets niet goed. Mama's vriend is gearresteerd en ze heeft betaald om hem vrij te krijgen. Ik wil weten waarom ze jou niet vrij kan krijgen. Papa het spijt me dat ik je over mama's vriend vertel. Ik begrijp het niet. Mama heeft geprobeerd me het uit te leggen. Nu wil ik horen wat jij ervan vindt. Papa ik zeg elke dag tegen Naughty dat je van haar houdt, en toen we naar de stad gingen huilde ze om je. Papa schrijf terug als je mijn brief hebt gelezen. Ik hou van je.* 👁 ♥ *U papa.*

*Liefs, Mercedes en Naughty.*

Coco schreef het netjes over op een nieuw velletje papier dat ze uit een schrift van Mercedes had gescheurd, voor ze verderging met haar eigen brief. Ze peuterde aan haar gezicht terwijl ze de laatste versie nog eens goed doorlas. 'Mijn gezicht is kapot,' zei ze verdrietig.

'En je zit er nog steeds aan,' zei Mercedes vinnig. Ze luisterde toen haar moeder hardop haar repliek las:

*Lieve Cesar,*

*Hoe is het? Ik wou dat je daar niet zat. Ik weet dat die shitgevangenis moeilijk is voor je. Maar wat je ook moet weten is dat omdat jij nou toevallig degene bent die daar zit, het heus niet alleen voor jou moeilijk is. Het is ook voor mij moeilijk. Als je daar niet was geweest, zou het leven van onze dochters en van mij echt veel makkelijker zijn. Ik heb er genoeg van dat je altijd maar eist dat ik je dochters meebreng. Ik zou ze heus wel meenemen als ik kon. Je hebt me altijd het gevoel gegeven dat ik precies moest en nog steeds moet doen wat jij zegt, en dat is helemaal niet zo ... Ik heb er genoeg van om bang voor je te zijn of het gevoel te hebben dat ik niks mag zeggen. Ik wil dat je naar me luistert. Je hebt me aan het huilen gemaakt met de brief die je me geschreven hebt. Je haalt er ook altijd het verleden weer bij. Wat ik in het verleden ook gedaan heb, ik wil dat het in het verleden blijft. Ik hou nu van mijn toekomst.*

*... Je hebt wel eens gezegd dat niemand verliefd wordt op een meisje met vier kinderen. Nou ik ben er trots op dat ik kan zeggen dat je ongelijk had. Mijn vriend houdt van mij en mijn kinderen. Hij is de enige met wie ik al twee jaar omga en naar bed ga. Ik ben geen hoer. Ik ben erg veranderd. Ik ben niet trots op de shitdingen die ik heb gedaan, maar ik heb van mijn fouten geleerd en ik heb geen spijt van mijn vier kinderen. Misschien heb ik ze inderdaad wel om de verkeerde redenen gekregen, maar toevallig doe ik wel alles voor ze ... Ik ben geen hoer wat de mensen ook zeggen. Ik zorg voor wat van mij is. Ik ben maar met één vent omgegaan en naar bed gegaan in twee jaar.*

*Als jij lang genoeg bij me was geweest zou ik je niet belazerd hebben. Je wou me laten lijden onder de fouten die jij hebt gemaakt, de keren dat je gevangenzat. Toen je niet in de gevangenis zat ben ik je trouw gebleven, zelfs als we niet bij elkaar waren. En terwijl ik wist dat jij met grieten neukte zonder condoom. Ja ik weet dat het mijn eigen schuld was. Ik hield zoveel van je dat ik veel te veel shit van je heb gepikt. Je hebt wel eens gezegd dat als ik met iemand neukte je niets meer met me van doen wou hebben. Maar toen zat je nog niet vast. Dat is de reden dat ik je niet belazerde, omdat ik je niet kwijt wou. Nou ja. De reden waarom ik zeg wat ik net heb gezegd is dat ik niet wil dat je me gaat haten omdat ik de hele shit er eens uit heb gegooid. En omdat ik van alles van je geleerd heb, ook om een bitch te zijn, ik heb geleerd om goed te neuken en ook de boel te belazeren zoals jij. Ik heb het allemaal van de leraar geleerd ...*

En over zijn dochters schreef Coco:

*Als het kan zal ik ze meebrengen. Het is moeilijk. Ik kan geen oppas krijgen. Ik wil ze niet zomaar bij iemand brengen ... Je lult maar dat je me geen pijn wil doen. Maar het doet wel pijn. Ik was dan misschien wel geen fantastische vriendin, maar ik had wel het gevoel dat ik er voor je was ... Nou, het beste. Je dochters houden van je. Schrijf ze snel.*

Coco hield zich aan haar afspraak bij Planned Parenthood en besloot voor de injectie te kiezen, maar ze reageerde er niet goed op. Ze bloedde een week lang hevig; toen ze terugging naar Planned Parenthood, zeiden ze dat ze aspirine moest blijven nemen. Coco vroeg of ze gesteriliseerd kon worden en kreeg te horen dat ze een aantal afspraken moest maken, waar-

onder een voor een gesprek van een uur met een maatschappelijk werkster. De voortdurende problemen met Frankie en met Pearl maakten dat
ze nooit meer terugging.

## HOOFDSTUK 30

Het ging veel slechter met Cesar dan hij Coco had verteld. Vanuit de isoleercel schreef hij aan Jessica dat hij niets meer om zijn leven gaf. Hij was
bang dat zijn haat en woede hem geheel beheersten. Zoals Serena Jessica's inspiratie was om de gevangenis uit te komen, werd Mercedes Cesars
reddingsboei:

*Jessica, de enige keren dat ik me kan ontspannen is als Mercy er is.
Naughty en Justine ben ik al kwijtgeraakt. Ze zien me niet als hun vader ... Mercy is het enige wat ik nog heb. En ze glipt langzaam van me
weg ... Als ik haar kwijtraak, raak ik mezelf kwijt. Ik mag haar niet verliezen Jessica want dan verlies ik mezelf. Ze is mijn alles.*

Cesar had mensen geld afgeperst om zijn toenemende drugsgebruik te
financieren. 'Er zijn hier heel wat mensen die je alles wijs kunt maken,'
zei hij. 'Je perst ze geld af en ze hebben niet eens door dat ze afgeperst
worden.' Maar de ene bedreiging lokte de andere uit. Anders dan Tito, die
zich voor de veiligheid had aangesloten bij de Latin Kings, regelde Cesar
zijn zaakjes zelf. 'Als ik iemand wil beroven, moet ik dat dan eerst vragen?' vroeg hij. 'Ik zie mezelf niet aan iemand vragen wat ik mag.' Maar
om op zijn eentje te kunnen opereren, moest hij bewijzen dat hij tot alles
in staat was. Toen hij door vijf gedetineerden werd aangevallen, vocht
Cesar terug. Later werden ze allemaal gefouilleerd en werd er bij Cesar
een zelfgemaakt mes gevonden. Hij was de klos. Toen maakte hij de zaak
nog erger: buiten de kamer waar de hoorzitting had plaatsgevonden, viel
hij een van de vijf kerels aan, die hij ervan verdacht hem te zullen gaan
verlinken.

De directie legde eenzame opsluiting op. Op overtreding van het wa-
penverbod in de gevangenis, waarvoor werd overwogen hem in staat van
beschuldiging te stellen, stond negen maanden gevangenisstraf. Maar als
hij veroordeeld werd voor het bezit van verboden goederen in de gevangenis, konden er jaren komen bij de negen tot achttien die Cesar al moest
uitzitten. Dat hij in de gevangenis zat omdat hij zijn beste vriend had
gedood, was rechtvaardig, maar zitten omdat hij geld nodig had voor
drugs waarvan hij had gezworen die nooit te gebruiken, vervulde Cesar

van zelfhaat. Maar hoewel hij zijn problemen met Jessica deelde, zijn drugsgebruik hield hij voor haar geheim.

*Lieve zus,*

*... En waarom ik dat mes had, Jessica! Niemand in New York stuurt me geld. De familie is me gewoon vergeten omdat ik een loser ben, mijn vrouw heeft al een tijd niet gewerkt, dus ik moet nemen wat ik kan krijgen of hongerlijden. Nou, toen ik ervoor koos om te nemen wat ik krijgen kon, heb ik in de vier jaar dat ik nu zit veel vijanden gemaakt. Dus dan hoef ik verder niets uit te leggen. Als je niet uitkijkt, of als ik niet uitkijk, kan ik een koud stuk staal in mijn borstkas krijgen. Ik heb hier het leven van een strijder geleefd & als ik dat verander teken ik mijn eigen doodvonnis. Wat mijn vijanden op een afstand houdt is mijn reputatie ... Als ik nu verander verhonger ik & zullen ze me binnen de kortste keren te pakken nemen. Ik heb in de hele staat New York vijanden zitten en ik word steeds maar van de ene gevangenis naar de andere overgeplaatst dus ik kan niet veranderen. Het is een kwestie van trots het is een kwestie van overleven. En Jessica ik heb een gouden halsketting, een trouwring van 300 dollar & een horloge van 125 dollar. Als ik even niet oplet word ik beroofd. Jessica het is heel anders dan waar jij zit. Het is hier de jungle. Hier zitten alle moordenaars, verkrachters, straatrovers en het uitschot van de maatschappij onder één dak. Als je de confrontatie niet aangaat word je behandeld als een wijf & dan kom je erachter dat iemand jou tot zíjn wijf wil maken en dat wil ik niet. Ik moet een gangsterleven leiden tot de dag dat ik vrijkom!*

*En niemand stuurt me geld uit New York Jessica. Elaine heeft me 30 dollar gegeven ergens in juni 1996. Mama heeft me vorige maand 25 dollar gestuurd. Dat heb ik in de afgelopen acht maanden aan inkomsten uit New York gekregen. Dan weet je dat ik moet doen wat ik doe. Als mama & Elaine me nou maar minstens 40 dollar per maand zouden sturen, kon ik het rustig aan doen. Maar ik verdom het om honger te lijden.*

*... Ik heb geen psychiater nodig. Ik heb er bijna twee jaar een gehad toen ik de vorige keer was opgepakt. Het enige wat hij maar steeds zei was dat ik 'te jong was om zo vol woede en razernij te zitten'. Maar hij heeft me nooit geholpen. Ze worden betaald om te luisteren, maar ze willen het niet echt. Ik kan wel zonder. Wees jij mijn psychiater maar. Je houdt van me & luistert & dat is wat ik nodig heb. Maar Jessica het kan wel eeuwen duren voor ik er eindelijk alles uitkrijg.*

*Want zie je Jessica, toen ik opgroeide heb ik een muur om mezelf opgetrokken. Ik moest voorkomen dat ik aan de verwaarlozing onderdoor ging dus ik sloot mezelf af. Zo werkte dat. Het maakte me gefrustreerd. Daarom ging ik toen ik wat ouder was de straat op. Daar was ik iemand. Daar werd ik opgenomen en kreeg ik liefde (of dat dacht ik in ieder geval). Maar nu weet ik dat het enige waar ze van hielden die haat in mij was. Ze voedden die haat. En ik hield die muur om me heen tegen alles wat goed was & geilde op het kwade.*

*Jessica, ik heb mijn problemen botgevierd op onschuldige mensen. Omdat mijn familie slecht was heb ik andere mensen laten lijden. Maar nooit vrouwen, oude mensen of kinderen ... Ik heb spijt van wat ik gedaan heb omdat het niet eerlijk was. Ik haat de persoon die ik geworden ben Jessica ... Ik ben zo fucked up van binnen. Maar ik ga het anders doen. Mijn kinderen hebben me nodig! ... Hé, niet over mij, & met mama kletsen over onze geheimen. Daar is ze te oud & te ziek voor Jessica. Ik wil haar geen pijn meer doen ... Ik wil haar dood niet versnellen. Ik wil dat ze in vrede leeft. Wat ik in me heb zal haar te veel verdriet doen omdat ze zal weten dat het waar is. Mama weet hoe zij en de familie me hebben verwaarloosd. Maar ik vergeef mama, ze heeft al zoveel meegemaakt. Ik ben vaak boos op haar maar ze is nog steeds mama ... Jezus komen wij even uit een klotegezin! Lach! Ik geloof dat sommige mensen door een hel gaan en dan in de hemel terechtkomen. Alleen God weet waarom we de dingen moeten meemaken die we meemaken. Maar ik hoop op betere tijden.*

*Jessica, 'als God het wil,' als ik hier uit kom wil ik nooit meer terug. Ik wil nooit meer een gevangeniscel zien. Ik heb genoeg van deze shit ... Yo! Jessica wil je onze advocaat vragen om de officier van justitie te bellen & met hem over mijn zaak te praten. Zeg maar dat hij een beetje flink moet doen & al die mooie praatjes over de wet & zijn deftige advocatentaaltje & dan word ik misschien niet vervolgd. Alsjeblieft Jessica het is belangrijk ...*

*Liefs zoals altijd,*
*Cesar.*


*Eenzame Cesar*
*Gangsterleven: het recht van de sterkste*
*De wet van de jungle.*


Jessica wist dat relaties van belang waren om te kunnen overleven. Ze bracht Cesar onmiddellijk in contact met Lovely, een van haar rijkere gevangenisvriendinnen. Ondertussen stuurde Jessica Cesar ter overbrugging 20 dollar van haar eigen kantinetegoed. (Nadat Lovely en Cesar elkaar begonnen te schrijven, stuurde Lovely's moeder af en toe bijdragen voor Cesars tegoed.)

Vervolgens keek ze haar telefoonlijst na in een poging Cesars juridische problemen aan te pakken. In de loop der jaren had Jessica haar vele contacten buiten de gevangenis aangehouden, zelfs vage contacten. (Ze had een keer een man gebeld die ze op Fordham Road was tegengekomen. Hij wist haar naam niet meer, maar ze friste zijn geheugen op met een beschrijving van wat ze aan had gehad.) Ze belde Boy George' advocaat, die een telefoontje voor Cesar pleegde. Ze probeerde de activistische advocate die de rechtswinkel van Yale runde. De advocate, ook moeder van een tweeling, had een zwakke plek voor Jessica. Yale kon Cesar niet helpen – ze namen geen strafzaken uit de staat New York – maar ze konden wél iets doen voor Jessica, zoals bleek.

Na de geboorte van de tweeling was Jessica's gezondheid steeds verder achteruitgegaan. Ze had vaak migraine en onderbuikkrampen, en ze had de indruk dat de medische dienst in de gevangenis haar klachten niet serieus nam. Als Jessica in de lange rij voor de ziekmeldingen stond, werd ze door sommige mensen van de dienst spottend toegesproken: 'Wat is er aan de hand, Martinez, weer zwanger soms?' Jessica raakte van slag van het getreiter. Ze verwees ook een paar andere gedetineerden naar Yale, die van mening waren dat ze door de medische staf in Danbury slecht behandeld werden.

Terwijl Jessica druk aan het rondbellen was, schreef Cesar zich een ongeluk; hij stuurde de ene brief na de andere aan Mercedes, die iedere morgen als Coco haar wekte, tegenstribbelde, fysiek uitgeput omdat ze veel te laat naar bed was gegaan. Coco schreef Mercedes' protesten echter ten onrechte toe aan lastigheid. Cesar probeerde een verband te leggen: 'Papa vond het ook niet leuk op school... Hoe beter je je best doet, hoe sneller het gaat. Je wilt toch niet dom zijn en van de bijstand moeten leven als je ouder bent? Bezorg je moeder nou 's morgens geen problemen meer, sta op met je luie kontje en ga gewoon naar school!' Hij reageerde op de foto's die hij van haar kreeg: 'Al je kleinemeisjestanden vallen uit en je grotemeisjestanden komen ervoor in de plaats.' Hij adviseerde haar ook met betrekking tot Frankie: 'Wees nooit onbeleefd tegen de vriend van mama, maar laat hem nooit mijn plaats innemen oké?'

Cesar hielp ook Jessica. Soms schreven ze elkaar wel twee of drie brieven in een week. Jessica was bang voor de reactie van haar broer op haar lesbische relaties: 'Wie ben ik om te zeggen dat het fout is dat je van vrouwen kunt houden?' schreef hij. 'Shit, ik hou zoveel van vrouwen dat ik je kan begrijpen.' Hij bood haar zijn ervaring aan: 'Dus volgens jou is ze onbetrouwbaar... Dus als je met haar blijft zul je daar de hele tijd last van houden... En dat ze heeft gezegd "Ik hou van jou" betekent nog niet dat het waar.' Jessica schreef hem dat ze weer contact had met George. 'Nou, zeg maar tegen B.G. dat ik heb gezegd "Wat betekent dit? Waarom hou je nog steeds contact met hem terwijl je hebt gezegd dat hij je zoveel verdriet heeft bezorgd en nog bezorgt?" Je bent gek.' Hij moedigde Jessica aan om Giselle te schrijven – 'Coco, Roxanne, Lizette & al die andere grieten bij elkaar zijn niks vergeleken met haar' – en Jessica schreef.

Hoewel Cesar zich verbaasde over de voordelen van Jessica's federale gevangenis – 'Jullie mogen verjaardagspartijtjes vieren en al die andere dingen. Wow, dat is nog eens wat. Wij mogen helemaal niks' – maakte hij zich zorgen over de mogelijkheid dat Jessica medicijnen zou gaan slikken. 'Luister Booga,' schreef hij Jessica, '& luister goed – SLIK GEEN PILLEN/ik weet dat je soms kunt denken dat je ze nodig hebt maar dat is niet zo... Pillen helpen alleen maar tijdelijk.'

De gevangenis mocht dan niet erg vlot zijn met het bieden van bepaalde medische behandelingen aan gedetineerden, maar medicijnen werden in ruime mate verstrekt. Deze tegenstrijdigheid verontrustte de rechtenstudenten van Yale, die zich – deels dankzij hun contacten met Jessica – verdiepten in de ervaringen van vrouwelijke gevangenen.

Dat voorjaar probeerde Jessica strafvermindering te krijgen voor wat ze met Torres had meegemaakt. Maar haar verzoek werd afgewezen. In de zomer verklaarde Cesar zich schuldig aan het in bezit hebben van een mes en kreeg hij één tot drie jaar extra straf opgelegd. In de herfst van 1997 besloten Jessica en een groep rechtenstudenten van Yale een aanklacht in te dienen.

Jessica's zaak was, zoals zoveel gevangeniszaken, niet eenvoudig. In een brief aan Jessica bekenden de studenten: 'We vrezen dat deze zaken allebei weinig kans maken.' Niettemin besloot de juridische faculteit ze door te zetten. Veel kandidaten die bij hen om hulp aanklopten, hadden ongeveer dezelfde achtergrond als Jessica en hadden dezelfde uitgesleten route afgelegd: seksueel misbruik, tienermoederschap, huiselijk geweld en gewelddadige mannen, overbevolkte appartementen, slechte scholen, gevaarlijke buurten, weinig goede banen, veel stress, een slechte gezondheid. Toch hadden ze Jessica gekozen uit de duizenden vrouwen in de gevangenis die wanhopig naar gratis rechtshulp snakten.

Jessica's uiterlijk hielp waarschijnlijk mee, maar de studenten vonden haar ook aardig. Ze was beschadigd, maar anders dan bij de meeste andere vrouwen in de gevangenis waren de beschadigingen haar nauwelijks aan te zien. Haar woede kwam niet naar buiten, althans aanvankelijk niet. De studenten waren politiek gezien zowel conservatief als progressief, en het feit dat Jessica weigerde zichzelf als slachtoffer te beschouwen, gaf haar iets bijzonders.

321

Jessica's belangstelling voor de juridische aspecten van haar zaak wisselde sterk, maar ze was altijd geïnteresseerd in nieuwe informatie over Torres en waar die zat. Sommige studenten vonden haar ambivalent als het om de zaak zelf ging. Anderen hadden het idee dat ze nog steeds verliefd was op Torres. Tijdens de juridische besprekingen konden Jessica's uiterlijk en haar humeur soms drastisch veranderen. In een van de bijeenkomsten zag ze er zo lusteloos uit dat een van de studenten haar niet eens herkende.

In het najaar diende de rechtswinkel van de faculteit een klacht in namens Jessica Martinez van de Federale penitentiaire inrichting in Danbury, Connecticut. Geëist werd een vergoeding ter compensatie van de geleden schade en smartengeld. Tegen de gevangenisautoriteiten werden twee beschuldigingen ingebracht: dat de gevangenis had nagelaten maatregelen te nemen om te voorkomen dat Jessica tijdens haar detentie zwanger kon worden, en dat de directie, toen ze zwanger bleek te zijn, geen aandacht had gehad voor haar niet onaanzienlijke medische behoeften. De gevangenis ontkende de klachten.

Jessica's doelstellingen waren echter enigszins anders dan die van haar advocaten. Haar ging het vooral om de erkenning van Torres' vaderschap. Kinderalimentatie interesseerde haar niet – Milagros, zei ze, redde zich wel – maar ze wilde dat Torres in het openbaar toegaf dat de kinderen van hem waren. Zijn weigering om dat te doen, was hetzelfde als Puma's weigering om Serena te erkennen, en haar vaders verwaarlozing van haarzelf. Toch verloor Jessica haar vechtlust. Via een voormalige collega van Torres hoorde ze dat die boos was over de rechtszaak, waarop Jessica Yale onmiddellijk vroeg om de vaderschapsactie te staken.

De studenten voerden ook aan dat de gevangenisautoriteiten ervoor moesten zorgen dat bewakers een uitgebreide, specifiek op dit soort gedetineerden toegespitst, training seksuele intimidatie kregen. (Een Yale-student die het aspect 'instemming' in Jessica's zaak onderzocht, stelde vast dat de training seksuele intimidatie van de bewakers hoofdzakelijk bestond uit het uitreiken van een brochure met de titel 'Spelletjes die gedetineerden spelen' als ze in dienst traden.) Gevangenissen zijn bij wet verplicht de achtergrond van de gedetineerden te onderzoeken. Danbury beschikte over rapporten waarin Jessica's geschiedenis van zelfdestructief gedrag stond beschreven en depressies ten gevolge van haar relaties met mannen die haar misbruikten. De rechter die Jessica's vonnis had uitgesproken en die had geëist dat ze psychologische begeleiding zou krijgen, had vastgesteld dat ze de neiging had zich nogal snel op het slechte pad te laten brengen. Een vrouw als Jessica had nooit nachtdienst mogen hebben op stille plekken met nauwelijks opgeleide mannelijke bewakers, stelden de juristen. Al een maand nadat Torres haar onder zijn hoede kreeg, had Jessica de eerste zwangerschapstest moeten ondergaan. De uitslag was negatief en ze ging gewoon weer aan het werk, ondanks het feit dat andere gedetineerden en personeel hun vermoedens bleven rapporteren. Yale stelde dat die zwangerschapstest uitwees dat de directie de geruchten serieus had genomen. Gezien het feit dat de gevangenis Jessica's psychologische geschiedenis kende, had de directie nalatig gehandeld door Jessica geen andere bewaker toe te wijzen of haar ander werk te geven.

Medische nalatigheid van de gevangenis was nog moeilijker te bewijzen. Op oudejaarsavond, toen Jessica vier maanden zwanger was, was ze haastig naar de telefooncel gelopen om de kinderen te bellen; er stond altijd een rij, en op feestdagen was het nog drukker. In de haast struikelde ze, viel van de trap en kwam op haar buik terecht. De Yale-studenten voerden aan dat de gevangenis had geweigerd een echo te laten maken en dat pas had toegestaan nadat Jessica's pro-Deoadvocaat zich ermee had bemoeid. Het sterkste argument was dat het meer dan een jaar had geduurd voor Jessica de kijkoperatie kreeg die de dokter haar had voorgeschreven na de geboorte van de tweeling. Het onderzoek had uitgewezen dat ze een flinke cyste op een van haar eileiders had.

De studenten waren geschokt over wat ze tijdens hun onderzoek ontdekten over het leven in de gevangenis. 'Zeggen dat ze maar abortus moet laten plegen, het niet geven van medische hulp toen ze van de trap was gevallen, en het feit dat ze niet wist of een van de kinderen in haar baarmoeder misschien dood was,' zei een student. 'De macht van de gevangenis lijkt het ene moment nogal mee te vallen, maar blijkt dan plotseling groot en grimmig.' Jessica was afgestompt geraakt voor veel aspecten van het leven in de gevangenis, maar door de reacties van de studenten bekeek ze wat ze als haar lot had beschouwd met andere ogen. Hun oprechtheid inspireerde haar en ze werd politiek bewust. Ze meldde zich als vrijwilliger om getuigenis af te leggen over de situatie in de gevangenis toen een rapporteur van de Verenigde Naties in Danbury kwam voor een onderzoek naar geweld tegen vrouwen, dat uiteindelijk werd aangeboden aan de Commissie voor de Mensenrechten. Van de meer dan duizend vrouwelijke gedetineerden waren Jessica en nog twee anderen de enigen die een verklaring durfden af te leggen.

Om de gevangenis juridisch verantwoordelijk te kunnen verklaren voor Jessica's situatie, moesten de studenten bewijzen dat de schade die ze had opgelopen, opzettelijk was veroorzaakt. Dit juridische probleem vertoonde veel overeenkomsten met het probleem van het aantonen van de invloed van ras, armoede of slechte huisvesting: hoe moest je onderscheid maken tussen structurele onrechtvaardigheden en wat mensen zichzelf aandeden? Hoe moest je onderscheid maken tussen verwaarlozing en kwaadwilligheid, tussen opzettelijke en onopzettelijke schade?

In het voorjaar van 1997 gingen Coco en Frankie bijna ieder weekend met de auto naar de Bronx en door al dat gereis liep Coco's leven in Troy mis. In de Bronx hield de auto er regelmatig mee op en dan strandden Coco en de meisjes bij Foxy; Frankie logeerde bij zijn moeder. Parkeerbonnen hoopten zich op op de voorruit, Coco miste de dag waarop de voedselbonnen werden verstrekt, Pearl miste afspraken met de dokter, en Mercedes en Nikki misten de ene na de andere schooldag. In maart had Mercedes zoveel keer verzuimd dat Coco bezoek kreeg van een maatschappelijk werker van de kinderbescherming. In mei miste Coco een afspraak met de sociale dienst voor een heronderzoek en werd haar bijstand stopgezet. Nikki ging dapper terug naar Camp Ramapo, maar Mercedes, die nu zeven was, wilde Coco niet alleen laten. Op een middag, toen ze uit het raam van haar kamer hing, zag ze er zo slecht uit dat een van Frankies vrienden haar voor een volwassen vrouw aanzag.

Mercedes deelde niet langer de liefde van haar moeder voor de stad; ze wilde in Troy blijven. In de zomer riep ze dramatisch uit: 'Ik heb genoeg geleden.' Haar Tío Rocco had haar een nieuwe fiets gegeven en ze wilde gewoon thuisblijven en lekker rondfietsen; de binnenplaats bij haar grootmoeder Foxy was haar te klein. Mercedes was ook bang voor de bendes. Ze had verhalen gehoord van de jongens die bij hen op bezoek kwamen. 'Ik wil iets roods aan en ik wil niet naar de Bronx,' klaagde ze.

'Je bent een verdomd verwend kreng, Mercedes,' zei Coco.

'Ik vind het niet eerlijk,' antwoordde Mercedes. 'We moeten altijd doen wat jij wilt. Ik wil niet naar de Bronx.'

'Je hebt altijd problemen, Mercedes, hier of daar, je bent gewoon een probleemkind!' riep Coco uit. Maar in juli kreeg Mercedes het voor elkaar dat Coco haar bij Iris achterliet.

In de Bronx was iedereen op straat, iedereen kletste met elkaar, en nieuws over de problemen van anderen temperde die van Coco zelf: de dochter van de buurvrouw van Foxy was gegijzeld door haar man, die een geweer op haar gericht hield; Wishman, de vader van Pearl, was weer vrij en dealde; Wishmans vriendin was weer zwanger. Coco was – ondanks haar gevoelens voor Wishman – blij voor hen, omdat ze het jaar daarvoor hun pasgeboren zoontje hadden verloren. Toen een vriend met het kind de straat overstak, waren ze door een auto aangereden. Maandenlang kon Wishmans meisje niet geloven dat haar kind dood was; ze had Wishmans moeder, Sunny, een keer de schrik op het lijf gejaagd toen ze met een

324

stapel nieuwe kleertjes voor het overleden kindje thuiskwam. Misschien zou de nieuwe baby haar helpen er overheen te komen.

Tijdens dat bezoek aan haar moeder nam Coco Nikki, Nautica en Pearl mee naar beneden om buiten te spelen. Wishman leek expres langs het huis van Coco's moeder te komen.

'Pearl is knap geworden,' zei Wishman. Hij maakte Coco een compliment vanwege haar goede zorgen. Hij pakte twee biljetten van 20 dollar uit een bundeltje, keek Coco met zijn groenblauwe ogen aan, en deed er nog een tientje bij.

Behalve een keer twee jaar tevoren – toen Coco Foxy had overgehaald om Kodaks moeder te vragen of die aan Kodak wilde vragen of hij een winterjas voor Nikki wilde kopen – had Coco de vaders van haar dochters nooit om hulp gevraagd. Ze was trots op haar onafhankelijkheid. Sommige meisjes weigerden de vader omgang met zijn kind als hij geen geld gaf. Andere moeders zeiden dat ze geld voor het kind nodig hadden en gaven dat vervolgens uit aan kleren voor zichzelf of aan uitgaan, bier en sigaretten. Soms was geld de belangrijkste reden waarom meisjes seks hadden met jongens. Maar Coco wilde dat haar intieme relaties meer betekenden.

Van het geld dat Wishman haar gegeven had, kocht ze sneakers voor Pearl en gaf hem het bonnetje als bewijs. Coco hoopte dat Wishmans aandacht inhield dat hij eindelijk bereid was een vader voor Pearl te worden. 'Ach, hij is eraan toe als hij eraan toe is,' zei Coco. Foxy was van mening dat Wishmans plotselinge ontdekking van zijn twee jaar oude dochter gewoon de kortste weg was om Coco in zijn bed te krijgen, en dat Coco Wishman geld moest aftroggelen zolang ze kon. Foxy had gelijk.

Foxy was uitgesproken geldbelust geworden; ze had een baantje aangenomen als scout voor een huwelijksmakelaar. De makelaar betaalde haar een paar honderd dollar voor iedere man of vrouw die ze kon overhalen om voor cash geld met een illegale immigrant te trouwen; de Amerikaanse bruid of bruidegom kon wel 1.000 dollar – en soms ook nog een trouwjurk of -pak en een feestdiner – krijgen zodra hij of zij het gemeentehuis uitkwam. Foxy had al hele families uitgehuwelijkt: ouders, kinderen, hun mannen en vrouwen, hun schoonfamilie. Sommige mannen waren onverwacht vrijgevig: een van Foxy's mannen kocht een tweedehands auto voor haar toen zijn bruid het laatste immigratiegesprek succesvol had doorlopen. Nu oefende Foxy druk uit op Coco, die wanhopig geld nodig had nu ze geen bijstand kreeg. Maar Coco was bang dat een huwelijk haar kans op toekomstige bijstand alleen maar zou verkleinen. 'Duizend dollar zou als water door mijn vingers lopen,' zei Coco, boos dat haar moeder dat risico niet erkende.

Foxy was getuige geweest bij trouwpartijen in heel New York en ze had er veel van opgestoken. Ze was inmiddels een kei in de papierwinkel en had haar eigen rangorde opgesteld, naar nationaliteit: Indiërs waren het royaalst; Panamezen waren redelijk; over Ecuadorianen kon ze niet veel zeggen omdat ze er niet zoveel had meegemaakt. Maar ze weigerde absoluut om iets van doen te hebben met Mexicanen, en Dominicanen waren zoals altijd het ergste. Van een Dominicaan kreeg je echt geen trouwkleding of trouwdiner.

Soms trad de echte vriendin van de man als getuige op. Soms vond Foxy, als ze de man had gekoppeld, ook nog een man voor zijn vriendin. Ze had gehoord over een georganiseerd huwelijk waarbij de man en de vrouw verliefd op elkaar waren geworden. Als het huwelijk werkte, was de immigrant weer een stukje dichter bij het staatsburgerschap, en de Amerikaanse echtgenoot of echtgenote kreeg bij iedere horde in het proces opnieuw een bepaald bedrag. Maar het merendeel van haar cliënten nam de eerste betaling in ontvangst en verdween vervolgens met de noorderzon.

Foxy raakte bevriend met haar cliënten en hun wettige vrouwen. Ze kwamen regelmatig bij elkaar om veel foto's te maken; voor immigratie moest je kunnen aantonen dat je echt al langere tijd samenwoonde. 'Hoe is het met mijn goudzoekende sloerie van een moeder?' vroeg Iris sarcastisch als Foxy haar mooiste trouwfoto's te voorschijn haalde. Het mooiste vond ze die van de bruid die er haast koninklijk uitzag in een traditionele rood met goud geborduurde sari; de Indiase bruidegom had de kapper betaald en de trouwreceptie was in Jimmy's Bronx Café; Foxy had het grootste deel van haar leven daar vlakbij gewoond, maar ze was er nooit eerder geweest.

Op een middag stonden Coco en haar kinderen voor het gebouw van Foxy toen Wishman in een auto met chauffeur kwam aanzetten en Coco uitnodigde om mee poolbiljart te gaan spelen. Nautica kreeg woedeaanvallen als Coco probeerde haar achter te laten, net als Mercedes toen die nog klein was. Maar Nikki greep de kans aan om haar moeder te helpen. Ze duwde haar kleine zusje het gebouw in zodat Coco vlug naar de auto kon rennen, en vuurde haar moeder aan: 'Naughty is binnen, mammie! Rennen! Rennen! Rennen!'

Het was jaren geleden dat Coco alleen was geweest met een man zonder dat ze zich zorgen hoefde te maken over de kinderen in huis. 'Ik ben al zo lang niet meer verwend,' zei ze later. 'We zijn naar een hotel geweest. De kamer zag er net zo uit als die in de Poconos.' Ze zweefde op de zachte wolk van Wishmans fluisterstem – *Vooruit, aan de slag* – toen hij zijn hemd uitdeed. Zijn buik was nog strak van het trainen in de gevangenis. *Verdomme, Coco, je kon altijd zo goed kussen. Wat is er met je gebeurd?* Ze trok hem naar zich toe en zette het misverstand recht. Ze vond het heerlijk hoe hij zo vol overtuiging zei *Dit had ik moeten hebben. Dit heb ik altijd gewild, Coco, een hele dag met jou.* Tot op dat moment hadden ze, zelfs toen ze zwanger van hem was, nog nooit zoveel privacy had.

Na het vrijen bekende Coco hem dat het haar pijn deed dat hij zich niets van Pearl had aangetrokken. Ze had ook nog graag andere dingen willen vragen, maar ze wilde niets forceren en hun plezier niet vergallen. Wishman gaf Coco nog eens 50 dollar voor Pearl.

De volgende avond nam Coco Nikki en Nautica mee naar de binnenplaats. Pearl was verderop, bij haar grootmoeder Sunny. Mercedes was nog bij haar tante in Troy. Coco wilde buiten zijn voor het geval Wishman langskwam, maar het was een mooie zomeravond en een smoesje was niet nodig. De kinderen waren de hele dag binnen geweest, wachtend en rusteloos, en ze waren toe aan een beetje rondrennen.

Coco was nog steeds opgewonden over Wishmans aandacht, maar ze probeerde haar opwinding te temperen. Ze was er heilig van overtuigd dat Wishman er nog meer meisjes op nahield. Dat had Cesar ook altijd gehad. En Nikki's vader Kodak idem dito. 'Alle vaders van mijn kinderen zijn zo. Ze hebben allemaal een hoop meisjes, en de meisjes op wie ze vallen zijn jong,' zei ze.

Naarmate ze zelf ouder werd kreeg Coco het idee dat de meisjes die haar oude vrienden leuk vonden, steeds jonger werden. Tijdens haar regelmatige bezoekjes aan New York hadden Wishman en zijn vrienden meer dan eens tegen Coco opgemerkt hoe leuk Mercedes eruitzag. Meestal genoot Coco van complimenten over haar dochters. Maar dit was anders. Mercedes was zeven jaar. '*Te* leuk,' zei Coco. 'Zoals ze dat zeggen – "Coco, yo, dat meisje is *leuk*, je dochter is *leuk*". Dit zijn jongens met wie ik ben opgegroeid, met wie ik een verleden heb. Het is verkeerd.' Zelfs Kodak, even over uit Baltimore, besteedde aandacht aan Mercedes. Coco had eigenlijk willen zeggen: 'Besteed liever aandacht aan je eigen dochter,' maar ze zei niets.

Die avond liet Coco de kinderen uren buiten spelen; voor ze weer naar boven gingen, liepen ze nog een blokje om langs het woonblok van Wishman, maar ze zagen hem niet. Een paar dagen later bleek de auto weer kapot en Coco en de kinderen namen de bus naar huis. De rest van de zomer zaten ze vast in Troy, waar Coco steeds prikkelbaarder werd.

Coco wist dat haar affaire met Wishman bijna onmogelijk zou zijn geweest als Mercedes erbij was geweest. Als er nieuwe jongens voor Frankie langskwamen, verstrakte Mercedes. Ze leek te begrijpen dat iets in de combinatie van geïnteresseerde jongens en Coco's seksuele belangstelling een risico voor zowel Coco als Mercedes inhield. Als Coco zoals ze zei 'sterk' wilde zijn, maakte haar waakse dochter het makkelijker om 'goed te zijn', maar als Coco 'stout' wilde zijn, was ze boos over de beperking die haar dochter betekende. Coco was tegenover haar dochters eerlijk over haar relatie met Frankie, maar haar voornemens wisselden met haar stemming; voor Mercedes, die haar moeder heel serieus nam, waren Coco's tegenstrijdigheden verwarrend. Coco schreeuwde bijvoorbeeld tegen Frankie: 'Ik wil niet iemand in mijn huis die niks voor me doet!' En als Mercedes haar dan bijviel over het idee om Frankie eruit te gooien, schreeuwde ze tegen Mercedes: 'Jij maakt niet uit wie ik in huis heb!' Ook al had Mercedes Frankie recht in zijn gezicht gezegd dat ze een hekel aan hem had, Coco was ervan overtuigd dat Mercedes hem het slippertje van haar moeder zou hebben verteld als ze er van had geweten. Mercedes beschouwde Frankie als familie, in tegenstelling tot Wishman.

De laatste tijd leek alles wat Mercedes deed Coco te irriteren: Coco rekende op haar als hulpje en vertrouweling en schold Mercedes vervolgens uit omdat ze zich ouwelijk gedroeg. Ze gaf Mercedes op haar kop omdat die vergeten was Pearls luier te verschonen of omdat ze Nikki terecht had gewezen, maar Mercedes kon óók geen kind zijn. Als ze probeerde lief voor haar moeder te zijn, leek zelfs haar geknuffel Coco te veel. 'Je bent toch geen klein kind meer, Mercedes!' zei ze dan vermanend, of: 'Mercedes, je bent veel te groot!' Mercedes was altijd lang geweest voor haar leeftijd, maar haar duidelijke behoefte aan liefde deed haar extra zwaar lijken; het feit dat ze niet gelukkig was, vergde aandacht, maar die was er onvoldoende. Als kind had Mercedes alleen maar gepruild als Coco inconsequent was, nu werd ze boos. Als ze Coco's aandacht niet kon trekken, gaf ze een van haar zusjes een klap of zocht ruzie met een buurkind. Aan het eind van de zomer raakte Mercedes bijna iedere dag wel met iemand slaags.

Op een middag deed Coco open en trof een politieagent aan de deur. Ze nam aan dat hij voor Frankie kwam. In plaats daarvan vroeg hij: 'Hebt u een dochter die Mercedes heet?'

Mercedes was naar de kerk. Een kerkgenootschap in de buurt lokte de kinderen uit Corliss Park af en toe naar een jeugdgroep met het vooruitzicht van pizza's en een tochtje in een busje. Coco was niet echt godsdienstig, maar ze was blij dat de kinderen iets opbouwends te doen hadden. De pizza's verlosten Coco ook van de zorg voor weer een maaltijd.

De politieman zei dat Mercedes zich mogelijk had schuldig gemaakt aan ongewenst gedrag: ze zou een vrouw uit de buurt dik hebben genoemd en hebben gedreigd haar neef op de vrouw af te sturen.

'Weet u hoe oud mijn dochter is?' vroeg Coco. De agent was verbaasd dat Mercedes pas zeven was. Hij adviseerde Coco een goed gesprek met haar dochter te hebben, wilde ze voorkomen dat ze bij de kinderrechter zou belanden. Hij zei dat hij Mercedes' naam al vaker had gehoord.

Mercedes gaf toe dat ze de vrouw had lastiggevallen. Coco benaderde de vrouw, die nieuw was in Corliss Park en blank. De vrouw zei tegen Coco dat ze geen last wilde hebben van een klein meisje. 'Precies,' zei Coco, 'een klein meisje. Maar waarom bel je dan de politie? Wil je soms dat mijn dochter gearresteerd wordt? Ik geloof best dat je niet het type bent om problemen te veroorzaken. Maar als er iets met mijn kinderen is, kom dan verdomme naar me toe.'

Op straat verdedigde Coco Mercedes altijd, om haar niet in verlegenheid te brengen. Maar thuis sprak ze haar dochter streng toe over haar vele vechtpartijen. Soms verbood ze Mercedes naar buiten te gaan – 'Ga naar je kamer. Je mag niet naar buiten,' zei ze dan – maar Coco vond het moeilijk zich aan de straf te houden. Hoewel ze Mercedes' vechtlust niet goedkeurde, kon ze die wel begrijpen; zij vierde haar frustraties ook bot op haar kinderen.

Op een avond, toen het plakkerig heet was, richtte Coco's woede zich op iedereen. Ze zat Mercedes achterna, schreeuwde naar Nikki en waarschuwde Nautica: 'Jij bent de volgende!' Elke lettergreep werd benadrukt met een klap – 'Je [klap] hebt [klap] er [klap] al [klap] de [klap] he [klap] le [klap] dag [klap] om [klap] ge [klap] vraagd!' Mercedes krijste: 'Ik wil mijn vader!' Haar zusjes keken uitdrukkingsloos toe. Nikki leek wel verdoofd.

Coco luisterde haar antwoordapparaat af en draaide het volume hoog om het gehuil van de kinderen te overstemmen. De eerste boodschap was van haar maatschappelijk werker, die een procedure voor Coco in gang had gezet om uit Corliss Park weg te komen: Coco wilde ergens wonen waar Frankie zich niet hoefde te verstoppen alsof hij op de vlucht was. De volgende was Frankie: 'Yo, Coco, yo, ik probeer je al de hele dag te bereiken, yo, maar je bent er niet, ik zie je nog wel.' Ze draaide het bandje nog een keer af om zijn stem opnieuw te horen en sleepte zich toen naar de keuken, waar de meisjes naartoe waren gegaan op zoek naar eten.

Mercedes keek in de koelkast. Op een doos eieren na was die nagenoeg leeg. Ze hield een fles melk op. Die was zuur geworden terwijl ze in de Bronx waren. Mercedes hield haar neus dicht. 'Mamma! Het stinkt!'

'Gooi maar weg, Mercedes,' zei Coco vermoeid.

'Mammie!' zei Mercedes hulpeloos. Coco pakte de fles uit haar hand en gooide die in zijn geheel in een hoek bij het vuil. Ze stuurde Mercedes naar de winkel voor melk. Nikki wilde cornflakes, Pearl aardappelpuree, Mercedes Smac met roereieren en Nautica wou weten waar Baby Matthew, haar lievelingssteen, was. Nikki wilde de plastic kom met het vaste rietje. Coco deed een kastje open en weer dicht en Nautica's oog viel op een Barbie-beentje. Mercedes redde Barbie. Nautica had inmiddels Nikki's minidoosje met vruchtensnoepjes in de gaten gekregen. Coco bood haar cornflakes aan. Nautica liet zich ontroostbaar op de vloer zakken. Nikki liep haar op haar tenen voorbij en hield zorgvuldig haar kom met melk recht. Coco zette Pearl tegen de muur met een schaaltje puree tussen haar voetjes.

'Ík wil aardappelen,' zei Nautica. Coco maakte een tweede portie klaar. Ze sloeg de laatste van de eieren voor Mercedes' roerei stuk. Mercedes veranderde haar bestelling in tonijn.

'Eieren en Smac, Mercedes!'

Mercedes liet zich op de bank vallen.

'Ik wil Smac!' begon Nautica.

'Naughty,' zuchtte Coco. Ze veegde het mes af, sneed een stuk Smac af en gaf dat aan Nautica. Pearl kreeg nog een beetje puree, aangezien het grootste deel van de eerste portie nu aan de vloer geplakt zat.

Nikki wees op de vloer. 'Mammie, kijk eens!'

'Dacht je dat ik dat niet zag?' antwoordde Coco.

'Ik heb geen lepel!' voegde Nikki eraan toe.

'Zoek er dan maar een!' zei Coco.

Nikki vond een vieze lepel. Ze vond ook Baby Matthew. 'Nautica, kijk eens!' riep Nikki.

'Geef hier!' zei Coco en griste de lepel uit haar dochters hand om hem af te spoelen.

'Ik heb geen lepel nodig, mama,' zei Nikki geruststellend en ze slurpte de melk uit haar kom om te demonstreren. Nautica liet het stuk Smac vallen om Baby Matthew te kunnen oprapen en ging er tevreden mee vandoor.

Coco schepte de puree en de Smac van de vloer en gooide die in de vuilniszak. Ze ging op de stinkende zak staan om hem aan te stampen en sleepte hem vervolgens naar buiten. De meisjes zetten de vuile borden in de gootsteen. Coco legde de dekbedden op de vloer en zei dat de meisjes moesten gaan liggen.

'Mag ik hier slapen?' vroeg Mercedes hoopvol.

'Wat heb ik gezegd, Mercedes?' zei Coco. Pearl kroop naar de rand van de deken en legde haar hoofd op de vloer. Het zeil was aangenaam koel.

Nautica loodste haar steen door het woud van haar zusjes, waarbij Baby Matthew angstig dicht boven Pearls hoofd zweefde.

'Naughty,' waarschuwde Coco terwijl ze het antwoordapparaat weer afspeelde. Ze luisterde weer naar Frankie, met een grimmig gezicht, haar handen op haar heupen, en draaide hem nog een keer af. Ze zocht de zender met tekenfilms. Nikki snurkte – haar neus was permanent verstopt.

Mercedes ging tegen de bank aan zitten. Naarmate het later werd, moest ze steeds harder tegen de slaap vechten. Ze doezelde soms weg, gleed opzij en ging dan ineens weer rechtop zitten. Coco, die glazig naar de vertrouwde tekenfilmfiguurtjes keek, viel uiteindelijk in slaap. Pas toen stond Mercedes zichzelf toe te gaan slapen.

Aan het eind van de zomer begon Coco te accepteren dat er voor haar in de Bronx niets te winnen viel. Ze kon niet voorkomen dat haar moeder maar druk in de weer was, Wishman had verplichtingen aan zijn meisje; haar eigen meisjes moesten weer naar school. Coco besloot zich te voegen naar het leven in een kleine stad. Ze waardeerde Frankie nu weer meer dan ze een tijd had gedaan. 'Frankie is niet de beste man die er bestaat. Ik krijg soms hoofdpijn van 'm, maar hij was er vaak wel voor me. Hij helpt me met de meisjes,' zei ze. Hij beloofde hun schoolspulletjes te betalen.

Intussen kreeg ook Coco te maken met nationale veranderingen in het bijstandsbeleid: ze moest óf terug naar school, of aan het werk. Pearls medische problemen hadden haar enig uitstel gegeven, maar nu moest ze zich melden bij een 'overgangsbedrijf'. Coco was het wel eens met het principe van 'werk gaat voor uitkering', maar ze was bang om Pearl in een crèche te plaatsen vóór die oud genoeg was om te kunnen praten; hoe moest Coco er anders achter komen of er iets misging? Coco had inmiddels bedacht dat het feit dat ze Mercedes niet had kunnen beschermen tegen het mogelijke seksuele misbruik, het gevolg was van de twee weken die ze bij Youngland, de kledingwinkel in de Bronx, had gewerkt; in die periode had ze Mercedes bij Lourdes achtergelaten, terwijl Mercedes nog niet kon praten. Maar Coco had met Pearl geen keus: Milagros deed een opleiding en ging ook werken, en Coco vertrouwde Frankie niet voor honderd procent als het om aandacht voor Pearls medische zorg ging.

Gelukkig vond Pearl het heerlijk op de crèche; en wat nog mooier was: ze werd geselecteerd voor een voorschools leerprogramma, *Head Start*. Coco noemde Pearl 'klein schooljuffie' omdat ze een klein roze brilletje droeg. Haar enthousiasme voor school deed Coco aan dat van haarzelf denken toen ze jonger was. Coco herinnerde zich hoe Foxy hen meenam naar de dollarwinkel voor schoolartikelen, en hoe ze in afwachting van de eerste schooldag haar potloden zo vaak had geslepen, dat ze op het laatst alleen nog maar stompjes had. Pearl werd haast gek van opwinding als ze 's ochtends bij het raam op de schoolbus stond te wachten.

Coco besloot ook terug naar school te gaan en een middelbare-school-certificaat te halen. Ze had het idee dat dat zou helpen om een beter betaalde baan te krijgen en bovendien een goed voorbeeld voor haar dochters zou zijn. Met uitzondering van haar korte periode bij Youngland en haar oppasactiviteiten, had Coco op haar drieëntwintigste nog nooit gewerkt. Bij de instaptoets scoorde ze met lezen op het niveau van groep zeven van de basisschool en met rekenen op het niveau van groep acht.

Na de eerste week op school verklaarde Coco dat ze een ander mens was geworden. 'Bijstand? Van 't woord alleen al word ik niet goed. Vroeger was ik van "O, ik krijg wel een uitkering of zo."' Nu was ze de weg naar een carrière ingeslagen. Ze zou eerst in een medisch archief gaan werken, tot ze een fotografieopleiding kon gaan doen. Serena overhoorde haar aan de hand van een woordenlijst: *Medeleven. Bescheiden. Uitjouwen. Gewelddadigheid*. Bij de tweede test scoorde Coco heel goed. Nu hoefde ze zich niet langer geïntimideerd te voelen door Cesars brieven met moeilijke woorden die ze niet kon uitspreken. Ze was boos over zijn eis dat Pearl en Nikki niet op de foto's mochten staan die ze hem stuurde. Zijn kinderen waren zijn kinderen, maar ze hadden wel zusjes, en zij was trots op ál haar dochters. 'Ik heb geen zin meer om mezelf weg te cijferen,' schreef ze.

Tot Coco's verbazing kapittelde Cesar haar niet over het feit dat ze haar andere kinderen noemde. Zijn verblijf in de isoleercel bracht hem ertoe, anders over de dingen te gaan denken. 'Vooruit, meid,' schreef hij. 'Zorg dat je je opleiding afmaakt. Je kunt alles wat je maar wilt. En laat niemand je iets anders wijsmaken.' Haar volgende brief eindigde met: 'Van de liefde van je leven, Coco.'

Frankie werd echter ongerust over de gevolgen van de nieuwe Coco voor hém: hij voorspelde dat ze hem in de steek zou laten. Coco was het daarmee eens. 'Hij kan zich mij niet permitteren,' zei ze eigenwijs. Maar Frankie verbaasde haar op zijn beurt ook: hij vond een zwart baantje als stratenmaker bij een bouwbedrijf. Het was de eerste bijna-echte baan die hij ooit had gehad.

Coco zette de radio harder toen ze Frankies verhaal hoorde, pakte hem vervolgens vast en begon te dansen. Frankie danste maar zelden; hij werd verlegen en soms lachte Coco hem uit. Maar nu hield hij Coco's handen vast en de meisjes kwamen naar binnen gerend: Mercedes stak ver boven Nikki uit, die met haar magere heupen wiegde en koket haar handen liet draaien, Pearl sprong een beetje uit de maat op en neer en Nautica danste als een ballerina. Coco moest denken aan die leuke momenten toen ze opgroeide, als haar stiefvader Richie midden op de dag Spaans danste met haar moeder. Zoals Coco zei: 'Er was overal muziek. Overal om ons heen.'

Gedetineerden brengen uren door met fantaseren over wat ze zouden gaan doen als ze vrijkwamen. Cesar wou een vliegtocht maken en reizen, Boy George de ondergrondse naar Harlem nemen, op 125th Street uitstappen en over de Willis Avenue Bridge naar zijn huis in de South Bronx lopen en Jessica wilde een eigen nachtclub beginnen, Club Fed, waar ze mooi aangekleed als gastvrouw zou fungeren. Ze stelde zich palmbomen voor, een waterval, gekleurde drankjes. Ex-gedetineerden van federale gevangenissen zouden gratis toegang hebben.

Met minder dan twee jaar van haar straftijd te gaan, begon Jessica echter serieuzer na te denken over het vooruitzicht van haar vrijlating. Haar optimisme over de toekomst was deels een gevolg van het versterkende middel van een nieuwe liefde. Jessica had Nilda in de recreatiezaal leren kennen, een verlegen, ouderwets Puertoricaans meisje. Nilda leek op Milagros: kort en stevig, met een mopsneus en onderzoekende ogen. 'Doe die pet 'ns af,' had Jessica veelbetekenend gezegd. 'Je hebt lang haar onder die pet.' Ze glimlachte haar fantastische glimlach. 'Je hebt echt mooi haar,' complimenteerde Jessica haar. Vervolgens vroeg ze Nilda om een verjaardagszoen, hoewel ze helemaal niet jarig was. Nog voor het eind van die week waren ze al verliefd.

Maar Nilda stond op het punt met het drugsbehandelprogramma te beginnen waar Jessica een tijdje tevoren was uitgezet, en Nilda wilde geen langeafstandsrelatie met iemand op een andere afdeling. 'Als je een relatie met me wilt, moet je ook meedoen,' zei Nilda.

Jessica wilde zich niet opnieuw aanmelden. Ze zei dat ze een grote hekel had aan het personeel, maar het leek erop dat ze zich meer zorgen maakte over de schande van een eventuele tweede mislukking. Jessica's aarzeling stimuleerde Nilda's geloof in haar, een dynamiek die hun relatie zou gaan kenmerken.

Nilda was opgegroeid in een gezin van veertien kinderen. Ze was heel even getrouwd geweest, in een vergeefse poging haar moeder ervan te overtuigen dat ze niet lesbisch was. 'Ik begreep Jessica,' zei ze. 'Ik ben ook verkracht toen ik jong was, en geslagen en geschopt. Het was alsof ik besloot Jessica te veranderen en dat ik dacht: als Jessica kan veranderen, kan ik ook zelf veranderen.' Ze zei tegen Jessica dat haar vijf kinderen een moeder nodig hadden en dat deelname aan het drugsprogramma strafvermindering opleverde: het was Jessica's plicht het te proberen. Jessica meldde zich weer aan en Nilda verhuisde naar de speciale afdeling. Jessica kwam tien dagen later. Miranda, haar oude rivale die een van Boy George' werkplaatsen had gemanaged, was naar Danbury overgeplaatst en nam ook deel aan het programma. Zij en Jessica werden vriendinnen.

Jessica's eerdere vriendinnen waren altijd jaloers geweest, maar Nilda deed geen pogingen Jessica's sociale contacten te ontmoedigen; als Jessica naar de recreatiezaal wilde en Nilda niet, zei Nilda: 'Ga jij maar.' Als Jessica depressief was, zocht Nilda Spaanse muziek op de radio. 'Kom schatje, dansen,' zei ze dan. Nilda kon zelf niet goed dansen, maar ze had er alles voor over om Jessica op te vrolijken; op een keer begon ze in de rij voor het eten te breakdancen. Maar als Jessica ruzie begon te maken, wist Nilda dat ze haar met rust moest laten; een paar keer provoceerde Jessica Nilda en daagde haar uit haar te slaan, maar dat weigerde Nilda. Eén keer gaf Nilda Jessica echter een duw: toen ze haar betrapte op geflirt met Lovely, Cesars correspondentievriendin. 'Je hebt dat meisje toch aan je broer gekoppeld!' zei Nilda beschuldigend. Jessica moest lachen om Nilda's preutsheid. Ze stelde haar gerust: 'Mijn broer is er zo eentje van "Dan doen we het toch met z'n drieën, geen probleem".'

Jessica miste haar kinderen constant. Ze ruilde postzegels en manicure-behandelingen tegen verjaardagskaarten die door de meer artistiek aangelegde gevangenen waren ontworpen. Ze stuurde snoep naar Kevin en Brittany en Stephanie. Ze gaf Milagros de schuld van het feit dat de kinderen zo afstandelijk waren. Op een keer, toen Jessica de tweelingzusjes bij een bezoek had gekust, veegden ze haar lipstick van hun wangen. Ze noemden Milagros Mama, wat Jessica vreselijk vond en woedend maakte. Nilda zei: 'Het is je plicht om simpelweg van ze te houden, hoe ze je ook noemen.'

Naarmate Jessica het programma verder doorliep, kreeg ze steeds meer last van het feit dat ze Serena in de steek had gelaten. Ze maakte zich minder zorgen over de twee meisjes – die waren van Milagros – en ze bekende dat ze weinig binding voelde met de jongenstweeling. Maar de band met haar oudste dochter bleef sterk. Ze stuurde Serena cadeaus: gehaakte hangertjes, gehaakte slofjes, een adresboekje. Ze gaf een vriendin opdracht voor Serena een t-shirt met een Tasmanian Devil te maken met de tekst *Mama's engel Serena*. Op een gegeven moment stuurde Jessica Serena ook haar dagboek, maar Milagros onderschepte dat en zei dat het veel te triest was voor een kind. Nilda moedigde Jessica aan de meisjes te blijven schrijven, of ze nu terugschreven of niet. Later zouden haar dochters aan haar inzet terugdenken en weten dat ze, ook al was ze niet bij hen, altijd in haar gedachten waren geweest.

Terwijl Nilda Jessica in de gevangenis leerde wat het betekende om moeder te zijn, ruzieden Coco en Milagros in Troy over wat de beste manier was om Jessica's dochter groot te brengen. Serena was twaalf en begon overeenkomsten te vertonen met Jessica's lome schoonheid. Coco en Milagros waren het erover eens dat er slechts twee alternatieven voor haar bestonden: een buik vol kinderen, of school en een toekomst. Maar ze waren het niet eens over de manier waarop ze haar de goede kant op konden helpen. Milagros vond het het beste, alle tekenen van Serena's vrouwelijkheid te onderdrukken, terwijl Coco het verstandiger vond om Serena de harde feiten van het leven te vertellen zoals Coco die zelf kende. Toen Kevin, nu vijftien, aan Coco bekende dat hij en zijn vriendin seks met elkaar hadden, gaf Coco hem condooms en drong ze er bij Frankie op aan met hem te praten. (Frankie zei dat hij het had geprobeerd, maar Coco was ervan overtuigd dat Frankie en Kevin gewoon een poosje hadden zitten blowen.)

Serena deed het nog steeds niet goed op school, maar ze had wel geleerd hoe ze de kledingregels van de school kon omzeilen. Als dat nodig was deed ze in de hal de rits van haar jack dicht om haar naveltruitje te verbergen. Ze kreeg aandacht van de jongens die bij Corless Park rondhingen, Kevins vrienden, oudere jongens. Ze riepen haar na als haar beste vriendin en zij expres langs het basketbalveldje liepen.

Toen Jessica weer in het drugsprogramma zat, belde ze de kinderen. 'Waarom hebben jullie niet geschreven?' vroeg ze Serena. 'Ben je me vergeten? Hou je van me?'

'Ja,' zei Serena.

'Hoeveel hou je van me?'

Serena antwoordde zonder al te veel overtuiging: 'Zoals twee vingers naast elkaar, zodat er niemand tussen ons kan komen.' Jessica bracht haar in herinnering dat als ze strafvermindering kreeg, ze aan het eind van het jaar thuis kon zijn. Stephanie nam de telefoon over. Jessica zei: 'O, je ziet dus nog steeds je vader? Zeg maar dat hij me geld moet sturen.'

'Hij is nog steeds bij zijn vrouw,' zei Stephanie.

'Je vader is een grote lul,' zei Jessica, voor ze bedacht dat ze zich had voorgenomen haar moederschap anders in te vullen. 'En ook al zijn jullie al groot, ik zal jullie toch naar school brengen.'

Brittany meldde haar rapportcijfers en zei de dagen van de week in het Spaans op. 'Ik hou veel van je,' zei ze met een hoog stemmetje.

'En ik van jou,' zei Jessica. Toen kwam Serena weer aan de telefoon.

Jessica vroeg Serena een liedje te zingen; ze herinnerde zich hoe Serena het als kind enig had gevonden om te zingen met een haarborstel als microfoon. 'Je moet gewoon net doen of de telefoon een microfoon is,' drong Jessica aan.

'Ik wil niet,' zei Serena.

'Waarom niet?'

'Omdat mijn stem helemaal krakerig is.'

'Dat denk je alleen maar, het gaat heus wel,' zei Jessica teleurgesteld. Serena gaf de telefoon door aan Kevin. Jessica stond verbaasd over zijn diepe stem. 'Je klinkt als een echte man. Eerst was je een lekker jong, maar nu – zeg, je gebruikt toch wel condooms, hè?' Ze drukte hem op het hart goed op zijn zusjes te passen en zich netjes te gedragen. Hij was in de problemen gekomen: voorwaardelijk gestraft wegens het stelen van een fiets met een groepje vrienden, en geschorst op school vanwege vechten. Jessica volgde: 'Het is geen leven hier. Het is verschrikkelijk saai. Yo, gedraag je.' Als hij haar een paar foto's stuurde, zou ze hem in contact brengen met wat leuke meisjes in de gevangenis.

Eindelijk was Milagros aan de beurt. Jessica plaagde ook haar. 'Je moet hem wel bij me uit de buurt houden, hoor. Je weet hoe ik ben met jonge jongens.'

'Als je iets met hem doet, sla ik je verrot,' reageerde Milagros vrolijk.

'Hoe is het met de jongens?'

'Die zijn lastig.'

'En Serena?'

'Lastig. Ze is veel te mooi.' Meestal maskeerde Jessica haar afhankelijkheid van Milagros met sarcasme of kritiek op de manier waarop die de kinderen opvoedde, waarbij ze haar eigen verdriet in verwijten verpakte. Deze keer probeerde ze het anders te doen. 'Dankjewel voor alles, meid,' zei ze, eindelijk hardop zeggend wat Milagros wel wist. Toen ging Jessica weer vlug over op een ander onderwerp, alsof ze niet alleen in verlegenheid was gebracht door de hulp die Milagros haar al had geboden, maar ook door de hulp die er nog aankwam.

Serena scheen door te hebben dat ze, ondanks haar verlangen naar een echte moeder, het meest wezenlijke contact met Jessica had als ze die als een vriendinnetje behandelde. Jongens bijvoorbeeld – het favoriete onderwerp van haar moeder – kwamen veel meer in Serena's brieven voor dan in haar normale conversatie:

*O mama raad es wat, weet je die jonges waar ik je over vertelt heb die ware op et feestje waar ik ook was. Toen et afgelope was ginge we alle-*

*maal naar buite en ik liep alleen en kwam een van die jonges tege en die zei 'Móóóói' en liep weer door en toen zij hij 'Ontken et maar niet je weet ech wel dat je et knapse meisje was op dat feesje' en toen zeie alle jongens van Yep. Ik zei: 'dankjewel.' Nou dat is alles wat ik te vertelle heb. Liefs Serena ... p.s. Die jonges hete Anderson, Ernesto, Mike, Cris en Thorey. Ernesto was de jonge die me Mooi noemde.*

In een andere brief beschreef Serena een tochtje naar de winkel:

*... er waren een paar jonges buite en die keke maar steets naar me. Dus ik wou niet dat mama Milagros me alleen liet in de winkel maar de kindere moeste plasse dus ze gingt de hoek om met ze + vroegt of ik de boodschappe wou afrekene dus dat heb ik gedaan maar toen ik buitekwam begonne die jonges van alles tege me te zegge. Een jonge zei hoe is het liefje en hallo en toen je woont toch op 14th street en ik zei nee, en hij zei jawel je herkent me niet omdat ik op de fiets was en ik zei nee en toen vroeg hij me telefoonnummer. Ik zei nee want ik heb al een vriend. Het was een leuke jonge. Ik zei maar dat ik al een vriend had omdat ik niet met jonges mag omgaan ... en die andere jonge probeerde me te versiere waar me moeder bij was en ik heb m gewoon genegeerd omdat hij superlelijk was. Nou mama, ik moet stoppe ik hou feel van je en natuurlijk mis ik je Heel Erg.*

Begin 1998 had Milagros haar cursus afgemaakt en was ze fulltime gaan werken; ze had een baan als thuiszorghulp gevonden. Serena moest op de twee jongetjes passen als Kevin die van de crèche had opgehaald en thuisgebracht. Er reden maar weinig bussen in Troy en soms was Milagros pas om negen of tien uur 's avonds thuis. Serena vond het vervelend alsmaar te moeten oppassen. Het was de bedoeling dat Kevin ook een handje hielp, maar die bracht al zijn tijd door met vrienden of met zijn vriendin, en Milagros accepteerde meer van hem omdat hij een jongen was. Hij had ook te weinig geduld met de kinderen en sloeg ze soms.

Coco had het gevoel dat Serena een te zware last te dragen had, maar ze begreep de situatie van twee kanten: vanuit het gezichtspunt van haar nichtje, met wie ze het gevoel van opgesloten zijn deelde, en vanuit het perspectief van Milagros, met wie ze het gevoel van overmacht gemeen had. Milagros vond het ook vervelend om op Serena te moeten terugvallen; het deed haar aan haar eigen jeugd denken, toen ze binnen op kleine kinderen moest passen terwijl ze met haar vriendinnetjes buiten wilde zijn. Soms lukt het haar vroeg thuis te zijn en Serena af te lossen, maar in plaats van dat Serena dan buiten ging spelen, ging ze meteen naar Coco, wat Milagros ergerde: wat was het verschil tussen het ene huis vol kinderen en het andere?

In januari verfde Coco haar haar zwart en wist onmiddellijk dat dat een vergissing was. 'Ik heb het idee dat ik er veel te agressief uitzie. Dat wil ik niet,' zei ze. 'Ik wil mijn verleden achter me laten. Ik wil leren hoe ik het achter me kan laten. Ik wil gewoon vooruit.' Het was weer een veel te druk komen en gaan in Corliss Park, en toen ze opnieuw een aanzegging tot ontruiming kreeg, leek dat eerder een zegen dan een vloek: 'Ik heb het idee dat als ik hier maar eenmaal weg ben, het allemaal heel veel beter zal gaan en mijn leven geweldig wordt,' zei ze. In februari had ze een appartement gevonden in een tochtig huis op een heuvel, vlakbij de school van de kinderen.

'Er zijn drugs in die buurt,' zei Frankie; hij wou de straat en thuis liever gescheiden houden.

'Overal zijn drugs,' antwoordde Coco.

Coco deed dan wel pogingen de Bronx de rug toe te keren, maar de Bronx was nog niet klaar met haar. Haar nieuwe huis liep meteen weer vol met een nieuwe golf vluchtelingen. Een aantal van haar logés had vlak daarvoor bij Foxy gewoond, maar Foxy was gearresteerd in een drugsrazzia – 'Ik was op het verkeerde moment op de verkeerde plaats,' zoals ze zei – en haar appartement was tijdelijk verboden terrein. Net als haar moeder kostte het Coco moeite om nee te zeggen tegen mensen in moeilijkheden.

De problemen waren legio. Hector, zijn zwangere vrouw Iris en zijn zoon hadden zich als dakloze in Troy gemeld; Hector had in de Bronx drugs gedeald en wilde een nieuwe start maken voordat het nieuwe kindje geboren werd. Iris' jeugdvriendin Platinum en haar zoontje waren Iris achterna gekomen, maar uit het opvangcentrum gezet wegens een te grote mond. Sheila, Foxy's oude buurvrouw, hield zich verborgen voor haar lievelingszoon, die uit de gevangenis was gekomen en weer aan de crack was; Sheila was bang dat ze de politie moest inschakelen. Ze had een appartement in Troy gevonden, maar ze kon zich geen meubels permitteren; als ze er overnachtte, sliep ze op een dunne deken op het linoleum. Hectors familie had ook een appartement toegewezen gekregen, maar hoorde van de pizzakoerier dat de vorige huurster door haar echtgenoot was doodgestoken, wat de vlekken op de trap verklaarde. Ze waren allemaal liever bij Coco thuis.

In zekere zin was iedereen die van huis naar huis trok, een vluchteling: soms was er sprake van een schuld, of van een stiefvader of een vriend die een gezin verdreef; soms was het het hangslot van de politie dat je de toegang tot je huis ontzegde. Dat was Hectors Iris overkomen voor ze bij Foxy introk: nadat haar moeder wegens drugshandel was gearresteerd, was er beslag gelegd op het appartement; Iris had door een raam naar binnen moeten klimmen om wat kleren te kunnen pakken.

Het dagelijks leven in het overvolle huis viel Coco zwaar. Sheila en Platinum rookten sigaretten en Pearls astma werd erger; Coco probeerde haar huiswerk te maken terwijl ze extra behandelingen gaf, maar viel vaak zelf in slaap. Mercedes maakte nu ruzie met Tío Hector in plaats van met Frankie, maar het ging over dezelfde dingen als altijd. Hector gaf Mercedes bijvoorbeeld een standje omdat ze niet naar Coco luisterde en Mercedes knipperde dan brutaal met haar ogen en tuitte haar lippen. Of ze riep: 'Ik hoef niet naar jou te luisteren. Je bent mijn vader niet!' Hector, die zelf pas achttien was, riep dan 'Wat, wou je mij soms bang maken?' Hij zette Mercedes en zijn zoontje soms in de hoek, wat Coco vernederend vond. Aan de andere kant kon Mercedes ook wel ontzettend lastig zijn en dan gaf Coco haar soms een pak slaag; Mercedes verdroeg het zonder een spier te vertrekken. Hectors vrouw was verbaasd. Ze zei: 'Coco geeft Mercedes een pak op haar kont en die trekt er zich niets van aan.' Mercedes' stoerheid deed Coco denken aan de verhalen die ze over Cesar als jonge jongen had gehoord. Mercedes luisterde hevig geïnteresseerd naar de vergelijking die er tussen haar en haar vader werd gemaakt.

In diezelfde periode werd Pearl uit het voorschoolse onderwijsprogramma gezet: ze had nog steeds aanvallen, gaf al haar eten over, en ze hadden al te weinig personeel. Moeder en dochter waren er allebei kapot van. Iedere ochtend als Pearls zusjes hun jas aandeden en hun rugzak pakten, zei ze: 'Mama, geef me m'n boekentas. Ik wil naar school.'

'Je bent ziek, mami,' zei Coco dan, waarop Pearl in huilen uitbarstte. Coco probeerde haar af te leiden met een Dino-video. Pearl was gek op Dino; ze liep vaak rond en neuriede dan de herkenningsmelodie van de tekenfilm met haar geliefde Dino-boek onder haar arm. Coco liet Pearl thuis en ging naar school, maar ze wist dat haar dochtertje het ene moment goed kon zijn en het volgende moment in levensgevaar. Coco was bang dat haar vrienden de signalen die een aanval aankondigden, niet zagen aankomen: hoe de kleur van haar nagels veranderde, hoe ze haar neusvleugels wijd opensperde, of het constante slikken.

Het feit dat Pearl niet meer aan het speciale programma mocht deelnemen, bracht ook haar uitkering in gevaar; de sociale dienst wilde van Coco weten of die verantwoordelijk was voor het feit dat Pearl niet meer naar school ging. Gelukkig schreef Pearls onderwijzeres een brief waarin ze Pearls toestand beschreef en Coco nam een kopie van de brief mee naar Pearls dokter, die nu eindelijk leek te horen wat Coco al meer dan twee jaar aan verschillende artsen had verteld. Hij stelde vast dat Pearl reflux had, een afwijking die met een eenvoudige operatie grotendeels verholpen kon worden. Frankie verzorgde Pearl na de operatie omdat Coco het niet kon verdragen haar kindje met een sonde gevoed te zien.

Te midden van dit alles bereikten Coco verontrustende geruchten over Cesars vrouw Giselle: Gisella had een auto; Giselle studeerde rechten; Giselle was bij het huwelijk van Elaine geweest (Elaine en haar man Angel waren een kerkelijk huwelijk aangegaan, en Elaines vader bood hun een receptie aan waarop Lourdes niet welkom was). Giselle ging met haar zoontje, die akelig veel op Cesar leek, naar Disney World. Maar het meest kwetste Coco het nieuws dat Jessica correspondeerde met Giselle, haar nieuwe schoonzus.

## HOOFDSTUK 32

In werkelijkheid had Giselle nooit op Jessica's brief gereageerd, en de geruchten over haar situatie waren iets te fraai. De auto had ze te leen van haar peettante, in ruil voor reparatie- en benzinekosten. Giselles zoon Gabriel had de ringen gedragen op Elaines bruiloft, en het was waar dat Giselle met hem naar Disney World was geweest, maar dat was hun eerste vakantie geweest in zes jaar, en ze had het op afbetaling gedaan. Ze stond ingeschreven aan het Bronx Community College, maar ze had de 400 dollar collegegeld van een woekeraar moeten lenen vanwege de vakantieschuld. Sinds het tochtje naar Disney World dacht ze er wel over om in plaats van economie strafrecht te gaan doen, want ze had gehoord dat er in Florida een tekort aan gevangenispersoneel was. Giselle werkte op kantoor bij een fabriek van menukaarten. Ze verdiende 8,75 dollar per uur. Maar ze prees zich gelukkig; haar moeder werkte in de fabriek zelf en daarbij vergeleken was kantoorwerk luxe.

Op haar bureau had Giselle een foto van Cesar staan, genomen tijdens een van hun weekends in de gevangenis. Het was niet aan de foto te zien dat hij in de gevangenis zat: hij stond op een grasveldje bij iets wat op een schuurtje leek. Giselle hield Cesars gevangenschap voor haar collega's geheim. 'De mensen zijn zo dom en dan behandelen ze je ook stom,' zei ze. Liefde was nu eenmaal een onbegrijpelijk iets. Als ze vroegen waarom haar mysterieuze man haar nooit van haar werk afhaalde of haar mee uitnam, zei Giselle: 'Hij werkt.' Vier avonden per week ging ze naar school; ze had geen tijd om uit te gaan. Na school haalde ze, als het niet te laat was, haar zoontje bij haar moeder op en dan gingen ze naar het keurige appartement waar ze een klein kamertje had gehuurd.

Het appartement was niet ver van East Tremont, waar Giselle was opgegroeid en waar haar moeder nog steeds woonde; ze wou ontzettend graag weg uit de buurt, maar ze kon het zich niet permitteren. Intussen gaven de weekends met Cesar in de gevangenis haar wat afleiding. Als ze eenmaal binnen de poorten was en haar spullen waren gecontroleerd en ze was ingeschreven, stond Cesar op haar te wachten. Zorgvuldig ruimden ze de boodschappen weg en zetten de video's neer die ze had meegebracht. Ze was er eindelijk in geslaagd Cesar af te brengen van de gangsterfilms waar hij gek op was geweest toen hij op de vlucht was; nu moest hij naar háár favorieten kijken: liefdesfilms. Hij had gehuild toen hij naar *Romeo and Juliet* had gekeken. Ze wilde graag *Titanic* voor hem meebrengen, maar ze moesten wachten op de officiële video, want illegale kopieën mochten de gevangenis niet in. Het feit dat ze aan het begin van hun weekends altijd enigszins ongemakkelijk met elkaar omgingen, vond Cesar leuk; het verbaasde hem hoe nerveus hij was met zijn vrouw. Maar zodra ze begonnen te kussen, werd het allemaal wat relaxter.

Giselle had een eigen keukentje ter beschikking en haar man om voor te koken, en haar zoontje kon heerlijk rondspringen zoals opgroeiende jongetjes dat doen, zonder dat iemand steeds riep: 'Stil, Gabriel!' of, als hij naar tekenfilms keek: 'Zet dat geluid eens wat zachter!' Hier riep Gabriels uitgelatenheid niet onvermijdelijk de ergernis van een volwassene op, en als hij Cesar vroeg een spelletje met hem te doen, zei die van harte *ja*, in plaats van *nee*. 's Middags speelden Cesar en hij basketbal.

Bij de eerste bezoeken sliep Cesar in het geheel niet – hij wilde geen seconde missen – en als Giselle dan in slaap viel, maakte hij Gabriel wakker en schaakten ze, wat Cesar hem had geleerd tijdens de gewone bezoeken. Het enige wat, afgezien van het besef van voortschrijdende tijd, het prikkeldraad en de krakende mededelingen die af en toe uit de omroepinstallatie klonken, aan de gevangenis deed denken, waren de drie keer per dag dat Cesar naar buiten moest voor het appèl.

Hoewel Giselle graag meer wilde weten over Cesars leven in de gevangenis, wilde ze er niet naar vragen. Ze volgde de tv-serie *Oz* om te zien of die haar meer inzicht gaf en woog dat af tegen de kleine brokjes informatie die Cesar soms losliet. Ze hield haar zorgen over zijn veiligheid voor zichzelf, hoewel ze hem wel vertelde dat ze bang was dat hij na zijn vrijlating meteen weer de oude hartenbreker zou worden. 'Ik zeg niet dat ik haar altijd trouw zal blijven, maar ik zal haar nooit in de steek laten,' zei hij. Maar de echte dreiging voor hun huwelijk was veel dichterbij. Cesar had Giselle nog niet verteld dat hij er een straf van een tot drie jaar bij had gekregen voor het steekwapen; en ze wist ook niet dat hij aan de heroïne was.

In het voorjaar van 1998 vroeg Cesar aan Giselle om te regelen dat Mercedes en Nautica het volgende weekendbezoek mee zouden komen, en Giselle stemde daarmee in. Ze wist dat Mercedes aan Cesar had geschreven over het feit dat ze het thuis moeilijk had en dat hij zich zorgen maakte over haar. Als hij vrijkwam, schreef hij Mercedes, mocht ze bij hem en zijn vrouw komen wonen.

Het weekend zou samenvallen met Mercedes' achtste verjaardag. Wekenlang had Mercedes het nergens anders over. Een aantal onderwijzers op school bracht geld bij elkaar voor het buskaartje. Coco had nieuwe kleren, sneakers, tandenborstels, sokken en ondergoed voor de meisjes gekocht. Niemand mocht denken dat haar dochters minder waren dan een ander, en hun droeg ze op om hun mond open te doen als er iets was dat ze niet prettig vonden, of als ze bij hun vader wilden slapen of bij hem op schoot wilden zitten. Mercedes en Nautica stonden al dagen tevoren gepakt en gezakt klaar.

Toen, op de avond voordat de meisjes de volgende ochtend naar Giselle in New York zouden gaan, belde Giselle naar Coco: het bezoek was afgelast – er was een vechtpartij in de gevangenis geweest en Cesar was gewond geraakt. Hij was voor zijn eigen veiligheid apart opgesloten, met tweeëndertig hechtingen in zijn rug.

Een paar weken tevoren was een vriend van Cesar aangevallen. Volgens Cesar hadden de betrokken mannen besloten Cesar te pakken in plaats van te wachten, omdat ze bang waren dat Cesar wraak zou nemen. Cesar had in de rij voor het eten gestaan toen ze hem grepen.

HIj wilde niet dat de kinderen op bezoek kwamen zolang het conflict niet over was. De bezoekruimte bood alle gelegenheid voor een wraakactie tegen zijn familie. Hij wilde de kinderen niet in gevaar brengen, of zichzelf in een positie brengen dat hij ze zou moeten beschermen en daarmee zijn toch al slechte reputatie bij de gevangenisleiding nog verder zou aantasten.

Toen Giselle die donderdag arriveerde, keek Cesar nerveus de ruimte rond voor hij haar hem liet omhelzen. Hij had zich niet geschoren en hij had donkere wallen onder zijn bloeddoorlopen ogen. Gewoonlijk at hij drie porties barbecuekip en drie zakken magnetronfrites, maar Giselle moest hem nu opjutten om er zelfs maar eentje te eten. Hij zei dat hij zijn straf kon uitzitten omdat het de straf was voor het feit dat hij Mighty had gedood en voor alle slechte dingen waar hij nooit voor gesnapt was. Maar hij zou niet kunnen leven met de gedachte dat zijn familie door zijn toedoen iets zou overkomen. Giselle merkte dat ze Cesar deze keer niet kon troosten: 'Alle rust die hij had gehad, was verdwenen.'

Nog voor Giselle hem weer kon bezoeken, was hij opnieuw naar Southport overgeplaatst.

Toen Lourdes en de meisjes in datzelfde voorjaar bij Jessica op bezoek kwamen, troffen ze haar in een nadenkende bui aan. In de therapie had ze haar relatie met haar familie onder de loep genomen en over haar relaties met mannen nagedacht. Nadat ze haar geknuffeld hadden, gingen de drie meisjes naar de speelkamer van de gevangenis, een ruimte met glazen wanden vol kleurige versiersels, leuke meubels en speelgoed. Jessica keek Lourdes onderzoekend aan. 'Ik moest een biografie van onze familie

maken en ik heb gezegd dat jij helemaal afhankelijk van mannen was.'
Lourdes schuifelde ongemakkelijk op haar stoel heen en weer. 'Ik weet
niet eens waaraan mijn vader dood is gegaan.'

'Dat heb ik je verteld, mami,' zei Lourdes.

'Waaraan hij dood is gegaan?' vroeg Jessica beschuldigend.

'Jessica, ik heb het je verteld!'

'Hield je van hem?'

'Ik hield van hem, maar hij heeft me heel veel pijn gedaan,' zei Lourdes
met verstikte stem.

De kinderen kwamen weer terug. Jessica begon haar gebruikelijke ge-
pluk en gefrutsel. Ze deed het haar van de tweeling, met haar vingers als
kam. Ze plukte pluisjes van hun kleren. Ze zag een plastic prijskaartje
aan de schoen van Serena hangen en beet het draadje met haar tanden
door. Ze vlocht Serena's haar. Ze beschreef het uitgaansleven dat ze samen zouden hebben als ze vrijkwam. Als ze het in het programma goed
bleef doen, zou ze met Kerstmis thuis zijn. 'Ze denken vast dat we zussen zijn. We gaan ons haar blonderen. We hoeven niemand iets te vragen.
Ik zeg gewoon: "Vooruit, Serena, kleed je mooi aan! We gaan naar een
club!"'

'Kijk maar uit,' zei Lourdes waarschuwend.

'Jij bent gewoon jaloers,' zei Jessica. Toen Jessica nog een tiener was en
haar moeder mee uit dansen had genomen, had ze Lourdes laten doen of
ze zussen waren. Nu zou dat niet meer lukken. Lourdes was oud geworden. Ze sjokte in plaats van te rennen en vliegen. Ze zag eruit als een
oudere vrouw. De felheid in haar ogen was vervangen door gelatenheid.
Ze droeg lange bloezen en coltruien in plaats van topjes en leggings, Hush
Puppies in plaats van sexy sandalen met hoge hakken.

Serena deed afwezig haar knieën open en dicht.

'Serena, je benen! Hou je benen bij elkaar!' zei Lourdes op scherpe toon.
Serena rolde met haar ogen. 'Hij sloeg me,' mompelde Lourdes.

'Maar waarom ben je dan bij hem gebleven?' vroeg Jessica op een toon
van afkeer.

Lourdes werd nauwelijks boos. Ze mompelde: 'Als je weg wilt, moet
je er heel zeker van zijn dat je ook echt weg wil. Je kunt niet terug. Dan
zou je pas echt moeten boeten.'

En weer was Jessica keihard: 'Ik wil een baantje, het kan me niet schelen wat. Ik wil alles doen. Ik wil mezelf kunnen onderhouden.' Lourdes
zei niets terug en Jessica werd wat rustiger en zei: 'Mama, ik heb je adres
aan de reclassering gegeven. Die zullen je bellen. Ze moeten het appartement zien om vast te kunnen stellen of alles in orde is.' De afdeling Huisvesting in Troy had Jessica's aanvraag om bij Milagros te wonen, afgewe-

345

zen; ze accepteerden geen ex-gevangenen. Jessica had nog niets van Elaine gehoord en Coco's aanbod had ze nooit serieus genomen. Lourdes' krappe appartement was haar enige mogelijkheid.

'Kom je bij mij wonen? Mijn dochter komt weer thuis!' riep Lourdes uit. Ze ging op Jessica's schoot zitten. 'Ik ben zo blij, Jessica! Ik wist wel dat je bij me terug zou komen!' Ze stampte wat met haar voeten, maar haar enthousiasme leek niet helemaal echt.

'Die vriend van jou,' zei Jessica ernstig. Lourdes ging weer op haar eigen stoel zitten en sloeg haar ogen neer. Jessica boog voorover en zette haar ellebogen op haar knieën. 'Die vriend,' herhaalde ze en keek haar moeder doordringend aan om zeker te weten dat Lourdes alles hoorde wat niet gezegd kon worden. De stilte duurde maar heel kort, maar omvatte jaren van hun leven. Toen kwam Jessica haar moeder te hulp: 'Als je er een puinhoop van maakt, zal ik het je betaald zetten.' Het dreigement bleef even tussen hen klinken voordat het plaatsmaakte voor iets lichters.

Jessica ging weer rechtop zitten. Ze genoot van de opbeurende verschijning van een jongen die naast een andere jongen stond te turen naar de artikelen in de automaten. Ze waren bij hun moeders op bezoek. De ene was de zoon van een van Jessica's vriendinnen. 'Serena, kijk eens wat een leuke jongen!' Ze pakte Serena's hand en schouders en zette haar in de rij. Serena wachtte geduldig en kocht gehoorzaam iets te snoepen, haar ogen neergeslagen. Toen ze klaar was, duwde ze zich tegen Jessica aan, blij en opgelucht. 'Je bent zo stout, zo stout,' herhaalde Serena.

Jessica lachte.

## HOOFDSTUK 33

Coco overleefde weer een winter, maar ze was doodop van het werk voor school en de dagen en nachten met kinderaspirine, stoombaden voor Pearls astma en eindeloze bekertjes appelsap. Ze deed haar best op haar huiswerk, maar tijdens de les was het bijna onmogelijk om zich te concentreren; ze zat zich af te vragen of de meisjes wel veilig uit school waren gekomen, of Frankies vrienden misschien in het appartement waren en of die het eten van de meisjes zouden opeten. Op een ochtend ging ze terug om Frankies gangen na te gaan en betrapte hem erop dat hij zakjes crack in de keuken klaarmaakte. Ze spijbelde van school om hem in de gaten te kunnen houden. Hij was boos over het feit dat ze hem controleerde en er brak een keer een vechtpartij uit. Mercedes rende naar een ziekenhuis vlakbij, waar een telefoon was. Ze belde haar oom Hector en smeekte of die vlug wilde komen.

Coco's liefde voor Nikki's vader, Kodak, was overgegaan op de dag dat hij haar jaren geleden had geslagen. Cesar had haar nooit ook maar met een vinger aangeraakt. Coco zette Frankie de deur uit. Om zonder zijn hulp rond te kunnen komen, verhuurde ze zich als kinderoppas, zodat ze er nog drie kinderen bij had. Aan het eind van de week kreeg ze in totaal 40 dollar betaald voor vijf dagen babysitten van zes uur 's morgens tot vier uur 's middags. Extra bezoekjes aan de kerk hielpen onvoldoende om te voorkomen dat het eten opraakte. Tegen het weekend had Coco het gevoel dat ze gek werd. Het was voorjaar en de kinderen hadden frisse lucht nodig, maar de achtertuin was een modderpoel.

Soms liep Coco de heuvel af naar Fallon, het sociale-woningbouwcomplex waar Iris woonde. Iris maakte vorderingen in de verwezenlijking van haar levensdroom: ze wilde begrafenisondernemer worden. 'Dooie mensen zijn tenminste rustig,' zei ze. De plaatselijke school had daar een opleiding voor die Iris wilde gaan volgen; ze had haar basiscertificaten bijna allemaal gehaald. Haar echtgenoot, Armando, werkte bij Garden Way, een bedrijf in de buurt. Iris werkte parttime in een hobbywinkel; ze kreeg korting op spullen voor keramische lampen en beeldjes en ze vond het leuk die in haar vrije tijd te schuren en te schilderen. Ze gaf ook een keramiekcursus in het wijkcentrum van Fallon, waar ze van de bewonersvereniging een prijs had gekregen voor haar vrijwilligerswerk. Mercedes had haar lessen een poosje met plezier gevolgd.

Hector en zijn vrouw en zoon kwamen ook bij Iris op bezoek. Op een middag kreeg Hector ruzie met de drugsdealer die daarnaast woonde; de dealer maakte een toespeling op Coco's verhouding met Wishman, Hector zei dat hij zijn mond moest houden, en het ging van kwaad tot erger. In een onbewaakt ogenblik trok de broer van de dealer zijn pistool. In het verleden had Iris deze buurman wel eens gevraagd zijn muziek wat zachter te zetten, maar ze lette altijd op dat ze haar zelfbeheersing niet verloor; Hector kon dat niet. Later zei Iris' man Armando: 'We wonen hier nou drie jaar zonder problemen en jawel hoor, daar gaan we weer met die familie van jou.'

Zonder Frankie als babysit kon Coco geen kant uit. 'Ik ga dood,' zei ze. 'Ik kan nergens heen. Ik kan niet gaan winkelen. Ik zit gewoon vast.' De zomer bracht enige verlichting, hoewel de enigszins aflopende achtertuin, waar de kinderen al maanden in wilden spelen, vol lag met gevaarlijke rommel en vergeven was van de vlooien. Maar Coco bleef de zonzijde zien. Zij was dan wel opgehouden met school, maar Iris had haar opleiding wel afgemaakt en een prachtige speech gehouden. Ze had in het openbaar gesproken: ze had het publiek verteld dat ze nerveus was, dat ze naar Troy verhuisd was om een beter leven te krijgen, dat ze op haar vijftiende van school was gegaan omdat ze zwanger was, en dat de jaren voorbij waren gegaan en dat ze niet meer terug had gewild. Maar toen haar kinderen vroegen wat ze ging doen als ze groot werd en ze niet wist wat ze ze moest antwoorden, had ze beseft dat het tijd was.

Foxy was voor de plechtigheid naar Troy gekomen; Coco vond het altijd fijn als haar kinderen hun grootmoeder zagen, en ze was ook opgelucht om te zien dat Foxy niet meer zoveel leek te gebruiken – ze was dikker geworden. Het zwembad, dat op loopafstand van het appartement lag, hielp Coco's kinderen door de warmste zomerdagen. Pearl was gek op water, Nikki was trots op haar glanzende bikini en Nautica kon een bommetje maken.

Maar Mercedes stelde het geduld van haar moeder op de proef met opmerkingen als: 'Ik neem een tattoo en een vriend,' en 'Ik wil een vriendje.'

'Wacht maar tot je vader hoort dat je een vriendje wil, Mercy,' waarschuwde Coco.

'Hoe oud moet je zijn om een vriendje te mogen?' hield Mercedes aan.

Coco schreeuwde: 'Je weet niet eens wat een vriendje is!'

Tot Coco's grote opluchting nam Foxy Mercedes voor twee weken met zich mee naar de Bronx.

Sinds Coco hem uit het appartement had gezet, had Frankie bij een van Coco's neven gewoond, Leo, die ook vanuit de Bronx naar Troy was verhuisd. Op een middag in augustus fietste Frankie River Street af, langs schurftige honden en pitbulls op de verwaarloosde stoepen, langs bastaarden, rottweilers en valse straathonden. Hij was op weg naar een feest in Fallon, georganiseerd door de huurdersvereniging, waar Iris bij betrokken was.

Frankie ontweek de gaten in de weg. Zijn banden knerpten op kapot glas. Zijn hemd bolde in de wind. Hij kwam uit de schaduw van het viaduct en fietste het trottoir op dat naast de Hudson River liep. Van het trottoir freewheelde hij de straat weer op. Hij kwam langs het meubelmagazijn dat veel te duur was en niet bezorgde, de Napoli-bakkerij, waar de vrouw achter de toonbank je met de nek bleef aankijken, hoeveel Italiaans brood je ook kocht. Langs de treurige Happy Lunch-lunchroom, het oude café, de rijen lege woonkazernes. Een magere blanke man met lang piekerig haar duwde een doos naar een doe-het-zelfverhuiswagen. Verhuiswagens waren een normaal verschijnsel in River Street. Verveelde vrouwen keken Frankie na.

Dikke vrouwen, broodmagere vrouwen, vrouwen op kapotte trappen die een goedkoop merk cola light dronken uit papieren reclamebekertjes van Burger King. Twee vrouwen van middelbare leeftijd zaten op de stoep in oude autostoelen. Frankie ging op de hoek van River Street en 101st Street linksaf. Hij nam een achterafstraat die naar Fallon leidde en stapte af.

Frankie was mager omdat hij niet at, en bruin verbrand van zijn middagen in het zwembad. Hij had een zonnebril op die Foxy aan Mercedes had gegeven en Mercedes weer aan hem. De glazen hadden een hippe lichtblauwe kleur. De gloeiende zon kaatste op zijn pas geschoren hoofd. Coco merkte hem onmiddellijk op.

Sinds hun ruzie had ze geruchten gehoord: in het zwembad had Frankie een meisje in het water gegooid en was haar toen achterna gesprongen. Serena kende het meisje, een vriendin van een vriendin van de vriendin van Kevin. Het meisje had Frankie ontmoet toen ze op bezoek was bij haar tante, die in het appartement boven het souterrain van Frankie woonde. De tante had een oogje op Coco's neef en stuurde het meisje naar beneden met eten. Coco zei: 'Welke man valt er nou niet voor een lekker klein kontje dat bij je binnenvalt met een schaal zelfgemaakt eten?' De tante had ook echte borden, mooie kopjes, en bestek dat niet meteen verboog.

Tijdens een van Frankies trips naar de Bronx doorzocht Coco zijn kamer in het souterrain en vond een foto. Ze zei dat ze ook een gedicht vond, dat begon met *Rozen zijn rood, viooltjes zijn blauw.* 'Nou zeg,' snoof Coco, 'dat kunnen mijn kinderen beter.' En als zij, Coco, een man een foto zou sturen, zou ze wel een sexy foto sturen: dat stomme kind had Frankie een gewone foto van haarzelf in een gewone pose op een bank gestuurd. Coco moest toegeven dat het meisje mooie dikke lippen had. 'Maar als ze tegen je praat, ziet ze er heel lelijk uit met een mond vol gele tanden,' zei ze erbij. Toen Coco het meisje ontmoette, was het duidelijk dat ze nog heel onschuldig was, zelfs in haar ontkenning dat ze met Frankie had gerommeld. Ze zei: 'Je weet dat ik een vriend heb, want ik heb steeds rode plekken in mijn nek.'

Maar Coco was het meest ongerust over hoe jong het meisje was. Frankie was zevenentwintig, het meisje veertien. 'Veertien! Het is nog een kind. Nou ja, zeg, dat is nog een kind,' herhaalde Coco bij zichzelf, alsof ze het niet kon geloven. Op het feest sprak Coco Frankie over het meisje aan. Hij ontkende dat ze iets met elkaar hadden; toen Coco bij haar beschuldigingen bleef, zei hij: 'Maar je hebt toch geen bewijzen, Coco.' Coco redeneerde dat als hij zich tot zo'n jong meisje aangetrokken voelde, haar eigen dochters ook kwetsbaar waren. Hij zei: 'Als je me nu nog niet kent, Coco, ga dan maar eens met mijn moeder praten. Je weet toch dat ik niet zo ben.' Toch werd ze zenuwachtig bij het idee. 'Ik wil dat hij weggaat, en als hij dan weggaat begin ik te huilen.' Bij wijze van voorzorg zei ze tegen haar dochters dat ze korte broekjes onder hun nachthemd aan moesten als Frankie er was.

Diezelfde zomer bleek de vriendin van Kevin zwanger te zijn. Een nichtje van de vriendin vertelde Milagros het ontnuchterende nieuws op buslijn nummer 80. Milagros was woedend. Kevins vriendinnetje was net veertien geworden. 'Hoe wil je een kind onderhouden als je nog niet eens de kapper kan betalen?' vroeg Milagros hem.

'De sociale dienst,' zei Kevin. Hoe kon hij, vroeg Milagros zich af, een leven kiezen waarvan hij met eigen ogen kon zien hoe zwaar dat was? Sterker nog, Kevin had met het positieve strookje van de thuistest door Corliss Park lopen zwaaien als was het een overwinningstrofee. Maar de zwangerschap was nog maar één auto in de lange file van problemen: de moeder van het vriendinnetje was constant in en uit de gevangenis; het meisje zat de ene week bij haar grootmoeder en de andere bij een tante; de tante leidde een chaotisch leven. In de weekends liet Milagros Kevins vriendin bij haar logeren.

Het meisje heette Donna. Ze was blank – mager, met bruin haar, een beetje stilletjes, en ze had de gewoonte haar vingers in haar mond te steken. Zij en Kevin gingen uit elkaar toen ze drie maanden zwanger was, maar Serena en Donna werden al snel de beste maatjes. Milagros hoopte dat Serena wat van Donna's lot zou leren, omdat ze uit de eerste hand kon zien hoe een dikke buik een dagelijkse last was. Maar Coco vreesde het omgekeerde; Donna werd aantrekkelijker naarmate ze dikker werd. Het kon de baby zijn, alle aandacht, of het seksuele zelfvertrouwen. Coco wist dat liefde en baby's weinig met logica van doen hadden. En Serena was dertien.

'Je moet Serena wel goed in de gaten houden, hoor,' waarschuwde Coco. Jongens hadden beslist een oogje op haar. Mercedes had haar moeder verteld wat jongens tegen Serena zeiden als er geen volwassenen in de buurt waren. Het deed Coco denken aan de manier waarop zij was lastiggevallen toen ze nog maagd was, maar deze jongens klonken erger dan die in haar herinnering. Commentaren in de trant van *En wanneer ben ik aan de beurt?* en *Wanneer kan ik daar eens op klaarkomen?* waren niet uitzonderlijk. Serena deed alsof ze de opmerkingen niet hoorde; Coco herinnerde zich hoe zij zelf terugkrijste naar de jongens die haar op Andrews Avenue lastigvielen toen ze net zo oud was als Serena nu en van school naar huis liep; een paar keer had Coco het opgegeven en was ze in huilen uitgebarsten. Foxy had gezegd dat ze gewoon niet meer over Andrews moest lopen, maar Wishman had haar op straat verdedigd. 'Hou op met dat meisje zonder respect te behandelen,' zei hij dan.

Serena ontkende dat ze ooit een jongen had gekust, maar Coco wist wel beter. Kevin had Serena een keer in het bos betrapt toen ze een van zijn vrienden kuste. Over minder dan een jaar zou Jessica vrijkomen. 'Serena had een houding van het kan me geen fuck schelen. Ze weet immers dat haar moeder vrijkomt,' zei Coco.

Al gauw leken de risico's van en voor de verschillende tienermeisjes in Coco's leven minder door een acutere crisis. Al maanden had Coco's huisbaas niet gereageerd op haar verzoeken om het appartement, dat vergeven was van de vlooien, te ontsmetten. In de herfst van 1998 krabden de meisjes zich zo erg, dat de huid van hun enkels op dikke wollen sokken leek. De school stuurde ze naar huis met luizen. Milagros adviseerde Coco om de GGD te bellen, wat Coco deed. Het was altijd eng om de hulp van de autoriteiten in te roepen, maar Coco was ten einde raad. Ze wilde niet dat haar dochters zich schaamden voor iets waar ze niets aan konden doen. Maar in plaats van iemand te sturen voor het ontsmetten, stuurde de GGD een woningbouwinspecteur, die het huis onbewoonbaar verklaarde. Het elektriciteitsbedrijf sloot de stroom af en stuurde haar vervolgens een rekening van 900 dollar. Coco sloot een verlengsnoer aan op de koelkast van de buren en liet de kinderen 's avonds vlug in bad gaan. De vrouw zei dat Coco overdag van de douche gebruik mocht maken als zij naar haar werk was, maar Coco voelde zich niet veilig met de vriend van de vrouw in het huis. Ze vond het ook vervelend om iemand tot last te zijn. Toen kreeg ze een brief dat als ze niet binnen 72 uur het huis uit was, de GGD haar bij het Bureau Jeugdzorg zou aangeven wegens verwaarlozing. Weer was ze dakloos, voor de tweede keer in een jaar.

Ook Frankie stond op het punt er door Coco's neef Leo te worden uitgegooid omdat hij zijn aandeel in de huur niet betaalde. Maar Frankie verwachtte dat Coco het probleem wel zou oplossen; hij deed geen enkele poging een nieuw onderdak voor hen allemaal te vinden. Toen Jessica van Coco's problemen hoorde, stuurde ze in plaats van het begripvolle briefje dat Coco had verwacht, een keihard advies: 'Hou op met geven en ga eens nemen. Hoe kunnen kerels toch zeggen dat ze van je houden en je dan niet eens helpen? En stel dat hij wel van je houdt maar niks doet? Als hij niks doet, moet je hem kwijt.'

Coco was kritisch op zichzelf: 'Ik heb al zoveel meegemaakt in mijn leven, als ik dit niet doorkom is er iets mis met me.' Ze ontleende kracht aan wat ze van Lourdes wist; hoewel de afstand tussen hen steeds groter was geworden, voelde ze nog steeds een band. 'Al die keren dat Lourdes problemen had, de huur niet kon betalen. Hoe loste ze dat in godsnaam op?' vroeg Coco bij zichzelf. Lourdes' telefoon was geblokkeerd, dus Coco kon haar niet collect bellen en ze had ook niet genoeg geld voor een telefoonkaart. Maar als dat wel het geval was geweest, zou ze Lourdes hebben gebeld en haar net als toen ze nog een tienermeisje was, hebben gevraagd: 'En wat heb je toen gedaan?'

Lourdes, achtenveertig inmiddels, scharrelde nog steeds haar kostje bij elkaar zoals ze dat altijd al had gedaan. Ze leefde nu met Emilio, de lange ex-militair die had ingewoond bij Maria, de buurvrouw met kanker, die Lourdes in huis had genomen. Na Maria's dood had Lourdes korte tijd de voogdij over Maria's kinderen en het appartement gehad, totdat de autoriteiten anders besloten. Het achtjarige meisje gaf Lourdes bij Bureau Jeugdzorg aan omdat die haar en haar broertje geen eten zou geven en hen op de gang zette. Lourdes beweerde dat ze ze wel te eten gaf, maar niet toestond dat ze alles opaten: hoe kon het zijn dat ze honger hadden terwijl ze zo dik waren? vroeg ze de maatschappelijk werkster. De kinderen gingen naar een pleeggezin; kort daarna kwamen Lourdes en Emilio een keer thuis en troffen een hangslot op de deur aan en al hun spullen op een hoop in de hal.

Emilio's status als veteraan gaf hem recht op huursubsidie, en ze vonden een appartement in een straat met bomen in een woonbuurt aan het eind van een van de metrolijnen. Lourdes was ervan overtuigd dat ze Mount Hope voorgoed achter zich had gelaten. Haar nieuwe buurt noemde ze 'beschaafd'. Ze had regelmatig last van pijn op haar borst en kortademigheid, en de nabijheid van artsen en een fatsoenlijk ziekenhuis stelde haar gerust.

Ze verdiende geld bij als oppas van Justine, de dochter van Roxanne en Cesar, en Justines halfzusje. Roxanne, die weer zwanger was, bracht ze op weg naar de wasserette, waar ze lange dagen maakte en kleren opvouwde. Lourdes had ook de bank verhuurd: aan Angel, haar aanstaande ex-schoonzoon. Elaine had hem en de Bronx verlaten en was naar Yonkers verhuisd, waar ze met haar twee zonen in een arbeidersbuurt woonde. Lourdes deed Angels was en kookte voor hem. Hij werkte op de postkamer van een advocatenkantoor in Manhattan.

Toch moest Lourdes de eindjes aan elkaar knopen. Ze vroeg opnieuw bijstand aan, maar haar aanvraag werd afgewezen. Ze vroeg voedselbonnen aan en trof het – ze kreeg 50 dollar aan bonnen. Haar ex-vriend Domingo gaf haar af en toe eens een extra 20 of 40 dollar als hij een kist of twee met groente bij haar afleverde, zijn vrachtwagen dubbel geparkeerd. Toen Serena een keer bij Lourdes logeerde, namen ze de bus naar Tremont om Felix op te zoeken, de oude vriend van de familie die Lourdes jaren geleden nog eens zijn appartement op Mount Hope had aangeboden. Felix gaf Serena geld, zoals hij dat ook aan haar moeder had gegeven toen die de leeftijd van Serena had. Voor de langere termijn rekende Lourdes echter, net als Cesar, op Jessica.

Lourdes ging weinig meer uit; ze bleef ook niet meer hele nachten op. De nacht boezemde haar geen angst meer in; het slaapmiddel dat de dokter haar had voorgeschreven, maakte dat ze volkomen buiten westen was en voorkwam de angstaanvallen die haar jarenlang uit haar slaap hadden gehouden. Ze liep bij een psychiater, die had vastgesteld dat ze depressief was, een kwaal die haar intrigeerde. Nooit eerder had iemand een officiële naam aan haar angsten gegeven: ze hadden gezegd dat ze 'problemen had', of 'weer in haar eigen wereld verkeerde', of 'verkeerd bezig was' of 'er een puinhoop van maakte'.

De betrekkelijke rust van Lourdes' nieuwe leven deed de verwoestingen van het oude leven nog meer naar voren komen: haar gezicht was ingevallen en had een lege uitdrukking. 'Ze ziet er zo uit omdat ze haar pijn niet onderdrukt,' zei Cesar. Net zoals iemand na jaren van te dik zijn suikerziekte krijgt of rotte kiezen van snoep en slecht eten, zag je aan Lourdes de teleurstellingen en rampen af die ze had meegemaakt. Maar Lourdes' kwalen leken wat minder in haar knusse keuken, waar ze te midden van Domingo's etenswaren stond. Zakken uien en knoflook leunden tegen kisten avocado's, citroenen en tomaten, en de gesteven gordijnen bolden op in de bries van de steeg.

Domingo deed een avondcursus vrachtwagenchauffeur. Soms kwam hij na zijn werk langs en oefende moeilijke woorden terwijl Lourdes stond te koken. Emilio bracht het grootste deel van zijn tijd in de slaapkamer door met televisiekijken. Hij leefde alleen op als Justine gekke gezichten trok vlakbij zijn droevige gezicht. Haar gegiechel was aanstekelijk, en als hij haar kietelde, kietelde zij hem terug.

Op een ochtend, zo'n zes weken voor Jessica uit de gevangenis zou komen, deed Lourdes een t-shirt en een legging aan; ze had een theedoek over haar schouder, zoals ze vroeger haar vlecht had. Ze schrobde de gootsteen, liet die vollopen met heet water, sneed de uiteinden van de groene bananen af, sneed ze in, gooide ze in de gootsteen en deed er een handje zout bij. Ze schilde de witte *yuca*. Ze schilde de pompoen en schepte er de zaadjes uit. Intussen hield ze een oogje op de kabeljauw die ze aan het koken was voor de *bacalao* voor de lunch. Ze foeterde op haar nieuwste favoriete boosdoener – Elaine – die verwaander dan ooit was sinds ze op haar werk promotie had gemaakt. Het was een wonder, overpeinsde Lourdes, dat haar dochters rug niet gebroken was van alle seks die ze had. En als Elaines werk dan zo fantastisch was, waarom hielp ze haar moeder dan niet? Waarom nam ze Lourdes niet in haar nieuwe tweedehands busje mee voor een bezoek aan Cesar? Elaine reed alleen Cesars vrouw. Maar de tirades brachten Lourdes niet meer tot leven; haar geklaag leek een sleur, zonder doel.

Tegen de avond stonden het aanrecht en de tafel vol met Lourdes' *pasteles*. Ze telde ze hardop als een kind dat net kan tellen – zevenenzestig in totaal – en zei tevreden: 'Ik neem een sigaret.' Haar vingers waren bruin van de *achiote*. Een van haar favoriete liedjes was op de radio: 'Suave'. Ze pakte twee *pasteles* en hield die elegant in haar gezwollen handen, alsof ze kleine vogeltjes losliet. 'Toen ik nog danste, stond er altijd een hele kring mensen om me heen,' mijmerde ze nostalgisch. Nu miste ze de fut om te dansen: 'Waarom heeft God me nou net datgene afgenomen waar ik het meest van hield?'

Buiten riep een mannenstem iets. Lourdes stak haar hoofd tussen de gordijnen door. Een arbeider in overall stond beneden op straat. *'Esa comida que huele tan rica, es para vender!'* vroeg hij beleefd. Was het heerlijke eten dat hij rook te koop? Ze antwoordde: 'Het is voor mijn kinderen.' Zijn vrouw kon geen *pasteles* maken, legde hij uit – ze was Panamese – kon Lourdes het zijn vrouw niet eens leren? Toen hij wegliep, glimlachte Lourdes meewarig. Haar eten was uniek, haar eigen creatie, als een kind – dat zij alleen kon geven. 'Daar ben ik wel trots op,' zei Lourdes. 'Iedereen die mijn eten proeft, komt altijd weer terug. Wat *jij* hebt klaargemaakt, niet wat iemand *anders* heeft klaargemaakt.'

Het liep weer tegen Kerstmis. Cesar was overgeplaatst naar een inrichting die maar zo'n 150 kilometer weg lag. Ze had het idee dat dit een gunstig voorteken was, ook al zag Cesar dat zelf nog niet; hij was dichter bij huis, een stapje dichter bij zijn familie. 'God doet wat juist is, op het juiste moment,' zei Lourdes. Giselle had beloofd bij haar volgende bezoek een paar van Lourdes' *pasteles* voor hem mee te brengen. En Jessica zou op tijd thuiskomen voor de feestdagen.

Het zou niet eenvoudig zijn de *pasteles* te bewaken, als het bekend werd. Lourdes zette ze keurig in de diepvries. Haar lekkernijen namen veel ruimte in beslag.

Na haar vertrek uit het vlooienhuis op de heuvel deed Coco opnieuw een aanvraag voor een regeling volgens Paragraaf 8 en tegelijkertijd voor een gemeentewoning. (Op het aanvraagformulier moest ze een stukje schrijven met als titel 'Waarom ik in een gemeentewoning wil wonen'. 'Omdat ik dakloos ben,' schreef Coco.) Zij en de kinderen woonden afwisselend in bij Hector en bij Iris, zodat beide gezinnen af en toe even rust hadden.

355

Coco voelde zich schuldig over de last die ze veroorzaakte: het kwam op een wel erg ongelukkig moment. Hector was net begonnen met werken. Hij had ook Iris' moeder in huis, die in de jaren sinds haar vrijlating van huis naar huis was getrokken; Iris' zus en haar peuter; Platinum en haar zoontje; en Hector verwachtte ook weer een kind. In zijn appartement met twee slaapkamers stond nog maar weinig meubilair: alleen twee bedden, waarin in ploegen werd geslapen. Coco was gevoelig voor zijn tot op de draad versleten welkomstwoorden: irritatie over kinderen die van nature ongezeglijk waren, opmerkingen over eten dat weer op was ('Ik had toch net limonade gehaald'), de manier waarop Hector over zijn nieuwe bus praatte alsof het een mens was ('Hij heeft rust nodig'). Gelukkig kwam Hector junior, die vier was, in aanmerking voor een uitkering. Hij was hyperactief, wat zijn ouders zorgen baarde, maar van de eerste betaling – met daarin met terugwerkende kracht de betalingen over de maanden die de procedure had gekost – was de tweedehandsbus aangeschaft. Daarmee kon Hector een baan krijgen als nachtelijk inpakker van fruit. Het slechte openbaar vervoer in Troy maakte avond- en nachtwerk bijna onmogelijk. Hector kreeg het al snel voor elkaar dat ook Frankie werd aangenomen, en de twee gingen samen met het busje naar het werk.

Het appartement van Coco's zus was weer op een andere manier onprettig. Iris was net aan haar beroepsopleiding begonnen en had grote moeite met het combineren van haar schoolwerk met haar huishoudelijke taken; Armando had het goed gevonden dat ze zich voor de opleiding inschreef op voorwaarde dat het huishouden er niet onder leed. Ze was uitgeput, Armando kon ongeduldig en zonder humor zijn, en Coco's aanwezigheid betekende vijf extra monden die gevoed moesten worden. Het zes jaar oude dochtertje van Iris en Armando, Brandi, was gek op Nikki, wat Mercedes jaloers maakte. Nautica protesteerde meestal als ze in bad moest, maar het leek wel alsof de strijd in Iris' huis harder klonk. Er stond nooit muziek aan. Wel televisie, en Armando wilde dat de kinderen stil waren zodat hij kon luisteren en hij stuurde ze regelmatig naar boven om te gaan spelen. Iris' kinderen hadden van al het speelgoed twee exemplaren – een om te laten zien en een om mee te spelen – en Iris had het altijd meteen in de gaten als het showexemplaar was verzet. Pearl was 's nachts onrustig, en hijgde en braakte overdag; haar medicijnen waren op. Armando dwong Coco om iedere luier meteen in de vuilnisbak buiten te gooien; hij haatte de stank. Coco zei niets maar ze voelde zich niet welkom.

Tot actie gedwongen, solliciteerde Coco op verschillende banen en werd aangenomen op de vleeswarenafdeling van een supermarkt. Ze kon er niet omheen dat haar familie, hoe ze ook probeerden haar te helpen, haar in crisistijden er niet bij kon hebben. Na Cesars arrestatie was ze, zwanger en wel, naar Thorpe House verhuisd; midden in de ontreddering rond de geboorte van Pearl was ze naar Troy gegaan; nu, opnieuw dakloos, vermande ze zich om werk te zoeken. Uiterste nood bracht licht in de chaos, zoals het wachten op een vriendje een saaie middag op straat wat glans gaf. De dagelijkse sleur volhouden was het grootste probleem.

De supermarkt betaalde 5,14 dollar per uur. Coco bracht de avond vóór haar eerste werkdag door op de eerste hulp met Pearl in haar armen. De nacht ging over in de dag. 's Ochtends konden de straten van Troy er verschrikkelijk naargeestig uitzien. Misschien kwam het door de verlaten woonkazernes, door de bierflessen waarin geen bier meer zat maar pis, de dichtgespijkerde huizen of de auto's die langsreden. Coco had niet geslapen en de wereld sijpelde langs de randen van haar uitputting naar binnen. Bij Iris thuis kleedde ze in het donker van de ochtend stilletjes haar dochters aan. Ze liep met ze de hoek om naar River Street en wachtte bij de bushalte voor de wasserette. Ze was kleiner dan sommige kinderen.

Coco was op dit deel van de straat een jaar geleden getuige geweest van een vuurgevecht. Mercedes, Frankie en zij hadden op de bus naar huis staan wachten na een zondags maal bij Iris. Twee blanke jongens hadden een roofoverval gepleegd op een Spaanse winkel aan River Street en waren al schietend naar buiten komen rennen; Frankie was in de winkel toen het schieten begon, maar op de een of andere manier stond hij ineens naast Coco en Mercedes, dekte hen, hield een auto aan en liet ze achterin stappen. De chauffeur herkende Frankie van de buurt en bracht hen naar de betrekkelijke veiligheid van Corliss Park. Deze ochtend was het hier echter rustig, en te midden van de geluiden van het dagelijks leven liet de toekomst zich zien door een wolk uitlaatgassen van de bus. Coco zag een bord in het kapotte raam op de eerste verdieping van een flat aan de overkant: *Appartement te huur.*

De kruising van River Street en 101st Street was het hart van Troys groeiende getto, de plek waar de migranten uit de grote stad en de achtergebleven bewoners van het nu verarmde deel van de kleine stad zich mengden. Hiphopmuziek botste met de heavy metal die uit de auto's bij het stoplicht bonkte. Rijtjeshuizen die ooit van blanke arbeidersfamilies waren geweest, waren opgedeeld in huurkamertjes, van gipswandjes voorzien en in lelijke kleuren geverfd voor de werkende en de werkloze armen, die blank, Puertoricaans en zwart waren.

Milagros drong er bij Coco op aan in andere buurten te blijven zoeken. River Street was geen plek voor opgroeiende meisjes. Het was een bekende drugsbuurt. 'Ik heb toch gewoon geen keus,' zei Coco verontwaardigd.

Wat waren haar mogelijkheden immers? Bij anderen inwonen? Haar dakloosheid had tot gevolg dat haar privé-leven publiek werd; iedereen had een mening over hoe ze haar kinderen grootbracht, of ze die nu hardop zeiden of niet. En wat voor soort moeder was ze als haar kinderen met de feestdagen dakloos waren? In haar situatie, zonder woonruimte, leek elk appartement goed. Coco zei: 'Aan de overkant is een winkel. Er is een bushalte. De huur is 350. Dat zijn dingen die tellen.'

Het raam in de erker, aan diggelen gegaan in een schietpartij die de vorige huurders had verdreven, kon vervangen worden: ideaal om haar kerstboom te showen. Coco zag al voor zich hoe haar kinderen in de tuin zouden spelen en weigerde het brokkelige stuk asfalt met een verbogen winkelwagentje en een spoor van aangevreten kippenbotten goed in zich op te nemen. De twee lege appartementen boven haar, waarvan er een in brand had gestaan en nog vaag naar rook stonk, betekende dat er geen nieuwsgierige buren waren, niemand die een oordeel had over wat ze toch niet snapten, die Frankies vrienden in de gaten hield of de politie belde. De meisjes hoefden ook niet naar een andere school. In de winkel was een munttelefoon, die ze kon gebruiken als haar telefoon werd afgesneden, en Iris woonde om de hoek. Terwijl Coco in afwachting was van goedkeuring van het appartement voor haar huursubsidie, slopen zij en Hector het onbewoonbaar verklaarde huis op de heuvel binnen om wat potten, pannen en kleren op te halen.

Coco hield Mercedes scherp in de gaten om te zien of die inmiddels anders was gaan denken over Frankie, die eerdaags terug zou komen van zijn verblijf bij Hector. Coco wilde niet dat haar dochters hetzelfde moesten accepteren wat zij van mannen had moeten accepteren, maar het beste voorbeeld dat ze gaf, was haar bereidheid om haar eigen zwakheden en tweeslachtigheid te laten zien. Meisjes waren omringd door vrouwen die de tegenstellingen tussen wat ze zeiden en deden niet inzagen. Vrouwen deden vaak flinke uitspraken over wat ze allemaal niet meer zouden pikken, maar de werkelijkheid was heel anders. Vrouwen stelden mannen geen directe vragen in het openbaar, tenzij ze boos waren, en dan waren de vragen niet zozeer vragen als wel aanklachten die de aandacht vestigden op hun eigen grieven. Iris vroeg Armando toestemming om Coco geld te lenen of een lift te geven, en Frankie verwachtte dat Coco iedere avond voor hem kookte – of ze het nu wel of niet echt deed. En ook Coco had momenten van opstandigheid: bij familiebijeenkomsten kregen de kinderen als eersten hun eten in plaats van de mannen.

Mercedes geloofde in Coco's betere ik en als ze Coco's idealen voor haar moeder herhaalde, werd Coco opnieuw gegrepen door haar oude spirit. Maar haar idealisme vergde constante waakzaamheid. Mercedes waarschuwde haar moeder om niet te veel geld uit te geven aan verjaardagscadeaus voor andermans kinderen en hielp haar, als het huis weer alsmaar voller liep, eraan herinneren dat ze niet genoeg eten voor iedereen hadden. Mercedes sprak gasten aan wie haar moeder heimelijk een hekel had, openlijk aan ('Hoe komt het toch dat je altijd net aan komt zetten als we op het punt staan om te gaan eten?' vroeg Mercedes een keer aan Platinum). Als Coco het erover had dat ze 50 dollar wilde laten reserveren voor nieuwe kleren voor haar dochters, zei Mercedes dat ze dat niet moest doen en adviseerde: 'Vijftig dollar voor het huishouden, niet voor ons.' Maar het was het feit dat Coco wist dat Mercedes Frankie niet mocht, dat nu centraal stond in hun relatie. 'Ik zal niet doen wat je wil, maar ik zal wel luisteren naar je wensen,' zei Coco dan.

Terwijl Coco zich in haar nieuwe appartement installeerde, nam Cesar zijn intrek in zijn nieuwste gevangenis. Verzwakt, woedend en enigszins verdoofd, was hij uit de slopende vijf maanden isoleercel gekomen. Hij en Giselle hadden een periode van verwijdering gekend, maar zij wilde het huwelijk redden. Ze geloofde in hun relatie met een overtuiging die hij zich voor zichzelf niet kon voorstellen. Cesar hield van haar en wist dat hij haar nodig had, maar hij voelde zich nog steeds op een tweesprong tussen behoefte en trots. Al langer dan een jaar had hij geen van zijn kinderen gezien. Coco's brieven brachten hem alleen nog maar meer problemen, meestal geklaag over Mercedes, die problemen kreeg op school en Coco van de wijs bracht als ze over jongens praatte.

Maar Cesars lawine van problemen creëerde ook mogelijkheden. Volgens de laatste aanvulling aan zijn gevangenisdossier was hij depressief – 'type gewelddadige zelfmoord' – en deze diagnose was goed voor een maatregel waarbij het principe van meer mensen op één cel terzijde werd geschoven. Deze maatregel was een felbegeerd stigma in het overvolle gevangeniswezen, een beetje zoals extra bijstand voor gehandicapten. Cesar kreeg een eigen cel toegewezen.

De eerste paar maanden in Shawangunk zat hij drieëntwintig van de vierentwintig uur per etmaal in zijn eigen cel opgesloten. Deze maatregel was wel beperkend, maar het was heel wat beter dan de isoleercel, omdat Cesar bij zijn spullen kon. Hij kon zijn kastje opendoen of de schoenendoos doorkijken die onder zijn bed stond en waarin hij zijn brieven bewaarde, opgeborgen op afzender en datum. Hij kon zijn honderden foto's bekijken. Net zoals een aantal andere gevangenen prikte hij zijn foto's niet meer op. De eerste jaren van zijn gevangenschap had hij de foto's aan de muur gehangen – de wereld moest zijn mooie dochters en zijn sexy vriendinnen zien. Maar nu waren de foto's te pijnlijk. 'Ik raakte erg ge-

359

stresst van het feit dat ik mijn kinderen zag opgroeien en er niet bij kon zijn.'

Op River Street gaf Mercedes Cesars foto een prominente plaats in haar nieuwe kamer, op de speelgoedkist die hij voor haar had gemaakt. Ernaast zette ze een andere foto, van haar vader en haar peetoom Rocco, gemaakt in de bezoekruimte van Harlem Valley. Haar slaapkamer, een smalle donkere ruimte achter de keuken, keek uit op een steegje. Mercedes dweilde de vloer en hing een laken voor het tochtige raam. Er was geen kast, maar ze vouwde haar kleren netjes op en legde ze op de grond. Haar speelgoed stelde ze ernaast op. Ze maakte haar bed op, dat slechts uit een springveer bestond, en hing een papier op de deur:

REGELS
Schoenen uit als je binnenkomt.
Niet op het bed zitten.
Kloppen voor je binnenkomt.
Niet binnenkomen als ik er niet ben.

Mercedes had een eigen kamer omdat ze de oudste was en ook omdat Coco haar niet helemaal vertrouwde als ze alleen was met haar zusjes. 'Ze schudt Pearl soms door elkaar alsof ze haar iets aan wil doen,' zei Coco. Soms werd Mercedes zo boos, dat ze Nikki of Naughty een mep gaf, niet op de manier waarop je een zusje zou slaan, maar alsof ze met een vreemde op straat vocht. Op een keer, toen Coco haar niet voor een boodschap wilde meenemen vanwege het koor van krijsende zusjes, zei Mercedes: 'Je moet me meenemen, ik ben een probleemkind. Ik begin gewoon een vechtpartij.'

Zoals gewoonlijk had Coco haar kerstboom en alle versieringen ruim voor Thanksgiving al uitgestald. Het merendeel van haar eerste twee salarissen van de supermarkt besteedde ze aan cadeaus. Ze gaf Mercedes de 35 dollar terug die ze haar schuldig was. Mercedes zei: 'Ik ga het sparen. En als mama dan geen geld heeft, of geen gas, of we hebben honger, kan ik het haar weer geven.'

Net als vroeger kregen Mercedes en Frankie ruzie als ze te lang alleen werden gelaten. Op een keer kwamen Iris en Coco thuis van het boodschappen doen en troffen ze hen vechtend aan op de vloer van de *sala*. Coco en Frankie schreeuwden zelf ook regelmatig tegen elkaar. In november hadden ze een enorme ruzie. Om de sfeer in huis wat op te vrolijken, liet Coco de kinderen al hun kerstcadeaus uitpakken en begon zich toen onmiddellijk zorgen te maken over de vraag hoe ze aan nieuwe moest komen. Frankie, berouwvol, probeerde te helpen, maar werd vervolgens opgepakt voor diefstal van videocassettes. Voor zichzelf had hij een gangsterfilm gestolen en voor Pearl een Barney-video. En toen werden er, als door de hemel gezonden, cadeaus van Cesar bezorgd. Cesar had het geld ervoor van Rocco gekregen, die een meevaller had gehad.

Rocco hield Cesar op de hoogte van het nieuws van de straat, en Cesar hield Rocco up to date over de ontwikkelingen in de gevangenis. Heel wat keren overlapte het nieuws elkaar. De vrienden en kennissen die – fulltime of parttime – betrokken waren bij wat Rocco en Cesar het gangsterleven noemden, werden constant tussen gevangenissen heen en weer geschoven, opgepakt of weer gearresteerd voor het overtreden van de regels van hun proeftijd of voor nieuwe delicten, en kwamen af en toe vrij.

Rocco had sinds zijn tijd in Rikers in 1993 niet meer gevangengezeten. Hij leefde wat hij spottend een 'burgerleven' noemde: wettig getrouwd, een appartement in het noorden van de Bronx op een rustige straat, twee banen, en nog steeds moeite om de eindjes aan elkaar te knopen. Er was ingebroken in het appartement toen hij en zijn vrouw en dochter op vakantie in Disney World waren; Marlene was zo opgefokt dat ze haar verjaardagscadeau-kaartjes voor *Miss Saigon* – had verscheurd. Nu was Rocco weer terug bij zijn schoonfamilie, 'terug op een ruigere plek waar ze meer respect voor me hebben en weten wie ik ben'. Overdag was hij vrachtwagenchauffeur in Jersey; 's nachts werkte hij als technicus voor een softwarebedrijf.

Rocco haatte de voorspelbaarheid van de burgerwereld. Hij zei dat hij een gevoel had alsof hij dood was. Hij verlangde hevig terug naar de oude gloriedagen van spontane vecht- en schietpartijen; hij miste de opwinding en de kameraadschap. Tot groot ongenoegen van Marlene draaide hij constant muziek van Wu Tang Clan. Hij flirtte met een Chinees meisje dat werkte bij de receptie van een autodealer waar hij elke dag langskwam op weg naar zijn werk. Maar schaken was – naast misdaad – het enige wat Rocco volkomen in beslag nam. Hij schaakte 's morgens via internet en speelde ook online in zijn tweede baan. Het eerste wat hij deed zodra hij Cesar bezocht, was hem uitdagen om te schaken.

Rond de tijd dat Cesar naar Shawangunk werd overgeplaatst, begon Rocco's leven te ontsporen. Zijn vrouw had een studiebeurs gekregen voor New York University; ze wilde een studie volgen waarmee ze middelbare scholieren kon gaan begeleiden, maar zelfs met hun drie banen konden ze niet alle uitgaven dekken. Door haar studie was Marlene te moe om Rocco in bedwang te houden. Later zei ze: 'Hij was een pitbull, en ik heb de lijn laten schieten.' Rocco verzamelde een groepje jonge jongens om zich heen en begon weer drugsdealers te beroven. 'Als ik te veel stress had, was dit de enige manier om ermee om te gaan,' zei hij later. Vlak voor Kerstmis 1998 pleegden Rocco en twee andere jongens een succesvolle overval. Uit een *stash*-huis haalden ze 150.000 dollar: ieder 50.000 dollar. Rocco kocht een motor, verraste zijn teleurgestelde vrouw met een Honda, bedolf zijn dochter onder de cadeaus en maakte 400 dollar over naar Cesars kantinerekening.

Cesar stak het geld in sneakers voor zijn drie dochters, die hij bij een verzendhuis bestelde, hij stuurde Giselles zoon een cheque van 30 dollar voor zijn verjaardag en de rest gebruikte hij voor een cadeau voor Giselle toen ze drie jaar waren getrouwd. Hij stuurde een roos in een glazen vaas naar Giselles werk, met een kaart waarop stond: 'Met al mijn liefde je man, Cesar.'

# Deel v

# Loskomen

## HOOFDSTUK 35

De gedetineerden in Danbury noemden het rusteloze ongemak waarmee vrouwen kort voor hun vrijlating vaak kampten, het *short and shitty syndrome*. Jessica had er ook last van: ze sliep onrustig, had diarree en migraineaanvallen en kon al wekenlang haar eten niet binnenhouden. Ze keek verlangend uit naar haar 'doos': ze mocht een doos kleding laten komen ter voorbereiding op haar terugkeer naar de buitenwereld. Jessica's doos arriveerde toen ze nog achttien dagen van haar straftijd voor de boeg had. 'Nu weet ik echt zeker dat ik weg mag, nu mijn kleren er zijn,' zei Jessica. De vriendin die haar de doos had gestuurd, was zelf net vrijgekomen; ze was eerst van plan geweest Jessica een sexy outfit te geven, maar stuurde in plaats daarvan iets in sportieve stijl: beige trui, beige ondergoed en beha, bijpassende tuinbroek. Jessica paste de kleding aan en kreeg een angstaanval. 'Ze kon geen adem krijgen,' zei haar celgenote, die blij was voor Jessica maar het erg vond dat zij achter moest blijven.

De periode tot de datum van ontslag uit de gevangenis was zwaar en soms ook gevaarlijk. Gedetineerden met langere straffen probeerden wel eens 'een datum te verpesten', wat inhield dat ze expres een vechtpartij uitlokten met vrouwen die op het punt stonden vrij te komen. Wanhopige minnaressen gingen hun vriendin te lijf om die bij zich te kunnen houden. Nilda hield afstand, niet omdat ze Jessica iets zou kunnen aandoen, maar omdat ze Jessica's enthousiasme niet wilde temperen door haar te laten merken dat ze huilde – en huilen deed ze.

Buiten wachtten Jessica andere risico's – vooral de uiterste ongewisheid van haar toekomst . Boy George schreef vanuit zijn antiseptische cel in een extra beveiligde inrichting in Beaumont, Texas: 'Ik heb een paar vrienden buiten die je kunnen helpen als je iets nodig hebt. Ik heb niets kwaads voor je in de zin, Jessica, geloof me...' De betonnen vesting waarin George vastzat, was onderdeel van een uitgestrekt complex vol met de nieuwste beveiligingstechnologie, en lag in een woestenij van opgedroogde oliebronnen. Een aantal bewakers uit het kleine stadje imiteerden het *slang* en de codes van hun gettogevangenen. George zei dat het enige verschil tussen de straat en de gevangenis, op de afwezigheid van auto's en echte vrouwen na, was dat het in de gevangenis gevaarlijker was. Hij droeg een zware achttienkaraats gouden ketting om zijn hals.

Boy George wist nog steeds hoe hij beperkte mogelijkheden ten volle moest uitbuiten. Hij las meer dan hij ooit in vrijheid had gedaan: Machia-velli, Thomas Harris, de *New York Times*, en *Maxim*, zijn nieuwste favo-riete tijdschrift. Zijn celgenoot leende hem boeken over het Puertoricaan-se erfgoed en om hem een plezier te doen, las George die ook. 'Het inte-resseert me niks of ik blank in me heb, zwart in me heb of Europees ben, het maakt me niet uit. Ik ben ik.' Hij was meer geïnteresseerd in internet.

Hij had Jessica's naam nooit meer in de lege plek van zijn hart-tattoo laten zetten, maar op zijn schouders had hij de skyline van Manhattan, inclusief het Vrijheidsbeeld en de Brooklyn Bridge laten aanbrengen. On-der de stad stond boven twee rokende pistolen BOY, en daar vlakbij het cijfer 27, een verwijzing naar een bende die een deel van de zwarte markt in de gevangenis in handen had. Op zijn buik had hij een appel laten aan-brengen, met het logo van de New York Yankees, met twee zwaarden doorboord. Hij moest lachen bij de gedachte dat hij in al die jaren dat hij in de Bronx had gewoond, nooit op het idee was gekomen naar een wed-strijd van de Yankees te gaan.

Het gevangenisleven had Boy George' filosofische neigingen nog ver-sterkt; hij was een soort wijze oom geworden. Hij was ervan overtuigd dat hij nog steeds wist wat het beste voor Jessica was: een man met een goede opleiding te vinden, die ook het straatleven kende: 'iemand die haar din-gen kan bijbrengen en bereid is zich dingen te laten bijbrengen door ie-mand die een leven zoals het hare heeft geleid,' zei hij. Jessica's ontvan-kelijkheid voor invloeden van anderen baarde hem zorgen, zoals het ie-dereen die haar kende zorgen baarde: haar echte familie, haar gevangenis-familie, de vriendin die haar de doos kleren had gestuurd. 'Ze is zo mak-kelijk over te halen,' zei George. 'Ze dacht dat alles om seks ging en dat ze het met iedereen moest doen. Ze moet zeggen: "Ben ik van iedereen? Of word ik iemand die hier een grens trekt?" Gaat het alleen maar over seks, over Calvin Klein, gaat ze dat weer inzetten? Of gaat ze zeggen: "Ik heb vijf kinderen. Nou, dat is heel wat"?' Hij zweeg even. 'Als ze niet de juiste man vindt, heeft ze al die jaren voor niks gezeten. Al die shitjaren voor niks doorgemaakt.'

George was tweeëndertig. Hij zat nu bijna tien jaar in de gevangenis en had nog levenslang voor de boeg. Hij beweerde dat hij optimistisch was over de kansen van zijn zoveelste hoger beroep, maar zijn optimisme klonk geforceerd; er was weinig geld meer voor juridische gevechten. Zijn moeder werkte nog steeds als ziekenhulp. Maar als George over Jessica praatte, straalde hij zekerheid uit.

Nilda waarschuwde Jessica, zich niet in te laten met mensen die iets met George te maken hadden. Andere goede vrienden adviseerden Jessica enige afstand van haar broers en zussen te houden; ze waren niet gerust over de jeugdverhalen die ze over Jessica's oudste broer Robert hadden gehoord, en ze vertrouwden Elaine niet. Waar was die al die jaren gebleven? Nilda snapte wel dat Jessica iets met haar moeder aan moest. 'Wees open,' zei ze tegen Jessica. 'Vertel haar hoe ze je gekwetst heeft. Accepteer het, maar wat er gebeurd is, is gebeurd. En als ze het ontkent, nou, dan laat je het maar zo.'

Met nog maar een paar dagen te gaan, legde Jessica de laatste etappe af van wat haar dagelijkse gevangenisroutine was, een etappe die de gedetineerden de draaimolen noemden: ze meldde zich af bij de bewaking en haalde haar studiedossier op. Ze liet zich uitschrijven bij het gevangenispastoraat en de medische dienst. Een paar bewakers wensten haar succes. Nilda maakte een chilikida voor Jessica's laatste avondmaal, waarbij ze een blikje cola serveerde. Jessica's beste vriendinnen verzamelden zich in haar hoekje. Ze zongen haar favoriete lied ('Under the Bridge' van de Red Hot Chili Peppers). Ze gaf alles weg wat ze bezat; het bracht ongeluk om iets uit de gevangenis mee te nemen naar de vrije wereld. Nilda kreeg haar kostbaarste bezittingen: twee gastenzeepjes die ze uit het ziekenhuis de gevangenis had binnen gesmokkeld en waarin ze *Matthew* en *Michael* had gekerfd, haar rode plastic hamstermok (Hamster was Nilda's koosnaam voor Jessica) en een gehaakt vest. Jessica gaf Nilda ook een stapel foto's van zichzelf. Ze bleef de laatste nacht van haar gevangenschap op om een trui af te maken die ze voor Nilda's moeder had gehaakt; die zou ze vanuit een postkantoor sturen, zodat er geen gevangeniszegel op het pakket hoefde.

Op 17 december 1998, om 8.30 uur, bracht Nilda Jessica naar de afdeling Ontslag. Om 8.50 uur, zeven jaar na de dag van haar veroordeling, liep Jessica de gevangenis van Danbury uit. Ze had één grijze streep in haar haar – net onder de kruin –, een lange dikke paardenstaart en ze was tien kilo aangekomen. Ze was dertig jaar oud. De gevangenis, schreef ze aan een vriendin, had haar veranderd van 'een naïef jong meisje' in een vrouw die verder keek.

Terwijl Jessica in de bus van Danbury naar New York zat, maakte Nilda de briefjes open die Jessica voor haar op hun geheime plekjes had verstopt. Jessica zat naast een mede-ex-gedetineerde, die ze wel herkende maar niet echt goed kende. Ze waren allebei zo nerveus dat ze nauwelijks praatten, maar ze hielden elkaars hand vast. Jessica keek uit het raampje naar de boerderijen, de autoweg. Ze keek over de Bronx uit terwijl de bus naar Manhattan reed, en keek toen naar de mensen op straat.

Op het eindpunt reed de bus de enorme garage van het openbaar-vervoerbedrijf in. Bij de ingang stapten Jessica en de vrouw uit; ze hadden geen bagage bij zich. De vrouw liep het felle zonlicht in – waar niemand haar opwachtte – en hield krampachtig haar gehaakte tas vast, verstijfd van angst, in haar hand een papiertje met het adres van de reclassering. Maar Jessica werd verrast door een groepje vriendinnen, die om haar heen stonden en een vrolijke explosie van instructies, gelach en bezorgdheid op haar afvuurden: Inez, een vriendin uit Danbury, die zwanger was, had een zak kleren meegebracht; Cathy, ook een vriendin uit Danbury, had haar nieuwe vriendin bij zich en gaf Jessica een pasje voor de ondergrondse (de laatste keer dat Jessica in New York was, waren er nog gewoon kaartjes geweest). De vrouwen namen haar in hun midden mee naar de exprestrein, die hen razendsnel naar de Bronx bracht: Jessica had minder dan een uur om zich te melden bij het reclasseringscentrum waar ze voorlopig zou verblijven. Onderweg werden de laatste gevangenisroddels uitgewisseld: welke bewakers gescheiden waren of met pensioen waren gegaan, welke doktersassistente uitging met welke ex-gedetineerde; wie weer hetero was geworden en wie lesbisch was gebleven. Gearmd escorteerden de vrouwen Jessica naar het stratenblok waar zij zelf al eerder waren geweest, wezen het gebouw aan, kusten haar, omhelsden haar nog een keer en lieten haar gaan. Het was een overtreding van een van de voorwaarden van hun proefverlof: geen omgang met andere ex-gedetineerden.

Intussen stond Lourdes, in de hoop Jessica te verrassen, op een ander station te wachten. Ze stond op het perron met Emilio, die zich nerveus en onzeker over haar heen boog. Hij had het idee dat hij al eindeloos lang alles van Jessica wist. Ingelijste foto's van haar hingen prominent op de muur van Lourdes' *sala*. Ter ere van deze bijzondere dag droeg Lourdes haar nieuwe bril met gouden montuur en een splinternieuw roze met groen trainingspak. Ze had zelfs een buurvrouw zover gekregen dat die een Franse vlecht maakte. Maar Lourdes was per abuis naar het verkeerde station gegaan. Na een uur gaf ze het op. Emilio hield zorgzaam haar arm vast terwijl hij haar langzaam de trap op hielp.

Voorzover Jessica's thuiskomst al met enige hoopvolle verwachting gepaard was gegaan, loste die al snel op in de vreemde schemer van het leven na de gevangenis. Jessica was fysiek in haar oude wereld teruggekeerd om een zogenaamd splinternieuw leven te beginnen, dat evenwel nog niet echt begon. Het naargeestige reclasseringscentrum bevond zich op een verwaarloosd stuk straat even ten noorden van Fordham Road. Renovatie en een glanzende laag blauwe verf hadden het sjofele gebouw een fluorescerend uiterlijk gegeven, een beetje zoals het leven van iemand met proefverlof zoals dat Jessica te wachten stond: de regels gaven een oppervlakkig idee van structuur aan oude zwakheden, maar een dieper

gevoel – dat er niet veel was veranderd – overheerste. Ze woonde de verplichte bijeenkomsten van Narcotics Anonymous bij en kwam langs
bekende dealplekken in een park in de buurt. Ze was op loopafstand van
het spijbelhuis waar ze Puma had leren kennen. Haar kinderen waren
elders, haar jongste broer zat in de gevangenis, haar moeder was blut.

Bijna onmiddellijk kreeg Jessica een relatie met iemand die ook in het
reclasseringscentrum verbleef. 's Nachts sloop ze onder de toezichtcame-
ra's door en ging stiekem zijn kamer in. Ze poseerde voor foto's: wijdbeens op zijn bed, gehurkt op de grond, haar handen tegen de muur, in het
zwarte ondergoed dat hij haar cadeau had gegeven. Het nieuws van haar
avontuurtje bereikte al snel Boy George; een lid van zijn gevangenisbende
woonde ook in het centrum.

In haar eenzaamheid viel Jessica ook weer terug op de telefoon, zoals
ze dat zo vaak gedaan had. Haar eerste telefoontje was naar Edwin, Wishmans jongere broer. Hij deed een opleiding röntgentechniek en werkte in
een ziekenhuis in de Bronx. Hij kon haar niet ontmoeten – hij was getrouwd en zijn vrouw was zwanger – maar zijn moeder, Sunny, maakte
een afspraak met Jessica om haar eerste twee-uursverlof te vieren. ('Ben
ik erg veranderd?' vroeg Jessica hoopvol, waarop Sunny hartelijk zei: 'Je
hebt nog steeds een dikke kont!') Schimmen uit Jessica's vroegere leven,
goede en slechte, leken haar overal te achtervolgen. Ze liep een van de
jongens van het spijbelhuis tegen het lijf. Lourdes verraste Jessica door bij
het reclasseringscentrum op te komen dagen met Big Daddy, die op
Tremont bij hen had gewoond. Jessica maakte in zijn bijzijn een sarcastische opmerking over het feit dat Lourdes nog steeds verdovende middelen gebruikte. 'Dat klopt, schat – van het soort dat de dokter voorschrijft,'
zei Lourdes schalks. 'Wil je mijn plas soms onderzoeken, mami?' Jessica
kwam zelfs langs het appartement van George' moeder. Rita had nog
steeds de aan twee kanten draagbare mink-met-leren jas die George tien
jaar eerder speciaal voor Jessica had laten maken. 'Om hem terug te krijgen moet ik 'r in de kont kruipen. Dat is-ie me echt niet waard,' zei Jessica. George' jongere broer was nu een man. Hij had meer zelfvertrouwen,
een vrouw en kinderen, en deed Jessica aan George denken.

Maar het waren vooral haar kinderen die echt veranderd waren: Serena
was een jonge vrouw, Brittany en Stephanie waren uitgegroeid tot slanke
tieners, haar zoontjes waren nu kleine jongens. Ze kwamen allemaal met
Milagros mee naar de Bronx voor het kerstfeest bij Lourdes. Lourdes zette
een feestmaal op tafel: *pasteles, arroz gandules*, aardappelsalade, een
bijzondere ham. Jessica's grootmoeder kwam over uit Florida, Jessica's
lievelingstante – Lourdes' jongere zus Millie – kwam met haar vriendin
Linda, Elaine en Robert hadden hun kinderen meegebracht en Jessica's

nichtje Daisy was er met haar zoontje. Jessica verraste de kinderen met winterjacks van Old Navy. Ze zei: 'Ik was blij omdat ik bij mijn kinderen was. Dat was het mooiste cadeau.' Ze maakten heel veel foto's. Daarop zag Jessica er tevreden uit, terug in de schoot van haar familie.

Hoewel de arbeidsmarkt voor ex-gedetineerden erg beperkt was, was Jessica's ontslag uit het reclasseringscentrum afhankelijk van de vraag of ze een baan kon vinden. Elaine regelde dat Jessica kon werken bij de groothandel waar zijzelf werkte. Elaine was cheffin van het kantoor; Jessica noteerde orders en belde cliënten, die ze met haar zwoele stem herinnerde aan het feit dat ze hun rekening niet op tijd hadden betaald. Ze gaf haar dochters haar gratis telefoonnummer: vanwege haar proeftijd kon ze niet naar Troy reizen, en Milagros had meestal geen tijd of geld om ze te brengen. Serena belde vaak.

In januari 1999 kreeg Jessica toestemming om bij Elaine te gaan wonen. (Haar aanvraag om bij Lourdes te wonen was afgewezen omdat Lourdes' vriend een strafblad had.) Jessica moest nog wel 50 dollar per week aan de reclassering betalen, in verband met een boete die haar tien jaar tevoren door de rechter was opgelegd. Op de dag dat ze het reclasseringscentrum verliet, liep ze Talent tegen het lijf, een oude collega van Boy George uit vroeger tijden. Talent ging net het reclasseringscentrum in na een straf van acht jaar voor drugshandel te hebben uitgezeten. Jessica en hij wisselden telefoonnummers uit en beloofden contact te houden.

Hoewel Jessica en Elaine weer wat vertrouwder met elkaar raakten, vroeg Jessica zich in stilte af hoe lang het goed zou gaan; in het verleden waren de perioden dat de zusters geen ruzie hadden, altijd erg kort geweest. Elaine leidde nu een werelds leven: ze had een goede baan, een kast vol kleding, creditcards, een auto. Ze zat midden in een bedwelmende romance. Jessica leed aan angstaanvallen. Ze was niet gewend aan het ontbreken van regels. Ze miste de dagelijkse steun van haar gevangenisvriendinnen en soms voelde ze zich zo overweldigd door alles, dat ze half wenste dat ze terug kon–daar wist ze tenminste wat haar te doen stond. Haar dikte maakte haar pijnlijk onzeker. Ze was constant in paniek over geld en ze had een bril nodig. Jessica kon maar nauwelijks de boete en haar aandeel in Elaines huishoudelijke kosten betalen.

Elaine was netjes, maar Jessica maakte werkelijk als een bezetene schoon. Ze verloor haar geduld met haar neefjes, die met de deur sloegen als ze het huis in- en uitrenden en die hun vuile borden in de gootsteen dumpten. Net als in haar cel, veegde en dweilde ze iedere avond de vloer voor ze in Elaines bed kroop. Het was nog steeds hetzelfde bed als Jessica Elaine jaren geleden had gegeven, afkomstig uit een van de appartementen die Jessica met George had gedeeld. Zondags kwam Jessica's vriend uit het reclasseringscentrum op bezoek, maar ze hadden alleen wat privacy als Elaine wegging. Het enige plekje dat Jessica had, was een randje van Elaines computertafel. Ze zette haar territorium vol met foto's en toiletartikelen.

Elaine schepte een groot genoegen in haar rol van mentor. Ze legde haar oudere zus uit hoe ze een begroting moest maken. Jessica had haar nodig, maar was tegelijkertijd verontwaardigd. Elaine zat in een soort van seksueel bewustwordingsproces en het leek haast alsof Jessica en zij van rol waren gewisseld. Elaine ging dansen en naar striptenten met haar vriendinnen en weekendjes weg naar de Poconos met haar vriend; Jessica paste op de kinderen. Serena kwam af en toe logeren en Jessica dacht soms wel eens dat Serena meer van Elaine hield dan van haar; ze waren elkaar in de jaren van Jessica's gevangenschap nader gekomen en Elaine had geld om dingen voor Serena te kopen. Elaine had zelfs contact onderhouden met Torres, de vader van de tweelingbroertjes, die erop aandrong zijn zoontjes te mogen zien. Milagros stemde er met tegenzin in toe, hen te komen brengen. 'Hij wil alleen maar met Jessica naar bed,' zei ze afgemeten.

Aanvankelijk verliep de ontmoeting slecht. Jessica had een angstaanval en sloot zich in de badkamer op; Milagros observeerde koeltjes Torres, die met zijn armen over elkaar op Elaines bank zat, terwijl de jongens de woonkamer in- en uitrenden. Elaine rende even hard mee, als een bezorgde diplomaat bemiddelend tussen Torres en Jessica. Maar Torres en Jessica kregen wel contact via de telefoon. Ze voerden lange, flirterige gesprekken. Hij belde haar vanuit het gasbedrijf waar hij nu 's nachts werkte. Jessica voerde wisselgesprekken met Torres en haar vriend, en op sommige avonden had ze nog een hele partij andere telefoontjes af te handelen.

Zij en Torres spraken af elkaar in New Haven te zien op de dag van de schikkingsbijeenkomst in het kader van de door Yale aangespannen zaak, waarin nog steeds geen uitspraak was gedaan. Haar advocaten hadden inmiddels gehoord dat ze weer contact had met Torres en drongen er bij haar op aan te schikken, wat ze inderdaad deed: voor 5.000 dollar. Na de bijeenkomst lunchte ze met de rechtenstudenten en sprak ze met de mensen die gevangenisrecht studeerden. (Jaren later vatte een student de les die Jessica hem had geleerd als volgt samen: 'het belang van het exact vaststellen van de feiten – en de onmogelijkheid daarvan'.) Torres pikte haar bij het treinstation op en bracht haar met de auto terug naar Elaine. Aan het eind van de reis was het voor hen allebei duidelijk dat het niet waarschijnlijk was dat hun relatie weer zou opbloeien: Torres was inmiddels streng gelovig geworden en wilde zelfs niet dat Jessica in zijn auto naar popmuziek luisterde. Maar Jessica had aandacht nodig en leek blij met het feit dat er weer mannen in haar leven waren.

Het duurde niet lang of ze werd weer helemaal verliefd: op een drie-entwintigjarige ex-marinier, die zomaar bij Elaine de trap van haar veranda opkwam en aan de deur klopte. Hij had uitgekeken naar een ontmoeting met Jessica; de collega die hem opleidde tot controleur van mensen die huisarrest hadden, had haar beschreven als 'Wow'. Hij zei later dat hij, toen hij Jessica de eerste keer zag, wist dat hij problemen zou krijgen: ze kwam net onder de douche vandaan en had alleen een handdoek om. Hij stelde zich voor; Jessica dacht dat het geen toeval kon zijn dat hij George heette. Ze maakte een grapje over het feit dat ze al tattoos van hem had. Met haar liefste stem vroeg ze hem alsjeblieft even te wachten tot ze zich had aangekleed. George vertelde Jessica niet dat hij een vriendin had die hij als zijn vrouw beschouwde.

## HOOFDSTUK 36

Iedere kans die Coco aangreep, verbeterde haar leven wel, maar het bleek onmogelijk om die verbeteringen vol te houden in de armoede waarin ze steeds weer terugviel. Een baantje met een minimumloon voor een gezin van vijf personen leverde nauwelijks voordeel op, terwijl de nadelen maar al te snel bleken: Coco was de ziel en het houvast van haar gezin, en haar onvoorspelbare afwezigheid – ze had bij de supermarkt onregelmatige werktijden – maakte het moeilijk om een vaste routine in het huishouden te brengen. Wat goed was voor Coco – het huis uit zijn – was niet altijd goed voor haar kinderen, en Frankie was maar een mager surrogaat.

Hij had zijn werk bij het fruitverpakkingsbedrijf al snel moeten opgeven nadat Hector een iets beter betaalde baan als bewaker in een bejaardenhuis had gevonden. Eerst kreeg Frankie nog een lift naar het werk van een collega, maar die ging dagdienst draaien en 's avonds laat reden er geen bussen meer, zodat Frankie weer op straat kwam te staan. Coco had zich min of meer neergelegd bij het feit dat hij 'daar doet wat hij doet', maar Frankie leek de moed steeds meer te verliezen. Coco was bang dat hij zichzelf iets aan zou doen – een van zijn broers had zelfmoord gepleegd – maar andere problemen vroegen haar aandacht, zoals Mercedes' constante moeilijkheden op school. De school van Mercedes had zelf ook zo zijn problemen. De resultaten waren er buitengewoon slecht en de school stond erom bekend dat men de kinderen niet in de hand kon houden. Het hoofd had Mercedes een paar keer geschorst en tegen Coco gezegd dat Mercedes van school zou moeten, tenzij ze begeleiding kreeg. Coco schreef Cesar en vroeg om raad; toen ze Mercedes uitlegde dat de situatie ernstig was, leek Mercedes dat te begrijpen, want ze begon te huilen. Mercedes liet maar zelden de zachtere kant van haar emoties zien; haar tranen waren meestal tranen van frustratie en woede. Coco was bang dat Mercedes' moeilijkheden op school uit de thuissituatie voortkwamen: 'Ik denk dat het door Frankie komt, maar ik kan het haar niet kwalijk nemen, want we hebben altijd ruzie waar de kinderen bij zijn, en ik denk dat zij denkt "ik wil niet dat mijn moeder alsmaar ruzie moet maken."'

Mercedes paste op haar zusjes als haar moeder werkte. Soms klonk ze net als Coco, zoals die keer dat Nautica in Corliss Park naar de 'verkrachter' wees: een man die volgens de verhalen seksuele misdrijven beging en die in de buurt rondliep met een leeg boodschappenkarretje. 'Hou je mond, Naughty,' zei Mercedes. 'Dat mag je niet zeggen, en bovendien weet je niet eens wat het betekent.'

Coco nam na een paar weken ontslag bij de supermarkt vanwege de onregelmatige uren, maar ze snakte naar een andere baan. 'Ik wil werken zodat ik als de kinderen in de winkel iets willen, ja kan zeggen,' zei ze. Vlak voor Kerstmis kon ze in het bejaardenhuis komen waar Hector werkte, en daar de maaltijden van de bewoners rondbrengen. Ze had vaste werktijden – van zes uur 's morgens tot drie uur in de middag – en haar gezin had baat bij dit voorspelbare rooster. Tot Coco's verrassing en opluchting werd het geruzie tussen Mercedes en Frankie een stuk minder.

Coco maakte het zo gemakkelijk mogelijk voor Frankie: ze stond om vier uur 's ochtends op, maakte de meisjes wakker en kleedde ze aan, maakte hun ontbijt klaar en ging snel onder de douche nadat ze ze met hun ontbijt voor de tv had gezet. Ze aten en vielen dan weer in slaap. Coco zette de wekker opnieuw voor Frankie; hij hoefde ze alleen maar weer wakker te maken, ze in hun jas helpen en ze hun boekentas meegeven, die ze allemaal op de bank naast de deur had klaargelegd. Frankie hoefde niet eens naar buiten; hij kon vanuit het raam kijken hoe Mercedes haar zusjes veilig over de drukke straat de bus in loodste. Frankie bleef thuis met Pearl, en Coco was terug als de andere kinderen weer thuiskwamen, waarna hij vrij was om de deur uit te gaan.

Coco vond het heerlijk om te werken. Haar collega's hadden een hekel aan het pietluttige gedoe van de oude bewoners, maar Coco vond hun eigenzinnigheid juist interessant. Op de tweede dag kende ze de namen van alle bewoners al uit haar hoofd. Thuis kookte ze het avondeten, de meisjes maakten hun huiswerk, gingen in bad, kregen nog iets lekkers en vielen dan in slaap, ieder in zijn eigen bed. Coco zelf ging om tien uur naar bed.

Een paar weken later had Pearl weer veel last van braken en kort daarna begon Coco, die het vermoeden had dat ze wel eens zwanger kon zijn, zelf ook over te geven. Zonder auto kon Coco niet naar de dokter, omdat ze afspraken niet altijd in de twee uur na het werk kon maken. Daarom nam ze ontslag bij het bejaardenhuis en pakte eerst de belangrijkste problemen aan: ze ging met Pearl per bus naar de dokter in Albany, wat minstens drie uur reizen kostte – geen enkele specialist in Troy nam Medicaid-patiënten aan. Frankie bleef thuis bij de andere kinderen, die niet meer tegen wachtkamers konden. Coco begreep het wel: 'Ik word zelf ook ongeduldig, en ík ben een volwassen vrouw. Hoe moet het dan wel niet voor een kind zijn?'

Pearl, die vier was, raakte af en toe zo gefrustreerd dat ze soms handenvol van haar haar uittrok, en met de achterkant van haar hoofd op de grond bonsde.

Thuis paste Mercedes op als Frankie naar buiten ging om zaken te doen. Als Coco er niet was, liet Frankie zijn klanten echter binnen. Mercedes rende bij iedere bel naar de deur–wat soms elke paar minuten leek te gebeuren. Al vlug werd het huishouden weer een chaos. Er hingen altijd mensen rond. En zoals altijd had Coco niet de moed om haar eenzame gasten te zeggen dat ze weg moesten.

'Het is net als bij mijn moeder,' zei Iris. De meeste logés waren ook hetzelfde: Bambi, Coco's nicht, kwam net van Foxy in de Bronx en ging naast Coco wonen met Weedo, Coco's vroegere buurjongen. Munchie, een andere jongen uit hetzelfde gebouw als Foxy, had het appartement boven Coco gehuurd. 's Nachts sliepen Platinum en haar zoon op de kussens van Coco's bank, die ze op de grond legden.

Iris vergezelde Coco eind januari 1999 naar de kliniek voor een zwangerschapstest. Maar er zaten heel veel jonge vrouwen te wachten en de kliniek deed maar acht testen per dag. Coco's weerstandsvermogen nam steeds verder af. 's Winters maakte ze meestal een warm ontbijt voor haar dochters: wafels uit de magnetron of eieren en toast, maar nu versliep ze zich voortdurend. Mercedes deed haar best haar zusjes naar school te helpen, maar ook zij versliep zich. Als ze op school was, leek ze niet te kunnen omgaan met haar onderwijzers en klasgenoten; de strijd thuis was vertrouwder, maar die verloor ze niettemin.

Op de zondag van de finale van de Super Bowl zweefde Frankie, na het roken van een fikse joint met zijn vrienden in de slaapkamer, in een tevreden wolk door het huis. Hij eiste zijn stoel voor de tv terug. Naast hem zaten zijn buren: Munchie links en Weedo rechts. De bakken chips en nachos gingen heen en weer. De jongens merkten de begerige ogen van de kinderen niet op of negeerden die gewoon.

Mercedes probeerde te onderhandelen. Ze vroeg Frankie of ze ook wat mochten. Hij weigerde. Ze ging naar de keuken, waar de vrouwen aan het eten koken waren. 'Mamma, Frankie wil ons niets geven,' meldde ze.

'O, Mercy, alsjeblieft,' zei Coco zuchtend. Ze had geen zin in ruzie met Frankie, dus offerde ze haar laatste 2 dollar aan voedselbonnen op en ging Mercedes trots snacks kopen in de winkel aan de overkant.

Met al die logés was Coco al naar drie voedseluitdelingen geweest, maar nog steeds kon ze het niet bolwerken. Een flinke hoeveelheid eten ging naar een peervormig zeventienjarig meisje met vlassig haar, dat Marisol heette en boven met Munchie woonde; behalve een bed hadden ze geen enkel meubelstuk, laat staan potten en pannen. Marisol was nog maar net naar Troy verhuisd, maar ze wilde alweer terug naar de Bronx. 'Ik ben veel te jong om hier te wonen. Ik ben nog een meisje. Ik heb geen kinderen. Ik zou helemaal niet met een man moeten samenwonen,' zei ze. Op haar arm zat een afdruk van een beet ter grootte van een citroen; Munchie had Marisol betrapt toen ze zijn zakken doorzocht naar zijn loonstrookje. 'Dat zou ik niet pikken,' zei Platinum.

'Nou, Marisol,' zei Bambi scherp, 'en wat ga je nou doen?' Bambi was niet het type voor een praatje over koetjes en kalfjes. Ze had zeven jaar gezeten voor gewapende roofovervallen en had vijf kinderen in pleegzorg moeten afstaan. Ze had weinig geduld met meiden die dachten dat ze tijd genoeg hadden om hun problemen op te lossen. Op dat moment kwam Nikki de keuken binnen gerend. 'Mama! Mama!' krijste ze. Mercedes botste tegen haar aan. Nikki hield een lege bak op. 'Frankie wil chips, Ma!'

Mercedes onderbrak haar buiten adem. 'Mama, mama! Frankie-wou-ons-geen-nachos-en-kaasdip-geven-maar-nu-wil-hij-wel-die-van-ons!'

'Nou, geef hem dan wat,' zei Coco.

'Waarom moeten we ze delen, mama?' vroeg Mercedes.

'Geef hem nou gewoon wat, Mercy.'

'Dat is niet eerlijk!'

'Het kan me niet schelen of het eerlijk is of niet, verdomme!' zei Coco. 'Geef hem wat, Mercy!'

'Mam!' jammerde Mercedes. 'MAAAM!'

'Als je niet ophoudt, ga je maar naar je kamer.' Coco griste de zak uit Mercedes' hand, schudde de chips bruusk in de schaal en schoof die naar Nikki toe, die hem plagerig boven haar hoofd hield en er de keuken mee uit paradeerde. Mercedes maakte haar aan het schrikken door te doen alsof ze haar een stomp wilde geven.

'Mama!' riep Nikki, al even overdreven. Coco pakte Mercedes bij haar arm, sleurde haar naar haar kamer en smeet de deur achter haar dicht.

'Ze doet het erom. Er is altijd wat met d'r,' zei Bambi zacht. Marisol beet op haar lip. Platinum, die meestal niet om een reactie verlegen zat, staarde zwijgend voor zich uit. De drie besloten samen buiten een sigaretje te gaan roken. Coco ging verder met afwassen, haar lippen op elkaar geklemd. Ze kletterde met de pannen.

De karbonaden waren klaar. Coco legde ze op de borden en schepte er rijst op. De kinderen zaten op de vloer te eten. Ze wachtten met spanning op de rust in de wedstrijd, waarin hun heldin, Mariah Carey, zou optreden. Ze kenden al haar liedjes en danspassen en hadden geoefend voor haar optreden tijdens de finale. Net op het moment dat ze op het scherm zou verschijnen, schakelde Frankie over naar een bokswedstrijd.

'O, mama!' kermde Nautica.

'Wat moet ik in godsnaam doen?' schreeuwde Coco.

Nikki sloeg zichzelf.

'Mama!' riep Nautica opnieuw.

'Frankie,' zei Coco.

'Mama,' zei hij op een jengeltoontje, en negeerde hen. Hij was gek op profboksen. Intussen liep Pearl met een nieuw Barney-boek rond. 'Wil je me voorlezen?' vroeg ze. Niemand hapte toe.

*Nee, mami, straks.*

*Na de wedstrijd, Pearl.*

*Nee, mami, ga maar spelen.*

Maar plotseling tilde Marisol Pearl op, zette haar op schoot en ging voorlezen. 'Nog een keer!' zei Pearl. Na de derde keer kende ze het verhaal uit haar hoofd.

Coco bracht februari min of meer slapend door. De meisjes gingen niet naar school. Nautica huilde hartverscheurend; ze vond het heerlijk op school. Als gevolg van nieuwe regels werd er 60 dollar van Coco's bijstandsuitkering ingehouden voor ieder kind dat meer dan twee keer zonder verklaring niet op school was verschenen. Coco raakte het grootste deel van haar toelage kwijt. Mercedes probeerde zonder succes het ontbijt voor haar zusjes te maken, maar die wilden dat zelf doen. 'Wil je dan jezelf branden? Wil je dan jezelf branden?' gilde ze. 'Ik geef je een lel. Mama!' Zelfs Frankie maakte zich openlijk zorgen. En toen constateerde Coco dat ze inderdaad zwanger was.

De reacties op Coco's vijfde zwangerschap waren gemengd. Frankie was blij; hij zag zijn kinderen zelden. Een nieuw kindje gaf hem de kans het nu beter aan te pakken. Hij wilde ook graag Coco als moeder van zijn kind. Anders dan bij andere meisjes die hij kende, kwamen bij Coco de kinderen altijd op de eerste plaats. 'Ik hoop dat ik je een zoon kan geven,' vertrouwde hij haar toe. Iris was zo geschokt dat ze weigerde om met Coco te praten. De grootmoeders maakten zich zorgen om Coco's gezondheid, gezien de moeilijke geboorte van Pearl. Milagros gaf Coco tot haar grote verrassing niet eens een preek. Het enige wat ze zei was: 'Het zal hard werken zijn, maar daar is nog nooit iemand aan doodgegaan.' Hector verklaarde: 'Ik steun je door dik en dun. Jij bent mijn zus. Frankie is mijn vriend, ik hou van die gast, weet je. Maar niet om het een of ander, Coco, hij is een loser. Hij zal nooit iets bereiken. Je zult dat kind helemaal zelf groot moeten brengen. Maar je doet maar wat je moet doen.' Coco kon wel raden hoe Cesar zou reageren – *Waarom krijg je weer een kind terwijl je niet eens kunt zorgen voor de kinderen die je al hebt?*

Tijdens een bezoek aan de Bronx belde Coco Sunny, Wishmans moeder, en die gaf het nieuws door aan Wishman, die Coco bij Foxy kwam opzoeken. Hij probeerde met Pearl te praten, maar die negeerde hem. Wishman vroeg Coco: 'Hoe kon dit nou gebeuren?'

'Ach, het is gewoon gebeurd.'

'Maar waarom dit?' vroeg hij en prikte met zijn vinger in haar buik. Ze haalde haar schouders op. Nikki's vader, Kodak, wenste haar het beste.

De logés vertrokken de een na de ander, maar nog was er nooit genoeg eten in huis. Radeloos ging Coco weer naar de sociale dienst om noodvoedselbonnen aan te vragen. Ze vertelde haar consulente dat ze zwanger was.

'Ik weet niet of ik je moet feliciteren of medelijden met je moet hebben,' zei de consulente. Coco glimlachte maar wat; ze wist het zelf ook niet.

Coco wou graag een zoon, maar ze was doodsbang dat ze een zenuwinzinking zou krijgen. Hoe moest ze voor nog een kind zorgen? 'Ik heb echt het idee dat ik gek zal worden als ik dit kind krijg. Ik word vast net als mijn moeder, in het ziekenhuis en met allemaal medicijnen,' zei ze. Langs haar haarlijn verschenen nieuwe rode plekken. Uit sommige kwam bloed, als zieke sproeten. Coco overwoog een abortus, maar bedacht toen wat de mensen van haar zouden denken als ze een ongeboren kind vermoordde. Op een avond, op weg naar de dollarwinkel, peilde ze de mening van haar dochters. 'Misschien laat mama het baby'tje wel weghalen. Ik heb hetzelfde met jullie vieren meegemaakt, maar toen dacht ik dat ik het wel aankon, en er is zoveel wat ik nog voor jullie wil doen – jullie weten toch wel hoe graag mama naar Great Escapes wil? Ik zweer dat ik daar deze zomer met jullie heen ga, al moet ik het busje zelf rijden. Maar dit kan ik niet.'

'Het mag niet, mama,' zei Mercedes.

'Ik weet het, Mercy, maar mama kan het echt niet. Je weet toch wat voor problemen ik nu al met Frankie heb?'

'Maar, mama, het is niet goed,' zei Mercedes opnieuw.

'We zullen je helpen, mammie,' zei Nikki. 'We kunnen flesjes klaarmaken.'

'Mammie heeft jullie allemaal gekregen toen ze jong was, maar nu is het geen goed moment.'

Nikki leek overtuigd. 'Het is beter als we ouder zijn, achttien of zo, want dan kunnen we voor jou zorgen. We kunnen dan flesjes kopen, en luiers.'

'Ik zit voor de rest van mijn leven aan Frankie vast,' zei Coco. 'Wat hij me ook aandoet: als mama het kindje krijgt, zit ik aan hem vast; wat er

378

ook gebeurt, ik moet bij hem blijven.' Coco begon te huilen, heftige, rade-loze snikken. Toen ze weer wat kalmer was, keek ze omhoog en vroeg God rechtstreeks naar haar kansen: 'Stel dat dit mijn zoon is?' zei ze met paniek in haar stem. De meisjes keken stilletjes toe.

In de winkel trakteerde Coco de kinderen op drie dingen elk. Nikki probeerde op haar beurt haar moeder te troosten: 'Mama, dankjewel voor alles wat je voor ons doet. Je bent een lieve moeder. Je neemt ons mee naar leuke dingen. Ik hou van je.'

'Waarom hou je van me?' vroeg Coco.

'Omdat je voor ons zorgt. Je koopt dingen voor ons.'

'Hou je alleen maar van me omdat ik dingen voor je koop?' vroeg Coco. Nautica riep: 'Ja!'

'Hoor haar nou!' zei Coco.

Nikki probeerde het nog eens: 'Ik hou van je omdat je voor ons zorgt.'

De avond viel, stil en enorm. 'Ik wacht nog steeds op het juiste ant-woord,' zei Coco. 'Ik wacht.'

Mercedes wist het: 'Omdat je mijn moeder bent.' Coco was tevreden. Dat was in haar ogen het juiste antwoord.

Soms sliep Coco door het avondeten heen. Ze sleepte zich uit bed en gaf bloed op. 'Ze lijden eronder, ik geef ze eten uit blik,' zei ze treurig. Ze nam de telefoon niet meer op, omdat het toch altijd de school leek te zijn met klachten over Mercedes:

*Mercedes wilde niet naar de juf luisteren.*

*Kan iemand Mercedes ophalen; ze moet nablijven!*

*Mercedes heeft met een klasgenoot gevochten.*

*Mrs. Rodriguez, we hebben Mercedes weer geschorst.*

Opnieuw eiste de school dat Coco psychologische hulp voor Mercedes zocht.

Coco geloofde niet in psychologische hulp. Toen haar vader stierf – Co-co was acht – moest het hele gezin in therapie. De therapeut was Hector individueel blijven zien en had hem Dilantin voorgeschreven, maar Hec-tor bleef het meest labiele lid van het gezin. Foxy's toestand was ook niet verbeterd in de zes jaar van de wekelijkse therapie na haar verblijf van drie weken in wat ze de 'psychiatrie' noemde. Wat Coco betrof, hadden de artsen alleen maar Foxy's druggebruik nog gevaarlijker gemaakt; naast cocaïne slikte ze nu ook medicijnen. Coco had niet het idee dat haar moeder erg goed in staat was haar eigen apotheker te spelen. Bovendien brachten medicijnen hun eigen problemen mee. Als Iris haar antidepres-siva niet innam, werd ze heel erg ziek. Dus zei Coco: 'Ik heb gezien hoe mijn broer erdoor onderuit is gehaald, ik heb gezien hoe mijn moeder erdoor onderuit is gehaald, en hoe mijn zuster er niet meer buiten kan.'

Toen Coco Mercedes uiteindelijk toch meenam naar een therapeut, verstopte Mercedes zich in de eerste sessie onder haar jas. De therapeut zei tegen Coco dat het niet hielp om Mercedes' eisen in te willigen – een opmerking die Coco nogal voor de hand liggend vond. 'Ik geef al mijn kinderen te veel toe,' zei Coco later. 'Maar ja, ze zullen me uiteindelijk toch wel de schuld geven. Het is allemaal tijdverspilling. Mercedes zegt niets. Ik geloof niet in therapie.'

Voor Mercedes bracht therapie heel andere problemen met zich mee. Als ze open met een therapeut moest praten, moest ze zich een weg zoeken door een mijnenveld vol geheimen waarmee ze haar moeder kon verraden en haar zussen in gevaar bracht. De sociale dienst mocht niets over Frankie horen omdat Coco dan niet meer in aanmerking kwam voor huursubsidie en een uitkering. En hoe moest het met de drugs die Frankie soms in huis verstopte zonder dat Coco het wist?

## HOOFDSTUK 37

In de eerste jaren van zijn detentie had Cesar zich in zijn cel een heel beperkte voorstelling van zijn toekomst gemaakt: hij zou vrijkomen en dan zijn 'criminelige gedrag' weer oppakken. Hij zou zich, sterker dan ooit, weer op Tremont vertonen en wraak nemen op de vijanden en de vroegere vrienden die zo stom waren geweest hem af te schrijven. Hij zou een hele hoop meiden versieren. Hij kon de opmerkingen van de vrouwen over zijn getrainde lijf al horen: 'Verdorie, hij heeft negen jaar gezeten en hij komt er *jonger* uit. Hij lijkt wel splinternieuw!' En als hij in zijn oneindige goedheid Coco en Roxanne eens een nachtje bezocht, zouden ze er wel achter komen dat ze maar beter op hem hadden kunnen wachten.

Maar de lange duur van zijn gedwongen afwezigheid op Tremont en de afstand tot de dagelijkse problemen van zijn familie, hadden Cesar een onverwachte kans gegeven. Pas toen hij er van buitenaf tegenaan keek, zag hij wat voor leven hij had geleid. Giselles gebrek aan belangstelling voor Cesars machogedrag had hem ook een mogelijkheid geboden om zijn wat minder bekende eigenschappen te verkennen. Toen hij jong was, zeiden Lourdes, Jessica of Elaine altijd als ze problemen hadden: 'Cesar lost het wel op.' Zijn vrienden verwachtten ook dat hij hun problemen oploste; Cesar herinnerde zich dat Rocco een keer in de biljartzaal op Mount Hope bij een vechtpartij betrokken raakte en dat Cesar toen zijn pistool trok, waarop Rocco ervandoor ging. Mighty was de enige geweest die de last van het stoere imago met hem had gedeeld. Cesar was dit soort situaties altijd grif aangegaan, maar nu verontrustte die naïveteit van toen hem; hij begon zich af te vragen of die afhankelijkheid van zijn vrienden en familie van hem wel echt liefde was. In de isoleercel kon Cesar niemand intimideren, beschermen of redden; fysiek was hij volkomen machteloos. De isoleercel had Cesar ook gedwongen om te vechten tegen wat hij later zijn grootste demon noemde: zijn angst om alleen te zijn. Hij dacht na over wat alle meisjes met wie hij geslapen had, hem gegeven hadden. 'De enige keren dat ik me veilig en rustig voelde,' zei hij, 'was als ik met een meisje naast me sliep.' De gedwongen eenzaamheid had hem ook aan het denken gezet over wat het betekende om een zoon, een vader, en een man te zijn. 'In de isoleercel heb je de tijd om na te denken over de vraag waarom je kinderen net zo zijn als jij,' zei Cesar. Het beschermen van je familie was een te grote verantwoordelijkheid voor een kind. De problemen van Mercedes baarden Cesar ernstige zorgen.

Het feit dat zijn nieuwe gevangenis tamelijk dicht bij de stad lag, maakte het ook een stuk eenvoudiger voor familie en vrienden om hem te bezoeken, en zijn inzicht in zijn oude leven en zijn besluiten voor de toekomst werden beter naarmate hij meer contact met de buitenwereld had. Elaine kwam op bezoek met haar zoontjes en haar nieuwe vriend. Giselle kwam met de sneldienst, die goedkoper was dan de langere bus-ritten, en de frequentie van haar bezoeken maakte dat die minder gestrest verliepen. Sinds hun verzoening had ze het gehad over een kind, hoewel Cesar wilde dat ze wachtte tot hij weer vrij was. Hij wilde de kinderen helpen die hij al had. Rocco kwam af en toe op zijn motor en schaakte een potje voor hij naar zijn nachtdienst bij het softwarebedrijf ging.

Rocco, die heen en weer bleef zwalken tussen de criminele en de fat-soenlijke wereld, voelde zich schuldig over het feit dat hij zoveel geluk had gehad. Hij had over hun oude clubje zitten nadenken. Mighty was dood. Tito zat nog steeds in de Sing Sing en maakte het niet zo best. Roc-co was een paar keer bij Tito op bezoek geweest en had hem paranoïde aangetroffen. Tito was ervan overtuigd dat de autoriteiten, om hem dwars te zitten, stemmen via zijn transistorradio uitzonden en hij bleef maar bezig met een krankzinnige theorie voor een nieuwe hoger-beroepszaak die hij helemaal niet kon betalen. Cesar zat ook opgesloten, maar die overleefde het in ieder geval. 'In zekere zin heb ik ze allemaal op het ver-keerde pad gebracht,' zei Rocco. 'Waarom ben ik hier nog? Waarom ben ik bij mijn familie? Waarom ben ik erin geslaagd om te trouwen? Waarom heb ik het zo goed, terwijl ik de gangmaker was?' Hij wilde iets terugdoen voor Cesar. 'Ik zal hem Windows 95 leren, Windows 98, DOS – zodat hij niet opnieuw van het rechte pad af dwaalt,' zei Rocco. 'Ik ben een nieuwe weg ingeslagen.' Giselles visie op de toekomst omvatte Cesar ook als gezinshoofd. Zo gedroeg hij zich ook tijdens de bezoekuren. 'Het kan me niet schelen al werkt hij bij McDonald's! Zolang we maar een dak boven ons hoofd hebben en de rekeningen kunnen betalen,' zei ze.

Cesar liet het niet merken, maar soms vond hij Giselles liefde voor hem net een wonder. Als ze op bezoek was, zag hij haar door de bezoek-ruimte lopen en vroeg hij zich af waarom zo'n mooie vrouw hem trouw bleef. Ze had Cesar niet nodig op de manier zoals hij gewend was. Zijn mogelijkheden om haar fysiek te beschermen, waren zeer beperkt. En alleen tijdens weekendbezoeken kon Cesar haar seksueel bevredigen. Ze verdiende haar eigen geld. Zoals Giselle zei: 'Ik kan voor mezelf zorgen. Ik hoef niet met iemand te zijn om wat die voor me kan doen.' Ze deed haar plicht als zijn vrouw, maar raakte niet nauw betrokken bij zijn fami-lie. Ze belde Lourdes met haar verjaardag en op moederdag, ze kwam langs met Kerstmis en Thanksgiving, ze belde Coco namens hem om te vragen hoe het met de meisjes ging, maar ze liet Cesars slechte relatie met Roxanne aan Lourdes over. Giselle kwam regelmatig bij Cesar op bezoek, maar als ze niet kwam verontschuldigde ze zich ook niet.

Kort nadat Cesars periode van eenzame opsluiting voorbij was, stopte hij coldturkey met drugs en gebruikte het restant van Rocco's geld om de boete te betalen voor zijn meest recente overtreding. Hij trok zich terug uit de *mix* en bemoeide zich met niemand meer. Cesar zei: 'Ik zou óf vermoord zijn óf iemand vermoord hebben, en ik heb bedacht hoe erg het voor mijn dochter zou zijn als ze dan mijn begrafenis moest bijwonen.' Hij bekende Giselle dat hij drugs had gebruikt en wijdde zich heel serieus aan haar. Hij hield op met andere meisjes te schrijven. Hij schreef zich in voor een oudercursus.

Intussen verwierf Jessica zich geleidelijk aan een plek in de buitenwereld, waarbij ze grote moeite moest doen om de behoeften van haar huidige leven te verzoenen met de gewoonten van haar vroegere bestaan. Ze liet foto's uit haar Boy George-tijd aan haar nieuwe George zien. Hij herkende het meisje met haar sieraden, leren jassen en bontmantels nauwelijks. 'Ik zie haar als eenvoudig. Die foto's leken verkeerd. Ze is gewoon Jessica,' zei hij. Ze gingen niet naar dure hotels, maar stiekem naar zijn moeders appartement als die er niet was. Jessica zat niet langer in een Mercedes of een BMW, behaaglijk achterovergeleund in stoelen van struisvogelleer; nu dook ze zonder protest onder het dashboard om te voorkomen dat ze door haar lotgenoten werd herkend als ze met hem meeging op zijn ronde.

Ze kregen wat meer privacy toen Jessica in mei 1999 een eigen onderkomen kreeg en George ontslag nam. De eigenaar van het bedrijf waar Elaine en Jessica werkten, had Jessica geholpen met het vinden van het net gerenoveerde studio-appartement in het souterrain van een particuliere woning in een middenklassebuurt in een aantrekkelijk deel van Pelham Parkway. Toen Jessica Elaine het appartement had laten zien dat ze oorspronkelijk op het oog had gehad, had Elaine ronduit gezegd wat ze ervan vond. 'Een zus van mij kan niet in zo'n troep wonen,' zei Elaine over de beschimmelde grot in een naargeestig gebouw in een gevaarlijke buurt. 'Je hebt je straf uitgediend,' zei ze tegen Jessica. 'Zo hoef je niet meer te leven.'

Toch bracht Jessica een paar moeilijke nachten alleen in haar appartement door. Het echtpaar dat boven woonde, had vreselijke ruzies, die ze door het plafond heen kon horen. Ze kromp ineen in haar bed en probeerde het geluid van de schreeuwende kinderen niet te horen door een kussen waarop Serena 'Welkom thuis' had geborduurd, over haar hoofd te trekken. Op andere avonden liet Jessica zich van de stilte afleiden door Jan en alleman te bellen: Serena, hoewel die voorzichtig moest zijn met interlokale gesprekken; George; haar gevangenismaatjes Ida of Miranda; of Talent, Boy George' oude vriend, die ze in het reclasseringscentrum tegen het lijf was gelopen.

Sinds Jessica's vrijlating had Boy George vergeefs geprobeerd haar te bereiken. Hij had brieven per adres aan Lourdes gestuurd, maar het laatste adres dat hij had, was Mount Hope, en Lourdes was sindsdien vijf keer verhuisd. Hij had Jessica ook per adres van zijn moeder geschreven, maar die twee hadden geen contact meer gehad na dat eerste bezoek. Jessica had geen belangstelling meer voor haar vroegere levensstijl, maar ze miste het houvast dat Boy George voor haar had betekend. Ze deed wat ze moest doen: werken, een nieuwe band met haar kinderen ontwikkelen, proberen een duurzame relatie met een man op te bouwen, maar vaak voelde ze zich ontworteld. Ze bleef omgaan met George, die inmiddels beveiligingsbeambte was. Zijn vrouw was zwanger, maar Jessica hoopte nog steeds op meer dan hij gaf. Ze had voortdurend geldzorgen. Ze had beloofd Cesar te helpen en haar voormalige vriendin Nilda een doos met kleren te sturen – Nilda zou binnenkort vrijkomen – maar Jessica kon zelf nauwelijks rondkomen. De kinderen hadden steeds van alles nodig, en Jessica wilde ook veel dingen voor zichzelf.

George reed Jessica een paar keer naar Troy om de kinderen te zien; Jessica had hem 3.000 van de 5.000 dollar van de schikking geleend om zijn auto te laten repareren. Op een van die tochten liepen ze Coco met Frankie en Coco's dochters in het park tegen het lijf. Vanuit de verte zag Coco George voor Serena's vriendje aan omdat die twee hand in hand liepen. Coco en Jessica omhelsden elkaar, maar hadden geen van beiden veel te zeggen. De ontmoeting stelde Coco teleur, wat ze weet aan Jessica's relatie met Giselle. Later zei Coco: 'Jessica wordt veel te snel verliefd.'

De groothandel waar Jessica werkte, ging 's zomers een maand dicht. Ze nodigde haar dochters uit naar de stad te komen en de vakantie bij haar door te brengen. De tweeling was niet zo enthousiast om bij haar te zijn als toen ze kleiner waren, maar Serena leek dolblij, en Jessica wilde zich als hun moeder gedragen, ook al wist ze niet precies hoe. In afwachting van het bezoek hing ze drie nieuwe tandenborstels aan de wand van de badkamer.

In juli kwamen de meisjes met de bus naar Jessica. Brittany en Stephanie kregen al vlug heimwee en gingen terug naar Troy, maar Serena bleef.

Jessica verfde Serena's donkere haar blond. Ze brachten hele middagen door bij het zwembad in Roosevelt Park. Ze gingen naar de kliniek, waar Jessica een zwangerschapstest liet doen (die negatief bleek). Zij en George gingen uit met Serena en Frederico, een jongere vriend van George. Ze gingen, zei Serena, 'wel duizend keer' naar Coney Island.

Serena belde George soms namens Jessica op – als lokaas of om George' vrouw voor de gek te houden. Jessica's openheid in het bijzijn van haar dochter verbaasde George: 'Jessica behandelt haar of ze dertig jaar oud is. Sommige dingen kun je niet zeggen – in sommige opzichten is het goed, maar in een ander opzicht neem je een kind haar jeugd af.' Tegelijkertijd maakte George Serena wegwijs in de mannenjungle. 'Ik vertelde haar bijvoorbeeld wat ik dacht als ik een meisje zag,' zei hij. Hij nodigde haar uit mee te gaan met hem en zijn vrienden en hun vriendinnen: als ze hun meisjes thuis hadden gebracht, liet George Serena horen wat voor denigrerende opmerkingen de jongens maakten over de meisjes die ze in de auto nog zo liefdevol hadden bejegend. Serena vierde haar veertiende verjaardag in de stad; George trakteerde haar en haar nichtje Tabitha op de film *American Pie*. Daarna gingen ze allemaal naar een cafetaria, waar Serena een klein taartje met een kaars kreeg. De serveersters zongen voor haar.

De voorzichtige veranderingen waarmee Cesar in de isoleercel was begonnen, werden versneld door de problemen die zich in het voorjaar van 1999 voordeden, een paar weken voor hij vijfentwintig werd. Eerst kreeg Rocco een vreselijk ongeluk: hij reed op zijn motor op de Grand Concourse, toen een vrouw in een auto vóór hem plotseling keerde, en hij haar aanreed. Als gevolg van de botsing raakte hij voorgoed verlamd. Een week later had Lourdes de eerste van twee ernstige hartaanvallen. Ze werd in hetzelfde ziekenhuis opgenomen als Rocco. Cesar was al heel lang bang dat Lourdes dood zou gaan terwijl hij in de gevangenis zat, en hij wilde niet dat zijn moeder uit het leven stapte terwijl ze teleurgesteld in hem was. Hij werd nog veel vastbeslotener om een manier te vinden om de mensen in zijn leven te helpen, zelfs vanuit de gevangenis. 'Mijn moeders gezondheidstoestand had er veel mee te maken,' zei Cesar. 'Mijn vrouw. Mijn kinderen. Ik moest een prioriteitenlijst maken.' Cesar kon Rocco niet telefonisch bereiken in de maanden dat hij in het ziekenhuis lag, dus knoopte Cesar banden aan met een gedetineerde in een rolstoel en leerde veel van hem.

Giselle nam Mercedes en Nautica samen met haar zoon Gabriel die zomer mee op bezoek bij Cesar, maar Mercedes was boos toen ze thuiskwam. Ze had toevallig gehoord dat Gabriel Cesar papa noemde.

385

'Waarom noem je hem papa? Hij is je vader niet,' had ze gezegd, en Cesar had haar op haar kop gegeven. Er was haar geleerd dat ze Frankie geen papa mocht noemen en zij moest Nautica leren dat Cesar hun vader was; die verantwoordelijkheid had ze altijd heel serieus genomen.

Cesar wist niet waar hij moest beginnen; als Mercedes al in de war was, hoe stond het dan met zijn andere kinderen? Mercedes had hem al sinds haar geboorte bezocht, en ze hadden met z'n drieën die mooie zeven maanden gehad tussen Harlem Valley en de straf die hij nu uitzat. Hoe stond het met Nautica, die hij nauwelijks had gezien? Of met Justine, die hij nu pas een beetje begon te leren kennen? En met Whitney, de dochter die hij nog nooit had gezien? En hoe moest hij weer een nieuw broertje of zusje aan zijn dochter uitleggen? Want zonder dat Mercedes het wist, probeerden Giselle en Cesar een kind te krijgen. Cesar had grote twijfels over de vraag of Giselles timing wel verstandig was, maar hij vond dat hij niet in een positie verkeerde om te weigeren. Hij wilde Mercedes geruststellen, maar haar houding baarde hem zorgen. Giselle adviseerde Cesar om heel geduldig met Mercedes te zijn. Ze zei tegen hem: 'Mercedes doet alleen maar wat ze anderen ziet doen.' Zijn taak als vader was het om dit teniet te doen, haar te laten zien dat er andere wegen waren.

Terwijl Cesar onzeker naar nieuwe manieren zocht om zijn problematische dochter te helpen, verkeerde Rocco in een soort shocktoestand. Pas door de reacties van zijn vrienden begon hij door te krijgen hoe ernstig hij eraan toe was. 'Keiharde moordenaars, killers, die huilend zeiden: "Hé man, ik kan het gewoon niet aanzien!"' vertelde Rocco later. Hij snapte het nog steeds niet helemaal. 'Is het zo erg? Donder op! Is het zo erg?' In paniek vertrok hij maanden te vroeg uit het revalidatieoord.

Rocco's vrouw Marlene kreeg het meteen zwaar te verduren: ze werkte fulltime, studeerde, bracht hun dochter groot en moest nu ook nog Rocco verzorgen, die thuis was en geen idee had hoe hij de eenvoudigste klussen moest klaren. Binnen een paar maanden waren ze, als gevolg van alle medische kosten, over hun kredietlimieten heen. Marlene begon te drinken en te kettingroken en vreesde dat ze nooit meer een eigen leven zou hebben. Ze zei: 'Hij is zichzelf. Hij zal dit overleven – en ik word gek.' Rocco had zich eindelijk aan zijn familie overgegeven, maar zijn overgave kwam te laat: 'Hij heeft zijn leven gebeterd. Omdat hij geen andere keus heeft. Hij kan nergens heen. Hij kan niets meer uithalen. Hij zit verdomme in een rolstoel,' zei Marlene.

In het najaar liet ze Rocco op een wachtlijst zetten voor een rolstoeltoegankelijk appartement, vroeg een invaliditeitsuitkering voor hem aan, vond een goede arts en een acceptabele ziekenverzorgster, installeerde hem in zijn oude kamer in het appartement van zijn ouders op Tremont, en vertrok. Cesar had kritiek op het feit dat Marlene niet loyaal was: 'Je zoons zijn er nog, maar Marlene is weg.' Rocco verdedigde haar: 'Maar mijn jongens hebben niet hoeven doormaken wat Marlene heeft doorgemaakt.'

Rocco luisterde niet meer naar muziek omdat hij dan naar buiten wilde, en hij kon alleen maar naar buiten als zijn broer hem drie trappen afdroeg. Hij kon niet lekker met zijn dochter stoeien. En een tijdlang kon hij zelfs niet alleen naar de wc. Rocco begon zich af te vragen of dit de straf was voor alle slechte dingen die hij had gedaan. Hij wilde dood. In hun telefoongesprekken deed Cesar geen pogingen hem te troosten; hij respecteerde het feit dat Rocco's verlies enorm was. Maar met zijn brieven en telefoontjes hielp hij zijn vriend wel om te overleven.

Mercedes had het ook moeilijk, maar zij kon niet op Cesar terugvallen; Coco kon zich geen collect calls op haar nummer permitteren. Coco zou inderdaad een zoon krijgen, en het feest waarop iedereen met cadeaus voor de baby kwam, moest hét evenement van die zomer worden. Coco's neef Leo, die ze als peetoom had gevraagd, had kosten noch moeite gespaard en een picknickplaats in een park gereserveerd: er waren spelletjes en een geluidsinstallatie, een hoop cadeaus en ballonnen, schalen vol eten, een grote taart en een barbecue. Boven Coco's rieten stoel, die lichtblauw versierd was, hing een reuzenspeen. Toen werd Frankie gearresteerd en verpestte daarmee alles. Tijdens de festiviteiten was hij even weggeglipt om wat weed te kopen voor een paar blanke jongelui, in de verwachting er een beetje voor zichzelf aan over te houden. Op de terugweg werden ze door de politie aangehouden, en Frankie gedroeg zich zo nerveus dat de politieman wantrouwig werd en de auto doorzocht. In plaats van dat Coco samen met de vader van haar kind de cadeaus openmaakte, waar ze zo naar had uitgekeken, zat ze nu zielig naast Iris, die de pakjes vrolijk opende voor ze, uitgepakt en wel, aan Coco te geven.

Coco drong er bij Mercedes op aan weer naar Ramapo Camp te gaan, wat ze die julimaand ook twee weken deed. Ze leerde onder water zwemmen en van de duikplank springen. Maar zodra ze op de terugreis haar moeder in de Bronx trof, voelde ze zich alweer verantwoordelijk voor het gezin. Toen Octavio, de drugsdealer die de baas was in Foxy's gebouw, een lelijke opmerking over Coco maakte, zei Mercedes dapper tegen hem: 'Hou je kop.' Octavio gaf haar vervolgens – maar half voor de lol – een mep en zij sloeg uit alle macht terug. De rest van de avond paste ze op haar zusjes in de wachtkamer van het Lebanon-ziekenhuis in de Bronx: Pearl was namelijk in de badkamer gevallen en had zich lelijk verwond.

Mercedes paste nog vaker op dan anders omdat Coco bedrust moest houden. Coco's dokter maakte zich zorgen over de bevalling en had met haar afgesproken dat hij vroeg in de herfst een keizersnede zou doen. 'Hoe kun je met vier kinderen bedrust houden?' vroeg Coco. Frankie, die weer vrijgelaten was toen de drugsaanklacht was ingetrokken, was nergens te vinden. Of hij kwam opdagen als het te laat was om iets nuttigs voor Coco te doen. 'Coco, wil je iets eten?' vroeg hij een keer om twee uur 's ochtends in een poging Coco's boosheid te temperen terwijl ze tussen haar dochters en de verkreukelde lakens op de vloer van Foxy's woonkamer lag.

'Wat dacht jij dan? De kinderen hebben havermout gegeten, met een paar hot dogs! Ik moet voor twee eten!' riep Coco. Hij zei niets, wachtend op haar bestelling. *'Kip en een cheeseburger!'* krijste ze. Mercedes was opgelucht toen ze weer naar Troy teruggingen.

Thuis ontsnapte Mercedes, ging de straat op en fietste naar haar Títi Iris. Net als Mercedes prefereerde ook Iris het leven in de provincie. Ze kon gewoon naar de winkel lopen zonder te tobben: 'Gaat er iemand mijn geld jatten?' Kinderen fietsten niet om de keukentafel heen, maar op de stoep en het gras. Maar zelfs Iris' huis bleek niet het veilige toevluchtsoord waar Mercedes behoefte aan had. In augustus viel de huisvestingspolitie Iris' appartement binnen, dat ze per ongeluk hadden aangezien voor dat van de drugsdealer aan de overkant. Tijdens de inval grepen de agenten Mercedes' oom Armando beet, die in de slaapkamer tv keek, smeten hem op de grond en deden hem handboeien om. Ze zeiden tegen Iris, die stond te gillen, dat ze stil moest zijn, doorzochten kasten en keerden laden ondersteboven. Iris' oudste zoon rende naar het huis van Coco: Coco wist dat er iets aan de hand was – Iris' kinderen mochten nooit alleen de straat op. Pas toen een van de agenten de plaquette van de huurdersvereniging aan de muur zag hangen, herkende hij Iris van het buurtcentrum en liet de inval beëindigen.

Na die tijd werd Armando nog onrustiger; Iris' kinderen kregen slaapproblemen, bang dat de politie weer zou komen en hun vader meenam. Iris stopte met haar studie en werd depressief; haar vastberadenheid kwam niet meer terug, ook niet toen de familie verhuisd was. De dokter schreef Risperdal voor, een medicijn tegen psychoses. Mercedes' ooit zo ambitieuze tante sloot zich nu op in haar appartement en begon dik te worden. Iris kon niet zeggen hoeveel van haar angsten het gevolg waren van het trauma dat ze had opgelopen, of van de angst die ze had voor de nieuwe buurt, die om de hoek van Mercedes' school lag; om de vier of vijf huizen was onbewoonbaar verklaard of stond leeg. Drugs bleven haar leven verwoesten, waar ze ook heen ging.

## HOOFDSTUK 38

Serena was weer op tijd terug in Troy voor het nieuwe schoolseizoen; ze ging naar de bovenbouw van de middelbare school. Na de zomervakantie bij Jessica hadden Serena en Milagros vaker ruzie dan anders. Tot grote schrik van Milagros noemde Serena Jessica's vriend nu 'Papa George', en ze had een foto van haar en George in een lijstje waarop stond *Papa's kleine meisje*. Milagros zei: 'Je gaat me toch zeker niet vertellen dat je iedere man met wie je moeder iets heeft, papa gaat noemen, hè?' Serena werd boos; ze zei tegen Milagros dat Jessica en George gingen trouwen, dat hij Serena zijn dochter noemde en dat hij haar opbelde. Milagros zei dat de relatie heus niet blijvend zou zijn. Ze waarschuwde Serena: 'Geloof me nou maar, je moeder zal nog heel wat kerels verslijten voor ze een rustig leventje gaat leiden.'

In diezelfde maand september leerde Serena haar eerste vriendje kennen. Cristobal had een profiel als op een Romeinse munt. Hij verklaarde dat hij echt van Serena hield. Milagros verklaarde dat een negentienjarige jongen met oorringen en een tatoeage een meisje van veertien maar om één reden wou. Ze droeg Serena op een einde te maken aan de relatie. 'Ik weet wel dat ze het goed bedoelde met haar eeuwige gezorg, maar bij mij werkte dat niet,' zei Serena. Zij en Cristobal zagen elkaar stiekem. Milagros kwam erachter en stapte naar Cristobals ouders, waarbij ze zijn vader erop wees dat Serena minderjarig was; ze dreigde met de politie. 'Ik weigerde Serena op te geven,' zei Cristobal vasthoudend.

'Ik begon van hem te houden, ik moest hem zien,' zei Serena. 'Ik belde als Milagros onder de douche stond en zei dan: "We zien elkaar bij Video World."' Ze rende door Corliss Park, nam het pad achter de dollarwinkel langs en sprong in zijn wachtende Sunbird. Hij reed haar razendsnel naar McDonald's en trakteerde haar op haar lievelingsmaal. 'Dat deed hij altijd, wat het ook kostte,' zei Serena.

Coco trok haar neus op over Serena's voorkeur. 'Hij is veel te lelijk voor Serena – die is zo mooi, goddank,' zei Coco. Maar Jessica steunde haar dochter. Liefde was belangrijker dan uiterlijk. Het drietal hing uren aan de telefoon; Jessica wisselde dan tussen Cristobal op de ene en Serena op de andere lijn, hem troostend en haar vermanend.

Jessica kreeg op haar werk commentaar over haar gebel en Milagros gaf Serena huisarrest omdat ze voor al haar vakken een onvoldoende had.

Serena bracht het grootste deel van haar huisarrest door met knutselen aan haar dagboek. Ze noemde het zwart-witte schrift haar album. De tekst was verlucht met strips, plaatjes uit tijdschriften en foto's van haar vrienden en familie. Ze schreef gedichten en stukken tekst van haar favoriete schrijvers – Maya Angelou, John Steinbeck, Gandhi – en van haar favoriete lerares, Mrs. Morace, over.

Ze schreef een brief aan haar overleden vader, Puma. Ze interviewde klasgenoten, neven en nichten. Ze oefende op haar spelling en speelde op haar eentje boter-kaas-en-eieren. Ze schreef gedichten. Ze maakte lijsten van wat ze fijn vond ('slapen, aardige mensen, pretparken, felle kleuren, eten, geld, sieraden, jongens') en wat ze haatte ('gehakt, huiswerk, racisme, overhoringen, snobs, overvallen, domme mensen, schoonmaken en kroeshaar'). Ze tekende haar favoriete mensen – Kevins pasgeboren zoontje, Coco en Milagros – en noemde de schetsen respectievelijk 'Het nieuwe baby'tje', 'Mijn oudere vriendin' en 'Mijn tweede moeder'. Dit schreef ze onder meer over Coco:

*Ze heeft vier dochters en een ongeboren zoontje. Hij gaat La-Monté heten. Ze is een heel lieve vrouw. Ze is er altijd als ik haar nodig heb, wat het ook is. Als ik iets niet begrijp helpt ze me goed en daar ben ik haar dankbaar voor. Ik woonde bij mijn tante toen zij bij mijn grootmoeder woonde, en dat was zo'n beetje de leukste periode van mijn jeugd. Toen we hierheen verhuisden ging ik bijna dood omdat mijn tante niet in de buurt was. Tot ze hier ook kwam wonen en bij ons introk en dat was nog leuker dan vroeger ... Mijn tante is een beetje mijn tweede moeder want toen niemand naar me luisterde deed mijn tante dat wel. Als ik ooit besluit om het huis uit te gaan of weg te lopen ga ik vlug naar haar toe. Nou mijn tante is de allerliefste van allemaal en daarom hou ik zoveel van haar.*

Over Milagros schreef ze:

*Ze nam mij in huis toen mijn grootmoeder en mijn oom niet meer voor me konden zorgen. Ze is zo lief omdat ze op haar eentje 6 kinderen grootbrengt die niet eens van haar zijn. Mijn echte moeder ging naar de gevangenis toen ik vijf was ... Toen kreeg mijn moeder een tweeling en ook al had Milagros al vijf kinderen (want ze brengt ook de zoon van haar vriendin Nellie groot) ze heeft mijn twee broertjes toch in huis genomen ... Ze doet haar uiterste best om ons een dak boven het hoofd te geven, kleren te kopen en eten op tafel te zetten. Ze is heel sterk omdat ze erin geslaagd is dat helemaal alleen te doen, zonder enige hulp ... Ze behandelt ons allemaal hetzelfde. Als iemand iets krijgt krijgt iedereen iets niet beter of slechter. Ze is de sterkste vrouw van de hele wereld.*

In het echt was Serena minder aardig tegenover Milagros. Als Milagros haar op haar kop gaf, gaf Serena een brutale mond terug. Soms nam Serena na school de bus om bij haar tante langs te gaan. Serena zei: 'Als ik een probleem had, vertelde ik het aan Títi Coco. Toen ik voor het eerst ongesteld werd heb ik het aan Títi Coco verteld. Toen ik okselhaar kreeg, ben ik naar Títi Coco gegaan. Als ik me verveel, ga ik naar Títi Coco.'

Coco zei dan bijvoorbeeld: 'Groot worden hoort erbij.' Ze wou dat Serena's leven 'niet neer- maar opwaarts ging'. En toch koos Coco niet meer zo nadrukkelijk de kant van haar nichtje. Ze had veel meer begrip gekregen voor Milagros' strengheid. Ze had spijt van het feit dat ze met Serena had samengespannen tegen de regels van Milagros. 'Ik wou dat ik nooit zo over Milagros had gepraat... Nu ik zelf een dochter van negen heb, die vraagt wanneer ze een vriendje mag... Het is gewoon doodeng,' zei Coco.

Milagros zei zorgelijk over Serena: 'Ze is helemaal weg van Jessica.'

Kort voor Coco uitgerekend was, verraste Jessica haar op een dag met een bezoek; Shirley, de ex-vrouw van Robert, en Jessica waren met de auto naar Troy gekomen om haar kinderen te zien. 'Ik weet verdomme niet wat er met je broer aan de hand is, meid,' zei Coco. Ze liet Jessica Cesars laatste brief zien, waarin hij beloofde Mercedes uit de chaos te redden en Coco uitschold omdat ze weer een kind kreeg.

Jessica zei: 'Laat je niet door hem opnaaien. Je bent zwanger. Je doet het hartstikke goed, Coco. Je zorgt dat de kinderen naar hun vaders schrijven; hoeveel moeders zouden dat doen?'

Ze praatten die dag net zo makkelijk alsof er niet jaren verstreken waren. Jessica behandelde Nikki en Pearl even hartelijk als haar echte nichtjes. Haar komst herinnerde Coco eraan hoezeer ze Jessica gemist had. Maar Shirley wilde weg, dus het was maar een kort bezoek. Jessica leek altijd onderweg naar iets anders te zijn. Coco liep met haar mee naar de deur. 'Hé, stomme trut, dat je nou niet meer in de stad woont!' zei Jessica.

Coco zei: 'Ik weet het.' Ze was nu een provinciaaltje. Jessica omhelsde Coco en streelde haar buik.

Coco was in feite begonnen haar sterkste banden met de stad te verbreken: ze had besloten dat de Bronx het niet verdiende de geboorteplaats van haar eerste zoon te zijn. Maar ongelukkigerwijs strandden zij en de kinderen op de dag vóór de keizersnede zou plaatsvinden bij Foxy. Coco was met de auto op pad gegaan om Frankie op te halen, vastbesloten dat het leven van haar zoon zou beginnen met zijn vader erbij: 'Weg van al die nieuwsgierige mensen die naar een kindje kijken en zeggen: "O, wat een mooi kindje", en dan weggaan en vervolgens zeggen: "Wat is-ie lelijk."' Coco wilde zo graag terug naar Troy, dat ze de onbruikbare auto liet staan en een taxi bestelde om hen naar het busstation te brengen – maar ze misten de laatste bus. Gelukkig ging de chauffeur ermee akkoord om ze voor hetzelfde geld – 200 dollar – naar Troy te brengen. De taxichauffeur en Frankie luisterden naar de radio, Pearl, Nautica en Nikki vielen in slaap, Pearl en Nikki snurkten en Coco keek naar Mercedes, die naar de weg keek.

De volgende dag werd het gezin uitgebreid met La-Monté Carmine Antonio John. Hij had zijn vaders mooie ronde hoofd en melancholieke mond, en zijn moeders opgewekte natuur, mopneusje en bruine ogen.

Het was de bedoeling dat Coco in het ziekenhuis een paar dagen zou bijkomen, maar ze haalde de dokter over haar eerder te laten gaan omdat Frankie de kinderen thuis niet aankon en Mercedes overbelast was. Voor Pearl was de komst van de baby het moeilijkst. Haar degradatie in het gezin was een grote schok voor haar: in de weken die volgden dwaalde ze door het huis als een klein botsautootje. Ze trok aan Frankies benen als die La-Monté op schoot had en probeerde tevergeefs haar moeder te knuffelen als die haar beminde zoontje in haar armen had. Als Coco La-Monté op een handdoek op de grond legde, duwde Pearl tegen hem aan terwijl ze net deed of ze toevallig zijn kant was opgekomen. De relatie tussen Coco en Frankie was weer net zo goed als toen ze elkaar vier jaar tevoren hadden leren kennen – Frankie hielp mee en Coco wilde dat hij betrokken was – maar ze verloren allebei hun geduld met Pearls aanhaligheid en geplak. Frankie duwde haar soms weg en Coco zei: 'Ruby Pearl! Ga weg!' Nautica bekeek haar kleine broertje zonder veel interesse; Nikki bloeide daarentegen op tot het hulpje dat Mercedes niet meer wilde zijn.

Mercedes schepte tegen haar juf en klasgenoten op over haar broertje, maar voor het eerst in jaren was ze vooral op school gericht. Het schoolhoofd met wie ze zo vaak in botsing was gekomen, was overgeplaatst en Mercedes mocht haar opvolgster graag. Miss Scutari was leuk. Ze had een zwarte band in karate en oorlelletjes vol ringetjes. Ze nodigde Coco uit voor een gesprek en Coco bracht de baby en Frankie mee. Coco vond Miss Scutari ook meteen leuk. Ze kon zien dat die vrouw veel om kinderen gaf.

Maar het belangrijkste was dat Mercedes gek was op haar juf, Mrs. Cormier van de vierde klas. Leren was nooit een probleem geweest voor Mercedes; ze nam de stof gemakkelijk op; het probleem was altijd haar gedrag geweest. Als ze op iets werd aangesproken, werd Mercedes defensief; dat ze eigenlijk heel angstig was, was moeilijk te zien omdat ze zo stoer deed. Ze was eigenwijs. Ze hield er ook een ruwe straatstijl op na die sommige volwassenen afstotend of intimiderend vonden; maar dat was háár manier om te zien of mensen belangstelling hadden en om aandacht te trekken.

Maar Mrs. Cormier genoot van haar levendigheid en had uit haar ontmoetingen met Coco opgemaakt dat Mercedes' taken thuis ook de zorg voor kinderen omvatte; ze begreep dat het hebben van zo'n jonge moeder Mercedes ouder maakte dan ze feitelijk was. 'Mercedes wil iets bereiken, maar ze wil ook de baas zijn,' zei Mrs. Cormier. Dus breidde ze Mercedes' verantwoordelijkheden waar mogelijk uit, zag de kleine dingen – het schouderophalen, de voeten op de bank – over het hoofd en negeerde de uitbarstingen, Mercedes' 'vragen om negatieve aandacht'. Bijna altijd trok Mercedes weer bij. Mrs. Cormier sprak ook Spaans en vertaalde voor de Latijns-Amerikaanse ouders die nog maar pas naar Troy waren verhuisd en maar weinig Engels spraken. Mercedes sprak ook nog niet veel Spaans, maar toch hielp dit. Mercedes kreeg belangstelling voor haar Puertoricaanse achtergrond. Ze bleef lastig bij handarbeid en kreeg voortdurend slechte aantekeningen omdat ze weigerde zich voor gym te verkleden – vanuit een grote fysieke schaamte die Coco sinds de ontdekking van Mercedes' wratten had bespeurd – maar ze gedroeg zich netjes en bloeide zelfs op onder Mrs. Cormiers ironische leiding.

Nu haar moeder thuis was, leek Mercedes ook weer wat kinderlijker te worden. Ze lag dwars over de bank en klaagde: 'O, mama, iedereen heeft alleen maar oog voor de baby.' Coco was echter niet zó compleet in beslag genomen als haar oudste dochter dacht. La-Monté was een bron van vreugde voor haar, maar ze miste – tot haar eigen verrassing – het werken buitenshuis. Eén van de voorwaarden van de herziene bijstandswetgeving was dat Coco betaald werk moest zoeken zodra La-Monté drie maanden oud was, maar ze merkte dat ze al na een paar weken fantaseerde over een baantje. Ze miste de vrijheid en het plezier van het loon: de meisjes mee naar de film nemen en ze trakteren. De auto, die nog steeds kapot in de Bronx stond, moest gerepareerd worden. Over een maand zou haar zoon zijn eerste Kerstmis al meemaken. Maar over een paar weken zou ze gesteriliseerd worden en met het oog op de toekomst van haar gezin besloot Coco dat het maar het beste was nog even thuis te blijven.

Ze had om de sterilisatie gevraagd terwijl La-Monté met de keizersnede werd gehaald en de dokter had het wel willen doen – tot een zuster hem waarschuwde dat Coco hem kon aanklagen en dat begeleiding vooraf verplicht was. Coco maakte de eerste afspraak kort nadat ze uit het ziekenhuis was ontslagen. Intussen koos ze voor een injectie die haar drie maanden tegen zwangerschap moest beschermen. Maar Coco hoorde via haar zwager dat Garden Way mensen in dienst nam, en Garden Way was een van de weinige banen die Coco kon krijgen waar ze meer dan het minimumloon kon verdienen. Ze betaalden 9 dollar per uur. Nadeel van het bedrijf was wel dat ze alleen seizoenwerk hadden.

Garden Way, dat tuingereedschap en grasmaaimachines produceerde, was een van de weinige industrieën die er nog waren in Troy. De staalfabrieken – Allegheny Ludlum, Adirondack, Republican, Cluett – waren verdwenen. Arrow Shirts, waaraan Troy zijn bijnaam 'Collar City' te danken had, was verdwenen. Coco had korte tijd bij Garden Way gewerkt toen ze bij het bejaardenhuis was vertrokken, maar ze was ontslagen toen er minder werk was. Deze keer werd Coco aangenomen en kon ze de week daarop beginnen. Coco vroeg haar baas of ze niet wat later kon beginnen; de dokter had gezegd dat ze na de operatie rust nodig had, en ze wilde niet beginnen aan een goede baan en zich dan vervolgens ziek melden. De baas zei: 'Ik hoop niet dat je gaat verzuimen.' Coco zei de operatie af en meldde zich op het werk.

Met haar eerste salaris ging Coco zich met Kerstmis te buiten. Ze gaf zelfs haar dochters geld zodat die haar ook met cadeaus konden verrassen: Mercedes kocht een rekenmachine voor haar zodat ze haar geld beter kon budgetteren, Nikki kocht een kussen voor in bad waarop ze haar hoofd kon leggen, Nautica kocht snoep en Pearl gaf haar een kleurboek. Frankie gaf servies en bestek.

Coco was dolblij dat Garden Way op loopafstand van River Street lag; ook al was de auto weer gemaakt, ze wist dat hij niet betrouwbaar was. Om het portier open te krijgen moest ze een beker warm water mee naar beneden nemen om het slot te ontdooien. Ze moest op twee kussens zitten om over het dashboard te kunnen kijken. Als de auto het niet wou doen, liep ze gehaast over straat, haar armen om zich heen. Ze had Mercedes haar winterjas gegeven.

Omdat Coco vroeg wegging en Frankie lang uitsliep, stond Mercedes op, maakte het ontbijt voor haar zusjes klaar en kleedde ze aan. Overdag paste Frankie op La-Monté; hij vertrouwde zijn zoon niet aan een vreemde toe. Als de auto het deed, kwam Coco tussen de middag even thuis; hoewel ze ervan overtuigd was dat La-Monté fysiek veiliger was bij Frankie dan in de crèche, keek Frankie heel veel naar de televisie, en Coco was bang dat hij niet genoeg met de baby zou spelen. Coco was weer thuis van haar werk vóór de meisjes terugkwamen van de naschoolse opvang – allemaal, behalve Mercedes, die er afgegooid was omdat ze een brutale mond had gegeven. Soms kwam Coco 's middags thuis en trof daar alleen Mercedes aan met La-Monté; dan was Frankie er eerder tussenuit geknepen, ook al hadden Coco en hij afgesproken dat hij zou wachten.

Coco probeerde de extra last op de schouders van haar oudste dochter te verlichten door haar met de auto naar Secrets te brengen, de tienerdisco waar Jessica's tweelingdochters graag gingen dansen. Serena haalde haar neus op voor Secrets, maar Mercedes vond het nog erg spannend. Het deed Coco goed om te zien hoe Mercedes relaxte en zich als een jong meisje gedroeg. Om de paar weekenden sloten Coco en Mercedes een deal – de een paste op en de ander ging dansen – zolang Coco tenminste geld voor benzine en toegangskaartjes had. Maar al snel werd ze opnieuw ontslagen.

Serena bracht de kerstdagen bij Jessica door, die had geregeld dat Serena en Cristobal elkaar in de Bronx konden ontmoeten. Op de tweede avond kwam Milagros, die nog steeds het voogdijschap over Serena had, erachter en belde de politie. Cristobal werd naar huis gestuurd en Jessica, die woedend was, moest regelen dat Serena de nacht bij haar grootmoeder doorbracht. Lourdes had er weinig fiducie in dat Jessica ooit goed voor haar kinderen zou kunnen zorgen. Haar oudste dochter had nooit veel geduld met ze gehad en sinds haar gevangenschap leek het Jessica nog veel sneller te veel te worden.

Op een vrijdag in februari ging Jessica naar Troy. Voor het eerst in de veertien maanden sinds haar vrijlating zou ze een weekend alleen met haar kinderen doorbrengen. Milagros had Jessica's aanbod om te babysitten dankbaar aangegrepen en plannen gemaakt voor een weekend in de Bronx zonder kinderen. Zonder dat Milagros dat wist, had Jessica óók plannen gemaakt om uit te gaan, met Coco. Jessica had ook nog wat extra gezelschap meegebracht: de twee zoons van Elaine en de dochter van Robert en Shirley, Tabitha, die veertien was. Jessica sloot een deal met Serena: Serena zou die avond op haar broers en zusjes passen, en Jessica zou de volgende avond thuisblijven. Zoals afgesproken, ging Milagros rechtstreeks van haar werk naar de Bronx. Jessica arriveerde vier uur te laat.

Toen Jessica eindelijk aankwam, was Milagros' huis in de paar uur dat er geen toezicht was geweest, onder de voet gelopen door tieners. Door de ramen klonk keiharde muziek. Er dansten meisjes op het grasveld, gadegeslagen door andere meisjes. Een baby lag met zijn gezichtje in het zand; Milagros' kapotte hordeur klapte open en dicht als de vleugel van een gewonde vogel. Matthew? Michael? – Jessica kon haar zoons niet uit elkaar houden – zoefden voorbij op de fiets. Als een van hen de straat op dreigde te fietsen, riep er iemand 'Michael!' of 'Matthew!', waarna hij weer gehoorzaam de stoep op ging. Kevin senior had zijn zoontje, Kevin junior, in een wandelwagentje gezet en maakte nu een meisje het hof dat nieuw was in de buurt. Kevin junior krijste hysterisch terwijl zijn vader het dochtertje van het meisje achternazat, dat genoot van zijn aandacht. Brittany en Stephanie kwamen even langs en omhelsden hun moeder niet al te enthousiast. Serena kuste Jessica en stak haar arm door die van haar nichtje Tabitha. Mercedes ging opzij om Serena en Tabitha langs te laten, en keek toe hoe de oudere meisjes naar boven gingen.

Jessica kuste Mercedes. 'Heb je het niet warm, mami?' vroeg Jessica.

'Nee,' zei Mercedes. Het was ontzettend heet in het appartement, maar Mercedes had Coco's te grote donsjas aan. Jessica ging naar boven met haar tas met pas gestoomde kleding. Mercedes kwam achter haar aan en keek, tegen de deur van Brittany's kamer geleund, toe hoe haar fameuze tante zich klaarmaakte om uit te gaan.

Brittany had er alles aan gedaan om haar kamer op te fleuren: ze had Barbie-gordijnen opgehangen aan schoenveters die ze aan elkaar had geknoopt, ze had haar drie pennen netjes op haar kastje gelegd, de flessen lotion op een rij gezet en haar speelgoed in een hoek opgestapeld. Jessica scheurde de plastic zak van de stomerij open. Ze bestudeerde haar kleren nauwgezet en plukte er een onzichtbaar pluisje af. Het zwarte jasje, dat tot haar knieën kwam, had doorzichtige polyester mouwen. Jessica hield het jasje omhoog en bekeek het alsof ze nog in de winkel stond. Toen begon ze in haar handtas te zoeken. Ze haalde er wat snoep uit en bood Mercedes dat aan. Mercedes sloeg het aanbod af. Ze was niet dol op snoep. Haar favoriete traktatie was fruit: sinaasappels en meloen. De herrie in huis nam toe.

'Ik ga met mijn vader naar een worstelwedstrijd,' zei Mercedes.

'O ja?,' zei Jessica afwezig. Mercedes noemde Frankie haar vader in het bijzijn van mensen op wie ze indruk wilde maken. Frankie en zij zouden naar het wereldkampioenschap worstelen gaan in de Pepsi Arena in Albany. Mercedes kon bijna niet wachten tot het zover was; ze vertelde Jessica dat de wedstrijd op tv zou worden uitgezonden. Frankie had een hele nacht in de rij gestaan om aan kaartjes te komen, die hij Coco cadeau had gedaan toen ze vier jaar bij elkaar waren, maar Coco hield niet zo van worstelen.

Mercedes keek toe hoe Jessica haar T-shirt en spijkerbroek uitdeed.

'Doe de deur eens dicht, Mercy,' zei Jessica.

Mercedes hield haar ogen gevestigd op Jessica's tatoeages. 'Over je hele lijf staat "George, George, George".'

'Omdat dat mijn man is,' zei Jessica.

'Je *ex*-man,' verbeterde Mercedes haar.

'Mijn *man*,' zei Jessica nadrukkelijk, waarbij ze de nieuwe George bedoelde, hoewel hun relatie feitelijk voorbij was. George keurde Jessica's constante geflirt met andere mannen af; Jessica haatte het dat ze steeds maar moest afwachten of George stiekem naar haar toe kon komen vanwege zijn vrouw. De situatie was zo uit de hand gelopen dat Jessica haar toevlucht had genomen tot het blokkeren van de deur als George haar flat wilde verlaten; ook had ze een paar keer zijn sleutels verstopt. George reageerde niet langer op Jessica's telefonische boodschappen en de laatste tijd ook niet meer op die van Serena.

Jessica trok een zwarte legging aan, toen het zwarte jasje en deed de rits ver open.

'Hoe noem je dat? De Funky Brewster-stijl of zo?' vroeg Mercedes.

'Freaky stijl,' antwoordde Jessica. Ondertussen kwam Serena gierend langs gerend met Kevin senior achter haar aan, die zijn cd terug wilde.

'Kalm aan!' riep Jessica tegen niemand in het bijzonder. Kleine Kevin lag ergens te huilen. Het dochtertje van het nieuwe meisje uit Brooklyn zwierf eenzaam rond, ritmisch snikkend; ten slotte nam Brittany het kind mee naar de keuken en gaf het wat te eten. Jessica riep dat iemand de jongens moest gaan halen. Matthew en Michael stonden te dansen op een oude matras die als een wip op een berg afval lag. De kinderen negeerden haar. 'Hoe kan ik weggaan als ze nou al niet luisteren? Nu ik nog hier ben? Hoe zal het dan wel niet zijn als ik weg ben?' klaagde ze. 'Als dit zo doorgaat, ga ik niet uit!' zei Jessica dreigend in het algemeen. 'Hoe kan ik jullie vertrouwen als dit de manier is waarop jullie je NOU gedragen?'

'Maak je maar geen zorgen, Títi, ik krijg ze wel stil,' zei Mercedes geruststellend.

Jessica's decolleté kreeg goedkeurende blikken van de portier bij de ingang van Casablanca, een kleine club in Albany. De uitsmijter nam haar 10 dollar in ontvangst en vroeg haar hand voor een stempel. 'Is George er niet?' vroeg hij glimlachend. Jessica grinnikte en volgde Coco, die op weg was naar de dansvloer in een kleine achterzaal met een laag plafond.

Twee gespierde mannen van een jaar of dertig, veertig, in katoenen broeken, stonden tegen de muur geleund. Een vrouw in een lycratopje met luipaardprint en een zwarte rand van veren zat aan een hoge cocktailtafel, de hakken van haar stiletto's achter de sporten van de kruk gehaakt. Drie dikke blanke meisjes met dikke truien aan zaten dicht bij elkaar onder een luchtrooster dat helemaal dicht zat van het stof. Coco wilde dansen – ze had gehoopt dat er Zuid-Amerikaanse muziek zou zijn, maar het was hiphopavond. Maar muziek was muziek voor Coco. Nog voor ze haar drankje op had, was ze al op de dansvloer.

De dj, blij dat hij een klant had, zong op de maat: 'New York's finest! New York's finest!' Coco wenkte Jessica. Jessica talmde en nam kleine slokjes van haar cocktail. Ze was geheel in beslag genomen door haar spiegelbeeld in de spiegel die over de hele wand liep. 'Zag je die uitsmijter? Hij keek naar me,' zei ze, maar Coco was alweer weg en hoorde haar niet meer. Jessica keek naar zichzelf terwijl er wellicht iemand anders naar haar keek in de spiegel.

Op Coco had aandacht een heel andere uitwerking: dan kwam de echte Coco naar boven. Op de dansvloer draaide er een jongen om haar heen als een blije vampier. Ze ging op zijn uitdaging in en danste recht op hem af. Hij ging achteruit. Coco pakte Jessica's handen. Jessica zwaaide wat heen en weer maar zei dat ze Spaanse muziek nodig had.

Er kwamen meer mensen binnen. Jongere jongens dansten in groepjes. Ondanks de warmte hielden ze hun jassen met merklogo's aan. De modestijlen in Albany – leren jassen, donsjacks – waren in de Bronx al eerder opgekomen, hadden hun hoogtepunt gehad en waren daar inmiddels alweer uit. Iemand sloeg een bierfles op iemands hoofd kapot. 'De mensen komen hier voor de lol, om een feestje te maken! Je mannelijkheid,' riep de dj, 'bewijs je maar op straat!' De massa werd plakkerig warm. Coco danste tot het zo vol werd dat ze niet meer kon bewegen. Ten slotte besloten Jessica en Coco om weg te gaan.

Coco stond op haar tenen om de barkeeper om een glas heet water te vragen en liep vooruit om het slot van haar auto te ontdooien. Jessica bleef bij de uitgang hangen, waar de uitsmijter weer naar haar borsten staarde. Jessica volgde zijn blik langzaam, alsof ze naar het lichaam van iemand anders keek. Hun ogen ontmoetten elkaar toen ze naar boven keken. Jessica lachte hartelijk.

'Wie is die George?' vroeg de uitsmijter nog eens.

'Mijn overleden zoon,' zei Jessica, terwijl ze haar wenkbrauwen bedroefd optrok en haar mond sexy pruilde.

Op de terugweg naar Milagros keek Jessica uit over de lege straten van Troy. Het was bijna vier uur in de nacht. Ze had er spijt van dat ze zich zo chic had aangekleed; de mode in Albany was sportiever dan in clubs in de grote stad. Jessica staarde naar de verlaten fabrieken, een meubelmagazijn en de Alpha-banen waar Serena en Cristobal de avond daarop zouden gaan bowlen. Langs de ijssalon – tot de zomer gesloten – en het winkelcentrum, waar de Price Chopper inmiddels vervangen was door de Family Dollar.

'Ik mis m'n kinderen,' zei ze.

## HOOFDSTUK 39

Jessica wilde nog steeds moeder zijn. Toen ze de volledige voogdij over Serena aanvroeg, verzette Milagros zich niet tegen het verzoek. Ze dacht dat Serena wel veilig zou zijn bij Jessica, en ze was doodmoe van de maanden strijd: met Serena zelf en met Jessica via de telefoon. Milagros had nog steeds de zorg voor Brittany, Stephanie, Matthew en Michael, en nu – om het weekend – ook voor de kleine Kevin. Ze zei ook dat ze haar geduld met kinderen begon te verliezen.

Kort voor de hoorzitting over de voogdijaanvraag ging Jessica naar een verjaardagspartijtje van een vriendin in Jimmy's Bronx Café. Daar ontmoette ze een bodybuilder die Máximo heette. Hij had een ongelooflijk lijf: zijn borstkas was strak zonder een spoortje vet, zijn rug had de vorm van de letter V, de spieren van zijn achterste waren zichtbaar door zijn pantalon. Máximo vroeg Jessica ten dans. Hij keek naar haar decolleté en stelde haar voor haar jasje dicht te doen. Jessica stelde zijn aandacht op prijs. Hij gedroeg zich gereserveerd, beleefd. 'Hij lijkt wel Italiaans,' zei Jessica.

Ze werden een stel. Máximo was recreatiemedewerker in een nationaal park en om zijn loon aan te vullen, trad hij af en toe als stripper op. Hij trainde zes keer in de week met gewichten. Geïnspireerd door Máximo's gezonde voorbeeld braadde Jessica het vlees niet langer; ze grilde het. In plaats van taart te snoepen, nam ze een stukje fruit. Máximo droomde van een carrière bij de politie. Er zouden altijd misdadigers blijven, zei hij, en er zou altijd behoefte zijn aan mensen die ze opspoorden. Hij had vijf kinderen, over wie hij, zei Jessica, niet kon praten omdat hij ze zo miste.

Jessica hoopte dat Máximo 'de ware Jacob' was. Hij belde haar terug als ze zijn telefoon had ingesproken, en dat deed ze geregeld. Hij hield haar op de hoogte van waar hij was. Hij schreef Jessica liefdesbriefjes op zijn computer, sprak tedere boodschappen in op haar antwoordapparaat, gaf kleine cadeautjes: een knuffelbeestje, vanille bloemen-gel. Ze zei dat ze de kilo's die ze er in de gevangenis bij had gekregen, kwijt wilde raken, en hij beloofde haar te helpen, hoewel hij ook zei dat hij haar lijf precies goed vond. Al een paar dagen nadat ze hem had leren kennen, stelde ze hem voor aan Lourdes. Lourdes waarschuwde hem meteen dat hij Jessica goed moest behandelen omdat 'mijn dochter al genoeg misbruikt is'.

Lourdes riep hem uit tot schoonzoon en verbood Jessica spelletjes met hem te spelen. Op de terugweg vertelde Jessica haar dat Máximo op het John Jay College zat of Criminal Justice, hoewel hij in werkelijkheid nog niet met de studie begonnen was. Lourdes slaakte een gil. 'Niet iedereen wordt daar zomaar toegelaten,' riep ze, alsof er een overwinning was behaald.

In maart 2000 zei Jessica haar baan op; ze zei dat haar baas haar niet respecteerde. Bovendien waren de werktijden niet ideaal. Jessica wilde een baan van negen tot vijf, zodat ze haar verantwoordelijkheid als moeder kon waarmaken. 'Als het vijf uur is,' zei ze, 'en ik moet naar huis om te koken en voor mijn kind te zorgen, dan moet ik dat ook kunnen doen.' Lourdes en Emilio, die net weer uit hun huis waren gezet, trokken bij Jessica in en zouden helpen met de huur. Emilio's lengte en het lage plafond van het appartement maakten dat het een beetje een bunker leek; ze deden hun uiterste best Jessica's chagrijnige buien te ontlopen.

Maar Jessica's appartement was beter dan dat van de vriendin waar ze sinds hun uitzetting hadden ingewoond: een appartement met één slaapkamer voor twee jonge kinderen en zes andere volwassenen. De vriendin kwam niet altijd thuis en dan zat Lourdes opgezadeld met de twee kleinkinderen. In de weekends snoven haar huisgenoten coke en bleven ze de hele nacht op, lachend over het machogedrag van het driejarige jongetje, dat ijverig de joints doorgaf. Lourdes kon niet naar bed omdat het feest in de woonkamer plaatsvond, en dat was de kamer waar ze sliep. Ze werd een beetje te oud voor die onzin en was ervan overtuigd dat ze een tweede hartaanval zou krijgen.

Bij Jessica sliepen Lourdes en Emilio op een futon in de gang, waar ook Jessica's keuken was. Jessica was dwangmatig in het schoonhouden van haar appartement: iedere avond moest de vloer geveegd en gedweild worden, de wastafel en douche in de badkamer moesten iedere keer na gebruik worden schoongemaakt, en nooit vuile borden of kruimels in het keukentje. Jessica dreigde ook haar moeder eruit te gooien als ze Lourdes betrapte op het roken van een sigaret. Als een tiener smokkelde Lourdes haar sigaretten mee naar een park in de buurt, waar ze de tijd doodde terwijl Emilio doelloos blokjes om liep. Lourdes kocht wasmiddel in de dollarwinkel, bracht vuile kleren naar de wasserette, deed de boodschappen en kookte iedere avond.

Máximo kwam ook al gauw inwonen. Lourdes ergerde zich aan Jessica's blinde goedgeefsheid tegenover hem – althans vergeleken bij Jessica's vrekkerigheid tegenover Lourdes zelf. Máximo had een baan bij de overheid, de man beschikte over een creditcard, Lourdes ploeterde, Emilio deelde zijn veteranenuitkering. Dus hoezo keek Jessica nijdig naar Lourdes als er rekeningen binnenkwamen? Oké, de man kocht een paar sneakers voor haar dochter. Maar hoe zat het met het eten dat hij zo vrolijk opat, om nog maar te zwijgen van de huur? Lourdes lachte haar dochter uit om het feit dat die nog steeds zo naïef in liefde geloofde. Toch was Lourdes daar zelf al even trots op. Toen ze op haar zeventiende zwanger was van haar eerste liefde, Jessica's vader, had haar moeder haar uitgelachen om haar domheid en haar de deur uitgezet. 'Mijn moeder zei altijd: "Pluk die kerels kaal",' vertelde Lourdes. 'Als ik slim was omgegaan met mijn knappe gezichtje en mijn figuur had ik nu niet in de Bronx gezeten, schat. Ik zou in een grote villa wonen.' De logica van haar redenering liet te wensen over, maar bevatte wel een diepere waarheid: zowel moeder als dochter had haar uiterlijk vaak gebruikt om zich staande te houden, maar dat maakte de keren dat het daar niet om was gegaan, des te kostbaarder voor ze.

Jessica's ambities waren niet al te hoog gegrepen, hoewel dat misschien wel zo leek, gegeven haar situatie: ze droomde ervan een huis te krijgen dat groot genoeg was voor haar vijf kinderen en de vijf van Máximo, en dan niet meer te hoeven werken. Ze had geen baan meer, maar ze werkte wel hard aan de relatie: ze kookte voor Máximo, luisterde naar hem, gaf hem geld en trok zijn gezichtshaar uit.

In diezelfde maand maart gingen Jessica en Lourdes naar Troy in verband met de voogdijprocedure. Ze logeerden bij Milagros. De volgende ochtend ging Milagros naar haar werk; ze zou hen bij de rechtbank ontmoeten. Serena gaf haar tweelingbroertjes te eten, kleedde ze aan en zette ze op de kleuterschoolbus; toen keken zij, haar moeder en haar grootmoeder naar de film *Gremlins*.

Serena en Jessica zaten genesteld in het tweezitsbankje. 'Je hebt nog niets van mijn nieuwe tattoo gezegd,' souffleerde Jessica Serena koket. Ze deed haar kin omhoog in het licht en liet het kleine schoonheidsvlekje zien. 'Vind je het mooi?'

'Dat heb ik al gezegd,' zei Serena, haar moeder speels van zich afslaand.

Jessica vertelde Serena dat de vriend die haar het vlekje had gegeven, haar had beloofd de zes Boy George-tatoeages gratis te veranderen. Met haar vinger schetste ze de contouren van haar vernieuwde lijf: het gedicht op haar schouder werd weggewerkt met een vlinder. Ze draaide zich om; de *George* in het hart bovenaan haar rechterdij liet ze zwart maken. Ze wilde een nieuwe tattoo op haar enkel: de twee maskers die het theater voorstelden, maar dan met de inscriptie omgekeerd – *Huil nu, lach later* – als blijk van haar nieuwe benadering van het leven.

'Waar ben je mee bezig? Het lijkt wel of je een krant wil worden.'
'Het is kunst,' zei Jessica.
'Het is toch verdomd walgelijk,' zei Lourdes. 'Als een man je kust –'
'Als een man er niet tegen kan, is dat zijn probleem,' onderbrak Jessica haar.
'– terwijl jij *Eigendom van George* op je kont hebt staan?' eindigde Lourdes. Ze bleef naar de tv kijken.

Serena ging naar boven en kleedde zich aan. De muren van haar slaapkamer hingen vol tijdschriftfoto's van Puff Daddy, Whitney Houston, Ginuwine en Lauryn Hill. Ernaast hingen foto's van Coco met haar nichtjes, en van Jessica, naast tekeningen die Jessica vanuit de gevangenis had gestuurd. In een ervan gooide een melancholieke engel vanuit een miezerige wolk een handvol harten naar beneden. Op het oude stereomeubel dat ze als kast gebruikte, stond een herinnering aan de *quinceañera* [vijftiende verjaardagsfeest – vert.] van haar nichtje: een maagdelijk bruidje drijvend in een champagneglas, met paarse en witte linten. Serena en Jessica waren al plannen aan het maken voor als Serena 'sweet sixteen' werd: ze hadden nog twee jaar de tijd om te sparen. Jessica wilde een zaal huren en een limousine. Serena dagdroomde over het ronddelen van pamfletten zoals dat voor nachtclubs gebeurde; over de tekst aan de luchtballon die haar feest zou aankondigen. Ze wou dat Cesar als ceremoniemeester kon fungeren, maar die kwam niet op tijd vrij. Jessica zette een tape met housemuziek op die Máximo haar had geleend.

'Jessica! Serena! Zet die muziek wat zachter!' riep Lourdes. Toen ging ze ook naar boven.

Serena leende haar grootmoeder een trainingspak en hielp Lourdes' pijnlijke voeten in sneakers die ze van Cristobal had gekregen. Lourdes wiegde met haar heupen op de muziek. Serena giechelde. 'Ik weet niet hoe ik in de schoenen van mijn kleindochter terecht ben gekomen,' zei Lourdes theatraal.

Cristobal had Serena ook een halsketting gegeven, waarop stond *I love my baby*, maar die kon ze niet dragen, omdat de sluiting kapot was. Serena koos Mickey Mouse-oorbellen en de ketting met het naamplaatje dat Jessica haar had gegeven; Jessica had voor alle meisjes een gouden naamplaatje gekocht met het geld uit de rechtszaak dat niet aan George' auto was opgegaan. Serena hield van sieraden maar wilde niet dat haar moeder de ketting met het bokshandschoentje droeg die Jessica had teruggekregen van Lourdes; Serena had het een en ander gehoord over hoe Boy George haar moeder had mishandeld, en ze had een hekel aan wat dat hangertje symboliseerde.

Alle betrokken partijen, met uitzondering van Serena, waren het erover eens dat Serena het schooljaar in Troy moest afmaken. Ze zou ook de zomer nog bij Milagros doorbrengen om haar cursus bij De Ark af te maken. De Ark, een niet-commercieel centrum voor kunst, technologie en beroepsvoorbereidende activiteiten, was gevestigd in een appartement op de eerste verdieping van een kantoorflat. Er hing een lichte sfeer in de ruimte, ook al waren er niet veel ramen en weinig natuurlijk licht. Serena vond het zalig om erheen te gaan. Na school rende ze erheen, gooide haar schooltas neer en plofte voor een state-of-the-art-computer neer. Terwijl het modem verbinding maakte, draaide ze rond in de kantoorstoel. Om haar heen hingen zelfportretten van bijstandskinderen naast aanmoedigingsposters – Hou het vol – en Afrikaanse spreekwoorden en citaten van Olive Schreiner, bedoeld om het zelfrespect van de kinderen op te vijzelen.

Eén van de projecten omvatte de ontwikkeling van een eigen website, waar ze haar autobiografie in opnam, verdeeld in secties – verleden, heden en toekomst – alsof er zo'n duidelijk onderscheid tussen te maken was. Serena schreef hier onder andere in:

Mijn naam is Serena. Ik ben 14 jaar oud. Ik ben Puertoricaans, voor 100%... Mijn favoriete vakken zijn Engels en wiskunde. Mijn favoriete deel van de schooldag is de pauze, omdat ik dan met mijn vriendinnen kan kletsen...

Ik heb 8 jaar in de Bronx gewoond. Ik mis het leven daar. Ik ga in de vakantie altijd naar mijn grootmoeder... Ik koop dan snoep in de winkel op de hoek. Snoep is daar veel goedkoper dan hier... Mijn echte moeder ging naar de gevangenis toen ik vijf was... Ik besloot bij de pleegmoeder van mijn tweelingzusjes in te trekken omdat die bij haar woonden. Ze nam me zonder problemen op. We zijn geen van allen echt kinderen van haar, maar toch heeft ze ons alle zes in huis genomen en ons opgevoed als haar eigen kinderen. Mijn echte moeder is nu uit de gevangenis en ik ga bij haar wonen om onze relatie weer op te bouwen...

Ik wil onderwijzeres worden. Ik wil eerst de middelbare school afmaken en dan een vervolgopleiding. Als ik klaar ben met mijn studie wil ik graag een mooi huis en een goede baan. Daarna wil ik graag trouwen en twee kinderen krijgen, een jongetje en een meisje. Dan wil ik alleen maar mijn kinderen opvoeden. Als ze groot zijn wil ik reizen maken.

Ik wil kleuterjuffrouw worden omdat kleuters makkelijker zijn dan oudere kinderen. Ik wil graag naar Fordham University. Die is in Bronx, NY, waar ik gewoond heb.

Maar Serena maakte haar cursus bij De Ark niet af; haar schoolresultaten waren zo slecht dat ze van Milagros niet meer naar De Ark mocht. Zodra het schooljaar voorbij was, verhuisde Serena naar de Bronx.

## HOOFDSTUK 40

De roes van Frankies periode als liefhebbende vader was grotendeels voorbij tegen de tijd dat Coco een baan bij Ames kreeg. Frankie kocht nog wel steeds dingen voor La-Monté, maar als Coco naar haar werk was, had Mercedes thuis de leiding. Ze was uitgeput, net als haar moeder, en opvliegend. Ze werd vaak boos op haar zusjes, en soms sloeg ze ze – en hard ook.

Ondertussen was Cesars leven in wat rustiger vaarwater beland. Hij kreeg veel bezoek. Elaine vond het heerlijk om met de auto te komen. Ze nam haar zoons en Jessica's dochters mee voor een bezoek aan hun oom; en als dat mogelijk was nam ze ook Justine, Giselle en Gabriel mee. Tot groot ongenoegen van Lourdes vroeg Elaine haar niet altijd mee op deze tochten. Toen Jessica's proeftijd voorbij was en ze weer als gewoon burger kon leven, organiseerde Elaine een familiereünie. Het was voor het eerst in bijna tien jaar dat Lourdes en haar vier kinderen weer bij elkaar waren.

In Troy schepte de tweeling van Jessica op over hun bezoeken en lieten Mercedes de nieuwste foto's van Cesar zien. Haar nichtjes leken meer van haar vader te weten dan zij. Giselle was zwanger, en haar zwangerschap bracht haar dichter bij Cesars zusters, vooral Jessica. Coco was woedend: 'Ze hebben het zo vaak over familie. Waarom schuiven ze mijn dochters dan opzij?' In juli bereikten de ruzies tussen Frankie en Mercedes een hoogtepunt. Wanhopig stuurde Coco Mercedes voor een paar weken naar Foxy.

Foxy leefde samen met Hernan, de Vietnam-veteraan tegen wie Coco nog steeds iets had. Herman was van zijn kale kamer in een pension verhuisd naar een eenkamerappartement vlakbij de Grand Concourse, dat Foxy had weten om te vormen tot een gezellig nestje. Ze had een uitkering vanwege haar psychiatrische aandoening, en haar carrière als huwelijksmakelaar was ten einde. Het leek haast of Foxy gepensioneerd was: ze had nieuwe vrienden in de buurt en haar geliefde chocoladedrankje. Hernan, een paar meter van haar vandaan, had zijn biertje, zijn maatjes en zijn domino. Het was zomer; de vrouwen in de straat kenden haar geschiedenis niet; ze wisten niets van haar moeilijke tijden en Foxy hield de gesprekken oppervlakkig.

Mercedes vond het logeren bij Foxy rustig maar saai. Ze ging met haar grootmoeder mee naar de plekken die het leven van een oudere vrouw markeren: doktersbezoeken en bezoeken aan het ziekenhuis waar Foxy's moeder al maanden lag, afwisselend bij en buiten bewustzijn. Een paar keer riep de oude vrouw om Mercedes; soms werd ze onrustig en smeekte ze Foxy om een oude schuld bij de supermarkt op de hoek te voldoen. 's Avonds keken Mercedes en Foxy op de tv naar worstelwedstrijden en juichten ze hun favoriete worstelaar, Stone Cold, toe. Maar avonden met oude mensen hielden vroeg op: Hernan dronk soms wat te veel, en Foxy's medicijnen vloerden haar volkomen. Coco maakte zich zorgen om de combinatie Hernan, de diepe slaap van haar moeder en haar jeugdige dochter; Coco had op dat moment geen telefoon, dus kocht ze telefoonkaarten en belde Mercedes regelmatig vanuit een cel. Normaliter zou Hector een oogje in het zeil hebben gehouden, maar die zat in de gevangenis vanwege een drugsdelict. Coco stelde zichzelf gerust met de gedachte dat haar dochter van het type was dat het wel zou zeggen als er iets mis was. Mercedes belde Jan en alleman: ze belde haar Abuela Lourdes, die over haar vele kwalen klaagde; ze belde haar Títi Yasmin, maar zij en Tío Manuel waren uit elkaar en Yasmin had haar handen vol aan hun nieuwe kindje (Tío Manuels oudste twee kinderen waren in pleeggezinnen geplaatst). Mercedes belde haar peetoom en -tante, Rocco en Marlene; ze vroeg of ze een nachtje bij hen kon logeren, maar ze belden niet terug. Coco legde uit: 'Ze zijn niet meer bij elkaar.'

Mercedes antwoordde: 'Daar heb ik toch niks mee te maken.' Mercedes belde ook Serena, maar Serena en Jessica hadden het druk met Cesars nieuwe familie.

Cesar had er eigenlijk zeker van willen zijn dat zijn huwelijk stand zou houden voor hij weer een nieuw kind wilde, maar hij had ook het idee dat hij Giselle zijn inzet moest bewijzen. Hij zei: 'Ik heb het gevoel dat ze alleen maar echt in ons huwelijk gelooft als ik in háár geloof–als ik niet verder zoek. Ze wil per se een kind. Ik dacht: nou, jij moet het maar zeggen, want jij bent degene op wie het neerkomt. Ik sta voor honderd procent achter je.' Giselle was ervan overtuigd dat de zwangerschap Cesars inzet voor een positieve toekomst versterkte. 'Ik denk dat het veel heeft geholpen dat ik zwanger was,' zei ze later. 'Dat was voor hem pas echt een confrontatie met de werkelijkheid.'

Het ging zo goed met Cesar dat zijn beveiligingsregime van maximum tot medium werd verminderd. Eén van de beloningen voor goed gedrag was deelname aan festivals, die voor gedetineerden zoiets waren als een sportdag op de middelbare school. Toevallig was er zo'n festival in de periode dat Mercedes in de Bronx was. Cesar had al kaartjes voor Jessica,

Serena, Giselle en Gabriel; Mercedes wilde wanhopig graag mee, maar het was te laat; er moest maanden tevoren worden gereserveerd.

Kort daarna kondigde Mercedes aan dat ze eerder naar huis wilde. Vanwege haar werk kon Coco haar niet komen ophalen. Foxy kende iemand die Mercedes voor 40 dollar wilde meenemen – die reed iedere ochtend die kant op om fruit af te leveren. Hoewel Mercedes kennelijk dolgraag naar Troy terug wilde, wilde Coco niet het risico nemen haar met een vreemde mee te laten gaan. Op de dag dat ze haar bijstandscheque kreeg, maakte ze telegrafisch geld over naar Manuel, die wel met Mercedes met de bus mee wilde gaan. Coco's cheque ging bijna helemaal op aan het reisgeld.

Weer thuis in Troy kreeg Mercedes een woedeaanval. Ze bezwoer haar moeder dat ze zich van kant zou maken als Coco Frankie er niet uitgooide. 'Ik voel me gevangen tussen mijn man en mijn dochter,' zei Coco. Frankie probeerde Mercedes' buien te ontlopen: hij was veel buiten de deur en bleef als hij thuis was in zijn kamer. Twee weken later belde Serena, vol van het laatste nieuws: Mercedes had er een nieuw zusje bij: Giselle Alana. Cesar stuurde Mercedes vanuit de gevangenis een foto van hemzelf met de baby. Mercedes reageerde door haar vader een foto van La-Monté te sturen waar ze een briefje omheen vouwde: 'Ik hoop dat je deze foto wilt accepteren zoals ik die van jou accepteer.'

De zaken werden er niet beter op toen Mercedes weer naar school ging. Anders dan Mrs. Cormier hield Mrs. Hutchins, Mercedes' nieuwe juf, er een traditionele klassikale benadering op na. Mercedes verzette zich tegen Mrs. Hutchins' gezag. Mrs. Hutchins' pogingen Mercedes in de hand te houden, leken op die van Coco: ze probeerde het met argumenten, omkoping, straf en stemverheffing, maar uiteindelijk gaf ze altijd toe. Het was makkelijker Mercedes maar te laten slapen dan de strijd aan te gaan, zoals het die winter gemakkelijker was geweest om Mercedes haar donsjack in de klas te laten aanhouden. Soms stuurde Mrs. Hutchins Mercedes naar de schoolverpleegster, waar Mercedes wat kon slapen. Drie maanden later stelde de school een zogeheten 'Gedragsplan Mercedes' op, waarin de consequenties waren aangegeven van Mercedes' overtredingen: haar boek niet opendoen, de vlag niet groeten, te hard op het toetsenbord van de computer rammen. Toen ze zich niets aantrok van mondelinge waarschuwingen, bracht een klasseoudste Mercedes naar de begeleidingsdienst van de school, waar ze ook sliep. Door nablijven haalde ze de tijd in tussen de waarschuwing en de uitvoering. Ondanks het feit dat het plan voorbijging aan Mercedes' lichamelijke uitputting, werkte het korte tijd – zoals alle andere officiële reacties korte tijd hadden gewerkt. Met uitzondering van Ramapo Anchorage Camp had Mercedes nooit aan bijzondere programma's deelgenomen, maar zelfs het meest middelmatige had altijd nog wel effect gehad. Een tijdlang reageerde Mercedes goed op een afspraak dat ze af en toe de lessen mocht onderbreken om jongere kinderen voor te lezen. Maar om een blijvend effect te sorteren, moest een programma zelf ook blijvend zijn.

Mrs. Hutchins stelde wel vast dat Mercedes geen risico's durfde nemen. Het kind wilde het antwoord al weten nog vóór ze het zelf probeerde te vinden. Ze weigerde iets voor de klas te doen. Als ze een goede dag had en Mrs. Hutchins haar vroeg haar bank van achterin de klas naar voren te schuiven in een van de gewone rijen, weigerde Mercedes dat. Ze voelde zich veiliger aan de zijlijn, in het getto van haar geïsoleerde schoolbankje. Mrs. Hutchins merkte op: 'Het leek wel alsof ze zichzelf niet vertrouwde.'

Serena trok in de herfst van 2000 bij Jessica in en begon helemaal opnieuw aan het eerste jaar van de bovenbouw. Lourdes en Emilio verhuisden naar Robert, in Brooklyn; Domingo, Lourdes' ex, verhuisde hen met zijn vrachtwagen. Bijna meteen begonnen Serena en Jessica ruzie te krijgen. Serena vond dat Jessica te veel tijd doorbracht met Máximo, terwijl Jessica vond dat Serena te veel tijd doorbracht met haar vriendinnetjes. Jessica bleef aan Serena's hoofd zeuren over schoonmaken; Serena noemde Jessica een 'hygiëne-freak'. Serena ging soms een weekend naar Elaine in Yonkers, wat Jessica afwisselend opluchtte en kwetste; soms ging Serena naar Lourdes. Als Máximo of Jessica Serena geld gaven, nam ze de bus naar Troy.

Milagros werkte fulltime en volgde vier avonden per week een opleiding in de verpleging. Op een van haar bezoeken aan Troy ging Serena bij haar tante langs. Coco was weer verhuisd. Ze woonde nu in een vervallen appartement in een gebouw een paar straten van haar vorige appartement, maar River Street had maar weinig zijstraten.

Terwijl Coco Mercedes' haar borstelde, hield Serena La-Monté vast. Mercedes had de laatste tijd wat meer belangstelling voor haar uiterlijk gekregen en Coco stond iedere ochtend vroeg op om het haar van haar dochter te doen voor die naar school ging. Serena kwebbelde over een vriendje. Hij werkte in een winkel vlakbij Jessica's appartement en had Serena in zijn vriendengroep verwelkomd. Dat maakte haar eerste zenuwachtige dagen op een nieuwe school wat gemakkelijker. 'Hij heeft sneakers voor me gekocht,' zei Serena. Hij had haar zelfs geld gegeven voor haar zusjes, hoewel hij die nooit had gezien.

'Het gaat er niet om wat hij voor je koopt, mami,' zei Coco. 'Neem alles maar aan wat hij je geeft. Maar het gaat niet om kopen, want dat doen ze altijd – tot je toegeeft. En als je eenmaal hebt toegegeven – niet alle mannen, ik mag niet zeggen alle mannen – maar als je eenmaal hebt toegegeven, dan zul je eens zien hoe ze veranderen.' Terwijl Coco het haar van Mercedes vlocht, praatte ze open met haar nichtje over seks en Frankie en het belang van onafhankelijkheid. 'Zorg dat hij respect voor je heeft,' zei Coco tegen Serena, maar haar boodschap was evenzeer bestemd voor de oren van haar dochter.

Op het moment dat Serena zou vertrekken, riep Mercedes vanuit de keuken om haar moeder. Ze klonk bang.

'Wat is er, Mercy?' vroeg Coco. Mercedes' gezicht was nat van tranen. 'Wat is er aan de hand?'

Het duurde even voor Mercedes genoeg was gekalmeerd om te kunnen praten. Ze vertelde haar moeder dat tijdens haar verblijf bij grootmoeder Foxy, Foxy's vriend Hernan haar iets akeligs had aangedaan.

Coco kon niet er niet achter komen wat er precies was voorgevallen: Mercedes zei dat Hernan opmerkingen had gemaakt toen ze onder de douche vandaan kwam: – of ze haar handdoek wou afdoen en dat hij zich dan op zijn beurt aan haar zou laten zien. Hernan zei dat hij Mercedes had betrapt op het roken van een sigaret in de badkamer en dat Mercedes in de daarop volgende woordenwisseling over wie er oud genoeg was om wat te doen, had gezegd dat ze al seks had. Coco geloofde haar dochter. Ze nam haar mee naar de dokter, die zei dat alles in orde was, en ze gaf de dokter het adres en telefoonnummer van Hernan, zodat die door de kinderbescherming kon worden ondervraagd.

Toen Coco Foxy belde en haar vertelde wat Mercedes had gezegd, huilden moeder en dochter allebei. Foxy vertelde Coco dat ze als kind herhaaldelijk seksueel misbruikt was, en toen bekende Coco dat ze toen ze negen jaar was een aantal keren was lastiggevallen door een neef. Foxy was geschokt over het feit dat Coco haar dat nooit had verteld. Foxy beloofde ook haar vriend de volgende dag aan te spreken, als hij nuchter was.

In de weken daarop begon er een officieel onderzoek: Mercedes en haar zusjes werden op school ieder apart ondervraagd, en een rechercheur ging naar Hernans huis en ondervroeg hem, maar zette de zaak niet door.

Coco had haar moeder nooit verantwoordelijk gesteld voor wat er met haar gebeurd was toen ze nog klein was. Maar die herfst, toen ze besefte dat Foxy Hernan niet zou dumpen – ook al had Coco Foxy duidelijk gemaakt dat ze welkom was in Troy – veranderde er iets in Coco's gevoelens voor haar moeder. Coco's jarenlange boosheid en frustratie over Foxy waren gebaseerd geweest op de overtuiging dat Foxy haar leven op orde kon brengen als ze het echt wilde – zo niet voor haarzelf dan toch voor haar kleinkinderen. Nu begreep Coco dat haar moeder dat niet kon. Eindelijk zag Coco in dat haar thuis niet langer in de Bronx was. Een paar weken later riep Garden Way haar weer op en deze keer kon ze er bijna een jaar blijven werken.

Het volgend voorjaar liet Coco zich eindelijk steriliseren. Toen overleed haar grootmoeder, na bijna een jaar in het ziekenhuis. Voor het eerst dacht Coco na over de vraag of ze de reis naar de Bronx voor zo'n belangrijke familieaangelegenheid wel zou maken. Het praktische dilemma – of de auto die ze had gekocht van het geld dat ze van de belasting had teruggekregen, het wel zou halen naar de dodenwake – raakte verward met het eeuwige dilemma: wat was het beste voor haar en de kinderen, of moest ze haar familie bijstaan? Ze had niet genoeg geld om erheen te gaan en dan ook nog bij te dragen in de begrafeniskosten van haar grootmoeder. Maar toen verraste Frankie haar. Ongevraagd liet hij haar tank met benzine volgooien en gaf haar 200 dollar. Coco had het vermoeden dat hij haar om de een of andere reden weg wilde hebben, maar ze vroeg niets.

De meisjes waren al naar de supermarkt op de hoek om wat te eten te kopen voor onderweg, toen Coco zichzelf verbaasde. De reis naar de Bronx woog eenvoudigweg niet op tegen de kosten: de meisjes konden niet naar school, en zij niet naar haar werk. 'God vergeve me, mijn grootmoeder is dood. Maar ik moet daarna weer verder. Mijn leven gaat door,' zei Coco. Ze besloot om in plaats daarvan de hele familie mee uit eten te nemen naar King Buffet, en ze nodigde de twee blanke meisjes die in het appartement beneden hen woonden, ook mee uit.

De twee zusjes, acht en tien jaar oud, woonden bij hun vader, die heel godsdienstig was. Coco had medelijden met de meisjes, die mager en bleek waren; hun moeder woonde ver weg. 'Ik weet wel dat ze allemaal van de kerk zijn en niet vloeken en zo, maar je moet toch ook 'n beetje leven,' zei Coco. De hele club ging in de krakkemikkige auto en die redde het; en ze hadden een geweldige avond.

Het deed Coco plezier om te zien dat haar kinderen zich in een restaurant op hun gemak voelden. Ze wist nog heel goed hoe verlegen zijzelf zich had gevoeld toen ze een keer uit eten was geweest met Jessica en een drugsdealer met wie Jessica omging terwijl Boy George in de gevangenis zat; Coco had zich zo opgelaten gevoeld dat ze nauwelijks van het eten kon genieten. Maar bij King Buffet aten Mercedes en Nautica zelfverzekerd het ene bord groente en salade na het andere. Nikki wachtte geduldig tot Coco haar toestemming gaf om zich te voegen bij de lange rij kinderen voor de softijs-machine. Pearl schepte een dikke laag kaassaus over haar aardappelpuree. La-Monté lustte zo'n beetje alles. Hij was een makkelijk kind, gul en lief.

Hij bood een hapje eten aan aan een oudere dame die achter hem zat; die accepteerde het papperige cadeautje. Er daalde een serene rust over de tafel. Nautica maakte geen herrie. De twee trieste blanke zusjes werden wat vrolijker. Pearl hoefde niet over te geven. Zelfs Mercedes leek tevreden. Het leven was een feest. Er kwam een man naar Coco toe, die zei: 'Hebt u die kinderen soms een tranquillizer gegeven?'

'Dank u wel,' zei Coco glimmend van trots. Ze fluisterde in Nautica's oor: 'Zie je wel, Naughty? Hoe fijn het is als je je netjes gedraagt en iemand geeft je daar een compliment voor?'

De oude dame met wie La-Monté vriendschap had gesloten, had haar eten op en gaf hem een afscheidszoen. Een ober ruimde de tafel af en al gauw kwam er een ander stel zitten. De nieuwe mevrouw sprak geen Engels. La-Monté brabbelde een paar woorden Spaans en hield een hapje kip op. De vrouw liet zich niet verleiden. Coco sloeg haar hand voor haar mond maar lachte wel hardop. Ze bracht haar gezicht bij dat van La-Monté dat onder het eten zat en gaf hem een lekkere klapzoen op zijn dikke wangetje. 'Goed zo, La-Monté, je bent echt een zoon van mij,' zei ze, en veegde voor hij kon protesteren vlug zijn mondje schoon met een servet. Sommige mensen waren aardig en anderen nu eenmaal niet. La-Monté was een lief kindje, vol vertrouwen in de mensheid. Dat was toch zeker geen schande?

## HOOFDSTUK 41

Mercedes had het op school wat beter gedaan na haar weekendbezoek aan Cesar en Giselle in december, maar in april meldde haar onderwijzeres dat ze 'weer de oude Mercedes begon te worden'. Kort daarna lanceerde ze een gewaagd plan om aandacht te trekken, wat echter als een baksteen in het water viel. Volgens Iris, die als onderwijshulp op de school van Mercedes werkte, had Mercedes de contactpersoon voor de ouders, Ms. Sanford, verteld dat ze met een jongen seks had gehad. Ms. Sanford overlegde met Mrs. Cormier, Mercedes' favoriete onderwijzeres uit een eerdere klas; Mrs. Cormier adviseerde Ms. Sanford Mercedes toestemming te vragen deze informatie door te geven aan het hoofd van de school, en de schoolautoriteiten zeiden later dat Mercedes dat goed had gevonden. Sterker nog, het leek wel alsof Mercedes graag wilde dat Miss Scutari het verhaal hoorde: ze volgde Ms. Sanford naar het kantoor van het hoofd en bleef bij de deur rondhangen.

Het kantoor had glazen wanden, en Miss Scutari zag dat Mercedes haar in de gaten hield; met opzet gaf ze geen enkele reactie op het nieuws en ging ze verder met haar papierwerk. Mercedes bleef ruim een uur rondhangen, tot Miss Scutari eindelijk haar kamer uitkwam.

Mercedes flapte eruit: 'Heeft Ms. Sanford u iets verteld?'

'Nee,' zei Miss Scutari. Ze zei later dat ze Mercedes niet de reactie wilde geven waar die kennelijk op wachtte. Ondertussen ging het verhaal de hele school door. Iris merkte dat er iets aan de hand was toen ze zich die middag op het werk meldde. Ze vroeg het Ms. Sanford, die haar op de hoogte bracht, waarna Iris Coco belde, en Coco, woedend, onmiddellijk het hoofd. Hoe was het mogelijk dat de school haar wel belde als Mercedes haar boek niet wilde opendoen en niet als het over zoiets ernstigs ging? Coco sprak Mercedes aan, die ontkende dat ze iets gezegd had; het schoolhoofd bood haar excuses aan. De vraag of Mercedes nu eigenlijk wel of geen seks had gehad, of waarom ze er tegen drie volwassenen over had gesproken, raakte op de een of andere manier tussen wal en schip.

Een paar dagen later deed Mercedes een tweede spectaculaire poging om aandacht te trekken: ze liep het lokaal uit waar ze moest nablijven en ging vervolgens het schoolgebouw zelf uit. Ze marcheerde de steile heuvel naar River Street af, voorbij het sombere stuk waar Iris en haar familie nu woonden. Ze nam de kortste weg over het vertrapte gras in een klein park waar jongens soms vanaf een wankele schommel crack verkochten, langs het veld waar ze softbal speelde en de picknickplaats waar haar scoutinggroep soms bij elkaar kwam. Dit stratenblok was een van de uitvalsbases van de toenemende bendeactiviteiten in Troy: veel jongens hier hadden een hoofdbandje om, een aantal van hen was klant van Frankie. Mercedes kwam langs La Placita, de eerste Spaanse winkel in Troy, en tien minuten later was ze thuis. De school schorste haar vijf dagen.

De vrijdag daarna kreeg Coco een aangetekende brief, waarin stond dat haar aanwezigheid vereist was bij een hoorzitting van de inspectie op maandagochtend. Ze had het recht zich te laten vertegenwoordigen door een advocaat, getuigen van de tegenpartij te ondervragen en zelf getuigen en ander bewijsmateriaal ten gunste van Mercedes naar voren te brengen. Als Mercedes schuldig werd bevonden aan insubordinatie, zou Mercedes verder gestraft worden. Eenendertig pagina's overtredingen waren bijgesloten. Coco wist niet wat het woord *insubordinatie* betekende, maar ze wist wel dat de situatie ernstig was. In haar paniek ging Coco er ten onrechte van uit dat de hoorzitting betrekking had op het seksverhaal van de week tevoren, en dat de school Mercedes bij haar weg wilde halen.

Coco deed wat ze altijd deed als ze bang was: ze begon dwangmatig met vrienden en familie te praten, in de hoop dat iemand haar zou kunnen adviseren. Bijna niemand had ervaring met positieve resultaten, maar iedereen had wel een verhaal over het kwijtraken van een probleemkind: Milagros kende een moeder die haar dochter kwijt was geraakt door problemen met een ondertoezichtstelling, de zoon van Frankies vriend Bobby White was in een kindertehuis geplaatst, drie kinderen van Coco's nicht Bambi waren weggelopen uit pleeggezinnen. Foxy voorspelde dat haar kleindochter weg zou lopen, net als zijzelf en haar oudere zus – Bambi's moeder – hadden gedaan. Foxy was dertien toen ze er vandoor ging met Manny, Coco's vader, die drieëntwintig was. 'Ik was hartstikke verliefd op hem,' zei Foxy, hoewel het feit dat haar vader zijn kinderen mishandelde, wel had bijgedragen aan haar zucht tot avontuur. Ze logeerden bij Manny's vader in Philadelphia, tot Foxy zwanger werd en Manny rotzooide met de vriendin van zijn oom en de oom het jonge stel eruit gooide. Manny begon Foxy te slaan toen ze terug waren in de Bronx, waar ze in het huis van zijn ouders woonden.

Maar Foxy beweerde dat ze er nooit spijt van had gehad dat ze was weggelopen, hoe angstig het avontuur ook was geweest. Ze was een meisje toen ze wegging, en een vrouw toen ze terugkwam. Ze zei: 'Ik was echt lief tot ik wegliep. Toen werd ik een bitch.' Bitchiness was een belangrijk instrument om te kunnen overleven.

Foxy meende dat Coco zich niet moest verzetten als de autoriteiten

Mercedes naar een kindertehuis wilden sturen. Maar Coco herinnerde zich nog goed hoe fel Foxy zich had verzet toen de autoriteiten hadden geprobeerd om Hector uit huis te plaatsen. Coco was het veel meer eens met Mrs. Cormier, die een positieve benadering had: ze had het idee dat Mercedes iemand nodig had die haar dingen te doen gaf en haar meenam op tochtjes. Mrs. Cormier kon zich anders maar al te goed voorstellen hoe het zou gaan: een jongen die Mercedes een lift gaf, of de aantrekkingskracht van bendes die hun werkterrein naar Coco's buurt aan het verleggen waren. Hector, die nog steeds last had van zijn jaar in de gevangenis, geloofde dat angst de beste raadgever was; hoe moest zijn koppige nichtje anders respect leren?

Maar Mercedes had al genoeg moeilijkheden, angst en vernedering voor meer dan één leven gekend: nachten in onveilige gebouwen; koude wachttijden op de harde banken van de daklozenopvang, politiebureaus, rechtszalen en sociale diensten; ze was in acht jaar tijd acht keer verhuisd. Haar moeder moest elke dag van haar leven tegen problemen opboksen. Haar vader zat in de gevangenis. Haar kleine zusje leed aan verschrikkelijke toevallen. De volwassenen van wie ze hield, waren verward als gevolg van drugs, haar peetvader was voor het leven verlamd. Overal dreigde verdriet tenzij haar woede dat verdriet in toom hield. Ze was getuige geweest van ontelbare gewelddaden waarbij ouders, grootouders, ooms en tantes, neven en nichten, vrienden, vreemden en de politie betrokken waren geweest. Grootgebracht in armoede, had Mercedes ontelbare onverwachte crises doorstaan, maar misschien nog ondermijnender was het feit dat er desondanks weinig veranderde. Angst had hele seizoenen van Mercedes' korte leven bepaald, en waarschijnlijk was ze nog steeds doodsbang: ze liet het alleen niet meer merken.

Coco las de officiële brief nog eens. Ze kon de gedachte dat ze Mercedes kwijt zou raken, niet verdragen. Het was dit soort momenten die, toen Coco zelf een tiener was, het Foxy zo moeilijk hadden gemaakt om van de drugs af te blijven. Coco zei: 'Mijn hoofd zit zo vol, ik ben bang dat het uit elkaar barst.' Toen ging de telefoon; het was Milagros. Het was morgen moederdag: had Coco zin om mee te gaan dansen om het te vieren?

Milagros leek haar belangstelling voor haar verpleegopleiding kwijt te zijn en was de laatste tijd ieder weekend naar dansclubs gegaan. Coco was tegen het gefeest van Milagros en haar vriendinnen, maar Coco had behoefte aan muziek, en ze verkeerde niet in een positie haar neus op te halen voor die mensen. Ze wilde de stress van zich afschudden. Ze legde La-Monté te slapen, trok iets anders aan en liet Mercedes achter om op te passen. Ze ontmoette Milagros bij Broadway, een nieuwe club in Albany.

Meestal liep Coco meteen de dansvloer op. Die avond zat ze aan een van de kleine tafeltjes en keek toe hoe anderen dansten: Milagros lachend met haar vriendinnen, oudere paren die Spaans dansten. Ze zakte onderuit, net als Mercedes in haar schoolbank. Maar in plaats van in slaap te vallen, zoals haar dochter, legde Coco haar moede hoofd in haar kleine handen en huilde.

Foxy belde haar de volgende dag uit bed; ze wenste Coco een gelukkige moederdag toe, een ritueel dat Foxy nooit vergat. Na hun gesprek sjokte Coco naar de keuken om La-Monté's flesje warm te maken en trof daar Frankie, in tranen en schokkend van de snikken, die met zijn handen de rand van de gootsteen vol vaat vastgreep. Hij had kortgeleden gehoord dat zijn moeder kanker had en dat de vooruitzichten slecht waren. Coco had geprobeerd hem erover aan het praten te krijgen, maar altijd weer werden ze gestoord door een kind, of was hij niet in de stemming, of was Coco te moe van haar werk. Frankie ging weg.

Jessica was de volgende die belde. Zij en Coco hadden weinig contact, maar ze bleven op de hoogte van elkaars nieuws via Milagros en voelden zich nog steeds close. 'Het kan jaren duren, maar ze vergeet me nooit,' zei Coco. Tijdens Jessica's gevangenschap had Coco Jessica ieder jaar een kaart voor moederdag gestuurd. Dat had veel betekend voor Jessica, die zich haar eigen falen als moeder nog steeds goed realiseerde.

Jessica had een moeilijk jaar gehad met Serena. Serena ging wéér niet over, en Jessica was recent van haar werk thuisgekomen en had haar dochter in het appartement aangetroffen met een jongen. Toen Serena aan de lijn kwam, klonk ze al even ongelukkig als haar moeder. 'Gelukkige moederdag, Títi,' zei Serena.

'Dank je, mami,' zei Coco.

Op de hoorzitting schorste de inspecteur Mercedes voor onbepaalde tijd en gaf het schoolhoofd opdracht om namens de school een procedure tot ondertoezichtstelling aan te spannen. Voordat zou worden bezien of Mercedes weer terug mocht komen, moest ze eerst minstens twee begeleidingssessies bijwonen. In de tussentijd zou ze thuis les krijgen en moest ze zich melden bij de jeugdreclassering. Coco was opgelucht; ze had iets veel ergers verwacht.

Buiten ging Coco vlug achter Mercedes aan, die hard wegliep. 'Gaat het, Mercedes?' riep ze naar haar dochter.

'Het geeft niks. Het geeft niks,' zei Mercedes; haar stem brak. Toen haar moeder haar had ingehaald, was ze erin geslaagd haar aandrang om te huilen te onderdrukken.

Thuis trok Mercedes zich terug in haar donkere slaapkamer naast de keuken achterin het appartement, kroop onder haar dekbed en zette haar tv aan. Op de muur hing een tekening die Cesar kort na de geboorte van Nautica door een medegevangene had laten maken: drie aan elkaar geketende harten, met de inscriptie *Papa, Mercy, Naughty*. Coco stond in de deuropening. 'Ik voel me niet goed. Ik kan niet praten,' zei Mercedes, en Coco liet haar met rust.

Woorden waren overbodig. 'Ik weet precies wat er mis is met mijn kind,' zei Coco. 'Ik weet het precies en daarom heb ik ook geen behoefte aan begeleiding. Ik ben het zat om steeds maar weer hetzelfde te moeten zeggen. Dan vragen ze: "Weet u wat er in het hoofd van Mercedes omgaat?" Ik weet precies wat er aan de hand is met mijn dochter.' Ze zweeg even. 'Ik weet het antwoord: Cesar ... Dat is het probleem: ze mist hem.'

In april was Mercedes elf geworden. Voor het eerst was Cesar haar verjaardag vergeten. En vanaf die dag was haar goede gedrag op school plotseling opgehouden.

Cesar werd overspoeld door de verantwoordelijkheden van zijn drukke nieuwe gevangenisleven. In augustus van het jaar daarvoor, kort nadat Rocco naar een rolstoelappartement was verhuisd, was Cesar overgeplaatst naar Woodbourne, een minder zwaar beveiligde inrichting. Woodbourne was de rustigste van de tien gevangenissen waarin hij tot nu toe had gezeten. De meeste gedetineerden waren eind dertig of ouder. Bijna allemaal volgden ze een speciaal programma, wat met zich meebracht dat vechtpartijen tot een minimum beperkt bleven. Cesar was gewend aan gevangenissen waar dagelijks steekpartijen plaatsvonden; in Woodbourne gingen er maanden voorbij tussen twee incidenten. Eerst bracht zijn nieuwe status hem van zijn stuk. Hij wachtte bijvoorbeeld braaf bij zijn cel tot een bewaker hem naar de postkamer bracht, totdat de bewaker zei: 'Waar wacht je op?'

'Het is fantastisch,' vertelde hij Rocco enthousiast. 'Je mag zomaar rondlopen!' Ieder uur mochten de gedetineerden zich een kwartier lang vrij bewegen. Cesars enthousiasme voor dit soort kleine, maar belangrijke pleziertjes was aanstekelijk; hij was een van de weinigen die Rocco af en toe uit diens wanhoop kon halen. Cesar was geplaatst op een slaapzaal met dove gedetineerden. Hij begon gebarentaal te leren.

Cesar schreef zich ook in voor een opleiding; als gevolg van de hoge kosten van de *War on Drugs* was er niet veel geld meer beschikbaar voor onderwijs aan gedetineerden, maar Woodbourne was een van de weinige inrichtingen waar je nog diploma's kon halen. De lessen die Cesar volgde, werden door gedetineerden gegeven. Vijfentwintig man begon met de cursus, en Cesar was een van de slechts zes deelnemers die het eerste trimester overleefde. De studenten moesten in de tijd van één jaar de stof van drie jaar beheersen. De gedetineerden waren keiharde docenten, maar als Cesar de opleiding afmaakte, had hij een diploma Geestelijke Verzorging. Hij vond het heerlijk om te studeren.

Cesar volgde vijf vakken, met onderwerpen als preekkunde en wereldreligies. Iedere week moesten ze drie getypte essays inleveren. Cesar had niet genoeg geld voor een typemachine, dus leende hij die van zijn klasgenoten. Daarom moest hij wachten tot zij hun huiswerk af hadden, wat met zich meebracht dat hij meestal de hele nacht doorwerkte. Onder de druk van dat soort deadlines, die nieuw voor hem waren, was hij vergeten Mercedes een verjaardagskaart te sturen.

Ondertussen zat Rocco in de Bronx vaak nachtenlang te schaken op zijn computer. De roestvrijstalen badkameruitrusting van zijn aangepaste appartement deed hem aan een cel denken: 'Soms heb ik het gevoel dat ik in de bak zit. De plee trekt net zo door als een plee in de bak. Tralies voor het raam. Niks te doen.' Cesar verdiepte zich in de pauselijke geschiedenis en politiek; Rocco verslond gangsterbladen. Rocco las in *Don Diva* ('Voor uw Fantastische Getto-Lifestyle') een verhaal over Boy George in een speciaal nummer over criminele jongeren. Afgebeeld op een filmrol op het omslag, onder 'De Jaren Tachtig', was een foto van Boy George. Terwijl Rocco hevig terugverlangde naar zijn gangsterleven, had Cesar nagedacht over hoe het leven op straat hem tot de misdaad had gebracht. Hij zei: 'Voor mij betekende misdaad aandacht. Ik kreeg een zware verantwoordelijkheid op mijn schouders gelegd toen ze zeiden: "Er is geen eten in huis." Je wordt geprezen voor iets verkeerds. Ik zag het niet als verkeerd, omdat het goed is als je je familie helpt. Maar het gaat erom hóe je je familie helpt. Waarom ik het deed, was omdat we arm waren. En zo werd ik de jongen die ik was.'

Rocco en Marlene waren gescheiden, maar Cesar en Giselles relatie was sterker dan ooit. Giselle bezocht Cesar regelmatig met hun dochtertje. Giselles vader had het gezin verlaten toen ze nog heel jong was, en Giselle was vastbesloten ervoor te zorgen dat Cesar echt een factor werd in het leven van haar dochter. Cesar vond de lange perioden tussen de bezoeken van zijn andere dochters verschrikkelijk. 'Het is gewoon niet eerlijk, weet je. Maar ik zeg niet dat het Coco's schuld is. Ik moet me realiseren dat ze al die kinderen heeft en haar eigen problemen en soms zeg ik wel eens, weet je, zo slecht heb ik het nog niet.' Maar Cesar snakte naar nieuws over Mercedes dat nu eens positief was. Coco schreef hem bijna alleen als ze raad nodig had omdat Mercedes problemen had. Lourdes' brieven gingen meestal over de fouten die anderen in de opvoeding

417

van hun kinderen maakten. Cesar wist heel weinig over wat Mercedes allemaal kon. Hij wilde dolgraag weten wat zijn dochter gelukkig maakte, wat ze dacht, welke dagelijkse activiteiten haar leven bepaalden. Foto's waren niet langer voldoende om zijn nieuwsgierigheid te bevredigen. In zijn brieven lette hij erop dat hij haar sterke kanten benadrukte in plaats van haar te kapittelen over haar zwakke. In een recente brief had ze haar softbalteam beschreven. Ze had een hekel aan de naam van het team – No-Smoking Kids – die ze stom vond, en ze wou dat ze geen simpele T-shirts hadden, maar echte tenues. Ze had het ook over een teamgenote die een bal had gemist: 'Dat kind deed zo stom,' schreef Mercedes.

Cesar had de techniek van 'zoek de positieve kanten' op Mercedes' brief losgelaten. Die aanpak had hij geleerd in de psychologielessen. 'Ze vindt de naam van het team niets,' zei hij. 'Ze heeft dus een mening.' Hij adviseerde Mercedes haar teamgenote te helpen; misschien moesten ze eens samen oefenen? Hij zei dat ze zich geen zorgen moest maken als het meisje haar aanbod zou afslaan; je was heus geen loser als je aardig tegen iemand was. Als Mercedes zoiets aanbood, zou ze zich sowieso beter voelen over zichzelf. 'Maak gebruik van je kracht,' schreef Cesar. Hij wilde Mercedes duidelijk maken dat het niet gevaarlijk was om risico's te nemen. In het denken over zijn eigen jeugd had hij zich gerealiseerd dat de straffen die hij voor zijn gedrag had gekregen, nooit enige aanwijzing gaven over hoe hij zijn leven kon beteren: 'Ik moest boeten voor mijn fouten, maar niemand probeerde me ooit een oplossing voor te houden of de oorzaak op te sporen.'

Na de hoorzitting van de inspectie had Coco Cesar een kopie van Mercedes' dossier gestuurd. Cesar bestudeerde de aantekeningen. Terneergeslagen zei hij: 'Het is net alsof ik een boek over mezelf lees.' Al Mercedes' leerkrachten waren ervan overtuigd dat ze goed kon leren. Mercedes' probleem was haar houding. Maar haar assertiviteit bewees haar een slechte dienst in maar een van de twee werelden waarin ze zich moest handhaven. Haar bazigheid op school maakte haar weliswaar een bullebak, maar thuis was het juist nodig dat ze de baas speelde over de kleinere kinderen. Op school veroorzaakten haar uitbarstingen chaos; thuis hielpen ze enige richting te geven. Maar zowel thuis als op school zorgden ze voor de aandacht die ze zo hard nodig had. Anders dan haar zus Nikki, die haar woede verborg achter zoet gedrag, benadrukte het gedrag van Mercedes haar woede nog eens extra. Als gevolg daarvan kon ze niet makkelijk tussen die twee werelden switchen.

Cesar nam het Coco nog steeds kwalijk dat zij zichzelf en Mercedes met te veel kinderen had opgezadeld: Coco was 'te dom of te egoïstisch' geweest, hij wist niet welke van de twee. Maar in plaats van Coco verwijten te maken, plaatste hij de problemen van Mercedes in een bredere context. Mercedes' situatie kwam voort uit meer dan haar eigen geschiedenis, familie, houding of tienermoeders. 'Armoede is een subcultuur binnen het getto,' zei hij. 'Het is meer dan zwart of latino, volgens mij. Overwerkte leerkrachten. Verwaarloosde scholen. Het lijkt wel of ze het systeem zo hebben opgezet dat onze kinderen wel moeten falen. Sociaaleconomische omstandigheden. Waarom zijn we zo passief? We accepteren omstandigheden die niet goed voor ons zijn: economische onderdrukking, die we al jaren ondergaan. Dat is de belangrijkste oorzaak.'

Maar Cesar verweet zichzelf het meest. Hij had het grootste deel van Mercedes' leven in de gevangenis gezeten. Eerst was hij van plan haar kopieën van zijn uittreksels te sturen, zodat ze kon zien hoe druk hij het had gehad en daardoor haar verjaardag was vergeten, maar in plaats daarvan besloot hij haar zijn excuses aan te bieden. Ook al was het om een goede reden, hij hád haar teleurgesteld. Hij schreef: 'Mijn schoolwerk vormde geen goed excuus voor het feit dat ik geen contact met je heb gehouden.' Het gebeurde niet vaak dat iemand zijn fout aan Mercedes toegaf; de gebruikelijke reactie van armoede was verdediging. Cesar zei dat hij hoopte dat zijn diploma Mercedes trots op hem zou maken als hij thuiskwam.

In Troy moesten kinderen naar hetzelfde reclasseringscentrum als onhandelbare volwassenen. Het gebouw stond tegenover de plaatselijke krant, niet ver van de plek van de daklozenopvang waar Mercedes zes jaar tevoren had verbleven. Het aantal daklozen in de stad bleef maar groeien en Joseph's House was inmiddels naar een groter gebouw verhuisd. Een mollige receptioniste liet Mercedes en haar moeder binnen.

Coco leek heel klein naast Mercedes, die een kop boven haar uitstak. Mercedes' lange lichtbruine haar ontsnapte uit een bandana met de Puertoricaanse vlag, die ze met de ster naar voren had omgeknoopt. Als Wonder Woman nam ze de wachtruimte op: een magere blanke man, nerveus op een bankje zittend, en een zwarte vrouw die een tijdschrift las. Ze ging zitten en beet op haar nagels. Haar enorme oorbellen zwaaiden heen en weer, met in de boog in cursieve letters *Mercedes*. Coco bewoog haast stijfjes, elk gebaar vol angst.

Miss O'Connell, Mercedes' reclassingsambtenaar, wenkte hen door een metaaldetector en bracht hen naar een kille spreekkamer. Op de muur hing een rafelige fotokopie: *LIEFDE, HET TEGENGIF*. Eronder stond onder andere: 'Drugsvrij bereik je via een reeks van kleine, persoonlijke dingen.'

'Begrijp je waarom je hier bent?' vroeg Miss O'Connell zonder zich voor te stellen.

'Nee,' zei Mercedes.

'Waarom ben je zonder toestemming weggegaan toen je moest nablijven?' vroeg ze.

'Omdat ik vond dat ik geen straf had verdiend,' zei Mercedes.

'Had je ook iets anders kunnen doen?'

Mercedes wist wat er van haar verwacht werd: 'Naar Mrs. Hutchins luisteren.'

'En wat nog meer?'

'Het moeten vragen?' probeerde Mercedes.

'Wat had je kunnen veranderen om de situatie te verbeteren?' vroeg Miss O'Connell, maar het was geen vraag. 'Je houding,' ging ze meteen door. Daar ging het bij de reclassering om.

Mercedes zou worden ingedeeld in een programma waarbij ze niet uit huis werd geplaatst. Miss O'Connell schetste Mercedes' keuzes: 'Als Mercedes niet meewerkte,' zei ze, 'koos ze ervoor voor de kinderrechter te moeten verschijnen.' Daar zou 'de rechter de feiten wegen, zoals rechters altijd doen'. Toen vroeg Miss O'Donnell Mercedes een formulier te ondertekenen waarin stond dat ze begreep dat ze een keuze had. Mercedes keek perplex, dus legde Miss O'Connell het uit: het formulier ging over 'rechten in Amerika'.

'Je hebt het recht om dit deel van je proeftijd te kiezen, dus wat kies je?'

Mercedes' sperde haar ogen wijd open en keek naar haar moeder. Coco pakte onzeker de pen.

Omdat ze minderjarig was, hielden de voorwaarden van Mercedes' proeftijd in dat ze zich zowel op school als thuis aan de regels moest houden. 'Wat betekent dat, je aan de regels houden?' vroeg Miss O'Connell.

'Naar mijn moeder luisteren,' zei Mercedes.

'Dat is juist, naar je moeder luisteren. Je bent oud genoeg om thuis wat te helpen. Tafel dekken. De was doen.' Bij Mercedes thuis was geen tafel; ze at met het bord op schoot op de grond. En Coco vond dat haar dochter al veel te veel moest helpen. Miss O'Connell werkte vlug een checklijst vragen af die ze Mercedes moest stellen. 'Drugs,' zei Miss O'Connell. 'Drugs, dat is hopelijk geen probleem als je elf bent. Hoe laat moet ze 's avonds thuis zijn?'

'Ze komt haast niet buiten,' zei Coco.

Gewoonlijk zag Miss O'Connell haar cliënten wekelijks, maar omdat het zomer was, stelde ze om de week voor: Coco begreep er niets van. In de zomer was de straat het gevaarlijkst en omdat er geen school was, hadden de kinderen nog minder te doen dan anders. Miss O'Connell stond op het punt het gesprek te beëindigen: 'Nou, hoe ga je hier weg? Welke boodschap krijg je van mij, van school, van thuis?'

'Dat ik moet proberen me te beheersen,' zei Mercedes.

'Je *moet* je beheersen.'

Toen gebeurde er iets opmerkelijks. Mercedes vroeg om hulp: 'Dat kan ik niet – ik weet niet hoe dat moet,' zei ze. Het was een uiterst zeldzame erkenning van zwakte, maar Miss O'Connell ging er niet op in. Coco begreep echter wel hoe belangrijk het was en probeerde Mercedes' vraag om hulp anders te formuleren: 'Hoe is het mogelijk dat Mercedes mij probeert te kalmeren als ik van streek ben, maar dat bij zichzelf niet kan?' vroeg Coco onzeker. Zonder van haar papieren op te kijken verzekerde Miss O'Connell Coco, dat Mercedes alles zou leren wat ze nodig had om haar woede in toom te houden.

Dat voorjaar had Rocco eindelijk weer eens wat geluk. Hij was verliefd geworden op Maya, een kleine zendelinge uit de Filipijnen. Ze deed bijbelstudie met een aantal mensen in het gebouw van Rocco en had ook Rocco uitgenodigd, maar die was op de dag dat ze aan de deur kwam zo depressief dat hij niet eens had opengedaan. Toen Rocco echter in de gaten kreeg dat het knappe meisje dat hij het gebouw uit zag komen Maya was, was hij wel in voor godsdienst.

Rocco was in de lessen een brave student – geen geintjes, geen gevloek. Hij bood haar een cola aan en zei niets over zijn verleden. Uiteindelijk verzamelde hij al zijn moed en liet een briefje achter in de bladzijden van haar Bijbel. Toen ze het had gevonden, zei ze: 'Broeder, dat is niets voor mij.' Maar toen Rocco eenmaal zijn romantische hoop had opgegeven, begon hij vrijer met Maya te praten. Hij stortte zijn hart uit en zijn gevoel voor humor kwam tevoorschijn. Op een avond liet hij haar de röntgenfoto's van zijn rugletsel zien.

'Rond die tijd,' zei Maya, 'greep God in.' Maya had op tv een droomuitlegger gezien, die zei dat sommige dromen voorspellende waarde hadden, en ze had er een aantal gehad die haar bij waren gebleven. In de eerste droom gingen een vriendin en zij schoenen kopen. Ze hadden haast; het was al laat en de winkel zou bijna dichtgaan. Maya pakte snel een paar paarse schoenen, wat in de Filipijnse traditie trouwschoenen zijn. Op weg naar huis duwde ze haar vriendin, die in een rolstoel zat, en toen ze bij een heuveltje kwamen, wisselden ze van plaats, zodat Maya lekker naar beneden kon rijden: Maya zwaaide met in elke hand een schoen, zei ze, 'juichend'.

In de tweede droom keek Maya in de spiegel en zag een Zuid-Amerikaans gezicht weerspiegeld. Ze had een trouwjurk aan, halfdicht, en liep naar haar moeder om te vragen of die de jurk dicht wilde ritsen. 'Met wie ga ik trouwen?' vroeg Maya haar moeder.

'*Basta magiging masaya ka,*' zei haar moeder. Doe het maar gewoon. Je zult gelukkig zijn.

In de derde droom lag Maya in een ziekenhuis op een brancard, in afwachting van een operatie aan haar rug om haar groter te maken. Op de avond dat Rocco haar zijn röntgenfoto's had laten zien, realiseerde Maya zich dat ze een voorgevoel had gehad, en ze huilde de hele terugreis met de ondergrondse naar huis. 'Ik dacht: is hij mijn bestemming? Ik hoop van niet.'

Ze hielden elkaars hand een hele tijd vast voor ze elkaar begonnen te kussen. Toen Rocco haar ten huwelijk vroeg en Maya ja zei, waarschuwden Rocco's vrienden hem; misschien trouwde ze hem alleen om een verblijfsvergunning te krijgen. Maar Rocco besloot dat dat het risico waard was.

Mercedes kon weer op tijd terug naar school om samen met haar klasgenootjes de uitreiking van het basisschoolcertificaat mee te maken. Ze moesten zuinig zijn, maar Coco verraste haar dochter toch met een nieuwe fiets. Coco deed haar best om haar financiële problemen niet aan haar kinderen te laten merken, maar Mercedes hield haar moeder scherp in de gaten. Wekenlang had Mercedes geweigerd met Coco naar het winkelcentrum te gaan om schoenen voor de rapportuitreiking te kopen. Maar op de ochtend van die dag zag Mercedes zich geconfronteerd met het probleem van de sandalen met hoge hakken die Coco van iemand had geleend, beseffend dat de enige andere optie – sneakers – niet bij haar jurk paste. Mercedes strompelde naar de bank en liet zich daarop vallen, legde haar hoofd op haar hand en plukte aan het zwarte kanten hesje dat haar rode jurk bedekte. Haar witte behabandjes waren zichtbaar onder de spaghettibandjes van de jurk. Ze zei dat ze niet wilde gaan. 'Toe, Mercy,' zei Coco smekend. Ze gunde Mercedes zo graag een fijne dag.

Coco had haar best gedaan om een feestelijke sfeer te scheppen. De avond tevoren had ze het haar van iedereen gestyled – dat van haar eigen vier dochters en van de twee blanke meisjes van beneden. Ze trakteerde ze allemaal op nepnagels van het warenhuis op River Street. Ze lakte ook Mercedes' echte teennagels. Die ochtend probeerde Coco Mercedes aan het lachen te maken door een theatrale karate-trap uit te delen aan een kakkerlak. Mercedes negeerde haar. Coco kamde vlug haar eigen haar uit, streek het glad met handcrème en kneep haar ogen half dicht om ontevreden naar haar spiegelbeeld te turen in de spiegel boven de verstopte haard. Ze had een rood katoenen topje met korte mouwen aan en een zwarte katoenen pantalon. Ze deed haar oorbellen in en koos toch voor een paardenstaart. Ze besproeide zich met parfum en liep naar Mercedes, die haar hoofd achterover deed.

'Hier, neem wat van mijn Honesty –,' zei Coco in een poging Mercedes om te kopen.

'Dat wil ik niet,' zei Mercedes.

'Maar je hebt niets op gedaan –'

'Ik wil alleen m'n eigen Tommy Girl.'

'Dan moet je die zelf maar zoeken,' zei Coco gepikeerd. Mercedes keek niet eens om zich heen.

'Ik haat die schoenen,' zei Mercedes.

'Ik wou toch met je gaan winkelen, Mercedes,' wees Coco haar terecht.

'Je hebt het geld veel te hard nodig,' zei Mercedes hard.

'Het is niet jouw zaak wat ik nodig heb, Mercy,' zei Coco, en ze beet op haar lippen.

'Jongens en meisjes,' begon Miss Scutari. Ze stond bij een podium in de oude gymzaal en zag er piekfijn uit in een wit pak. 'Deze dag is voor jullie.'

'Ze zeggen dat het voor de kinderen is, maar dat klopt niet,' fluisterde Coco drie kwartier later, na een serie saaie toespraken van plaatselijke politici. De ouders en gasten werd gevraagd niet te applaudisseren terwijl de kinderen hun prijzen en certificaten kregen uitgereikt. De tranen sprongen in Coco's ogen toen Mercedes opstond. Toen speelde Miss Scutari een krakende plaat af met het themalied dat ze voor deze leerlingen had uitgekozen: 'I hope you dance' van Lee Ann Womack. Na het lied werden de gasten naar buiten genood voor de afsluitende ballonnenceremonie.

Coco zag Mercedes in de groep leerlingen die naar de uitgang liepen; met haar hoge hakken was ze een kop groter dan bijna alle anderen. Coco haalde haar dochter voor het gebouw in, waar ze stond te praten met Kaitlin, haar nieuwste vriendin, die in een hogere groep zat. Mercedes ging graag met oudere kinderen om. Coco duwde haar dochter zachtjes richting haar klasgenoten, die een losse groep op het trottoir vormden onder Miss Scutari's tros ballonnen.

Coco pakte er een voor Mercedes, die hem met tegenzin aannam. Mercedes hield haar arm stijf, als was de ballon een stout kind, terwijl de andere kinderen met de ballonnen speelden en aan de touwtjes trokken. Miss Scutari sprak de groep vol vuur toe, alsof al het niet-gedane werk om deze kinderen voor te bereiden op hun adolescentie er in deze laatste ogenblikken alsnog in moest worden gepompt. Op de derde tel moesten ze keihard het refrein van hun klasselied – 'I hope you dance' – zingen, waarna ze de ballonnen los moesten laten. Mercedes rolde met haar ogen.

Het leek of ze zich enerzijds niet wilde onttrekken aan het inderdaad wat malle ritueel, maar anderzijds ook niet kon genieten van het simpele plezier. De kinderen telden: 'Een, twee, drie!' Zodra Mercedes de ballon had losgelaten, keerde ze zich ervan af, alsof ze het gebaar van hoop afwees.

Hoeveel er in de familie ook over Mercedes gepraat werd, het was misschien wel Frankie die het meeste risico liep bij een bende betrokken te raken: hij had al een paar keer tegen Coco gezegd dat hij erover piekerde. Zijn zoon, het feit dat zijn moeder kanker had, en het gedoe rond Mercedes' schorsing leken hem aan het denken te hebben gezet over de onzekerheden van zijn leven. ('Ik heb wel de middelbare school gedaan, Mercy, en kijk mij nou,' had hij gezegd op de dag dat ze geschorst was.) Hij schaamde zich voor zijn afhankelijkheid van Coco. 'Coco werkt hard, weet je,' zei Frankie. 'Soms heb ik het gevoel dat ik misbruik van haar maak, maar ze is zo goed voor me.' Hij leek op zoek te zijn naar een duidelijk doel en tegelijkertijd een deel van zichzelf op te geven. Frankie betreurde het nog steeds dat hij zijn droom van profhonkballer niet had kunnen waarmaken. Hij wilde geen drugsdealer meer zijn; dat had hij nooit echt gewild. Hij wilde niet meer dealen als zijn zoon oud genoeg was om het te weten; Mercedes wist het ook, en hij werkte al lang niet meer vanuit huis. Als ze ruzie hadden, zei ze: 'Je bent een drugsdealer!' Wat moest hij daarop zeggen?

Frankie zei niet langer hardop dat hij een baan zocht en verdedigde zich ook niet meer als Coco zei dat hij nergens goed voor was. En Coco, die zijn wanhoop wel aanvoelde, schold hem niet meer zo vaak uit. Coco betwijfelde of een werkgever Frankie aan zou nemen: hij was dertig, en de paar baantjes die hij had gehad – bij het inpakbedrijf en in de bouw – hadden kort geduurd en waren zwart. Zelfs als drugsdealer was hij weinig succesvol. Weedo en Coco's neef dealden ook en hun zaken 'draaiden als een tierelier', terwijl ze nog niet zo lang in Troy woonden als Frankie. Weedo wapperde arrogant met zijn bundels bankbiljetten in Frankies gezicht.

Coco probeerde Frankie ervan te overtuigen dat zijn langzame aanpak beter was. Weedo en Coco's neef verkochten cocaïne vanuit een auto terwijl ze keiharde muziek op hadden en het baby'tje van de neef op de achterbank lag. Coco zei tegen Frankie: 'Ze hebben dat kindje in de auto. Ze doen hun shithandel gewoon op straat. Jij doet het tenminste binnen, Frankie. Ze gaan stom met hun geld om, maar jij zorgt voor je gezin.' Hongerige buikjes hebben niets aan goud. Coco wist dat de vriendin van haar neef weinig van het drugsgeld zag; nog maar kortgeleden had ze de medicijnen voor het kind gestolen. Frankie besteedde aandacht aan zijn zoontje, ook al kon hij die niet in merkkleren steken; La-Monté riep om Frankie en rende naar hem toe zodra hij de deur in kwam. Maar Frankie bleef moedeloos. Het hele jaar keek hij uit naar het zomerseizoen van de softbalclub, maar zijn team had tot nu toe alle wedstrijden verloren. En hij had zijn sieraden moeten belenen om het tenue te kunnen betalen. Maar Frankie vond het wel leuk als zijn gezin kwam kijken als hij speelde.

Op een avond in juni gingen de meisjes op de fiets naar Frankies wedstrijd. Ze waren een beetje laat. Mercedes rende met haar zusjes de trap af, sprong op haar fiets en reed de stoep op. 'Op de stoep fietsen!' riep Coco ze achterna. Nautica fietste voorop. Ze hield haar hoofd voorover als een wielrenner, haar ellebogen naar buiten als vleermuisvleugels. Mercedes liet haar passeren. Nikki reed rondjes om haar moeder. 'Doorfietsen, Nikki,' spoorde Coco haar aan. Nikki was de laatste tijd nogal aanhalig. Ze maakte La-Monté's flesjes klaar en masseerde haar moeders pijnlijke polsen als die van haar werk thuiskwam. 's Avonds, als Coco buiten op de trap zat te wachten tot La-Monté moegespeeld was, bleef Nikki soms uit het raam naar haar kijken.

Coco kon aan Frankies houding onder de lichtmasten van het veld zien dat het niet goed ging met de wedstrijd. De laatste slagbeurt was bijna voorbij. Mercedes speelde met een paar andere kinderen softbal op een veldje ernaast. La-Monté wilde lopen en Nikki liep achter hem aan. Het team van Frankie verloor–opnieuw. De spelers gaven elkaar allemaal een hand; Frankie stond schuifelend in de dug-out. Hij was maar twee keer aan slag geweest. Hij zei niets tegen Coco toen ze op weg naar huis gingen.

Coco duwde de wandelwagen naar het parkeerterrein. Auto's reden achteruit. Nautica ging er op haar fiets vandoor. 'Mercedes, let op Nautica!' riep Coco. Nikki keek om naar Coco en Frankie en botste bijna tegen een auto. Ze herstelde zich en begon hard te fietsen om haar zusjes in te halen. Het parkeerterrein werd leger. Het geluid van auto's stierf weg. Vanaf een veranda klonken flarden van een gesprek.

Coco was bang om naar huis te gaan. Kakkerlakken hadden bezit genomen van de keuken en de badkamer. Ze benamen haar de moed om schoon te maken. Pearl liep steeds langzamer. Coco stond stil en Pearl klauterde op de rug van haar moeder. 'Waar zou jij heen willen als we konden verhuizen, Frankie?' vroeg Coco.

'Ik ga niet terug naar de Bronx,' zei hij. Ze liepen zwijgend langs borden met *Te koop* en roken de zomerse geur van gras. La-Monté was klaarwakker en stak zijn hoofd uit om de sterren te kunnen zien.

Thuis gingen de meisjes naar binnen en naar bed. Frankie zat op de veranda en at een bord eten dat Coco voor hem in de magnetron had opgewarmd. La-Monté liep achter een speelgoedkinderwagentje van Nautica. Coco liep achter hem aan terwijl hij zigzagde en loodste hem af en toe weg van de stoeprand. La-Monté was gek op de straat: op sommige dagen kwam hij de deur niet uit. Het wagentje kantelde en La-Monté viel. Hij gromde toen Coco hem ophielp – hij wilde zelf opstaan. Sommige jongens mochten niet met kinderwagentjes spelen – althans niet in het openbaar – maar het kon Coco niet schelen dat haar zoontje met meisjesspeelgoed speelde; hij was nog jong. Frankie scheerde La-Monté's hoofdje kaal en Coco trok hem stoere kleertjes aan, als een kleine macho, maar ze wilde niet dat hij zich zo gedroeg.

Ze zoende en knuffelde hem met overgave. Ze stopte haar neus in zijn dikke onderarmpjes. 'Je ruikt zo lekker!' zong ze. 'M'n *zoon*.' Vriendinnen zeiden dat Coco veel te soft met hem was, en dan zei ze: 'Dat klopt. Hij is een moederskindje.'

Frankie deed tot Coco's vreugde ook geen pogingen hem hard te maken. Frankie zoende La-Monté als hij wegging en thuiskwam. Als Frankie thuiskwam om te eten, zette hij zijn bord op zijn ene knie en La-Monté op de andere en dan keken ze naar een honkbalwedstrijd of profworstelen. Frankie vond het nooit erg als La-Monté van de leuning van de bank af op zijn schouders sprong of zich bij hem op schoot nestelde.

Een van Frankies teamgenoten kwam langs. Mercedes stak haar hoofd om de deur. Ze sprong de veranda op en maakte een snelle dansbeweging, alsof ze met een golfclub zwaaide.

'Mercedes,' zei Coco. 'Naar bed.'

'Oké!' zei Mercedes opgewekt. Ze voegde eraan toe: 'Als iemand Mrs. Cormier zou vragen om op mij te passen, wed ik dat ze het nog zou doen ook.'

'Oké, Mercedes,' zei Coco. 'Welterusten.'

Soms gaf Mercedes haar het gevoel of ze nóg een fulltime baan had. Coco zei: 'Tegen de ochtend heb ik het gevoel dat ik een hele dienst bij Garden Way heb gedraaid.'

Mercedes wrong zich langs een oude matras op de gang en nam de trap met drie treden tegelijk.

## HOOFDSTUK 42

In de zomer van 2001 werkte Jessica aan de beveiligingsbalie in de enorme marmeren hal van een internationale bank. Toen ze opslag kreeg tot 16 dollar per uur, verhuisde ze naar een groter appartement in de wijk Hunts Point in de South Bronx. Ze deelde de huur van 750 dollar met Máximo en haar oudere broer Robert, die net gescheiden was.

Jessica wilde dat Serena een eigen kamer had, en Serena's witte bed was het eerste nieuwe meubel dat Jessica kocht. Serena's kamer was te klein voor het hemelbed waar Jessica van droomde, maar ze maakte er wel iets moois van. Lavendelblauwe lakens en een bijpassend dekbed lagen op de splinternieuwe matras. Voor het raam hingen roze Disney-gordijnen. In haar eigen kamer nam Jessica genoegen met oude lakens, die ze voor het raam hing tegen de tocht. Op haar matras met kuilen legde ze een bruingroen gebloemde satijnen sprei, een afdankertje van Lourdes. Op elke denkbare plek stonden ingelijste foto's van haar kinderen.

In ruimere zin was er op Jessica's verhuizing wel wat aan te merken. Hunts Point was volgens Serena '100% getto'. Zij prefereerde de ontspannen vrijheid van hun vorige straat. In Hunts Point brachten mensen de nacht op straat door, draaiden keiharde muziek en sliepen tot laat in de middag. Serena kon niet alleen naar de trein lopen. 's Avonds kon ze niet buiten zitten. De aanwezigheid van haar Tío Robert in de smalle gangen van het appartement was benauwend; zelfs als hij niet thuis was, leek het of hij elk moment kon binnenkomen.

Na het eten trok Jessica zich in haar slaapkamer terug en ging dan geheel op in een van Máximo's boeken over waargebeurde misdaden. Máximo, die als beveiligingsbeambte op een school werkte, bracht al zijn tijd op de sportschool door. Robert draaide oude hits tot zijn antidepressiva werkten en viel dan in een diepe slaap. Serena vroeg Jessica bij haar in de *sala* te komen zitten, maar Jessica hield niet van het soort films dat Serena leuk vond. Serena miste de knusheid van Jessica's oude studio-appartement. 'Toen we allemaal in dezelfde kamer woonden, deden we alles samen,' zei Serena. 'Nu zijn we allemaal in onze eigen kamer.'

Serena bracht de zomerdagen liever bij haar beste vriendin Priscilla door dan in het lege appartement in Hunts Point. Priscilla woonde met haar zus, twee broers, moeder en stiefvader op de bovenste verdieping van een huis in de buurt van White Plains Road. Priscilla's buurt was er een van werkenden-armen en arbeiders-vol Albanezen, Indiërs, Ieren, Puertoricanen, Italianen en Dominicanen. In plaats van caissières achter kogelvrij glas, deelden de cafés en drankzaken de straat met winkels die op een toekomst wezen: tegel- en tuinartikelenzaken, reisbureaus, bakkerijen. Het dagelijkse werkritme van de ouders beperkte de bewegingsvrijheid van de tieners: als Priscilla's moeder om twee uur 's middags naar haar werk ging, waren er geen volwassenen meer thuis, maar ze controleerde de meisjes via de telefoon. Aanvullende controles vormden onverwachte bezoeken van Priscilla's norse stiefvader, Al, die bij een wegsleepbedrijf werkte. Als zijn glimmende rode truck onaangekondigd voorreed, namen de meisjes aan dat hij kwam spioneren, maar Al deed ook graag videospelletjes tussen de oproepen door.

De tieners hingen meestal met hun vrienden rond op 'de bank'–eigenlijk twee banken–die uitkeken op het tuinpad van Priscilla's huis, in de schaduw van een paar fruitbomen. Priscilla's voortuin vormde het zomerpodium voor een toneelstuk dat grotendeels psychologisch van karakter was. Als het clubje niet op de bank hing, die helemaal doorgezakt was van het gebruik, zaten ze op de vier treden die naar de voordeur leidden. In haar voortdurende angst om een telefoontje van haar moeder te missen, bleef Priscilla altijd binnen de actieradius van de draagbare telefoon.

De term 'gettogedrag' gaf het verschil aan tussen acceptabele en onacceptabele gedragingen van de jeugd en prikte stoere praat en leugens door. 'Gettogedrag' omvatte bijvoorbeeld opscheppen over geweld, beweren dat je een nieuwe film in de bioscoop had gezien als je hem in werkelijkheid op een illegale video had gezien, vloeken, winkelen op sloffen of met krulspelden in. De meisjes deelden ook elkaar in. 'Ik ben een braaf meisje, Serena een slecht,' zei Priscilla. De beste vriendinnen trokken ook een grens bij hun culturele voorkeuren: Serena hield van Black Entertainment Television, Priscilla prefereerde mtv. Serena hield van rap en r&b, Priscilla van Britney Spears. *Slecht* betekende luid, assertief; *braaf* betekende rustiger. Serena doorbrak haar verlegenheid met impulsiviteit, Priscilla werd stil en piekerde. Priscilla hield van jongens met banen die vastigheid vergden; Serena hield van jongens die eruitzagen als criminelen en die konden zoenen. Priscilla was stapelgek op de zoon van de huisbaas, maar had zich afgewend toen hij haar wilde zoenen, omdat hij ook met andere meisjes uit wilde. Zij was zestien, hij drieëntwintig.

Serena zei: 'Maar hoe kom je er dan achter waar die eerste kus toe kan leiden?'

'Ik ga niet iemand kussen met wie ik niets heb,' zei Priscilla verdedigend.

'Kus hem nu maar eerst, en kijk dan wat er gebeurt,' zei Serena, en rolde met haar ogen.

Serena had gezoend met een jongen die Derek heette en die in de buurt woonde. Hij was vijftien jaar en zijn ex-vriendin was zwanger van hem. Priscilla's zus, Monique, ging met een vriend van Derek. De jongens kwamen bijna ieder uur langslopen. Een enkele keer waagden Serena en Monique zich naar de winkel om een lolly te kopen of een eindje verder, naar de brandkraan, die Derek probeerde open te draaien, totdat een oude vrouw dreigde dat ze de politie zou bellen.

Jessica keurde Derek af toen ze van zijn zwangere ex-vriendin hoorde. Jessica was ervan overtuigd dat hij binnen de kortste keren seks met Serena zou hebben. 'Of hij verwacht het van háár – want, weet je, als hij seksueel actief is, moet hij absoluut seks hebben – of hij gaat naar een ander meisje,' zei ze. Serena was het daar niet mee eens, maar ze zag het toch in dezelfde sfeer als haar moeder – als een wedstrijd tussen meisjes – en ze maakte zich zorgen over de voorsprong die haar rivale op langere termijn had: 'Ik denk dat het problemen geeft als het kind er is. Want hij gaat natuurlijk naar het kind kijken, en dan denk ik natuurlijk dat hij voor de moeder gaat,' zei ze.

Serena had andere, dringender problemen. Ze bewoog zich langs de rand van een educatieve afgrond; als ze niet voor haar extra zomercursus slaagde, wat steeds waarschijnlijker werd, had ze het beschamende vooruitzicht om voor de derde keer de eerste klas van de bovenbouw te moeten overdoen. Jessica ging ervan uit dat Serena's slechte leerprestaties bij haar dochter hoorden – 'Zo is Serena nu eenmaal,' zei Jessica. Maagdelijkheid was iets heel anders. Maar als Jessica klaagde dat Serena te veel tijd aan haar sociale leven besteedde, beet die terug: 'Ben je soms jaloers omdat ik nu lol heb?' Als Jessica het over zwanger raken had, zei Serena: 'Jíj bent degene die nooit kinderen had moeten hebben.' Jessica beklaagde zich bitter over het feit dat Serena haar vrienden belangrijker vond dan haar familie. Serena herinnerde Jessica ijzig aan al die jaren dat zij opzij was geschoven voor Jessica's mannen. Toen ze jonger waren, was Serena altijd achtergelaten, uitkijkend naar Jessica, wachtend; nu Jessica eindelijk een thuis voor haar had gecreëerd, had Jessica het idee dat Serena alleen maar weg wilde.

Lourdes had meer vertrouwen in Serena; ze beschouwde haar schoolresultaten in het licht van zowel haar eigen als Jessica's ervaringen: 'Ik heb niets bereikt omdat ik eerst moeder was en vervolgens weer moeder voor mijn kleinkinderen.' Lourdes zei precies wat ze ervan vond tegen Serena, die een beetje nerveus moest lachen om haar grootmoeders directheid: 'Liefje, die jongens die nu opgroeien, die gaat het alleen maar om je kut.

Een meisje moet tegenwoordig slimmer zijn. Studeren. Iemand worden. En als je dan iemand bent geworden, hoef je niet meer te kletsen en op je kont te zitten en af te wachten of ze je kunnen onderhouden. Dat kun je dan namelijk zelf. Ze zullen je respecteren omdat ze weten dat ze je net zo makkelijk kunnen verliezen. Je hebt ze niet nodig, snap je?'

Serena was niet de enige die Jessica voorbij leek te streven. Kort nadat Jessica Máximo had leren kennen, had ze Elaine voorgesteld aan John, een vriend van Máximo; Elaine en haar vriend waren uit elkaar, maar gingen nog goed met elkaar om. Elaine en John werden een stel; ze hadden nu zo'n druk sociaal leven, dat Elaine tijd vrij moest maken voor Jessica. John nam Elaine mee uit eten. Hij nam haar mee uit dansen. John had Elaine al aan zijn moeder en zijn zesjarige zoontje voorgesteld.

Jessica had nog nooit een van Máximo's kinderen ontmoet. Ze waren verloofd – maar alleen omdat zij hem een ring had gegeven in een visrestaurant op City Island. Nu had ze het vermoeden dat hij haar bedroog, hoewel hij dat ontkende. Ze zei dat ze zijn gsm had gecheckt en met twee meisjes had gesproken die zeiden dat ze iets met hem hadden. Geen van tweeën leek erg verbaasd over Jessica's telefoontje; ze hadden allebei zo hun vermoedens gehad over zijn woonomstandigheden. Máximo had ze, beschamend genoeg, verteld dat hij bij een tante woonde.

John daarentegen had Elaine in het openbaar als de zijne geafficheerd met zijn verjaardagscadeau: een zware gouden ketting, bezet met de geboortestenen van haar zoons, en bijpassende oorbellen. 'En wat geef je me over tien jaar? Een huis? Een auto?' zei Elaine lachend. 'Een villawijk, schat,' antwoordde ze zelf.

Jessica's verhuizing naar Hunts Point was daarbij vergeleken een afgang. Jessica's nichtje Daisy was er een keer midden in de nacht uit de auto gezet door een ontevreden vriendje. Prostituees hingen rond om de hoek vlakbij Jessica's appartement. Zelfs Spofford Hall, Cesars oude jeugdgevangenis, was inmiddels in een betere buurt gevestigd. De stank van de verbrandingsovens leek een slecht voorteken, net als de risico's die de wijk met zich meebracht voor zowel moeder als dochter – onzichtbaar, maar allesdoordringend. Voor Jessica vormde de vertrouwdheid van het getto misschien wel het grootste gevaar: een gevaar waarbij ze zich thuis voelde.

Boy George' brieven hadden eindelijk Jessica bereikt. 'En, hoe is je omvorming van gevangene tot brave burger gegaan?' Leek vrijkomen alsof je herboren werd? Wat voor soort eten at ze? Had ze al leren autorijden? 'Ik heb allerlei dingen in mijn hoofd gehad voor als ik vrijkom. Ik denk dat ik wel 1000 dingen heb bedacht die ik op mijn prioriteitenlijst wil zetten, een paar honden kopen, een paar mooie auto's aanschaffen, op vakantie gaan, een zoontje grootbrengen, gewoon *leven*, Jessica.'

Hij had gehoord dat ze eindelijk Serena weer bij zich had, en hij feliciteerde haar daarmee. Hijzelf had weinig gehoord over Luciano, zijn oudste zoon, sinds hij in de gevangenis zat. George had zijn andere zoon min of meer verstoten. De tiener had de belangrijkste les die het grimmige leven van zijn vader hem kon leren, in de wind geslagen. 'Hij zit helemaal in die gangstershit,' zei George vol afkeer.

In werkelijkheid was George' zoon eerder de regel dan de uitzondering. George' vroegere Chinese leverancier, die ook nog in de gevangenis zat, kon er niet over uit hoe lang de legende van Boy George voortleefde. 'Jongens van tweeëntwintig uit de Bronx die hier binnenkomen, kijken geweldig naar hem op: zo jong, zoveel geld, meisjes, auto's. Hij is zo langzamerhand een soort sprookje geworden,' zei de man. Net als George was de leverancier ook verbijsterd over de kortzichtigheid van die jongens. 'Ik vind het verschrikkelijk dat die kinderen niet beseffen waar ze mee bezig zijn. Hij heeft levenslang – waarom zien ze dat niet?'

Jessica las George' brieven aan Serena voor. Serena verweet George de ellende die zij en haar zusjes en broertjes hadden doorgemaakt; ze schreef hem een brief waarin ze zei hoe ze haar moeders gevangenschap had gehaat. Jessica stuurde de brief, in die van haar gevouwen, door naar George. Hij schreef moeder en dochter afzonderlijke brieven terug.

In zijn brief aan Jessica erkende George dat hij haar had misbruikt en vertelde hij haar hoe vernederend het was geweest om de afgeluisterde telefoongesprekken te horen ('Om te zeggen dat ik bedrogen ben,' schreef hij, 'zou wel het understatement van de eeuw zijn.'). Hij was verbaasd over hoe brutaal ze hem had bedrogen en schreef nadenkend: 'Ik wist dat je gewoon hartstikke gek was, want niets en zelfs God zelf had je niet kunnen redden als ik erachter was gekomen. Wie weet zeggen theologen wel dat hij dat ook inderdaad heeft gedaan en dat dat de reden was waarom ik werd gearresteerd.' Hij wees haar erop dat ze hem in de steek had gelaten op het moment dat hij haar het meeste nodig had. Maar zijn zorgen over de toekomst wogen zwaarder dan zijn grieven over het verleden. Hij moedigde Jessica aan op het rechte pad te blijven en adviseerde haar van tijd tot tijd haar vorderingen en haar doelen te evalueren. 'Je bent een goed iemand en een slim iemand die veel heeft geleden,' schreef hij. 'Nu moet je je rug recht houden en verdergaan met je leven.' Hij hoopte dat ze de bitterheid die ze ten opzichte van hem voelde, kon loslaten.

In zijn brief aan Serena vroeg George haar haar vooroordelen opzij te zetten en stelde hij zichzelf opnieuw voor: 'Mijn naam is George.' Hij erkende dat hij echt van haar moeder hield, maar dat ze allebei een te wild leven hadden geleid en zich niet aan één persoon konden binden. 'Ik zweer je dat ik, als ik in de toekomst had kunnen kijken, geweigerd zou hebben je moeder te leren kennen, maar het noodlot heeft zijn loop gehad, net als alle misverstanden. Maar Serena, hoewel er veel slechts was in mijn omgang met je moeder, waren er ook goede dingen.' Hij vroeg haar vergeving voor de pijn die hij haar en haar zusjes had aangedaan en zei dat ze zijn verontschuldigingen misschien niet zou aannemen. De hartelijke woorden aan het slot van zijn brief deden denken aan de George die dertien jaar tevoren naar Tremont was gekomen: 'Ik hoop dat ik je ooit, als ik vrijkom, kan helpen.'

Toen Serena's zestiende verjaardag naderde, had ze al twee weken bij Priscilla gelogeerd en Jessica wilde dat ze naar huis kwam; Serena wilde haar verjaardag dáár vieren. Máximo raadde Jessica aan een omgekeerde strategie te volgen. 'Wees een bitch; wees brutaal; speel haar eigen spelletje; laat Serena blijken dat het je niet kan schelen,' zei hij. Maar volgens Jessica geloofde Serena al dat het haar niks kon schelen. 'Wat Jessica haar moeder heeft aangedaan, doet Serena háár nu aan,' zei Máximo. 'Ze smijt haar het verleden naar haar hoofd, en dan geeft Jessica veel te snel toe. Jessica had al die tijd in gevangenschap om te overdenken wat ze allemaal gedaan heeft. Serena greep als kind altijd Jessica's been vast en zei: "Niet weggaan" – dat speelt een grote rol. Dat kan Jessica nooit meer goedmaken.'

Het was een zonnige zomerdag in 2001 toen Jessica naar Southern Boulevard liep om dingen te kopen voor Serena's surpriseparty vanwege haar zestiende verjaardag. Jessica had het idee van een chique viering laten varen – Serena had haar zomercursus niet gehaald – maar Jessica wilde het feit gedenken dat Serena zestien was geworden en nog steeds maagd was. 'Wees eerlijk, dat moet je haar toch nageven,' zei Jessica. Het zou een bescheiden familieaangelegenheid zijn, maar Jessica had een limousine gehuurd voor erna.

Die ochtend ging Jessica eerst geld uit de automaat halen; ze had Serena 100 dollar beloofd voor nieuwe kleren en ze wilde een cheque sturen voor Cesars kantinetegoed. Giselle kon maar nauwelijks rondkomen nu ze een kind had. Jessica maakte zich ook voortdurend zorgen over geld: ze moest een taart bestellen, kleine cadeautjes voor iedereen hebben plus corsages en een aandenken, en de laatste aanbetaling verrichten voor het mobieltje dat ze had laten wegleggen voor Serena's verjaardag. Een oude gevangenisvriendin liet Jessica de limousine van haar creditcard afschrijven, zodat ze een maand uitstel had van de rekening van 300 dollar. Als

Jessica het goed had berekend, kon ze bijna het hele feestje betalen en ook nog haar normale maandelijkse rekeningen voldoen. Elaine had aangeboden om het eten te betalen. Lourdes zou koken.

Jessica beklom de steile trap naar de feestwinkel, die wel een reliek uit een ander tijdperk leek. De modernste stripfiguren die ze voor de feestcadeautjes hadden, waren de Ninja Turtles. Felix the Cat was zelfs nog niet vervangen door Garfield. Niks Powerpuff Girls, niks Stone Cold, alleen maar oud spul: Barbie en Tweety Bird. De met cellofaan afgedekte uitstalling met namaakcorsages lag vol stof. Een vrouw van middelbare leeftijd zat achter de toonbank met een lijmpistool en plakte miniatuurflesjes en spenen op een enorme corsage. Haar man bestudeerde een kruiswoordpuzzel in de bries van een grote ventilator, die de linten van de ballons boven zijn hoofd deed bewegen. Jessica zocht zich een weg door het kerkhof van mijlpalen. Kostbare trouwspulletjes zaten veilig in een glazen vitrine, maar speelgoedbaby'tjes lagen overal – op open planken, onder de toonbank, en plastic bakjes, in de dikke buiken van doorzichtige plastic ooievaars.

Jessica besloot om traditionele lintcorsages te nemen en als aandenken kaarsen. Die van Serena koos ze met extra zorg: hij had de vorm van een meisje, parmantig aan een toilettafel gezet met een haarborstel in haar hand, keerde zich van de spiegel af met een lege uitdrukking op haar gezicht. Alles moest in Serena's favoriete kleuren: roze en lavendel. Terwijl de vrouw de rekening opmaakte, bladerde Jessica door een stapeltje fotokopieën, als een soort tattoocatalogus, om te zien welke ballons ze wilde: Minnie Mouse, die bij de taart zou passen.

Het Minnie Mouse-thema herinnerde haar aan Serena's zesde verjaardag, het laatste feestje dat Jessica voor haar had georganiseerd. Jessica was toen drieëntwintig, op borgtocht vrij in afwachting van haar veroordeling. Serena had een bruine moeder-dochterjurk aangehad, met bloemen langs de zoom, maar Jessica had de hare niet aan gewild omdat ze daarna naar een club zou gaan. De volgende ochtend vertelde Lourdes Jessica hoe Serena had geweigerd de jurk uit te trekken toen ze thuiskwamen; ze had er zelfs in geslapen. Nu kon Jessica nauwelijks Serena's aandacht trekken.

Serena was al in het appartement en wachtte op Jessica, zodat ze voor haar nieuwe outfit kon gaan winkelen. Haar nichtje Tabitha logeerde het weekend bij hen en haar vriendin Monique was die nacht blijven slapen. Serena belde Jessica op Moniques gsm. 'Wanneer kom je met het geld?'

'Ook goeiemorgen,' zei Jessica. Het was na enen 's middags.

433

Toen Jessica naar huis liep, keek of riep geen enkele man haar na; ze was weer een kilo of tien aangekomen en was zich pijnlijk bewust van haar figuur. Maar toen Serena en haar vriendinnen een paar minuten later op straat verschenen en op Jessica's schreden terugkeerden naar Southern Boulevard, was er aandacht te over.

'*Que familia bella*,' zei een man. Wat een mooie familie. De meisjes liepen in de schaduw van de Bruckner Expressway. Ze kwamen langs de oude man die vanuit een zilverkleurig karretje mangoijs verkocht. Ze zweefden door een rokerige wolk van shish kebabs die op straat werden verkocht. Tabitha en Monique droegen een haltertopje, Serena een licht-blauw T-shirt. Allemaal hadden ze een strakke spijkerbroek aan en hun haar in een paardenstaart. Ze doken Jimmy Jazz in. Serena hield een Mudd-jeans op armlengte voor zich en kocht die zonder omwegen. De zaak beschikte niet over een kleedkamer. Maar wel over T-shirts, met een koor van boodschappen die niet zo heel veel anders waren dan wat ze op straat was nageroepen. *Angel Outside. Rebel. Princess. Too Sexy to Stop Here.* Naast een plaatje van een mobieltje: *Call Me.* Naast een aardbei: *Pick Me. Kiss Me:* een regenboog boven een mond. *Boys Lie.* Monique wees naar een shirt waarop stond *Sorry! Uit de verte zag je er heel leuk uit.*

'Zoiets zou jij ook kunnen zeggen,' zei Monique tegen Serena. Maar Serena was niet zo flink tegen de schoenverkoper. Ze wist Tabitha zover te krijgen dat die om een paar gestreepte Jordans in haar maat vroeg en wenkte haar nichtje mee naar de kassa, zodat ze niet helemaal alleen in de rij hoefde te staan en zich stom te voelen. Bij de kassa stond een groot rek met sneakerveters en wel een miljoen mini-stropjes. Serena, die net zo klein was als Coco, moest op haar tenen gaan staan om te betalen.

Robert stond met zijn auto op de hoek te wachten; hij wilde niet dat ze naar huis liepen. Jessica, die naast hem zat, pakte Serena's tassen aan toen de meisjes de auto inklauterden. 'Laat eens zien,' zei ze. 'Alwéér sneakers?' Ze haalde ze uit de zak en bekeek ze kritisch. 'Ze zijn lelijk.'

'Ze zijn van mij,' zei Serena.

'Nou, als je maar niet aan m'n kop komt zeuren dat je niks kunt vinden wat erbij past,' zei Jessica en deed ze terug in de doos. Ze was het ook niet eens met Serena's jeans. Die had 30 dollar gekost.

'We hebben precies dezelfde gezien, maar dan goedkoper,' zei Tabitha.

'Waarom heb je dan 30 dollar betaald?' vroeg Jessica.

'Omdat ik deze al had gekocht. Ik wíst het niet,' zei Serena. Jessica wou dat Serena het geld aan iets bijzonders had besteed; ze wou dat Serena er leuk uitzag op het feestje, niet zo gewoontjes.

'Kom mij niet vragen –,' begon Jessica.

'Hou op, mama,' zei Serena geïrriteerd. 'Mijn vader komt me om twaalf uur ophalen.' Ze had het over Jessica's ex-vriend George. George belde Serena nog regelmatig op. 'Ik bel niet voor jou,' zei hij dan tegen Jessica. 'Geef me mijn dochter maar.' Hij had beloofd Serena die avond om middernacht op te halen, na zijn werk. Serena verzekerde haar moeder dat George haar wel geld zou geven voor iets moois om aan te trekken.

'Zie inderdaad maar dat je geld krijgt van George. Want je hebt zelf niks,' zei Jessica.

'Ik zal ervoor vechten,' beloofde Serena terwijl ze haar spullen bij elkaar pakte om uit de auto te stappen.

'Neem dan je bokshandschoenen maar mee,' zei Jessica.

'Geen jongens in huis!' waarschuwde Robert.

Jessica riep Serena achterna: 'En je kamer stofzuigen!'

Op de ochtend van Serena's verjaardag gaf Priscilla's broertje van dertien haar een halfvol zakje M & M's. Het broertje van vijf gaf haar met tegenzin een Twinkie. 'Eet je hem op?' vroeg hij.

'Niet nu,' zei Serena.

'Mag ik hem terug?' vroeg hij.

Het was een winderige dag. Derek verraste Serena bij de bank met een bos bloemen. Serena droeg jeans en een van Moniques haltertopjes, dat ze gedeeltelijk had weggestopt onder een zwarte trui. Hij keek naar het spleetje tussen haar borsten. 'Doe je trui dicht,' zei hij.

Dereks Charlie Brown T-shirt kwam tot over zijn knieën. Hij had heel lange gekrulde wimpers en een begin van een baardje. Hij was altijd in beweging: over het hek naast het pad springend, over het trottoir rennend om vlakbij school high te worden, dansend rond Serena als een Harlem Globetrotter met zijn basketbal. De aantrekkingskracht die ze voor elkaar hadden, uitte zich beurtelings in wegduwen en onstuimige omhelzingen. Verlangen uitte zich als quasi-dreiging, verliefdheid als pesten; en aanraken gebeurde zo voorzichtig dat de helft van de pret in de uitdaging zat.

'Kom hier!' riep Serena. En dan probeerde hij haar te zoenen. 'Stop!' gilde ze vervolgens. Maar als Derek dan weer wegliep, ging ze hem achterna en haalde hem terug.

'Je maakt het hem veel te makkelijk,' zei Priscilla afkeurend.

Laat in de middag werd de wind kouder en kreeg Derek een kusje. Serena trok een oversized sweatshirt aan. Met haar benen opgetrokken, ging ze op de bank zitten. Ze trok Dereks handen in de tunnel van een lege mouw. 'Je handen zweten! Ben je nerveus?' vroeg ze lief.

Een paar uur later kwam Jessica bij Priscilla langs met Serena's cadeau. Ze aarzelde bij het hek. Serena en Derek zaten op de trap van de veranda, in de schaduw van de wijnranken, die een kamer van gebladerte vormden. 'Je moeder, Serena,' fluisterde Priscilla. Serena maakte zich los, rende naar haar moeder en deed het hek open. Ze had haar haar naar achteren gespeld en een paar losgeraakte krullen omlijstten haar open gezichtje. De donkerbruine strengen haar hadden nog steeds een beetje rossige gloed van de zomer dat Jessica ze blond had geverfd. Serena was blij haar moeder te zien. Haar ogen straalden.

'Je ziet er armoedig uit,' zei Jessica.

'Nee hoor,' antwoordde Serena blij. Ze trok de sweater op en liet haar moeder het topje zien.

Jessica trok haar wenkbrauwen op en begon te lachen. 'Nou, hou hem dan maar aan,' zei ze.

'Derek zei dat ik hem aan moest,' zei Serena vrolijk. Jessica en Serena omhelsden elkaar. Jessica wiegde heen en weer.

'Ooo,' zuchtte Jessica sentimenteel.

'Mama!' zei Serena beschaamd.

'Zestien jaar geleden was je er nog helemaal niet,' zei Jessica nadenkend. 'Nee, zeventien jaar geleden!'

'Mam,' zei Serena. Ze pakte de tas met Jessica's cadeau. Ze las de verjaardagskaart van Máximo en die van Jessica.

'Alsjeblieft,' zei Jessica teleurgesteld.

'Dankjewel,' zei Serena, en kuste Jessica's wang. Serena liep vlug naar haar vrienden en liet hun haar mobieltje zien. Jessica stond een beetje verloren op het tuinpad. Ze had haar werkkleding nog aan: een witte polyester blouse en donkerblauw polyester pak. Ze hield haar handtas onder haar arm geklemd en speelde met haar hangertje, een ovaal stukje jade. Ze ging op de verweerde bank zitten. 'Serena!' riep Jessica. Serena hoorde haar niet. *'Serena!'*

'Joehoe!' riep Serena.

'Serena, kom hier,' zei Jessica streng.

Serena liet zich naast haar op de bank vallen. Derek kwam naar hen toe en maakte weer even snel rechtsomkeert, alsof hij een U-bocht maakte met een skateboard. Jessica riep hem achterna: 'Vinden je ouders het niet verstandiger je condooms te geven?' Ze wendde haar hoofd af en deed alsof ze een walging voelde waarvan ze wist dat hij die niet zou kunnen zien. Ze had een zuigplek gezien.

Serena wou hem achternagaan. 'Hier blijven, Serena!' zei Jessica en riep haar terug. 'Wat heb ik je gezegd? Wat heb ik je gezegd?'

'Wa-at?' kreunde Serena.

'Ik heb het je toch gezegd. Ik hou er niet van. Ik hou er niet van dat je jongens een zuigplek geeft. Ik –'

'En Máximo en jij dan?'

'Máximo en ik?'

'Daar hou ík niet van, maar dat kan jou niet schelen.'

'Ik ben drieëndertig. Ik heb geen zuigplekken in mijn nek. Ik ben een volwassen vrouw. Ik werk en verdien de kost.'

'Het kan me niks schelen. Het gaat je geen moer aan.'

'Serena! Alsjeblieft!'

'Mama, je zou jezelf eens moeten zien. Dat gezicht dat je trekt!' zei Serena en trok toen zelf een gezicht.

'Ik heb je gezegd dat ik er niet van hou dat je jongens een zuigplek geeft. Zeg dat hij hier moet komen. Zeg het nú,' commandeerde Jessica.

'Hoezo? Ga je iets tegen hem zeggen?' vroeg Serena gealarmeerd. 'Wat ga je tegen hem zeggen? *Ik* ben degene die het gedaan heeft.'

'En wat is dát dan?' vroeg Jessica, en ze raakte Serena's nek aan, waar nog vaag een donkerrode vlek te zien was. 'Ik hou er niet van,' siste Jessica. 'Geef me die telefoon. Ik ga Máximo bellen dat hij me moet komen halen.'

'Mam, je verpest echt mijn verjaardag,' riep Serena. Ze rende het huis binnen. 'Mijn moeder verpest mijn verjaardag!' snikte ze tegen Priscilla, die in de keuken een verjaardagstaart voor Serena aan het bakken was. Priscilla ging naar beneden om te proberen de zaak te sussen; oké, nou kon Jessica wel dreigen om de surpriseparty af te blazen, maar wat had het voor zin om Serena te straffen voor iets waar ze niets vanaf wist?

Jessica meende dat ze Serena's redenen voor de zuigplek wel begreep. 'Als hij naar de moeder van zijn kindje gaat, wil Serena natuurlijk weten waar hij geweest is. Mijn dochter is niet gek,' zei ze.

Serena kwam weer bij haar clubje op de stoep, net op het moment dat Máximo stopte voor Jessica, die in zijn auto stapte, de deur dichtsmeet en vertrok. Een vlaag Metallica knalde door het raam naar buiten toen ze wegreden. De avond viel en de trap waarop de kinderen zaten, werd een tunnel van liefde.

Derek zat met zijn rug tegen het huis, en Serena, die tussen zijn benen zat, leunde met haar rug tegen zijn borst. Derek gaf haar teder op haar kop voor de zuigplek. Hij had er geen gewild. Hij wist dat hij Jessica zou zien, en hij had het idee dat een zuigplek een gebrek aan respect betekende.

'Het kan me niks schelen,' zei Serena.

'Maar haar wel. Ik schaam me dood,' zei Derek.

'Ik wou dat ze niet zo stom was geweest om weg te gaan. Ze loopt rond met allemaal zuigplekken op haar lijf en ik vind het niks en dat zeg ik dan ook en daar trekt ze zich niks van aan. Moet ik me dan wel iets van háár aantrekken?'

De surpriseparty was geen verrassing voor Serena; Kevin had het verklapt toen hij Serena had gevraagd hoe hij bij Lourdes moest komen. Jessica was witheet, maar haar dochter wist in ieder geval niets van de limousine, die aan het eind van het feestje zou arriveren. De gasten hingen rond onder de ballonnen en een banier met een tekst met een spelfout: *Happy Sweet Sixxteen*! Toen Serena binnenkwam, draaide Máximo keihard

'Suave', Lourdes' favoriete dansnummer; Lourdes leidde Serena binnen, met een verlegen Jessica erachteraan. Serena tilde onmiddellijk een klein kindje op om de aandacht van zichzelf af te leiden. Een vriendin van Serena uit Troy had Milagros en de twee tweelingen meegebracht. Brittany en Stephanie hadden erop gestaan dat Milagros zich fatsoenlijk kleedde en ze verscheen in een haltertopje en een spijkerbroek met smalle pijpen. Robert kwam in een hemd met das. Máximo kwam regelrecht van de sportschool in zijn trainingspak, wat Jessica irriteerde. Serena droeg een patchwork denim minirokje, een haltertopje en haar nieuwe sneakers. Toen Elaine druk binnenviel, zei die: 'Je bent halfnaakt! Draai je eens om!' Serena draaide zich langzaam om. 'Waar heb je dat gekocht?' vroeg Elaine, en stak toen haar hand op voor een high-five met haar nichtje.

Kinderen sprongen naar de ballonnen, waarvan er een paar aan een ventilator waren gebonden. Lourdes stond te zweten in de keuken. Jessica deelde de corsages rond; Serena sneed de taart aan. Ondertussen was Priscilla druk met steeds zenuwachtiger telefoontjes van Derek, die er achter probeerde te komen of hij nou wel of niet moest komen; Serena wist het zelf niet. Toen Lourdes had gehoord dat Dereks ex-meisje zwanger was, had ze Serena gewaarschuwd dat ze met hem zou praten. 'Maar niet nu,' wierp Serena tegen. 'Het is al moeilijk genoeg om ergens te komen waar je niemand kent.' Binnen de kortste keren bemoeide iedereen zich ermee. Serena barstte in huilen uit en sloot zich vervolgens op in Lourdes' slaapkamer; daar had ook Emilio zich teruggetrokken, met alle meubels die erheen waren gesleept om ruimte te maken voor het dansen; Roxannes nieuwe kindje lag op een handdoek op de vloer te slapen.

Serena snikte met haar handen voor haar gezicht. Ze deed haar grootmoeder na, haar moeders, haar tante: 'Hoe kom je erbij dat jij niet zwanger kan worden, terwijl hij al een meisje zwanger heeft gemaakt?' Ze gaf zelf het antwoord: 'Wie zegt dat ik mijn benen uit elkaar doe?' Priscilla klopte op de deur en meldde: Derek kwam eraan! Serena werd alsmaar bozer: 'Ze zijn zo bang dat ik seks zal hebben. Zij heeft veertien kleinkinderen. Waarom *ik* dan? Het kan ze geen donder schelen als hun zoontjes het doen, alleen hun dochters mogen niet. Als ik een kleinzoon was, denk je dan dat ze me zo op mijn huid zaten?' krijste ze. 'Als ik seks wil hebben, heb ik dat. Iedereen heeft seks. Ze willen allemaal dat ik verander. Het kan me niks schelen wat mijn familie, vrienden of anderen over me zeggen; ik ben zoals ik ben en het kan me niks schelen!'

Nog geen half jaar later zou ze zwanger zijn.

Toen de limousine 's avonds arriveerde, leidden Jessica en Elaine Serena, die haar handen voor haar ogen had moeten doen, naar buiten. Monique en Derek kwamen in een taxi aan, net op het moment dat Serena's zusjes, nichtjes, neefjes en vrienden opgewonden in de limousine stapten.

'Sorry, te laat, ga maar weer naar huis!' zei Priscilla, en stuurde haar zus zonder pardon weg. Serena deed hetzelfde met Derek. Die stormde boos weg. Monique ging achter hem aan. Serena stapte nijdig in de limousine. Jessica keek Monique na en fluisterde tegen Elaine: 'Wat heeft die?' De volwassenen verdrongen zich bij de raampjes van de auto om de kinderen uit te zwaaien. In de koelkastjes zat bier en soda.

'Geen drank!' zei Jessica. 'Ik ben vergeten te vragen of ze dat eruit wilden halen!'

'Veel plezier!' zei Elaine. Haar zonen, Angel en Edriam en hun vriend Josh, gingen ook mee. Serena kende Josh al van kinds af aan.

Jessica waarschuwde: 'Denk erom dat je om twaalf uur terug bent, anders schrijven ze het van de creditcard af! En niks kapotmaken!'

Iemand gaf Brittany de bundel ballonnen. Het glazen schot tussen de chauffeur en de kinderen ging naar beneden. 'Waar willen jullie naartoe?' vroeg de chauffeur.

'Times Square,' antwoordde Serena. Er werden foto's gemaakt.

'Lachen!'

'Zeg maar *bijstand!*' riep iemand.

'Bijstand!' riepen ze in koor.

'Zeg maar *voedselbonnen!*'

'Voedselbonnen!'

'Zeg maar *uitkering!*'

'Uitkering!'

Ze probeerden alle knoppen uit. Ze deden het tussenschot op en neer, en nog eens op en neer. Ze deden de verwarming aan, vervolgens de airconditioning en flitsten toen een neon lichtstreep aan. IJsblokjes vlogen heen en weer. Serena deelde blikjes cola uit, met de papieren servetjes van het limousinebedrijf.

'Zet die muziek eens wat zachter!' riep ze, terwijl ze Derek op haar nieuwe Minnie Mouse-mobieltje belde. 'Hallo,' zei ze. 'Wat ben je aan het doen? ... Yo, knul, niet vervelend worden. Daaag!' Ze hing weer op.

De limousine sloeg de grote weg af en reed richting 42nd Street, voorzichtig tussen de toeristen door manoeuvrerend. 'Times Square,' meldde de chauffeur. Josh stak zijn hoofd uit het raam.

'Je brengt ons in moeilijkheden,' zei Stephanie.

'Pas op dat je hoofd niet blijft steken!' zei Serena.

'Je huurt toch geen limousine om je in te verstoppen,' zei Josh verbaasd. Hij slaakte een kreet toen een extra grote limousine hen voorbijgleed.

440

'Dat is een Navigator,' zei Angel.

'Waarom heb ik er niet zo een? Daar had iedereen in gekund,' zei Serena ontevreden. Brittany en Stephany zaten allebei bij een raampje. 'Laat mij eens bij het raampje zitten,' vroeg Serena. Ze weigerden. 'Mijn hebberige zusjes zijn hebberig met de raampjes,' foeterde Serena. Stephanie gaf ten slotte toe.

De chauffeur moest doorrijden of de auto ergens parkeren. Wilden ze een eindje lopen?

'Waarom zouden we uitstappen en lopen?'

'Niemand heeft geld,' zei Serena.

'Laten we een zwerver gaan beroven,' zei Josh voor de grap.

'Stommerd,' zei Serena.

'Waar willen jullie naartoe?' vroeg de chauffeur.

'Naar iets ver weg!' zei Tabitha.

'New Jersey?' vroeg Priscilla.

'Kunnen we niet van Manhattan af?' vroeg Josh. 'Laten we naar een brug gaan.'

'Het stikt van de bruggen,' zei Serena. De kinderen waren even onzeker.

'De Brooklyn Bridge?'

'De George Washington Bridge?'

Ze wilden hun vertrouwde wereld uit, maar niemand wist de weg. 'Mijnheer,' vroeg John aan de chauffeur, 'u weet vast van alles. U gaat overal heen. Waar kunnen we heen? Naar de rivier?'

De chauffeur reageerde niet. Iemand stelde de bank voor, en dus reden ze naar het huis van Priscilla. Er was niets te doen bij de bank. 'Waar willen jullie heen?' vroeg de chauffeur opnieuw.

'Tremont,' zei Tabitha. Die woonde daar nog, in het gebouw waar Rocco vroeger had gewoond. Ze wilde haar vriendje zien. Ze leende Serena's gsm om hem te waarschuwen en instrueerde de chauffeur: 'Tremont op de hoek van de Grand Concourse en Anthony.'

De oude buurt was op kleine punten veranderd, voor buitenstaanders onzichtbaar. Iets van Tremonts gretige levendigheid was verdwenen. In plaats van de vroegere nerveuze drukte hing in Jessica's oude straat nu de stoffige sfeer van een industriestad op z'n retour. Onder het bewind van de voormalig openbaar aanklager die nu burgemeester van New York City was, had de politie de dealers van de straten geveegd; een aantal van hen werkte nu binnen. Anderen waren uit de stad weggetrokken, naar kleine steden als Troy. Maar de rust was niet echt kalm: het leek alsof de hele buurt maar deed alsof.

De huismeester van Jessica's oude gebouw had zijn baantje overgedaan aan zijn zoon. Het oude appartement was geen echt appartement meer: de zoon had het in kamers opgedeeld, die hij aan alleenstaande mannen verhuurde – mannen zonder moeder, echtgenoten van wie de vrouwen het niet meer met ze zagen zitten, mannen die het zelf hadden opgegeven, en immigranten. De limousine stopte bij de oude stoep, precies op de plek waar Boy George Jessica had opgehaald, en waar Cesar, Rocco, Mighty en Tito altijd rondhingen en naar de meisjes keken; nu waren er maar een paar jongens te zien, tegen een auto geleund.

Serena en Tabitha stapten uit de limousine, de zoele zomernacht in. De straten leken merkwaardig leeg. Tabitha's vriendje signaleerde haar vanaf de overkant van Tremont. Hij probeerde onverschillig naar de auto toe te komen, tussen rijdende auto's door glippend, maar zijn snelle bewegingen verraadden zijn gretigheid. Tabitha vloog op hem af alsof ze voor haar leven rende. Hij tilde haar op, draaide haar rond en zette haar weer veilig op het trottoir. Ze bleven in de schaduw.

'Kom op,' zei Serena tegen de achterblijvers in de auto. 'Laten we een eindje omlopen.' Ze had pijn in haar buik; ze had behoefte aan frisse lucht. Ze vroeg zich af of haar misselijkheid het gevolg was van de autorit of van het 'toverdrankje' dat haar Tío Robert de avond tevoren voor haar had gemaakt. Haar zusjes, nichtjes, neven en vrienden stapten uit. Even leken ze onzeker. De chauffeur stapte ook uit. 'Niet te ver weg gaan, hoor,' zei hij.

Serena keek naar het oosten, Tremont af, richting Anthony Street. Tabitha en haar vriend gingen net de hoek om, richting Mount Hope. Serena ging voorop, de geliefden achterna. Ze kwam voorbij haar oude basisschool. Elaines oudste zoon stelde voor naar zijn grootmoeder te gaan, die vlakbij woonde. Ze was niet thuis. Behalve de moeder van Tabitha kenden ze niemand anders in de buurt, hoewel de meesten van hen er geboren waren. De tijd verstreek: het liep naar middernacht. Serena leidde de stoet zusjes, neefjes, nichtjes en vrienden terug naar de auto.

Jessica was woedend toen ze van het uitstapje op Tremont hoorde: 'Als ze een eindje wilden gaan *lopen* had ik net zo goed niet voor een limousine kunnen betalen.' En als ze dan per se wilden lopen, waarom dan op Tremont? En als ze dan zo nodig op Tremont wilden lopen, waarom dan oostwaarts? 'Naar Anthony? Mount Hope? Daar stikt het van de drugshandel, er zijn regelmatig schietpartijen,' zei Jessica. 'Ze hadden beter de andere kant kunnen oplopen, naar de Concourse.' In de Bronx moest je altijd goed uitkijken waar je heen ging. Het kleinste stukje de verkeerde kant uit kon enorm grote gevolgen hebben.

## HOOFDSTUK 44

Coco's familie was niet op Serena's verjaardagsfeestje geweest, maar ze hoorden ervan en het maakte dat Coco zich schaamde voor alles wat ze niet kon doen. Zij had ook een limousine voor Mercedes willen huren toen die overging, maar toen was er die schorsing, gevolgd door de proeftijd en de begeleiding, en toen was de boel in elkaar gestort – letterlijk. Een heel stuk van het plafond in Coco's keuken was na een regenbui van twee dagen ingestort. En toen hadden de kakkerlakken – hele horden kakkerlakken – het plotselinge gat uitgebuit. Coco liet steeds wanhopigere boodschappen voor haar huisbaas achter, maar de huisbaas belde nooit terug. 'Die vrouw heeft de eigenaardige gewoonte om nooit terug te bellen,' merkte Coco droogjes op. Toen waren Coco en Frankie opnieuw uit elkaar gegaan, maar deze keer was dat in een goede sfeer gebeurd, doodmoe als ze allebei waren van de verwijten en de ruzies. Vervolgens raakte Coco haar baan kwijt: Garden Way ging dicht. En niet lang daarna stopte Pearls uitkering. 'Ze doet het te goed op school,' zei Coco. Nog geen maand later haalde Rent-A-Center de aanbouwbank terug die in de woonkamer had gestaan, en werd de kabel afgesloten. Frankie bracht melk en Pampers voor La-Monté en belde elke avond om hem te kalmeren omdat hij moeite had in slaap te komen zonder zijn vader; toen sloot de telefoonmaatschappij de telefoon af. In de zee van problemen waren Coco's zorgen over Mercedes weer ten onder gegaan.

Eind juli was de plaag zo erg geworden dat er kakkerlakken uit de ketchupfles kropen en achter het scherm van de tv. Iedereen sliep op het reddingsvlot dat het tweepersoonsstapelbed midden in de woonkamer vormde; Coco had het van de muur weggetrokken zodat de kakkerlakken niet direct op de kinderen konden kruipen. Maar zelfs met die slotgracht sliep niemand veel; iedere keer als er iemand moest plassen, moest Coco eerst stampvoetend naar de wc lopen, lichten aandoen – als er tenminste lampen in zaten – om de kakkerlakken uit elkaar te jagen. De vochtige badkamer zat zo onder het ongedierte dat de kinderen die niet meer wilden gebruiken: Pearl meed haar geliefde bad; Nikki, die tien was, begon weer in haar broek te plassen, wat ze jaren niet gedaan had; en toen begon ook Naughty, die er nooit eerder last van had gehad.

Mercedes sliep dapper op een oude bank. 's Ochtends ging ze ongevraagd naar de kast in de gang, waar Coco het schone goed van de kinderen bewaarde. Nikki, Nautica en Pearl – bang om op de vloer te staan – keken staande op de bank toe: als de deur openging kwam er onvermijdelijk een regen van kakkerlakken uit. Maar Mercedes sprong gewoon achteruit, liet ze vallen, stampte met haar voeten om ze uit elkaar te jagen, en klopte de kleren uit zodat haar zusjes zich aan konden kleden.

Mercedes had geen limousine verwacht voor haar eindrapport. Maar wat ze gevraagd had voor haar laatste twee verjaardagen was al even onmogelijk: ze wou dat haar ouders weer bij elkaar waren, en ze wou dat haar vader thuis was, in huis.

Vorig jaar, vóór de geboorte van Cesars jongste dochter, was Mercedes' verjaardag helemaal perfect geweest. Coco had haar en Nautica meegenomen voor een bezoek aan hun vader, en hun ouders konden het samen goed vinden. Cesar was merkbaar volwassener geworden in de vijftien maanden sinds hij zijn dochters voor het laatst had gezien, en zijn andere opstelling was onmiskenbaar.

Normaliter gaf Cesar, als Coco erin was geslaagd ze mee te brengen, duidelijk blijk van zijn ontevredenheid over het feit dat ze maar zo zelden kwamen, en moest Mercedes haar moeder vervolgens verdedigen tegen haar vaders zwijgen en hatelijke opmerkingen. Maar die keer had Mercedes haar diplomatie niet nodig gehad. Nadat Cesar zijn dochters gekust en geknuffeld had, had hij Coco verwelkomd.

'Wow, man,' had hij hartelijk gezegd, 'je bent dik geworden.'

Het bezoek vond plaats in de 'erekamer', waar de gedetineerden meer bewegingsvrijheid hadden. Gedetineerden mochten gebruikmaken van de erekamer als ze zestig dagen achter elkaar geen enkele inbreuk op de reglementen hadden gemaakt, en Cesar haalde dat met vlag en wimpel. Hij had consequent cursussen gevolgd – Alternatieven voor Geweld, Frontlinie Anti-Agressie, Latinos en Vooruitgang, Algemene Administratie, Drukwerk, en Opvoeding. Hij was vrijwilliger in een programma waarbij tieners de gevangenis konden bezoeken, in de hoop dat ze er op die manier buiten konden worden gehouden.

Coco ontspande zodra ze merkte dat Cesar haar niet de les ging lezen. Vervolgens ontspande Mercedes, en Nautica, die zes was, vermaakte iedereen met haar rondhollen, gekke dansjes en onzinliedjes. 'Ze leek wel zo'n roze Duracelkonijntje,' zei Cesar. Nautica's uitbundigheid maakte dat ook Mercedes zich onbezorgder begon te gedragen. Mercedes was zich pijnlijk van zichzelf bewust – met haar tien jaar vond ze al dat ze te groot was, dat haar wenkbrauwen lelijk in elkaar overliepen, dat ze een dikke buik had. Ze kwam nu al tot Cesars kin. Cesar was onder de indruk van Mercedes' lengte. Hij vond haar perfect zo. Maar hij was vergeten dat

Coco zo klein was. Een van zijn vrienden zag Coco voor zijn dochter aan. 'Nee, man,' zei Cesar, 'dat is de moeder van mijn kinderen.'

De meisjes bewonderden hun vaders biceps en moesten lachen om zijn afrokapsel. Hij had gezegd dat hij zijn haar liet groeien tot Giselle beviel, net als hij dat had gedaan voor Nautica geboren was.

'Ik blijf altijd de oudste,' zei Mercedes.

Cesar glimlachte. Mercedes en Nautica gingen met hun vingers door zijn haar en draaiden plukjes tot staartjes. Coco kon haar lachen niet houden.

'Jij vindt dit dus leuk, hè? Om te lachen?' zei hij plagend.

De oude Cesar zou nooit hebben toegelaten – niet in het openbaar, in het bijzijn van andere mannen – dat zijn haar een tuin vol draaierige antennes werd, die alle kanten uitstaken. Toen de meisjes liedjes zongen, klapte en zong hij uit volle borst mee. Hij danste, wat zijn dochters hun buik deed vasthouden van het lachen, en speelde het ene na het andere spelletje met ze.

Later zei hij: 'Ik wil niet dat als ze op bezoek zijn en willen spelen, ik alleen maar zeg: "Nee, ga zitten. Nee, stil. Nee."' Alles was *Ja*. Ja tegen ontelbare spelletjes kaart, dammen en boter-kaas-en-eieren. Ja tegen al het snoep dat Nautica uit de automaat haalde; thuis kregen Nautica en haar zusjes maar een kwartje en moest ze kiezen tussen miniatuurpakjes m&m's en winegums, waar ze gek op was. Mercedes en haar vader deelden vier bakjes van zijn favoriete gebarbecuede kippenvleugeltjes, die ze voor hem in de magnetron warm maakte. Ze lieten foto's maken toen de fotograaf langskwam – met z'n vieren, bij elkaar. Ze waren een gezin. Later zei Coco hoe vreemd het eigenlijk was; hoe ze, als ze niet in de gevangenis waren geweest, zelfs op een verjaardag de dag nooit zo zouden hebben doorgebracht.

Tegen het einde van het bezoek vroeg Nautica aan Cesar of ze paardje mocht rijden op zijn knie, net als toen ze klein was en hij haar als een stukje popcorn op z'n knieën liet wippen. Hij deed het – wel tien minuten lang. Toen hield hij haar in de lengte vast, als een halter, en tilde haar op. Mercedes keek toe, haar ontzag en verlangen duidelijk zichtbaar. Toen Cesar Nautica begon rond te draaien, kon Mercedes zich niet meer inhouden. 'Kun je dat ook met mij?' vroeg ze ademloos.

Ze hield zich even plotseling in en haar gezicht werd strak. De hoop werd een onmogelijke uitdaging. Al vanaf dat ze nog heel klein was, had niemand haar meer kunnen of willen dragen. Ze woog nu zestig kilo.

Cesar zette Nautica neer en ging op z'n hurken voor Mercedes zitten. Hij spon het ogenblik uit, wreef over zijn kin. Toen bestudeerde hij ernstig zijn grote handen. Hij keek aandachtig naar waar hij Mercedes

445

zou moeten vastpakken: onder haar knieën. Mercedes was geheel voorbereid op een afwijzing; maar voordat ze wist wat haar overkwam, zweefde ze in de lucht. Ze verstijfde helemaal van opwinding en schrik. 'Nee, *pappie!'* riep ze duizelig.

Hij zette haar op zijn schouders. Ze greep zich vast aan zijn haar en klemde haar benen tussen zijn oksels. Toen paradeerde hij met zijn dochter de erekamer rond en vervolgens de gewone bezoekruimte, waar ze een tweede rondje langs de gedetineerden liepen, die lachten en knikten toen Cesar zijn oudste dochter voorstelde. Hij duwde de deur naar de besloten betonnen binnenplaats open. Er stond een koude aprilwind, en alles vloog rond, zodat hij weer vlug naar binnen dook, waarbij hij overdreef hoe diep hij moest bukken toen hij de drempel over ging.

'*Pappiiiiie!'* krijste Mercedes, en ze verloor bijna haar evenwicht. Ze herstelde zich weer toen hij rustig liep. Hij zette koers terug naar hun tafel, waar Nautica lachte en Coco naar hen opkeek, als een klein meisje vol bewondering voor een kerstboom. Mercedes probeerde niet te lachen, maar kon zich niet inhouden. 'Ik val! Papa! Ik ben veel te zwaar!' zei ze bezorgd.

'Rustig maar, ik laat je heus niet vallen, maak je maar geen zorgen,' stelde Cesar haar gerust. De laatste vijf jaar had hij bijna iedere dag met gewichten getraind. Bij zichzelf zei hij: 'Luister, voor mij ben je zo licht als een veertje.'

Dit is geen roman. Ik ben aanwezig geweest bij veel van wat hier is beschreven; enkele scènes zijn me uitvoerig verteld. Honderden uren geschreven en op band opgenomen interviews zijn aangevuld met ander
onderzoek, waaronder rechtbankverslagen, medische, school-, juridische,
politie- en gevangenisdossiers, persoonlijke brieven en dagboeken. Een
deel van de dialogen is afkomstig uit door de politie afgetapte telefoongesprekken, waarvan ik transcripties heb gemaakt. Ervaringen en gesprekken waarvoor men uit zijn herinnering moest putten, heb ik samenge-
voegd aan de hand van interviews met eerste en tweede bronnen en bezoeken aan locaties. In die gevallen waar staat dat iemand iets 'dacht' of
'het gevoel' had, zijn die gedachten en gevoelens door die persoon zelf aan
mij beschreven en verteld. Er is in dit boek geen sprake van ineengescho-
ven gebeurtenissen of samengestelde personen. Alleen de namen van
sommige personen zijn veranderd.

Een aantal mensen in het boek is niet beschuldigd van of heeft verklaard schuldig te zijn aan misdaden die door anderen aan hen zijn toege-
schreven; Boy George is nooit beschuldigd van de moorden die hem tijdens zijn rechtszaak zijn aangewreven. Een groot deel van de informatie
over die moorden, evenals die over de verwerking van heroïne, heb ik
verzameld uit getuigenverklaringen, met onafhankelijke bevestigingen
van degenen die de werkplaatsen bemanden en van andere medewerkers.
Ik heb het grootste deel van Boy George' rechtszaak bijgewoond, twee
daarmee samenhangende rechtszaken, en een aantal veroordelingen. Om
nog meer achtergrondinformatie te verzamelen, heb ik het strafrecht, het
drugsbeleid en de federale richtlijnen voor straftoepassing bestudeerd
tijdens een studiejaar aan Yale University met een beurs van de Knight
Foundation, en heb ik een zomerstage gelopen op een rechtbank in de
staat New York waar uitsluitend zware misdaden worden berecht. Het
merendeel van het veldwerk voor dit boek heeft echter bestaan uit niet
vastomlijnde dagen en nachten op plaatsen waar armoede arme mensen
brengt: gevangenissen, politiebureaus, ontelbare juridische en welzijnsin-
stellingen, daklozencentra, eerstehulpafdelingen, de straat.

Vanzelfsprekend had ik niet zo indringend over deze Amerikaanse ervaring van klassenongelijkheid kunnen schrijven als al die mensen in dit
boek hun leven niet voor me hadden opengesteld. Hoewel ik uiteindelijk

degene ben die dit verhaal vertelt, hoop ik dat het recht doet aan hun inzichten en openheid. Ik heb George leren kennen bij aanvang van zijn strafzaak. Wat begon als een portret van een opmerkelijke jongeman, werd een gecompliceerd familieverhaal, waar ik me elf jaar van mijn leven mee bezig heb gehouden. Ik ben George dankbaar voor zijn ongeduld, voor zijn herhaalde pogingen mij het grotere verband te laten zien. Mijn grote dank gaat ook uit naar Jessica, die de hoogte- en dieptepunten van haar bijzondere leven moedig met me heeft gedeeld. Coco heeft me, in de diepste betekenis van het woord, een thuis geboden. Ik koester kostbare herinneringen aan haar vriendschap en haar vermogen tot blijdschap. Cesar heeft me veel geleerd. Onze gesprekken stimuleren nog steeds mijn denken over zowel de werelden die hij bewoont, als de werelden die we delen. Ik zie uit naar de dag waarop we vrij kunnen praten aan deze kant van de muur.

Mijn beslissing om te schrijven over Coco's dagelijkse strijd heeft haar buren, familie en vrienden verbaasd. 'Maar waarom juist Coco?' is mij keer op keer gevraagd. 'Zo bijzonder is Coco toch niet?' zeiden ze. 'Heel wat meisjes zijn slechter af.' Dat is zeker waar. In de buurten waar zij wonen, is de problematiek van deze jonge mensen en hun families niet uitzonderlijk. Evenmin als hun moed dat is.